【传世经典 文白对照】

资治通鉴

四

汉纪

〔宋〕司马光　　编撰

沈志华　张宏儒　主编

中华书局

目录

卷第五十三　汉纪四十五

起丙戌(146)尽丙申(156)凡十一年

孝质皇帝

本初元年(丙戌,146)

1　夏,四月庚辰,令郡、国举明经诣太学,自大将军以下皆遣子受业;岁满课试,拜官有差。又千石、六百石、四府掾属、三署郎、四姓小侯先能通经者,各令随家法,其高第者上名牒,当以次赏进。自是游学增盛,至三万馀生。

2　五月庚寅,徙乐安王鸿为勃海王。

3　海水溢,漂没民居。

4　六月丁巳,赦天下。

5　帝少而聪慧,尝因朝会,目梁冀曰:"此跋扈将军也!"冀闻,深恶之。闰月,甲申,冀使左右置毒于煮饼而进之。帝苦烦盛,使促召太尉李固。固入前,问帝得患所由,帝尚能言,曰:"食煮饼。今腹中闷,得水尚可活。"时冀亦在侧,曰:"恐吐,不可饮水。"语未绝而崩。固伏尸号哭,推举侍医。冀虑其事泄,大恶之。

孝质皇帝

汉质帝本初元年(丙戌,公元 146 年)

1　夏季,四月庚辰(二十五日),命各郡、各封国推荐通晓经书的人才,到太学学习,大将军以及文武官员都送自己的儿子到太学上课;学习期满一年后进行考试,根据考试成绩的高下,分别任命不同的官职。又命令官秩为千石或六百石的官吏,大将军、太尉、司徒、司空等四府的掾属,五官、左、右等三署的郎,以及四姓外戚小侯中已能通晓经书的人,让他们每自遵守师承的"家法",凡考试成绩优良,能被列入高第的,则登记在名册上,依照次序升迁官职。从此以后,各地到太学留学的人,日益兴盛,太学生增加到三万多人。

2　五月庚寅(初六),改封乐安王刘鸿为勃海王。

3　因海水上涨倒灌,淹没百姓的住宅。

4　六月丁巳(初三),大赦天下。

5　质帝自幼便聪明智慧,曾在一次早朝时,眨眼看着梁冀,说:"这是一位跋扈将军!"梁冀听到以后,对质帝深恶痛绝。闰六月甲申(初一),梁冀命质帝身边的侍从把毒药放在汤饼里送给质帝去吃。质帝吃下后,药性发作,非常难受,急忙派人传召太尉李固。李固进宫,走到质帝榻前,询问质帝得病的来由,这时,质帝还能讲话,他回答说:"我刚吃过汤饼。现在觉得肚子很堵闷,给我水喝,我还能活。"梁冀这时也站在旁边,阻止说:"恐怕呕吐,不能喝水。"话还没有说完,质帝已经身死。李固伏到质帝的尸体上,号啕大哭,他出宫后,便弹劾侍候质帝的御医。梁冀担心在审问过程中会泄露下毒的真相,所以,对李固非常痛恨。

　　将议立嗣，固与司徒胡广、司空赵戒先与冀书曰："天下不幸，频年之间，国祚三绝。今当立帝，天下重器，诚知太后垂心，将军劳虑，详择其人，务存圣明。然愚情眷眷，窃独有怀。远寻先世废立旧仪，近见国家践祚前事，未尝不询访公卿，广求群议，令上应天心，下合众望。《传》曰：'以天下与人易，为天下得人难。'昔昌邑之立，昏乱日滋，霍光忧愧发愤，悔之折骨。自非博陆忠勇，延年奋发，大汉之祀，几将倾矣。至忧至重，可不熟虑！悠悠万事，唯此为大，国之兴衰，在此一举。"冀得书，乃召三公、中二千石、列侯，大议所立。固、广、戒及大鸿胪杜乔皆以为清河王蒜明德著闻，又属最尊亲，宜立为嗣，朝廷莫不归心。而中常侍曹腾尝谒蒜，蒜不为礼，宦者由此恶之。初，平原王翼既贬归河间，其父请分蠡吾县以侯之，顺帝许之。翼卒，子志嗣。梁太后欲以女弟妻志，征到夏门亭。会帝崩，梁冀欲立志。众论既异，愤愤不得意，而未有以相夺。曹腾等闻之，夜往说冀曰："将军累世有椒房之亲，秉摄万机，宾客纵横，多有过差。清河王严明，若果立，则将军受祸不久矣！不如立蠡吾侯，富贵可长保也。"冀然其言。明日，重会公卿，冀意气凶凶，言辞激切，自胡广、赵戒以下莫不慑惮，

在准备确定继承帝位的人选之前,太尉李固和司徒胡广、司空赵戒先联名向梁冀写信说:"天下不幸,连续几年间,帝王之位三次断绝。现在又要确定新的皇帝,继承天下的宝座,我们深知皇太后的关切和大将军的苦虑,盼望选择一位合适的人选,得到一位圣明的帝王。然而,我们也愚昧地思念关切着这件大事。无论是远求先代有关废黜和选立皇帝的典章制度,还是近观皇帝登极的具体事例,没有一次不公开访问三公九卿等朝廷大臣,广泛征求大家的意见,使继承帝位的人选,上应天心,下合众望。古书说:'把天下送给别人十分容易,为天下选得合适的人选却非常困难。'过去,昌邑王登极之后,昏乱日甚一日,霍光忧愁惭愧而愤慨,后悔不已。如果不是霍光的忠贞和勇气,田延年的奋发有为,汉朝的社稷,几乎被昌邑王倾覆。所以,确定继承帝位的人选,的确是一件最令人忧虑,也是最重要的大事,不可不深思熟虑!天下的事千头万绪,都可暂缓,只有选择继承帝位的人选,是最重大的事,国家兴衰,在此一举。"梁冀看到这封信,于是召集三公、中二千石官员和列侯,共同讨论继承帝位的人选。李固、胡广、赵戒以及大鸿胪杜乔都认为清河王刘蒜,既以完美的德行而著称,又和皇家的血统最为亲近,也最年长,应该立为皇位继承人,朝廷的文武官员,全都归心于他。然而,中常侍曹腾曾经有一次去晋见刘蒜,刘蒜不肯向他施礼,宦官们从此憎恨刘蒜。最初,平原王刘翼,被贬逐回到河间国以后,他的父亲河间王刘开曾请求分割蠡吾县作为食邑,将刘翼封为蠡吾侯,顺帝批准。刘翼去世后,他的儿子刘志继位为蠡吾侯。因梁太后想把她的妹妹嫁给刘志为妻,便征召刘志来京都洛阳。刘志刚刚抵达夏门亭时,正遇上质帝去世,因此,梁冀打算拥立刘志为帝。可是,群臣的议论都与自己的主张不同,梁冀愤然不快,但又没有办法强迫别人。曹腾等人听到消息后,夜里跑去对梁冀说:"将军几代都是皇亲国戚,又亲自掌握朝廷大权,宾客布满天下,难免有许多的过失和差错。清河王严厉明察,假如真立为皇帝,那么将军不久就会大祸临头!不如拥戴蠡吾侯为帝,富贵可以长久保全。"梁冀非常赞成他们的意见。于是,次日,重新召集三公、九卿等朝廷大臣进行讨论,梁冀在会上气势汹汹,态度强硬,言辞激烈率直,从司徒胡广和司空赵戒以下的文武百官,没有一个不感到畏惧,

皆曰："惟大将军令！"独李固、杜乔坚守本议。冀厉声曰："罢会！"固犹望众心可立，复以书劝冀，冀愈激怒。丁亥，冀说太后，先策免固。戊子，以司徒胡广为太尉；司空赵戒为司徒，与大将军冀参录尚书事；太仆袁汤为司空。汤，安之孙也。庚寅，使大将军冀持节以王青盖车迎蠡吾侯志入南宫。其日，即皇帝位，时年十五。太后犹临朝政。

6 秋，七月乙卯，葬孝质皇帝于静陵。

7 大将军掾朱穆奏记劝戒梁冀曰："明年丁亥之岁，刑德合于乾位，《易经》龙战之会，阳道将胜，阴道将负。愿将军专心公朝，割除私欲，广求贤能，斥远佞恶，为皇帝置师傅，得小心忠笃敦礼之士，将军与之俱入，参劝讲授，师贤法古，此犹倚南山、坐平原也，谁能倾之！议郎大夫之位，本以式序儒术高行之士，今多非其人，九卿之中亦有乖其任者，惟将军察焉！"又荐种暠、栾巴等，冀不能用。穆，晖之孙也。

8 九月戊戌，追尊河间孝王为孝穆皇，夫人赵氏曰孝穆后，庙曰清庙，陵曰乐成陵；蠡吾先侯曰孝崇皇，庙曰烈庙，陵曰博陵；皆置令、丞，使司徒持节奉策书玺绶，祠以太牢。

9 冬，十月甲午，尊帝母匽氏为博园贵人。

10 滕抚性方直，不交权势，为宦官所恶。论讨贼功当封，太尉胡广承旨奏黜之，卒于家。

一致说:"我们只听大将军吩咐!"唯独太尉李固和大鸿胪杜乔,仍坚持原来的主张。梁冀厉声喝道:"散会!"可是,李固仍不死心,认为刘蒜众望所归,仍有被立的可能,于是再次写信劝说梁冀,梁冀更加怒不可遏。丁亥(初四),梁冀劝说梁太后,首先颁策将太尉李固免职。戊子(初五),任命司徒胡广为太尉;司空赵戒为司徒,和大将军梁冀共同总领尚书事务;又擢升太仆袁汤为司空。袁汤,即袁安的孙子。庚寅(初七),梁太后派大将军梁冀持符节,用封王的皇子乘用的青盖车迎接蠡吾侯刘志进入南宫。当天,刘志即皇帝位,当时他年仅十五岁。梁太后仍继续临朝听政。

6　秋季,七月乙卯(初二),将质帝安葬于静陵。

7　大将军掾朱穆上书劝诫梁冀说:"明年是丁亥年,刑罚和恩德,都集合在北方的乾位,《易经》上说:龙战于野,表示阳道将获得胜利,阴道将受到挫败。但愿将军一心一意尽忠朝廷,割舍私欲,广泛征求和任用贤能人才,排斥和疏远奸佞和邪恶之辈,为皇帝选置师傅时,一定要选择谨慎小心,忠良朴实,笃信礼义之士,然后,将军与师傅一道进宫,参与劝学,效法古圣先贤,这就犹如背靠南山,稳坐平原一样,非常安全,还有谁能倾覆您!议郎和大夫的职位,本来应该任用精通儒术和德行高尚的人士,可是,现在任职的,多数不是这样的人,九卿等朝廷大臣中间,也有不能胜任的,请将军留心考察!"又向梁冀推荐种暠、栾巴等人,梁冀不能任用。朱穆,即朱晖的孙子。

8　九月戊戌,桓帝刘志追尊其祖父河间王刘开为孝穆皇,祖母赵氏为孝穆后,祭庙名为清庙,陵园名为乐陵;追尊其父蠡吾侯刘翼为孝崇皇,祭庙名为烈庙,陵园名为博陵;都设置令、丞掌管,并派司徒持节,捧着皇帝颁发的诏书和玺印前往,用牛、羊、猪各一头的太牢之礼,进行祭祀。

9　冬季,十月甲午(十二日),桓帝尊母亲匽氏为博园贵人。

10　滕抚性情方正刚直,不肯结交权贵,所以宦官对他非常憎恨。按照讨伐扬州和徐州盗贼的功劳,滕抚本该晋封侯爵,但太尉胡广秉承权贵的意旨对滕抚进行弹劾,使他遭到罢黜,后来,滕抚死在家里。

孝桓皇帝上之上

建和元年(丁亥,147)

1 春,正月辛亥朔,日有食之。

2 戊午,赦天下。

3 三月,龙见谯。

4 夏,四月庚寅,京师地震。

5 立阜陵王代兄勃遒亭侯便为阜陵王。

6 六月,太尉胡广罢,光禄勋杜乔为太尉。自李固之废,朝野丧气,群臣侧足而立;唯乔正色无所回桡,由是朝野皆倚望焉。

7 秋,七月,勃海孝王鸿薨,无子。太后立帝弟蠡吾侯悝为勃海王,以奉鸿祀。

8 诏以定策功,益封梁冀万三千户,封冀弟不疑为颍阳侯,蒙为西平侯,冀子胤为襄邑侯,胡广为安乐侯,赵戒为厨亭侯,袁汤为安国侯。又封中常侍刘广等皆为列侯。

杜乔谏曰:"古之明君,皆以用贤、赏罚为务。失国之主,其朝岂无贞干之臣,典诰之篇哉?患得贤不用其谋,韬书不施其教,闻善不信其义,听谗不审其理也。陛下自藩臣即位,天人属心,不急忠贤之礼而先左右之封,梁氏一门,宦者微孽,并带无功之绶,裂劳臣之土,其为乖滥,胡可胜言!夫有功不赏,为善失其望;奸回不诘,为恶肆其凶。故陈资斧而人靡畏,班爵位而物无劝。苟遂斯道,岂伊伤政为乱而已,丧身亡国,可不慎哉!"书奏,不省。

孝桓皇帝上之上

汉桓帝建和元年(丁亥,公元 147 年)

1 春季,正月辛亥朔(初一),发生日食。

2 戊午(初八),大赦天下。

3 三月,龙在谯县显现。

4 夏季,四月庚寅(十一日),京都雒阳发生地震。

5 封阜陵王刘代的哥哥勃道亭侯刘便,继位阜陵王。

6 六月,太尉胡广被免职,擢升光禄勋杜乔为太尉。自从李固遭废黜后,朝廷和民间,都意气颓丧,文武百官,一个个害怕得不敢正立,人人感到自危;只剩下杜乔,仍然保持一身正气,不肯向奸佞屈服,因此,朝廷和民间都把希望寄托在他身上。

7 秋季,七月,勃海孝王刘鸿去世,没有儿子。梁太后封桓帝的弟弟蠡吾侯刘悝为勃海王,以祭祀刘鸿。

8 桓帝下诏,因拥立皇帝决策有功,增封梁冀食邑一万三千户,封梁冀的弟弟梁不疑为颍阳侯,梁蒙为西平侯,梁冀的儿子梁胤为襄邑侯,胡广为安乐侯,赵戒为厨亭侯,袁汤为安国侯。又将中常侍刘广等人,都封为列侯。

杜乔上书进谏说:"自古以来,圣明的君王都以任用贤能、赏有功、罚有罪作为头等大事。亡国的君王,他的朝廷,怎能没有忠贞干练的栋梁之臣,又怎能没有赏赐有功,惩罚有罪的典章制度?问题在于,虽有贤能,而不能任用;虽有典章制度,而不能施行;听到忠直的建议,却不相信;而听到谗言时,又不能洞察奸邪。陛下从诸侯王,登上至尊宝座,天人归心,不先去礼敬忠贞贤能,而是先封自己身边的人,梁家一门和宦官中卑微之辈,都佩带上无功而得到的官印和丝带,分得了只有功臣才能得到的封土,背离典章制度到何等程度,简直不能用言语形容!对有功的人不加赏赐,就会使为善的人感到失望;对邪恶的人不加惩罚,就会使作恶的人更加肆无忌惮地逞凶。所以,即使将砍头的利斧放在面前,人也不畏惧,将封爵官位悬在面前,人也不动心。如果采取这种办法,难道仅仅是伤害政事,使朝政混乱而已,甚至还要丧身亡国,不可以不特别慎重!"奏章呈上后,桓帝没有采纳。

9　八月乙未，立皇后梁氏。梁冀欲以厚礼迎之，杜乔据执旧典，不听。冀属乔举汜宫为尚书，乔以宫为臧罪，不用。由是日忤于冀。九月，丁卯，京师地震。乔以灾异策免。冬，十月，以司徒赵戒为太尉，司空袁汤为司徒，前太尉胡广为司空。

10　宦者唐衡、左悺共谮杜乔于帝曰："陛下前当即位，乔与李固抗议，以为不堪奉汉宗祀。"帝亦怨之。

十一月，清河刘文与南郡妖贼刘鲔交通，妄言"清河王当统天下"，欲共立蒜。事觉，文等遂劫清河相谢暠曰："当立王为天子，以暠为公。"暠骂之，文刺杀暠。于是捕文、鲔，诛之。有司劾奏蒜；坐贬爵为尉氏侯，徙桂阳，自杀。

梁冀因诬李固、杜乔，云与文、鲔等交通，请逮按罪。太后素知乔忠，不许。冀遂收固下狱。门生渤海王调贯械上书，证固之枉，河内赵承等数十人亦要铁锧诣阙通诉，太后诏赦之。及出狱，京师市里皆称万岁。冀闻之，大惊，畏固名德终为己害，乃更据奏前事。大将军长史吴祐伤固之枉，与冀争之。冀怒，不从。从事中郎马融主为冀作章表，融时在坐，祐谓融曰："李公之罪，成于卿手。李公若诛，卿何面目视天下人！"冀怒，起，入室；祐亦径去。固遂死于狱中。临命，与胡广、赵戒书曰："固受国厚恩，是以竭其股肱，不顾死亡，

9 八月乙未（十八日），桓帝册封梁冀的妹妹梁女莹为皇后。梁冀打算用隆重的厚礼迎亲，杜乔根据旧有的典章，予以反对。其后，梁冀又嘱托杜乔推荐氾宫担任尚书，杜乔因氾宫曾经犯过贪污罪，不肯答应。从此，杜乔越来越为梁冀所忌恨。九月丁卯（二十一日），京都洛阳发生地震。杜乔因天降灾异而被下诏免官。冬季，十月，任命司徒赵戒为太尉，司空袁汤为司徒，前任太尉胡广为司空。

10 宦官唐衡、左悺一道向桓帝诬陷杜乔说："陛下在登极之前，杜乔和李固一起反对，认为您不能胜任侍奉汉朝的庙祭。"因此，桓帝对杜乔和李固也心生怨恨。

十一月，清河国人刘文和南郡的妖贼刘鲔相勾结，胡妄宣称"清河王刘蒜应当统御天下"，打算共同拥立刘蒜为皇帝。此事被发觉后，刘文等人于是劫持清河国宰相谢暠，对他说："我们应当拥立清河王刘蒜当皇帝，请您当三公。"谢暠诟骂他们，刘文将他刺杀。于是，朝廷逮捕刘文和刘鲔，将其诛杀。有关官吏向朝廷弹劾清河王刘蒜，刘蒜因罪被贬为尉氏侯，并被放逐到桂阳郡，刘蒜自杀。

于是，梁冀诬陷李固、杜乔，指控他们两人和刘文、刘鲔等人互相勾结，请求将其逮捕治罪。梁太后一向了解杜乔忠直，不肯法办。梁冀便将李固一个人逮捕下狱。李固的门生、渤海人王调身戴刑具向朝廷上书，证明李固实属冤枉，河内郡赵承等数十人，也带着执行腰斩时用的刑具一同到宫门上诉，于是，梁太后下诏释放李固。等到李固出狱之时，京都雒阳的大街小巷，都齐呼万岁。梁冀听到消息后，大为惊骇，畏惧李固的声名和品德，终将伤害自己，于是，重新向朝廷弹劾李固和刘文、刘鲔相勾结的旧案。大将军长史吴祐对李固的冤狱深为伤感，于是，向梁冀据理力争。梁冀勃然大怒，不肯听从。从事中郎马融负责为梁冀起草诬陷李固的奏章，当时，马融也正好在座，吴祐便责问马融说："李固的罪状，是你一手罗织出来的。李固如果被诛杀，你还有什么脸面去见天下人！"梁冀听后，更加暴跳如雷，立即起身进入内室；吴祐也迅速离去。于是，李固就死在狱中。他临死之前，写信给胡广、赵戒说："我李固因受国家厚恩，所以才竭尽忠心，不顾死亡大祸，

志欲扶持王室，比隆文、宣。何图一朝梁氏迷谬，公等曲从，以吉为凶，成事为败乎！汉家衰微，从此始矣。公等受主厚禄，颠而不扶，倾覆大事，后之良史岂有所私！固身已矣，于义得矣，夫复何言！"广、戒得书悲惭，皆长叹流涕而已。

冀使人胁杜乔曰："早从宜，妻子可得全。"乔不肯。明日，冀遣骑至其门，不闻哭者，遂白太后收系之。亦死狱中。

冀暴固、乔尸于城北四衢，令："有敢临者加其罪。"固弟子汝南郭亮尚未冠，左提章、钺，右秉铁锧，诣阙上书，乞收固尸，不报。与南阳董班俱往临哭，守丧不去。夏门亭长呵之曰："卿曹何等腐生！公犯诏书，欲干试有司乎！"亮曰："义之所动，岂知性命！何为以死相惧邪！"太后闻之，皆赦不诛。杜乔故掾陈留杨匡，号泣星行，到雒阳，著故赤帻，托为夏门亭吏，守护尸丧，积十二日。都官从事执之以闻，太后赦之。匡因诣阙上书，并乞李、杜二公骸骨，使得归葬，太后许之。匡送乔丧还家，葬讫，行服。遂与郭亮、董班皆隐匿，终身不仕。

梁冀出吴祐为河间相，祐自免归，卒于家。

冀以刘鲔之乱，思朱穆之言，于是请种暠为从事中郎，荐栾巴为议郎，举穆高第，为侍御史。

目的是想辅佐皇室，使它在功业上可以和汉文帝、宣帝时期比美。万万没有想到梁氏荒谬作乱，而你们二位曲意顺从，将吉祥化作凶恶，大事本来可以成功，反遭失败！汉王朝衰落，从此开始。你们二位接受帝王丰厚的俸禄，眼看朝廷就要倒塌，却不肯扶持，倾覆朝廷的大事，后世优秀史官怎会有所偏袒！我的生命虽然完结，但是已经尽到大义，还有什么可说！"胡广、赵戒看到李固所写的遗书后，感到悲伤惭愧，但也都不过是长叹流泪而已。

其后，梁冀又派人威胁杜乔说："你应该快点自杀，那样，你的妻子和儿女还可以得到保全。"杜乔不肯接受。第二天，梁冀就派人骑马到杜乔家门，没有听到里面有人啼哭，于是报告梁太后，将杜乔逮捕下狱。杜乔也死在狱中。

梁冀把李固、杜乔的尸首拖到雒阳城北夏门亭十字路口示众，并且下令："有敢来哭泣吊丧的，予以惩治。"李固的学生、汝南郡人郭亮，还不到二十岁，左手拿着奏章和斧子，右手抱着铁砧，到宫门上书，乞求为李固收尸，没有得到答复。但是，郭亮又和南阳郡人董班，一同到现场吊丧哭泣，守着尸体不走。夏门亭长大声呵斥说："你们是何等迂腐的书生！公然冒犯皇帝的圣旨，想试试官府的厉害吗！"郭亮回答说："我们深为他们的大义所感动，哪里还知道顾及自己的性命！为什么要用死来威胁我们！"梁太后听到后，将郭亮、董班二人赦免。杜乔从前的属吏、陈留吏人杨匡，悲号哭泣，星夜赶到京都雒阳，穿上旧官服，头戴束发的赤巾，冒充夏门亭的差吏，在杜乔的尸体旁护丧，达十二天之久。后被都官从事逮捕，奏报朝廷，梁太后将他赦免。于是杨匡到宫门上书，向朝廷请求将李固和杜乔的尸体归葬家乡，梁太后批准。于是，杨匡将杜乔的灵柩送回家乡，等到安葬完毕，又为他服丧。后来，他和郭亮、董班都藏匿起来，终身不肯出来做官。

梁冀命吴祐出任河间国宰相，吴祐自己辞官归家，后在家中去世。

梁冀因刘鲔谋反，想起朱穆以前向他提出的建议，于是聘请种暠担任从事中郎，推荐栾巴为议郎，并因朱穆在将军府掾中考绩最优而进行保举，将他任命为侍御史。

11 是岁,南单于兜楼储死,伊陵尸逐就单于车兒立。

二年(戊子,148)

1 春,正月甲子,帝加元服。庚午,赦天下。

2 三月戊辰,帝从皇太后幸大将军冀府。

3 白马羌寇广汉属国,杀长吏。益州刺史率板楯蛮讨破之。

4 夏,四月丙子,封帝弟顾为平原王,奉孝崇皇祀;尊孝崇皇夫人为孝崇园贵人。

5 五月癸丑,北宫掖庭中德阳殿及左掖门火,车驾移幸南宫。

6 六月,改清河为甘陵。立安平孝王得子经侯理为甘陵王,奉孝德皇祀。

7 秋,七月,京师大水。

三年(己丑,149)

1 夏,四月丁卯晦,日有食之。

2 秋,八月乙丑,有星孛于天市。

3 京师大水。

4 九月己卯,地震。庚寅,地又震。

5 郡、国五山崩。

6 冬,十月,太尉赵戒免;以司徒袁汤为太尉,大司农河内张歆为司徒。

7 是岁,前朗陵侯相荀淑卒。淑少博学有高行,当世名贤李固、李膺皆师宗之。在朗陵,莅事明治,称为神君。有子八人:俭、绲、靖、焘、汪、爽、肃、专,并有名称,时人谓之"八龙"。所居里旧名西豪,颍阴令渤海苑康以为昔高阳氏有才子八人,更命其里曰高阳里。

11 同年,南匈奴单于兜楼储去世,车儿继位,号为伊陵尸逐就单于。

汉桓帝建和二年(戊子,公元 148 年)

1 春季,正月甲子(十九日),桓帝行成年加冠礼。庚午(二十五日),大赦天下。

2 三月戊辰(二十四日),桓帝跟随梁太后临幸大将军梁冀府。

3 白马种羌人攻打广汉属国,杀害地方官吏。益州刺史率领板楯蛮族,将其击破。

4 夏季,四月丙子(初三),梁太后下诏,封桓帝的弟弟刘顾为平原王,侍奉孝崇皇的祭祀;尊孝崇皇夫人为孝崇园贵人。

5 五月癸丑(初十),北宫掖庭中的德阳殿和左掖门失火,桓帝移住南宫。

6 六月,改清河国为甘陵国。封安平孝王刘得的儿子、经侯刘理为甘陵王,侍奉孝德皇的祭祀。

7 秋季,七月,京都雒阳发生水灾。

汉桓帝建和三年(己丑,公元 149 年)

1 夏季,四月丁卯晦(三十日),出现日食。

2 秋季,八月乙丑(三十日),有异星出现在天市星旁。

3 京都雒阳发生水灾。

4 九月己卯(十四日),地震。庚寅(二十五日),再次地震。

5 有五个郡和封国发生山崩。

6 冬季,十月,太尉赵戒被免职;任命司徒袁汤为太尉,擢升大司农、河内郡人张歆为司徒。

7 同年,前任朗陵侯国的宰相荀淑去世。荀淑年轻时,不仅学问渊博,而且德行高尚,连当代最著名的贤人李固、李膺,都像对待老师一样地尊崇他。荀淑在朗陵侯国任职,治理政事,明快果断,被大家奉若神明。荀淑共有八个儿子:荀俭、荀绲、荀靖、荀焘、荀汪、荀爽、荀肃、荀专,也都享盛名,当时被人称为"八龙"。荀淑所居住的里名,原来叫西豪里,颍阴县令、渤海国人苑康,因从前高阳氏共有八个多才的儿子,于是就将西豪里改名为高阳里。

　　膺性简亢,无所交接,唯以淑为师,以同郡陈寔为友。荀爽尝就谒膺,因为其御。既还,喜曰:"今日乃得御李君矣!"其见慕如此。

　　陈寔出于单微,为郡西门亭长。同郡锺皓以笃行称,前后九辟公府,年辈远在寔前,引与为友。皓为郡功曹,辟司徒府,临辞,太守问:"谁可代卿者?"皓曰:"明府欲必得其人,西门亭长陈寔可。"寔闻之曰:"锺君似不察人,不知何独识我!"太守遂以寔为功曹。时中常侍侯览托太守高伦用吏,伦教署为文学掾,寔知非其人,怀檄请见,言曰:"此人不宜用,而侯常侍不可违,寔乞从外署,不足以尘明德。"伦从之。于是乡论怪其非举,寔终无所言。伦后被征为尚书,郡中士大夫送至纶氏,伦谓众人曰:"吾前为侯常侍用吏,陈君密持教还而于外白署,比闻议者以此少之,此咎由故人畏惮强御,陈君可谓'善则称君,过则称己'者也。"寔固自引愆,闻者方叹息,由是天下服其德。后为太丘长,修德清静,百姓以安。邻县民归附者,寔辄训导譬解发遣,各令还本。司官行部,吏虑民有讼者,白欲禁之,寔曰:"讼以求直,禁之,理将何申! 其勿有所拘。"司官闻而叹息曰:"陈君所言若是,岂有冤于人乎!"亦竟无讼者。以沛相赋敛违法,解印绶去。吏民追思之。

李膺性格简朴正直，跟人很少交往，只把荀淑当作老师，和同郡人陈寔结交。荀爽曾经去拜见李膺，就势给李膺驾车。回来后，他高兴地说："今天，我总算给李君驾车了！"李膺被人倾慕，竟然到了如此地步。

　　陈寔出身贫贱，担任颍川郡西门亭长。同郡人钟皓，以行为敦厚著称，前后九次被三公府征聘，年龄和辈分都远在陈寔之上，却跟陈寔成为好友。钟皓原任郡功曹，后被征聘到司徒府去任职，他向郡太守辞行时，郡太守问："谁可以接替你的职务？"钟皓回答说："如果您一定想要得到合适的人选，西门亭长陈寔可以胜任。"陈寔听到消息后说："钟君似乎不会推荐人，不知为什么单单举荐我！"于是，郡太守就任命陈寔为郡功曹。当时，中常侍侯览托付郡太守高伦任用自己所推荐的人为吏，于是，高伦便签署命令，将这个人命为文学掾，陈寔知道这个人不能胜任，就拿着高伦签署的命令求见，对高伦说："这个人不可任用，然而侯常侍的意旨，也不可违抗，不如由我来签署任命，这样的话，就不会玷污您完美的品德。"高伦听从。于是，乡里的舆论哗然，都奇怪陈寔怎么会举用这样不合适的人，而陈寔始终不作分辨。后来，高伦被征召到朝廷去担任尚书，郡太守府的官吏和士绅都来为他送行，一直送到纶氏县，高伦对大家说："我前些时把侯常侍推荐的人任命为吏，陈寔却把我签署的任命书秘密送还，而改由他来任用，我接连听说陈寔因为这件事遭到议论，受人轻视。其实，这件事的责任，是因为我畏惧侯览的势力太大，才同意这样做的，而陈君真可以称得上'把善行归于主君，把过错归于自己'的人。"但陈寔仍然坚持是自己的过失，听到的人无不叹息，从此，天下的人都佩服他的品德。后来，陈寔担任太丘县的县长，修饰德教，无为而治，使百姓得以安居乐业。邻县的百姓都来归附，陈寔总是对他们进行开导和解释，然后遣送他们回到原县。上级官员来县视察，本县的官吏恐怕百姓越级上诉，请求陈寔加以禁止，陈寔说："越级上诉的目的，是为了求得公平，如果加以禁止，他们的理到哪里去申诉！不要有任何限制。"前来视察的主管官员听后，叹息说："既然陈君说这样的话，哪里还会冤枉别人！"竟然也没有人来越级上诉。后来陈寔担任沛国宰相，被指控违法征收赋税，于是，他主动解下印信，离职而去。官吏和百姓都很怀念他。

　　锺皓素与荀淑齐名,李膺常叹曰:"荀君清识难尚;锺君至德可师。"皓兄子瑾母,膺之姑也。瑾好学慕古,有退让风,与膺同年,俱有声名。膺祖太尉脩常言:"瑾似我家性,'邦有道,不废;邦无道,免于刑戮'。"复以膺妹妻之。膺谓瑾曰:"孟子以为'人无是非之心,非人也',弟于是何太无皂白邪!"瑾尝以膺言白皓。皓曰:"元礼祖、父在位,诸宗并盛,故得然乎!昔国子好招人过,以致怨恶。今岂其时邪!必欲保身全家,尔道为贵。"

和平元年(庚寅,150)

1　春,正月甲子,赦天下,改元。

2　乙丑,太后诏归政于帝,始罢称制。二月甲寅,太后梁氏崩。

3　三月,车驾徙幸北宫。

4　甲午,葬顺烈皇后。增封大将军冀万户,并前合三万户;封冀妻孙寿为襄城君,兼食阳翟租,岁入五千万,加赐赤绂,比长公主。寿善为妖态以蛊惑冀,冀甚宠惮之。冀爱监奴秦宫,官至太仓令,得出入寿所,威权大震,刺史、二千石皆谒辞之。冀与寿对街为宅,殚极土木,互相夸竞,金玉珍怪,充积藏室;又广开园圃,采土筑山,十里九阪,深林绝涧,有若自然,奇禽驯兽飞走其间。冀、寿共乘辇车,游观第内,

锺皓一向和荀淑享有同等的声誉,李膺经常叹息说:"荀君的清高和见识,很难学习;锺君的高贵品德,可以为人师表。"锺皓的侄儿锺瑾的母亲,是李膺的姑妈。锺瑾喜爱读书,效法古人,有退让的风度,和李膺同岁,都有声名。李膺的祖父、太尉李脩经常说:"锺瑾像我们李家人的性格,'国家有道,不会久居人下;国家无道,不会受到诛杀'。"于是,又把李膺的妹妹嫁给锺瑾为妻。李膺对锺瑾说:"孟子认为'人要是没有是非之心,就不是人',你对于黑白,为何太不分明!"锺瑾曾经将李膺的话,告诉锺皓。锺皓安慰他说:"李膺的祖父、父亲都身居高位,整个家族都很鼎盛,所以才能那样做!从前,齐国的国佐专好挑剔别人的过失,以致招来怨恨和报复。现在哪里是黑白分明的时代!如果一定想保全自己的身家性命,还是你的办法最为高明。"

汉桓帝和平元年(庚寅,公元150年)

1 春季,正月甲子(初一),大赦天下,改年号。

2 乙丑(初二),梁太后下诏,将朝政大权归还给桓帝,皇太后不再行使皇帝权力。二月甲寅(二十二日),梁太后去世。

3 三月,桓帝迁回北宫居住。

4 甲午,安葬梁太后,谥号为顺烈皇后。增封大将军梁冀食邑一万户,连同以前所封食邑,共三万户;封梁冀的妻子孙寿为襄城君,同时收取襄城和阳翟两县的租税,每年收入达五千万钱之多,加赐红色的印信和丝带,与长公主相同。孙寿善于做出各种妖媚的姿态,来迷惑梁冀,梁冀对她,既很宠爱,又非常害怕。梁冀所宠爱的管家奴秦宫,做官做到太仓令,可以出入孙寿的住所,威势和权力都很大,连州刺史和郡太守等两千石高级地方官吏,在赴任之前,都要谒见秦宫,向他辞行。梁冀和孙寿分别在街道两旁相对兴建住宅,建筑工程穷极奢华,互相竞争夸耀,金银财宝,奇珍怪物,充满房舍;又大举开拓园林,从各处运来土石,堆砌假山,十里大道,有九里都紧傍池塘,林木深远,山涧流水,宛如天然生成,各种各样的奇异和驯养的飞禽走兽,在园林中飞翔奔跑。梁冀和孙寿共同乘坐人力辇车,在家宅的园林之内游玩观赏,

多从倡伎,酣讴竟路,或连日继夜以骋娱恣。客到门不得通,皆请谢门者,门者累千金。又多拓林苑,周遍近县,起兔苑于河南城西,经亘数十里,移檄所在调发生兔,刻其毛以为识,人有犯者,罪至死刑。尝有西域贾胡不知禁忌,误杀一兔,转相告言,坐死者十馀人。又起别第于城西,以纳奸亡;或取良人悉为奴婢,至数千口,名曰自卖人。冀用寿言,多斥夺诸梁在位者,外以示谦让,而实崇孙氏。孙氏宗亲冒名为侍中、卿、校、郡守、长吏者十馀人,皆贪饕凶淫,各使私客籍属县富人,被以他罪,闭狱掠拷,使出钱自赎,赀物少者至于死。又扶风人士孙奋,居富而性吝,冀以马乘遗之,从贷钱五千万,奋以三千万与之。冀大怒,乃告郡县,认奋母为其守藏婢,云盗白珠十斛、紫金千斤以叛,遂收考奋兄弟死于狱中,悉没其赀财亿七千馀万。冀又遣客周流四方,远至塞外,广求异物,而使人复乘势横暴,妻略妇女,殴击吏卒,所在怨毒。

侍御史朱穆自以冀故吏,奏记谏曰:"明将军地有申伯之尊,位为群公之首,一日行善,天下归仁;终朝为恶,四海倾覆。顷者官民俱匮,加以水虫为害,京师诸官费用增多,诏书发调,或至十倍,各言官无见财,皆当出民,搒掠割剥,强令充足。公赋既重,私敛又深,牧守长吏多非德选,贪聚无厌,

后面还跟随着许多能歌善舞的女艺人,一路饮酒欢唱,有时,甚至夜以继日地纵情娱乐。客人登门拜访和求见也不许通报,求见的人全都向看门的人行贿,以致看门人的家产竟达千金之多。不仅如此,梁冀还在京都雒阳城郊邻近各县,兴筑了多处园林,他在河南雒阳城西,建立了一处兔苑,面积纵横数十里,命令所在的地方官府,向人民征调活兔,每只兔都剃掉一撮兔毛,作为标志,若有人胆敢猎取苑兔,甚至要判处死刑。曾有一位西域的胡商,不知道这个兔苑的禁令,误杀了一只兔,结果追查起来,逼得人们互相胡乱控告,因罪至死的达十多人。梁冀又在雒阳城西,兴筑了一座别墅,用来收容奸民和藏匿逃亡犯;甚至抢夺良家子女,都用来充当奴婢,多达数千人,称他们为"自卖人"。梁冀采纳孙寿的建议,罢免了许多梁姓家族人员的官职,表面上显示梁冀的谦让,而实际上却抬高了孙氏家族的地位。在孙氏家族中冒名担任侍中、卿、校、郡守、长吏的共有十多人,全都贪得无厌、穷凶极恶,他们派自己的私人宾客,分别到所管辖的各县,调查登记本地富人,然后加以罪名,将富人逮捕关押,严刑拷打,使富人出钱赎罪,家财不足的,因为出不起那么多钱,甚至活活被打死。扶风人士孙奋,富有而吝啬,梁冀曾送给他一匹乘马,要求借贷五千万钱,而孙奋只借给他三千万钱。梁冀勃然大怒,于是派人到孙奋所在的郡县,诬告孙奋的母亲是梁冀家里看守库房的婢女,曾经偷盗白珍珠十斛、紫金一千斤逃亡,于是将孙奋兄弟逮捕下狱,严刑拷打至死,全部没收孙奋的家产,共值一亿七千余万钱。梁冀还派遣门客,周游四方,甚至远到塞外,四处征求各地的异物,而这些被派出的门客又都仗着梁冀的势力,横征暴敛,抢夺百姓的妻子和女儿,殴打地方官吏和士卒,凡是他们所到之处,都激起怨恨。

侍御史朱穆,因为自己是梁冀过去的属吏,于是,向梁冀上书进谏说:"大将军的地位和中国国君一样的尊贵,官位又居于三公之上,只要一天行善,天下无不感恩;只要一天作恶,四海立即沸腾。近来,官府和民间都已十分穷困,又加上水灾和虫灾的侵害,京都洛阳各官府的费用增多,皇帝下诏征调的款项有时高达平时的十倍,而地方的各级官府,都说库里没有现钱,全都要向百姓征收,于是用鞭子抽打,残酷榨取,强迫凑足数目。朝廷征收的赋税已经十分沉重,官吏私人的聚敛更是变本加厉,州牧和郡太守等地方高级官吏大多数不是有品德的人选,他们都贪得无厌,

遇民如虏，或绝命于箠楚之下，或自贼于迫切之求。又掠夺百姓，皆托之尊府，遂令将军结怨天下，吏民酸毒，道路叹嗟。昔永和之末，纲纪少弛，颇失人望，四五岁耳，而财空户散，下有离心。马勉之徒乘敝而起，荆、扬之间几成大患。幸赖顺烈皇后初政清静，内外同力，仅乃讨定。今百姓戚戚，困于永和，内非仁爱之心可得容忍，外非守国之计所宜久安也。夫将相大臣，均体元首，共舆而驰，同舟而济，舆倾舟覆，患实共之。岂可以去明即昧，履危自安，主孤时困而莫之恤乎！宜时易宰守非其人者，减省第宅园池之费，拒绝郡国诸所奉送，内以自明，外解人惑，使挟奸之吏无所依托，司察之臣得尽耳目。宪度既张，远迩清壹，则将军身尊事显，德耀无穷矣！"冀不纳。冀虽专朝纵横，而犹交结左右宦官，任其子弟、宾客为州郡要职，欲以自固恩宠。穆又奏记极谏，冀终不悟，报书云："如此，仆亦无一可邪！"然素重穆，亦不甚罪也。

冀遣书诣乐安太守陈蕃，有所请托，不得通。使者诈称他客求谒蕃，蕃怒，笞杀之。坐左转修武令。

时皇子有疾，下郡县市珍药。而冀遣客赍书诣京兆，并货牛黄。京兆尹南阳延笃发书收客，曰："大将军椒房外家，而皇子有疾，必应陈进医方，岂当使客千里求利乎！"遂杀之。冀惭而不得言。有司承旨求其事，笃以病免。

对待百姓如同对待盗贼和仇敌,百姓有的在官府的鞭击棒打之下毙命,有的不堪忍受追逼勒索而自杀。并且,这些掠夺百姓的暴行,都是托名于大将军府,就使将军受到天下的怨恨,官吏和百姓都感到伤心悲痛,在路上嗟叹。过去,永和末年,朝廷的法度,稍微松弛,颇让百姓失望,只不过四五年时间,就弄得全国财政空虚,户口流散,百姓离心离德。于是,马勉之徒,乘机起兵,在荆州和扬州之间,几乎酿成大祸。幸赖梁太后开始主持朝政,清静无为,朝廷内外,齐心合力,才得以讨平。现在,百姓的忧惧,较之永和末年,更为严重,如果对内不能发扬仁爱之心予以容忍,对外又没有保全国家的方略,是不可能获得长治久安的。大将军和宰相等朝廷大臣,跟国家君主同为一体,共乘一车奔驰,共坐一船渡河,车辆一旦颠翻,舟船一旦倾覆,大家实际上患难与共。怎么可以抛弃光明,投向黑暗,怎么可以走在危险的路上,却自以为平安,又怎么可以在主上孤单,时局艰难之际,毫不在意! 应该及时裁撤那些不称职的州牧和郡太守,减省兴建住宅和园林池塘的费用,拒绝接受各郡和各封国奉送的礼物,对内表明自己的高贵品德,对外解除人民的疑惑,使仗势为恶的奸吏无所依靠,负责监察的官吏,得以尽职。法纪一旦得到伸张,远近的政治将得到清平,那么将军的地位更加尊贵,事业更加显赫,明德将永垂于世!”梁冀没有采纳。梁冀虽然垄断朝政,专横跋扈,然而,仍交结皇帝左右的当权宦官,任命他们的子弟和宾客亲友担任州郡官府的重要职务,目的在于稳固皇帝对自己的恩德和宠信。因此,朱穆又向梁冀上书极力劝谏,但梁冀始终不能觉悟,反而写信回报朱穆说:“照你所说,难道我也一点对的地方都没有!”然而,梁冀一向尊重朱穆,所以也不是很怪罪他。

梁冀写信给乐安郡太守陈蕃,托他办事,但陈蕃拒绝会见梁冀派来的使者。于是,使者冒充是其他客人,请求谒见陈蕃,陈蕃大怒,将使者鞭打而死。陈蕃因罪被贬为修武县县令。

这时,皇子有病,下令各郡县购买珍贵的药材。梁冀也趁此机会派门客带着他写的书信,到京兆要求同时购买牛黄。京兆尹南阳郡人延笃打开梁冀所写的书信一看,便将梁冀派来的门客逮捕,说:“大将军是皇亲国戚,而皇子有病,必应上言进献医方,怎么会派门客到千里之外谋求小利!”于是,就将其斩杀。梁冀虽然感到羞惭,但哑口无言。其后,有关官吏奉承梁冀的意旨追查这一杀人案件,以延笃有病为理由,将他免职。

5　夏,五月庚辰,尊博园匽贵人曰孝崇后,宫曰永乐,置太仆、少府以下,皆如长乐宫故事。分钜鹿九县为后汤沐邑。

6　秋,七月,梓潼山崩。

元嘉元年(辛卯,151)

1　春,正月朔,群臣朝会,大将军冀带剑入省。尚书蜀郡张陵呵叱令出,敕虎贲、羽林夺剑。冀跪谢,陵不应,即劾奏冀,请廷尉论罪。有诏,以一岁俸赎。百僚肃然。河南尹不疑尝举陵孝廉,乃谓陵曰:"昔举君,适所以自罚也!"陵曰:"明府不以陵不肖,误见擢序,今申公宪以报私恩!"不疑有愧色。

2　癸酉,赦天下,改元。

3　梁不疑好经书,喜待士,梁冀疾之,转不疑为光禄勋;以其子胤为河南尹。胤年十六,容貌甚陋,不胜冠带;道路见者莫不蚩笑。不疑自耻兄弟有隙,遂让位归第,与弟蒙闭门自守。冀不欲令与宾客交通,阴使人变服至门,记往来者。南郡太守马融、江夏太守田明初除,过谒不疑。冀讽有司奏融在郡贪浊,及以他事陷明,皆髡笞徙朔方。融自刺不殊,明遂死于路。

5 夏季，五月庚辰(十九日)，桓帝尊其母博园匽贵人为孝崇后，住永乐宫，设置太仆、少府以下官吏，一切都遵照西汉时期长乐宫的前例。从钜鹿郡分割九个县，作为封赐给孝崇后的汤沐邑，收取赋税以供个人奉养。

6 秋季，七月，广汉郡的梓潼县发生山崩。

汉桓帝元嘉元年(辛卯，公元151年)

1 春季，正月朔(初一)，群臣朝见桓帝，大将军梁冀佩带宝剑进入宫中。尚书蜀郡人张陵厉声斥责梁冀，让他赶快退出，并命令虎贲和羽林卫士夺下他所佩带的宝剑。于是，梁冀跪下向张陵认错，张陵没有答应，立即向桓帝上书弹劾梁冀，请求将他交给廷尉治罪。桓帝下诏，罚梁冀一年的俸禄赎罪。因此，文武百官都对张陵肃然起敬。河南尹梁不疑曾经荐举张陵为孝廉，于是对张陵说："过去荐举你，没有想到你今天正好来惩罚我们梁家！"张陵回答说："您不认为我没有才能，错误地将我提拔任用，我今天伸张朝廷法度，正是为了报答您过去推荐的私恩！"梁不疑听后，面有愧色。

2 癸酉(十六日)，大赦天下，改年号。

3 梁不疑喜好儒家的经书，乐于接待有学问的人士，梁冀对此很是憎恶，于是，调他担任光禄勋；而任命自己的儿子梁胤为河南尹。当时，梁胤年仅十六岁，容貌非常丑陋，穿上官服以后不堪入目，道路上的行人见到他这副模样，没有一个不嘲笑的。梁不疑认为兄弟之间有嫌隙，对自己是一种耻辱，于是辞去官职，回到自己的住宅，和弟弟梁蒙闭门在家自守。梁冀不愿意他再与外面的宾客交往，于是，暗地里派人更换衣服，到梁不疑的大门前，守候专门和他交往的宾客。南郡太守马融、江夏郡太守田明得到新的任命时路过梁不疑家，曾经去晋见梁不疑，向他辞行。梁冀便授意有关官吏弹劾马融在南郡贪污，并用其他的事诬陷田明，将他们二人都判处髡刑、鞭打，放逐到朔方郡。马融自杀未遂，田明死在发配途中。

4　夏,四月己丑,上微行,幸河南尹梁胤府舍。是日,大风拔树,昼昏。尚书杨秉上疏曰:"臣闻天不言语,以灾异谴告。王者至尊,出入有常,警跸而行,静室而止,自非郊庙之事,则鸾旗不驾。故诸侯入诸臣之家,《春秋》尚列其诫;况于以先王法服而私出樊游!降乱尊卑,等威无序,侍卫守空宫,玺绂委女妾,设有非常之变,任章之谋,上负先帝,下悔靡及!"帝不纳。秉,震之子也。

5　京师旱,任城、梁国饥,民相食。

6　司徒张歆罢,以光禄勋吴雄为司徒。

7　北匈奴呼衍王寇伊吾,败伊吾司马毛恺,攻伊吾屯城。诏敦煌太守马达将兵救之,至蒲类海,呼衍王引去。

8　秋,七月,武陵蛮反。

9　冬,十月,司空胡广致仕。

10　十一月辛巳,京师地震。诏百官举独行之士。涿郡举崔寔,诣公车,称病,不对策。退而论世事,名曰《政论》。其辞曰:"凡天下所以不治者,常由人主承平日久,俗渐敝而不悟,政寖衰而不改,习乱安危,怢不自睹。或荒耽耆欲,不恤万机;或耳蔽箴诲,厌伪忽真;或犹豫歧路,莫适所从;或见信之佐,括囊守禄;或疏远之臣,言以贱废;是以王纲纵弛于上,智士郁伊于下。悲夫!

4 夏季，四月己丑（初三），桓帝秘密出游，临幸河南尹梁胤家。当天，突刮大风，拔起树木，白昼一片昏暗。尚书杨秉上书说："我曾经听说，上天不会说话，用灾异来谴责告诫帝王。帝王是至尊之人，出入皇宫都有常规，凡是出宫，前面有人清道和警戒行人，左右有人侍卫，凡是入宫必先派人清宫，然后才能居住，除非是到郊外祭祀天地，或者到皇庙祭祀祖宗，帝王的銮旗御车从不离开皇宫。所以，各国的封君到臣属之家，《春秋》尚且将它举出作为鉴戒；更何况是穿着先王规定的朝服私自外出游玩！尊贵和卑贱混乱不分，威仪失去等级秩序，侍卫守护空宫，天子的玺印交给妇女保管，万一发生非常的变化，出现任章一类的谋反事件，上则辜负先帝的希望，下则后悔莫及。"桓帝不能采纳。杨秉，即杨震的儿子。

5 京都雒阳发生旱灾，任城、梁国发生饥荒，出现人吃人的现象。

6 司徒张歆被罢官，擢升光禄勋吴雄为司徒。

7 北匈奴呼衍王攻打伊吾，击败伊吾司马毛恺，又乘胜进攻伊吾屯城。桓帝下诏，命敦煌太守马达率军前往援救，当援军到达蒲类海时，呼衍王率兵退走。

8 秋季，七月，武陵郡蛮族起兵反叛。

9 冬季，十月，司空胡广辞官退休。

10 十一月辛巳（二十八日），京都雒阳发生地震。桓帝下诏，命朝廷的文武百官推荐志节高尚，不随俗浮沉的人士。涿郡太守推荐崔寔，当他到达京都洛阳皇宫负责接待的公车衙门时，声称有病，不肯参加回答皇帝策问的考试。可是，他回乡后，却撰写了一篇评论当代政事的文章，篇名叫作《政论》。他在文章中说："凡是天下之所以不能治理，通常是由于人主继承太平盛世历时太久。风俗已经逐渐敝败而仍不觉悟，政令已经逐渐衰败而不知道改弦更张，以乱为治，以危为安，熟视无睹。有的沉溺于酒色，荒淫纵欲，不忧虑国事；有的听不进任何规劝，爱听假话而听不进真话；有的不能分辨人的忠和奸、事情的是和非，在歧路上犹豫不决，不知所从；于是，亲信的辅佐大臣害怕得罪奸邪，闭口不言，只求保全自己的高官厚禄；而疏远的臣下虽然敢说真话，但因为地位卑微，意见不能受到重视和采用。因此，朝廷的法度在上面遭到破坏，使才智之士在下面感到无可奈何。真是可悲！

"自汉兴以来,三百五十馀岁矣,政令垢玩,上下怠懈,百姓嚣然,咸复思中兴之救矣!且济时拯世之术,在于补袳决坏,枝拄邪倾,随形裁割,要措斯世于安宁之域而已。故圣人执权,遭时定制,步骤之差,各有云设,不强人以不能,背急切而慕所闻也。盖孔子对叶公以来远、哀公以临人、景公以节礼,非其不同,所急异务也。俗人拘文牵古,不达权制,奇伟所闻,简忽所见,乌可与论国家之大事哉!故言事者虽合圣听,辄见掎夺。何者?其顽士暗于时权,安习所见,不知乐成,况可虑始?苟云率由旧章而已;其达者或矜名妒能,耻策非己,舞笔奋辞以破其义。寡不胜众,遂见摈弃,虽稷、契复存,犹将困焉。斯贤智之论所以常愤郁而不伸者也。

"凡为天下者,自非上德,严之则治,宽之则乱。何以明其然也?近孝宣皇帝明于君人之道,审于为政之理,故严刑峻法,破奸轨之胆,海内清肃,天下密如,算计见效,优于孝文。及元帝即位,多行宽政,卒以堕损,威权始夺,遂为汉室基祸之主。政道得失,于斯可鉴。昔孔子作《春秋》,襃齐桓,懿晋文,

"自从汉王朝建立迄今,已经三百五十多年,朝廷政令已经严重荒废,上下松懈怠惰,百姓怨声载道,都盼望重新得到中兴,挽救目前的危局!并且,拯救朝政和百姓的唯一办法,在于把裂缝补好,把倾斜支住,根据实际情况,采取必要的措施,目的只是要使整个天下达到安宁的境地而已。所以,圣人一旦掌握朝廷大权,就会根据当时面临的形势,制订相应的制度和措施,虽然采取的步骤会有差异,设置的制度和措施也各不相同,但都不会强迫人们去做根本做不到的事,也不会不做当前急需的事,而只是追求遥远空洞的理想。孔子回答叶高,为政在于首先应该让近处的人心悦诚服,然后才能使远处的人都来归附;他回答鲁哀公,为政在于选用贤才;他回答齐景公,为政在于节约财富,并不是孔子对为政本身有不同的见解,而是针对他们面临的不同要务。庸俗的人,只知拘泥于古书上的文字,不懂得需要根据不同的情势,制订不同的制度和措施的道理,只看重从书中听来的古人古事,而忽略眼前的现实,怎么可以和这种人讨论国家的大事!所以,上书奏事的臣属,虽然得到人主的重视,但往往被奸佞之辈从背后掣肘,终于不能实行。为什么会这样呢?有些顽劣的人士不懂审时度势,只知安于所见到过的事情,即使是事情已经成功,也不知快乐,何况在事情刚开始时,就让他同意?结果大家一致声称:还是遵照原来的法令规章去办而已;有的人,虽然见识通达,但居名自负,忌妒贤能,因为计策不是出自自己而感到羞耻,于是舞文弄墨,慷慨陈词,去诋毁别人提出的计策。即便是最好的计策,因为寡不敌众,也终于遭到摈弃,纵使后稷、子契重生,也束手无策。这样就是贤能智慧的言论经常遭到压抑而得不到伸展的缘故。

　　"凡是治理天下的君主,并非全都具有最好的品德,采用严厉的手段则得到治理,采用宽纵的手段则国家混乱。何以知道会是这样?近代孝宣皇帝,明白统治人民的道理,知道为政的真谛,所以,采用严刑峻法使为非作歹的人心胆俱裂,海内清平,天下人心安静,结果总结他的政绩,高于文帝。可是,等到元帝即位,在许多方面,放宽了政令,使朝政开始衰败,皇帝的威势和权力开始下降,汉室王朝的灭亡大祸在他手中奠下基础。所以,为政之道的得失,从这里可以得到借鉴。过去,孔子作《春秋》,褒奖齐桓公,夸奖晋文公,

叹管仲之功。夫岂不美文、武之道哉？诚达权救敝之理也。圣人能与世推移，而俗士苦不知变，以为结绳之约，可复治乱秦之绪，干戚之舞，足以解平城之围。夫熊经鸟伸，虽延历之术，非伤寒之理；呼吸吐纳，虽度纪之道，非续骨之膏。盖为国之法，有似理身，平则致养，疾则攻焉。夫刑罚者，治乱之药石也；德教者，兴平之粱肉也。夫以德教除残，是以粱肉养疾也；以刑罚治平，是以药石供养也。方今承百王之敝，值厄运之会，自数世以来，政多恩贷，驭委其辔，马骀其衔，四牡横奔，皇路险倾，方将拑勒鞭靷以救之，岂暇鸣和鸾，调节奏哉！昔文帝虽除肉刑，当斩右趾者弃市，笞者往往至死。是文帝以严致平，非以宽致平也。"寔，瑗之子也。山阳仲长统尝见其书，叹曰："凡为人主，宜写一通，置之坐侧。"

臣光曰："汉家之法已严矣，而崔寔犹病其宽，何哉？盖衰世之君，率多柔懦，凡愚之佐，唯知姑息，是以权幸之臣有罪不坐，豪猾之民犯法不诛；仁恩所施，止于目前；奸宄得志，纪纲不立。故崔寔之论，以矫一时之枉，非百世之通义也。孔子曰："政宽则民慢，慢则纠之以猛；猛则民残，残则施之以宽。宽以济猛，猛以济宽，政是以和。"斯不易之常道矣。

赞叹管仲。那么，孔子难道不赞美周文王、周武王的为政之道吗？只是为了拯救当前朝政的弊病，必须面对现实。圣人能够随着时代的前进而不断改变制度和措施，然而庸人却苦于不知道随着时代的变迁而改变自己的认识，以为上古时代所采用的结绳记事的原始方法，仍然可以治理纷乱如麻的秦王朝；以为舞弄红色的盾牌和玉石制作的斧钺做干戚之舞，足可以解除汉高祖受困的平成之围。像熊那样攀援树木，伸手展足，像鸟那样飞翔高空，伸腿展翅，虽然可以延年益寿，却治不了伤寒重病；用口不断吐出浊气，用鼻不断吸进清气，虽然可以使身体健康，却不是接骨的良药。治理国家的方法和养护身体相类似，平常时候注意营养和保护，有病时则使用药物进行治疗。刑罚，正是治理乱世的药物；德教，则是治理太平盛世的美食佳肴。如果用德教去铲除凶残，就好比用美食佳肴去治疗疾病；反之，如果用刑罚去治理太平盛世，就好比用药物去营养和保护身体，都是不合适的。可是，现在继承历代帝王遗留下来的弊病，又正逢艰难的时局，最近几代以来，政令大多宽容，如同驾马车的人，扔掉了缰绳，马匹脱掉了衔勒，四匹牡马横冲直撞，前面的道路又非常险峻，应该紧急地勒马刹车进行拯救，怎么还有闲暇的时间，一边听着车铃的节奏声，一边从容不迫地往前走呢！过去，汉文帝虽然废除了肉刑，但是，应当砍掉右脚趾的，改为斩首示众，受笞刑的人，也往往被鞭打至死。所以，汉文帝仍然是用严刑峻法而不是用宽容的办法，使得天下实现了太平的。"崔寔是崔瑗的儿子。山阳郡人仲长统曾经看到了这篇文章，叹息说："凡是君主，都应把它抄写下来，放在案几旁边作为座右铭。"

臣司马光说：汉王朝的法令已经够严厉的了，然而，崔寔还觉得它太宽大，这是什么缘故？因为一个王朝到了衰败的末世，君王大多懦弱，平庸的辅佐大臣只知道无原则的宽容和迁就，所以，有权势而得君王宠幸的臣下，即使有罪，也得不到应有的惩罚；豪强和不守法度的刁徒，即使违法，也不加以诛杀；施加仁爱恩惠，只限于眼前；为非作歹的人一旦得逞，则法度不能得到维护。所以，崔寔的评论，是针对一时的弊端，不是百代不变的法则。孔子说："为政太宽大则百姓不在乎，百姓一旦不在乎，则用严刑峻法来纠正；施行严刑峻法，则百姓感到暴虐，百姓一旦感到暴虐，则改施仁政。用宽大和严厉两种手段互相补充，政局才能稳定。"这是永世不变的治国常道。

11 闰月庚午,任城节王崇薨;无子,国绝。

12 以太常黄琼为司空。

13 帝欲褒崇梁冀,使中朝二千石以上会议其礼。特进胡广、太常羊溥、司隶校尉祝恬、太中大夫边韶等咸称冀之勋德宜比周公,锡之山川、土田、附庸。黄琼独曰:"冀前以亲迎之劳,增邑万三千户;又其子胤亦加封赏。今诸侯以户邑为制,不以里数为限,冀可比邓禹,合食四县。"朝廷从之。于是有司奏:"冀入朝不趋,剑履上殿,谒赞不名,礼仪比萧何;悉以定陶、阳成馀户增封为四县,比邓禹;赏赐金钱、奴婢、彩帛、车马、衣服、甲第,比霍光;以殊元勋。每朝会,与三公绝席。十日一入,平尚书事。宣布天下,为万世法。"冀犹以所奏礼薄,意不悦。

二年(壬辰,152)

1 春,正月,西域长史王敬为于寘所杀。初,西域长史赵评在于寘,病痈死。评子迎丧,道经拘弥。拘弥王成国与于寘王建素有隙,谓评子曰:"于寘王令胡医持毒药著创中,故致死耳!"评子信之,还,以告敦煌太守马达。会敬代为长史,马达令敬隐核于寘事。敬先过拘弥,成国复说云:"于寘国人欲以我为王;今可因此罪诛建,于寘必服矣。"敬贪立功名,前到于寘,设供具,请建而阴图之。或以敬谋告建,建不信,曰:"我无罪,王长史何为欲杀我?"旦日,建从官属数十人诣敬,

11　闰十二月庚午(十八日),任城节王刘崇去世;没有儿子承继,封国撤销。

12　擢升太常黄琼为司空。

13　桓帝准备褒奖和尊崇梁冀,命朝廷中的二千石以上的官员集会讨论有关礼仪。特进胡广、太常羊溥、司隶校尉祝恬、太中大夫边韶等人都称赞梁冀的功德应该比拟周公,赏赐给他山川、土地以及附属于他的小封国。唯独司空黄琼提出异议说:"梁冀以前因亲自迎立桓帝的功劳,已增封食邑一万三千户;并且他的儿子梁胤也已得到封赏。现在诸侯的封国都是用食邑的户、县数为标准,而不管面积的大小,所以梁冀可以比拟邓禹,赏赐给他的食邑,共合四县。"桓帝批准。于是,有关官吏又上奏:"梁冀入朝之时,可以不必快步慢跑,可以携带宝剑和不脱木屐上殿,在皇帝面前,礼宾官只称他的官衔,不报姓名,礼仪比照萧何;把定陶县、阳成县馀下的全部户数,连同以前封的两县,增封为四县,比照邓禹;赏赐金钱、奴婢、彩色丝织物、车马、衣服、住宅,比照霍光;以表示不同于其他的元勋。每次朝见皇帝时,梁冀不与三公同席,位在三公之上,另设一个专席。每隔十天,入朝一次,处理尚书台的要事。并把这项殊荣,布告天下,作为万世的表率。"可是,梁冀还认为有关官吏所上奏的礼仪太轻,心里不高兴。

汉桓帝元嘉二年(壬辰,公元 152 年)

1　春季,正月,西域长史王敬被于寘王国诛杀。起初,前任西域长史赵评在于寘生恶性脓疮而病死。赵评的儿子前往迎接灵柩,路上经过拘弥王国。因拘弥王成国和于寘王建一向有怨隙,于是成国对赵评的儿子说:"于寘王命令匈奴医生,将毒药放在伤口上,所以致令尊死去!"赵评的儿子信以为真,回来后,将此情况报告敦煌太守马达。当时,正逢王敬接任西域长史,马达命王敬秘密调查和核实此事。王敬去于寘,途中先经过拘弥时,拘弥王成国又对王敬说:"于寘国人打算拥戴我当国王,现在可以用这个罪名将于寘王建诛杀,于寘一定归服。"王敬贪图建立功名,来到于寘后,摆设酒席,请于寘王建赴宴,却秘密布下埋伏,图谋杀害他。有人将此消息报告于寘王建,但王建并不相信,说:"我没有罪,王长史为什么要杀我?"次日,于寘王建率领从官属吏数十人,去拜见王敬,

坐定,建起行酒,敬叱左右执之。吏士并无杀建意,官属悉得突走。时成国主簿秦牧随敬在会,持刀出,曰:"大事已定,何为复疑!"即前斩建。于寘侯、将输粳等遂会兵攻敬,敬持建头上楼宣告曰:"天子使我诛建耳!"输粳不听,上楼斩敬,悬首于市。输粳自立为王,国人杀之,而立建子安国。马达闻王敬死,欲将诸郡兵出塞击于寘。帝不听,征达还,而以宋亮代为敦煌太守。亮到,开募于寘,令自斩输粳。时输粳死已经月,乃断死人头送敦煌而不言其状,亮后知其诈,而竟不能讨也。

2　丙辰,京师地震。

3　夏,四月甲寅,孝崇皇后匽氏崩,以帝弟平原王石为丧主,敛送制度比恭怀皇后。五月辛卯,葬于博陵。

4　秋,七月庚辰,日有食之。

5　冬,十月乙亥,京师地震。

6　十一月,司空黄琼免。十二月,以特进赵戒为司空。

永兴元年(癸巳,153)

1　春,三月丁亥,帝幸鸿池。

2　夏,五月丙申,赦天下,改元。

3　丁酉,济南悼王广薨;无子,国除。

4　秋,七月,郡、国三十二蝗,河水溢。百姓饥穷流冗者数十万户,冀州尤甚。诏以侍御史朱穆为冀州刺史。冀部令长闻穆济河,解印绶去者四十馀人。及到,奏劾诸郡贪污者,有至自杀,或死狱中。宦者赵忠丧父,归葬安平,

宾主坐定,于阗王建起身敬酒时,王敬便喝令左右的人,将他逮捕。当时,官吏和卫士都没有杀建的意思,所以,跟随建来赴宴的从官属吏,全都突围逃走。正好拘弥王成国的主簿秦牧也跟着王敬出席宴会,于是,抽出佩刀说:"大事已定,还有什么疑惑!"立即上前将建斩首。于是,于阗辅国侯大将输僰等率军前来攻打王敬,王敬拿着建的人头上楼宣告说:"是天子派我来诛杀建的。"输僰不听,冲到楼上,斩杀王敬,将他的人头悬挂在街市上示众。然后,输僰自立为于阗王,又被国人杀死,另行拥立建的儿子安国为于阗国王。马达听说王敬被杀死后,准备率领各郡的地方兵出塞攻击于阗王国。桓帝没有批准,将马达征召回京都雒阳,任命宋亮接任敦煌郡太守。宋亮到任以后,开导和招募于阗人,命他们自己斩杀输僰。这时输僰已经死了一个月,于是他们将死人的头砍下,送到敦煌郡太守府,但没有说斩杀的具体情况。宋亮后来才知道其中有诈,但到底不能再出兵讨伐。

2　丙辰,京都雒阳发生地震。

3　夏季,四月甲寅(初四),桓帝的母亲孝崇皇后匽明去世,由桓帝的弟弟平原王刘石主持丧事,装殓和送葬的制度,比照和帝的母亲恭怀皇后。五月辛卯(十二日),将她安葬在博陵。

4　秋季,七月庚辰(初二),出现日食。

5　冬季,十月乙亥(二十八日),京都雒阳发生地震。

6　十一月,司空黄琼被免官。十二月,任命特进赵戒为司空。

汉桓帝永兴元年(癸巳,公元 153 年)

1　春季,三月丁亥(十二日),桓帝前往鸿池。

2　夏季,五月丙申,大赦天下,改年号。

3　丁酉(二十三日),济南悼王刘广去世,没有儿子承继,封国撤销。

4　秋季,七月,有三十二个郡和封国发生蝗灾,黄河河水上涨,泛滥成灾。百姓被饥饿和贫穷所困迫,四处流散的达数十万户,冀州的情况,尤为严重。桓帝下诏,任命侍御史朱穆为冀州刺史。冀州所属的各县县令和县长听说朱穆已渡黄河北上,解下印信自动离职而去的有四十馀人。等朱穆到职以后,便向朝廷上奏弹劾各郡的贪官污吏,这些官吏有的自杀,有的死在狱中。宦官赵忠的父亲去世,将棺材运回故乡安平国埋葬,

僭为玉匣。穆下郡案验,吏畏其严,遂发墓剖棺,陈尸出之。帝闻,大怒,征穆诣廷尉,输作左校。太学书生颍川刘陶等数千人诣阙上书讼穆曰:"伏见弛刑徒朱穆,处公忧国,拜州之日,志清奸恶。诚以常侍贵宠,父子兄弟布在州郡,竞为虎狼,噬食小民,故穆张理天纲,补缀漏目,罗取残祸,以塞天意。由是内官咸共恚疾,谤讟烦兴,谗隙仍作,极其刑谪,输作左校。天下有识,皆以穆同勤禹、稷而被共、鲧之戾,若死者有知,则唐帝怒于崇山,重华忿于苍墓矣!当今中官近习,窃持国柄,手握王爵,口衔天宪,运赏则使饿隶富于季孙,呼噏则令伊、颜化为桀、跖,而穆独亢然不顾身害,非恶荣而好辱、恶生而好死也,徒感王纲之不摄,惧天纲之久失,故竭心怀忧,为上深计。臣愿黥首系趾,代穆输作。"帝览其奏,乃赦之。

5 冬,十月,太尉袁汤免,以太常胡广为太尉。司徒吴雄、司空赵戒免,以太仆黄琼为司徒,光禄勋房植为司空。

6 武陵蛮詹山等反,武陵太守汝南应奉招降之。

7 车师后部王阿罗多与戊部候严皓不相得,忿戾而反,攻围屯田,杀伤吏士。后部候炭遮领馀民畔阿罗多,诣汉吏降。

竟然违反法令,用皇帝和王侯才准许穿的玉衣装殓死者。朱穆命令郡太守调查核实,郡太守等地方官吏畏惧他的严厉,于是挖开坟墓,劈开棺木,把尸首抬出来进行检查。桓帝得到报告后,勃然大怒,征召朱穆到廷尉问罪,被判处到左校营罚作苦役。于是,太学的学生、颍川郡人刘陶等数千人前往宫门上书,为朱穆申辩说:"我们认为,解除枷锁的刑徒朱穆,秉公处事,尽忠报国,当他被任命为冀州刺史的那一天起,就立志铲除奸佞和邪恶。的确是因为中常侍居位尊贵,又受到皇帝的宠信,他们的父子、兄弟散布在各州各郡,像虎狼一样地竞相吞食小民,所以朱穆才伸张国法,修补连缀破漏的法纲,惩处残暴和作恶的人,以合天意。因此,宦官们对他都很痛恨,非议和责难四起,谗言接踵而来,使他遭受刑罚,被送到左校营罚作苦役。天下的有识之士,都认为朱穆勤于王事,如同禹和后稷,却与共工和鲧一样遭到惩罚,如果死了的人仍有知觉,则唐尧帝将会在崇山坟墓里发怒,虞舜帝也会在苍梧坟墓里怨恨。当今,宦官等皇帝左右的亲信,窃据和把持着国家的权力,手中掌握着生杀予夺大权,他们说的话,就等于是皇帝的旨意,行赏时可使快要饿死的奴隶变得比季孙还要富有,不高兴时,也可将伊尹、颜渊顷刻化作桀和盗跖,然而朱穆却昂然而出,奋不顾身,并不是因为他憎恶荣耀而喜爱羞辱、憎恶生命而喜爱死亡,只是因为他深感朝廷的纲纪不振,畏惧国家法令长久丧失,所以竭尽忠心,报答国家,为皇上深谋远虑。我们愿意接受黥刑,在脸上刺字,脚戴铁镣,代替朱穆去服苦役。"桓帝看到他们的奏章后,于是下令赦免朱穆。

5 冬季,十月,太尉袁汤被免官,擢升太常胡广为太尉。司徒吴雄和司空赵戒,均被免官,擢升太仆黄琼为司徒,擢升光禄勋房植为司空。

6 武陵郡蛮族首领詹山等起兵反叛,武陵郡太守汝南郡人应奉招抚他们归降。

7 车师后王国国王阿罗多和戊部候严皓不投合,因此,阿罗多因愤怒而起兵反叛,攻打和包围屯田,杀伤将吏和士卒。可是,他的部属后部候炭遮领却率领其馀的部队,背叛阿罗多,向汉朝的官吏归降。

阿罗多迫急,从百馀骑亡入北匈奴。敦煌太守宋亮上立后部故王军就质子卑君为王。后阿罗多复从匈奴中还,与卑君争国,颇收其国人。戊校尉严详虑其招引北虏,将乱西域,乃开信告示,许复为王,阿罗多乃诣详降。于是更立阿罗多为王,将卑君还敦煌,以后部人三百帐与之。

二年(甲午,154)

1 春,正月甲午,赦天下。

2 二月辛丑,复听刺史、二千石行三年丧。

3 癸卯,京师地震。

4 夏,蝗。

5 东海朐山崩。

6 乙卯,封乳母马惠子初为列侯。

7 秋,九月丁卯朔,日有食之。

8 太尉胡广免;以司徒黄琼为太尉。闰月,以光禄勋尹颂为司徒。

9 冬,十一月甲辰,帝校猎上林苑,遂至函谷关。

10 泰山、琅邪贼公孙举、东郭窦等反,杀长吏。

永寿元年(乙未,155)

1 春,正月戊申,赦天下,改元。

2 二月,司隶、冀州饥,人相食。

3 太学生刘陶上疏陈事曰:"夫天之与帝,帝之与民,犹头之与足,相须而行也。陛下目不视鸣条之事,耳不闻檀车之声,

阿罗多处于危急之中,被迫率领一百馀骑兵投奔北匈奴。敦煌太守宋亮上奏朝廷,封立后王国以前的国王军就送到汉朝当人质的儿子卑君为王。后来,阿罗多又从北匈奴归国,和卑君争夺王位,得到不少国人的归附。戊校尉严详担心阿罗多招引北匈奴,扰乱西域,就开诚布公地告诉阿罗多,只要他不再反叛,可以恢复他的王位,阿罗多立即向严详归降。于是,重新封立阿罗多为后王国国王,而将卑君护送回敦煌,将后王国三百个帐篷的移民交给他管辖。

汉桓帝永兴二年(甲午,公元 154 年)

1 春季,正月甲午(二十四日),大赦天下。

2 二月辛丑(初二),再次准许刺史和官秩二千石以上的高级官吏为父母守丧三年。

3 癸卯(初四),京都雒阳发生地震。

4 夏季,发生蝗灾。

5 东海郡朐山发生山崩。

6 乙卯(十六日),桓帝封乳母马惠的儿子马初为列侯。

7 秋季,九月丁卯朔(初一),出现日食。

8 太尉胡广被免官,任命司徒黄琼为太尉。闰九月,擢升光禄勋尹颂为司徒。

9 冬季,十一月甲辰(初九),桓帝前往上林苑打猎,于是,抵达函谷关。

10 泰山郡、琅邪郡贼帅公孙举、东郭窦等起兵叛,斩杀地方官吏。

汉桓帝永寿元年(乙未,公元 155 年)

1 春季,正月戊申(十四日),大赦天下,改年号。

2 二月,司隶、冀州发生饥荒,出现人吃人的现象。

3 太学生刘陶上书评论政事说:"上天和皇帝之间的关系,皇帝和百姓之间的关系,犹如头和脚的关系,互相配合才行。陛下眼睛没有看见过鸣条战争的情况,耳朵没有听见过战车厮杀的声音,

天灾不有痛于肌肤,震食不即损于圣体,故蔑三光之谬,轻上天之怒。伏念高祖之起,始自布衣,合散扶伤,克成帝业,勤亦至矣;流福遗祚,至于陛下。陛下既不能增明烈考之轨,而忽高祖之勤,妄假利器,委授国柄,使群丑刑隶,芟刈小民,虎豹窟于麕场,豺狼乳于春圃,货殖者为穷冤之魂,贫馁者作饥寒之鬼,死者悲于窀穸,生者戚于朝野,是愚臣所为咨嗟长怀叹息者也!且秦之将亡,正谏者诛,谀进者赏,嘉言结于忠舌,国命出于谗口,擅阎乐于咸阳,授赵高以车府,权去己而不知,威离身而不顾。古今一揆,成败同势。愿陛下远览强秦之倾,近察哀、平之变,得失昭然,祸福可见。臣又闻危非仁不扶,乱非智不救,窃见故冀州刺史南阳朱穆、前乌桓校尉臣同郡李膺,皆履正清平,贞高绝俗,斯实中兴之良佐,国家之柱臣也,宜还本朝,夹辅王室。臣敢吐不时之义于讳言之朝,犹冰霜见日,必至消灭;臣始悲天下之可悲,今天下亦悲臣之愚惑也。"书奏,不省。

4　夏,南阳大水。

5　司空房植免;以太常韩缜为司空。

6　巴郡、益州郡山崩。

7　秋,南匈奴左薁鞬、台耆、且渠伯德等反,寇美稷,东羌复举种应之。安定属国都尉敦煌张奂初到职,壁中唯有二百许人,闻之,即勒兵而出;军吏以为力不敌,叩头争止之,奂不听,遂进屯长城,收集兵士,遣将王卫招诱东羌,

天灾并没有伤害到陛下的肌肉和皮肤,地震和日食也没有损毁陛下的身体,所以陛下轻视日月星辰的变异,也不在乎上天的发怒。我想到高祖当初起事时,原是一个平民百姓,集结流散亡命,救死扶伤,才得以完成帝王大业,其艰苦勤劳也已到了极点;福禄和帝位,一代接一代地流传下来,直到陛下身上。陛下既不能为祖先创立的法制增添光彩,而又辜负高祖的千辛万苦,随便地将刑赏和兵权给予人家,把国家权力委付他人,致使一群丑恶的宦官任意宰割小民,如同虎豹在幼鹿场中挖洞,豺狼在春天的林园中生下幼崽,富人惨死于严刑酷法,成为冤魂,穷人死于饥饿和寒冷,成为冻馁之鬼,已死的人在长夜中悲鸣,活着的人无论在朝、在野,无不愁苦,这就是我所以长怀叹息的原因!并且,秦王朝将要灭亡时,凡是直言进谏的遭到诛杀,而阿谀奉承的却得到封赏,规劝的忠言被堵塞,国家的命运系于奸佞之口,纵容阎乐在京都咸阳独断专行,任命赵高为中车府令,掌握宫中大权。国家的权柄已经离开自己,而不觉悟,皇帝的威严已经丧失,仍然不闻不问。古往今来,成功和失败的情势都是一样的。希望陛下远观强大的秦王朝倾覆的往事,近察哀帝、平帝时期的政局变乱,得失祸福,将看得非常清楚。我又听说,危难必须有仁爱之心才能扶持,变乱必须有智慧之人才能拯救,我个人认为前任冀州刺史南阳郡人朱穆、前任乌桓校尉我的同郡人李膺,都遵行正道,清廉公平,忠贞高尚,与众不同,他们真正是中兴的优良辅佐,国家的栋梁之臣,应该将其征召回朝廷任职,共同辅佐陛下。我胆敢在忌讳讲真话的朝廷说出不合时宜的话,犹如冰霜见到太阳,一定会被消灭;我为天下人实在可悲而感到悲伤,然而,今天,天下人也要为我的愚昧无知而悲伤了。"奏章呈上去后,桓帝没有省察。

　　4　夏季,南阳郡发生大水灾。

　　5　司空房植被免官;擢升太常韩缤为司空。

　　6　巴郡和益州郡,发生山崩。

　　7　秋季,南匈奴左薁鞬、台耆、且渠伯德等起兵反叛,攻打美稷,东羌诸种全体起来响应。安定属国都尉、敦煌郡人张奂刚刚到任,军垒中只有两百余人,得到消息后,他立即率军出击,军营中的属吏都认为无法抵挡,跪下来叩头劝阻,但张奂不听,于是,进兵屯守长城要塞,征集兵士,派部将王卫劝诱东羌诸种降服,

因据龟兹县,使南匈奴不得交通。东羌诸豪遂相率与奂共击奠鞬等,破之。伯德惶恐,将其众降,郡界以宁。羌豪遗奂马二十匹,金镽八枚。奂于诸羌前以酒酹地曰:"使马如羊,不以入厩;使金如粟,不以入怀。"悉以还之。前此八都尉率好财货,为羌所患苦。及奂正身洁己,无不悦服,威化大行。

二年(丙申,156)

1 春,三月,蜀郡属国夷反。

2 初,鲜卑檀石槐,勇健有智略,部落畏服,乃施法禁,平曲直,无敢犯者,遂推以为大人。檀石槐立庭于弹污山、歠仇水上,去高柳北三百馀里,兵马甚盛;东、西部大人皆归焉。因南抄缘边,北拒丁零,东却夫馀,西击乌孙,尽据匈奴故地,东西万四千馀里。

秋,七月,檀石槐寇云中。以故乌桓校尉李膺为度辽将军。膺到边,羌、胡皆望风畏服,先所掠男女,悉诣塞下送还之。

3 公孙举、东郭窦等聚众至三万人,寇青、兖、徐三州,破坏郡县。连年讨之,不能克。尚书选能治剧者,以司徒掾颍川韩韶为嬴长。贼闻其贤,相戒不入嬴境。馀县流民万馀户入县界;韶开仓赈之,主者争谓不可。韶曰:"长活沟壑之人,而以此伏罪,含笑入地矣。"太守素知韶名德,竟无所坐。韶与同郡荀淑、锺皓、陈寔皆尝为县长,所至以德政称,时人谓之"颍川四长"。

因而得以进据龟兹县,切断了南匈奴和东羌诸种之间的交通。于是,东羌诸种豪杰相继率领种众和张奂共同进击莫犍等,将其击破。且渠伯德感到非常惶恐,率领部众投降,郡境内得到安宁。东羌诸种豪杰赠送给张奂战马二十匹,金耳环八枚。张奂在诸种豪杰面前,用酒洒地,发誓说:"即令赠送的马匹像羊群那么多,我也绝不能牵入马棚;即令黄金像粟米的价格一样贱,我也绝不能装进自己的腰包。"于是,将它们全部退还。在此之前,八任都尉大多贪图金钱和财物,羌人非常痛苦。及至张奂继任,由于他严格要求自己,洁身自爱,东羌人无不心悦诚服,政令和教化推行无阻。

汉桓帝永寿二年(丙申,公元 156 年)

1 春季,三月,蜀郡属国的夷族起兵反叛。

2 起初,鲜卑人檀石槐,勇敢健壮,又有谋略,在部落中深受大家的敬畏和信服。檀石槐制定法令,审理诉讼,没有人敢违犯,于是被推举为部落的首领。檀石槐在弹汙山和歠仇水之间建立了王庭,位于高柳以北三百余里,兵强马壮,非常强盛;东部和西部的部落首领都向他归附。因此,南方劫掠沿边各郡,北方抗拒丁零,东方击退夫馀,西方进击乌利孙,完全占领匈奴的故土,东西广达一万四千余里。

秋季,七月,檀石槐攻打云中郡。桓帝任命前任乌桓校尉李膺为度辽将军。李膺到任以后,羌人和胡人都望风敬畏归服,把先前掠夺的男女俘虏全部送到塞下归还。

3 公孙举、东郭窦等聚集部众达三万人,攻打青州、兖州、徐州,使三州所管辖下的郡县受到破坏。连年进行讨伐,都不能取胜。尚书挑选能够处理繁重难办事务的官吏,将司徒掾、颍川郡人韩韶任命为赢县的县长。盗贼听说他很贤能,互相告诫,不要进入赢县的境内。于是,其他县的流民一万多户,逃到赢县,韩韶打开粮仓,进行赈济,主管粮仓的官吏,争相劝说,不能这样做。韩韶说:"能够救活死在水沟和山谷里面的人,因此被处死,我也会含笑入地。"泰山郡太守一向知道韩韶的名声和品德,竟然没有给他处罚。韩韶和同郡人荀淑、锺皓、陈寔都曾经担任过县长,在他们任职的所在县,都以施行德政而著称,所以,当时的人们称他们为"颍川四长"。

4 初,鲜卑寇辽东,属国都尉段颎率所领驰赴之。既而恐贼惊去,乃使驿骑诈赍玺书召颎,颎于道伪退,潜于还路设伏。虏以为信然,乃入追颎,颎因大纵兵,悉斩获之。坐诈为玺书,当伏重刑;以有功,论司寇;刑竟,拜议郎。至是,诏以东方盗贼昌炽,令公卿选将帅有文武材者。司徒尹颂荐颎,拜中郎将,击举、窦等,大破斩之,获首万馀级,馀党降散。封颎为列侯。

5 冬,十二月,地震。

6 封梁不疑子马为颍阴侯,梁胤子桃为城父侯。

4 起初,鲜卑攻打辽东郡,属国都尉段颎率领军队前去迎战。但担心鲜卑惊恐逃走,于是派驿骑假传皇帝诏书,征召段颎回京都雒阳。段颎在行军路上,诈向后撤退,后又秘密返回原来的地方,设下埋伏。鲜卑信以为真,于是入境追击段颎,段颎因此得以纵兵大战,将鲜卑全部斩杀、俘虏。因段颎伪造诏书,应该判处死刑;但因讨伐鲜卑有功,减为判处两年徒刑;两年刑期满后,又被任命为议郎。到了本年,桓帝下诏,因为东方盗贼昌盛,命三公九卿推荐有文武双全的将帅人才。司徒尹颂推荐段颎,段颎被任命为中郎将,于是率军进击公孙举、东郭窦等,取得大胜,斩公孙举、东郭窦,诛杀和俘虏一万多人,馀众有的归降,有的解散。封段颎为列侯。

5 冬季,十二月,发生地震。

6 封梁不疑的儿子梁马为颍阴侯,梁胤的儿子梁桃为城父侯。

卷第五十四　汉纪四十六

起丁酉(157)尽癸卯(163)凡七年

孝桓皇帝上之下

永寿三年(丁酉,157)

1　春,正月己未,赦天下。

2　居风令贪暴无度,县人朱达等与蛮夷同反,攻杀令,聚众至四五千人。夏,四月,进攻九真,九真太守兒式战死。诏九真都尉魏朗讨破之。

3　闰月庚辰晦,日有食之。

4　京师蝗。

5　或上言:“民之贫困以货轻钱薄,宜改铸大钱。”事下四府群僚及太学能言之士议之。太学生刘陶上议曰:“当今之忧,不在于货,在乎民饥。窃见比年已来,良苗尽于蝗螟之口,杼轴空于公私之求。民所患者,岂谓钱货之厚薄,铢两之轻重哉! 就使当今沙砾化为南金,瓦石变为和玉,使百姓渴无所饮,饥无所食,虽皇、羲之纯德,唐、虞之文明,犹不能以保萧墙之内也。盖民可百年无货,不可一朝有饥,故食为至急也。议者不达农殖之本,多言铸冶之便。盖万人铸之,一人夺之,犹不能给;况今一人铸之,则万人夺之乎! 虽以阴阳为炭,万物为铜,役不食之民,使不饥之士,

孝桓皇帝上之下

汉桓帝永寿三年(丁酉,公元 157 年)

1 春季,正月己未,大赦天下。

2 居风县县令贪污暴虐,没有限度,县民朱达等和蛮夷族联合起兵反叛,攻打县城,斩杀县令,聚集群众四五千人。夏季,四月,进攻九真郡,九真郡太守兒式战死。桓帝下诏,命九真郡都尉魏朗率军讨伐,将其攻破。

3 闰五月庚辰晦(三十日),出现日食。

4 京都雒阳发生蝗灾。

5 有人上书说:"百姓所以贫困,原因在于钱币的重量太轻,厚度太薄,应该改铸大钱。"奏章交付给大将军太尉、司徒、司空等四府的官吏,以及太学中有见解的学生,共同讨论。太学生刘陶上书说:"我们当前面临的忧患,不在于钱币,而在于百姓饥荒。我个人认为,连年以来,茂盛的庄稼,都被蝗虫和螟虫全部吃光,民间所织的布匹,都被朝廷和官吏私人搜刮一空。人民所忧患的,怎么会说是钱币的厚薄和铢两的轻重? 即今当前能把沙砾化作南方出产的黄金,把瓦片变成下和发现的白玉,而让百姓渴了没有水喝,饿了没有饭吃,尽管有天皇氏、伏羲氏的纯洁美德,唐尧和虞舜的清明政治,仍不能保证宫室门屏之内的安全。民众可以有一百年不用钱币,不可以有一天饥饿,所以,吃饭才是最急迫的问题。主张改铸钱币的人,不了解农业生产是国家的根本大计,多数只说改铸钱币的好处。但是,如果一万个人铸钱,有一个人掠夺,还是不能满足;何况现在是一个人铸钱,而有一万个人来掠夺! 尽管把天地间的阴阳二气都当作炭火,把万物都当成铜,驱使不吃饭的人民,使用不饥饿的役夫,

犹不能足无厌之求也。夫欲民殷财阜,要在止役禁夺,则百姓不劳而足。陛下愍海内之忧戚,欲铸钱齐货以救其弊,犹养鱼沸鼎之中,栖鸟烈火之上。水、木,本鱼鸟之所生也,用之不时,必至焦烂。愿陛下宽锲薄之禁,后冶铸之议,听民庶之谣吟,问路叟之所忧,瞰三光之文耀,视山河之分流,天下之心,国家大事,粲然皆见,无有遗惑者矣。伏念当今地广而不得耕,民众而无所食,群小竞进,秉国之位,鹰扬天下,鸟钞求饱,吞肌及骨,并噬无厌。诚恐卒有役夫、穷匠起于版筑之间,投斤攘臂,登高远呼,使愁怨之民响应云合,虽方尺之钱,何有能救其危也!"遂不改钱。

6　冬,十一月,司徒尹颂薨。

7　长沙蛮反,寇益阳。

8　以司空韩缜为司徒;以太常北海孙朗为司空。

延熹元年(戊戌,158)

1　夏,五月甲戌晦,日有食之。太史令陈授因小黄门徐璜陈"日食之变咎在大将军冀"。冀闻之,讽雒阳收考授,死于狱。帝由是怒冀。

2　京师蝗。

3　六月戊寅,赦天下,改元。

4　大雩。

5　秋,七月甲子,太尉黄琼免,以太常胡广为太尉。

仍不能满足永无止境的需求。要想使人民富裕,财富充足,最要紧的在于停止征役,禁止掠夺,则百姓不必劳苦而自然富足。如果陛下哀怜天下百姓的忧愁,想改铸钱币,使其整齐划一,来拯救时弊,这就犹如将鱼养在鼎中的开水之中,让鸟栖息在燃烧着烈火的树木之上。水和树木,本来是鱼和鸟赖以生存的,可是,用的不是时候,一定会被烧焦和煮烂。希望陛下放宽刻薄的禁令,暂缓实行改铸钱币的建议,倾听民间百姓流传的评议时政的歌谣和谚语,询问路旁老人的忧患,观察日、月、星辰等三光的变异,重视山峰崩裂和河水干涸的警告,天下人民的心愿,国家急需办理的大事,就可以看得明明白白,没有遗漏和疑惑的地方。我想到,当今,田地虽然宽广而不得耕种,人民虽然很多却得不到食物,众小人争相抢夺官爵,掌握国家的高位,犹如兀鹰凶残而横行天下,犹如乌鸦掠夺而贪婪无厌,连皮带骨,把人民一口吞下,而仍不能满足。我担心役夫和穷困的工匠会突然从版筑之间崛起,扔掉斧头,将衣出臂,登高向远方呐喊,使忧愁怨恨的人民,起来响应,犹如云一样纷纷集合,到那时候,即令改铸的钱币大如一尺见方,又怎能挽救危亡!"于是不改铸钱币。

6 冬季,十一月,司徒尹颂去世。

7 长沙郡蛮族反叛,攻打益阳县。

8 任命司空韩缜为司徒;擢升太常、北海人孙朗为司空。

汉桓帝延熹元年(戊戌,公元158年)

1 夏季,五月甲戌晦(二十九日),出现日食。太史令陈授通过小黄门徐璜,奏称"出现日食灾异,罪过在于大将军梁冀"。梁冀听到这个消息后,授意雒阳县令逮捕和拷问陈授,陈授死在狱中。桓帝因此对梁冀很恼火。

2 京都雒阳发生蝗灾。

3 六月戊寅(初四),大赦天下。改年号。

4 举行求雨祭祀大典。

5 秋季,七月甲子(二十日),太尉黄琼被免官,擢升太常胡广为太尉。

6　冬,十月,帝校猎广成,遂幸上林苑。

7　十二月,南匈奴诸部并叛,与乌桓、鲜卑寇缘边九郡。帝以京兆尹陈龟为度辽将军。龟临行,上疏曰:"臣闻三辰不轨,擢士为相;蛮夷不恭,拔卒为将。臣无文武之材而忝鹰扬之任,虽殁躯体,无所云补。今西州边鄙,土地塉埆,民数更寇虏,室家残破,虽含生气,实同枯朽。往岁并州水雨,灾螟互生,稼穑荒耗,租更空阙。陛下以百姓为子,焉可不垂抚循之恩哉!古公、西伯,天下归仁,岂复舆金辇宝以为民惠乎!陛下继中兴之统,承光武之业,临朝听政而未留圣意。且牧守不良,或出中官,惧逆上旨,取过目前。呼嗟之声,招致灾害,胡虏凶悍,因衰缘隙;而令仓库单于豺狼之口,功业无铢两之效,皆由将帅不忠,聚奸所致。前凉州刺史祝良,初除到州,多所纠罚,太守令长,贬黜将半,政未逾时,功效卓然,实应赏异,以劝功能;改任牧守,去斥奸残;又宜更选匈奴、乌桓护羌中郎将、校尉,简练文武,授之法令;除并、凉二州今年租、更,宽赦罪隶,扫除更始。则善吏知奉公之祐,恶者觉营私之祸,胡马可不窥长城,塞下无候望之患矣。"帝乃更选幽、并刺史,自营、郡太守、都尉以下,多所革易。下诏为陈将军除并、凉一年租赋,以赐吏民。龟到职,州郡重足震栗,省息经用,岁以亿计。

6 冬季,十月,桓帝前往广成苑打猎,随即到上林苑。

7 十二月,南匈奴各部部众同时反叛,和乌桓、鲜卑等联合侵犯沿边九郡。桓帝任命京兆尹陈龟为度辽将军。陈龟临行前,向桓帝上书说:"我曾经听说,当日、月、星辰不顺着轨道运行时,应该选拔士人为相;蛮夷族不恭顺朝廷时,应该选拔士卒为将。我没有文武双全的才能,却担当大军统帅的重任,即令身死,也难以报答。而今,西方边界地区,土地瘠薄多石,人民不断受到外族的侵犯掳掠,家家户户都已经残破不堪,虽然还有一口气可以呼吸,但实际上如同一具枯干的朽骨。往年并州下大雨,同时发生水灾和虫灾,农作物荒废,人民缴纳不起租税和更赋。陛下把百姓当作子女,怎么能够不尽抚养的恩惠? 古公亶父、西伯姬昌,天下的人都已纷纷归顺他俩,哪里还需要再用车辆载着金银财宝,向人民施行恩惠?陛下继承中兴的皇统,接续光武帝的帝业,临朝处理政务,然而对这一方面却没有特别留意。并且,州牧和郡太守都不贤良,有的人甚至是出自宦官的推荐,他们畏惧冒犯圣上的旨意,就只求得过且过。人民呼喊和嗟叹的声音,招来更大的灾害,外族凶猛强悍,趁着政治衰败,利用人民的怨恨,起兵作乱,致使仓库的粮秣,全被豺狼吃光,朝廷屡次出兵讨伐,却收不到丝毫功效,这都是由于将帅不忠,贪官聚敛所造成的。前任凉州刺史祝良,初被任命到州上任后,对贪官污吏多有举发和惩处,郡太守和县令、长,受到贬谪和撤职的将近半数,任职不到一年,功绩和效果卓著,实在应该给他特别的奖赏,以勉励他的功绩和才能;还应更换其他不称职的州牧和郡太守,罢免邪恶贪残的官吏;并应该重新遴选护匈奴、乌桓、羌等中郎将及校尉,要求具备文武全才,授予行使法令的权力;免除并州、凉州今年应该缴纳的田租和更赋,宽大和赦免罪犯,给他们改过自新的机会。这样,善吏知道奉公守法的福气,恶吏知道营私舞弊的祸害,胡马将不会暗中窥伺长城,边塞也将没有候望烽火的忧患。"于是,桓帝重新任命幽州、并州刺史,京兆虎牙营、扶风雍营的都尉,郡太守和都尉及以下的官吏,也多有更换。并且下诏:"为了应陈将军的请求,免除并州、凉州一年的田租和更赋,以表示朝廷对官吏和人民的恩赐。"陈龟到职以后,所在州郡官府的官吏,都大为震恐,节省下来的经费,每年以亿计算。

诏拜安定属国都尉张奂为北中郎将,以讨匈奴、乌桓等。匈奴、乌桓烧度辽将军门,引屯赤阬,烟火相望,兵众大恐,各欲亡去。奂安坐帷中,与弟子讲诵自若,军士稍安。乃潜诱乌桓,阴与和通,遂使斩匈奴、屠各渠帅,袭破其众,诸胡悉降。奂以南单于车兒不能统理国事,乃拘之,奏立左谷蠡王为单于。诏曰:"《春秋》大居正;车兒一心向化,何罪而黜!其遣还庭!"

8 大将军冀与陈龟素有隙,潜其沮毁国威,挑取功誉,不为胡虏所畏,坐征还,以种暠为度辽将军。龟遂乞骸骨归田里,复征为尚书。冀暴虐日甚,龟上疏言其罪状,请诛之,帝不省。龟自知必为冀所害,不食七日而死。种暠到营所,先宣恩信,诱降诸胡,其有不服,然后加讨;羌虏先时有生见获质于郡县者,悉遣还之;诚心怀抚,信赏分明,由是羌、胡皆来顺服。暠乃去烽燧,除候望,边方晏然无警。入为大司农。

二年(己亥,159)

1 春,二月,鲜卑寇雁门。

2 蜀郡夷寇蚕陵。

3 三月,复断刺史、二千石行三年丧。

桓帝下诏,任命安定属国都尉张奂为北中郎将,率军讨伐匈奴、乌桓等。匈奴、乌桓用火焚烧屯驻在五原的度辽将军府大门,又前往赤阬据守,烟火可以看得很清楚,张奂的部队大为惊恐,纷纷准备逃亡。可是,张奂仍然安坐帐中,跟他的门徒和学生照样自如地讲解和朗诵经书,军心才稍微安定下来。于是,张奂秘密派使者劝说乌桓,暗中和乌桓和好,然后命乌桓斩杀匈奴和匈奴的旁支屠各的首领,大破匈奴部众,匈奴人全部投降。张奂认为南匈奴举于车儿没有能力统御和治理匈奴国事,于是将他软禁,奏请朝廷改立左谷蠡王为单于。桓帝下诏说:"《春秋》主张大居正,以君位传予为常道。车儿一心归向朝廷,有什么罪过要罢黜他?送他返回王庭!"

8 大将军梁冀和陈龟之间,一向就有怨恨,于是梁冀诬陷陈龟毁坏国家的威严,牟取个人的功劳和名誉,不能得到匈奴人的敬重和畏服,陈龟因罪被征召,返回京都雒阳,种暠被任命为度辽将军。于是,陈龟请求退休,回归故乡。后来,朝廷又征召他担任尚书。这时,梁冀暴虐的程度一天比一天厉害,陈龟向桓帝上书弹劾他的罪状,请求诛杀梁冀,桓帝不予理会。陈龟知道自己一定会被梁冀所害,于是,绝食七天而死。种暠到度辽将军大营以后,首先宣布东汉朝廷的恩德和信誉,劝诱外族归降,对不归降的,再进行讨伐;有些羌人从前被生擒,现在囚禁在郡县官府做人质,种暠命令将他们全部释放;他诚心诚意地进行怀柔和安抚,赏罚分明,因此羌人、胡人都纷纷前来归服。于是,种暠下令拆除烽火台和瞭望亭,边境地区一片安宁,没有警报。种暠被调回京都雒阳,担任大司农。

汉桓帝延熹二年(己亥,公元 159 年)

1 春季,二月,鲜卑侵犯雁门郡。

2 蜀郡夷族攻打蚕陵县。

3 三月,再次取消刺史和二千石官吏为父母服丧三年的规定。

4　夏,京师大水。

5　六月,鲜卑寇辽东。

6　梁皇后恃姊、兄荫势,恣极奢靡,兼倍前世,专宠妒忌,六宫莫得进见。及太后崩,恩宠顿衰。后既无嗣,每宫人孕育,鲜得全者。帝虽迫畏梁冀,不敢谴怒,然进御转希,后益忧恚。秋,七月丙午,皇后梁氏崩。乙丑,葬懿献皇后于懿陵。

梁冀一门,前后七侯,三皇后,六贵人,二大将军,夫人、女食邑称君者七人,尚公主者三人,其馀卿、将、尹、校五十七人。冀专擅威柄,凶恣日积,宫卫近侍,并树所亲,禁省起居,纤微必知。其四方调发,岁时贡献,皆先输上第于冀,乘舆乃其次焉。吏民赍货求官、请罪者,道路相望。百官迁召,皆先到冀门笺檄谢恩,然后敢诣尚书。下邳吴树为宛令,之官辞冀,冀宾客布在县界,以情托树,树曰:"小人奸蠹,比屋可诛。明将军处上将之位,宜崇贤善以补朝阙。自侍坐以来,未闻称一长者,而多托非人,诚非敢闻!"冀默然不悦。树到县,遂诛杀冀客为人害者数十人。树后为荆州刺史,辞冀,冀鸩之,出,死车上。辽东太守侯猛初拜,不谒冀,冀托以他事腰斩之。郎中汝南袁著,年十九,诣阙上书曰:"夫四时之运,功成则退,

4　夏季,京都雒阳发生水灾。

5　六月,鲜卑侵犯辽东郡。

6　梁皇后仗恃姐姐梁太后和哥哥大将军梁冀的庇护和势力,穷极奢华,超过前世数倍,独占桓帝的宠爱,嫉妒成性,六宫的其他嫔妃都不得侍奉桓帝。等到梁太后去世,桓帝对她的恩宠,顿时衰退。梁皇后自己没有儿子,每当其他嫔妃怀有身孕,很少能逃脱她的毒手而得到保全。桓帝虽然畏惧梁冀,不敢谴责和发怒,然而却逐渐和梁皇后疏远,梁皇后越来越忧愁愤恨。秋季,七月丙午(初八),梁皇后去世。乙丑(二十七日),将她安葬在懿陵,谥号为懿献皇后。

梁冀家族一门,前后共有七位侯,三位皇后,六位贵人,两位大将军,夫人和女儿享有食邑而称君的七人,娶公主为妻的三人,其他担任卿、将、尹、校等官职的五十七人。梁冀把持朝廷威权,独断专行,凶暴放肆,日甚一日,宫廷禁军和皇帝最亲近的侍卫和随从中,都有他的亲信,所以,皇宫内部以至皇帝起居,再细小的情况,他都了如指掌。向四方征调的物品,以及各地每年按时向皇帝贡献的礼品,都先挑最好的,呈送给梁冀,皇帝还得排在他的后面。官吏和百姓带着财物,到梁冀家里请求做官或者免罪的,道路上前后相望。文武百官升迁或被征召,都要先到梁冀家门呈递谢恩书,然后才敢到尚书台去接受指示。下邳国人吴树被任命为宛县县令,上任之前向梁冀辞行,梁冀的宾客散布在宛县县境的很多,梁冀托吴树照顾他们,吴树说:"邪恶的小人,是残害百姓的蛀虫,即令是近邻,也应诛杀。将军高居上将之位,应该崇敬贤能,弥补朝廷的缺失。可是,从我随同您坐下以后,没有听见您称赞一位长者,而一再吩咐我照顾一些不恰当的人,实在不敢遵命!"梁冀听后,沉默不语,心里很不高兴。吴树到县上任后,就将梁冀的宾客中为人民痛恨的数十人全部诛杀。吴树后来升任荆州刺史,上任前向梁冀辞行,梁冀请他喝下了毒酒,吴树告辞出来,死在车上。辽东太守侯猛,刚刚接受任命时,没有去谒见梁冀,梁冀就另外找了一个罪名将他腰斩。郎中、汝南郡人袁著,年方十九岁,到宫门上书说:"春夏秋冬的运转,每个季节都在达到极盛时便消退,

高爵厚宠，鲜不致灾。今大将军位极功成，可为至戒；宜遵悬车之礼，高枕颐神。传曰：'木实繁者披枝害心。'若不抑损盛权，将无以全其身矣！"冀闻而密遣掩捕，著乃变易姓名，托病伪死，结蒲为人，市棺殡送。冀知其诈，求得，笞杀之。太原郝絜、胡武，好危言高论，与著友善，絜、武尝连名奏记三府，荐海内高士，而不诣冀。冀追怒之，敕中都官移檄禽捕，遂诛武家，死者六十馀人。絜初逃亡，知不得免，因舆榇奏书冀门，书入，仰药而死，家乃得全。安帝嫡母耿贵人薨，冀从贵人从子林虑侯承求贵人珍玩，不能得，冀怒，并族其家十馀人。涿郡崔琦以文章为冀所善，琦作《外戚箴》、《白鹄赋》以风，冀怒。琦曰："昔管仲相齐，乐闻讥谏之言；萧何佐汉，乃设书过之吏。今将军屡世台辅，任齐伊、周，而德政未闻，黎元涂炭，不能结纳贞良以救祸败，反欲钳塞士口，杜蔽主听，将使玄黄改色、鹿马易形乎！"冀无以对，因遣琦归。琦惧而亡匿，冀捕得，杀之。

冀秉政几二十年，威行内外，天子拱手，不得有所亲与，帝既不平之，及陈授死，帝愈怒。和熹皇后从兄子郎中邓香妻宣，生女猛，香卒，宣更适梁纪。纪，孙寿之舅也。寿以猛色美，引入掖庭，为贵人，冀欲认猛为其女，易猛姓为梁。

太高的官职爵位,过分的宠爱信任,很少不招来灾祸。如今大将军已经位极人臣,功成名遂,应该特别警戒;最好是效法汉元帝时的御史大夫薛广德,把皇帝赏赐他的安车悬挂起来,高卧家中,颐养精神,不再过问政事。古书曰:'树木果实太多,会劈开树枝,伤害树根。'如果不抑制和减损他手中所掌握的过盛的权力,恐怕不能保全他的性命!"梁冀听到这个消息后,秘密派人搜捕袁著,于是袁著改名换姓,假装有病身死,家里人用蒲草结扎成他的尸体,到街上买棺木将它埋葬。梁冀识破这是一个骗局,继续追捕,终于抓到袁著,将他鞭打至死。太原人郝絜、胡武,好说直话,发表议论,和袁著交情很好,郝絜、胡武曾经联名上书太尉、司徒、司空等三府,推荐天下的高明人士,却没有将推荐书送给梁冀。袁著死后,梁冀记起旧恨,命司隶校尉下属的中都官下令逮捕郝絜、胡武。于是,胡武全家被杀,死者六十多人。郝絜起初逃亡,后来知道无法逃掉,于是,带着棺木,亲自到梁冀家门上书,将书递进去后,便服毒而死,家属才得以保全。安帝的嫡母耿贵人去世,梁冀向耿贵人的侄儿、林虑侯耿承索取耿贵人生前喜爱的珍宝玩物,但没有得到,于是梁冀恼羞成怒,诛杀耿承以及他的家属十多人。涿郡人崔琦,因擅长于撰写文章,而得到梁冀的喜爱,崔琦作《外戚箴》《白鹄赋》向梁冀讽劝,梁冀大怒。崔琦对梁冀说:"过去,管仲担任齐国的宰相,喜欢听到讥刺和规劝的话;萧何辅佐汉室王朝,专门设置记录自己过失的官吏。而今,将军两代担任辅政高位,责任和伊尹、周公同等重大,可是,并没有听说您推行德政,却只见生灵涂炭,灾难深重,将军不但不能结交忠贞贤良,来拯救大祸,反而想要堵塞士人的口,蒙蔽主上的耳目,使天地颜色颠倒,鹿马换形吗?"梁冀无法回答,便将崔琦遣送回乡。崔琦因恐惧而离家,四处逃亡躲藏,梁冀派人抓到他,加以诛杀。

梁冀把持朝政将近二十年,威势和权力,震动内外,桓帝只好拱手,什么事都不能亲自参与,对于这种情况,桓帝早已忿忿不平,及至陈授被杀,他愈发愤怒。和熹皇后邓绥的侄儿、郎中邓香的妻子宣,生下女儿邓猛,邓香死后,宣改嫁给梁纪为妻。梁纪,即梁冀之妻孙寿的舅父。孙寿因邓猛美貌,把她送进掖庭,被桓帝封为贵人,梁冀打算把邓猛认作自己的女儿,将邓猛改姓为梁。

冀恐猛姊婿议郎邴尊沮败宣意,遣客刺杀之。又欲杀宣,宣家与中常侍袁赦相比,冀客登赦屋,欲入宣家,赦觉之,鸣鼓会众以告宣。宣驰入白帝,帝大怒,因如厕,独呼小黄门史唐衡,问:"左右与外舍不相得者,谁乎?"衡对:"中常侍单超、小黄门史左悺与梁不疑有隙;中常侍徐璜、黄门令具瑗常私忿疾外舍放横,口不敢道。"于是帝呼超、悺入室,谓曰:"梁将军兄弟专朝,迫胁内外,公卿以下,从其风旨,今欲诛之,于常侍意如何?"超等对曰:"诚国奸贼,当诛日久;臣等弱劣,未知圣意如何耳。"帝曰:"审然者,常侍密图之。"对曰:"图之不难,但恐陛下腹中狐疑。"帝曰:"奸臣胁国,当伏其罪,何疑乎!"于是召璜、瑗,五人共定其议,帝啮超臂出血为盟。超等曰:"陛下今计已决,勿复更言,恐为人所疑。"

冀心疑超等,八月丁丑,使中黄门张恽入省宿,以防其变。具瑗敕吏收恽,以"辄从外入,欲图不轨"。帝御前殿,召诸尚书入,发其事,使尚书令尹勋持节勒丞、郎以下皆操兵守省阁,敛诸符节送省中,使具瑗将左右厩骑、虎贲、羽林、都候剑戟士合千馀人,与司隶校尉张彪共围冀第,使光禄勋袁盱持节收冀大将军印绶,徙封比景都乡侯。冀及妻寿即日皆自杀;不疑、蒙先卒。悉收梁氏、孙氏中外宗亲送诏狱,无少长皆弃市;他所连及公卿、列校、刺史、二千石,死者数十人。太尉胡广、司徒韩縯、司空孙朗皆坐阿附梁冀,不卫宫,止长寿亭,减死一等,

可是他又害怕邓猛的姊夫、议郎邴尊从中破坏,说服岳母宣予以拒绝,于是派刺客将邴尊杀死。其后,梁冀又想杀害邓猛的母亲宣,宣家和中常侍袁赦的家相邻,当梁冀派遣的刺客爬上袁赦家的屋顶,准备进入宣家时,被袁赦发觉,于是,袁赦擂鼓聚集众人,通知宣家。宣急忙奔入皇宫,向桓帝报告,桓帝勃然大怒。于是,他单独招呼小黄门史唐衡,跟随他上厕所,问道:“我的左右侍卫,和皇后娘家不投合的,有谁?”唐衡回答说:“中常侍单超、小黄门史左悺和梁不疑有仇;中常侍徐璜、黄门令具瑗,经常私下对皇后娘家放纵骄横表示愤恨,只是不敢开口。”于是,桓帝将单超、左悺叫进内室,对他俩说:“梁将军兄弟在朝廷专权,胁迫内外,三公九卿以下,都得按着他们的旨意行事,现在,我想要诛杀他们,你们二位的意思如何?”单超等回答说:“梁冀兄弟的确是国家的奸贼,早就应该诛杀;只是我们的力量太弱小,不知圣意如何罢了。”桓帝又说:“确实如你们所说,那么请你们秘密谋划。”单超等回答说:“谋划并不困难,只恐怕陛下心中狐疑不决。”桓帝说:“奸臣威胁国家,应当定罪伏法,我还有什么狐疑不决的?”于是,把徐璜、具瑗叫来,桓帝和五个宦官共同定计,桓帝将单超的手臂咬破出血,作为盟誓。单超等人对桓帝说:“陛下如今既然已下定决心,千万不要再提这件事,恐怕引起猜疑。”

梁冀果然对单超等产生猜疑,八月丁丑(初十),派遣中黄门张恽入宫住宿,以防范意外变故。具瑗命令属吏逮捕张恽,罪名是:“擅自从外入宫,想要图谋不轨。”桓帝登上前殿,召集各位尚书前来,揭发了这件事,派遣尚书令尹勋持节统率丞、郎以下官吏,命全都手执兵器,守卫省阁,将所有代表皇帝和朝廷的符节收集起来,送进内宫,又派遣具瑗率领左右御厩的骑士、虎贲、羽林卫士、都候所属的剑戟士,共计一千多人,和司隶校尉张彪,一同包围梁冀的府第,派光禄勋袁盱持节,向梁冀收缴了他的大将军印信,将他改封为比景都乡侯。梁冀和他的妻子孙寿,当天双双自杀;梁不疑、梁蒙,在此以前已经去世。于是,将梁氏和孙氏家族,包括他们在朝廷和地方的亲戚,全部收捕入狱,不论男女老幼,全都押往闹市斩首,尸体暴露街头;受牵连的公卿、列校、州刺史、两千石官员,被诛杀的有数十人。太尉胡广、司徒韩缜、司空孙郎,都因阿附梁冀,没有去保卫宫廷,却在长寿亭观望而被指控有罪,以减死罪一等论处,

免为庶人。故吏、宾客免黜者三百馀人,朝廷为空。是时,事猝从中发,使者交驰,公卿失其度,官府市里鼎沸,数日乃定,百姓莫不称庆。收冀财货,县官斥卖,合三十馀万万,以充王府用,减天下税租之半,散其苑囿,以业穷民。

7 壬午,立梁贵人为皇后,追废懿陵为贵人冢。帝恶梁氏,改皇后姓为薄氏,久之,知为邓香女,乃复姓邓氏。

8 诏赏诛梁冀之功,封单超、徐璜、具瑗、左悺、唐衡皆为县侯,超食二万户,璜等各万馀户,世谓之五侯。仍以悺、衡为中常侍。又封尚书令尹勋等七人皆为亭侯。

9 以大司农黄琼为太尉,光禄大夫中山祝恬为司徒,大鸿胪梁国盛允为司空。

是时,新诛梁冀,天下想望异政,黄琼首居公位,乃举奏州郡素行暴污,至死徙者十馀人,海内翕然称之。

琼辟汝南范滂。滂少厉清节,为州里所服。尝为清诏使,案察冀州,滂登车揽辔,慨然有澄清天下之志。守令臧污者,皆望风解印绶去。其所举奏,莫不厌塞众议。会诏三府掾属举谣言,滂奏刺史、二千石权豪之党二十馀人。尚书责滂所劾猥多,疑有私故,滂对曰:"臣之所举,自非叨秽奸暴,深为民害,岂以污简札哉!间以会日迫促,故先举所急,其未审者,方更参实。臣闻农夫去草,嘉谷必茂;忠臣除奸,王道以清。若臣言有贰,甘受显戮!"尚书不能诘。

免去官职,削为平民。此外,梁冀的旧时属吏和宾客,被免官的有三百多人,整个朝廷,为之一空。当时,事情突然从皇宫中发动,使者来往奔驰,三公九卿等朝廷大臣都失去常态,张皇失措,官府和大街小巷,犹如鼎中的开水,一片沸腾,数日之后,方才安定,百姓们无不拍手称快。桓帝下令没收梁冀的财产,由官府负责变卖,收入共计三十多亿,全都上缴国库,减收当年全国租税的一半,并将梁冀的园林分散给贫民耕种。

7　壬午(十五日),桓帝立梁贵人为皇后,并将梁冀的妹妹梁皇后的坟墓懿陵贬称为贵人冢。桓帝厌恶梁氏,便将皇后梁猛的姓,改为薄氏,过了许久,才知道皇后是邓香的女儿,于是,又重新改姓邓氏。

8　桓帝下诏,赏赐诛杀梁冀的功臣,将单超、徐璜、具瑗、左悺、唐衡,都封为县侯,单超食邑两万户,徐璜等四人,各一万馀户,当世称他们为“五侯”。擢升左悺、唐衡为中常侍。又将尚书令尹勋等七人都封为亭侯。

9　擢升大司农黄琼为太尉,光禄大夫、中山国人祝恬为司徒,大鸿胪、梁国人盛允为司空。

这时,刚刚诛杀梁冀,天下人都希望政治改观。黄琼位居三公之首,于是,他举发弹劾国各州郡一向行为残暴贪婪的官吏,有十多人被处死或流放,全国齐声称赞。

黄琼征聘汝南郡人范滂。范滂从少年时,便磨砺清高的节操,受到州郡和乡里的佩服。他曾经担任清诏使,到冀州巡视考察,出发时,他登上车,手揽缰绳,慷慨激昂,大有澄清天下吏治的壮志。贪赃枉法的郡太守和县令、县长,一听说范滂要来巡察,都自动解下印信,辞职离去。凡是范滂所举发和弹劾的,全都符合众人的愿望。当时,正好遇上皇帝下诏,命太尉、司徒、司空等三府掾属,品评地方官吏的为政善恶和得失,反映民间疾苦,于是范滂弹劾了刺史、两千石官员、权贵党羽,共二十多人。尚书责备他弹劾得太滥太多,怀疑他有私人恩怨,范滂回答说:“我所举发弹劾的官吏,假如不是奸邪暴戾,为害百姓,岂容他们来玷污我的奏章?只是因为迫于朝会的日期太紧,所以,先举发应该急待惩处的,还有一些没有查清的,待调查核实后,再行弹劾。我听说,农夫必须除草,庄稼才能茂盛;忠臣必须铲除奸臣,王道才能清平。如果我弹劾的有差错,我甘愿明正典刑,被处决示众。”尚书无法责问。

10　尚书令陈蕃上疏荐五处士,豫章徐稚、彭城姜肱、汝南袁闳、京兆韦著、颍川李昙;帝悉以安车、玄纁备礼徵之,皆不至。

稚家贫,常自耕稼,非其力不食,恭俭义让,所居服其德。屡辟公府,不起。陈蕃为豫章太守,以礼请署功曹,稚不之免,既谒而退。蕃性方峻,不接宾客,唯稚来,特设一榻,去则悬之。后举有道,家拜太原太守,皆不就。稚虽不应诸公之辟,然闻其死丧,辄负笈赴吊。常于家豫炙鸡一只,以一两绵絮渍酒中暴干,以裹鸡,径到所赴冢外,以水渍绵,使有酒气,斗米饭,白茅为藉,以鸡置前,酹酒毕,留谒则去,不见丧主。

肱与二弟仲海、季江俱以孝友著闻,常同被而寝,不应征聘。肱尝与弟季江俱诣郡,夜于道为盗所劫,欲杀之,肱曰:"弟年幼,父母所怜,又未聘娶,愿杀身济弟。"季江曰:"兄年德在前,家之珍宝,国之英俊,乞自受戮,以代兄命。"盗遂两释焉,但掠夺衣资而已。既至,郡中见肱无衣服,怪问其故,肱托以他辞,终不言盗。盗闻而感悔,就精庐求见徵君,叩头谢罪,还所略物。肱不受,劳以酒食而遣之。帝既征肱不至,乃下彭城,使画工图其形状。肱卧于幽暗,以被韬面,言患眩疾,不欲出风,工竟不得见之。

10　尚书令陈蕃向桓帝上书,推荐五位隐居不肯出来做官的士人:豫章郡人徐稚、彭城国人姜肱、汝南郡人袁闳、京兆人韦著、颍川郡人李昙。桓帝对他们一律赐用一马拉的安车,拿着黑色的币帛,备齐礼仪,征召他们,但是他们都不接受征召。

徐稚家境贫穷,经常亲自耕种,不吃不是自己种出来的食物,谦恭节俭,待人礼让,当地的人都很佩服他的品德。三公府多次前来征聘,他都没有答应。陈蕃担任豫章太守时,曾很礼貌地请他出来担任功曹,徐稚也不推辞,但是晋见陈蕃后,即行告退,不肯就职。陈蕃性格方正严峻,从不接见宾客,唯独徐稚来时,特地为他摆设一张坐榻,徐稚走后,就把坐榻悬挂起来。后来,徐稚又被推举为"有道"之士,并且,就在他家被任命为太原郡太守,他仍不肯就任。徐稚虽然不肯接受诸公的征聘,但是听到他们的死讯,一定背着书箱前往吊丧。他通常是先在家里烤好一只鸡,另外将一两棉絮浸泡在酒中,再晒干,然后用绵絮包裹烤烧鸡,一直来到死者的坟墓隧道之外,用水将绵絮泡湿,使酒味溢出,煮一斗米饭,以白茅草为垫,把鸡放在坟墓前面,将酒洒在地上,然后留下自己的名帖,立即离去,从不去见主丧的人。

姜肱和两个弟弟姜仲海、姜季江,都以孝敬父母、友爱兄弟而著称,经常是同盖一条被子,同睡在一张床上,不肯接受官府的征召。姜肱曾经和他的弟弟姜季江,一道前往郡府,夜间在道路上遇到强盗抢劫,强盗要杀他俩,姜肱对强盗说:"我的弟弟年龄还小,受到父母怜爱,又还没有娶妻,我希望你们把我杀死,保全我弟弟的性命。"然而,姜季江却对强盗说:"我的哥哥,年龄比我大,品德比我高,是我家的珍宝,国家的英才,请来杀我,我愿代哥哥一死。"强盗听后很受感动,便将他俩都释放了,只将衣服和财物抢光而已。兄弟二人到了郡府,人们看见姜肱没有穿衣服,觉得奇怪,问他是什么缘故。姜肱用其他原因进行推托,到底不肯指控强盗。强盗听到这个消息,感到惭愧和后悔,就到姜肱的学舍来拜见他,叩头请罪,奉还所抢走的衣物。姜肱不肯接受,用酒饭招待强盗,送走他们。桓帝既然不能将姜肱征聘到京都雒阳,于是下诏,命彭城地方官派画工画出姜肱的肖像。姜肱躺卧在一间幽暗的房屋里,用被子蒙住脸,声称患了昏眩病,不能被风吹,画工终于未能见到他的面目。

闳，安之玄孙也，苦身修节，不应辟召。

著隐居讲授，不修世务。

昙继母苦烈，昙奉之逾谨，得四时珍玩，未尝不先拜而后进，乡里以为法。

帝又征安阳魏桓，其乡人劝之行，桓曰："夫干禄求进，所以行其志也。今后宫千数，其可损乎？厩马万匹，其可减乎？左右权豪，其可去乎？"皆对曰："不可。"桓乃慨然叹曰："使桓生行死归，于诸子何有哉！"遂隐身不出。

11　帝既诛梁冀，故旧恩私，多受封爵：追赠皇后父邓香为车骑将军，封安阳侯；更封后母宣为昆阳君，兄子康、秉皆为列侯，宗族皆列校、郎将，赏赐以巨万计。中常侍侯览上缣五千匹，帝赐爵关内侯，又托以与议诛冀，进封高乡侯；又封小黄门刘普、赵忠等八人为乡侯，自是权势专归宦官矣。五侯尤贪纵，倾动内外。时灾异数见，白马令甘陵李云露布上书，移副三府曰："梁冀虽恃权专擅，虐流天下，今以罪行诛，犹召家臣扼杀之耳，而猥封谋臣万户以上，高祖闻之，得无见非！西北列将，得无解体！孔子曰：'帝者，谛也。'今官位错乱，小人谄进，财货公行，政化日损，尺一拜用，不经御省，是帝欲不谛乎！"帝得奏震怒，下有司逮云，诏尚书都护剑戟送黄门北寺狱，使中常侍管霸与御史、廷尉杂考之。时弘农五官掾杜众伤云以忠谏获罪，

袁闳，是袁安的玄孙，刻苦修养自己的节操，不接受官府和朝廷的征召。

　　韦著隐居在家，讲授经书，不肯过问世事。

　　李昙的继母非常残暴，可是李昙对继母的奉养，却愈发恭谨，得到四季的珍贵玩物，都先送给继母，乡里都效法他的孝行。

　　桓帝又征召汝南郡安阳侯国人魏桓，魏桓家乡的人都劝他前往应聘。魏桓对他们说："接受朝廷的俸禄，追求升迁高级官职，目的是为了实现自己的政治理想。如今后宫美女数以千计，岂能缩小数目？御厩骏马一万匹，又岂能减少？皇帝左右的权贵豪门，又岂能排除？"大家都回答说："不能。"于是魏桓慨然长叹说："让我活着前去就聘，死后再被送回，对于各位先生有什么好处呢！"于是隐居不出。

　　11　桓帝诛杀梁冀以后，他的故旧和亲信恩宠，大多都享受封爵：追赠皇后的父亲邓香为车骑将军，封安阳侯；改封皇后的母亲宣为昆阳君，侄儿邓康、邓秉，都被封为列侯。邓氏宗族，都被任命为列校或郎将，赏赐数目以亿计算。中常侍侯览，进献缣帛五千匹，桓帝就封赐他为关内侯，后假托曾经参与诛杀梁冀的密谋，又晋封为高乡侯；又封小黄门刘普、赵忠等八人为乡侯，从此以后，东汉朝廷的大权和威势，全都归属宦官。其中，"五侯"尤其贪残放纵，他们的权势，震动朝廷内外。当时不断出现灾异，白马县县令、甘陵国人李云，用不缄封的文书公开上奏桓帝，并将副本抄呈太尉、司徒、司空等三府，说："梁冀虽然仗恃权势，独断专行，残害天下，如今论罪处死，却不过如同主人捉住一个家奴，又将他杀掉而已。然而却滥封参与密谋的臣子，赏赐万户以上的食邑，如果高祖在九泉之下知道的话，能不被他怪罪吗？西北边疆保卫国土的各位将领，听说此事，能不灰心瓦解？孔子说：'帝者，谛也。'意即帝王详谨周密地观察和处理事物。而今官位错乱，奸佞小人依靠谄媚追求升迁，贿赂公行，政令和教化日益败坏，诏书封爵和任命官吏，不经过陛下过目，是皇帝要不谛吗？"桓帝看到奏章后，大发雷霆，下令有关官吏逮捕李云，命尚书率领皇宫内的剑戟士将他押送到黄门北寺狱，派遣中常侍管霸和御史、廷尉一同拷问李云。当时，弘农郡五官掾杜众，因李云忠心进谏却遭到惩罚而感到痛心，

上书"愿与云同日死",帝愈怒,遂并下廷尉。大鸿胪陈蕃上疏曰:"李云所言,虽不识禁忌,干上逆旨,其意归于忠国而已。昔高祖忍周昌不讳之谏,成帝赦朱云腰领之诛,今日杀云,臣恐剖心之讥,复议于世矣!"太常杨秉、雒阳市长沐茂、郎中上官资并上疏请云。帝恚甚,有司奏以为大不敬,诏切责蕃、秉,免归田里,茂、资贬秩二等。时帝在濯龙池,管霸奏云等事,霸跪言曰:"李云草泽愚儒,杜众郡中小吏,出于狂戆,不足加罪。"帝谓霸曰:"'帝欲不谛',是何等语,而常侍欲原之邪!"顾使小黄门可其奏,云、众皆死狱中,于是嬖宠益横。太尉琼自度力不能制,乃称疾不起,上疏曰:"陛下即位以来,未有胜政,诸梁秉权,竖宦充朝,李固、杜乔既以忠言横见残灭,而李云、杜众复以直道继踵受诛,海内伤惧,益以怨结,朝野之人,以忠为讳。尚书周永,素事梁冀,假其威势,见冀将衰,乃阳毁示忠,遂因奸计,亦取封侯。又,黄门挟邪,群辈相党,自冀兴盛,腹背相亲,朝夕图谋,共构奸轨。临冀当诛,无可设巧,复托其恶以要爵赏。陛下不加清澄,审别真伪,复与忠臣并时显封,粉墨杂糅,所谓抵金玉于砂砾,碎珪璧于泥涂,四方闻之,莫不愤叹。臣世荷国恩,身轻位重,敢以垂绝之日,陈不讳之言。"书奏,不纳。

上书桓帝说："我甘愿和李云同日受刑而死。"桓帝愈发愤怒,又将杜众逮捕下狱,和李云一道交由廷尉审问。大鸿胪陈蕃上书说:"李云所说的话,虽然不知道禁忌,冒犯主上,违背圣旨,但他的本意只在于效忠国家而已。过去,高祖容忍周昌毫不隐讳的直言进谏,成帝赦免朱云在朝廷上当众强谏自己而招致的死刑,今天如果诛杀李云,我恐怕世人会将这件事比作商纣王对尽忠劝谏他的比干施行挖心酷刑的重演,因而再次进行谴责!"太常杨秉、雒阳市长沐茂、郎中上官资等,也联名上书桓帝,请求赦免李云。桓帝怒不可遏,有关官吏弹劾陈蕃等上书的人犯了对皇帝"大不敬"的罪行,桓帝下诏,严厉责备陈蕃、杨秉,将他们免职,逐回故乡,沐茂、上官资被贬降官秩二级。当时,桓帝正在濯龙池,管霸向桓帝奏报对李云等人的判决情况,他跪下劝说桓帝说:"李云只不过是荒野草泽中的一个愚蠢儒生,杜众也不过是郡府中的小吏,他们言行是出于狂妄和愚昧无知,不足以给予处罚。"桓帝对管霸说:"'皇帝要不谛',这是什么话?而你还想宽赦他呀!"于是,回头命令小黄门批准奏章,李云和杜众都死在狱中,从此,皇帝左右的宦官和亲信,更加骄纵横行。太尉黄琼自知没有能力控制他们,于是声称有病,卧床不起,上书说:"陛下即位以来,并没有胜过前朝的善政,梁姓家族擅弄威权,宦官充斥朝廷,李固、杜乔,因为口吐忠言,已经惨遭屠杀,而今,李云、杜众又因为直言劝谏,相继遭到诛杀,四海之内,悲伤恐惧,更为怨恨,无论是在朝的官吏,或者是在野的百姓,都把尽忠朝廷视为禁忌。尚书周永,一向侍奉梁冀,假借梁冀的威风和权势,可是,后来发现梁冀快要败亡时,又在表面上抨击梁冀,以此向陛下表示忠心,正因为他采取这样的奸计,竟然也被封侯。还有宫廷内的黄门宦官,倚仗邪恶势力,互相结党,自从梁冀权势兴盛,他们和梁冀之间互相勾结,犹如腹背一样地相亲相爱,朝夕相处,共同图谋不轨,狼狈为奸。当梁冀将要被诛杀时,他们无计可施,于是翻过脸来,揭发和攻击梁冀的罪恶,以此来邀取封爵赏赐。可是,陛下不加以澄清,也不辨别真假,又将他们和真正的忠臣,同时给予显赫的封赏,使得黑白混淆,真可谓把黄金美玉抛掷在沙石中,将玉璧敲碎扔进泥泞的道路,四方的人听到后,无不愤恨叹息。我累世蒙受朝廷的恩惠,身虽微贱,但居位重要,所以胆敢在临死之日,向陛下说出不隐讳的话。"奏章呈上后,桓帝不肯采纳。

12　冬，十月壬申，上行幸长安。

13　中常侍单超疾病，壬寅，以超为车骑将军。

14　十二月己巳，上还自长安。

15　烧当、烧何、当煎、勒姐等八种羌寇陇西金城塞，护羌校尉段颎击破之，追至罗亭，斩其酋豪以下二千级，获生口万馀人。

16　诏复以陈蕃为光禄勋，杨秉为河南尹。单超兄子匡为济阴太守，负势贪放。兖州刺史第五种使从事卫羽案之，得臧五六千万，种即奏匡，并以劾超。匡窘迫，赂客任方刺羽。羽觉其奸，捕方，囚系雒阳。匡虑杨秉穷竟其事，密令方等突狱亡走。尚书召秉诘责，秉对曰："方等无状，衅由单匡，乞槛车徵匡，考核其事，则奸慝踪绪，必可立得。"秉竟坐论作左校。时泰山贼叔孙无忌寇暴徐、兖，州郡不能讨，单超以是陷第五种，坐徙朔方。超外孙董援为朔方太守，稽怒以待之。种故吏孙斌知种必死，结客追种，及于太原，劫之以归，亡命数年，会赦得免。种，伦之曾孙也。

　　是时，封赏逾制，内宠猥盛。陈蕃上疏曰："夫诸侯上象四七，藩屏上国。高祖之约，非功臣不侯。而闻追录河南尹邓万世父遵之微功，更爵尚书令黄隽先人之绍封，近习以非义授邑，左右以无功传赏，至乃一门之内，侯者数人，故纬象失度，阴阳谬序。臣知封事已行，言之无及，诚欲陛下从是而止。

12　冬季,十月壬申(初五),桓帝前往长安巡视。

13　中常侍单超患病,壬寅,任命单超为车骑将军。

14　十二月己巳(初三),桓帝从长安返回京都雒阳。

15　烧当、烧何、当煎、勒姐等八部种羌,侵犯陇西、金城两郡的要塞,护羌校尉段颎将其击破,并追到罗亭,斩酋长、豪帅以下两千人,俘虏一万多人。

16　桓帝下诏,重新任命陈蕃为光禄勋,杨秉为河南尹。单超哥哥的儿子单匡,担任济阴郡太守,仗势贪污放纵。兖州刺史第五种派从事卫羽调查审问,查出赃款五六千万钱,第五种立即上奏告发单匡,并弹劾单超。单匡困迫,于是贿赂刺客任方行刺卫羽。但是,任方行刺的奸谋却被卫羽发觉,卫羽将任方逮捕,囚禁在雒阳监狱。单匡害怕河南尹杨秉穷追这件事的来龙去脉,于是,秘密命令任方等越狱逃跑。尚书召见杨秉责备质问,杨秉回答说:"任方等人所以行刺,实由单匡主使,请用囚车把单匡押解到京都雒阳,当面考问这件事,他们作奸犯科的行踪印迹,一定会立刻清楚。"然而杨秉竟因罪被送到左校营去罚作苦役。当时,正好遇上泰山郡的贼人叔孙无忌攻打和劫掠徐州、兖州,州郡官府都无力讨伐,于是单超就以此为理由陷害第五种,第五种因罪被放逐到朔方郡。单超的外孙董援,当时正担任朔方郡太守,积怒等待着第五种的到来。第五种过去的属吏孙斌,知道第五种到朔方郡后必死无疑,就集结宾客追赶第五种,一直追赶到太原郡,将第五种劫出囚车,救归家乡,逃亡了好几年,后来遇到赦免,才算保住了性命。第五种是第五伦的曾孙。

这时,封爵和赏赐超出正常的制度,皇宫内的美女,也过于滥盛。陈蕃上书说:"封国的诸侯王,好像天上的二十八宿,拱卫帝王。高祖曾经约定,不是有功之臣,不能封侯。然而,我却听说,皇上追录河南尹邓万世的父亲邓遵的微小功劳,而赐封邓万世,并重新恢复尚书令黄隽祖先已经断绝的封爵,皇帝的亲近的臣子,不按照正常的制度授予食邑,左右随从,没有功劳而蒙受赏赐。以至于一家之内,被封为侯爵的有数人之多,所以天象失去常度,阴阳秩序错乱颠倒。我也知道,爵位已封,再谈论也来不及,实在希望陛下到此为止。

又,采女数千,食肉衣绮,脂油粉黛,不可赀计。鄙谚言'盗不过五女门',以女贫家也。今后宫之女,岂不贫国乎!"帝颇采其言,为出宫女五百多人,但赐隽爵关内侯,而封万世南乡侯。

帝从容问侍中陈留爰延:"朕何如主也?"对曰:"陛下为汉中主。"帝曰:"何以言之?"对曰:"尚书令陈蕃任事则治,中常侍黄门与政则乱。是以陛下可与为善,可与为非。"帝曰:"昔朱云廷折栏槛,今侍中面称朕违,敬闻阙矣。"拜五官中郎将,累迁大鸿胪。会客星经帝坐,帝密以问延,延上封事曰:"陛下以河南尹邓万世有龙潜之旧,封为通侯,恩重公卿,惠丰宗室,加顷引见,与之对博,上下媟黩,有亏尊严。臣闻之,帝左右者,所以咨政德也。善人同处,则日闻嘉训;恶人从游,则日生邪情。惟陛下远谗谀之人,纳謇謇之士,则灾变可除。"帝不能用。延称病,免归。

三年(庚子,160)

1　春,正月丙申,赦天下,诏求李固后嗣。初,固既策罢,知不免祸,乃遣三子基、兹、燮皆归乡里。时燮年十三,姊文姬为同郡赵伯英妻,见二兄归,具知事本,默然独悲曰:"李氏灭矣!自太公已来,积德累仁,何以遇此!"密与二兄谋,豫藏匿燮,托言还京师,人咸信之。有顷,难作,州郡收基、兹,

还有,在皇宫之中,有美女数千人,她们吃的是肉,穿的是绫罗绸缎,用的是胭脂黛粉,费用无法计算。民间有谚语说:'偷盗不经过五女之门。'因为女儿多会使一家贫穷。如今后宫有这么多美女,难道不使国家贫穷?"桓帝对陈蕃的建议颇为采纳,释放宫女五百多人,只赐给尚书令黄隽关内侯的封爵,而将河南尹邓万世封为南乡侯。

桓帝曾经语气和缓地询问侍中、陈留郡人爰延说:"朕是一个什么样的君主?"爰延回答说:"在汉王朝的君主中,陛下属于中等。"桓帝又问:"为什么这么说?"爰延又回答说:"尚书令陈蕃管理政事时,国家治理,中常侍黄门参与政事时,国家紊乱。所以说,可以辅佐陛下您为善,也可以辅佐您作恶。"桓帝说:"过去,朱云曾在朝廷上折断栏杆强谏成帝,而今你又当面指责朕的过失,朕知道自己的缺点了。"于是,任命爰延为五官中郎将,后又擢升,官至大鸿胪。正好,天象有变,一颗异常的星经过帝座星座,桓帝秘密向爰延询问此事,于是爰延呈上密封的奏章说:"陛下因跟河南尹邓万世,是未即位以前的旧友,于是,封他为列侯,对他的恩惠,重于三公九卿,厚于皇族,并且经常召见他,和他一起玩六博和格五等博戏,上下亲昵,不讲礼仪,有损至尊的威严。我听说,皇帝左右的人,都是商量政事和德教的。和善人相处,则每天都能听到有益的训勉;跟着恶人一起游娱,则每天都要产生邪恶之情。但愿陛下疏远好进谗言和阿谀奉承的小人,接纳忠贞的人士,则灾变可以消除。"桓帝不能采纳。于是,爰延声称有病,被免官回归故乡。

汉桓帝延熹三年(庚子,公元160年)

1　春季,正月丙申(初一),大赦天下。桓帝下诏寻找李固的后裔。当初,李固被颁策罢官以后,知道免不了要遭大祸,于是,就把他的三个儿子李基、李兹、李燮,都送回故乡。当时,李燮十三岁,他的姐姐李文姬嫁给同郡人赵伯英为妻,看到两位哥哥从京都雒阳回来,全部了解了事情的本末,暗暗独自悲叹:"李家快要灭亡了!自祖父李郃以来,积德积仁,怎么会落得如此下场!"她秘密地跟两位哥哥商议,事先把三弟李燮藏匿起来,然后传出消息说李燮已回京都雒阳,人们全都相信。不久,大祸发生,州郡官府逮捕李基、李兹,

皆死狱中。文姬乃告父门生王成曰:"君执义先公,有古人之节,今委君以六尺之孤,李氏存灭,其在君矣!"成乃将燮乘江东下,入徐州界,变姓名为酒家佣,而成卖卜于市,各为异人,阴相往来。积十馀年,梁冀既诛,燮乃以本末告酒家,酒家具车重厚遣之,燮皆不受。遂还乡里,追行丧服,姊弟相见,悲感傍人。姊戒燮曰:"吾家血食将绝,弟幸而得济,岂非天邪!宜杜绝众人,勿妄往来,慎无一言加于梁氏!加梁氏则连主上,祸重至矣,唯引咎而已。"燮谨从其诲。后王成卒,燮以礼葬之,每四节为设上宾之位而祠焉。

2 丙午,新丰侯单超卒,赐东园秘器,棺中玉具。及葬,发五营骑士、将作大匠起冢茔。其后四侯转横,天下为之语曰:"左回天,具独坐,徐卧虎,唐雨堕。"皆竞起第宅,以华侈相尚,其仆从皆乘牛车而从列骑,兄弟姻戚,宰州临郡,辜较百姓,与盗无异,虐遍天下。民不堪命,故多为盗贼焉。

中常侍侯览,小黄门段珪,皆有田业近济北界,仆从宾客,劫掠行旅。济北相滕延,一切收捕,杀数十人,陈尸路衢。览、珪以事诉帝,延坐征诣廷尉,免。

二人全都死在狱中。于是，李文姬亲自拜托父亲的学生王成说：
"你为我先父坚持正义，有古人的气节，而今，我把身高六尺的少
年孤儿，托付给你，李家是存续还是灭绝，全在您的身上了!"王成
便带着李燮，乘船沿长江东下，进入徐州境内，李燮改名换姓，在
一家酒店里做佣工，王成则在街市上占卦给人算命，二人假装不
认识，暗地里互相来往。过了十多年之久，当梁冀被诛杀后，李燮
才将自己的身世告诉酒店老板，酒店老板大为震惊，准备了车马
和丰厚的礼物，要送李燮回乡，李燮都不肯接受。李燮回到故乡
以后，重新给他的先父服丧，姐弟相见，十分悲伤，旁边的人无不
为之感动。姐姐李文姬告诫李燮说："我们李家的祭祀几乎灭绝，
你幸而逃得活命，岂不是天意？应该闭门自守，不要随便和别人
往来，千万记住，千万不要对梁家有一言抨击，如果抨击梁家，势
必牵连到主上，大祸就会重新降临了，我们只有引咎自责而已。"
李燮遵从了姐姐的教诲。后来，王成去世，李燮按照礼节，将他安
葬，每年的春夏秋冬等四季，都将王成的牌位摆放在上宾之位，进
行祭祀。

　　2　丙午(十一日)，新丰侯单超去世，桓帝赏赐给他御用棺木
和玉衣。等到埋葬时，又调发五营的骑士，由将作大匠督率，为他
兴筑坟墓。其后，剩下的"四侯"更加骄横跋扈，天下的人民流传着
一句刻画他们形象的歌谣说："左回天，具独坐，徐卧虎，唐雨堕。"
他们竞相修建府第住宅，追求豪华奢侈，连奴仆都乘坐牛车，跟随
着骑马卫士，他们的兄弟和有婚姻关系的亲戚，担任州刺史和郡太
守，搜刮和掠夺百姓的财富，和盗贼没有区别，暴虐遍及全国各地。
民不聊生，所以很多人去做盗贼。

　　中常侍侯览，小黄门段珪，都在邻近济北国边界的地方有田
产，他们的奴仆和宾客，仗势公开抢劫来往的旅客。济北国宰相滕
延将他们一律加以逮捕，诛杀了数十人，把尸首放在十字路口示
众。侯览、段珪为此事向桓帝告状，于是，滕延被征召回京都雒阳，
送往廷尉治罪，免官。

左惟兄胜为河东太守,皮氏长京兆赵岐耻之,即日弃官西归。唐衡兄玹为京兆尹,素与岐有隙,收岐家属宗亲,陷以重法,尽杀之。岐逃难四方,靡所不历,自匿姓名,卖饼北海市中,安丘孙嵩见而异之,载与俱归,藏于复壁中。及诸唐死,遇赦,乃敢出。

3 闰月,西羌馀众复与烧何大豪寇张掖,晨,薄校尉段颎军。颎下马大战,至日中,刀折矢尽,虏亦引退。颎追之,且斗且行,昼夜相攻,割肉食雪,四十馀日,遂至积石山,出塞二千馀里,斩烧何大帅,降其馀众而还。

4 夏,五月甲戌,汉中山崩。
5 六月辛丑,司徒祝恬薨。
6 秋,七月,以司空盛允为司徒,太常虞放为司空。
7 长沙蛮反,屯益阳,零陵蛮寇长沙。

8 九真馀贼屯据日南,众转强盛。诏复拜桂阳太守夏方为交趾刺史。方威惠素著,冬十一月,日南贼二万馀人相率诣方降。
9 勒姐、零吾种羌围允街,段颎击破之。
10 泰山贼叔孙无忌攻杀都尉侯章。遣中郎将宗资讨破之。诏征皇甫规,拜泰山太守。规到官,广设方略,寇虏悉平。

四年(辛丑,161)
1 春,正月辛酉,南宫嘉德殿火。戊子,丙署火。

左悺的哥哥左胜担任河东郡太守,下属皮氏县长京兆尹人赵岐,对此而感到耻辱,当天便立即自动离职,西归故乡。唐衡的哥哥唐玹担任京兆尹,他和赵岐之间向来就有怨恨,于是,趁此机会,逮捕赵岐的家属、宗族和亲戚,扣上重大的罪名,全部加以诛杀。赵岐只身外逃,走遍全国,后来隐姓埋名,在北海国的街市上,以卖饼为生,安丘县人孙嵩发现他不同寻常,就带他一同乘车回家,把他藏在夹墙之中。一直等到唐衡兄弟死后,又遇到赦令,才敢出来。

3 闰正月,西羌的残馀部众,再度与烧何种的大豪帅联合攻打张掖郡,早晨,逼近护羌校尉段颎的军营。段颎下马大战,一直打到中午,刀刃折断,箭已射尽的时候,诸羌部众也向后退却了。于是段颎率军追击,一边战斗,一边前进,昼夜不停地进行攻击,饥饿时吃战马的肉,口渴时饮雪水,历时四十多天,抵达积石山,追出塞外两千多里,斩杀烧何种的大豪帅,接受残馀部众的投降,班师而还。

4 夏季,五月甲戌(十一日),汉中郡发生山崩。

5 六月辛丑(初九),司徒祝恬去世。

6 秋季,七月,任命司空盛允为司徒,擢升太常虞放为司空。

7 长沙郡蛮族起兵反叛,进驻益阳,零陵蛮族起兵,攻打长沙。

8 九真郡残馀盗贼,攻占和据守日南郡,势力转强。桓帝下诏,擢升桂阳郡太守夏方为交趾刺史。夏方一向以威严和恩德著称,冬季,十一月,日南郡盗贼两万多人,相继向夏方投降。

9 勒姐、零吾种羌人,包围允街,段颎将其击破。

10 泰山郡贼帅叔孙无忌,攻杀郡都尉侯章。东汉朝廷派遣中郎将宗资率军讨伐,将其击破。桓帝下诏,征召皇甫规,任命他为泰山郡太守。皇甫规到任后,采取种种计谋和策略,将盗贼全部平息下去。

汉桓帝延熹四年(辛丑,公元161年)

1 春季,正月辛酉(初二),南宫嘉德殿失火。戊子(二十九日),丙署失火。

2 大疫。

3 二月壬辰,武库火。

4 司徒盛允免,以大司农种暠为司徒。

5 三月,太尉黄琼免。夏,四月,以太常沛国刘矩为太尉。

初,矩为雍丘令,以礼让化民。有讼者,常引之于前,提耳训告,以为忿恚可忍,县官不可入,使归更思。讼者感之,辄各罢去。

6 甲寅,封河间孝王子参户亭侯博为任城王,奉孝王后。

7 五月辛酉,有星孛于心。

8 丁卯,原陵长寿门火。

9 己卯,京师雨雹。

10 六月,京兆、扶风及凉州地震。

11 庚子,岱山及博尤来山并颓裂。

12 己酉,赦天下。

13 司空虞放免,以前太尉黄琼为司空。

14 犍为属国夷寇钞百姓。益州刺史山昱击破之。

15 零吾羌与先零诸种反,寇三辅。

16 秋,七月,京师雩。

17 减公卿已下奉,贷王侯半租,占卖关内侯、虎贲、羽林缇骑、营士、五大夫钱各有差。

18 九月,司空黄琼免,以大鸿胪东莱刘宠为司空。

宠尝为会稽太守,简除烦苛,禁察非法,郡中大治。征为将作大匠。山阴县有五六老叟,自若邪山谷间出,人赍百钱以送宠曰:"山谷鄙生,未尝识郡朝,他守时,吏发求民间,

2　发生大瘟疫。

3　二月壬辰(初三),兵器库失火。

4　司徒盛允被免官,擢升大司农种暠为司徒。

5　三月,太尉黄琼被免官。夏季,四月,擢升太常、沛国人刘矩为太尉。

起初,刘矩担任雍丘县令时,采用礼义谦让教化人民。凡是有人到县府进行诉讼,他经常把告状的人带到面前,耳提面命地训告他们:愤怒可以忍耐,而县衙法庭,决不可以进去,让他们回去重新考虑。投诉的人被他的话所感动,便不再进行起诉。

6　甲寅(二十六日),封河间王刘开的儿子、参户亭侯刘博为任城王,做已故任城王刘尚的继承人,侍奉祭祀。

7　五月辛酉(初四),有异星出现在心宿星座。

8　丁卯(初十),光武帝陵园原陵长寿门失火。

9　己卯(二十二日),京都雒阳降下冰雹。

10　六月,京兆、扶风及凉州发生地震。

11　庚子(十三日),泰山以及博县境内的尤来山发生山崩。

12　己酉(二十二日),大赦天下。

13　司空虞放被免官,任命前任太尉黄琼为司空。

14　犍为属国夷族攻劫掠夺百姓。益州刺史山昱率军将其击破。

15　零吾羌人和先零诸种联合起兵反叛,攻打三辅地区。

16　秋季,七月,京都雒阳举行求雨大典。

17　东汉朝廷削减三公九卿以下官吏的俸禄,向各封国的王、侯,借贷他们所食租税的一半。出卖关内侯、虎贲、羽林缇骑、营士、五大夫等官爵,价钱各有差别。

18　九月,司空黄琼被免官,擢升大鸿胪、东莱郡人刘宠为司空。

刘宠曾经担任过会稽郡太守,削减和废除烦琐的苛捐杂税,禁止和督察官吏的非法行为,郡内大治。朝廷征召他去担任将作大匠。山阴县有五六位老翁,从若邪山山谷里走出来,每人带着一百钱,送给刘宠说:"我们都是山谷里的鄙陋之人,从来没有见过郡太守。只知道别人担任郡太守时,派官吏到民间征发赋税和徭役,

至夜不绝，或狗吠竟夕，民不得安。自明府下车以来，狗不夜吠，民不见吏，年老遭值圣明，今闻当见弃去，故自扶奉送。"宠曰："吾政何能及公言邪！勤苦父老！"为人选一大钱受之。

19　冬，先零、沈氏羌与诸种羌寇并、凉二州，校尉段颎将湟中义从讨之。凉州刺史郭闳贪共其功，稽固颎军，使不得进。义从役久恋乡旧，皆悉叛归。郭闳归罪于颎，颎坐徵下狱，输作左校，以济南相胡闳代为校尉。胡闳无威略，羌遂陆梁，覆没营坞，转相招结，唐突诸郡，寇患转盛。泰山太守皇甫规上疏曰："今猾贼就灭，泰山略平，复闻群羌并皆反逆。臣生长邠岐，年五十有九，昔为郡吏，再更叛羌，豫筹其事，有误中之言。臣素有痼疾，恐犬马齿穷，不报大恩，愿乞冗官，备单车一介之使，劳来三辅，宣国威泽，以所习地形兵势佐助诸军。臣穷居孤危之中，坐观郡将已数十年，自鸟鼠至于东岱，其病一也。力求猛敌，不如清平；勤明孙、吴，未若奉法。前变未远，臣诚戚之，是以越职尽其区区。"诏以规为中郎将，持节监关西兵讨零吾等。十一月，规击羌，破之，斩首八百级。先零诸种羌慕规威信，相劝降者十馀万。

从早到晚,络绎不绝,有时狗叫的声音,通宵不停,人民不得安宁。自从明府您下车任职以来,狗在晚上从来没有叫过,人民也看不见官吏,想不到我们年老,还能遇到圣明盛世。而今听说您要抛弃我们离去,所以我们互相扶持,为您送行。"刘宠回答说:"我的政绩,哪里有您所夸奖的那么好!真是有劳各位父老了!"只向每人选一枚大钱,收下留作纪念。

　　19　冬季,先零、沈氏种羌和其他诸种羌人,联合攻打并、凉二州,护羌校尉段颎率领住在湟中志愿从行的胡人部队前往讨伐。凉州刺史郭闳,贪图分享段颎的功劳,故意拖住段颎的军队,使段颎无法前进。志愿从行的胡人部队因为服役的时间太久,思念故乡,于是,全都起来反叛,逃归家乡。郭闳把罪过推到段颎头上,段颎因罪被征回京都雒阳,投入监狱,被送往左校营罚作苦役,东汉朝廷任命济南国宰相胡闳,接任护羌校尉。胡闳既无威信,又没有谋略,因此,诸种羌人的气焰嚣张,不断攻陷军营和鄣塞,辗转招聚集结,在各郡之间横冲直撞,攻劫掠夺的祸患变得严重起来。泰山郡太守皇甫规上书说:"现在,奸狡的盗贼已经就地剿灭,泰山郡大致已恢复太平。又听说诸种羌人,都同时起兵反叛。我生长在邠山、岐山一带,今年五十九岁,过去在安定郡府任职时,经历过两次羌人叛乱,我曾预先向朝廷上书,筹划讨伐之事,不幸而言中。我一向身患顽疾,恐怕自己像犬马一样,牙齿掉尽老死,而不能报答皇上大恩,但愿陛下让我做一个有官阶而没有职事的散官,给我备一辆车,我将做朝廷的使者,到三辅地区进行慰问和鼓励,宣扬朝廷的声威和恩德,用我所熟悉的地理形势知识和用兵的谋略,帮助各军。我处于孤单危险的境地中,静坐观察郡太守的军事行动,已达数十年之久,从西面的鸟鼠山,到东面的泰山,弊病都是一个,即郡太守平时不知安抚百姓,以致引起人民反叛。与其着力访求勇猛的将领,不如施行清平的政治;与其精通孙子和吴起的兵书,不如郡太守奉公守法。前次的羌人反叛,距今时间并不是很长,我的确为此而忧虑,所以虽然已经超越了我的职责范围,仍尽量陈述我的意见。"于是,桓帝下诏,任命皇甫规为中郎将,命他持节督察函谷关以西的军队,讨伐零吾等诸种羌人。十一月,皇甫规进击羌军,将其击破,斩杀八百人。先零等诸种羌人,敬慕皇甫规的威望和信誉,他们互相规劝,归降的有十多万人。

五年(壬寅,162)

1 春,正月壬午,南宫丙署火。

2 三月,沈氐羌寇张掖、酒泉。皇甫规发先零诸种羌,共讨陇右,而道路隔绝,军中大疫,死者十三四。规亲入庵庐,巡视将士,三军感悦。东羌遂遣使乞降,凉州复通。

先是安定太守孙隽受取狼藉,属国都尉李翕、督军御史张禀多杀降羌,凉州刺史郭闳、汉阳太守赵熹并老弱不任职,而皆倚恃权贵,不遵法度。规到,悉条奏其罪,或免或诛。羌人闻之,翕然反善,沈氐大豪滇昌、饥恬等十馀万口复诣规降。

3 夏,四月,长沙贼起,寇桂阳、苍梧。

4 乙丑,恭陵东阙火。戊辰,虎贲掖门火。五月,康陵园寝火。

5 长沙、零陵贼入桂阳、苍梧、南海,交趾刺史及苍梧太守望风逃奔,遣御史中丞盛脩督州郡募兵讨之,不能克。

6 乙亥,京师地震。

7 甲申,中藏府丞禄署火。秋七月己未,南宫承善闼火。

8 鸟吾羌寇汉阳,陇西、金城诸郡兵讨破之。

9 艾县贼攻长沙郡县,杀益阳令,众至万馀人。谒者马睦督荆州刺史刘度击之,军败,睦、度奔走。零陵蛮亦反。冬十月,武陵蛮反,寇江陵,南郡太守李肃奔走,主簿胡爽扣马首谏曰:"蛮夷见郡无儆备,故敢乘间而进。明府为国大臣,连城千里,

汉桓帝延熹五年(壬寅,公元162年)

1 春季,正月壬午(二十九日),南宫丙署失火。

2 三月,沈氏种羌攻打张掖郡、酒泉郡。皇甫规征发先零等诸种羌,共同前往陇右地区进行讨伐,然而道路已经被断绝,军中又流行瘟疫,死亡的人数达十分之三四。皇甫规亲自到各军营巡视和安抚将士,整个军队都感动得心悦诚服。东羌于是派人前来请求投降,通往凉州的道路,重新得到恢复。

在此以前,安定郡太守孙隽贪婪无厌,声名狼藉,属国都尉李翕、督军御史张禀,滥杀归降的羌人,凉州刺史郭闳、汉阳郡太守赵熹,又都年老软弱,不能胜任,可是他们全部倚仗朝廷权贵人物的势力,不遵守法令和制度。皇甫规到职后,将他们的罪状一一上奏,进行弹劾。这些人有的被免官,有的被诛杀。羌人听到这个消息后,都一致改变态度,跟汉王朝亲善,沈氏种羌大豪帅滇昌、饥恬等,率领十多万人,再度向皇甫规投降。

3 夏季,四月,长沙盗贼反叛,攻打桂阳郡、苍梧郡。

4 乙丑,安帝陵园恭陵寝殿东门失火。戊辰,虎贲卫士所在地的侧门失火。五月,殇帝陵园康陵寝殿失火。

5 长沙郡、零陵郡盗贼,攻进桂阳、苍梧、南海等郡,交趾刺史和苍梧郡太守都望风而逃,东汉朝廷派遣御史中丞盛脩督率州郡募兵前往讨伐,未能取胜。

6 乙亥(二十三日),京都雒阳发生地震。

7 六月甲申(初三),中藏府丞掌管的俸禄署失火。秋季,七月己未(初八),南宫承善门失火。

8 鸟吾种羌攻打汉阳,陇西、金城等郡军队,将其讨伐击破。

9 艾县盗贼攻打长沙郡所属各县,杀死益阳县令,部众发展到一万多人。谒者马睦督率荆州刺史刘度,率军前往讨伐,结果大败,马睦、刘度逃走。零陵郡蛮族也起兵反叛。冬季,十月,武陵蛮族起兵反叛攻打江陵,南郡太守李肃准备逃命,主簿胡爽拦住马头劝阻说:"蛮夷族因为发现郡府没有戒备,所以敢乘隙进攻。阁下身为国家大臣,管辖的城池和地区,互相连接,有千里之广,

举旗鸣鼓,应声十万,奈何委符守之重,而为逋逃之人乎!"肃拔刃向爽曰:"掾促去! 太守今急,何暇此计!"爽抱马固谏,肃遂杀爽而走。帝闻之,徵肃,弃市;度、睦减死一等;复爽门间,拜家一人为郎。

尚书朱穆举右校令山阳度尚为荆州刺史。辛丑,以太常冯绲为车骑将军,将兵十馀万讨武陵蛮。先是,所遣将帅,宦官多陷以折耗军资,往往抵罪,绲愿请中常侍一人监军财费。尚书朱穆奏"绲以财自嫌,失大臣之节";有诏勿劾。绲请前武陵太守应奉与俱,拜从事中郎。十一月,绲军至长沙,贼闻之,悉诣营乞降。进击武陵蛮夷,斩首四千馀级,受降十馀万人,荆州平定。诏书赐钱一亿,固让不受,振旅还京师,推功于应奉,荐以为司隶校尉。而上书乞骸骨,朝廷不许。

10 滇那羌寇武威、张掖、酒泉。

11 太尉刘矩免,以太常杨秉为太尉。

12 皇甫规持节为将,还督乡里,既无他私惠,而多所举奏,又恶绝宦官,不与交通。于是中外并怨,遂共诬规货赂群羌,令其文降,帝玺书诮让相属。

如果发出军令,高举大旗,擂响战鼓,应声而来的,可以集结十万大军,怎么能抛弃剖符和守土的重任,却去做临阵脱逃的人?"于是,李肃抽出佩刀直指胡爽前胸,说:"你快走开!我现在正急,哪有空谈这些?"胡爽仍抱住马颈,执意进行劝阻,李肃就用佩刀杀死胡爽而逃。桓帝听到报告后,将李肃召回京都洛阳,在街市斩首示众;刘度、马睦,也都判处死刑减一等;免除胡爽一家的赋税徭役,并任命胡爽家一人为郎。

尚书朱穆,向朝廷推荐右校令、山阳人度尚为荆州刺史。辛丑(二十二日),朝廷任命大常冯绲为车骑将军,率领大军十多万人,讨伐反叛的武陵郡蛮族。在此以前,朝廷所派遣的将帅,多被宦官扣上损耗军用物资的罪名而加以诬陷,并往往受到相应的处罚,冯绲为了避免这种陷害,于是请求桓帝派遣一位中常侍去监督军用财物的开支。尚书朱穆上书弹劾说"冯绲躲避财物方面的嫌疑,有失朝廷大臣的节操";桓帝下诏,不要弹劾。冯绲又向朝廷请求派遣前任武陵郡太守应奉和自己一道前往,任命他为从事中郎。十一月,冯绲所率领的军队抵达长沙,盗贼听到这个消息,都到军营请求投降。于是,冯绲就率领军队进击武陵郡的蛮夷族,斩杀四千多人,接受十多万人归降,荆州得以平定。桓帝下诏,赏给冯绲一亿钱,冯绲执意推辞,不肯接受,他振旅班师,返回京都雒阳,将功劳全都推归于应奉,举荐应奉担任司隶校尉。然而自己却上书请求退休,朝廷没有批准。

10 滇那种羌攻打武威郡、张掖郡、酒泉郡。

11 太尉刘矩被免官,擢升太常杨秉为太尉。

12 皇甫规持节担任大军统帅,回到故乡,督率军政,既没有树立个人的私恩,反而对贪官污吏不断地进行弹劾惩处,又对朝廷当权的宦官深恶痛绝,不跟他们结交往来。于是,从皇宫到地方郡县,都对他有怨言,于是一同诬陷他用货财贿赂诸种叛羌,命令他们在表面上投降,实际上并没有真心归服,因此,桓帝谴责皇甫规的诏书相继而来。

　　规上书自讼曰："四年之秋,戎丑蠢戾,旧都惧骇,朝廷西顾。臣振国威灵,羌戎稽首,所省之费一亿以上。以为忠臣之义不敢告劳,故耻以片言自及微效,然比方先事,庶免罪悔。前践州界,先奏孙隽、李翕、张禀;旋师南征,又上郭闳、赵熹,陈其过恶,执据大辟。凡此五臣,支党半国,其馀墨绶下至小吏,所连及者复有百馀。吏托报将之怨,子思复父之耻,载赘驰车,怀粮步走,交构豪门,竞流谤蔿,云臣私报诸羌,雠以钱货。若臣以私财,则家无担石;如物出于官,则文簿易考。就臣愚惑,信如言者,前世尚遗匈奴以宫姬,镇乌孙以公主;今臣但费千万以怀叛羌,则良臣之才略,兵家之所贵,将有何罪负义违理乎!自永初以来,将出不少,覆军有五,动资巨亿,有旋车完封,写之权门,而名成功立,厚加爵封。今臣还本土,纠举诸郡,绝交离亲,戮辱旧故,众谤阴害,固其宜也!"

　　帝乃征规还,拜议郎,论功当封。而中常侍徐璜、左悺欲从求货,数遣宾客就问功状,规终不答。璜等忿怒,陷以前事,下之于吏。官属欲赋敛请谢,规誓而不听,遂以馀寇不绝,坐系廷尉,论输左校。诸公及太学生张凤等三百馀人诣阙讼之,会赦,归家。

皇甫规上书为自己辩解说:"去年秋季,西羌诸种纷起骚动,背叛朝廷,旧都长安恐惧震骇,朝廷深为西方的形势而担忧。我重振国家的声威,使诸种叛羌,都低头请求归降,所节省的经费,多达一亿以上。我认为这是忠臣应尽的义务,不敢向朝廷自称有功,所以,耻于以片言只语谈及自己的微薄贡献,然而,比起前面那些败军之将,我觉得我也许可以无悔无罪。当初,我一进入凉州境内,先行弹劾孙㒞、李翕、张禀;随即率师南征,又弹劾郭闳、赵熹,列举他们的罪状,依据这些罪状,他们应被判处死刑。可是,这五位臣子,党羽遍布半个国家,其馀身佩黑色丝带印信以下的官员,直至小吏,所牵连的还有一百多人。这些属吏,都借口要为他们的长官报仇,儿子一心想为父亲雪耻,有的装载财物,乘坐车马,有的怀揣口粮,徒步前往,都去投奔和交结有权势的豪门,竞相散布诽谤谣言,说我私下里贿赂反叛的羌人,用财物酬谢他们。假如说我用的是自己的私财,那么我家清贫,没有一石以上的存粮;如果说我用的是官府的财物,那么有官府的文书账簿,很容易考查。特别让我疑惑不解的是,即令他们所说的都是真话,那么,前朝还把宫女赏赐给匈奴单于,将公主嫁到乌孙王国;而今,我不过仅仅花费一千万钱,却收到了怀柔和安抚叛羌的效果,这是良臣的才干,是军事家所推崇的谋略,又有什么罪过违背了义理?并且,从安帝永初年间以来,朝廷派出的将帅不少,其中,全军覆灭的就有五位,动用资财,多达数亿,有人在班师之日,将朝廷调拨给军队使用的钱币,连封条都没打开,就原封不动运回京都洛阳,直接送进权贵的家门,然而他们却都名成功就,加官晋爵,得到丰厚的封赏。而今,我返回故乡,纠察和弹劾各郡的官吏,断绝和朋友、亲戚的一切关系,使过去的老朋友,有的被杀戮,有的受侮辱,于是招来众多的诽谤和暗害,的确是在情理之中!"

于是桓帝把皇甫规征召回京都雒阳,任命他为议郎,按照他的功勋,本来应该加封侯爵。可是,中常侍徐璜、左悺,却打算从中勒索财物,多次派遣宾客,向皇甫规询问立功的情况,但皇甫规始终不肯拿出财物酬答。于是徐璜等人恼羞成怒,重提前事进行诬陷,将皇甫规交付有关官吏审问治罪。皇甫规的部属打算收集钱财送给徐璜等人,向他们道歉,但皇甫规誓不听从这种建议,于是皇甫规就以没有肃清叛羌馀众的罪名,被关押到廷尉狱,判处列左校服苦役的刑罚。三公以及太学生张凤等三百多人,前往宫门为皇甫规诉冤,正遇到朝廷颁布赦令,才释放回家。

六年(癸卯,163)

1　春,二月戊午,司徒种暠薨。

2　三月戊戌,赦天下。

3　以卫尉颍川许栩为司徒。

4　夏,四月辛亥,康陵东署火。

5　五月,鲜卑寇辽东属国。

6　秋,七月甲申,平陵园寝火。

7　桂阳贼李研等寇郡界,武陵蛮复反,太守陈举讨平之。宦官素恶冯绲,八月,绲坐军还,盗贼复发,免。

8　冬,十月丙辰,上校猎广成,遂幸函谷关、上林苑。光禄勋陈蕃上疏谏曰:"安平之时,游畋宜有节,况今有三空之厄哉!田野空,朝廷空,仓库空。加之兵戎未戢,四方离散,是陛下焦心毁颜,坐以待旦之时也,岂宜扬旗曜武,骋心舆马之观乎!又前秋多雨,民始种麦,今失其劝种之时,而令给驱禽除路之役,非贤圣恤民之意也。"书奏,不纳。

9　十一月,司空刘宠免。十二月,以卫尉周景为司空。景,荣之孙也。

时宦官方炽,景与太尉杨秉上言:"内外吏职,多非其人。旧典,中臣子弟,不得居位秉势;而今枝叶宾客,布列职署,或年少庸人,典据守宰;上下忿患,四方愁毒。可遵用旧章,退贪残,塞灾谤。请下司隶校尉、中二千石、城门、五营校尉、北军中候,各实核所部,应当斥罢,自以状言三府,廉察有遗漏,续上。"帝从之。于是秉条奏牧、守青州刺史羊亮等五十馀人,或死或免,天下莫不肃然。

汉桓帝延熹六年(癸卯,公元 163 年)

1 春季,二月戊午(十一日),司徒种暠去世。

2 三月戊戌(二十二日),大赦天下。

3 擢升卫尉、颍川郡人许栩为司徒。

4 夏季,四月辛亥(初五),殇帝陵园康陵东署失火。

5 五月,鲜卑攻打辽东属国。

6 秋季,七月甲申(初十),昭帝陵园平陵墓园寝殿失火。

7 桂阳郡贼李研攻打郡界。武陵郡蛮族再度起兵反叛,太守陈举将其讨平。宦官一向憎恨冯绲,八月,冯绲因班师后盗贼重新起兵反叛而被问罪,免官。

8 冬季,十月丙辰(十三日),桓帝去广成苑打猎,随即临幸函谷关和上林苑。光禄勋陈蕃上书进谏说:"天下太平的时候,游猎还应当有节制,何况今天有'三空'的严重灾难! 农田空,朝廷空,仓库空。加上战事没有停止,四方人民逃亡,正是陛下忧心如焚,损毁容颜,坐等天明的时候,怎么能够扬旗耀武,把心思用到驾着车马去观光上呢? 并且,今年初秋多雨,农民才开始种麦,而今陛下又失去了鼓励耕作的时机,而命他们去驱逐禽兽,修筑道路,这不符合圣贤体恤人民的本意。"奏章呈上,桓帝没有采纳。

9 十一月,司空刘宠被免官。十二月,擢升卫尉周景为司空。周景是周荣的孙子。

这时,宦官的势力正像烈火一样炽盛,周景和太尉杨秉上书说:"朝廷和地方官府的官吏,有很多人都不是合适的人选。按照过去的典章制度,宦官子弟不准许担任官职,掌握权力;可是到了今天,连宦官的远亲和宾客都遍布各级官府;有些年纪轻轻而才能平庸的人,也都担任郡太守或县令、长等地方要职;上下怨愤,四方愁惨。应该遵守传统的法令规章,斥退贪婪和凶残之人以堵塞天象变异和人民的非议。请求陛下命令司隶校尉、中两千石官员、城门和五营校尉、北军中侯,各自切实清查自己的部属,应当斥退和罢黜的,主动将有关情况呈报给太尉、司徒、司空等三府,如果发现还有遗漏,再继续向上呈报。"桓帝采纳。于是,杨秉上书逐条弹劾青州刺史羊亮等州牧和郡太守五十多人,这些人有的被诛杀,有的被免官,天下人无不肃然起敬。

10 诏征皇甫规为度辽将军。初,张奂坐梁冀故吏,免官禁锢,凡诸交旧,莫敢为言,唯规荐举,前后七上,由是拜武威太守。及规为度辽,到营数月,上书荐奂:"才略兼优,宜正元帅,以从众望。若犹谓愚臣宜充举事者,愿乞冗官,以为奂副。"朝廷从之。以奂代规为度辽将军,以规为使匈奴中郎将。

11 西州吏民守阙为前护羌校尉段颎讼冤者甚众;会滇那等诸种羌益炽,凉州几亡,乃复以颎为护羌校尉。

12 尚书朱穆疾宦官恣横,上疏曰:"按汉故事,中常侍参选士人,建武以后,乃悉用宦者。自延平以来,浸益贵盛,假貂珰之饰,处常伯之任,天朝政事,一更其手;权倾海内,宠贵无极,子弟亲戚,并荷荣任,放滥骄溢,莫能禁御,穷破天下,空竭小民。愚臣以为可悉罢省,遵复往初,更选海内清淳之士明达国体者,以补其处,即兆庶黎萌,蒙被圣化矣!"帝不纳。后穆因进见,复口陈曰:"臣闻汉家旧典,置侍中、中常侍各一人,省尚书事;黄门侍郎一人,传发书奏,皆用姓族。自和熹太后以女主称制,不接公卿,乃以阉人为常侍,小黄门通命两宫。自此以来,权倾人主,穷困天下,宜皆罢遣,博选耆儒宿德,与参政事。"帝怒,不应。穆伏不肯起,左右传"出"!良久,乃趋而去。自此中官数因事称诏诋毁之。穆素刚,不得意,居无几,愤懑发疽卒。

10 桓帝下诏征召皇甫规,任命他为度辽将军。起初,张奂因被指控为梁冀的旧属,而遭到免官和终身不准再出来做官的惩罚,凡是他的故交老友,没有一个人胆敢为他说话,只有皇甫规向朝廷推荐张奂,前后一连呈递了七次奏章,朝廷因此任命张奂为武威郡太守。等到朝廷任命皇甫规为度辽将军时,到军营只有数月,便向朝廷推荐张奂说:"才能和谋略都很优异,应该担任大军统帅的重任,以顺从众人的期望。如果认为我还适合担任军职,就请让我当一个只有官阶没有职事的散官,做张奂副手。"朝廷采纳皇甫规的建议,任命张奂接替皇甫规担任度辽将军,任命皇甫规为使匈奴中郎将。

11 西方州郡的官吏和百姓,守在宫门为前任护羌校尉段颎诉冤的人很多;正遇到滇那等诸部羌人的势力日益强盛,凉州几乎灭亡,于是,朝廷重新任命段颎为护羌校尉。

12 尚书朱穆痛恨宦官集团的恣意专横,上书说:"按照汉王朝的传统制度,中常侍并非全是宦官,也参选士人担任,从光武帝建武年间以后,才全部任用宦官。自殇帝延平年间以来,宦官的地位一天比一天尊贵,他们的权势也越来越大,帽子上戴着金珰,貂尾垂到右侧,身居侍中的重任,凡是朝廷的政事,都要经过他们的手;权力大得可以倾覆全国,宠信和尊贵无与伦比,连他们家的子弟和亲戚,都担负着荣耀的职务,肆意骄纵专横,谁都无法控制和驾驭,致使天下穷困,小民枯竭。我认为应该将他们全都罢黜,恢复从前的制度,重新选择天下高洁淳朴而又通晓国家制度的人士,来补任留下的官位,这样,黎民百姓就都能受到圣明的教化!"桓帝不肯采纳。后来,朱穆有事进见,口头向桓帝陈述说:"我听说,汉王朝的传统制度,只设置侍中、中常侍各一人,负责省览尚书呈报皇帝的奏章;设置黄门侍郎一人,传达皇帝的命令,收受臣下的奏章,并且全都选用有声望的士族担任。可是,自从和熹太后以女主的地位主持朝政,不跟三公和九卿直接接触,于是用宦官担任常侍,由小黄门奔走于皇帝宫和皇太后宫之间。从此以后,宦官的权力压倒人主,使天下贫穷困苦,应该将掌权的宦官全部罢黜遣退,广选年老博学而又有德望的儒者,参与政事。"桓帝勃然大怒,不肯应允。朱穆伏在地上,不肯起来。桓帝左右的人传命"出去"!过了很久,朱穆才快步退出。从此以后,宦官多次借故用皇帝的名义对朱穆进行诋毁。朱穆一向性格刚直,很不如意,过了不久,因愤恨和郁闷而生毒疮,病故。

卷第五十五　汉纪四十七

起甲辰(164)尽丙午(166)凡三年

孝桓皇帝中

延熹七年(甲辰,164)

1　春,二月丙戌,邟乡忠侯黄琼薨。将葬,四方远近名士会者六七千人。

初,琼之教授于家,徐稚从之咨访大义,及琼贵,稚绝不复交。至是,稚往吊之,进酹,哀哭而去,人莫知者。诸名士推问丧宰,宰曰:"先时有一书生来,衣粗薄而哭之哀,不记姓字。"众曰:"必徐孺子也。"于是选能言者陈留茅容轻骑追之,及于涂。容为沽酒市肉,稚为饮食。容问国家之事,稚不答。更问稼穑之事,稚乃答之。容还,以语诸人,或曰:"孔子云:'可与言而不与言,失人。'然则孺子其失人乎?"太原郭泰曰:"不然。孺子之为人,清洁高廉,饥不可得食,寒不可得衣,而为季伟饮酒食肉,此为已知季伟之贤故也!所以不答国事者,是其智可及,其愚不可及也!"

泰博学,善谈论。初游雒阳,时人莫识,陈留符融一见嗟异,因以介于河南尹李膺。膺与相见,曰:"吾见士多矣,未有如郭林宗者也。其聪识通朗,高雅密博,今之华夏,

孝桓皇帝中
汉桓帝延熹七年(甲辰,公元 164 年)

1　春季,二月丙戌,邡乡忠侯黄琼去世。临下葬时,四方远近前来吊丧的知名人士,有六七千人之多。

最初,黄琼在家中教授经书时,徐稚曾经向他请教要旨,等到黄琼的地位尊贵以后,徐稚就和黄琼绝交,不再来往。黄琼去世,徐稚前往吊丧,以酒洒地表示祭奠,放声痛哭后离去,别人都不知道他是谁。吊丧的知名人士询问主持丧事的人,他说:"早些时候的确有一位儒生来过这里,他衣着粗糙单薄,可是哭声悲哀,记不清他的姓名。"大家都推测说:"肯定是徐稚。"于是选派能说会道的陈留郡人茅容,跨上快马急忙去追赶他,在半途追到。茅容为他沽酒买肉,请徐稚一道饮食。当茅容问及国家大事时,徐稚不作回答。可是,当茅容改变话题,谈论耕种和收获谷物的事,徐稚方才作出回答。茅容返回以后,将上述情况告诉大家。有人说:"孔子曾经说过:'遇上可以交谈的人,却不和他谈论,未免有失于人。'这样说来,徐稚岂不是有失于茅容了吗?"太原郡人郭泰说:"那未必见得。徐稚为人清高廉洁,即使他饥饿时也不会轻易接受他人的食物,寒冷时也不会随便穿别人的衣服。然而,徐稚既已应茅容的邀请,一道饮酒食肉,这是因为他已经知道茅容贤能的缘故!所以不回答国家大事,正说明他的智慧我们或许可以赶得上,他的故作愚昧我们却赶不上!"

郭泰学问渊博,善于谈吐。他刚到京都雒阳留学时,没有人知道他,陈留郡人符融一见到他,就赞叹惊异,因而将他推荐给河南尹李膺。李膺跟他见面后说:"我所见到过的读书人很多,却从来没有遇到过像您郭林宗这样的人。您聪慧通达,高雅慎密,在今天中国境内,

鲜见其俦。”遂与为友，于是名震京师。后归乡里，衣冠诸儒送至河上，车数千两，膺唯与泰同舟而济，众宾望之，以为神仙焉。

　　泰性明知人，好奖训士类，周游郡国。茅容，年四十馀，耕于野，与等辈避雨树下，众皆夷踞相对，容独危坐愈恭。泰见而异之，因请寓宿。旦日，容杀鸡为馔，泰谓为己设；容分半食母，馀半庋置，自以草蔬与客同饭。泰曰：“卿贤哉远矣！郭林宗犹减三牲之具以供宾旅，而卿如此，乃我友也。”起，对之揖，劝令从学，卒为盛德。钜鹿孟敏，客居太原，荷甑堕地，不顾而去。泰见而问其意，对曰：“甑已破矣，视之何益！”泰以为有分决，与之言，知其德性，因劝令游学，遂知名当世。陈留申屠蟠，家贫，佣为漆工；鄢陵庾乘，少给事县廷为门士。泰见而奇之，其后皆为名士。自馀或出于屠沽、卒伍，因泰奖进成名者甚众。

　　陈国童子魏昭请于泰曰：“经师易遇，人师难遭，愿在左右，供给洒扫。”泰许之。泰尝不佳，命昭作粥，粥成，进泰，泰呵之曰：“为长者作粥，不加意敬，使不可食！”以杯掷地。昭更为粥重进，泰复呵之。如此者三，昭姿容无变。泰乃曰：“吾始见子之面，而今而后，知卿心耳！”遂友而善之。

很少有人能与您相比。"便和他结交为好友,于是,郭泰的名声立刻震动京都雒阳。后来,郭泰从雒阳启程返回家乡时,官员和士绅以及儒生将他送到黄河渡口,云集的车子多达数千辆,李膺只和郭泰同坐一只船渡河,前来送行的各位宾客望着他俩,俨然是一对神仙。

郭泰善于识别人的贤愚善恶,喜好奖许和勉励读书人,足迹遍布四方。茅容已经四十多岁,仍在家里种田,有一次,他和一群农夫在树底下避雨,大家都很随便地坐在地上,只有茅容在一旁正襟危坐,非常恭敬。郭泰路过那里,见此情景,大为惊异,因而向茅容请求,允许去他家投宿。第二天,茅容杀鸡做菜,郭泰以为是为招待自己而杀。想不到茅容分了半只鸡侍奉母亲,其馀半只鸡收藏在阁橱里,而自己却用粗劣的蔬菜和客人共同下饭。郭泰说:"你的贤良的确大大地超过了普通人!我自己款待客人尚且减少对父母亲的供养,而你却能做到这样,真是我的好友。"于是,郭泰站起身来,向他拱手作揖,劝他读书学习,后来,茅容终于成为很有德行的人。钜鹿郡人孟敏,在太原郡客居,肩上扛的瓦罐掉在地上,他一眼都不看径直离去。郭泰见此情景,问他为什么这样,孟敏回答说:"瓦罐已经破碎,再看它又有什么益处?"郭泰认为他有分辨和决断能力,于是和他交谈,了解他的天赋和秉性,因而劝他外出求学,孟敏后来就闻名当世。陈留郡人申屠蟠家境贫困,受雇给别人做漆工;鄢陵县人庾乘年少时在县官府担任门卒。郭泰见到他们两人,都另眼相看,后来他们两人都成为知名的人士。其他有的是屠户出身,有的是卖酒出身,有的是士卒出身,因为受到郭泰的奖励和引进而成名的人很多。

陈国少年魏昭向郭泰请求说:"教授经书的老师容易找到,然而,传授做人道理的老师却很难遇到,我愿意跟随在您的身边,给您洒扫房屋和庭院。"郭泰许诺。后来,郭泰曾因身体不适,命魏昭给他煮稀饭,稀饭煮好以后,魏昭端给郭泰去喝,郭泰大声呵斥魏昭说:"你给长辈煮稀饭,不存敬意,使我不能进食!"连碗带稀饭都扔到地上。魏昭又重新煮好稀饭,再次端给郭泰去喝,郭泰又大声呵斥他。这样一连三次,魏昭的态度和脸色始终没有改变。于是郭泰说:"我开始只看到你的表面,从今以后,我却知道你的内心了。"就把魏昭当作好友,善意对待。

陈留左原，为郡学生，犯法见斥，泰遇诸路，为设酒肴以慰之。谓曰："昔颜涿聚，梁甫之巨盗，段干木，晋国之大驵，卒为齐之忠臣，魏之名贤。蘧瑗、颜回尚不能无过，况其馀乎！慎勿怨恨，责躬而已！"原纳其言而去。或有讥泰不绝恶人者，泰曰："人而不仁，疾之已甚，乱也。"原后忽更怀忿结客，欲报诸生。其日，泰在学，原愧负前言，因遂罢去。后事露，众人咸谢服焉。

或问范滂曰："郭林宗何如人？"滂曰："隐不违亲，贞不绝俗，天子不得臣，诸侯不得友，吾不知其他。"

泰尝举有道，不就，同郡宋冲素服其德，以为自汉元以来，未见其匹，尝劝之仕。泰曰："吾夜观乾象，昼察人事，天之所废，不可支也，吾将优游卒岁而已。"然犹周旋京师，诲诱不息。徐稚以书戒之曰："大木将颠，非一绳所维，何为栖栖不遑宁处！"泰感寤曰："谨拜斯言，以为师表。"

济阴黄允，以隽才知名，泰见而谓曰："卿高才绝人，足成伟器，年过四十，声名著矣。然至于此际，当深自匡持，不然，将失之矣！"后司徒袁隗欲为从女求姻，见允，叹曰："得婿如是，足矣。"允闻而黜遣其妻。妻请大会宗亲为别，因于众中攘袂数允隐慝十五事而去，允以此废于时。

陈留郡人左原是郡学的学生，因违反法令，被郡学斥退，郭泰在路上遇见他，特地摆设酒和菜肴，对他进行安慰。说："过去，颜涿聚原是梁父山的大盗，段干木本是晋国的大市侩，可是，前一位终于成了齐国的忠臣，后一位终于成了魏国的著名贤人。蘧瑗、颜回尚且不能没有过错，何况其他的人呢？你千万不要心怀怨恨，只是反躬责问自己而已！"左原虚心听取郭泰的劝导后离去。有人讥讽郭泰不能和恶人断绝关系，郭泰说："对于不合于仁的人，如果厌恶他太甚，就会使他更加为乱。"左原后来忽然重新心怀忿怒，结集宾客，想要报复郡学的学生。可是，这一天，郭泰正在郡学，左原惭愧自己辜负了郭泰以前的劝导，因此没有进行报复，随即离去。后来这件事的真相被弄清了，众人都感谢和敬佩郭泰。

　　有人询问范滂说："郭泰是个什么样的人？"范滂回答说："隐居民间而不违背双亲，为人忠直而不脱离世俗，天子不能使他为臣下，诸侯不能跟他结交为好友，除此之外，我不知道还有别的。"

　　郭泰曾经被地方官府推荐为"有道"人才，郭泰不肯接受，同郡人宋冲一向佩服郭泰的品德和学问，认为自从汉王朝建立以来，没有人能超过他，曾经劝他出来做官。郭泰说："我夜间观看天象，白天考察人事，上天决心让汉王朝灭亡，人力不能支持，我将悠闲自得地过日子。"但他还经常到京都雒阳，不停地教诲和劝诱人们读书求学。徐稚写信警告他说："大树快要颠倒，不是一根绳子可以将它维系得住的，为何要奔波忙碌，没有空闲安宁居住？"郭泰有所感而觉悟说："一定恭敬地拜受你的话，当作老师的指教。"

　　济阴郡人黄允，以才智出众而知名，郭泰跟他见面时，特地叮嘱他说："你才华很高，超过常人，一定会成为大器，年过四十岁以后，名声一定显著。然而，到了这个时候，应该严格要求自己，匡正持重，不然，将丧失声名！"后来，司徒袁隗想为他的侄女选择丈夫，见到黄允，赞叹说："能得到像黄允这样的女婿，就心满意足。"当黄允听到这个消息后，便将他的妻子休退，让她回娘家。黄妻请求同所有宗族和亲戚见面辞别，于是当着众人的面，揎袖捋臂历数黄允不可告人的十五件隐私，然后登车而去，黄允因此名声败坏。

初，允与汉中晋文经并恃其才智，曜名远近，征辟不就。托言疗病京师，不通宾客，公卿大夫遣门生旦暮问疾，郎吏杂坐其门，犹不得见。三公所辟召者，辄以询访之，随所臧否，以为与夺。符融谓李膺曰："二子行业无闻，以豪桀自置，遂使公卿问疾，王臣坐门，融恐其小道破义，空誉违实，特宜察焉。"膺然之。二人自是名论渐衰，宾徒稍省，旬日之间，惭叹逃去，后并以罪废弃。

陈留仇香，至行纯嘿，乡党无知者。年四十，为蒲亭长。民有陈元，独与母居，母诣香告元不孝，香惊曰："吾近日过元舍，庐落整顿，耕耘以时，此非恶人，当是教化未至耳。母守寡养孤，苦身投老，奈何以一旦之忿，弃历年之勤乎！且母养人遗孤，不能成济，若死者有知，百岁之后，当何以见亡者！"母涕泣而起。香乃亲到元家，为陈人伦孝行，譬以祸福之言，元感悟，卒为孝子。考城令河内王奂署香主簿，谓之曰："闻在蒲亭，陈元不罚而化之，得无少鹰鹯之志邪？"香曰："以为鹰鹯不若鸾凤，故不为也。"奂曰："枳棘之林非鸾凤所集，百里非大贤之路。"乃以一月奉资香，使入太学。郭泰、符融赍刺谒之，因留宿；明旦，泰起，下床拜之曰："君，泰之师，非泰之友也。"香学毕归乡里，

起初，黄允和汉中郡人晋文经，同时倚仗他们的才能和智慧，远近闻名，官府征聘他们做官，都不肯接受。他俩托辞到京都雒阳疗养疾病，拒绝任何来访的宾客，三公九卿和大夫等派遣他们的门生，早晚前来探望病情，郎吏错杂挤坐门房，还都不得见面。三公府所征聘的属吏，往往先去征求他俩的意见，根据他俩的品评和褒贬，再决定任用或罢黜。符融对李膺说："他俩的操行和事业都没有声名，却以豪杰自居，以致三公九卿都派人前往探病，朝廷命臣都去坐在门房等候召见，我深怕他俩这种小家的学说和技艺会破坏儒家大义，徒具虚名而和实际不相符合，特别应该留意考察。"李膺赞同符融的意见。于是黄允和晋文经二人的名誉，从此逐渐衰落，前往的宾客和门徒，也稍稍减少，不到十天的时间，他俩都惭愧和叹息而逃走，后来，他俩都被控有罪而被黜免。

　　陈留郡人仇香虽德行高尚，但沉默寡言，乡里无人知道他。年龄四十岁时，担任蒲亭亭长。有百姓陈元，一个人和母亲同住，他的母亲向仇香控告陈元忤逆不孝顺，仇香吃惊说："我最近经过陈元的房舍，院落整理得干干净净，并且农事也很及时，说明他不是一个恶人，只不过没有受到教化，不知道如何做罢了。你年轻时守寡，抚养孤儿，劳苦一生，而今年纪已老，怎能为了一时的恼怒，抛弃多年的勤劳和辛苦？并且，你抚养丈夫遗留下来的孤儿，有始无终，倘若死者在地下有知，你百年之后，到地下怎么跟亡夫相见？"陈元的母亲哭泣着起身告辞。于是仇香就亲自来到陈元家里，教导伦理孝道，再用祸福的后果循循善诱，陈元感动省悟，终于成为孝子。考城县令河内郡人王奂任命仇香为主簿，对他说："听说你在蒲亭，对于陈元，没有进行处罚，而是用教化来改变他，是否缺少苍鹰搏击的勇气？"仇香回答说："我认为苍鹰搏击，不如鸾凤和鸣，所以不肯那样去做。"王奂又对他说："荆棘的丛林，不是鸾凤栖身之所，百里之内的县府官职，不是容纳大贤的道路。"于是用一个月的俸禄资助仇香，使他到京都洛阳，进入太学。郭泰、符融拿着名帖求见仇香，就留宿彻夜长谈。第二天早上，郭泰起来，在床前向仇香下拜说："您是我的老师，不是我的朋友。"仇香在太学学成，回归乡里，

虽在宴居，必正衣服，妻子事之若严君。妻子有过，免冠自责，妻子庭谢思过，香冠，妻子乃敢升堂，终不见其喜怒声色之异。不应征辟，卒于家。

2 三月癸亥，陨石于鄠。

3 夏，五月己丑，京师雨雹。

4 荆州刺史度尚募诸蛮夷击艾县贼，大破之，降者数万人。桂阳宿贼卜阳、潘鸿等逃入深山，尚穷追数百里，破其三屯，多获珍宝。阳、鸿党众犹盛，尚欲击之，而士卒骄富，莫有斗志。尚计缓之则不战，逼之必逃亡，乃宣言："卜阳、潘鸿作贼十年，习于攻守，今兵寡少，未易可进，当须诸郡所发悉至，乃并力攻之。"申令军中恣听射猎，兵士喜悦，大小皆出。尚乃密使所亲客潜焚其营，珍积皆尽；猎者来还，莫不泣涕。尚人人慰劳，深自咎责，因曰："卜阳等财宝足富数世，诸卿但不并力耳，所亡少少，何足介意！"众咸愤踊。尚敕令秣马蓐食，明旦，径赴贼屯，阳、鸿等自以深固，不复设备，吏士乘锐，遂破平之。尚出兵三年，群寇悉定，封右乡侯。

即令是在闲暇无事的时候,也一定是衣服整齐,妻子和儿女侍奉他,就像对待严正的君王一样。妻子和儿女们一旦有了过错,仇香就摘下帽子,责备自己,一直等到妻子和儿女们在院子里承认错误,表示悔改,仇香戴上帽子,妻子和儿女们才敢进入堂屋,平常从来看不见仇香因喜怒而改变声音脸色的情况。他不接受官府的征聘,后来,在家里病故。

2 三月癸亥,鄠县坠落陨石。

3 夏季,五月己丑(十九日),京都雒阳降下冰雹。

4 荆州刺史度尚,招募蛮族和夷族士卒,讨伐艾县的盗贼,将其大破,投降的有数万人之多。桂阳郡历时已久的贼帅卜阳、潘鸿等,逃入深山老林,度尚率军穷追不舍,深入数百里,一连攻破三座屯堡,抢获到不少珍珠财宝。但是,卜阳、潘鸿的党徒势力还很强盛,度尚准备继续进击,可是,他的部队既骄傲,而又富有,不再有斗志。度尚深知,如果缓兵不继续前进,则不能对盗贼发动攻击,如果强迫部队继续前进,一定会发生士卒逃亡,于是宣称:"卜阳、潘鸿,已经做了十年盗贼,无论是进攻或防守,都很擅长,而今,我们的军队寡不敌众,不能轻率前进,必须等到各郡征发的援军全部赶到,才能合力进行攻讨。"并且发布命令,准许军中将士们自由打猎。士兵听到命令后,非常喜悦,上自将领,下到小兵,几乎全体都出营打猎取乐。于是度尚秘密派遣自己的心腹亲信,暗中纵火焚毁军营,抢获来的珍珠财宝也全都被烧尽,出营打猎的将士们回来,见此情景,无不哭泣流泪。度尚一方面安慰他们,另一方面,又深为责备自己对火灾疏于防备,然后激励大家说:"卜阳等积蓄的金银财宝,足够我们用几辈子,只怕你们不肯尽力,所焚烧的那点东西,何必放在心上?"全体将士都发愤和踊跃请求出击。度尚下令连夜喂饱战马,将士们早晨未起在寝席上进食,于拂晓前直接攻打盗贼的屯堡,卜阳、潘鸿等自以为山寨坚固,没有戒备,军吏和士兵们乘着锐气,便将卜阳、潘鸿等盗贼一举平灭。度尚出征前后三年,将盗贼全部平定,朝廷封他为右乡侯。

5　冬,十月壬寅,帝南巡。庚申,幸章陵。戊辰,幸云梦,临汉水,还,幸新野。时公卿、贵戚车骑万计,征求费役,不可胜极。护驾从事桂阳胡腾上言:“天子无外,乘舆所幸,即为京师。臣请以荆州刺史比司隶校尉,臣自同都官从事。”帝从之。自是肃然,莫敢妄干扰郡县。帝在南阳,左右并通奸利,诏书多除人为郎,太尉杨秉上疏曰:“太微积星,名为郎位,入奉宿卫,出牧百姓,宜割不忍之恩,以断求欲之路。”于是诏除乃止。

6　护羌校尉段颎击当煎羌,破之。

7　十二月辛丑,车驾还宫。

8　中常侍汝阳侯唐衡、武原侯徐璜皆卒。

9　初,侍中寇荣,恂之曾孙也,性矜洁,少所与,以此为权宠所疾。荣从兄子尚帝妹益阳长公主,帝又纳其从孙女于后宫。左右益忌之,遂共陷以罪,与宗族免归故郡,吏承望风旨,持之浸急。荣恐不免,诣阙自讼。未至,刺史张敬追劾荣以擅去边,有诏捕之。荣逃窜数年,会赦,不得除,积穷困,乃自亡命中上书曰:“陛下统天理物,作民父母,自生齿以上,咸蒙德泽;而臣兄弟独以无辜,为专权之臣所见批抵,青蝇之人所共构会,令陛下忽慈母之仁,发投杼之怒。残诡之吏,张设机网,并驱争先,

5　冬季,十月壬寅(初五),桓帝前往南方巡视。庚申(二十三日),抵达章陵。十一月戊辰(初一),抵云梦,到达汉水水滨,返回,抵达新野。当时,随行的三公九卿和皇亲国戚的车辆、马匹一万有馀,沿途向地方官府征发各种费用和差役,不可胜数。护驾从事桂阳郡人胡腾上书说:"天子本来没有内外之分,凡是皇帝所到之处,就是京都。我请求将荆州刺史比照司隶校尉,将我视同都官从事。"桓帝批准。从此纪律肃然,没有谁敢妄自扰乱郡县官府。当桓帝抵达南阳时,左右宦官亲信都营私谋取奸利,桓帝不断下诏,任命很多人为郎,太尉杨秉上书说:"太微宫五帝座后,积聚有二十五星,名叫郎位,入则在宫中值宿,担任警卫,出则在地方官府任职,牧守百姓,请陛下应该割舍不忍拒绝的恩德,断绝左右谋取奸利的道路。"桓帝这才不再颁布任命为郎的诏书。

6　护羌校尉段颎,率军进击当煎羌民,将其击破。

7　十二月辛丑(初四),桓帝返回京都雒阳皇宫。

8　中常侍汝阳侯唐衡、武原侯徐璜二人病故。

9　起初,侍中寇荣,即寇恂的曾孙,性格庄重廉洁,很少跟人交往,因此为有权势而又得到皇帝宠幸的人所憎恨。寇荣堂兄的儿子,娶桓帝的妹妹益阳长公主为妻,而桓帝又纳寇荣的侄孙女做妃子。所以,桓帝左右的宦官亲信,对寇荣更加嫉妒,于是共同诬陷寇荣有罪,寇荣被桓帝下诏免官,并和宗族一道回到故乡,而地方官吏根据朝廷权贵们的意旨,对寇荣加紧进行迫害。寇荣恐怕死于地方官吏的毒手,启程前往京都雒阳,准备到宫门上书,为自己辩解。走到中途,幽州刺史张敬又向朝廷追加罪名弹劾寇荣擅自离开边郡住所,桓帝下诏通缉和逮捕寇荣。寇荣一连逃亡流窜了好几年,每次遇到朝廷实行全国性的大赦,也得不到赦免,备受贫穷困苦,于是在逃亡中向桓帝上书说:"陛下统治天下,治理万物,当人民的父母,男女从长出牙齿的年龄以上,都能得到陛下的恩德;然而,只有我们兄弟,本来无罪,却遭到朝廷专权大臣的百般排挤,被像苍蝇一样的谗佞小人阴谋陷害,以致陛下忽略了做母亲的仁慈,跟曾参的母亲一样,误信曾参杀人的传闻,发出投梭的愤怒。残酷和献媚的执法官吏,张开罗网,设立陷阱,并驾齐驱,争先恐后,

若赴仇敌,罚及死没,髡剔坟墓,欲使严朝必加滥罚。是以不敢触突天威而自窜山林,以俟陛下发神圣之听,启独睹之明,救可济之人,援没溺之命。不意滞怒不为春夏息,淹恚不为岁时息,遂驰使邮驿,布告远近,严文克剥,痛于霜雪,逐臣者穷人途,追臣者极车轨,虽楚购伍员,汉求季布,无以过也。臣遇罚以来,三赦再赎,无验之罪,足以蠲除。而陛下疾臣愈深,有司咎臣甫力,止则见扫灭,行则为亡虏,苟生则为穷人,极死则为冤鬼,天广而无以自覆,地厚而无以自载,蹈陆土而有沉沦之忧,远岩墙而有镇压之患。如臣犯元恶大憝,足以陈原野,备刀锯,陛下当班布臣之所坐,以解众论之疑。臣思入国门,坐于肺石之上,使三槐九棘平臣之罪,而阎闼九重,陷阱步设,举趾触罘罝,动行绁罗网,无缘至万乘之前,永无见信之期。悲夫,久生亦复何聊!盖忠臣杀身以解君怒,孝子殒命以宁亲怨,故大舜不避涂廪、浚井之难,申生不辞姬氏谗邪之谤。臣敢忘斯义,不自毙以解明朝之忿哉!乞以身塞责,愿陛下丐兄弟死命,使臣一门颇有遗类,以崇陛下宽饶之惠。先死陈情,临章泣血!"帝省章愈怒,遂诛荣,寇氏由是衰废。

好似奔赴仇敌一样，刑罚甚至加到死人的尸体上，坟墓也被铲平，他们为了表示朝廷的严明，必须滥加惩罚。所以，我才不敢冒犯天威，私自逃亡流窜深山老林，以等待陛下圣耳垂听，神目明察，拯救可以济度的人，援助将要淹死的生命。可是，意料不到，陛下的积怒并不因为春夏二季的降临而平息，蓄恨也不随着时间的推移而松懈，于是派出使者，奔驰驿站之间，贴出布告，传播远近，文书严厉苛刻，像遭受霜雪一样，痛入骨髓，追逐我的人，走遍天下道路，缉拿我的官吏，布满有车辆轨道的地方，即令是当初楚国悬赏捉拿伍员，汉王朝悬赏捉拿季布，都没有超过对我这样严厉的追捕。我自从受到国法的惩处以来，朝廷实行过三次大赦，又颁布过两次可以用金钱粟米赎罪的诏令，我所犯的属于没有证据的罪状，有足够的理由可以得到赦免。可是，陛下却对我恨得越深，有关官吏追究我的罪过更加厉害，我只要一旦停止下来，立刻会被消灭，如果继续前进，则成为逃亡的罪人，生为无路可走的人，死为含冤的鬼，苍天辽阔，唯独不能覆盖我，大地厚实，只有我不能立足，脚踏陆地，而有被埋没的忧患，虽然远离岩石筑成的高墙，仍然担忧被高墙压倒。如果我真正犯了十恶不赦的大罪，完全应该身受死刑，陈尸原野，那么，陛下应当公开宣布我的罪状，以解除众人舆论的疑惑。我也曾经想前往京都雒阳的朝廷大门，坐在朝廷门外的赤色肺石上，请求三公九卿公正评判我的罪过，然而，皇宫之门紧闭九重，每走一步都是陷阱，举足便触犯法网，挪步就遭陷害，我的陈诉没有机缘呈送到陛下面前，永远没有获得陛下相信的日期。真是可悲，我再长久活下去，又有什么意思？忠臣为了化解君王的愤怒，可以不惜杀身，孝子为了平息双亲的怨恨，可以不惜殒命，所以，虞舜不逃避涂抹粮仓和穿井挖土的灾难，申生不逃避骊姬恶意的诽谤和陷害。我岂敢忘记这个道理，不自杀以化解圣明陛下的忿怒？我请求只杀我一个人来尽责，愿陛下饶恕我兄弟的死罪，使我一家还能留下后人，以显示陛下宽厚的恩惠。临死之前，向陛下陈诉苦情，面对奏章，泪尽泣血。"桓帝看到寇荣的奏章后，更加愤怒，便下令诛杀寇荣，寇家从此衰败。

八年(乙巳,165)

1 春,正月,帝遣中常侍左悺之苦县祠老子。

2 勃海王悝,素行险僻,多僭傲不法。北军中候陈留史弼上封事曰:"臣闻帝王之于亲戚,爱虽隆必示之以威,体虽贵必禁之以度,如是,和睦之道兴,骨肉之恩遂矣。窃闻勃海王悝,外聚剽轻不逞之徒,内荒酒乐,出入无常,所与群居,皆家之弃子,朝之斥臣,必有羊胜、伍被之变。州司不敢弹纠,傅相不能匡辅,陛下隆于友于,不忍遏绝,恐遂滋蔓,为害弥大。乞露臣奏,宣示百僚,平处其法。法决罪定,乃下不忍之诏,臣下固执,然后少有所许。如是,则圣朝无伤亲之讥,勃海有享国之庆,不然,惧大狱将兴矣。"上不听。悝果谋为不道,有司请废之,诏贬为瘿陶王,食一县。

3 丙申晦,日有食之。诏公、卿、校尉举贤良方正。

4 千秋万岁殿火。

5 中常侍侯览兄参为益州刺史,残暴贪婪,累臧亿计。太尉杨秉奏槛车徵参,参于道自杀,阅其车重三百馀两,皆金银锦帛。秉因奏曰:"臣案旧典,宦者本在给使省闼,司昏守夜,而今猥受过宠,执政操权。附会者因公褒举,违忤者求事中伤,居法王公,富拟国家,饮食极肴膳,仆妾盈纨素。中常侍侯览弟参,贪残元恶,自取祸灭。览顾知衅重,必有自疑之意,

汉桓帝延熹八年(乙巳,公元 165 年)

1 春季,正月,桓帝派遣中常侍左悺,前往苦县祭祀老子。

2 勃海王刘悝,行为一向邪恶,经常越分和自傲,不断破坏法令。北军中候陈留郡人史弼,向桓帝上呈密封的奏章说:"我曾经听说,帝王对于亲戚,虽然爱得深厚,但一定要他们知道帝王的威严,身体虽然尊贵,但一定要他们遵守国家的法令,必须如此,才能使上下和睦相处,骨肉之间的恩惠得以成全。我私下听说,勃海王刘悝,在外面集结一批强悍轻捷不得志的歹徒,在宫内荒废政务,酗酒作乐,出入无常,整天和他住在一起的人,都是被家庭抛弃的浪子,朝廷废黜的官吏,必然会发生羊胜、伍被一样的变乱。州刺史府不敢奏劾纠察,王国的师傅和宰相不能匡正辅佐,陛下碍于手足情深,不忍心及时加以阻止,恐怕越来越滋长蔓延,为害更大。请求公布我的奏章,宣告文武百官,公平地依法对他进行处理。等到判罪确定以后,陛下再颁布不忍惩罚的诏令,如果大家坚持要对他进行处理,然后陛下稍稍让步,对他进行轻微的处罚。果真如此,圣明朝廷不会受到伤害亲戚的讥讽,勃海国又庆幸能够得到保全王位,不然的话,恐怕将会兴起大狱。"桓帝不肯接受。刘悝果然图谋反叛朝廷,有关官吏请求将他废黜,桓帝下诏,将他贬封为瘿陶王,只享有一个县的租税。

3 丙申晦(三十日),发生日食。桓帝下诏,命三公、九卿、校尉等向朝廷推荐"贤良方正"人才。

4 千秋万岁殿失火。

5 中常侍侯览的弟弟侯参,担任益州刺史,残暴贪婪,赃款累计多达一亿。太尉杨秉劾奏,朝廷用囚车把侯参押解回京,侯参在途中自杀,检查他所携载物资的车三百多辆,装的都是金银和锦帛。因此,杨秉又上书弹劾说:"我考查朝廷原来的典章制度,宦官本来只限于在皇宫内听遣差使,负责早晚看守门户,而今,大多备受过分的宠信,掌握朝廷大权。凡是依附宦官的人,趁着朝廷征用人才时,宦官就推荐他们做官;凡是违背和冒犯宦官的人,宦官便随便找一个借口,对他们进行中伤。宦官的居处,效法王公,他们拥有的财富,可与帝王相比,饮食尽佳肴珍膳,奴仆侍妾都穿精致洁白的细绢。中常侍侯览的弟弟侯参,是贪赃残暴的首恶,自取灾祸和灭亡。侯览深知罪恶深重,一定会自感疑惧不安,

臣愚以为不宜复见亲近。昔懿公刑邴歜之父,夺阎职之妻,而使二人参乘,卒有竹中之难。览宜急屏斥,投畀有虎,若斯之人,非恩所宥,请免官送归本郡。"书奏,尚书召对秉掾属,诘之曰:"设官分职,各有司存。三公统外,御史察内。今越奏近官,经典、汉制,何所依据? 其开公具对!"秉使对曰:"《春秋传》曰:'除君之恶,唯力是视。'邓通懈慢,申屠嘉召通诘责,文帝从而请之。汉世故事,三公之职,无所不统。"尚书不能诘,帝不得已,竟免览官。司隶校尉韩缜因奏左悺罪恶,及其兄太仆南乡侯称请托州郡,聚敛为奸,宾客放纵,侵犯吏民。悺、称皆自杀。缜又奏中常侍具瑗兄沛相恭臧罪,徵诣廷尉。瑗诣狱谢,上还东武侯印绶,诏贬为都乡侯。超及璜、衡袭封者,并降为乡侯,子弟分封者,悉夺爵土。刘普等贬为关内侯,尹勋等亦皆夺爵。

6　帝多内宠,宫女至五六千人,及驱役从使复兼倍于此,而邓后恃尊骄忌,与帝所幸郭贵人更相潛诉。癸亥,废皇后邓氏,送暴室,以忧死。河南尹邓万世、虎贲中郎将邓会皆下狱诛。

7　护羌校尉段颎击罕姐羌,破之。

8　三月辛巳,赦天下。

我愚昧地认为,不应该把侯览再放在陛下左右。过去,齐国的懿公,给邴鄗的父亲加刑,又夺取阎职的妻子,却使他们二人陪同乘车,终于发生竹林中的大祸。因此,侯览应该急忙斥退,投到豺狼虎豹群中,像这一类人,不能施行恩德宽恕罪行,请免除他的官职,送回他的本郡家乡。"奏章呈上以后,尚书召唤杨秉的属吏,责问说:"朝廷设立官职,各有各的职责范围。三公负责对外管理朝廷政务,御史负责对内监察官吏。而今,三公超越他的职责范围,弹劾皇宫内的宦官,无论是经书典籍,还是汉王朝的制度,都有什么根据?请公开作出详细的答复!"于是,杨秉派遣属吏回答说:"《春秋传》上说:'为君王排奸去恶,要使出全身的力量。'邓通松懈怠慢,申屠嘉召唤邓通,对他进行责问,汉文帝代他说情。汉王朝的传统制度是,三公的职责范围,没有一件事情不可以过问。"尚书无法反驳杨秉,桓帝迫不得已,终于将侯览免职。司隶校尉韩缤又向朝廷弹劾左悺的种种罪恶,以及他的哥哥、南乡侯左称,私相嘱托州郡官府,搜刮财货,作奸犯科,宾客仗势放任,侵犯官吏和百姓。左悺、左称都自杀。韩缤又弹劾中常侍具瑗的哥哥、沛国宰相具恭,贪赃枉法,桓帝下令,将具恭征召回京都洛阳,送到廷尉狱治罪。于是,具瑗也主动到廷尉狱认罪,并向上交还东武侯的印信,桓帝下诏将具瑗贬封为都乡侯。凡是继承单超,以及徐璜、唐衡封爵的,一律贬降为乡侯,他们的子弟得到分封的,全部取消他们的封爵和食邑。刘普等被贬为关内侯,尹勋等也都取消他们的封爵。

6　桓帝拥有许多后妃,宫女达到五六千人,其他供驱使的仆役,超过这个数目一倍以上。邓皇后仗恃她的尊贵地位,骄傲忌妒,跟桓帝宠幸的郭贵人之间,更是互相诬陷和控告对方。二月癸亥(二十七日),邓皇后被废,并送往暴室监禁,邓皇后忧愤而死。河南尹邓万世、虎贲中郎将邓会,都被逮捕下狱诛杀。

7　护羌校尉段颎率军进击罕姐羌民,将其击破。

8　三月辛巳(十六日),大赦天下。

9　宛陵大姓羊元群罢北海郡，臧污狼藉。郡舍溷轩有奇巧，亦载之以归。河南尹李膺表按其罪。元群行赂宦官，膺竟反坐。单超弟迁为山阳太守，以罪系狱，廷尉冯绲考致其死。中官相党，共飞章诬绲以罪。中常侍苏康、管霸，固天下良田美业，州郡不敢诘，大司农刘祐移书所在，依科品没入之，帝大怒，与膺、绲俱输作左校。

10　夏，四月甲寅，安陵园寝火。

11　丁巳，诏坏郡国诸淫祀，特留雒阳王涣、密县卓茂二祠。

12　五月丙戌，太尉杨秉薨。秉为人，清白寡欲，尝称"我有三不惑：酒、色、财也。"

秉既没，所举贤良广陵刘瑜乃至京师上书言："中官不当比肩裂土，竞立胤嗣，继体传爵。又，嬖女充积，冗食空宫，伤生费国。又，第舍增多，穷极奇巧，掘山攻石，促以严刑。州郡官府，各自考事，奸情赇赂，皆为吏饵。民愁郁结，起入贼党，官辄兴兵诛讨其罪，贫困之民，或有卖其首级以要酬赏，父兄相代残身，妻孥相视分裂。又，陛下好微行近习之家，私幸宦者之舍，宾客市买，熏灼道路，因此暴纵，无所不容。惟陛下开广谏道，博观前古，远佞邪之人，放郑、卫之声，则政致和平，德感祥风矣。"诏特召瑜问灾咎之征。执政者欲令瑜依违其辞，乃更策以他事，瑜复悉心对八千馀言，有切于前。拜为议郎。

9　宛陵县的世家大族羊元群,在北海郡太守任上被罢免,贪赃枉法,声名狼藉。当他被免官回家时,郡府中厕所里面的稀奇灵巧设备,都用车载运回家。河南尹李膺向朝廷上表,请求审查和验问他的罪行。羊元群向宦官们行贿,李膺竟被宦官们指控为诬告,遭受"反坐"之罪。单超的弟弟单迁担任山阳郡太守,因为犯法被囚禁在监狱,在廷尉冯绲严刑拷打下致死。宦官们互相结成死党,共同起草匿名信,诬告冯绲有罪。中常侍苏康、管霸,用贱价强迫购买天下的良田美业,州郡官府不敢责问,大司农刘祐发送公文给所在地区,依照法令,一律没收,桓帝大为震怒,下令把刘祐和李膺、冯绲,都一道送往左校营,罚服苦役。

10　夏季,四月甲寅(十九日),汉惠帝陵园安陵寝殿失火。

11　丁巳(二十二日),桓帝下诏,命各郡各封国拆除滥设的祠庙,仅准许保留京都雒阳王涣和密县卓茂这两处祠庙。

12　五月丙戌(二十二日),太尉杨秉去世。杨秉为人心地纯洁,欲望很少,曾经自称"我有三条不会受迷惑:饮酒、女色、钱财"。

杨秉既已去世,他所推荐的贤良、广陵郡人刘瑜,前往京都雒阳上书说:"宦官不应当纷纷裂土分封,竟相选立养子,继承他们的爵位。而美女充斥,无事坐食空宫,不但伤害民生,而且耗费国家财富。与此同时,住宅房舍不断增多,式样奇异,巧夺天工,用严刑峻法,催促人民挖山取石。州郡官府,各审各的官司,为非作恶的人,利用贿赂买通官吏,逍遥法外。人民愁苦忧闷,有冤无处申诉,被迫投入盗贼之党,官府又征调军队,讨伐他们的罪行,贫困的人民,有的甚至出卖自己的人头,去向官府领取悬赏,父亲和兄长相继杀身,妻子和儿女眼巴巴地看着亲人死去。同时,陛下又喜爱微服出行左右亲近的人家里,私自到宦官的住宅,使他们的宾客到处兜售这些消息,把整个道路弄得乌烟瘴气,因此,他们的气焰更加凶暴骄纵,无所不用其极。唯有请陛下广开言路,听取臣下的规劝和进谏,多多观察上古的经验和教训,疏远奸佞邪恶的人,不听郑国、卫国的淫荡音乐,则政治自然达到和平,圣恩普降天下,吉祥的和风自然来临。"桓帝下诏,特地征召刘瑜,向他询问有哪些天象变异的迹象和预兆。掌握朝政大权的大臣,本想命刘瑜在回答时含糊其辞,于是,便改变话题,重新问些别的事情,可是,刘瑜却一一尽心回奏,共八千余言,而且,言辞比从前的上书,更加激烈率直。桓帝任命他为议郎。

13　荆州兵朱盖等叛，与桂阳贼胡兰等复攻桂阳，太守任胤弃城走，贼众遂至数万。转攻零陵，太守下邳陈球固守拒之。零陵下湿，编木为城，郡中惶恐。掾史白球遣家避难，球怒曰："太守分国虎符，受任一邦，岂顾妻孥而沮国威乎！复言者斩！"乃弦大木为弓，羽矛为矢，引机发之，多所杀伤。贼激流灌城，球辄于内因地势，反决水淹贼，相拒十馀日不能下。时度尚征还京师，诏以尚为中郎将，率步骑二万馀人救球，发诸郡兵并势讨击，大破之，斩兰等首三千馀级，复以尚为荆州刺史。苍梧太守张叙为贼所执，及任胤皆征弃市。胡兰馀党南走苍梧，交趾刺史张磐击破之，贼复还入荆州界。度尚惧为己负，乃伪上言苍梧贼入荆州界，于是征磐下廷尉。辞状未正，会赦见原，磐不肯出狱，方更牢持械节。狱吏谓磐曰："天恩旷然，而君不出，可乎？"磐曰："磐备位方伯，为尚所枉，受罪牢狱。夫事有虚实，法有是非，磐实不辜，赦无所除。如忍以苟免，永受侵辱之耻，生为恶吏，死为敝鬼。乞传尚诣廷尉，面对曲直，足明真伪。尚不征者，磐埋骨牢槛，终不虚出，望尘受枉！"廷尉以其状上，诏书征尚，到廷尉，辞穷，受罪，以先有功得原。

13　荆州士兵朱盖等起兵反叛,和桂阳郡贼帅胡兰等再次攻打桂阳城,太守任胤弃城逃走,盗贼的人数便多达数万。转而攻打零陵郡,零陵郡太守下邳人陈球,坚决进行守御和抵抗。因零陵郡城地势低洼,又十分潮湿,是用木头编筑而成的,所以,城中的人民恐慌不安。太守府的属吏们,请求陈球先把家属送到安全地方避难,陈球大怒说:"我身为太守,掌握国家的兵符,负责一郡的安全,岂可以为了顾及自己妻子和儿女,而败坏国家的声威?敢有再说这种话的人,处斩!"于是,用大木制造弓弦,在矛上粘上羽毛当箭,用机械发射,杀伤不少的盗贼。盗贼又堵塞河流,引水灌城,陈球则在城内,顺着地势,破坏盗贼的堤防,用大水反灌和淹没盗贼,抵抗了十多天,盗贼无法攻破郡城。这时,正遇上度尚被调回京都洛阳,桓帝下诏,任命他为中郎将,率领步兵和骑兵共两万多人,南下援救陈球,度尚征发各郡的地方军队,联合进行讨伐,大破朱盖、胡兰等叛军,斩杀胡兰等三千多人,于是,朝廷重新任命度尚为荆州刺史。苍梧郡太守张叙曾被盗贼军队俘虏,以及桂阳郡太守任胤,都被召回京都雒阳,绑赴街市斩首示众。胡兰的残馀部众,往南逃到苍梧郡,交趾刺史张磐将其击破,他们又重新返回荆州境内。荆州刺史度尚因为恐怕被指控为未能完全消灭盗贼,而连累自己受罪,于是上书谎称,苍梧郡盗贼进入荆州境界,朝廷将张磐征召回京都雒阳,囚入廷尉狱。供辞和罪状尚未最后确定,正遇上颁布赦免令,应该释放,可是,张磐不但不肯出狱,反而把所带刑具的接合处钉得更牢。狱吏对张磐说:"皇恩浩荡,赦免你无罪,而你不肯出狱,哪能这样做?"张磐回答说:"我身为一州的地方长官,被度尚诬告,投入监狱,备受苦刑。事情应该分清虚假和真实,法律应该辨明谁是谁非,我确实没有犯罪,赦罪之令与我无关。如果我忍气吞声,只求免除眼前的痛苦,却要遭受永远的耻辱,活着是恶吏,死后是恶鬼。我请求朝廷用传车将度尚征召到廷尉狱,当面对质,一定可以辨明真假。如果不准许征召度尚,我将把骨头埋葬在监狱之中,始终不能背着罪名出狱,蒙受飞来的冤枉!"廷尉将上述情况报告给桓帝,桓帝下诏,将度尚征召回京,到廷尉狱和张磐对质,度尚理屈词穷,本应治罪,但因他先前有功劳,免予惩处。

14　闰月甲午,南宫朔平署火。

15　段颎击破西羌,进兵穷追,展转山谷间,自春及秋,无日不战,虏遂败散,凡斩首二万三千级,获生口数万人,降者万馀落。封颎都乡侯。

16　秋,七月,以太中大夫陈蕃为太尉。蕃让于太常胡广、议郎王畅、弛刑徒李膺,帝不许。

畅,龚之子也,尝为南阳太守,疾其多贵戚豪族,下车,奋厉威猛,大姓有犯,或使吏发屋伐树,堙井夷灶。功曹张敞奏记谏曰:"文翁、召父、卓茂之徒,皆以温厚为政,流闻后世。发屋伐树,将为严烈,虽欲惩恶,难以闻远。郡为旧都,侯甸之国,园庙出于章陵,三后生自新野,自中兴以来,功臣将相,继世而隆。愚以为恳恳用刑,不如行恩;孳孳求奸,未若礼贤。舜举皋陶,不仁者远,化人在德,不在用刑。"畅深纳其言,更崇宽政,教化大行。

17　八月戊辰,初令郡国有田者亩敛税钱。

18　九月丁未,京师地震。

19　冬,十月,司空周景免;以太常刘茂为司空。茂,恺之子也。

20　郎中窦武,融之玄孙也,有女为贵人。采女田圣有宠于帝,帝将立之为后。司隶校尉应奉上书曰:"母后之重,兴废所因。汉立飞燕,胤祀泯绝。宜思《关雎》之所求,远五禁之所忌。"太尉陈蕃亦以田氏卑微,窦族良家,争之甚固。帝不得已,辛巳,立窦贵人为皇后,拜武为特进、城门校尉,封槐里侯。

14　闰月甲午(初一)，南宫北门朔平署失火。

15　段颎率军击破西羌，乘胜穷追，转战山谷之间，从春季直到秋季，没有一天不发生战斗，反叛的羌民终于溃败和逃散，共计斩杀两万三千人，俘虏数万人，投降的有一万馀落。朝廷封段颎为都乡侯。

16　秋季，七月，擢升太中大夫陈蕃为太尉。陈蕃先后提出将太尉让给太常胡广、议郎王畅和弛刑徒李膺，桓帝都没有批准。

王畅是王龚的儿子，曾担任过南阳郡的太守，他痛恨南阳郡有许多的皇亲国戚和豪门大族，所以到职以后，雷厉风行，遇到有大姓人家犯法，便派官吏摧毁他们的家宅房屋，砍伐树木，填平水井，铲平厨房炉灶。功曹张敞向他上书劝阻说："文翁、召父、卓茂等人，都是因为为政温和、宽厚，而流芳后世。摧毁家宅房屋，砍伐树木，实在太严厉酷烈，虽然是为了惩治奸恶，可是效果难以长久。南阳郡原是古都，又在京都雒阳千里的范围之内。皇帝祖先的陵园就在章陵，三位皇后都出生于新野。自从光武帝中兴以来，功臣将相，一代接着一代兴隆。我愚昧地认为，与其急切用刑，不如推行恩德；与其孜孜不倦地去缉拿奸恶之徒，不如礼敬贤能。虞舜推荐皋陶，邪恶的人自然远离，教化人民，靠的是推行恩德，不是靠使用严刑峻法。"王畅诚恳地接受了他的建议，于是改为崇尚宽厚为政，使教化得以普遍推行。

17　八月戊辰(初六)，命各郡、各封国，对田地开始以亩为单位，征收赋税。

18　九月丁未(十五日)，京都雒阳发生地震。

19　冬季，十月，司空周景被免官；擢升太常刘茂为司空。刘茂，即刘恺的儿子。

20　郎中窦武，是窦融的玄孙，窦武的女儿窦妙，是桓帝的贵人。采女田圣，因为受到桓帝的宠爱，桓帝打算立田圣为皇后。司隶校尉应奉上书说："皇后的地位非常重要，关系着国家的盛衰和兴废。汉王朝曾立赵飞燕为皇后，后嗣即行断绝。陛下选立皇后，应该想到《关雎》诗篇中的追求，而疏远五种禁忌。"太尉陈蕃也认为，田圣出身卑微，而窦姓家族却是清白的书香官宦世家，竭力争取。桓帝迫不得已，于辛巳日(二十日)，册立窦贵人为皇后，擢升其父窦武为特进、城门校尉，封为槐里侯。

21　十一月壬子,黄门北寺火。

22　陈蕃数言李膺、冯绲、刘祐之枉,请加原宥,升之爵任,言及反覆,诚辞恳切,以至流涕,帝不听。应奉上疏曰:"夫忠贤武将,国之心膂。窃见左校弛刑徒冯绲、刘祐、李膺等,诛举邪臣,肆之以法。陛下既不听察,而猥受谮诉,遂令忠臣同愆元恶,自春迄冬,不蒙降恕,退迩观听,为之叹息。夫立政之要,记功忘失。是以武帝舍安国于徒中,宣帝征张敞于亡命。绲前讨蛮荆,均吉甫之功;祐数临督司,有不吐茹之节;膺著威幽、并,遗爱度辽。今三垂蠢动,王旅未振,乞原膺等,以备不虞。"书奏,乃悉免其刑。久之,李膺复拜司隶校尉。时小黄门张让弟朔为野王令,贪残无道,畏膺威严,逃还京师,匿于兄家合柱中。膺知其状,率吏卒破柱取朔,付雒阳狱,受辞毕,即杀之。让诉冤于帝,帝召膺,诘以不先请便加诛之意。对曰:"昔仲尼为鲁司寇,七日而诛少正卯。今臣到官已积一旬,私惧以稽留为愆,不意获速疾之罪。诚自知衅责,死不旋踵,特乞留五日,克殄元恶,始生之愿也。"帝无复言,顾谓让曰:"此汝弟之罪,司隶何愆!"乃遣出。自此诸黄门、常侍皆鞠躬屏气,休沐不敢出宫省。帝怪问其故,并叩头泣曰:"畏李校尉。"时朝廷日乱,纲纪颓弛,而膺独持风裁,以声名自高,士有被其容接者,名为登龙门云。

21　十一月壬子(二十一日),黄门北寺失火。

22　太尉陈蕃多次向桓帝陈诉李膺、冯绲、刘祐所遭受的冤枉,请求宽赦他们的罪过,恢复官职,再三请求,言辞恳切,甚至流涕,但桓帝仍然不肯接受。于是,应奉上书说:"忠臣良将,是国家的心腹和脊梁。我认为左校营弛刑徒冯绲、刘祐、李膺等人,诛杀和弹劾奸臣,完全符合国家法令。陛下既不听取他们的陈述,调查了解事情的真相,却轻信别人的诬告和挑拨离间的谗言,就使忠臣良将跟大奸大恶同罪,自春季直到冬季,仍然不能蒙受宽恕,远近的人们看到和听到后,无不为之叹息。处理政事的关键在于,要记住臣下的功劳,忘掉他们的过失。所以,汉武帝从囚徒中选拔韩安国,宣帝在逃亡犯中征召张敞。冯绲从前讨伐荆州的叛蛮,有过和尹吉甫同等的功劳;刘祐曾多次主持执法,有不畏惧刚强和不欺侮柔弱的气节;李膺的声威震动幽州、并州,在北疆留下仁爱。而今,三个方面的边陲都有战事,而朝廷的军队又都没有班师回京,请求陛下宽赦李膺等人,准备应付意料不到的变化。"奏章呈上后,于是桓帝下令全部免除三人的刑罚。过了很久,李膺被重新任命为司隶校尉。当时,小黄门张让的弟弟张朔,担任野王县的县令,贪污残暴,没有德政,因为畏惧李膺的严厉,逃回京都雒阳,躲藏在他哥哥张让家里的合柱中。李膺得知这个情况以后,率领吏卒破开合柱,将张朔逮捕,交付给雒阳监狱,审问完毕,立即处决。张让向桓帝申诉冤枉,桓帝召见李膺,责问他为什么不先请求批准,就加以诛杀。李膺回答说:"过去,孔丘担任鲁国的大司寇,只有七天时间便把少正卯处决。而今,我到职已经十天,深怕因为拖延时间太久遭到责备,想不到竟会因行动太快获罪。我深知自己罪责严重,死在眼前,特地向陛下请求,让我再在职位上停留五天,一定拿获元凶归案,然后再受烹刑,我这一生的愿望也就得到满足。"桓帝不再说话,回过头来对张让说:"这都是你弟弟的罪过,司隶校尉有什么过失?"于是,命李膺退出。从此,所有的黄门、中常侍,都谨慎恭敬,不敢大声呼吸,甚至连休假日也不敢出宫。桓帝觉得很奇怪,问他们究竟是怎么一回事。大家一齐叩头哭泣说:"我们害怕司隶校尉李膺。"当时,朝廷的政治,一天比一天混乱,法度崩塌破坏,然而,只有李膺仍然维护朝纲,执法裁夺,因此声望一天比一天高,凡是读书的士人,能够被他容纳或接见的,都称之为"登龙门"。

23 征东海相刘宽为尚书令。宽，崎之子也，历典三郡，温仁多恕，虽在仓卒，未尝疾言遽色。吏民有过，但用蒲鞭罚之，示辱而已，终不加苦。每见父老，慰以农里之言，少年，勉以孝悌之训，人皆悦而化之。

九年(丙午，166)

1 春，正月辛卯朔，日有食之。诏公卿、郡国举至孝。太常赵典所举荀爽对策曰："昔者圣人建天地之中而谓之礼，众礼之中，昏礼为首。阳性纯而能施，阴体顺而能化，以礼济乐，节宣其气，故能丰子孙之祥，致老寿之福。及三代之季，淫而无节，阳竭于上，阴隔于下，故周公之戒曰：'时亦罔或克寿。'传曰：'截趾适屦，孰云其愚，何与斯人，追欲丧躯。'诚可痛也。臣窃闻后宫采女五六千人，从官、侍使复在其外，空赋不辜之民，以供无用之女，百姓穷困于外，阴阳隔塞于内，故感动和气，灾异屡臻。臣愚以为诸未幸御者，一皆遣出，使成妃合，此诚国家之大福也。"诏拜郎中。

2 司隶、豫州饥，死者什四五，至有灭户者。

3 诏征张奂为大司农，复以皇甫规代为度辽将军。规自以为连在大位，欲求退避，数上病，不见听。会友人丧至，规越界迎之，因令客密告并州刺史胡芳，言规擅远军营，当急举奏。芳曰："威明欲避第仕涂，故激发我耳。吾当为朝廷爱才，何能申此子计邪！"遂无所问。

23 朝廷征召东海国宰相刘宽担任尚书令。刘宽是刘崎的儿子，他先后担任过三个郡的太守，温和仁爱，多行宽恕，即令是时间再匆促，也从来没有疾言厉色过。凡是官吏和百姓犯了错误，只用蒲草做的鞭子抽打，使对方精神上感到羞辱而已，始终不肯给对方增加肉体上的痛苦。每次延见地方父老，总是鼓励他们努力从事农耕，遇到年轻人，则训勉他们孝顺父母，友爱兄弟，所以人们都很高兴接受他的教化。

汉桓帝延熹九年(丙午,公元166年)

1 春季，正月辛卯朔(初一)，发生日食。桓帝下诏，命三公、九卿、各郡、各封国向朝廷推荐"至孝"人才。太常赵典推荐的孝廉荀爽，在考试卷上回答说："过去，圣人采集天地间的法则称之为礼，在各种礼之中，婚礼为首位。阳性刚纯而能施舍，阴体柔顺而能消化，用礼节制欢乐，调和生气，所以，既能得到子孙繁衍的吉利，又能享受到延年益寿的幸福。可是，等到夏、商、周三代之时，君王淫乱，没有节制，阳气在上面枯竭，阴气在下面阻隔，所以，周公姬旦告诫说：'有时候，也会减少寿命。'古书中还说：'有人脚大鞋小，为了能够穿鞋，不惜截掉脚趾，谁说他蠢？还有比他更蠢的人，为了追求淫欲甚至不惜丧失自己的生命。'实在令人悲痛。我听说皇宫之中，采女竟有五六千人之多，而侍从的女官、宫女还不在此限。徒然赋敛无辜的人民，来供养无用的女子，百姓在外面贫穷困苦，皇宫里面阴阳隔绝，所以冲击和谐之气，天象才不断发生变异。我愚昧地认为，凡是没有被陛下召幸过的女子，一律都遣出皇宫，使她们早成婚配，这是国家的大福。"桓帝下诏，任命荀爽为郎中。

2 司隶、豫州发生饥荒，人民饿死十分之四五，有的家庭甚至没有留下一个人。

3 桓帝下诏，征召张奂为大司农，重新任命皇甫规接替张奂担任度辽将军。皇甫规因自己一连担任高官职位，为了谋求退避，不断上书称病，要求辞职，朝廷都不批准。正好有位友人去世，灵柩运回故乡安葬，皇甫规越过辖区边界迎接，然后派他的宾客秘密告诉并州刺史胡芳，指控皇甫规擅自远离军营，应当急忙向朝廷检举弹劾。胡芳说："皇甫规为了想早日脱离官场，所以，对我采取这种激将法。我应该为朝廷爱惜人才，不能中他的计。"便不闻不问。

4　夏，四月，济阴、东郡、济北、平原河水清。

5　司徒许栩免。五月，以太常胡广为司徒。

6　庚午，上亲祠老子于濯龙宫，以文罽为坛饰，淳金扣器，设华盖之坐，用郊天乐。

7　鲜卑闻张奂去，招结南匈奴及乌桓同叛。六月，南匈奴、乌桓、鲜卑数道入塞，寇掠缘边九郡。秋七月，鲜卑复入塞，诱引东羌与共盟诅。于是上郡沈氏、安定先零诸种共寇武威、张掖，缘边大被其毒。诏复以张奂为护匈奴中郎将，以九卿秩督幽、并、凉三州及度辽、乌桓二营，兼察刺史、二千石能否。

8　初，帝为蠡吾侯，受学于甘陵周福，及即位，擢福为尚书。时同郡河南尹房植有名当朝，乡人为之谣曰："天下规矩，房伯武；因师获印，周仲进。"二家宾客，互相讥揣，遂各树朋徒，渐成尤隙。由是甘陵有南北部，党人之议自此始矣。

汝南太守宗资以范滂为功曹，南阳太守成瑨以岑晊为功曹，皆委心听任，使之褒善纠违，肃清朝府。滂尤刚劲，疾恶如雠。滂甥李颂，素无行，中常侍唐衡以属资，资用为吏；滂寝而不召。资迁怒，捶书佐朱零，零仰曰："范滂清裁，今日宁受笞而死，滂不可违。"资乃止。郡中中人以下，莫不怨之。于是二郡为谣曰："汝南太守范孟博，南阳宗资主画诺；南阳太守岑公孝，弘农成瑨但坐啸。"

4　夏季,四月,济阴郡、东郡、济北国、平原郡黄河河水澄清。

5　司徒许栩被免官。五月,擢升太常胡广为司徒。

6　庚午,桓帝在濯龙宫亲自祭祀老子,祭坛用西方夷族纺织的毛毡装饰,陈列纯金镶边的祭器,座位上设置豪华的伞盖,演奏郊外祭天时的乐曲。

7　鲜卑听说张奂被调回京都雒阳,于是召集南匈奴和乌桓一齐起兵反叛。六月,南匈奴、乌桓、鲜卑,分兵数路,攻入边塞,劫掠沿边九郡。秋季,七月,鲜卑再次攻入边塞,引诱东羌部落共同盟誓。于是上郡的沈氏、安定郡的先零等部羌民,联合攻打武威郡、张掖郡,使沿边的郡县深受其害。桓帝下诏,重新任命张奂为护匈奴中郎将,领取和九卿同等的薪俸,督察幽、并、凉三州和度辽将军、护乌桓校尉两营的军事,并负责考核州刺史和郡太守的政绩。

8　起初,当桓帝还是蠡吾侯的时候,曾经跟着甘陵国人周福读过书,等到他当了皇帝以后,擢升周福担任尚书。当时,和周福同郡的河南尹房植,在朝廷也很有名望,于是,乡里的人编了一首歌谣说:"天下规矩,房伯武;因师获印,周仲进。"两家的宾客,互相讥笑和攻击,于是各人树立自己的党羽和门徒,逐渐结成怨仇。因此,甘陵国的士人便分为南北两个部党,对党人的议论从此开始。

汝南郡太守宗资,任命范滂为功曹,南阳郡太守成瑨,任命岑晊为功曹,都非常信任,让他们奖励善良,惩罚邪恶,整顿和澄清太守府的吏治。范滂尤其刚毅强劲,看见罪恶犹如见到仇敌。范滂的外甥李颂,一向没有德行,中常侍唐衡将他托付给汝南郡太守宗资,宗资任用李颂为吏。范滂却将公文搁置案头,不肯召见。宗资迁怒他人,捶打书佐朱零,朱零抬头对宗资说:"这是范滂刚正的决断,今天我宁愿被笞打而死,也不违背范滂的决定。"宗资方才作罢。郡太守府中的中级官吏以下,无不怨恨。于是,两郡就传出讽刺性的谣言说:"汝南太守范孟博,南阳宗资主画诺;南阳太守岑公孝,弘农成瑨但坐啸。"

太学诸生三万馀人,郭泰及颍川贾彪为其冠,与李膺、陈蕃、王畅更相褒重。学中语曰:"天下模楷,李元礼;不畏强御,陈仲举;天下俊秀,王叔茂。"于是中外承风,竞以臧否相尚,自公卿以下,莫不畏其贬议,屣履到门。

宛有富贾张泛者,与后宫有亲,又善雕镂玩好之物,颇以赂遗中官,以此得显位,用势纵横。岑晊与贼曹史张牧劝成瑨收捕泛等。既而遇赦,瑨竟诛之,并收其宗族宾客,杀二百馀人,后乃奏闻。小黄门晋阳赵津,贪暴放恣,为一县巨患。太原太守平原刘瓆使郡吏王允讨捕,亦于赦后杀之。于是中常侍侯览使张泛妻上书讼冤,宦者因缘谮诉瑨、瓆。帝大怒,徵瑨、瓆,皆下狱。有司承旨,奏瑨、瓆罪当弃市。

山阳太守翟超以郡人张俭为东部督邮。侯览家在防东,残暴百姓。览丧母还家,大起茔冢。俭举奏览罪,而览伺候遮截,章竟不上。俭遂破览冢宅,藉没资财,具奏其状,复不得御。徐璜兄子宣为下邳令,暴虐尤甚。尝求故汝南太守李暠女不能得,遂将吏卒至暠家,载其女归,戏射杀之。东海相汝南黄浮闻之,收宣家属,无少长,悉考之。掾史以下固争,浮曰:"徐宣国贼,今日杀之,明日坐死,足以瞑目矣!"即案宣罪弃市,暴其尸。于是宦官诉冤于帝,帝大怒,超、浮并坐髡钳,输作左校。

太学学生共有三万多人,郭泰和颍川郡人贾彪是他们的首领,他俩和李膺、陈蕃、王畅互相褒扬标榜。学生中间流行这样一句赞美他们的话:"天下模楷,李元礼;不畏强御,陈仲举;天下俊秀,王叔茂。"于是朝廷内外受这样的风气影响,竞相以品评朝政的善恶得失为时尚,自三公九卿以下的朝廷大臣,无不害怕受到这种舆论的谴责和非议,都争先恐后地登门和他们结交。

宛县有一位富商名叫张泛,他与后宫的人有亲戚关系,而又善于雕刻供人赏玩嗜好的物品,经常不断地送给宦官作礼物,因此,在地方上很有地位,仗恃权势横行霸道。岑晊和贼曹史张牧说服太守成瑨,将张泛等人逮捕。不久遇着朝廷颁布大赦令,成瑨竟然不顾,将张泛诛杀,并收捕他的宗族和宾客共两百多人,全部处死,事后方才奏报朝廷。小黄门晋阳县人赵津,贪污残暴,骄纵恣肆,成了全县的大祸害。太原郡太守平原郡人刘瓆,派遣郡吏王允将赵津逮捕,也是在朝廷颁布赦令之后,将赵津诛杀。于是中常侍侯览指使张泛的妻子,向朝廷上书替张泛鸣冤,宦官又趁着这个机会,诬陷成瑨和刘瓆。桓帝勃然大怒,将成瑨、刘瓆二人征召回京都雒阳,囚禁监狱。有关官吏秉承宦官的意旨,弹劾成瑨、刘瓆罪大恶极,应当绑赴市场,斩首示众。

山阳郡太守翟超,任命该郡人张俭担任东部督邮。中常侍侯览家在防东县,残害百姓。侯览母亲病故时,他回到家乡兴建高大的坟墓。张俭向朝廷上书,弹劾侯览的罪行,然而侯览伺机拦截张俭的奏章,使奏章无法呈送到皇帝面前。于是张俭便摧毁侯览的坟墓和住宅,没收所有的家赀和财产,再详细奏报侯览的罪状,奏章仍然不能上达。中常侍徐璜的侄儿徐宣,担任下邳县令,更加残暴酷虐。他曾经要求娶前汝南郡太守李暠的女儿为妻,因为没有得到手,就率领吏卒冲进李暠家里,将李暠的女儿抢回自己家中,以箭射女作为游戏,将她杀死。东海国国相汝南郡人黄浮听说这件事后,逮捕徐宣和他的家属,不分男女老幼,一律用严刑拷问。掾史以下的属吏竭力劝阻,黄浮说:"徐宣是国家的蠹贼,今天杀掉他,明天我坐罪抵命,死也瞑目!"立即判处将徐宣绑赴市场斩首,尸体示众。于是宦官向桓帝控诉,桓帝勃然大怒,翟超、黄浮两人都被坐罪,判处髡刑,并送往左校营罚服苦役。

太尉陈蕃、司空刘茂共谏，请瑶、瑱、超、浮等罪，帝不悦。有司劾奏之，茂不敢复言。蕃乃独上疏曰："今寇贼在外，四支之疾；内政不理，心腹之患。臣寝不能寐，食不能饱，实忧左右日亲，忠言日疏，内患渐积，外难方深。陛下超从列侯，继承天位，小家畜产百万之资，子孙尚耻愧失其先业，况乃产兼天下，受之先帝，而欲懈怠以自轻忽乎！诚不爱己，不当念先帝得之勤苦邪！前梁氏五侯，毒遍海内，天启圣意，收而戮之。天下之议，冀当小平。明鉴未远，覆车如昨，而近习之权，复相扇结。小黄门赵津、大猾张泛等，肆行贪虐，奸媚左右。前太原太守刘瑱、南阳太守成瑶纠而戮之，虽言赦后不当诛杀，原其诚心，在乎去恶，至于陛下，有何悁悁！而小人道长，荧惑圣听，遂使天威为之发怒，必加刑谴，已为过甚，况乃重罚令伏欧刀乎！又，前山阳太守翟超、东海相黄浮，奉公不桡，疾恶如雠，超没侯览财物，浮诛徐宣之罪，并蒙刑坐，不逢赦恕。览之从横，没财已幸；宣犯衅过，死有馀辜。昔丞相申屠嘉召责邓通，雒阳令董宣折辱公主，而文帝从而请之，光武加以重赏，未闻二臣有专命之诛。而今左右群竖，恶伤党类，妄相交构，致此刑谴，闻臣是言，当复啼诉。陛下深宜割塞近习与政之源，引纳尚书朝省之士，简练清高，斥黜佞邪。

太尉陈蕃和司空刘茂联名上书劝说桓帝,请求赦免成瑨、刘
瓆、翟超、黄浮等人的罪,桓帝很不高兴。于是有关官吏便对陈蕃
和刘茂进行弹劾,刘茂不敢再说话。陈蕃仍单独上书说:"现在,外
面的盗贼,只不过是四肢的毛病;而内政不能治理,才是心腹的祸
患。我寝不能安,食不能饱,真正忧虑的是,陛下的左右亲近,越发
受到宠信,忠言却越发稀少,内患一天比一天严重,外忧一天比一
天加深。陛下从列侯超登,继承帝位。即令是小民之家,好容易积
蓄到百万钱的家产,做子孙的尚且深以败坏祖先的产业为羞耻,更
何况陛下祖先的产业,兼有整个天下,承受先帝的重托,然而却打
算松懈怠惰,自己把它看轻和忽视? 即令陛下真的不爱惜自己,难
道也不应该顾念先帝得到它的辛勤劳苦? 从前,梁姓家族的五位
侯爵,毒遍全国,上天启发陛下做出决断,将他们收捕杀戮。天下
人民的意愿,希望能过上一段太平日子。往事鉴戒不远,覆车如在
昨天,可是陛下左右亲信,重新互相勾结。小黄门赵津、大奸商张
泛等人,放肆贪污暴虐,谄媚陛下左右。分别被前太原郡太守刘
瓆、南阳郡太守成瑨检举杀戮,虽然说赦令颁布后不应该诛杀,但
应当原谅他俩的本意,只在除去奸恶,对于陛下来说,怎会对此产
生忿怒? 然而邪恶小人的办法很多,迷惑陛下的视听,便使天威震
怒,一定要加以处罚,这就已经过分了,何况更要从重处理,将他们
诛杀? 还有,前山阳郡太守翟超、东海国国相黄浮,秉公执法,不
屈服于权贵,痛恨邪恶,犹如仇敌,翟超没收侯览的财产,黄浮依
法诛杀徐宣,都遭到坐罪惩处,不能蒙受赦免和宽恕。侯览恣肆
横行,没收他的财产已是幸事;徐宣所犯的罪过,死有馀辜。过
去,丞相申屠嘉征召邓通,当面责备,雒阳县令董宣,屈辱公主,然
而,前者,文帝出面请求从轻处理;后者,光武帝加以重赏;并没有
听说指控二人专擅,把二人处死。而今,陛下左右一群宦官小臣,
因为怨恨他们的党羽受到伤害,想方设法,妄加诬陷,以致遭受
这样的刑罚,他们听到我的这些言辞,定会再向陛下哭泣申诉。
我盼望陛下应该切断和堵塞宦官参与朝政的本源,任用尚书台
和朝廷大臣,精心挑选清廉高洁的人士,斥退和废黜奸佞小人。

如是天和于上，地洽于下，休祯符瑞，岂远乎哉！"帝不纳。宦官由此疾蕃弥甚，选举奏议，辄以中诏谴却，长史以下多至抵罪，犹以蕃名臣，不敢加害。

平原襄楷诣阙上疏曰："臣闻皇天不言，以文象设教。臣窃见太微，天廷五帝之坐，而金、火罚星扬光其中，于占，天子凶；又俱入房、心，法无继嗣。前年冬大寒，杀鸟兽，害鱼鳖，城傍竹柏之叶有伤枯者。臣闻于师曰：'柏伤竹枯，不出二年，天子当之。'今自春夏以来，连有霜雹及大雨雷电，臣作威作福，刑罚急刻之所感也。太原太守刘瓆，南阳太守成瑨，志除奸邪，其所诛翦，皆合人望。而陛下受阉竖之谮，乃远加考逮，三公上书乞哀瓆等，不见采察而严被谴让，忧国之臣，将遂杜口矣。臣闻杀无罪，诛贤者，祸及三世。自陛下即位以来，频行诛罚，梁、寇、孙、邓并见族灭，其从坐者又非其数。李云上书，明主所不当讳；杜众乞死，谅以感悟圣朝。曾无赦宥而并被残戮，天下之人咸知其冤，汉兴以来，未有拒谏诛贤，用刑太深如今者也！昔文王一妻，诞致十子；今宫女数千，未闻庆育，宜修德省刑以广《螽斯》之祚。按春秋以来，及古帝王，未有河清。臣以为河者，诸侯位也。清者，属阳；浊者，属阴。河当浊而反清者，阴欲为阳，诸侯欲为帝也。

如能这样,则上天和气,地下融洽,吉利和祥瑞的征兆,难道还需很长时间才能出现?"桓帝没有采纳。宦官因此更加痛恨陈蕃,凡是遇到陈蕃上呈有关选择举用贤能的奏章,都宣称是皇帝的指示,严加谴责,加以退回,长史以下的官吏,很多都被判处罪刑,只因陈蕃是朝廷的著名大臣,暂时还不敢对他加以谋害。

平原郡人襄楷前往宫门上书说:"我听说,皇天不会说话,只是用天象变异来显示它的旨意。我观察太微星,见天廷五方帝王的星座上,有金、火这样的罚星在其中闪烁,根据占卜,这是天子的凶象;而且金、火二星又都窜入房、心二星宿之中,这说明天子不会有继承人。前年冬季,气候严寒,地面上的鸟兽,水中的鱼鳖,都被冻死,京都雒阳紧傍城墙的竹林和柏树,枝叶全都枯萎。我的老师曾经告诉过我:'柏伤竹枯,不出二年,天子当之。'而今,春季和夏季以来,接连不断地降霜、降冰雹,以及下大雨、巨雷、闪电,这是臣下作威作福,刑罚峻急苛刻的反应。太原郡太守刘瓆、南阳郡太守成瑨,他俩立志铲除奸佞邪恶,所诛杀和翦除的人,都符合人民的愿望。然而陛下却听信宦官的谗言,把他俩从远处逮捕到京都雒阳,严加拷问,三公上书,哀求陛下宽恕刘瓆等人,不但没有采纳,反而受到谴责,这样,忧心国事的大臣,势必闭口无言。我曾经听说,杀害无罪的人,诛杀贤能的人,大祸会延及三世。自从陛下即位以来,频繁地进行诛杀惩罚,梁冀、寇荣、孙寿、邓万世等家族,都先后被诛灭,而因此被牵连坐罪的又不计其数。李云上书,圣明的君主本来不应该忌讳;杜众请求和李云一道处死,不过是希望以此感悟朝廷。结果,他俩没有得到赦免,同时遭受杀戮,天下的人都知道他俩的冤枉,自从汉王朝建立以来,从来没有拒绝规劝,诛杀贤能,刑罚苛刻,像今天这么严重的!过去,周文王只有一个妻子,就生了十个儿子;而今,宫女有数千人之多,却没有听说谁有生育,陛下应该增修恩德,减省刑罚,使后嗣像螽斯一样的繁衍。自从春秋时代以来,包括远古的帝王,黄河的河水,从来没有澄清过。我认为,黄河象征着王国的封君。河水澄清,属于阳刚;河水浑浊,属于阴柔。黄河的河水本当浑浊,却反而澄清,显示阴柔将要变成阳刚,王国封君将要篡取帝位。

京房《易传》曰：'河水清，天下平。'今天垂异，地吐妖，人疬疫，三者并时而有河清，犹春秋麟不当见而见，孔子书之以为异也。愿赐清闲，极尽所言。"书奏，不省。

十馀日，复上书曰："臣闻殷纣好色，妲己是出；叶公好龙，真龙游廷。今黄门、常侍，天刑之人，陛下爱待，兼倍常宠，系嗣未兆，岂不为此！又闻宫中立黄、老、浮屠之祠，此道清虚，贵尚无为，好生恶杀，省欲去奢。今陛下耆欲不去，杀罚过理，既乖其道，岂获其祚哉！浮屠不三宿桑下，不欲久生恩爱，精之至也。其守一如此，乃能成道。今陛下淫女艳妇，极天下之丽，甘肥饮美，单天下之味，奈何欲如黄、老乎！"书上，即召入，诏尚书问状。楷言："古者本无宦臣，武帝末数游后宫，始置之耳。"尚书承旨，奏："楷不正辞理，而违背经艺，假借星宿，造合私意，诬上罔事，请下司隶正楷罪法，收送雒阳狱。"帝以楷言虽激切，然皆天文恒象之数，故不诛；犹司寇论刑。自永平以来，臣民虽有习浮屠术者，而天子未之好。至帝，始笃好之，常躬自祷祠，由是其法浸盛，故楷言及之。

符节令汝南蔡衍、议郎刘瑜表救成瑨、刘瓆，言甚切厉，亦坐免官。瑨、瓆竟死狱中。瑨、瓆素刚直，有经术，知名当时，故天下惜之。岑晊、张牧逃窜获免。

京房《易传》说:'河水澄清,天下太平。'而今,天降灾异,地吐妖怪,人间发生瘟疫,三者同时发生而又出现黄河的水清,这犹如春秋时代的麒麟,本来不应该出现的,却竟然出现了,所以,孔丘记录它认为是怪诞的事。如果承蒙陛下有空闲时间召见我,我当详细地陈述我所要说的话。"奏章呈上后,桓帝没有理睬。

过了十多天,襄楷再次上书说:"我听说,殷纣王好色,于是出现妲己;叶子高好龙,于是真龙降临。而今,黄门、常侍,都是被上天谴责、受过阉割的人,陛下宠爱他们,超过普通人数倍,陛下所以无子,岂不是由于这个原因?我又听说,皇宫之中建立黄帝、老子、佛陀等庙宇,他们都主张清心寡欲,崇尚清静无为,喜爱生命,厌恶杀戮,克制欲望,力戒奢侈。而今,陛下奢欲无度,杀戮和刑罚又超过正常情理,既然违背他们的教义,岂能获得神灵的福佑?佛教信徒不在一棵桑树下连住三夜,为的是避免住久了,会生出爱恋之心,道理至为精密。正因为始终如一地坚持,才能得道成佛。而今,陛下拥有美女艳妇,极尽天下的绝色,吃的喝的,又极尽天下的美味,怎么能和黄帝、老子一样?"奏章呈上后,桓帝立即召他进宫,命尚书代表皇帝接见和询问。襄楷说:"古代本来没有设置宦官,汉武帝末年,多次宴游后宫,才开始设置。"尚书秉承宦官的旨意,向桓帝回奏:"襄楷的言辞和道理完全不端正,而且违背儒家的经书和典籍,纯粹是假借上天的星宿,牵强附会个人的私意,诬蔑皇帝,蒙蔽事实,请交付司隶校尉,确定他应得之罪,收捕和送往雒阳监狱关押。"桓帝认为,襄楷的言辞虽然激烈,却都是说的天文星象的演变,所以,不肯诛杀;仅判处两年的徒刑。自明帝永平年间以来,臣下和人民虽然有崇信和传习佛教的人,然而皇帝尚没有接受和喜好。到了桓帝时,才开始笃信佛教,经常亲自祭祀和祈祷,从此佛教越发盛行,所以,襄楷才在上书中谈到它。

符节令汝南郡人蔡衍、议郎刘瑜上书营救成瑨、刘质,因为言辞非常激烈严厉,也都坐罪被免官。而成瑨、刘质竟然死在狱中。成瑨、刘质一向刚强正直,通晓经学,是当时的知名人士,所以,天下的人无不惋惜。岑晊、张牧逃亡流窜在外,幸免于难。

晊之亡也,亲友竟匿之;贾彪独闭门不纳,时人望之。彪曰:"《传》言'相时而动,无累后人。'公孝以要君致衅,自遗其咎,吾已不能奋戈相待,反可容隐之乎!"于是咸服其裁正。彪尝为新息长,小民困贫,多不养子。彪严为其制,与杀人同罪。城南有盗劫害人者,北有妇人杀子者,彪出按验,掾吏欲引南;彪怒曰:"贼寇害人,此则常理;母子相残,逆天违道!"遂驱车北行,按致其罪。城南贼闻之,亦面缚自首。数年间,人养子者以千数。曰:"此贾父所生也。"皆名之为贾。

9　河南张成,善风角,推占当赦,教子杀人。司隶李膺督促收捕,既而逢宥获免。膺愈怀愤疾,竟按杀之。成素以方伎交通宦官,帝亦颇讯其占。宦官教成弟子牢修上书,告"膺等养太学游士,交结诸郡生徒,更相驱驰,共为部党,诽讪朝廷,疑乱风俗"。于是天子震怒,班下郡国,逮捕党人,布告天下,使同忿疾。案经三府,太尉陈蕃却之曰:"今所按者,皆海内人誉,忧国忠公之臣,此等犹将十世宥也,岂有罪名不章而致收掠者乎!"不肯平署。帝愈怒,遂下膺等于黄门北寺狱,其辞所连及,太仆颍川杜密、御史中丞陈翔及陈寔、范滂之徒二百馀人。或逃遁不获,皆悬金购募,使者四出相望。陈寔曰:"吾不就狱,众无所恃。"乃自往请囚。范滂至狱,狱吏谓曰:"凡坐系者,皆祭皋陶。"

岑旺逃亡时，亲戚朋友都竞相掩护藏匿；唯独贾彪闭门不肯接纳，当时人们对于贾彪的这种行为全都怨恨指责。贾彪说："《左传》上说：'等到时机来时才发动，不要连累别人。'岑旺胁迫他的长官，闯出大祸，是他自己害自己，我恨不得挥动兵器来对待他，岂能反过来掩护隐匿他？"于是，大家都佩服他的处裁公正。贾彪曾经担任过新息县长，人民困苦贫穷，生下儿女多不养育。贾彪下令严厉禁止，认为杀婴和杀人同罪。有一次，城南有强盗劫掠杀人，城北有妇人杀害自己的儿子，贾彪出车前往巡查验问，属吏打算引着他的车往城南去，贾彪发怒说："强盗劫掠杀人，这是常理；母亲杀害儿子，违背天道。"便驱车前往城北，判决杀子之罪。城南强盗听到消息后，也将两手反绑于身后，到官府自首。数年之间，民间养育儿子的，以千计数。大家说："这是贾父生的儿子。"并且，都用"贾"作为名字。

9　河南尹人张成，精通占候之术，他预先推算朝廷将要颁布大赦令，就教他的儿子杀人。司隶校尉李膺督促属吏，逮捕张成父子。不久，果然遇着朝廷颁布赦令，应该赦免。李膺心中更加愤怒，竟将张成父子处斩。但张成一向用占候术和宦官结交，桓帝有时候也向张成讯问占候。于是宦官指使张成的徒弟牢修上书，控告"李膺等人专门蓄养太学的游士，结交各郡派到京都雒阳求学的学生和门徒，互相标榜，结成朋党，诽谤朝廷，迷惑和扰乱风俗"。奏章呈上后，桓帝盛怒，下诏各郡、各封国，逮捕党人，并且明白布告天下，使大家同仇敌忾。公文经过太尉、司徒、司空等三府，太尉陈蕃将诏书退回，说："这次所搜捕的，都是海内享有盛名，忧心国事，忠于国家的大臣，即令他们犯了什么罪过，也应该宽恕十世，岂有罪名暧昧不明，而遭致逮捕拷打？"拒绝签名联署。桓帝更加发怒，便直接下令，逮捕李膺等人，囚禁在黄门北寺监狱，李膺等人的供词牵连涉及的，有太仆颍川郡人杜密、御史中丞陈翔，以及太学学生陈寔、范滂等两百多人。有的人事先逃亡，未能逮捕归案，朝廷则悬赏缉拿，派遣出去搜捕党人的使者，到处可以见到。陈寔说："我不归就监狱，大家就都没有依靠。"于是，自己前往监狱请求囚禁。范滂被捕，送到监狱，狱吏对他说："凡是获罪系狱的人犯，都要祭拜皋陶。"

滂曰:"皋陶,古之直臣,知滂无罪,将理之于帝,如其有罪,祭之何益!"众人由此亦止。陈蕃复上书极谏,帝讳其言切,托以蕃辟召非其人,策免之。

时党人狱所染逮者,皆天下名贤,度辽将军皇甫规,自以西州豪桀,耻不得与,乃自上言:"臣前荐故大司农张奂,是附党也。又,臣昔论输左校时,太学生张凤等上书讼臣,是为党人所附也,臣宜坐之。"朝廷知而不问。

杜密素与李膺名行相次,时人谓之李、杜,故同时被系。密尝为北海相,行春,到高密,见郑玄为乡啬夫,知其异器,即召署郡职,遂遣就学,卒成大儒。后密去官还家,每谒守令,多所陈托。同郡刘胜,亦自蜀郡告归乡里,闭门扫轨,无所干及。太守王昱谓密曰:"刘季陵清高士,公卿多举之者。"密知昱以激己,对曰:"刘胜位为大夫,见礼上宾,而知善不荐,闻恶无言,隐情惜己,自同寒蝉,此罪人也。今志义力行之贤而密达之,违道失节之士而密纠之,使明府赏刑得中,令问休扬,不亦万分之一乎!"昱惭服,待之弥厚。

10 九月,以光禄勋周景为太尉。

11 司空刘茂免。冬,十二月,以光禄勋汝南宣酆为司空。

范滂回答说:"皋陶是古代的正直大臣,如果他知道我范滂没有犯罪,将会代我向天帝申诉,如果我犯了罪,祭祀他又有什么裨益?"所以,其他的囚犯也都不再祭祀。陈蕃再次上书,极力规劝桓帝,桓帝忌讳陈蕃言辞激切,假托以陈蕃推荐征召的官员不称职,下诏免除陈蕃的官职。

当时,因党人之狱而被牵连逮捕入狱的人,都是天下知名的贤才。度辽将军皇甫规,认为自己是西州的英雄豪杰,而竟没有被捕入狱,觉得是一项耻辱,于是自己上书说:"我以前曾经推荐过前任大司农张奂,是阿附党人。并且,我过去被判处送往左校营罚服苦役时,太学生张凤等曾经上书为我申诉辩护,是为党人所依附,我应该坐罪。"朝廷知道后,也不过问。

杜密一向和李膺声名相等,当时人们并称李、杜,所以他俩同时被捕入狱。杜密曾经担任过北海国的宰相,在一次春季例行巡视中,走到高密县,遇见担任乡啬夫的郑玄,知道郑玄不是平凡的人,就聘请他担任郡职。不久,又选派他到京都雒阳的太学求学,最后终于成为大儒。后来,杜密离职回乡,每次晋见郡太守或县令,大多都要请托一些事情。同郡的刘胜,也从蜀郡离职回乡,却闭门和外界隔绝,对地方事务从不打扰。郡太守王昱对杜密说:"刘胜是清高雅士,三公九卿中有很多人都推荐他。"杜密知道王昱以此激发自己,于是回答说:"刘胜具有大夫的高位,而郡太守待他敬如上宾,可是,对善良的人,他不举荐;对邪恶的事,他不言语;隐瞒真情,明哲保身,闭口不言如同寒蝉一样,这是国家的罪人。而今,对于有志大义,身体力行的贤才,我竭力推举;遇到违反正道,丧失节操的人士,我检举纠发;使阁下的奖赏刑罚,做到公平中肯,美名远扬,我岂不是也尽到了万分之一的微薄力量?"王昱惭愧佩服,对待杜密更为殷厚。

10　九月,擢升光禄勋周景为太尉。

11　司空刘茂被免官。冬季,十二月,擢升光禄勋汝南郡人宣酆为司空。

12　以越骑校尉窦武为城门校尉。武在位，多辟名士，清身疾恶，礼赂不通；妻子衣食裁充足而已，得两宫赏赐，悉散与太学诸生及丐施贫民，由是众誉归之。

13　匈奴乌桓闻张奂至，皆相率还降，凡二十万口。奂但诛其首恶，馀皆慰纳之，唯鲜卑出塞去。朝廷患檀石槐不能制，遣使持印绶封为王，欲与和亲。檀石槐不肯受，而寇抄滋甚；自分其地为三部：从右北平以东至辽东，接夫馀、涉貊二十馀邑，为东部；从右北平以西，至上谷十馀邑，为中部；从上谷以西至敦煌、乌孙二十馀邑，为西部。各置大人领之。

12　任命越骑校尉窦武为城门校尉。窦武在任期间,多方延聘知名人士,洁身自爱,嫉恶如仇,杜绝贿赂;妻子儿女的衣服饮食费用,仅够开支而已,得到皇帝和皇后两宫的赏赐,全都发散给太学的学生和施舍给贫民,因此,受到大家的一致赞赏和称誉。

13　南匈奴和乌桓听到张奂回任护匈奴中郎将,都相继归附投降,共计有二十万人。张奂仅诛杀为首的恶人,对于其他的人,都进行安慰接纳,唯有鲜卑部落却不肯归降,径行出塞而去。东汉朝廷忧虑不能控制鲜卑首长檀石槐,于是派遣使节,带着印信,打算封他为王,并且跟他和亲。可是,檀石槐不但不肯接受,反而对沿边要塞的侵犯和劫掠更为厉害;他将自己占领的地区分为三部:从右北平以东,直至辽东郡,连接夫馀、涉貊等二十多个城邑,为东部;从右北平以西,直至上谷郡等十多个城邑,为中部;从上谷郡以西,直至敦煌郡、乌孙等二十多个城邑,为西部。每一部设置一名大人,负责统领。

卷第五十六 汉纪四十八

起丁未(167)尽辛亥(171)凡五年

孝桓皇帝下

永康元年(丁未,167)

1 春,正月,东羌先零围祋祤,掠云阳,当煎诸种复反。段颎击之于鸾鸟,大破之,西羌遂定。

2 夫馀王夫台寇玄菟,玄菟太守公孙域击破之。

3 夏,四月,先零羌寇三辅,攻没两营,杀千馀人。

4 五月壬子晦,日有食之。

5 陈蕃既免,朝臣震栗,莫敢复为党人言者。贾彪曰:"吾不西行,大祸不解。"乃入雒阳,说城门校尉窦武、尚书魏郡霍谞等,使讼之。武上疏曰:"陛下即位以来,未闻善政,常侍、黄门,竞行谲诈,妄爵非人。伏寻西京,佞臣执政,终丧天下。今不虑前事之失,复循覆车之轨,臣恐二世之难,必将复及,赵高之变,不朝则夕。近者奸臣牢修造设党议,遂收前司隶校尉李膺等逮考,连及数百人,旷年拘录,事无效验。臣惟膺等建忠抗节,志经王室,此诚陛下稷、卨、伊、吕之佐,而虚为奸臣贼子之所诬枉,天下寒心,海内失望。惟陛下留神澄省,时见理出,以厌神鬼喁喁之心。今台阁近臣,

孝桓皇帝下

汉桓帝永康元年(丁未,公元167年)

1　春季,正月,东羌先零部包围祋祤县,劫掠云阳县,当煎等诸部羌民再度起兵反叛。护羌校尉段颎率军在鸾鸟县邀击,大破叛羌,将西羌平定。

2　夫馀王国国王夫台攻打玄菟郡,玄菟郡太守公孙域率军将其击破。

3　夏季,四月,先零部羌民大举进犯三辅地区,攻灭京兆虎牙营和扶风雍营,杀害一千馀人。

4　五月壬子晦(三十日),发生日食。

5　陈蕃被免职以后,朝廷文武大臣大为震动恐惧,再没有人敢向朝廷替党人求情。贾彪说:"我如果不西去京都雒阳一趟,大祸不可能解除。"于是,他就亲自来到雒阳,说服城门校尉窦武、尚书魏郡人霍谞等人,让他们出面营救党人。窦武上书说:"自陛下即位以来,并没有听说施行过善政。常侍、黄门,却奸诈百出,竞相谋取封爵。回溯西京长安时代,阿谀奉承的官员掌握朝廷大权,终于失去天下。而今,不但不忧虑失败的往事,反而又走到使车辆翻覆的轨道上,我恐怕秦朝二世胡亥覆亡的灾难,一定会再度降临,赵高一类的变乱,也早晚都会发生。最近,因奸臣牢修捏造出朋党之议,就逮捕前司隶校尉李膺等入狱,进行拷问,牵连到数百人之多,经年囚禁,事情并无真实证据。我认为,李膺等人秉着忠心,坚持节操,志在筹划治理王室大事,他们都真正是陛下的后稷、子契、伊尹、吕尚一类的辅佐大臣,却被加上虚构罪名,遭受奸臣贼子的冤枉陷害,以致天下寒心,海内失望。唯有请陛下留心澄清考察,立即赐予释放,以满足天地鬼神翘首盼望的心愿。而今,尚书台的亲近大臣,

尚书朱寓、荀绲、刘祐、魏朗、刘矩、尹勋等，皆国之贞士，朝之良佐；尚书郎张陵、妳皓、苑康、杨乔、边韶、戴恢等，文质彬彬，明达国典，内外之职，群才并列。而陛下委任近习，专树饕餮，外典州郡，内干心膂。宜以次贬黜，案罪纠罚；信任忠良，平决臧否，使邪正毁誉，各得其所，宝爱天官，唯善是授，如此，咎征可消，天应可待。间者有嘉禾、芝草、黄龙之见。夫瑞生必于嘉士，福至实由善人，在德为瑞，无德为灾。陛下所行不合天意，不宜称庆。"书奏，因以病上还城门校尉、槐里侯印绶。霍谞亦为表请。帝意稍解，使中常侍王甫就狱讯党人范滂等，皆三木囊头，暴于阶下，甫以次辩诘曰："卿等更相拔举，迭为唇齿，其意如何？"滂曰："仲尼之言，'见善如不及，见恶如探汤'，滂欲使善善同其清，恶恶同其污，谓王政之所愿闻，不悟更以为党。古之修善，自求多福。今之修善，身陷大戮。身死之日，愿埋滂于首阳山侧，上不负皇天，下不愧夷、齐。"甫愍然为之改容，乃得并解桎梏。李膺等又多引宦官子弟，宦官惧，请帝以天时宜赦。六月庚申，赦天下，改元；党人二百馀人皆归田里，书名三府，禁锢终身。

尚书朱寓、荀绲、刘祐、魏朗、刘矩、尹勋等人,都是国家的忠贞之士,朝廷的贤良辅佐;尚书郎张陵、妫皓、范康、杨乔、边韶、戴恢等人,举止文雅,通达国家的典章制度,朝廷内外的文武官员,英才并列。然而,陛下却偏偏信任左右亲近,依靠奸佞邪恶,让他们在外主管州郡,在内作为心腹。应该把这批奸佞邪恶之徒陆续加以废黜,调查和审问他们的罪状,进行惩罚;信任忠良,分辨善恶和是非,使邪恶和正直、诽谤和荣誉各归于它们应得的位置,遵照上天的旨意,将官位授给善良的人。果真如此,天象灾异的征兆可以消除,上天的祥瑞反应指日可待。近来,虽偶尔也有嘉禾、灵芝草、黄龙等出现。但是,祥瑞发生,一定是因为有贤才,福佑降临,一定是由于有善人,如果有恩德,它就是吉祥,没有恩德,它就是灾祸。而今,陛下的行为不符合天意,所以不应该庆贺。"奏章呈上后,窦武即称病辞职,并缴还城门校尉、槐里侯的印信。霍谞也上书营救党人。桓帝的怒气稍稍化解,派中常侍王甫前往监狱审问范滂等党人,范滂等人颈戴木枷,手腕戴铁铐,脚挂铁镣,布袋蒙住头脸,暴露在台阶下面,王甫逐一诘问说:"你们互相推举保荐,像嘴唇和牙齿一样地结成一党,究竟有什么企图?"范滂回答说:"孔子有言:'看见善,立刻学习都来不及,看见恶,就好像把手插到滚水里,应该马上停止。'我希望奖励善良使大家同样清廉,嫉恨恶人使大家都明白其卑污所在,本以为朝廷会鼓励我们这么做,从没有想到这是结党。古代人修德积善,可以为自己谋取多福。而今修德积善,却身陷死罪。我死后,但愿将我的尸首埋葬在首阳山之侧,上不辜负皇天,下不愧对伯夷、叔齐。"王甫深为范滂的言辞而动容,可怜他们的无辜遭遇,于是命有关官吏解除他们身上的刑具。而李膺等人在口供中又牵连出许多宦官子弟,宦官们也深恐事态继续扩大,于是请求桓帝,用发生日食作为借口,将他们赦免。六月庚申(初八),桓帝下诏,大赦天下,改年号;党人共两百余人,都遣送回各人的故乡,将他们的姓名编写成册,分送太尉、司徒、司空等三府,终身不许再出来做官。

范滂往候霍谞而不谢。或让之,滂曰:"昔叔向不见祁奚,吾何谢焉!"滂南归汝南,南阳士大夫迎之者,车数千两,乡人殷陶、黄穆侍卫于旁,应对宾客。滂谓陶等曰:"今子相随,是重吾祸也!"遂遁还乡里。

初,诏书下举钩党,郡国所奏相连及者,多至百数,唯平原相史弼独无所上。诏书前后迫切州郡,髡笞掾史。从事坐传舍责曰:"诏书疾恶党人,旨意恳恻。青州六郡,其五有党,平原何治而得独无?"弼曰:"先王疆理天下,画界分境,水土异齐,风俗不同。他郡自有,平原自无,胡可相比!若承望上司,诬陷良善,淫刑滥罚,以逞非理,则平原之人,户可为党。相有死而已,所不能也!"从事大怒,即收郡僚职送狱,遂举奏弼。会党禁中解,弼以俸赎罪。所脱者甚众。

窦武所荐:朱㝢,沛人;苑康,勃海人;杨乔,会稽人;边韶,陈留人。乔容仪伟丽,数上言政事,帝爱其才貌,欲妻以公主,乔固辞,不听,遂闭口不食,七日而死。

6　秋,八月,巴郡言黄龙见。初,郡人欲就池浴,见池水浊,因戏相恐,"此中有黄龙",语遂行民间,太守欲以为美,故上之。郡吏傅坚谏曰:"此走卒戏语耳。"太守不听。

7　六月,大水,勃海溢。

8　冬,十月,先零羌寇三辅,张奂遣司马尹端、董卓拒击,大破之,斩其酋豪,首虏万馀人,三州清定。奂论功当封,

范滂前往拜访霍谞,却不肯道谢。有人责备他,范滂回答说:"过去,叔向不见祁奚,我何必多此一谢!"范滂南归汝南郡时,南阳的士绅乘车来迎接他的,有数千辆之多,他的同乡殷陶、黄穆在一旁侍卫,为他应接对答宾客。范滂对殷陶等人说:"而今你们跟随我,是加重我的灾祸!"于是他便悄悄逃回故乡。

最初,下诏搜捕党人,各郡、各封国奏报检举,牵连所及,多的以百计数,只有平原国宰相史弼,一个党人也没有奏报。诏书前后多次下达,严厉催促州郡官府,限期奏报,搽史等属吏,甚至受到髡刑和鞭刑。青州从事坐在平原国的传舍,质问史弼说:"诏书对党人痛恨入骨,皇帝的旨意如此诚恳痛切。青州共有六个郡国,其中五个郡国都有党人,平原国为何治理得独无党人?"史弼回答说:"先王治理天下,划分州郡国县境界,水土有不同,风俗有差异。其他郡国有的,平原国恰恰就没有,怎么能够相比!如果仰望上司长官的旨意,诬陷善良无辜的人,甚至依靠严刑酷罚,使非理的举动得逞,则平原国的人民,家家户户都是党人。我这个封国宰相,只有一死而已,坚决不能做出这种事情!"从事勃然大怒,立即逮捕史弼的所有属吏,送往监狱囚禁,然后弹劾史弼。正好遇着桓帝下令解除党禁,史弼用薪俸赎罪。所救脱的人很多。

窦武所推荐的人有:朱寓,沛国人;范康,勃海郡人;杨乔,会稽郡人;边韶,陈留郡人。杨乔容貌和仪表壮美,多次上书奏陈朝廷政事,桓帝喜爱他的才华和美貌,打算把公主嫁给他为妻,杨乔坚决推辞,桓帝不许,杨乔闭口绝食,七日而死。

6 秋季,八月,巴郡上报说,发现黄龙。最初,一群人想去池塘洗澡,看到池塘的水浑浊,因此大家互相开玩笑地恐吓说,"里面有一条黄龙",于是这句开玩笑的话在民间传播开来,郡太守认为这是美事,所以将它上报朝廷。郡府属吏傅坚劝阻说:"这只是差役的一句戏言。"郡太守不听规劝。

7 六月,发生大水灾,勃海海水倒灌泛滥。

8 冬季,十月,先零部羌民攻打三辅地区,张奂派遣司马尹端、董卓率军阻击,大败羌民,斩杀首长、豪帅等,加上俘虏,共一万馀人,幽州、并州、凉州等三州动乱全部平定。张奂按照功劳应该晋封侯爵,

以不事宦官故不果封,唯赐钱二十万,除家一人为郎。奂辞不受,请徙属弘农。旧制,边人不得内徙,诏以奂有功,特许之。拜董卓为郎中。卓,陇西人,性粗猛有谋,羌胡畏之。

9　十二月壬申,复瘿陶王悝为勃海王。

10　丁丑,帝崩于德阳前殿。戊寅,尊皇后曰皇太后。太后临朝。初,窦后既立,御见甚稀,唯采女田圣等有宠。后素忌忍,帝梓宫尚在前殿,遂杀田圣。城门校尉窦武议立嗣,召侍御史河间刘鯈,问以国中宗室之贤者,鯈称解渎亭侯宏。宏者,河间孝王之曾孙也,祖淑,父苌,世封解渎亭侯。武乃入白太后,定策禁中,以鯈守光禄大夫,与中常侍曹节并持节将中黄门、虎贲、羽林千人,奉迎宏,时年十二。

孝灵皇帝上之上
建宁元年(戊申,168)

1　春,正月壬午,以城门校尉窦武为大将军。前太尉陈蕃为太傅,与武及司徒胡广参录尚书事。

时新遭大丧,国嗣未立,诸尚书畏惧,多托病不朝。陈蕃移书责之曰:"古人立节,事亡如存。今帝祚未立,政事日蹙,诸君奈何委荼蓼之苦,息偃在床,于义安乎!"诸尚书惶怖,皆起视事。

2　己亥,解渎亭侯至夏门亭,使窦武持节,以王青盖车迎入殿中。庚子,即皇帝位,改元。

但他不肯奉承宦官,结果没能晋封侯爵,只赏赐钱二十万,任命他家中一人为郎。张奂推辞不肯接受,只请求朝廷准许将他家的户籍迁移到弘农郡籍。按照过去的法令规定,边郡人士不准迁居内地,桓帝下诏,因张奂有功,特别给予批准。任命董卓为郎中。董卓是陇西郡人,性情粗暴勇猛而有智谋,羌人、胡人都畏惧他。

9 十二月壬申(二十三日),重新改封瘿陶王刘悝为勃海王。

10 丁丑(二十八日),桓帝在德阳前殿驾崩。戊寅(二十九日),尊皇后窦妙为皇太后。窦太后临朝主持朝政。起初,窦妙既被立为皇后,但很少能见到桓帝,只有采女田圣等人受到桓帝的宠爱。窦后忌妒而又残忍,当桓帝的棺材还停在德阳前殿时,她就下令处死田圣。城门校尉窦武为了商议确定新皇帝人选,征召侍御史河间国人刘儵,向他询问刘姓皇族中的贤才,刘儵推荐解渎亭侯刘宏。刘宏是河间王刘开的曾孙,祖父刘淑,父亲刘苌,两世都封为解渎亭侯。于是窦武入宫禀报窦太后,在禁宫中决策,任命刘儵为守光禄大夫,和中常侍曹节,共同持节,率领中黄门、虎贲武士、羽林军等一千人,前往迎接刘宏。当时,刘宏年仅十二岁。

孝灵皇帝上之上
汉灵帝建宁元年(戊申,公元 168 年)

1 春季,正月壬午(初三),擢升城门校尉窦武为大将军。任命前太尉陈蕃为太傅,和窦武以及司徒胡广统领尚书台事宜。

这时,正逢桓帝死亡的大丧,继位皇帝还没有即位,尚书们都内心畏惧,很多人假装生病不敢入朝理事。陈蕃写信责备他们说:"古人树立名节,君王虽然死亡,我们事奉他,犹如他仍生存。而今,新皇帝尚未即位,政事更加紧迫,各位怎么可以在这样艰苦的处境中,推卸自己应尽的职责,而躺在床上休息?这在大义上又怎么能够安心?"尚书们惶惧恐怖,都纷纷入朝治理政事。

2 己亥(二十日),解渎亭侯刘宏抵达夏门亭。窦太后命窦武持节,用皇子封王时专用的青盖车,将刘宏迎接入宫。庚子(二十一日),刘宏即皇帝位,为汉灵帝,改年号。

3　二月辛酉，葬孝桓皇帝于宣陵，庙曰威宗。

4　辛未，赦天下。

5　初，护羌校尉段颎既定西羌，而东羌先零等种犹未服，度辽将军皇甫规、中郎将张奂招之连年，既降又叛。桓帝诏问颎曰："先零东羌造恶反逆，而皇甫规、张奂各拥强众，不时辑定，欲令颎移兵东讨，未识其宜，可参思术略。"颎上言曰："臣伏见先零东羌虽数叛逆，而降于皇甫规者，已二万许落；善恶既分，馀寇无几。今张奂踌躇久不进者，当虑外离内合，兵往必惊。且自冬践春，屯结不散，人畜疲羸，有自亡之势，欲更招降，坐制强敌耳。臣以为狼子野心，难以恩纳，势穷虽服，兵去复动。唯当长矛挟胁，白刃加颈耳！计东种所馀三万馀落，近居塞内，路无险折，非有燕、齐、秦、赵从横之势，而久乱并、凉，累侵三辅，西河、上郡，已各内徙，安定、北地，复至单危。自云中、五原，西至汉阳二千馀里，匈奴、诸羌，并擅其地，是为痈疽伏疾，留滞胁下，如不加诛，转就滋大。若以骑五千、步万人、车三千两，三冬二夏，足以破定，无虑用费为钱五十四亿，如此，则可令群羌破尽，匈奴长服，内徙郡县，得反本土。伏计永初中，诸羌反叛，十有四年，用二百四十亿；永和之末，复经七年，用八十馀亿。费耗若此，犹不诛尽，馀孽复起，于兹作害。今不暂疲民，则永宁无期。臣庶竭驽劣，

3　二月辛酉(十三日),将桓帝安葬在宣陵,庙号为威宗。

4　辛未(二十三日),大赦天下。

5　起初,护羌校尉段颎既已平定西羌,然而,东羌先零等部尚未归服,度辽将军皇甫规,中郎将张奂,连年不断地进行招抚,羌人不断归降,又不断起兵进行反叛。桓帝下诏询问段颎说:"东羌先零等部羌民作恶反叛,然而皇甫规、张奂各拥有强兵,不能及时平定,我想命令你率军到东方讨伐,不知道是否恰当,请认真考虑一下战略。"段颎上书说:"我认为先零以及东羌诸部,虽然数度反叛,但向皇甫规投降的,已有两万馀大小帐落,善恶已经分明,残馀的叛羌所剩无几。而今,张奂所以徘徊踌躇,久不进兵,只因为顾虑已归服朝廷的羌人,仍跟叛羌相通,大军一动,他们必然惊慌。并且,从冬天开始,直到现在,已是春季,叛羌屯聚集结不散,战士和马匹都十分疲惫,有自行灭亡的趋势,想再一次招降他们,坐着不动便可制服强敌。我认为,叛羌是狼子野心,很难用恩德感化,当他们势穷力屈时,虽然可以归服,一旦朝廷军队撤退,又重新起兵反叛。唯一的办法,只有用长矛直指他们的前胸,用大刀直加他们的颈项!共计东羌诸部只剩下三万多个帐落,全部定居在边塞之内,道路没有险阻,并不具备战国时代燕、齐、秦、赵等国纵横交错的形势,可是,他们却长久地扰乱并、凉二州,不断侵犯三辅地区,迫使西河郡和上郡的太守府都已迁徙到内地,安定郡、北地郡又陷于孤单危急。自云中郡、五原郡,西到汉阳郡,两千多里,土地全被匈奴人、羌人据有。这就等于恶疮暗疾,停留在两胁之下,如果不把他们消灭,势力将迅速膨胀。倘若用骑兵五千人、步兵一万人、战车三千辆,用三个冬季和两个夏季的时间,足可以击破平定,约计用费为钱五十四亿,这样,就可以使东羌诸部尽破,匈奴永远归服,迁徙到内地的郡县官府,也可以迁回故地。据我计算,自安帝永初年代中期起,诸部羌人起兵反叛,历时十四午,用费两百四十亿;顺帝永和年代末期,羌人再度起兵反叛,又历时七年,用费八十多亿。如此庞大的消耗,尚且不能把叛羌诛杀灭尽,以致残馀羌众重新起兵反叛,贻害至今天。而今,如果不肯使人民忍受暂时劳累的痛苦,则永久的安宁便遥遥无期。我愿竭尽低劣的能力,

伏待节度。"帝许之,悉听如所上。颍于是将兵万馀人,赍十五日粮,从彭阳直指高平,与先零诸种战于逢义山。虏兵盛,颍众皆恐。颍乃令军中长镞利刃,长矛三重,挟以强弩,列轻骑为左右翼,谓将士曰:"今去家数千里,进则事成,走必尽死,努力共功名!"因大呼,众皆应声腾赴,驰骑于傍,突而击之,虏众大溃,斩首八千馀级。太后赐诏书褒美曰:"须东羌尽定,当并录功勤;今且赐颍钱二十万,以家一人为郎中。"敕中藏府调金钱、彩物增助军费,拜颍破羌将军。

6　闰月甲午,追尊皇祖为孝元皇,夫人夏氏为孝元后,考为孝仁皇,尊帝母董氏为慎园贵人。

7　夏,四月戊辰,太尉周景薨,司空宣酆免;以长乐卫尉王畅为司空。

8　五月丁未朔,日有食之。

9　以太中大夫刘矩为太尉。

10　六月,京师大水。

11　癸巳,录定策功,封窦武为闻喜侯,武子机为渭阳侯,兄子绍为鄠侯,靖为西乡侯,中常侍曹节为长安乡侯,侯者凡十一人。

涿郡卢植上书说武曰:"足下之于汉朝,犹旦、奭之在周室,建立圣主,四海有系,论者以为吾子之功,于斯为重。今同宗相后,披图案牒,以次建之,何勋之有!岂可横叨天功以为己力乎!宜辞大赏,以全身名。"武不能用。植身长八尺二寸,音声如钟,性刚毅,有大节。少事马融,融性豪侈,多列女倡歌舞于前,植侍讲积年,未尝转盼,融以是敬之。

等待陛下的节制调度。"桓帝批准,完全按照段颎所提出的上述计划。于是,段颎率军一万多人,携带十五日粮食,从彭阳直接插到高平,在逢义山跟先零等部羌民决战。羌军强大,段颎部众都很恐惧。段颎便下令军中,使用长箭头和锋利的大刀,前面排列三重举着长矛的步兵,挟持着强劲有力能够射远的弓弩,两边排列着轻装的骑兵,掩护着左右两翼,他激励将士说:"现在,我们远离家乡数千里,向前进则事情成功,逃走一定大家全死,共同努力争取功名!"就大声呐喊,全军跟随呐喊,步兵和骑兵同时发动攻击,先零羌军崩溃,段颎军队斩杀羌众八千多人。窦太后下诏褒奖说:"等到东羌全部平定,再合并论功行赏。现在,暂时赏赐段颎钱二十万,任命段颎家一人为郎中。"并且,命令中藏府调拨金钱等钱帛财物,帮助军费,擢升段颎为破羌将军。

6　闰月甲午,追尊灵帝祖父刘淑为孝元皇,祖母夏氏为孝元后,父亲刘苌为孝仁皇,母亲董氏为慎园贵人。

7　夏季,四月戊辰(初一),太尉周景去世,司空宣酆被免官;擢升长乐卫尉王畅为司空。

8　五月丁未朔(初一),发生日食。

9　擢升太中大夫刘矩为太尉。

10　六月,京都雒阳发生大水灾。

11　癸巳(十七日),论拥立皇帝的功劳,封窦武为闻喜侯,窦武的儿子窦机为渭阳侯,侄儿窦绍为鄠侯,窦靖为西乡侯,中常侍曹节为长安乡侯,共封侯爵十一人。

涿郡人卢植上书劝说窦武说:"你现在在汉王朝中所处的地位,犹如姬旦、姬奭在周王朝所处的地位一样,拥戴圣明君主,全国人民都有关系,论功者认为是你的功劳,这就说得太过重了。皇室的血统关系,本是一脉先后相传,你只不过按照图牒的次序,确立皇帝人选,这又有什么功勋?岂可贪天之功,当作自己的力量!我建议你,应该辞去朝廷给你的大赏,保全你的身份和名誉。"窦武不能采纳。卢植身长八尺二寸,说话的声音犹如洪钟一样响亮,性情刚正坚毅,有大节。年少时跟随马融学习儒家经书,马融性格豪放不羁,常让女伎在面前载歌载舞,卢植在座下听讲多年,从来没有斜视一眼,马融因此对他十分敬重。

太后以陈蕃旧德,特封高阳乡侯。蕃上疏让曰:"臣闻割地之封,功德是为。臣虽无素洁之行,窃慕君子'不以其道得之,不居也'。若受爵不让,掩面就之,使皇天震怒,灾流下民,于臣之身,亦何所寄!"太后不许。蕃固让,章前后十上,竟不受封。

12　段颎将轻兵追羌,出桥门,晨夜兼行,与战于奢延泽、落川、令鲜水上,连破之;又战于灵武谷,羌遂大败。秋,七月,颎至泾阳,馀寇四千落,悉散入汉阳山谷间。

护匈奴中郎将张奂上言:"东羌虽破,馀种难尽,段颎性轻果,虑负败难常,宜且以恩降,可无后悔。"诏书下颎,颎复上言:"臣本知东羌虽众,而软弱易制,所以比陈愚虑,思为永宁之算。而中郎将张奂说虏强难破,宜用招降。圣朝明监,信纳瞽言,故臣谋得行,奂计不用。事势相反,遂怀猜恨,信叛羌之诉,饰润辞意,云臣兵'累见折衄',又言:'羌一气所生,不可诛尽,山谷广大,不可空静,血流污野,伤和致灾。'臣伏念周、秦之际,戎狄为害,中兴以来,羌寇最盛,诛之不尽,虽降复叛。今先零杂种,累以反覆,攻没县邑,剽略人物,发冢露尸,祸及生死,上天震怒,假手行诛。昔邢为无道,卫国伐之,师兴而雨;臣动兵涉夏,连获甘澍,岁时丰稔,人无疵疫。上占天心,

窦太后为了感激陈蕃旧日对她的恩德,特封他为高阳乡侯。陈蕃上书辞让说:"我听说分割国家土地作为封爵食邑,应该以功劳或恩德作为标准。我虽然没有清白廉洁的品行,但我美慕正人君子'不是用正当的方法得到的东西,不能接受'。倘若我接受封爵而不辞让,捂住脸面坐上这个位置,将使皇天盛怒,降灾祸于百姓,这样,我的渺小的身子,又向何处寄托!"窦太后不准。陈蕃坚决辞让,奏章前后上呈有十次之多,终于不肯接受封爵。

12 破羌将军段颎率领轻装部队穷追残馀羌众,出桥门谷,日夜兼程,先后在奢延泽、落川、令鲜水等地接连发生战斗,取得一连串胜利;尔后,又追到灵武谷,大败羌众。秋季,七月,段颎率军追击到泾阳,残馀羌众只剩下四千馀个帐落,全都逃散进入汉阳郡的各个山谷里。

护匈奴中郎将张奂向朝廷上书说:"东羌虽然被击破,但是残馀羌民很难全部消灭,段颎性情轻率而果敢,应考虑到东羌诸部的失败,难以保持经常,最好是以恩德招降,就永远不会后悔。"朝廷下诏,将张奂的建议转告段颎,段颎再次向朝廷上书说:"我原本知道东羌虽然人数众多,然而,他们的力量软弱,容易制服。所以,才不断向朝廷陈述我的愚见,想做永远安宁的打算。可是,中郎将张奂总是强调羌人力量强大,难以击破,应该采用招降的策略。圣明朝廷明镜高悬,采纳我的犹如瞽者的妄说,所以,我的谋略才得以施行,而张奂的计划才被搁置不用。只因为事态的发展,跟张奂原来所预料的恰恰相反,张奂便心怀猜疑忌妒,听信叛羌的申诉,润饰言辞和文意,指责我的军队'不断受到挫折',又宣称:'羌人和汉人都是上天所生,不能诛杀灭尽,山谷广阔高大,不能空着无人居住,流血污染原野,有伤和气,招致天灾。'我低头寻思,周王朝、秦王朝时代,西戎、北狄为害,汉王朝中兴以来,羌人的侵犯为害最大,杀也杀不完,虽然归降,不久又起兵反叛。而今,先零等诸部羌人,多次反复无常,攻陷县邑,抢夺人民财物,挖掘坟墓棺木,暴露死尸,使生人和死者都遭受灾祸,于是上天盛怒,才借我所统御的大军之手,对他们进行诛杀。过去,春秋时代,邢国暴虐无道,卫国对它进行讨伐,大军出动之日,上天及时降雨;我率军征战,经过夏天,接连获降及时雨,庄稼丰收,人民也没有瘟疫疾病。上应天心,

不为灾伤;下察人事,众和师克。自桥门以西、落川以东,故宫县邑,更相通属,非为深险绝域之地,车骑安行,无应折衄。案允为汉吏,身当武职,驻军二年,不能平寇,虚欲修文戢戈,招降犷敌,诞辞空说,僭而无征。何以言之?昔先零作寇,赵充国徙令居内,煎当乱边,马援迁之三辅,始服终叛,至今为鲠,故远识之士,以为深忧。今傍郡户口单少,数为羌所创毒,而欲令降徒与之杂居,是犹种枳棘于良田,养蛇虺于室内也。故臣奉大汉之威,建长久之策,欲绝其本根,不使能殖。本规三岁之费,用五十四亿,今适期年,所耗未半,而馀寇残烬,将向殄灭。臣每奉诏书,军不内御,愿卒斯言,一以任臣,临时量宜,不失权便。"

13　八月,司空王畅免,宗正刘宠为司空。

14　初,窦太后之立也,陈蕃有力焉。及临朝,政无大小,皆委于蕃。蕃与窦武同心戮力,以奖王室,征天下名贤李膺、杜密、尹勋、刘瑜等,皆列于朝廷,与共参政事。于是天下之士,莫不延颈想望太平。而帝乳母赵娆及诸女尚书,旦夕在太后侧,中常侍曹节、王甫等共相朋结,谄事太后,太后信之,数出诏命,有所封拜。蕃、武疾之,尝共会朝堂,蕃私谓武曰:"曹节、王甫等,自先帝时操弄国权,浊乱海内,今不诛之,后必难图。"武深然之。蕃大喜,以手推席而起。武于是引同志尚书令尹勋等共定计策。

不降灾异伤害;下受人民拥戴,大众齐心,出师获胜。从桥门以西、落川以东,故有的宫殿和县城聚邑,互相连接,并不是穷山恶水的绝域地带,车辆马匹,都能安全行驶,不会遭到毁伤损坏。张奂身为汉朝官吏,担任武职,到任两年,仍不能扫平贼寇,徒想兴修文教,止息干戈,招降凶悍的敌人,这纯粹是虚诞无用之说,完全不能得到验证。为什么这么说呢?过去,先零羌众侵犯边塞,赵充国把他们迁居到边塞之内,煎当羌众扰乱边塞,马援把他们迁移到三辅地区。他们开始时全都降服,而后来终于起兵反叛,至今仍为祸害。所以,凡是有远见卓识的人士,都深感忧虑。而今,沿边各郡,汉人户口稀少,常常遭受羌人的毒害。如果再把大批降羌内迁,让他们和汉人杂居在一起,这就犹如把荆棘种到良田,把毒蛇豢养在卧室一样。所以,我奉行大汉朝廷的威名,建立长久安宁的计策,打算彻底地铲除病根,使它再不能发生。本来规划三年的经费,支用五十四亿,迄今一载,消耗不到一半,然而,残馀的叛羌,已像灰烬一样,濒临灭绝。我每次拜读诏书,对军事行动朝廷绝不干预,但愿把这个精神贯彻到底,凡事都交由我全权处理,临事应变,不失军机。”

13 八月,司空王畅被免官,擢升宗正刘宠为司空。

14 起初,窦妙被册封为皇后,陈蕃曾经尽力。等到窦妙当上太后,临朝主持朝政时,就把大小政事全部交付陈蕃。陈蕃和窦武同心合力,辅佐皇室,征召天下闻名的贤才李膺、杜密、尹勋、刘瑜等人,都进入朝廷,共同参与朝廷政事。于是,天下的士人,无不伸长脖子殷切盼望太平盛世的来临。然而,灵帝的奶妈赵娆跟女尚书们,早晚都守候在窦太后身边,和中常侍曹节、王甫等人互相勾结,奉承窦太后,于是得到窦太后的宠信,多次颁布诏书,封爵拜官。陈蕃、窦武对此深为痛恨,有一次,在朝堂上共同商议朝廷政事,陈蕃私下对窦武说:“曹节、王甫等人,从先帝时起,就操纵国家大权,扰乱天下,今天如果不杀掉他们,将来更难下手。”窦武也很同意陈蕃的意见。陈蕃大为高兴,用手推席起身。于是,窦武便和志同道合的尚书令尹勋等人,共同制定计策。

　　会有日食之变，蕃谓武曰："昔萧望之困一石显，况今石显数十辈乎！蕃以八十之年，欲为将军除害，今可因日食斥罢宦官，以塞天变。"武乃白太后曰："故事，黄门、常侍但当给事省内门户，主近署财物耳。今乃使与政事，任重权，子弟布列，专为贪暴。天下匈匈，正以此故，宜悉诛废以清朝廷。"太后曰："汉元以来故事，世有宦官，但当诛其有罪者，岂可尽废邪！"时中常侍管霸，颇有才略，专制省内，武先白收霸及中常侍苏康等，皆坐死。武复数白诛曹节等，太后犹豫未忍，故事久不发。蕃上疏曰："今京师嚣嚣，道路喧哗，言侯览、曹节、公乘昕、王甫、郑飒等，与赵夫人、诸尚书并乱天下，附从者升进，忤逆者中伤，一朝群臣如河中木耳，泛泛东西，耽禄畏害。陛下今不急诛此曹，必生变乱，倾危社稷，其祸难量。愿出臣章宣示左右，并令天下诸奸知臣疾之。"太后不纳。

　　是月，太白犯房之上将，入太微。侍中刘瑜素善天官，恶之，上书皇太后曰："案《占书》：宫门当闭，将相不利，奸人在主傍，愿急防之。"又与武、蕃书，以星辰错缪，不利大臣，宜速断大计。于是武、蕃以朱寓为司隶校尉，刘祐为河南尹，虞祁为雒阳令。武奏免黄门令魏彪，以所亲小黄门山冰代之，使冰奏收长乐尚书郑飒，送北寺狱。蕃谓武曰："此曹子便当收杀，何复考为！"武不从，令冰与尹勋、侍御史祝瑨杂考飒，辞连及曹节、王甫。勋、冰即奏收节等，使刘瑜内奏。

正好遇上发生日食的灾变,陈蕃对窦武说:"过去,萧望之困在一个石显手里,何况今天有数十个石显!我今年已八十岁,只想帮助将军铲除祸害,正可抓住发生日食这个机会,斥退废黜宦官,来消除天象变异。"于是窦武禀告太后说:"按照旧日的典章制度,黄门、常侍只在宫内供职,负责管理门户,保管宫廷财物。而今却教他们参与朝廷政事,掌握重要权力,家人子弟,布满天下,专门贪赃暴虐。天下舆论沸腾,正是为了这事,应该将他们全部诛杀或废黜,以肃清朝廷。"窦太后吃惊地说:"自从汉王朝建立以来,按照旧日的典章制度,世世代代都有宦官,只应当诛杀其中犯法有罪的,怎么能够将他们全都消灭?"当时,中常侍管霸,很有才能和谋略,在禁宫独断专行,窦武请准窦太后,先行逮捕管霸以及中常侍苏康等,都坐罪处死。窦武又多次向窦太后请求诛杀曹节等,窦太后犹豫不决,不忍批准,所以,便把事情拖延下去。于是陈蕃又上书说:"而今,京都雒阳人心不安,道路喧哗,传言侯览、曹节、公乘昕、王甫、郑飒等和赵娆、尚书们共同扰乱天下。凡是依附和服从他们的升官封爵,违背和抗拒他们的中伤陷害,举朝的文武官员,好像河水中漂流的树木一样,一会儿漂到东,一会儿漂到西,只知道贪图俸禄,畏惧权势。陛下如果现在不迅速诛杀此辈,一定会发生变乱,危害国家,灾祸难以预计。请求把我这份奏章,宣示左右,并命天下的奸佞们都知道我对他们深恶痛绝。"窦太后不肯采纳。

同月,金星侵犯房宿上将星,深入太微星座。侍中刘瑜一向精于天文,对上述天象感到厌恶,于是向窦太后上书说:"根据《占书》,天上有此星象,宫门应当关闭,将对将相不利,奸人近在咫尺,但愿紧急防备。"同时,又写信警告窦武、陈蕃,指出星辰错乱,对大臣不利,应该迅速确定大计。于是窦武、陈蕃任命朱寓为司隶校尉,刘祐为河南尹,虞祁为雒阳县令。窦武奏准将黄门令魏彪免官,任命所亲信的小黄门山冰接替,然后由山冰出面,弹劾和逮捕长乐尚书郑飒,送往北寺监狱囚禁。陈蕃对窦武说:"对于这批家伙,抓住便应当场诛杀,还用审问?"窦武没有听从,命山冰、尹勋、侍御史祝瑨共同审问郑飒。郑飒在供词中,牵连到曹节、王甫。尹勋、山冰根据郑飒的口供,立即奏请窦太后准予逮捕曹节等人,奏章交由刘瑜呈递。

九月辛亥,武出宿归府。典中书者先以告长乐五官史朱瑀,瑀盗发武奏,骂曰:"中官放纵者,自可诛耳,我曹何罪,而当尽见族灭!"因大呼曰:"陈蕃、窦武奏白太后废帝,为大逆!"乃夜召素所亲壮健者长乐从官史共普、张亮等十七人,歃血共盟,谋诛武等。曹节白帝曰:"外间切切,请出御德阳前殿。"令帝拔剑踊跃,使乳母赵娆等拥卫左右,取棨信,闭诸禁门,召尚书官属,胁以白刃,使作诏板,拜王甫为黄门令,持节至北寺狱,收尹勋、山冰。冰疑,不受诏,甫格杀之,并杀勋,出郑飒,还兵劫太后,夺玺绶。令中谒者守南宫,闭门绝复道。使郑飒等持节及侍御史谒者捕收武等。武不受诏,驰入步兵营,与其兄子步兵校尉绍共射杀使者。召会北军五校士数千人屯都亭,下令军士曰:"黄门、常侍反,尽力者封侯重赏。"陈蕃闻难,将官属诸生八十馀人,并拔刃突入承明门,到尚书门,攘臂呼曰:"大将军忠以卫国,黄门反逆,何云窦氏不道邪!"王甫时出与蕃相遇,适闻其言,而让蕃曰:"先帝新弃天下,山陵未成,武有何功,兄弟父子并封三侯!又设乐饮谶,多取掖庭宫人,旬日之间,赀财巨万,大臣若此,为是道邪!公为宰辅,苟相阿党,复何求贼!"使剑士收蕃,蕃拔剑叱甫,辞色逾厉。遂执蕃,送北寺狱。黄门从官驺蹋蹴蕃曰:"死老魅!复能损我曹员数、夺我曹禀假不!"即日,杀之。时护匈奴中郎将张奂征还京师,曹节等以奂新至,不知本谋,矫制以少府周靖行车骑将军、加节,与奂率五营士讨武。夜漏尽,

九月辛亥(初七),窦武休假出宫回到将军府。负责主管奏章的宦官得到消息,先行报告长乐五官史朱瑀,朱瑀秘密拆阅窦武的奏章,诟骂说:"宦官放任犯罪,自然可以诛杀,可是我们又有什么罪过,却应当全都遭到灭族?"因而大声呼喊说:"陈蕃、窦武奏请皇太后废黜皇帝,大逆不道!"便连夜召集一向亲近的健壮宦官、长乐从官史共普、张亮等十七人歃血共同盟誓,合谋诛杀窦武等人。曹节急忙向灵帝报告说:"外面情况紧急,请陛下赶快登上德阳前殿。"并且,教灵帝拔出佩剑,做出欢欣奋起的模样,派奶妈赵娆等在灵帝左右保护,收取传信的符证,关闭宫门,召唤尚书台官属,用利刀威胁,命他们撰写诏书,任命王甫为黄门令,持节到北寺监狱,逮捕尹勋、山冰。山冰怀疑诏书不是真的,拒不受诏,王甫格杀山冰,接着又杀死尹勋,将郑飒释放出狱,随后,王甫又率领卫士回宫,劫持窦太后,夺取皇帝的玺印。命中谒者守卫南宫,紧闭宫门,切断通往北宫的复道。派郑飒等持节,率领侍御史、谒者,逮捕窦武等人。窦武拒不受诏,投奔步兵校尉营,跟他的侄儿、步兵校尉窦绍,共同射杀使者。召集会合北军五校尉营将士数千人,进屯都亭,对军士下令说:"黄门、中常侍谋反,努力作战的,封侯、重赏。"陈蕃听到事变,率领他的部属官员,和学生门徒八十余人,各人拔出刀剑,闯入承明门,一直走到尚书台门前,振臂大声呼喊说:"大将军忠心卫国,黄门反叛,为何反说窦武大逆不道?"当时,王甫出来,正好和陈蕃相遇,听见他的呼喊,斥责陈蕃说:"先帝刚刚去世,修筑坟墓尚未竣工,窦武有什么功劳,兄弟父子三人同时都封侯爵?窦武家中大摆筵席,饮酒作乐,挑选宫中美女陪伴,十日之间,家赀财产累积上万,朝廷大臣这种行为,不是无道,又是什么?你是宰辅大臣,苟且互相结党,还去什么地方捉拿奸贼?"命令武士逮捕陈蕃,陈蕃拔剑斥责王甫,言辞和脸色都更加严厉。可是,武士终于把陈蕃拘捕,送到北寺监狱囚禁。黄门从官骑士用脚踢着陈蕃得意洋洋地说:"死老精怪!还能不能裁减我们的人员数目,克扣我们的俸给和借贷?"并于当天,在狱中将陈蕃杀死。这时,护匈奴中郎将张奂正好被召回京都雒阳,曹节等人因张奂新到,不了解政变的内幕,于是假传皇帝圣旨,擢升少府周靖为行车骑将军、加节,和张奂率领五校尉营留下的将士前往讨伐窦武。此时,天已微明,

王甫将虎贲、羽林等合千馀人，出屯朱雀掖门，与奂等合，已而悉军阙下，与武对陈。甫兵渐盛，使其士大呼武军曰："窦武反，汝皆禁兵，当宿卫宫省，何故随反者乎！先降有赏！"营府兵素畏服中官，于是武军稍稍归甫，自旦至食时，兵降略尽。武、绍走，诸军追围之，皆自杀，枭首雒阳都亭。收捕宗亲宾客姻属，悉诛之，及侍中刘瑜、屯骑校尉冯述，皆夷其族。宦官又谮虎贲中郎将河间刘淑、故尚书会稽魏朗，云与武等通谋，皆自杀。迁皇太后于南宫，徙武家属于日南。自公卿以下尝为蕃、武所举者及门生故吏，皆免官禁锢。议郎勃海巴肃，始与武等同谋，曹节等不知，但坐禁锢，后乃知而收之。肃自载诣县，县令见肃，入阁，解印绶，欲与俱去。肃曰："为人臣者，有谋不敢隐，有罪不逃刑，既不隐其谋矣，又敢逃其刑乎！"遂被诛。

曹节迁长乐卫尉，封育阳侯。王甫迁中常侍，黄门令如故。朱瑀、共普、张亮等六人皆为列侯，十一人为关内侯。于是群小得志，士大夫皆丧气。

蕃友人陈留朱震收葬蕃尸，匿其子逸，事觉，系狱，合门桎梏。震受考掠，誓死不言，逸由是得免。武府掾桂阳胡腾殡敛武尸，行丧，坐以禁锢。武孙辅，年二岁，腾诈以为己子，与令史南阳张敞共匿之于零陵界中，亦得免。

张奂迁大司农，以功封侯。奂深病为曹节等所卖，固辞不受。

王甫率领虎贲武士、羽林军等共计一千多人,出朱雀掖门布防,跟张奂等会合,不久全部抵达宫廷正门,和窦武对阵。这样,王甫的兵力渐盛,他教士兵向窦武军队大声呼喊说:"窦武谋反,你们都是皇帝的警备部队,应当保卫皇宫,为什么追随谋反的人? 先投降的有赏!"北军五营校尉府的官兵,一向畏惧归服宦官,于是窦武的军队开始有人投奔王甫,从清晨到早饭时,几乎全部归降。窦武、窦绍被迫逃走,各路军队追捕包围,他们两人都自杀身亡,被砍下人头悬挂在雒阳都亭示众。紧接着,又大肆搜捕窦武的亲族、宾客、姻戚,全部加以诛杀,侍中刘瑜、屯骑校尉冯述,被屠灭全族。宦官又诬陷虎贲中郎将河间国人刘淑,前尚书会稽郡人魏朗,说他俩和窦武等人通谋,他俩也都自杀。将窦太后迁到南宫,把窦武的家属放逐到日南郡。从三公、九卿以下,凡是陈蕃、窦武所推荐的官员,以及他们的学生门徒和过去的部属,全都免官,从此不许再出来做官。议郎、勃海郡人巴肃,开始时参与窦武共同密谋,曹节等人不知道,只是坐罪禁锢,不许再做官,后来才被发现,于是下令逮捕巴肃。巴肃自己乘车来到县廷,县令见到巴肃以后,迎到后阁,解下县令印信,打算和巴肃一起逃走。巴肃说:"做臣下的,有谋略不敢隐藏,有罪过不敢逃避刑罚,既然没有隐藏谋略,又怎么敢逃避应得的刑罚?"便被诛杀。

曹节升任长乐卫尉,封为育阳侯。王甫升任中常侍,仍照旧兼任黄门令。朱瑀、共普、张亮等六人,都封为列侯,另外还有十一人封为关内侯。于是,一群小人得志,士大夫们都垂头丧气。

陈蕃的朋友、陈留郡人朱震,收殓埋葬陈蕃的尸体,把陈蕃的儿子陈逸秘密藏匿起来,事情被发觉以后,朱震全家被捕,男女老幼都被戴上刑具。朱震虽遭严刑拷打,誓死不肯吐露真情,陈逸因此得以逃命。窦武大将军府的掾吏、桂阳郡人胡腾收殓殡葬窦武的尸体,为窦武吊丧,受到禁锢。窦武的孙子窦辅,年仅两岁,胡腾将他冒充是自己的儿子,跟大将军府令史、南阳郡人张敞把他藏到零陵郡境内,也得以逃命。

张奂升任大司农,因功封侯。张奂懊悔中了曹节等人的奸计,坚决推辞,不肯接受封侯。

15　以司徒胡广为太傅,录尚书事,司空刘宠为司徒,大鸿胪许栩为司空。

16　冬,十月甲辰晦,日有食之。

17　十一月,太尉刘矩免,以太仆沛国闻人袭为太尉。

18　十二月,鲜卑及涉貊寇幽、并二州。

19　是岁,疏勒王季父和得杀其王自立。

20　乌桓大人上谷难楼有众九千馀落,辽西丘力居有众五千馀落,自称王。辽东苏仆延有众千馀落,自称峭王。右北平乌延有众八百馀落,自称汗鲁王。

二年(乙酉,169)

1　春,正月丁丑,赦天下。

2　帝迎董贵人于河间。三月乙巳,尊为孝仁皇后,居永乐宫;拜其兄宠为执金吾,兄子重为五官中郎将。

3　夏,四月壬辰,有青蛇见于御坐上。癸巳,大风,雨雹,霹雳,拔大木百馀。诏公卿以下各上封事。大司农张奂上疏曰:"昔周公葬不如礼,天乃动威。今窦武、陈蕃忠贞,未被明宥,妖眚之来,皆为此也,宜急为收葬,徙还家属,其从坐禁锢,一切蠲除。又,皇太后虽居南宫,而恩礼不接,朝臣莫言,远近失望。宜思大义顾复之报。"上深嘉奂言,以问诸常侍,左右皆恶之,帝不得自从。奂又与尚书刘猛等共荐王畅、李膺可参三公之选,曹节等弥疾其言,遂下诏切责之。奂等皆自囚廷尉,数日,乃得出,并以三月俸赎罪。

15 任命司徒胡广为太傅,主管尚书事务,司空刘宠为司徒,擢升大鸿胪许栩为司空。

16 冬季,十月甲辰晦(三十日),发生日食。

17 十一月,太尉刘矩被免官,擢升太仆、沛国人闻人袭为太尉。

18 十二月,鲜卑和涉貊侵犯幽、并二州。

19 同年,西域疏勒王国国王的叔父和得,杀掉国王,自立为王。

20 乌桓酋长上谷难楼拥有部众九千多个帐落,辽西郡的丘力居,拥有部众五千多个帐落,自己称王。辽东郡的苏仆延,拥有部众一千多个帐落,自称峭王。右北平郡的乌延,拥有部众八百多个帐落,自称汗鲁王。

汉灵帝建宁二年(乙酉,公元169年)

1 春季,正月丁丑,大赦天下。

2 灵帝将母亲董贵人从河间国迎接到京都雒阳。三月乙巳(初三),尊董贵人为孝仁皇后,住永乐宫;任命董贵人的哥哥董宠为执金吾,侄儿董重为五官中郎将。

3 夏季,四月壬辰(二十一日),金銮宝殿的皇帝御座上发现一条青蛇。癸巳(二十二日),刮大风,降冰雹,雷霆霹雳,拔起大树一百多棵。灵帝下诏,命三公、九卿以下官员,每人各呈密封奏章。大司农张奂上书说:"过去,周公姬旦埋葬时,因违背礼制,上天震怒。而今,窦武、陈蕃对国家一片忠贞,还没有得到朝廷公开的宽恕。天降怪异反常的事物,都是为此而发,应该迅速地收殓安葬他们,召回他们被放逐边郡的家属,因跟从他们受连坐而遭到禁锢的,全部撤除。还有,皇太后虽然居住南宫,可是恩遇礼敬都不及时周到,朝廷大臣无人敢说,远近的人都很失望。应该思念大义,回报父母养育的亲恩。"灵帝深以为有理,询问中常侍们的意见,宦官们都大为反感,而灵帝又不能自做决定。张奂又与尚书刘猛等联名推荐王畅、李膺,是担任三公的合适人选,曹节等人更加痛恨张奂等人多嘴,便让灵帝下诏严厉责备。张奂等人自动投入廷尉狱,请求囚禁,数日之后,才被释放,但仍罚俸三月赎罪。

郎中东郡谢弼上封事曰："臣闻'惟虺惟蛇，女子之祥'。伏惟皇太后定策宫闼，援立圣明，《书》曰'父子兄弟，罪不相及'，窦氏之诛，岂宜咎延太后！幽隔空宫，愁感天心，如有雾露之疾，陛下当何面目以见天下！孝和皇帝不绝窦氏之恩，前世以为美谈。《礼》，'为人后者为之子'，今以桓帝为父，岂得不以太后为母哉！愿陛下仰慕有虞蒸蒸之化，《凯风》慰母之念。臣又闻'开国承家，小人勿用'，今功臣久外，未蒙爵秩，阿母宠私，乃享大封，大风雨雹，亦由于兹。又，故太傅陈蕃，勤身王室，而见陷群邪，一旦诛灭，其为酷滥，骇动天下。而门生故吏，并离徙锢。蕃身已往，人百何赎！宜还其家属，解除禁网。夫台宰重器，国命所系，今之四公，唯司空刘宠断断守善，馀皆素餐致寇之人，必有折足覆餗之凶，可因灾异，并加罢黜，征故司空王畅、长乐少府李膺并居政事，庶灾变可消，国祚惟永。"左右恶其言，出为广陵府丞，去官，归家。曹节从子绍为东郡太守，以他罪收弼，掠死于狱。

帝以蛇妖问光禄勋杨赐，赐上封事曰："夫善不妄来，灾不空发。王者心有所想，虽未形颜色，而五星以之推移，阴阳为其变度。夫皇极不建，则有龙蛇之孽，《诗》云：'惟虺惟蛇，女子之祥。'惟陛下思乾刚之道，别内外之宜，抑皇甫之权，割艳妻之爱，则蛇变可消，祯祥立应。"赐，秉之子也。

郎中东郡人谢弼上呈密封奏章说:"我曾经听说'惟虺惟蛇,女子之祥'。我认为,当初是皇太后在深宫之中决定迎立陛下的大计的,《尚书》说'父子兄弟,罪行不相连及',窦姓家族的诛杀,岂能把罪过加到皇太后身上? 如今被幽禁隔离在空宫之中,忧伤之情上感天心,万一发生措手不及的急病,陛下还有什么面目再见天下? 和帝不断绝窦太后的养育之恩,前世传为美谈。《礼记》上说,'作为谁的后嗣,就是谁的儿子',而今,陛下承认桓帝为父,岂能不承认皇太后为母? 盼望陛下仰慕虞舜孝顺的教化,回想《凯风》歌颂思念母亲的恩情。我又听说'开国承家,小人勿用',而今,功臣久在外面,没有得到封爵和增加薪俸,然而,陛下的奶妈却私下得到宠爱,享受很高的封爵,刮大风以及降冰雹,也都是由于这个缘故。还有,前太傅陈蕃,毕生为王室尽力,竟被一群邪恶小人陷害,一旦被杀,全族灭绝,其酷刑滥罚,天下为之震骇。甚至连他的学生门徒,以及过去的部属,都遭到贬谪放逐,禁锢不许做官。陈蕃已经死去,即令一百条生命也不能赎他生还! 应该将他的家属召回京都雒阳,解除禁令。尚书令和太尉、司徒、司空,都是社稷大臣,国家命脉所在,可是现在的四公,只有司空刘宠还能推行善政,其他三位都是无德食禄、招贼引寇之辈,必然发生鼎足折断、食物倾覆的凶事,正好趁着天降灾异,把他们全部罢免,征召前司空王畅、长乐少府李膺等参与政事,差不多能使灾变消除,国运永昌。"灵帝左右的亲近,对谢弼的建议非常痛恨,于是贬他出任广陵郡太宁府的府丞,谢弼自动辞职,回到家乡。曹节的堂侄曹绍,正担任东郡的郡太守,用其他的罪名逮捕谢弼,在狱中把他严刑拷打而死。

灵帝向光禄勋杨赐询问有关蛇妖的事,杨赐上呈密封奏章说:"祥瑞不会妄自降临,灾异也不会无故发生。君王心里有所思想,虽然没有形诸脸色,但金木水火土等五星已经为之推移,阴阳也都随之改变。君王的权威不能建立,就会发生龙蛇一类灾孽。《诗经》上说:'惟虺惟蛇,女子之祥。'只有请陛下思虑阳刚的道理,应该有内外之别,抑制皇后家族的权力,割舍娇妻艳妾的宠爱,则蛇变可以消失,祥瑞立刻就会出现。"杨赐是杨秉的儿子。

4　五月，太尉闻人袭、司空许栩免。六月，以司徒刘宠为太尉，太常汝南许训为司徒，太仆长沙刘嚣为司空。嚣素附诸常侍，故致位公辅。

5　诏遣谒者冯禅说降汉阳散羌。段颎以春农，百姓布野，羌虽暂降，而县官无廪，必当复为盗贼，不如乘虚放兵，势必殄灭。颎于是自进营，去羌所屯凡亭山四五十里，遣骑司马田晏、假司马夏育将五千人先进，击破之。羌众溃东奔，复聚射虎谷，分兵守谷上下门，颎规一举灭之，不欲复令散走。秋七月，颎遣千人于西县结木为栅，广二十步，长四十里遮之。分遣晏、育等将七千人衔枚夜上西山，结营穿堑，去虏一里许，又遣司马张恺等将三千人上东山，虏乃觉之。颎因与恺等挟东、西山，纵兵奋击，破之，追至谷上下门，穷山深谷之中，处处破之，斩其渠帅以下万九千级。冯禅等所招降四千人，分置安定、汉阳、陇西三郡。于是东羌悉平。颎凡百八十战，斩三万八千馀级，获杂畜四十二万七千馀头，费用四十四亿，军士死者四百馀人。更封新丰县侯，邑万户。

臣光曰：《书》称"天地，万物父母。惟人万物之灵，亶聪明，作元后，元后作民父母"。夫蛮夷戎狄，气类虽殊，其就利避害，乐生恶死，亦与人同耳。御之得其道则附顺服从，失其道则离叛侵扰，固其宜也。是以先王之政，叛则讨之，服则怀之，处之四裔，不使乱礼义之邦而已。

4 五月,太尉闻人袭、司空许栩都被免官。六月,任命司徒刘宠为太尉,擢升太常汝南人许训为司徒,太仆长沙郡人刘嚣为司空。刘嚣一向阿谀奉承中常侍们,所以才得以擢升到三公高位。

5 灵帝下诏,派遣谒者冯禅前往汉阳郡,说服残馀的羌众投降。破羌将军段颎认为,春天是农耕季节,农夫布满田野,羌众即使暂时投降,地方官府也无能力供给他们的粮食,最后一定再次起兵为盗贼,不如趁他们空虚的时候,纵兵出击,一定可以将他们杀绝。于是段颎亲自率军出征,挺进到离羌众所驻守的凡亭山四五十里的地方,派遣骑司马田晏、假司马夏育率领五千人作先锋,击破羌众的大营。羌众向东撤退,重新聚集在射虎谷,并且分兵把守射虎谷的上下门,段颎计划一举将他们全部歼灭,不许他们再溃散逃亡。秋季,七月,段颎派遣一千馀人,在西县用木柱结成栅栏,纵深二十步,长达四十里,进行遮挡。然后,分别派遣田晏、夏育率领兵士七千人,口中衔枚不许言语,乘夜攀登上西山,安营扎寨,挖凿壕沟,进到距羌众屯聚一里许的地方。又派遣司马张恺等率领三千人攀登上东山,这时被羌众发觉。段颎因而和张恺分别由东山和西山纵兵夹击,大破羌众,追击到射虎谷的上下门和穷山深谷之中,势如破竹,斩杀叛羌酋长以下共一万九千多人。冯禅等所招降的四千人,被分别安置在安定、汉阳、陇西等三郡。于是,东羌诸部的叛乱全部被平定。段颎先后共经历一百八十次战役,斩杀三万八千多人,俘获各种家畜四十二万七千多头,用费四十四亿,军吏和士兵死亡四百多人。东汉朝廷改封段颎为新丰县侯,每年征收一万户人家的租税。

臣司马光说:《尚书》说"天地是万物的父母。而人是万物的精灵,其中特别聪明的人,作为天子,天子,是人民的父母"。蛮夷戎狄各族的气质虽然跟我们不一样,但趋利避害,乐生恶死,也跟我们是相同的。治理得法,则归顺服从;治理不得法,则背叛侵扰,自在道理之中。所以,从前圣明君王的为政,背叛则进行讨伐,归服就进行安抚,把他们安置在四方极远的边疆地带,不使他们扰乱中原的礼仪之邦而已。

若乃视之如草木禽兽,不分臧否,不辨去来,悉艾杀之,岂作民父母之意哉!且夫羌之所以叛者,为郡县所侵冤故也。叛而不即诛者,将帅非其人故也。苟使良将驱而出之塞外,择良吏而牧之,则疆埸之臣也,岂得专以多杀为快邪!夫御之不得其道,虽华夏之民,亦将蜂起而为寇,又可尽诛邪!然则段纪明之为将,虽克捷有功,君子所不与也。

6　九月,江夏蛮反,州郡讨平之。

7　丹阳山越围太守陈夤,夤击破之。

8　初,李膺等虽废锢,天下士大夫皆高尚其道而污秽朝廷,希之者唯恐不及,更共相标榜,为之称号:以窦武、陈蕃、刘淑为三君,君者,言一世之所宗也;李膺、荀翌、杜密、王畅、刘祐、魏朗、赵典、朱寓为八俊,俊者,言人之英也;郭泰、范滂、尹勋、巴肃及南阳宗慈、陈留夏馥、汝南蔡衍、泰山羊陟为八顾,顾者,言能以德行引人者也;张俭、翟超、岑晊、苑康及山阳刘表、汝南陈翔、鲁国孔昱、山阳檀敷为八及,及者,言其能导人追宗者也;度尚及东平张邈、王孝、东郡刘儒、泰山胡母班、陈留秦周、鲁国蕃向、东莱王章为八厨,厨者,言能以财救人者也。及陈、窦用事,复举拔膺等。陈、窦诛,膺等复废。

宦官疾恶膺等,每下诏书,辄申党人之禁。侯览怨张俭尤甚,览乡人朱并素佞邪,为俭所弃,承览意指,上书告俭与同乡二十四人别相署号,共为部党,图危社稷,而俭为之魁。

如果把他们当作草木禽兽,不区分善和恶,不辨别背叛和归服,竟然都像割草似的将他们一律杀掉,岂是作人民父母的本意?况且羌族之所以起兵反叛,是由于不堪忍受郡县官府侵刻,而心中衔冤的缘故。而对于叛乱者不能当时就加以诛杀,这是由于统帅将领都不是合适人选的缘故。假如派遣优秀的将领把他们驱逐到塞外,再选择优秀的文吏进行治理,则奔驰疆场的大臣,岂能再有机会用大肆杀戮去称心快意?如果治理不得法,即令是中原地区的汉民,也会蜂拥而起,成为寇盗,又怎能把他们斩尽杀绝?所以,段颎这个将领,虽然克敌有功,但是,正人君子对他并不赞许。

6 九月,江夏郡蛮族起兵反叛,州郡官府出兵,将其讨伐平定。

7 丹阳郡山越族起兵反叛,包围郡太守陈龠,陈龠率军将其击破。

8 起初,李膺等虽然遭到废黜和禁锢,但天下的士大夫都很尊敬他们,认为是朝廷政治恶浊,盼望能跟他们结交,唯恐不被他们接纳,而他们也互相赞誉,各人都有美号:称窦武、陈蕃、刘淑为三君,所谓君,说他们是一代宗师;李膺、荀翌、杜密、王畅、刘祐、魏朗、赵典、朱寓为八俊,所谓俊,说他们是一代英雄俊杰;郭泰、范滂、尹勋、巴肃以及南阳郡人宗慈、陈留郡人夏馥、汝南郡人蔡衍、泰山郡人羊陟为八顾,所谓顾,说他们是一代德行表率;张俭、翟超、岑晊、苑康以及山阳郡人刘表、汝南郡人陈翔、鲁国人孔昱、山阳郡人檀敷为八及,所谓及,说他们是一代导师;度尚以及东平国人张邈、王孝、东郡人刘儒、泰山郡人胡母班、陈留郡人秦周、鲁国人蕃向、东莱郡人王章为八厨,所谓厨,说他们是一代舍财救人的侠士。等到后来,陈蕃、窦武掌握朝廷大权,重新举荐和提拔李膺等人。陈蕃、窦武被诛杀,李膺等人再度被废黜。

宦官们对李膺等人非常痛恨,所以皇帝每次颁布诏书,都要重申对党人的禁令。中常侍侯览对张俭的怨恨尤为厉害。侯览的同郡人朱并,素来奸佞邪恶,曾被张俭尖刻抨击过。便秉承侯览的旨意,上书检举说,张俭和同郡二十四人,分别互起称号,共同结成朋党,企图危害国家,而张俭是他们的首领。

诏刊章捕俭等。冬,十月,大长秋曹节因此讽有司奏:"诸钩党者故司空虞放及李膺、杜密、朱寓、荀翌、翟超、刘儒、范滂等,请下州郡考治。"是时上年十四,问节等曰:"何以为钩党?"对曰:"钩党者,即党人也。"上曰:"党人何用为恶而欲诛之邪?"对曰:"皆相举群辈,欲为不轨。"上曰:"不轨欲如何?"对曰:"欲图社稷。"上乃可其奏。

或谓李膺曰:"可去矣!"对曰:"事不辞难,罪不逃刑,臣之节也。吾年已六十,死生有命,去将安之!"乃诣诏狱,考死;门生故吏并被禁锢。侍御史蜀郡景毅子顾为膺门徒,未有录牒,不及于遣,毅慨然曰:"本谓膺贤,遣子师之,岂可以漏脱名籍,苟安而已!"遂自表免归。

汝南督邮吴导受诏捕范滂,至征羌,抱诏书闭传舍,伏床而泣,一县不知所为。滂闻之曰:"必为我也。"即自诣狱。县令郭揖大惊,出,解印绶,引与俱亡,曰:"天下大矣,子何为在此!"滂曰:"滂死则祸塞,何敢以罪累君。又令老母流离乎!"其母就与之诀,滂白母曰:"仲博孝敬,足以供养。滂从龙舒君归黄泉,存亡各得其所。惟大人割不可忍之恩,勿增感戚!"仲博者,滂弟也。龙舒君者,滂父龙舒侯相显也。母曰:"汝今得与李、杜齐名,死亦何恨!既有令名,复求寿考,可兼得乎!"滂跪受教,再拜而辞。顾其子曰:"吾欲使汝为恶,恶不可为;使汝为善,则我不为恶。"行路闻之,莫不流涕。

灵帝下诏,公布奏章,逮捕张俭等人。冬季,十月,大长秋曹节暗示有关官吏奏报:"互相牵连结党的,有前司空虞放,以及李膺、杜密、朱寓、荀翌、翟超、刘儒、范滂等,请交付州郡官府拷讯审问。"当时,灵帝年仅十四岁,问曹节等说:"什么叫作互相牵连结党?"曹节回答说:"互相牵连结党,就是党人。"灵帝又问:"党人有什么罪恶,一定要诛杀?"曹节又回答说:"他们互相推举,结成朋党,准备有不轨行动。"灵帝又问:"不轨行动,想干什么?"曹节回答说:"打算推翻朝廷。"于是,灵帝便批准。

有人告诉李膺说:"你应该逃了!"李膺说:"侍奉君王不辞艰难,犯罪不逃避刑罚,这是臣属的节操。我年已六十,生死有命,逃向何方?"便主动前往诏狱报到,被酷刑拷打而死;他的学生和过去的部属,都被禁锢,不许再做官。侍御史蜀郡人景毅的儿子景顾,是李膺的学生,因为在名籍上没有写他的名字,所以没有受到处罚。景毅感慨地说:"我本来就认为李膺是一代贤才,所以才教儿子拜他为师,岂可以因为名籍上脱漏,而苟且偷安?"便自己上书检举自己,免职回家。

汝南郡督邮吴导接到逮捕范滂的诏书,抵达征羌侯国时,紧闭驿站旅舍的屋门,抱着诏书伏在床上哭泣,全县的人都不知道发生了什么事情。范滂得到消息后说:"一定是为我而来。"即自行到监狱报到。县令郭揖大吃一惊,把他接出来,解下印信,要跟范滂一道逃亡,说:"天下大得很,你怎么偏偏到这个地方来?"范滂回答说:"我死了,则灾祸停止,怎么敢因为我犯罪来连累你,而又使我的老母亲流离失所!"他的母亲来和他诀别,范滂告诉母亲说:"范仲博孝顺恭敬,足可供养您。我要跟从龙舒君归于九泉之下。生者和死者,都各得其所。只求您舍弃不能忍心的恩情,不要增加悲伤。"范仲博是范滂的弟弟。龙舒君是范滂的父亲,即已故的龙舒侯国宰相范显。母亲说:"你今天得以和李膺、杜密齐名,死有何恨!既已享有美名,又要盼望长寿,岂能双全?"范滂跪下,聆听母亲教诲,听完以后,再拜而别。临行时,回头对儿子说:"我想教你作恶,但恶不可作;教你行善,即我不作恶。"行路的人听见,无不感动流涕。

凡党人死者百馀人,妻子皆徙边,天下豪桀及儒学有行义者,宦官一切指为党人;有怨隙者,因相陷害,睚眦之忿,滥入党中。州郡承旨,或有未尝交关,亦离祸毒,其死、徙、废、禁者又六七百人。

郭泰闻党人之死,私为之恸曰:"《诗》云:'人之云亡,邦国殄瘁。'汉室灭矣,但未知'瞻乌爰止,于谁之屋'耳!"泰虽好臧否人伦,而不为危言核论,故能处浊世而怨祸不及焉。

张俭亡命困迫,望门投止,莫不重其名行,破家相容。后流转东莱,止李笃家。外黄令毛钦操兵到门,笃引钦就席曰:"张俭负罪亡命,笃岂得藏之!若审在此,此人名士,明廷宁宜执之乎?"钦因起抚笃曰:"蘧伯玉耻独为君子,足下如何专取仁义!"笃曰:"今欲分之,明廷载半去矣。"钦叹息而去。笃导俭经北海戏子然家,遂入渔阳出塞。其所经历,伏重诛者以十数,连引收考者布遍天下,宗亲并皆殄灭,郡县为之残破。俭与鲁国孔褒有旧,亡抵褒,不遇,褒弟融,年十六,匿之。后事泄,俭得亡走,国相收褒、融送狱,未知所坐。融曰:"保纳舍藏者,融也,当坐。"褒曰:"彼来求我,非弟之过。"吏问其母,母曰:"家事任长,妾当其辜。"一门争死,郡县疑不能决,乃上谳之,诏书竟坐褒。及党禁解,俭乃还乡里,后为卫尉,卒,年八十四。夏馥闻张俭亡命,叹曰:"孽自己作,空污良善,

因党人案而死的共有一百多人，他们的妻子和儿女都被放逐到边郡，天下英雄豪杰以及有良好品行和道义的儒家学者，宦官一律把他们指控为党人；有私人怨恨的，也乘机争相陷害，甚至连瞪了一眼的小激忿，也滥被指控为党人。州郡官府秉承上司的旨意，有的人和党人从来没有牵连和瓜葛，也遭到惩处，因此而被处死、放逐、废黜、禁锢的人，又有六七百人之多。

郭泰听到党人相继惨死的消息，暗中悲恸说："《诗经》上说：'人才丧失，国家危亡。'汉王朝行将灭亡，但不知道'乌鸦飞翔，停在谁家'呀！"郭泰虽然也喜爱评论人物的善恶是非，但从不危言耸听、苛刻评论，所以才能身处浑浊的乱世，而没有遭到怨恨和灾祸。

张俭逃亡，困急窘迫，每当望见人家门户，便投奔请求收容，主人无不敬重他的声名和德行，宁愿冒着家破人亡的危险也要收容他。后来他辗转逃到东莱郡，住在李笃家里。外黄县令毛钦执持兵器来到李笃家中，李笃领着毛钦就座以后说："张俭是背负重罪的逃犯，我怎么会窝藏他！假如他真的在我这里，这人是有名的人士，您难道非捉拿他不可？"毛钦因而站起身来，抚摸着李笃的肩膀说："蘧伯玉以单独为君子而感到耻辱，你为何一个人专门获得仁义？"李笃回答说："而今就想和你分享，你已经获得了一半。"于是毛钦叹息告辞而去。李笃便引导张俭经由北海郡戏子然家，再进入渔阳郡，逃出塞外。张俭自逃亡以来，所投奔的人家，因为窝藏和收容他而被官府诛杀的有十多人，被牵连遭到逮捕和审问的几乎遍及全国，这些人的亲属，也都同时被灭绝，甚至有的郡县因此而残破不堪。张俭和鲁国人孔褒是旧友，当他去投奔孔褒时，没有遇上，孔褒的弟弟孔融，年仅十六岁，做主把张俭藏匿在家。后来事情被泄露，张俭虽然得以逃走，但鲁国宰相将孔褒、孔融逮捕，送到监狱关押，不知道应该判处谁来坐罪。孔融说："接纳张俭并把他藏匿在家的，是我孔融，应当由我坐罪。"孔褒说："张俭是来投奔我的，不是弟弟的罪过。"负责审讯的官吏征求他们母亲的意见，母亲说："一家的事，由家长负责，罪在我身。"一家母子三人争相赴死，郡县官府疑惑不能裁决，就上报朝廷。灵帝下诏，将孔褒诛杀抵罪。等到党禁解除以后，张俭才返回家乡，后来又被朝廷任命为卫尉，去世时，享年八十四岁。当初，夏馥听到张俭逃亡的消息，叹息说："自己作孽，应由自己承当，却凭空去牵连善良的人。

一人逃死,祸及万家,何以生为!"乃自翦须变形,入林虑山中,隐姓名,为冶家佣,亲突烟炭,形貌毁瘁,积二三年,人无知者。馥弟静载缣帛追求饷之,馥不受曰:"弟奈何载祸相饷乎!"党禁未解而卒。

初,中常侍张让父死,归葬颍川,虽一郡毕至,而名士无往者,让甚耻之,陈寔独吊焉。及诛党人,让以寔故,多所全宥。南阳何颙,素与陈蕃、李膺善,亦被收捕,乃变名姓匿汝南间,与袁绍为奔走之交,常私入雒阳,从绍计议,为诸名士罹党事者求救援,设权计,使得逃隐,所全免甚众。

初,太尉袁汤三子,成、逢、隗,成生绍,逢生术。逢、隗皆有名称,少历显官。时中常侍袁赦以逢、隗宰相家,与之同姓,推崇以为外援,故袁氏贵宠于世,富奢甚,不与他公族同。绍壮健有威容,爱士养名,宾客辐凑归之,辎轷、柴毂,填接街陌。术亦以侠气闻。逢从兄子闳,少有操行,以耕学为业,逢、隗数馈之,无所受。闳见时方险乱,而家门富盛,常对兄弟叹曰:"吾先公福祚,后世不能以德守之,而竞为骄奢,与乱世争权,此即晋之三郤矣。"及党事起,闳欲投迹深林,以母老,不宜远遁,乃筑土室四周于庭,不为户,自牖纳饮食。母思闳时,往就视,母去,便自掩闭,兄弟妻子莫得见也。潜身十八年,卒于土室。

一人逃命,使万家遭受灾祸,何必活下去!"于是他把胡须剃光,改变外貌,逃入林虑山中,隐姓埋名,充当冶铸金属人家的佣工,亲自挖掘烟炭,形容憔悴,为时两三年,没有人知道他是谁。夏馥的弟弟夏静,带着缣帛,追着要馈赠与他,夏馥不肯接受,并且对夏静说:"你为什么带着灾祸来送给我?"党禁还没有解除,他便去世了。

起初,中常侍张让的父亲去世,棺柩运回颍川郡埋葬,虽然全郡的人几乎都来参加丧礼,但知名的人士却没有一个人前来,张让感到非常耻辱,只有陈寔单独前来吊丧。等到大肆诛杀党人,张让因为陈寔的缘故,曾出面保全和赦免了很多人。南阳郡人何颙,一向和陈蕃、李膺友善,也在被搜捕之列,于是他就改名换姓,藏匿在南阳郡和汝南郡之间,和袁绍结为奔走患难之交,他经常私自进入京都雒阳,和袁绍一道合计商议,为陷入党人案的名士们寻求救援,为他们策划和想方设法,使其逃亡或隐藏,所保全和免于灾祸的人很多。

当初,太尉袁汤生有三个儿子:袁成、袁逢、袁隗。袁成生袁绍,袁逢生袁术。袁逢、袁隗都有声望,自幼便担任显要官职。当时,中常侍袁赦认为袁逢、袁隗出身宰相之家,又和他同姓,特别推崇和结纳作为自己的外援,所以袁姓家族以尊贵荣宠著称当世,甚为富有奢侈,跟其他三公家族绝不相同。袁绍体格健壮,仪容庄重,喜爱结交天下名士,宾客们从四面八方前来归附于他,富人乘坐的有帘子的辎车,贱者乘坐的简陋小车,填满街巷,首尾相接。袁术也以侠义闻名当世。袁逢的堂侄袁闳,少年时便有良好的品行,以耕种和读书为业,袁逢、袁隗多次馈赠于他,袁闳全不接受。袁闳眼看时局险恶昏乱,而袁姓家族富有贵盛,常对兄弟们叹息说:"我们先祖的福禄,后世的子孙不能用德行保住,而竞相骄纵奢侈,与乱世争权夺利,这就会如晋国的三郤大夫一样。"等到党人之案爆发,袁闳本想逃到深山老林,但因母亲年老,不适宜远逃,于是在庭院里建筑了一间土屋,只有窗而没有门,饮食都从窗口递进。母亲思念儿子时,到窗口去看看他,母亲走后,就自己把窗口关闭,连兄弟和妻子儿女都不见面。一直隐身居住了十八年,最后在土屋中去世。

初,范滂等非讦朝政,自公卿以下皆折节下之,太学生争慕其风,以为文学将兴,处士复用。申屠蟠独叹曰:"昔战国之世,处士横议,列国之王至为拥彗先驱,卒有坑儒烧书之祸,今之谓矣。"乃绝迹于梁、砀之间,因树为屋,自同佣人。居二年,滂等果罹党锢之祸,唯蟠超然免于评论。

臣光曰:天下有道,君子扬于王庭以正小人之罪,而莫敢不服。天下无道,君子囊括不言以避小人之祸,而犹或不免。党人生昏乱之世,不在其位,四海横流,而欲以口舌救之,臧否人物,激浊扬清,撩虺蛇之头,蹍虎狼之尾,以至身被淫刑,祸及朋友,士类歼灭而国随以亡,不亦悲乎!夫唯郭泰既明且哲,以保其身,申屠蟠见几而作,不俟终日,卓乎其不可及已!

9　庚子晦,日有食之。

10　十一月,太尉刘宠免;太仆扶沟郭禧为太尉。

11　鲜卑寇并州。

12　长乐太仆曹节病困,诏拜车骑将军。有顷,疾瘳,上印绶,复为中常侍,位特进,秩中二千石。

13　高句骊王伯固寇辽东,玄菟太守耿临讨降之。

三年(庚戌,170)

1　春,三月丙寅晦,日有食之。

起初，范滂等非议和抨击朝廷政事，自三公、九卿以下文武官员，都降低自己的身份，对他恭敬备至，太学生争先恐后地仰慕和学习他的风度，认为文献经典之学将再兴起，隐居的士人将会重新得到重用。只有申屠蟠独自叹息说："过去，战国时代，隐居的士人肆意议论国家大事，各国的国王甚至亲自为他们执帚扫除，作为前导，结果产生焚书坑儒的灾祸，这正是今天所面临的形势。"于是在梁国和砀县之间，再也见不到他的行迹，他靠着大树，建筑一栋房屋，把自己变成佣工模样。大约居住了两年，范滂等果然遭受党锢大祸，只有申屠蟠超脱世事，才免遭抨击。

臣司马光说：天下政治清明，正人君子在朝廷上扬眉吐气，依法惩治小人的罪过，没有人敢不服从。天下政治混乱，正人君子闭口不言，以躲避小人的陷害，尚且不能避免。党人生在政治昏暗混乱的时代，又不担任朝廷的高官显位，面对天下民怨沸腾，却打算用舆论去挽救，评论人物的善恶，斥恶奖善，这就犹如用手去撩拨毒蛇的头，用脚践踏老虎和豺狼的尾巴，以致自身遭受酷刑，灾祸牵连朋友，读书人被大批杀害，王朝也跟着覆亡，岂不可悲！其中只有郭泰最为明智，竟能择安去危，保全自身，申屠蟠一看情势不妙，不等到天黑，立刻回头，他的卓识远见，不是平常人所能赶得上的！

9 庚子晦，发生日食。

10 十一月，太尉刘宠被免官；擢升太仆扶沟县人郭禧为太尉。

11 鲜卑侵犯并州。

12 长乐太仆曹节病危，灵帝下诏，任命他为车骑将军。不久，病愈，交回印信，仍担任中常侍，官位为特进，官秩为中二千石。

13 高句骊国王伯固侵犯辽东郡，玄菟郡太守耿临率军前往讨伐，伯固归降。

汉灵帝建宁三年(庚戌，公元 170 年)

1 春季，三月丙寅晦(三十日)，发生日食。

2 征段颎还京师，拜侍中。颎在边十馀年，未尝一日蓐寝，与将士同甘苦，故皆乐为死战，所向有功。

3 夏，四月，太尉郭禧罢；以太中大夫闻人袭为太尉。

4 秋，七月，司空刘嚣罢；八月，以大鸿胪梁国桥玄为司空。

5 九月，执金吾董宠坐矫永乐太后属请，下狱死。

6 冬，郁林太守谷永以恩信招降乌浒人十馀万，皆内属，受冠带，开置七县。

7 凉州刺史扶风孟佗遣从事任涉将敦煌兵五百人，与戊己校尉曹宽、西域长史张宴将焉耆、龟兹、车师前、后部，合三万馀人讨疏勒，攻桢中城，四十馀日，不能下，引去。其后疏勒王连相杀害，朝廷亦不能复治。

初，中常侍张让有监奴，典任家事，威形喧赫。孟佗资产饶赡，与奴朋结，倾竭馈问，无所遗爱。奴咸德之，问其所欲。佗曰："吾望汝曹为我一拜耳！"时宾客求谒让者，车常数百千两，佗诣让，后至，不得进，监奴乃率诸仓头迎拜于路，遂共轝车入门，宾客咸惊，谓佗善于让，皆争以珍玩赂之。佗分以遗让，让大喜，由是以佗为凉州刺史。

四年(辛亥，171)

1 春，正月甲子，帝加元服，赦天下，唯党人不赦。

2 征调段颎返回京都雒阳，任命他为侍中。段颎在边疆十馀年，从来没有一天安心睡觉，和将士同甘共苦，所以部属都甘愿奋不顾身地拼死战斗，大军所到之处都能建立功勋。

3 夏季，四月，太尉郭禧被罢免；擢升太中大夫闻人袭为太尉。

4 秋季，七月，司空刘嚣被罢免；八月，擢升大鸿胪、梁国人桥玄为司空。

5 九月，执金吾董宠因假传他的妹妹董太后的谕旨有所请托，被下狱处死。

6 冬季，郁林郡太守谷永用恩德和威信招降乌浒蛮族十馀万人，归服朝廷，授给帽子和腰带，设立了七个县。

7 凉州刺史、右扶风郡人孟佗，派遣从事任涉率领敦煌郡兵五百人，会同戊己校尉曹宽、西域长史张晏，率领焉耆王国、龟兹王国、车师前王国、车师后王国军队，共三万多人，前往讨伐疏勒王国，攻打桢中城，经过四十多天不能攻克，只好撤退。从此以后，疏勒国王接连不断地被杀害，朝廷再也没有力量进行干预。

最初，中常侍张让府中有一位负责掌管家务的奴仆，威风和权势显赫。孟佗家资财产富足，跟这位奴仆结成好友，孟佗倾尽所有馈赠给他，对其他的家奴也都一样巴结奉承，毫不吝啬。因此，家奴们对他大为感激，问他有什么要求。孟佗回答说："我只希望你们向我一拜就足够了。"当时，每天前往求见张让的宾客，车辆常常有数百甚至上千之多，有一天，孟佗也前往晋见，稍后才到达，车辆无法前进，于是那位奴仆总管率领他的属下奴仆前来迎接，就在路旁大礼参拜，引导孟佗车辆驶进大门，宾客们见此情景，全都大吃一惊，认为孟佗和张让的关系不同平常，便争相送给孟佗各种珍贵的玩赏物品。孟佗将这些馈赠的物品分送给张让，张让大为欢喜，于是任命孟佗为凉州刺史。

汉灵帝建宁四年(辛亥,公元171年)

1 春季，正月甲子(初三)，灵帝行成年加冠礼，大赦天下，只有党人不在赦免之列。

2　二月癸卯,地震。

3　三月辛酉朔,日有食之。

4　太尉闻人袭免;以太仆汝南李咸为太尉。

5　大疫。司徒许训免;以司空桥玄为司徒。夏,四月,以太常南阳来艳为司空。

6　秋,七月,司空来艳免。

7　癸丑,立贵人宋氏为皇后。后,执金吾酆之女也。

8　司徒桥玄免;以太常南阳宗俱为司空,前司空许栩为司徒。

9　帝以窦太后有援立之功,冬,十月戊子朔,率群臣朝太后于南宫,亲馈上寿。黄门令董萌因此数为太后诉冤,帝深纳之,供养资奉,有加于前。曹节、王甫疾之,诬萌以谤讪永乐宫,下狱死。

10　鲜卑寇并州。

2 二月癸卯(十三日),发生地震。

3 三月辛酉朔(初一),发生日食。

4 太尉闻人袭被免官;擢升汝南郡人李咸为太尉。

5 发生大瘟疫。司徒许训被免官;任命司空桥玄为司徒。夏季,四月,擢升太常南阳郡人来艳为司空。

6 秋季,七月,司空来艳被免官。

7 癸丑,灵帝封宋贵人为皇后。宋皇后是执金吾宋酆的女儿。

8 司徒桥玄被免官;擢升太常、南阳郡人宗俱为司空,任命前任司空许栩为司徒。

9 灵帝认为窦太后援立自己继承帝位有功,冬季,十月戊子朔(初一),他率领朝廷文武百官,前往南宫朝见窦太后,并亲自向窦太后进食和祝寿。因此,黄门令董萌多次为窦太后申诉冤枉,灵帝深为采纳,对于供养窦太后的财物,都比以前增加。曹节、王甫对此非常痛恨,于是诬告董萌诽谤灵帝母亲董太后,将董萌下狱处死。

10 鲜卑攻打并州。

卷第五十七　汉纪四十九

起壬子(172)尽庚申(180)凡九年

孝灵皇帝上之下

熹平元年(壬子,172)

1　春,正月,车驾上原陵。司徒掾陈留蔡邕曰:"吾闻古不墓祭。朝廷有上陵之礼,始谓可损;今见威仪,察其本意,乃知孝明皇帝至孝恻隐,不易夺也。礼有烦而不可省者,此之谓也。"

2　三月壬戌,太傅胡广薨,年八十二。广周流四公,三十馀年,历事六帝,礼任极优,罢免未尝满岁,辄复升进。所辟多天下名士,与故吏陈蕃、李咸并为三司。练达故事,明解朝章,故京师谚曰:"万事不理,问伯始;天下中庸,有胡公。"然温柔谨悫,常逊言恭色以取媚于时,无忠直之风,天下以此薄之。

3　五月己巳,赦天下,改元。

4　长乐太仆侯览坐专权骄奢,策收印绶,自杀。

5　六月,京师大水。

6　窦太后母卒于比景,太后忧思感疾,癸巳,崩于云台。宦者积怨窦氏,以衣车载太后尸置城南市舍,数日,曹节、王甫欲用贵人礼殡。帝曰:"太后亲立朕躬,统承大业,岂宜以贵人终乎?"于是发丧成礼。

孝灵皇帝上之下

汉灵帝熹平元年(壬子,公元172年)

1 春季,正月,灵帝前往光武帝原陵祭祀。司徒掾陈留郡人蔡邕说:"我曾经听说,古代君王从不到墓前祭祀。对皇帝上陵举行墓祭的礼仪,最初认为可以减损;而今,亲眼看到墓祭的威仪,体察它的本来用意,方才了解明帝的至孝隐衷,的确不能取消。有的礼仪似乎多馀,但实际上是必不可少的,大概就是指此。"

2 三月壬戌(初八),太傅胡广去世,享年八十二岁。胡广,历任太傅、太尉、司徒和司空,前后任职三十多年,曾侍奉过安、顺、冲、质、桓、灵等六个皇帝,受到极优厚的礼遇,每次被免职不出一年,即又复职。他所聘用的大都是天下的知名人士,曾和他过去的部属陈蕃、李咸并列三公。他非常熟悉先朝的典章制度,通晓当代的朝廷规章,所以京都雒阳有谚语说:"万事不理,问伯始;天下中庸,有胡公。"然而,胡广温柔敦厚,谨小慎微,以此取媚朝廷,没有忠贞正直的气节,天下的人因此而轻视他。

3 五月己巳(十六日),大赦天下,改年号。

4 长乐太仆侯览,因专权跋扈和骄横奢侈获罪,灵帝下令收回印信,侯览自杀。

5 六月,京都雒阳发生大水灾。

6 窦太后的母亲于比景病故,窦太后过度忧伤,思念成疾,癸巳(初十),在南宫云台去世。因宦官们对窦姓家族积怨甚深,所以用运载衣服的车,把窦太后的尸体运到雒阳城南的市舍,停放数日后,曹节、王甫想用贵人的礼仪来埋葬窦太后。灵帝说:"窦太后亲自拥立朕为皇帝,继承大业,怎么能用贵人的礼仪为她送终?"于是按照皇太后的礼仪发丧。

　　节等欲别葬太后，而以冯贵人配祔。诏公卿大会朝堂，令中常侍赵忠监议。太尉李咸时病，扶舆而起，捣椒自随，谓妻子曰："若皇太后不得配食桓帝，吾不生还矣！"既议，坐者数百人，各瞻望良久，莫肯先言。赵忠曰："议当时定！"廷尉陈球曰："皇太后以盛德良家，母临天下，宜配先帝，是无所疑。"忠笑而言曰："陈廷尉宜便操笔。"球即下议曰："皇太后自在椒房，有聪明母仪之德。遭时不造，援立圣明承继宗庙，功烈至重。先帝晏驾，因遇大狱，迁居空宫，不幸早世，家虽获罪，事非太后，今若别葬，诚失天下之望。且冯贵人冢尝被发掘，骸骨暴露，与贼并尸，魂灵污染，且无功于国，何宜上配至尊！"忠省球议，作色俯仰，蚩球曰："陈廷尉建此议甚健！"球曰："陈、窦既冤，皇太后无故幽闭，臣常痛心，天下愤叹！今日言之，退而受罪，宿昔之愿也！"李咸曰："臣本谓宜尔，诚与意合。"于是公卿以下皆从球议。曹节、王甫犹争，以为："梁后家犯恶逆，别葬懿陵，武帝黜废卫后，而以李夫人配食，今窦氏罪深，岂得合葬先帝！"李咸复上疏曰："臣伏惟章德窦后虐害恭怀，安思阎后家犯恶逆，而和帝无异葬之议，顺朝无贬降之文。至于卫后，孝武皇帝身所废弃，不可以为比。今长乐太后尊号在身，亲尝称制，且援立圣明，光隆皇祚。太后以陛下为子，陛下岂得不以太后为母！子无黜母，臣无贬君，宜合葬宣陵，一如旧制。"帝省奏，从之。

曹节等人又打算将窦太后埋葬到别处,而把冯贵人的尸体移来和桓帝合葬。灵帝下诏,召集三公、九卿等文武百官,在朝堂上集会议论,命中常侍赵忠监督集议。当时,太尉李咸正卧病在床,挣扎着抱病上车,并且随身携带了毒药,临走时对妻子说:"倘若皇太后不能随桓帝一同祭祀,我就不活着回来了!"会议开始后,与会者数百人,互相观望了很久,没有人肯先发言。赵忠催促说:"议案应当迅速确定!"廷尉陈球说:"皇太后品德高尚,出身清白,以母仪治理天下,应该配享先帝,这是毫无疑问的。"赵忠笑着说:"那就请陈廷尉赶快执笔起草议案。"陈球立即下笔写道:"窦太后身处深宫之中,天赋聪明,兼备天下之母的仪容和品德。遭逢时世艰危,窦太后援立陛下为帝,继承皇家宗庙祭祀,功勋卓著。先帝去世后,不幸兴起大狱,窦太后被迁往空宫居住,过早离开人世,窦家虽然有罪,但事情并非太后主使发动,而今,倘若改葬别处,确实使天下失望。并且冯贵人的坟墓曾经被盗贼发掘过,骨骸已经暴露,与贼寇尸骨混杂,魂灵蒙受污染,何况冯贵人对国家又没有任何功劳,怎么有资格配享至尊?"赵忠看完陈球起草的议案,气得脸色大变,全身发抖,嗤笑说:"陈廷尉起草的议案真好!"陈球回答说:"陈蕃、窦武既已遭受冤枉,窦太后又无缘无故地被幽禁,我一直很痛心,天下之人无不愤慨叹息!今天,我既然已经把话说了出来,即使是会议之后遭到报复,决不后悔,这正是我一向的愿望。"太尉李咸紧接着说:"我原来就认为应该如此,陈廷尉的议案和我的意见完全相同。"于是三公、九卿以下的文武百官全都赞成陈球的意见。曹节、王甫仍继续争辩,他们认为:"梁皇后虽为先帝正妻,后因梁家犯恶逆大罪,将梁皇后别葬在懿陵。汉武帝废黜正妻卫皇后,而以李夫人配享,现在窦家罪恶如此深重,怎么能和先帝合葬?"太尉李咸又向灵帝上书说:"我俯伏回想,章帝窦皇后陷害梁贵人,安帝阎皇后家犯恶逆大罪,然而和帝并没有提出将嫡母窦皇后改葬别处,顺帝也没有下诏贬降嫡母阎皇后。至于废黜卫皇后,那是武帝在世时亲自做出的决定,不可以用来相比。而今,长乐太后一直拥有皇太后的尊号,又曾亲身临朝治理天下,况且援立陛下为帝,使皇位光大兴隆。皇太后既然把陛下当作儿子,陛下怎能不把皇太后当作母亲?儿子没有废黜母亲的,臣属没有贬谪君王的。所以应将窦太后与先帝合葬宣陵,一切都要遵从旧制。"灵帝看了奏章,采纳了李咸的意见。

秋，七月甲寅，葬桓思皇后于宣陵。

7 有人书朱雀阙，言："天下大乱，曹节、王甫幽杀太后，公卿皆尸禄，无忠言者。"诏司隶校尉刘猛逐捕，十日一会。猛以诽书言直，不肯急捕。月馀，主名不立，猛坐左转谏议大夫，以御史中丞段颎代之。颎乃四出逐捕，及太学游生系者千馀人。节等又使颎以他事奏猛，论输左校。

初，司隶校尉王寓依倚宦官，求荐于太常张奂，奂拒之，寓遂陷奂以党罪禁锢。奂尝与段颎争击羌，不相平，颎为司隶，欲逐奂归敦煌而害之。奂奏记哀请于颎，乃得免。

初，魏郡李暠为司隶校尉，以旧怨杀扶风苏谦。谦子不韦瘗而不葬，变姓名，结客报仇。暠迁大司农，不韦匿于厕中，凿地旁达暠之寝室，杀其妾并小儿。暠大惧，以板藉地，一夕九徙。又掘暠父冢，断取其头，标之于市。暠求捕不获，愤恚，呕血死。不韦遇赦还家，乃葬父行丧。张奂素睦于苏氏，而段颎与暠善，颎辟不韦为司隶从事，不韦惧，称病不诣。颎怒，使从事张贤就家杀之，先以鸩与贤父曰："若贤不得不韦，便可饮此！"贤遂收不韦，并其一门六十馀人，尽诛之。

秋季,七月甲寅(初二),将窦太后安葬在宣陵,谥号为桓思皇后。

7　有人在朱雀门上书写,说:"天下大乱,曹节、王甫幽禁谋杀太后,三公、九卿空受俸禄而不治事,没有人敢说忠言。"灵帝下诏,命司隶校尉刘猛负责追查搜捕,每十天作一次汇报。刘猛认为所书写的话与实际情况相符,因此不肯加紧搜捕。过了一个多月,仍然没有搜捕到书写的人犯,刘猛因此坐罪,被贬为谏议大夫,又任命御史中丞段颎接替刘猛。于是段颎派人四处追查搜捕,包括在太学游学的学生在内,逮捕和关押的有一千多人。曹节等人又指使段颎寻找别的借口弹劾刘猛,判处将他遣送到左校营罚服苦役。

最初,前司隶校尉王寓依靠宦官的势力,曾请求太常张奂推荐,被张奂拒绝,王寓便诬陷张奂为党人,使他遭受禁锢,不许做官。而张奂跟段颎之间,曾经因对西羌战争有过争执,互相怨恨不平,所以段颎担任司隶校尉以后,打算把张奂驱逐回敦煌郡,然后加以杀害。后因张奂向段颎写信苦苦哀求,才免于难。

当初,魏郡人李暠担任司隶校尉,因为从前的怨恨,而杀害扶风人苏谦。苏谦的儿子苏不韦,将父亲的尸体浅埋在地面上,不肯入土下葬,然后改名换姓,结交宾客,决心为父报仇。稍后,李暠擢升为大司农,苏不韦躲藏在草料库中,挖掘地道,一直通到李暠的卧室,杀死李暠的妾和幼儿。李暠十分恐惧,用木板遍铺地面,一夜之间,搬动九次。苏不韦又挖掘李暠父亲的坟墓,砍下死尸的头,悬挂到市。李暠请求官府派人缉捕,未能抓获,他愤恨以极竟至吐血而死。后来,苏不韦遇到朝廷颁布赦令,才敢回到家乡,安葬父亲,举行丧礼。张奂一向和苏家和睦,而段颎和李暠亲善,段颎延聘苏不韦为司隶从事,苏不韦感到恐惧,声称有病不肯就职。段颎勃然大怒,派遣从事张贤在苏家将苏不韦杀死,行前,段颎先将一杯毒酒交给张贤的父亲,并且威胁他说:"如果张贤此去杀不了苏不韦,你就把这杯毒酒喝下去!"张贤便逮捕苏不韦,连同他的一家共六十多人,全都杀死。

8　勃海王悝之贬瘿陶也,因中常侍王甫求复国,许谢钱五千万。既而桓帝遗诏复悝国,悝知非甫功,不肯还谢钱。中常侍郑飒、中黄门董腾数与悝交通,甫密司察以告段颎。冬,十月,收飒送北寺狱,使尚书令廉忠诬奏"飒等谋迎立悝,大逆不道",遂诏冀州刺史收悝考实,迫责悝,令自杀。妃妾十一人、子女七十人、伎女二十四人皆死狱中,傅、相以下悉伏诛。甫等十二人皆以功封列侯。

9　十一月,会稽妖贼许生起句章,自称阳明皇帝,众以万数。遣扬州刺史臧旻、丹阳太守陈寅讨之。

10　十二月,司徒许栩罢;以大鸿胪袁隗为司徒。

11　鲜卑寇并州。

12　是岁,单于车兒死,子屠特若尸逐就单于立。

二年(癸丑,173)

1　春,正月,大疫。

2　丁丑,司空宗俱薨。

3　二月壬午,赦天下。

4　以光禄勋杨赐为司空。

5　三月,太尉李咸免。

6　夏,五月,以司隶校尉段颎为太尉。

7　六月,北海地震。

8　秋,七月,司空杨赐免;以太常颍川唐珍为司空。珍,衡之弟也。

9　冬,十二月,太尉段颎罢。

8　勃海王刘悝当初被贬降为瘿陶王时,请托中常侍王甫游说桓帝,如果能够恢复原来的封国,愿送给五千万钱作为谢礼。不久,桓帝去世,遗诏恢复刘悝原来的封国。刘悝知道,这不是王甫的功劳,因此不肯送给王甫这笔谢钱。中常侍郑飒、中黄门董腾经常和勃海王刘悝来往,王甫秘密派人监督,将情况告诉段颎。冬季,十月,逮捕郑飒,羁押北寺监狱,王甫又指使尚书令廉忠诬告说"郑飒等人阴谋迎立勃海王刘悝当皇帝,大逆不道",于是灵帝下诏,命冀州刺史逮捕刘悝,就地审问核实,责令他自杀。刘悝的妃妾十一人、子女七十人、歌舞伎女二十四人,全都死在狱中,封国太傅、宰相以下官吏,全都伏诛。王甫等十二人,都因功被朝廷封为列侯。

9　十一月,会稽郡妖贼许生在句章县聚众起兵,自称"阳明皇帝",部众多达以万计数。朝廷派遣扬州刺史臧旻、丹阳郡太守陈寅率军前往讨伐。

10　十二月,司徒许栩被罢免;擢升大鸿胪袁隗为司徒。

11　鲜卑侵犯并州。

12　同年,南匈奴汗国伊陵若尸逐就单于栾提车兒去世,儿子继位,号为屠特若尸逐就单于。

汉灵帝熹平二年(癸丑,公元173年)

1　春季,正月,发生大瘟疫。

2　丁丑(二十七日),司空宗俱去世。

3　二月壬午(初三),大赦天下。

4　擢升光禄勋杨赐为司空。

5　三月,太尉李咸被免官。

6　夏季,五月,擢升司隶校尉段颎为太尉。

7　六月,北海国发生地震。

8　秋季,七月,司空杨赐被免官;擢升太常颍川郡人唐珍为司空。唐珍是唐衡的弟弟。

9　冬季,十二月,太尉段颎被罢免。

10　鲜卑寇幽、并二州。

11　癸酉晦，日有食之。

三年(甲寅，174)

1　春，二月己巳，赦天下。

2　以太常东海陈耽为太尉。

3　三月，中山穆王畅薨，无子，国除。

4　夏，六月，封河间王利子康为济南王，奉孝仁皇祀。

5　吴郡司马富春孙坚召募精勇，得千馀人，助州郡讨许生。冬，十一月，臧旻、陈寅大破生于会稽，斩之。

6　任城王博薨，无子，国绝。

7　十二月，鲜卑入北地，太守夏育率屠各追击，破之。迁育为护乌桓校尉。鲜卑又寇并州。

8　司空唐珍罢，以永乐少府许训为司空。

四年(乙卯，175)

1　春，三月，诏诸儒正五经文字，命议郎蔡邕为古文、篆、隶三体书之，刻石，立于太学门外。使后儒晚学咸取正焉。碑始立，其观视及摹写者车乘日千馀两，填塞街陌。

2　初，朝议以州郡相党，人情比周，乃制昏姻之家及两州人士不得对相监临，至是复有三互法，禁忌转密，选用艰难，幽、冀二州久缺不补。蔡邕上疏曰："伏见幽、冀旧壤，铠、马所出，比年兵饥，渐至空耗。今者阙职经时，吏民延属，而三府选举，逾月不定。臣怪问其故，云避三互。十一州有禁，

10 鲜卑侵犯幽州、并州。

11 癸酉晦(二十九日),发生日食。

汉灵帝熹平三年(甲寅,公元 174 年)

1 春季,二月己巳(十六日),大赦天下。

2 擢升太常东海郡陈耽为太尉。

3 三月,中山王刘畅去世,无子继承,封国被撤销。

4 夏季,六月,封河间王刘利的儿子刘康为济南王,侍奉灵帝父亲、孝仁皇刘苌的祭祀。

5 吴郡司马富春县人孙坚,招募精锐强悍的勇士,集结千馀人,帮助州郡官府讨伐妖贼许生。冬季,十一月,臧旻、陈寅在会稽郡大破许生,并将许生斩杀。

6 任城王刘博去世,无子继承,封国撤销。

7 十二月,鲜卑攻入北地郡,太守夏育率领屠各兵前往追击,将其击破。夏育被朝廷擢升为护乌桓校尉。鲜卑又侵犯并州。

8 司空唐珍被罢免,擢升永乐少府许训为司空。

汉灵帝熹平四年(乙卯,公元 175 年)

1 春季,三月,灵帝下诏,命儒学大师们校正五经文字,命议郎蔡邕用古文、大篆、隶书三种字体书写,刻在石碑上,竖立在太学门外。使后来的儒生晚辈,都以此作为标准。石碑刚竖立时,坐车前来观看以及临摹和抄写的,每天有一千多辆,填满大街小巷。

2 最初,朝廷集议,因州郡之间互相勾结,徇私舞弊,于是制定法律,规定有婚姻关系的家庭,以及两州的人士,不得互相担任负责督察对方的上官,到现在,更制定"三互法",禁忌更加严密,朝廷选用州郡等地方官员时非常艰难,所以,幽州、冀州的刺史,职位空缺很久,一直找不到合适的人选来接任。于是蔡邕上书说:"我俯伏观察,幽州、冀州故土,本来是盛产铠甲和骑马的地方,连年以来,遭受兵灾和饥馑,逐渐使得两州的物力和财力损耗殆尽。而今,两州刺史职位长期空缺,官吏和人民都延颈盼望,可是三公推荐的人选,却长期不能确定。我深感奇怪,打听原因何在,据有关官吏回答说,是为了避免'三互法'。其他十一州也都同样存在'三互法'的问题,

当取二州而已。又，二州之士或复限以岁月，狐疑迟淹，两州悬空，万里萧条，无所管系。愚以为三互之禁，禁之薄者。今但申以威灵，明其宪令，对相部主，尚畏惧不敢营私，况乃三互，何足为嫌！昔韩安国起自徒中，朱买臣出于幽贱，并以才宜，还守本邦，岂复顾循三互，系以末制乎！臣愿陛下上则先帝，蠲除近禁，其诸州刺史器用可换者，无拘日月、三互，以差厥中。"朝廷不从。

　　臣光曰：叔向有言："国将亡，必多制。"明王之政，谨择忠贤而任之，凡中外之臣，有功则赏，有罪则诛，无所阿私，法制不烦而天下大治。所以然者何哉？执其本故也。及其衰也，百官之任不能择人，而禁令益多，防闲益密，有功者以阂文不赏，为奸者以巧法免诛，上下劳扰而天下大乱。所以然者何哉？逐其末故也。孝灵之时，刺史、二千石贪如豺虎，暴殄烝民，而朝廷方守三互之禁。以今视之，岂不适足为笑而深可为戒哉！

3　封河间王建孙佗为任城王。

4　夏，四月，郡、国七大水。

5　五月丁卯，赦天下。

6　延陵园灾。

7　鲜卑寇幽州。

不是只有这两州不同。此外,这两州的人士,有的又因受年资的限制,狐疑不定,拖延时间,结果,使两州刺史的职位长期空缺,万里疆域一片萧条,没有人去管理。我认为,'三互法'不过是最轻微的禁令。而今,只要利用朝廷的威权,申明国家的法令,两州的人士互相交换担任刺史尚且畏惧,不敢结党营私,何况还有'三互法'的限制,又有什么嫌疑?过去,韩安国拔起于囚徒之中,朱买臣出身于微贱家庭,都是因为他们的才能胜任,才被派回他们出身的本郡、本封国为官,难道还要顾及'三互法'的禁忌,受这种非根本制度的束缚?我希望陛下对上效法先帝,撤销最近制定'三互法'的禁令,对于各州刺史,凡是才能可以胜任的,应该及时任命和调换,不再受年资、'三互法'的限制,使之成为定制。"朝廷不肯听从。

　　臣司马光说:叔向曾经说过:"国家行将灭亡,法令规章一定繁多。"圣明君王治理国家,谨慎选择忠良贤能加以任用。无论是对朝廷和地方的臣属,凡是有功的加以奖赏,有罪的则加以诛杀,没有任何偏袒,法令规章并不繁多,却能做到天下大治。为什么会如此?是因为抓住了治理国家的根本。等到国家行将衰败灭亡之时,文武百官不能选择合适的人才担任,各种禁令愈来愈多,防范措施也愈来愈严密。有功的因碍于条文得不到奖赏,作奸犯罪的却巧妙地利用法律,得以免除诛杀,上下劳苦骚扰,天下反而大乱。为什么会如此?是因为治理国家舍本逐末的缘故。汉灵帝时,州刺史、郡太守贪婪暴虐,如狼似虎,残害人民,无以复加,然而,朝廷却还在严格遵守"三互法"的禁令,以防止官吏结党营私。现在回顾起来,岂不正好是一场笑话,应该深深地引为鉴戒!

3　封河间王刘建的孙子刘佗为任城王。

4　夏季,四月,有七个郡、封国发生大水灾。

5　五月丁卯(初一),大赦天下。

6　汉成帝陵园延陵失火。

7　鲜卑侵犯幽州。

8　六月,弘农、三辅螟。

9　于寘王安国攻拘弥,大破之,杀其王。戊己校尉、西域长史各发兵辅立拘弥侍子定兴为王,人众裁千口。

五年(丙辰,176)

1　夏,四月癸亥,赦天下。

2　益州郡夷反,太守李颙讨平之。

3　大雩。

4　五月,太尉陈耽罢;以司空许训为太尉。

5　闰月,永昌太守曹鸾上书曰:"夫党人者,或耆年渊德,或衣冠英贤,皆宜股肱王室,左右大猷者也;而久被禁锢,辱在涂泥。谋反大逆尚蒙赦宥,党人何罪,独不开恕乎! 所以灾异屡见,水旱荐臻,皆由于斯。宜加沛然,以副天心。"帝省奏,大怒,即诏司隶、益州槛车收鸾,送槐里狱,掠杀之。于是诏州郡更考党人门生、故吏、父子、兄弟在位者,悉免官禁锢,爰及五属。

6　六月壬戌,以太常南阳刘逸为司空。

7　秋,七月,太尉许训罢;以光禄勋刘宽为太尉。

8　冬,十月,司徒袁隗罢。十一月丙戌,以光禄大夫杨赐为司徒。

9　是岁,鲜卑寇幽州。

六年(丁巳,177)

1　春,正月辛丑,赦天下。

8 六月,弘农郡和三辅地区蝗虫成灾。

9 于寘王国国王安国,攻打拘弥王国,大破拘弥军,斩杀拘弥王。戊己校尉、西域长史分别出兵援救,并帮助拥立拘弥王国送到朝廷当人质的王子定兴为拘弥王国的国王,全国的人口只有一千人。

汉灵帝熹平五年(丙辰,公元 176 年)

1 夏季,四月癸亥,大赦天下。

2 益州郡夷族起兵反叛,太守李颙率军前往讨伐,将其平定。

3 朝廷举行祈雨祭祀大典。

4 五月,太尉陈耽被罢免;任命司空许训为太尉。

5 闰月,永昌郡太守曹鸾上书说:"所谓党人,有的是老年高德,有的是士大夫中的英俊贤才,都应该辅佐皇室,在陛下左右参与朝廷的重大决策;然而竟被长期禁锢,不许做官,甚至被驱逐到泥泞地带,备受羞辱。犯了谋反大逆的重罪,尚且能蒙陛下的赦免,党人又有什么罪过,独独不能受到宽恕? 之所以灾异经常出现,水灾和旱灾接踵而至,原因都由于此。陛下应该赐下恩典,以符合上天的心意。"灵帝看完奏章,勃然大怒,立即下诏,命司隶和益州官府逮捕曹鸾,用囚车押回京都雒阳监禁,严刑拷打而死。于是灵帝又下诏各州、各郡官府,重新调查党人的学生门徒、旧时的部属、父亲、儿子、兄弟,凡是当官的,全都被免职,加以禁锢,不许再做官,这种处分,扩大到包括党人同一家族中五服之内的亲属。

6 六月壬戌(初三),擢升太常南阳郡人刘逸为司空。

7 秋季,七月,太尉许训被罢免;擢升光禄勋刘宽为太尉。

8 冬季,十月,司徒袁隗被罢免。十一月丙戌,擢升光禄大夫杨赐为司徒。

9 同年,鲜卑侵犯幽州。

汉灵帝熹平六年(丁巳,公元 177 年)

1 春季,正月辛丑(十五日),大赦天下。

2　夏，四月，大旱，七州蝗。

令三公条奏长吏苛酷贪污者，罢免之。平原相渔阳阳球坐严酷，征诣廷尉。帝以球前为九江太守讨贼有功，特赦之，拜议郎。

3　鲜卑寇三边。

4　市贾小民相聚为宣陵孝子者数十人，诏皆除太子舍人。

5　秋，七月，司空刘逸免；以卫尉陈球为司空。

6　初，帝好文学，自造《皇羲篇》五十章，因引诸生能为文赋者并待制鸿都门下；后诸为尺牍及工书鸟篆者，皆加引召，遂至数十人。侍中祭酒乐松、贾护多引无行趣势之徒置其间，憙陈闾里小事，帝甚悦之，待以不次之位，又久不亲行郊庙之礼。会诏群臣各陈政要，蔡邕上封事曰：“夫迎气五郊，清庙祭祀，养老辟雍，皆帝者之大业，祖宗所祇奉也。而有司数以蕃国疏丧、宫内产生及吏卒小污，废阙不行，忘礼敬之大，任禁忌之书，拘信小故，以亏大典。自今斋制宜如故典，庶答风霆、灾妖之异。又，古者取士必使诸侯岁贡，孝武之世，郡举孝廉，又有贤良、文学之选，于是名臣辈出，文武并兴。汉之得人，数路而已。夫书画辞赋，才之小者，匡国治政，未有其能。陛下即位之初，先涉经术，听政馀日，观省篇章，聊以游意当代博奕，非以为教化取士之本。而诸生竞利，作者鼎沸，其高者颇引经训风喻之言，下则连偶俗语，

2 夏季,四月,大旱,有七个州蝗虫成灾。

灵帝下诏,命三公分别举奏苛刻酷虐和贪污的地方官员,一律将他们罢免。平原国宰相渔阳郡人阳球,被指控为严刑酷罚,征召回京都雒阳,送往廷尉处治罪。灵帝因阳球从前担任九江郡太守时,讨伐盗贼建立过功勋,特别下令将他赦免,任命他为议郎。

3 鲜卑侵犯东、西、北等三边。

4 京都雒阳有数十名小市民,共同聚集到桓帝陵园宣陵,自称是"宣陵孝子",灵帝下诏,一律将他们任命为太子舍人。

5 秋季,七月,司空刘逸被免官;擢升卫尉陈球为司空。

6 起初,灵帝喜好文学创作,自己撰写《皇羲篇》五十章,遴选太学中能创作辞赋的学生,集中到鸿都门下,等待灵帝的诏令;后来,善于起草诏书和擅长书写鸟篆的人,也都加以征召引见,便达到数十人之多。侍中祭酒乐松、贾护,又引荐了许多没有品行、趋炎附势之徒,夹杂在他们中间,每当灵帝召见时,喜欢说一些民间街头巷尾的琐碎趣事,灵帝非常喜悦,于是不按照通常的次序,往往对他们越级擢升,而灵帝很久没有亲自前往宗庙祭祀祖宗,到郊外祭祀天地。正好遇到灵帝下诏,命朝廷文武百官分别上书陈述施政的要领,于是蔡邕上密封奏章说:"迎接四季节气于五郊,到宗庙去祭祀祖宗,在辟雍举行养老之礼,都是皇帝的重大事情,受到祖宗们的重视。可是有关官吏却多次借口血缘关系已经非常疏远的王、侯们的丧事,或者皇宫内妇女生小孩,以及吏卒患病或死亡,而停止举行这些大典。结果,忘却了礼敬天地神明和祖宗这一类大事,专门听信那些禁忌之书,拘泥于小事,以致减损和毁坏国家大典。从今以后,一切斋戒制度都应恢复正常,以平息上天震怒和妖异灾变。此外,古代朝廷任用官员,总是命令各国诸侯定期向天子推荐,到汉武帝时期,除了由每郡官府推荐孝廉以外,还遴选贤良、文学等科目的人才,于是著名的大臣不断出现,文官武吏都很兴盛。汉王朝遴选国家官吏,也只不过是通过这几个渠道而已。至于书法、绘画、辞赋,不过是小小的才能,对于匡正国家,治理政事,则无能为力。陛下即位初期,先行涉猎儒家经学,在处理朝廷政事的空暇时间,观看文学作品,不过是用来代替赌博、下棋,当作消遣而已,并不是把它作为教化风俗和遴选人才的标准。然而,太学的学生们竟相贪图名利,写作的人情绪沸腾,其中高雅的,还能引用儒家经书中有益教化的言论;而庸俗的,却通篇是俚语俗话,

有类俳优,或窃成文,虚冒名氏。臣每受诏于盛化门,差次录第,其未及者,亦复随辈皆见拜擢。既加之恩,难复收改,但守奉禄,于义已弘,不可复使治民及在州郡。昔孝宣会诸儒于石渠,章帝集学士于白虎,通经释义,其事优大,文武之道,所宜从之。若乃小能小善,虽有可观,孔子以为致远则泥,君子固当志其大者。又,前一切以宣陵孝子为太子舍人,臣闻孝文皇帝制丧服三十六日,虽继体之君,父子至亲,公卿列臣受恩之重,皆屈情从制,不敢逾越。今虚伪小人,本非骨肉,既无幸私之恩,又无禄仕之实,恻隐之心,义无所依。至有奸轨之人通容其中。桓思皇后祖载之时,东郡有盗人妻者,亡在孝中,本县追捕,乃伏其辜。虚伪杂秽,难得胜言。太子官属,宜搜选令德,岂有但取丘墓凶丑之人!其为不祥,莫与大焉,宜遣归田里,以明诈伪。"书奏,帝乃亲迎气北郊及行辟雍之礼。又诏宣陵孝子为舍人者悉改为丞、尉焉。

7　护乌桓校尉夏育上言:"鲜卑寇边,自春以来三十馀发,请征幽州诸郡兵出塞击之,一冬、二春,必能禽灭。"先是护羌校尉田晏坐事论刑,被原,欲立功自效,乃请中常侍王甫求得为将。甫因此议遣兵与育并力讨贼,帝乃拜晏为破鲜卑中郎将。大臣多有不同,乃召百官议于朝堂。蔡邕议曰:"征讨殊类,所由尚矣。然而时有同异,势有可否,故谋有得失,事有成败,

好像艺人的戏文,有些人甚至抄袭别人的文章,或冒充别人的姓名。我每次在盛化门接受诏书,看到对他们分等级一一录用,其中一些实在不够格的人,也都追随他们的后面,得到任命或擢升。恩典既已赏赐,难以重新收回更改,准许他们领取俸禄,已是宽宏大量,不能再任命他们做官,或者派遣他们到州郡官府任职。过去,汉宣帝在石渠阁会聚诸儒,汉章帝在白虎观集中经学博士,统一对经书的解释,这是非常美好的大事,周文王、武王的圣王大道,应该遵从去做。倘若是小的才能,小的善行,虽然也有它的价值,但正如孔子所认为的那样,从长远的观点观察却行不通,所以正人君子应当追求远大的目标。还有,不久之前,陛下把'宣陵孝子'一律任命为太子舍人,我曾经听说过,汉文帝规定,服丧只需三十六日,即令是继承帝位的皇帝,又是父子至亲,以及身受重恩的三公、九卿等文武大臣,都要克制自己的感情,遵守这项制度,不得超越。而今,这批弄虚作假的市井小人,跟先帝并非骨肉之亲,既没有受过先帝的厚恩,又没有享受过官位和俸禄,他们的孝心,从道理上说没有任何依据。甚至有一些为非作歹的人,也乘机混到里面。窦太后的棺柩抬上丧车时,东郡有一位犯通奸罪的逃亡犯,混进孝子行列之中,幸而被原籍的县府追查逮捕,他才服罪。像这一类弄虚作假的肮脏行径,难以胜数。皇太子的属官,应该挑选有美德的人士担任,岂能专门录用坟墓旁的凶恶丑陋之徒?这种不吉祥的征兆,没有比它更大的了。应该把他们都遣归故乡,以便辨明诈骗和虚伪的奸佞小人。"奏章呈上去后,灵帝亲自到北郊举行迎接节气的祭祀,又前往太学辟雍主持典礼。又下诏,凡是"宣陵孝子"被任命为太子舍人的,一律改任县级丞、尉。

7　护乌桓校尉夏育上书说:"鲜卑侵犯边界,自春季以来,已经发动了三十多次进攻,请求征调幽州各郡的郡兵出塞进行反击,只需经过一个冬季、两个春季,一定能够将他们完全擒获歼灭。"在此之先,护羌校尉田晏,因事坐罪判刑,受到恕免,打算立功报答朝廷,于是请托中常侍王甫,请求朝廷准许他为将,率军出击。因此,王甫极力主张派兵和夏育联合进军,讨伐鲜卑。灵帝便任命田晏为破鲜卑中郎将。可是大臣多半反对派兵,于是召集文武百官在朝堂上集议。蔡邕发表意见说:"征讨外族,由来久远。然而时间有同有异,形势有可有不可,所以谋略有得有失,事情有成功有失败,

不可齐也。夫以世宗神武，将帅良猛，财赋充实，所括广远，数十年间，官民俱匮，犹有悔焉。况今人财并乏，事劣昔时乎！自匈奴遁逃，鲜卑强盛，据其故地，称兵十万，才力劲健，意智益生；加以关塞不严，禁网多漏，精金良铁，皆为贼有，汉人逋逃为之谋主，兵利马疾，过于匈奴。昔段颍良将，习兵善战，有事西羌，犹十馀年。今育、晏才策未必过颍，鲜卑种众不弱曩时，而虚计二载，自许有成，若祸结兵连，岂得中休，当复征发众人，转运无已，是为耗竭诸夏，并力蛮夷。夫边垂之患，手足之疥搔，中国之困，胸背之瘭疽，方今郡县盗贼尚不能禁，况此丑虏而可伏乎！昔高祖忍平城之耻，吕后弃慢书之诟，方之于今，何者为盛？天设山河，秦筑长城，汉起塞垣，所以别内外，异殊俗也。苟无蠹国内侮之患则可矣，岂与虫蚁之虏校往来之数哉！虽或破之，岂可殄尽，而方令本朝为之旰食乎！昔淮南王安谏伐越曰：‘如使越人蒙死以逆执事，厮舆之卒有一不备而归者，虽得越王之首，犹为大汉羞之。’而欲以齐民易丑虏，皇威辱外夷，就如其言，犹已危矣，况乎得失不可量邪！”帝不从。八月，遣夏育出高柳，田晏出云中，匈奴中郎将臧旻率南单于出雁门，各将万骑，三道出塞二千馀里。檀石槐命三部大人各帅众逆战，育等大败，丧其节传辎重，各将数十骑奔还，死者什七八。三将槛车征下狱，赎为庶人。

不能等量齐观。以汉武帝的神明威武，将帅优良勇猛，财物军赋都很充实，开拓的疆土广袤辽远，然而经过数十年的时间，官府和人民都陷于贫困，尚且深感后悔。何况今天，人财两缺，和过去相比国力又处于劣势！自从匈奴向远方逃走以后，鲜卑日益强盛，占据了匈奴汗国的故土，号称拥有十万军队，士卒精锐勇健，智谋层出不穷；加上边关要塞并不严密，法网禁令多有疏漏，各种精炼的金属和优良的铁器，都外流到敌人手里，汉族人中的逃犯成为他们的智囊，他们的兵器锐利，战马迅疾，都已超过了匈奴。过去，段颎是一代良将，熟悉军旅，骁勇善战。然而，对西羌的战事，仍持续了十多年之久。而今，夏育、田晏的才能和谋略未必超过段颎，而鲜卑民众的势力却不弱于以往，竟然凭空提出两年的灭敌计划，自认为可以成功，倘若兵连祸结，就不能中途停止，不得不继续征兵增援，不断转运粮秣，结果为了全力对付蛮夷各族，使内地虚耗殆尽。边疆的祸患，不过是生在手脚上的疥癣一类的小患，内地困顿，才是生在胸背上毒疮一类的大患，而今郡县的盗贼尚且无法禁止，怎能使强大的外族降服？过去，高帝忍受平城失败的羞耻，吕太后忍受匈奴单于傲慢书信的侮辱，和今天相比，哪个时代强盛？上天设置山河，秦王朝修筑长城，汉王朝建立关塞亭障，用意就在于隔离内地和边疆，使不同风俗习惯的民族远远分开。只要国家内地没有紧迫和忧患的事就可以了，岂能和那种昆虫、蚂蚁一样的野蛮人计较长短？即使能把他们打败，又岂能把他们歼灭干净，才能使朝廷高枕无忧？过去淮南王刘安劝阻讨伐闽越王国时说过：'如果闽越王国冒死迎战，打柴和驾车的士卒只要有一个受到伤害，虽然砍下闽越国王的人头，还是为大汉王朝感到羞耻。'而竟打算把内地的人民和边疆的外族等量齐观，将皇帝的威严受辱于边民，即使能像夏育、田晏所说的那样，尚且仍有危机，何况得失成败又不可预料？"灵帝不肯听从。八月，派遣夏育大军出高柳，田晏大军出云中，匈奴中郎将臧旻率领南匈奴屠特若尸逐就单于出雁门，各率骑兵一万馀人，分三路出塞，深入鲜卑国土两千馀里。鲜卑酋长檀石槐命令东、中、西等三部大人各率领部众迎战，夏育等人遭到惨败，甚至连符节和辎重全都丧失，各人只率领骑兵数十人逃命奔回，战死的士卒占十分之七八。夏育、田晏、臧旻等三位将领被装入囚车，押回京都雒阳，关进监狱，后用钱赎罪，贬为平民百姓。

8 冬,十月癸丑朔,日有食之。

9 太尉刘宽免。

10 辛丑,京师地震。

11 十一月司空陈球免。

12 十二月甲寅,以太常河南孟𫘧为太尉。

13 庚辰,司徒杨赐免。

14 以太常陈耽为司空。

15 辽西太守甘陵赵苞到官,遣使迎母及妻子,垂当到郡,道经柳城,值鲜卑万馀人入塞寇钞,苞母及妻子遂为所劫质,载以击郡。苞率骑二万与贼对陈,贼出母以示苞,苞悲号,谓母曰:"为子无状,欲以微禄奉养朝夕,不图为母作祸。昔为母子,今为王臣,义不得顾私恩,毁忠节,唯当万死,无以塞罪。"母遥谓曰:"威豪,人各有命,何得相顾以亏忠义,尔其勉之!"苞即时进战,贼悉摧破,其母妻皆为所害。苞自上归葬,帝遣使吊慰,封鄃侯。苞葬讫,谓乡人曰:"食禄而避难,非忠也;杀母以全义,非孝也。如是,有何面目立于天下!"遂欧血而死。

光和元年(戊午,178)

1 春,正月,合浦、交趾乌浒蛮反,招引九真、日南民攻没郡县。

2 太尉孟𫘧罢。

3 二月辛亥朔,日有食之。

4 癸丑,以光禄勋陈国袁滂为司徒。

8　冬季,十月癸丑朔(初一),发生日食。

9　太尉刘宽被免官。

10　辛丑,京都雒阳发生地震。

11　十一月,司空陈球被免官。

12　十二月甲寅(初三),擢升太常河南尹人孟戫为太尉。

13　庚辰(二十九日),司徒杨赐被免官。

14　擢升太常陈耽为司空。

15　辽西郡太守甘陵人赵苞到任之后,派人到故乡迎接母亲和妻儿,将到辽西郡城时,路上经过柳城,正遇着鲜卑一万多人侵入边塞劫掠,赵苞的母亲和妻子全被劫持作为人质,用车载着她们来攻打辽西郡城。赵苞率领骑兵两万人布阵迎战,鲜卑在阵前推出赵苞的母亲给赵苞看,赵苞悲痛号哭,对母亲说:"当儿子的罪恶实在不可名状,本来打算用微薄的俸禄早晚在您左右供养,想不到反而为您招来大祸。过去我是您的儿子,现在我是朝廷的大臣,大义不能顾及私恩,自毁忠节,只有拼死一战,否则没有别的办法来弥补我的罪恶。"母亲远望着嘱咐他说:"我儿,各人生死有命,怎能为了顾及我而亏损忠义?你应该尽力去做!"于是赵苞立即下令出击,鲜卑全被摧毁攻破,可是他的母亲和妻儿也被鲜卑杀害。赵苞上奏朝廷,请求护送母亲、妻儿的棺柩回故乡安葬,灵帝派遣使节前往吊丧和慰问,封赵苞为鄃侯。赵苞将母亲、妻儿安葬已毕,对他家乡的人们说:"食朝廷的俸禄而逃避灾难,不是忠臣;杀了母亲而保全忠义,不是孝子。如此,我还有什么脸面活在人世?"便吐血而死。

汉灵帝光和元年(戊午,公元 178 年)

1　春季,正月,合浦郡、交趾郡乌浒蛮族起兵反叛,并招诱九真郡、日南郡百姓攻陷郡县。

2　太尉孟戫被罢免。

3　二月辛亥朔(初一),发生日食。

4　癸丑(初三),擢升光禄勋陈国人袁滂为司徒。

5　己未，地震。

6　置鴻都門學，其諸生皆敕州郡、三公舉用辟召，或出為刺史、太守，入為尚書、侍中，有封侯、賜爵者。士君子皆恥與為列焉。

7　三月辛丑，赦天下，改元。

8　以太常常山張顥為太尉。顥，中常侍奉之弟也。

9　夏，四月丙辰，地震。

10　侍中寺雌雞化為雄。

11　司空陳耽免；以太常來艷為司空。

12　六月丁丑，有黑氣墮帝所御溫德殿東庭中，長十餘丈，似龍。

13　秋，七月壬子，青虹見玉堂後殿庭中。詔召光祿大夫楊賜等詣金商門，問以災異及消復之術。賜對曰："《春秋讖》曰：'天投蜺，天下怨，海內亂。'加四百之期，亦復垂及。今妾媵、閹尹之徒共專國朝，欺罔日月；又，鴻都門下招會群小，造作賦說，見寵於時，更相薦說，旬月之間，並各拔擢。樂松處常伯，任芝居納言，郤儉、梁鵠各受豐爵不次之寵，而令搢紳之徒委伏畎畝，口誦堯、舜之言，身蹈絕俗之行，棄捐溝壑，不見逮及。冠履倒易，陵谷代處，幸賴皇天垂象譴告。《周書》曰：'天子見怪則修德，諸侯見怪則修政，卿大夫見怪則修職，士庶人見怪則修身。'唯陛下斥遠佞巧之臣，速征鶴鳴之士，斷絕尺一，抑止槃游，冀上天還威，眾變可弭。"

5　己未(初九),发生地震。

6　设立鸿都门学,学生全都命各州郡、三公推荐征召,有的被任命出任州刺史、郡太守,有的入皇宫担任尚书、侍中,有的被封为侯,有的被赐给关内侯以下的爵称。有志操和有学问的人,都以和这些人为伍而感到羞耻。

7　三月辛丑(二十一日),大赦天下,改年号。

8　擢升太常常山国人张颢为太尉。张颢是中常侍张奉的弟弟。

9　夏季,四月丙辰(初七),发生地震。

10　侍中官署有一只母鸡变成公鸡。

11　司空陈耽被免官;擢升太常来艳为司空。

12　六月丁丑(二十九日),有一道黑气从天而降,坠落到灵帝常去的温德殿东侧庭院中,长十多丈,好像一条黑龙。

13　秋季,七月壬子,南宫玉堂后殿庭院中,发现青色彩虹。灵帝下诏,召集光禄大夫杨赐等人到金商门,向他们询问天降灾异的原因,以及消除的方法。杨赐回答说:"《春秋谶》书上说:'天投霓,天下怨,海内乱。'再加上四百岁的周期,将要来到。而今妃嫔、侍妾以及宦官之辈共同专断国家朝政,欺罔帝王臣民;还有在鸿都门下招集一群小人,依靠写作辞赋,受到宠爱,更加互相推荐,不出十天到一月的时间内,每个人都得到越级提拔和擢升。乐松担任了侍中的职务,任芝做了尚书的官职,郤俭、梁鹄都受到封为高爵和越级提拔的荣宠。而今,却令士大夫们屈身乡村田野,口中朗诵唐尧、虞舜的言论,亲自实践超出世俗之上的行为,而他们却被遗弃在水沟山谷,不能把才能贡献给国家。这是一种帽子和鞋子颠倒穿戴,山陵和深谷交换位置的反常现象,幸赖上天降下灾异,谴告陛下。《周书》说:'天子遇见怪异则反省恩德,诸侯遇见怪异则反省政事,卿、大夫遇见怪异则反省是否尽忠职守,士、庶民遇见怪异则反省自己的言论和行为。'所以只有请陛下斥退和疏远奸佞的臣属,迅速征召品德高尚、言行一致、被世人所称道的人士,断绝假传圣旨的渠道,停止没有节制的娱乐游戏,才能希望上天平息愤怒,各种灾异才能消除。"

　　议郎蔡邕对曰："臣伏思诸异，皆亡国之怪也。天于大汉殷勤不已，故屡出祅变以当谴责，欲令人君感悟，改危即安。今霓堕、鸡化，皆妇人干政之所致也。前者乳母赵娆，贵重天下，谗谀骄溢，续以永乐门史霍玉，依阻城社，又为奸邪。今道路纷纷，复云有程大人者，察其风声，将为国患。宜高为堤防，明设禁令，深惟赵、霍，以为至戒。今太尉张颢，为玉所进；光禄勋伟璋，有名贪浊；又长水校尉赵玹，屯骑校尉盖升，并叨时幸，荣富优足。宜念小人在位之咎，退思引身避贤之福。伏见廷尉郭禧，纯厚老成；光禄大夫桥玄，聪达方直；故太尉刘宠，忠实守正；并宜为谋主，数见访问。夫宰相大臣，君之四体，委任责成，优劣已分，不宜听纳小吏，雕琢大臣也。又，尚方工技之作，鸿都篇赋之文，可且消息，以示惟忧。宰府孝廉，士之高选，近者以辟召不慎，切责三公，而今并以小文超取选举，开请托之门，违明王之典，众心不厌，莫之敢言。臣愿陛下忍而绝之，思惟万机，以答天望。圣朝既自约厉，左右近臣亦宜从化，人自抑损，以塞咎戒，则天道亏满，鬼神福谦矣。夫君臣不密，上有漏言之戒，下有失身之祸，愿寝臣表，无使尽忠之吏受怨奸仇。"章奏，帝览而叹息；因起更衣，曹节于后窃视之，悉宣语左右，事遂漏露。其为邕所裁黜者，侧目思报。

议郎蔡邕也回答说:"我俯伏思念各种灾异,都是汉王朝行将覆亡的怪诞前兆。只因为上天对汉王朝仍有旧情,所以屡次显示妖孽变异的反常现象作为警告和谴责,希望人君感动悔悟,远离危险,转向平安。而今,青虹下坠,母鸡变成公鸡,都是妇人干涉朝政的结果。从前乳母赵娆,位尊权重,闻名全国,谗害忠良,谄媚求宠,骄纵横溢,接着是永乐门史霍玉,依仗国家的权势,作奸犯科。而今,道路上纷纷传言,又说宫内出了一位程大人,看他的声势,将要成为国家的祸患。应该高筑堤防,明白设置禁令,以赵娆、霍玉作为最深刻的鉴戒。现在的太尉张颢,是霍玉推荐引进的;光禄勋伟璋,是有名的贪官;还有长水校尉赵玹、屯骑校尉盖升,都同时得到宠幸,享尽荣华富贵。应该顾念小人在位的灾祸,退而思想抽身让贤的福佑。我曾见到廷尉郭禧,忠纯笃厚,年高有德;光禄大夫桥玄,聪明通达,端平正直;前太尉刘宠,忠诚老实,笃守正道,都应该成为主谋的人,陛下应该多向他们征求意见。宰相等三公大臣,是君王的四肢,应该委以重任,务求成功,优劣既已分明,不应该再听信小吏的谗言,罗织大臣的罪状。同时,宫廷百工技艺的制作,鸿都门学学生创作辞赋的篇章,似乎应该暂时停止,以表示专心国家的忧患。出任州刺史、郡太守的孝廉,本是读书人中的优秀人才,近来因推荐征召不当,又下诏严辞谴责三公,而今,都只因为写了一篇小文章,便得越级提拔,因而大开请托之门,违背圣明君王的典章制度,众心不服,没有人敢说出来。我希望陛下忍痛割舍,专心致志于国家大事,以报答上天的厚望。陛下既亲自带头约束限制,左右亲近的大臣也应当跟着效法,上下人人谦卑,以堵塞灾祸的警戒,则上天将把灾祸惩罚骄傲自满的人,鬼神将把福佑赏赐谦卑的人。君王和臣属之间,如果说话不能严守秘密,则君王将会受到泄漏言语的指责,臣属将有遭到丧失生命的大祸,请陛下千万不要泄漏我的奏章,以免尽忠的官吏遭到奸佞邪恶的怨恨和报复。"奏章呈上去后,灵帝一边观看,一边叹息。后因灵帝起身更换衣服,曹节在后面偷偷观看,把内容全告诉他左右的人,此事便被他们泄露出去。其中被蔡邕提出要制裁和废黜的人,都对他恨之入骨图谋报复。

初,邕与大鸿胪刘郃素不相平,叔父卫尉质又与将作大匠阳球有隙。球即中常侍程璜女夫也。璜遂使人飞章言:"邕、质数以私事请托于郃,郃不听。邕含隐切,志欲相中。"于是诏下尚书召邕诘状。邕上书曰:"臣实愚戆,不顾后害,陛下不念忠臣直言,宜加掩蔽,诽谤卒至,便用疑怪。臣年四十有六,孤特一身,得托名忠臣,死有馀荣,恐陛下于此不复闻至言矣!"于是下邕、质于雒阳狱,劾以:"仇怨奉公,议害大臣,大不敬,弃市。"事奏,中常侍河南吕强愍邕无罪,力为伸请,帝亦更思其章,有诏:"减死一等,与家属髡钳徙朔方,不得以赦令除。"阳球使客追路刺邕,客感其义,皆莫为用。球又赂其部主,使加毒害,所赂者反以其情戒邕,由是得免。

14 八月,有星孛于天市。

15 九月,太尉张颢罢;以太常陈球为太尉。

16 司空来艳薨。冬,十月,以屯骑校尉袁逢为司空。

17 宋皇后无宠,后宫幸姬众共谮毁。勃海王悝妃宋氏,即后之姑也,中常侍王甫恐后怨之,因谮后挟左道祝诅;帝信之,遂策收玺绶。后自致暴室,以忧死。父不其乡侯酆及兄弟并被诛。

18 丙子晦,日有食之。
尚书卢植上言:"凡诸党锢多非其罪,可加赦恕,申宥回枉。又,宋后家属并以无辜委骸横尸,不得敛葬,宜敕收拾,

当初，蔡邕和大鸿胪刘郃一向互相不服，蔡邕的叔父卫尉蔡质，又和将作大匠阳球有怨恨。而阳球正是中常侍程璜的女婿。于是程璜便唆使别人用匿名信诬告说："蔡邕、蔡质多次因私事请托刘郃，都被刘郃拒绝，因此蔡邕怀恨在心，蓄意打算中伤刘郃。"于是灵帝下诏，命尚书召唤蔡邕质问情况。蔡邕上书说："我实在愚昧而又憨直，完全没有顾及日后的祸害，陛下不垂怜忠臣直言的苦心，应该加以掩蔽和保护，诽谤一旦出现，便对我产生怀疑和责怪。我今年已有四十六岁，孑然一身，孤立无援，得以寄托忠臣而显名，虽然身死也有馀荣，但恐怕陛下从此再也不能听到真实的言语。"结果，逮捕蔡邕、蔡质，关押到雒阳监狱。有关官吏弹劾他俩说："公报私仇，企图伤害大臣，犯了大不敬的罪，应绑赴街市斩首示众。"奏报上去后，中常侍、河南尹人吕强，怜悯蔡邕无辜冤枉，竭力为他求情，灵帝也重新回想蔡邕的密封奏章，下诏说："减死罪一等，和家属一道全都剃去头发，用铁圈束颈，贬逐到朔方郡，即使遇到赦令也不得赦免。"阳球一路上接连派出刺客，追赶和刺杀蔡邕，所有的刺客都为蔡邕的大义所感动，不肯听命。阳球又贿赂并州刺史、朔方郡太守，命他们下毒手杀害，并州刺史、朔方郡太守反将实情告诉蔡邕，让他戒备，蔡邕这才得以死里逃生。

　　14　八月，有异星出现在天市星旁。

　　15　九月，太尉张颢被罢免；擢升太常陈球为太尉。

　　16　司空来艳去世。冬季，十月，擢升屯骑校尉袁逢为司空。

　　17　因宋皇后得不到灵帝的宠爱，于是后宫一些受到灵帝宠爱的妃嫔便共同诬陷和诋毁她。勃海王刘悝的正妻宋妃，是宋皇后的姑母，中常侍王甫恐怕宋皇后因她的姑母被诛杀而怨恨他，也乘机诬告宋皇后采用巫蛊、方术等邪门旁道诅咒皇帝。灵帝信以为真，下令收缴皇后印信。宋皇后自行前往暴室监狱，在狱中忧郁而死。她的父亲不其乡侯宋酆以及兄弟们，都一同被诛杀。

　　18　丙子晦(三十日)，发生日食。

　　尚书卢植上书说："凡是遭朝廷禁锢的党人，多数没有犯罪，应加赦免和宽恕，使他们的冤枉得到昭雪。宋皇后的家属都以无辜受罪，抛弃骨骸，尸首纵横，不能得到收殓埋葬，应该准予收拾掩埋，

以安游魂。又，郡守、刺史一月数迁，宜依黜陟以章能否，纵不九载，可满三岁。又，请谒希求，一宜禁塞，选举之事，责成主者。又，天子之体，理无私积，宜弘大务，蠲略细微。"帝不省。

19　十一月，太尉陈球免。十二月丁巳，以光禄大夫桥玄为太尉。

20　鲜卑寇酒泉，种众日多，缘边莫不被毒。

21　诏中尚方为鸿都文学乐松、江览等三十二人图象立赞，以劝学者。尚书令阳球谏曰："臣案松、览等皆出于微蔑，斗筲小人，依凭世戚，附托权豪，俯眉承睫，徼进明时。或献赋一篇，或鸟篆盈简，而位升郎中，形图丹青。亦有笔不点牍，辞不辨心，假手请字，妖伪百品，莫不蒙被殊恩，蝉蜕浊。是以有识掩口，天下嗟叹。臣闻图象之设，以昭劝戒，欲令人君动鉴得失，未闻竖子小人诈作文颂，而可妄窃天官，垂象图素者也。今太学、东观足以宣明圣化，愿罢鸿都之选，以销天下之谤。"书奏，不省。

22　是岁，初开西邸卖官，入钱各有差：二千石二千万；四百石四百万；其以德次应选者半之，或三分之一。于西园立库以贮之。或诣阙上书占令长，随县好丑，丰约有贾。

使游魂得到安宁。郡太守、州刺史,一个月内往往调动数次,应该按照正常的升进和黜退制度,考核他们能否胜任,即令不能任满九年,至少也应任满三年。私人请托,一律应该禁止,推荐和选举人才,应该责成主管官吏负责。天子以国为家,按照道理不能有私人的积蓄,应该放眼国家大事,忽略细枝末节。"灵帝不理。

19 十一月,太尉陈球被免官。十二月丁巳(十二日),擢升光禄大夫桥玄为太尉。

20 鲜卑侵犯酒泉郡,出动的兵力日益增多,边界一带都深受他们的毒害。

21 灵帝下诏,命中尚方官署为鸿都门的文学之士乐松、江览等三十二人,各画一张肖像,分别配上赞美的言辞,作为对后学晚辈的劝告和勉励。尚书令阳球上书劝阻说:"我查考乐松、江览等人都出身微贱,不过是才识短浅的斗筲小人,依靠和皇室世代有婚姻关系的国戚,依附和请托有权势的豪门,看人眼色,阿谀奉承,侥幸得以上进。有的呈献一篇辞赋,有的写出满简的鸟篆,竟然被擢升为郎中,还要用丹青画像。也有一个字没写,一句辞不会作,完全请别人代替出手,怪诞诈伪,花样百出,可是全都蒙受特殊的恩典,好像鸣蝉脱壳一样,从微贱的地位中解脱出来。以致有见识的人无不对此掩口而笑,天下一片嗟叹之声。我听说之所以设立画像,是为了表示劝勉告诫,希望君主的举动能够借鉴前人的得失成败,却从来没有听说竖子小人们弄虚作假,写作了几篇歌颂文章,就可以妄自窃取高官厚禄,并且在素帛上留下画像。而今,已经有太学、东观这两个地方,已经足够宣传圣明的教化,请陛下废止鸿都门文学的推荐和选举,以解除天下的谴责。"奏章呈上去后,灵帝不理。

22 同年,第一次开设"西邸"机构,公开出卖官爵,按照官位高低收钱多少不等:俸禄等级为二千石的官卖钱两千万;四百石的官卖钱四百万;其中按着德行依次当选的出一半的钱,或者至少出三分之一的钱。凡是卖官所得到的钱,在西园另外设立一个钱库贮藏起来。有人曾到宫门上书,指定要买某县的县令、长官职,根据每个县的大小、贫富等好坏情况,县令、长的价格多少不等。

富者则先入钱,贫者到官然后倍输。又私令左右卖公卿,公千万,卿五百万。初,帝为侯时常苦贫,及即位,每叹桓帝不能作家居,曾无私钱,故卖官聚钱以为私藏。

帝尝问侍中杨奇曰:"朕何如桓帝?"对曰:"陛下之于桓帝,亦犹虞舜比德唐尧。"帝不悦曰:"卿强项,真杨震子孙,死后必复致大鸟矣。"奇,震之曾孙也。

23　南匈奴屠特若尸逐就单于死,子呼徵立。

二年(己未,179)

1　春,大疫。

2　三月,司徒袁滂免;以大鸿胪刘郃为司徒。

3　乙丑,太尉桥玄罢,拜太中大夫;以太中大夫段颎为太尉。玄幼子游门次,为人所劫,登楼求货,玄不与。司隶校尉、河南尹围守玄家,不敢迫。玄瞋目呼曰:"奸人无状,玄岂以一子之命而纵国贼乎!"促令攻之,玄子亦死。玄因上言:"天下凡有劫质,皆并杀之,不得赎以财宝,开张奸路。"由是劫质遂绝。

4　京兆地震。

5　司空袁逢罢;以太常张济为司空。

6　夏,四月甲戌朔,日有食之。

7　王甫、曹节等奸虐弄权,扇动内外,太尉段颎阿附之。节、甫父兄子弟为卿、校、牧、守、令、长者布满天下,所在贪暴。甫养子吉为沛相,尤残酷,凡杀人,皆磔尸车上,

有钱的富人先交现钱买官,贫困的人到任以后照原定价格加倍偿还。灵帝还私下命令左右的人出卖三公、九卿等朝廷大臣的官职,每个公卖钱一千万,每个卿卖钱五百万。当初,灵帝为侯时经常苦于家境贫困,等到当了皇帝以后,常常叹息桓帝不懂经营家产,没有私钱,所以大肆卖官,聚敛钱财,作为自己的私人积蓄。

灵帝曾经询问侍中杨奇说:"朕比桓帝如何?"杨奇回答说:"陛下和桓帝相比,犹如虞舜和唐尧相比一样。"灵帝很不高兴,说:"你的性格刚强,不肯向别人低头,真不愧是杨震的子孙,死后一定会再引来大鸟。"杨奇是杨震的曾孙。

23 南匈奴汗国屠特若尸逐就单于去世,他的儿子栾提呼徵继位为单于。

汉灵帝光和二年(己未,公元179年)

1 春季,发生大瘟疫。

2 三月,司徒袁滂被免官;擢升大鸿胪刘郃为司徒。

3 乙丑(二十二日),太尉桥玄被罢免,改任命他为太中大夫;擢升太中大夫段颎为太尉。桥玄最小的儿子在门口游玩,被匪徒劫持,当作人质,登楼要求钱货作赎金,桥玄不肯给。司隶校尉、河南尹等派人将桥玄的家宅包围住,不敢向前进逼。桥玄怒目大声呼喊说:"奸人的罪恶数不胜数,我岂能因一个儿子的性命,而让国贼逃脱法网?"催促他们迅速进攻,桥玄的儿子也被杀害。桥玄因而向朝廷上书说:"天下凡是有劫持人质勒索财物的,都应该同时诛杀,不准许用钱财宝物赎回人质,为奸邪开路。"从此,劫持人质的事件绝迹。

4 京兆内发生地震。

5 司空袁逢被罢免;擢升太常张济为司空。

6 夏季,四月甲戌朔(初一),发生日食。

7 王甫、曹节等人奸邪暴虐,玩弄权势,朝廷内外无不插手,太尉段颎又迎合顺从他们。曹节、王甫的父亲和兄弟,以及养子、侄儿们,都分别担任九卿、校尉、州牧、郡太守、县令、长等重要官职,几乎布满全国各地,他们所到之处,贪污残暴。王甫的养子王吉担任沛国的宰相,更为残酷,每逢杀人,都把尸体剖成几块放到囚车上,

随其罪目,宣示属县,夏月腐烂,则以绳连其骨,周遍一郡乃止,见者骇惧。视事五年,凡杀万馀人。尚书令阳球常拊髀发愤曰:"若阳球作司隶,此曹子安得容乎!"既而球果迁司隶。

甫使门生于京兆界辜榷官财物七千馀万,京兆尹杨彪发其奸,言之司隶。彪,赐之子也。时甫休沐里舍,颍方以日食自劾。球诣阙谢恩,因奏甫、颍及中常侍淳于登、袁赦、封昜等罪恶,辛巳,悉收甫、颍等送雒阳狱,及甫子永乐少府萌、沛相吉。球自临考甫等,五毒备极。萌先尝为司隶,乃谓球曰:"父子既当伏诛,亦以先后之义,少以楚毒假借老父。"球曰:"尔罪恶无状,死不灭责,乃欲论先后求假借邪!"萌乃骂曰:"尔前奉事吾父子如奴,奴敢反汝主乎!今日临厄相挤,行自及也!"球使以土窒萌口,箠扑交至,父子悉死于杖下;颍亦自杀。乃僵磔甫尸于夏城门,大署榜曰:"贼臣王甫。"尽没入其财产,妻子皆徙比景。

球既诛甫,欲以次表曹节等,乃敕中都官从事曰:"且先去权贵大猾,乃议其馀耳。公卿豪右若袁氏儿辈,从事自办之,何须校尉邪!"权门闻之,莫不屏气。曹节等皆不敢出沐。会顺帝虞贵人葬,百官会丧还,曹节见磔甫尸道次,慨然拉泪曰:"我曹可自相食,何宜使犬舐其汁乎!"语诸常侍:"今且俱入,

张贴罪状,拉到所属各县陈尸示众。遇到夏季尸体腐烂,则用绳索把骨骼穿连起来,游遍一郡方才罢休,看到这种惨状的人,无不震骇恐惧。他在任五年,共诛杀一万多人。尚书令阳球曾用手拍着大腿发愤说:"如果有一天我阳球担任了司隶校尉,这一群宦官崽子怎能容他们横行?"过了不久,阳球果然调任司隶校尉。

这时,正好王甫派他的门生在京兆的境界内,独自侵占公家财物七千多万钱,被京兆尹杨彪检举揭发,并呈报给司隶校尉。杨彪是杨赐的儿子。当时,王甫正在家中休假,段颎也正好因发生日食而对自己提出弹劾。阳球入宫谢恩,于是趁着这个机会,向灵帝当面弹劾王甫、段颎,以及中常侍淳于登、袁赦、封晛等人的罪恶,辛巳(初八),便将王甫、段颎等,以及王甫的养子、永乐少府王萌,沛国的宰相王吉,全都逮捕,关押在雒阳监狱。阳球亲自审问王甫等人,五种酷刑全都用上。王萌先前曾经担任过司隶校尉,于是他对阳球说:"我们父子当然应该被诛杀,但求你念及我们前后同官,宽恕我的老父亲,教他少受点苦刑。"阳球说:"你的罪恶举不胜举,即令是死了也不会消灭你的罪过,还跟我说什么前后同官,请求宽恕你的老父?"王萌便破口大骂说:"你从前侍奉我们父子,就像一个奴才一样,奴才竟然胆敢反叛你的主子!今天乘人之危,落井下石,你会自己受到报应。"阳球命人用泥土塞住王萌的嘴巴,鞭棍齐下,王甫父子全被活活打死;段颎也自杀。于是阳球把王甫的僵尸剖成几块,堆放在夏城门示众,并且张贴布告说:"这是贼臣王甫!"把王甫的家产全部没收,并将他的家属全都放逐到比景。

阳球既已将王甫诛杀,打算按照次序,弹劾曹节等人,于是,他告诉中都官从事说:"暂且先将权贵大奸除掉,再商议除掉其他的奸佞。至于三公、九卿中的豪强大族,像袁姓家族那一群小孩子,你这位从事自己去惩办就行了,何必还要我这位校尉出面动手!"权贵豪门听到这个消息,无不吓得不敢大声呼吸。曹节等人连休假日也都不敢出宫回家。正好遇着顺帝的妃子虞贵人去世,举行葬礼,文武百官送葬回城,曹节看见已被剁碎了的王甫尸体抛弃在道路旁边,禁不住悲愤地擦着眼泪说:"我们可以自相残杀,却怎能教狗来舔我们的血?"于是他对其他中常侍说:"现在我们暂且都一起进宫,

勿过里舍也。"节直入省,白帝曰:"阳球故酷暴吏,前三府奏
当免官,以九江微功,复见擢用。怨过之人,好为妄作,不宜
使在司隶,以骋毒虐。"帝乃徙球为卫尉。时球出谒陵,节敕
尚书令召拜,不得稽留尺一。球被召急,因求见帝,曰:"臣无
清高之行,横蒙鹰犬之任,前虽诛王甫、段颎,盖狐狸小丑,未
足宣示天下。愿假臣一月,必令豺狼鸱枭各服其辜。"叩头流
血。殿上呵叱曰:"卫尉扞诏邪!"至于再三,乃受拜。

　　于是曹节、朱瑀等权势复盛。节领尚书令。郎中梁人审
忠上书曰:"陛下即位之初,未能万机,皇太后念在抚育,权时
摄政,故中常侍苏康、管霸应时诛殄。太傅陈蕃、大将军窦武
考其党与,志清朝政。华容侯朱瑀知事觉露,祸及其身,遂兴
造逆谋,作乱王室,撞踏省闼,执夺玺绶,迫胁陛下,聚会群
臣,离间骨肉母子之恩,遂诛蕃、武及尹勋等。因共割裂城
社,自相封赏,父子兄弟,被蒙尊荣,素所亲厚,布在州郡,或
登九列,或据三司。不惟禄重位尊之责,而苟营私门,多蓄财
货,缮修第舍,连里竟巷,盗取御水,以作渔钓,车马服玩,拟
于天家。群公卿士,杜口吞声,莫敢有言,州牧郡守,承顺风
旨,辟召选举,释贤取愚。故虫蝗为之生,夷寇为之起。天意
愤盈,积十馀年。故频岁日食于上,地震于下,所以谴戒人
主,欲令觉悟,诛锄无状。昔高宗以雉雊之变,故获中兴之功。

不要回家。”曹节一直来到后宫,向灵帝禀报说:“阳球过去本是一个暴虐的酷吏,司徒、司空、太尉等三府曾经对他提出过弹劾,应当将他免官,只因他在担任九江郡太守任期内微不足道的功劳,才再任命他做官。犯过罪的人,喜爱妄作非为,不应该教他担任司隶校尉,放任他毒害和暴虐。”灵帝便调任阳球为卫尉。当时,阳球正在外出拜谒皇家陵园,曹节命尚书令立即召见阳球,宣布这项任命,不得拖延诏令。阳球见到被召急迫,因此请求面见灵帝,说:“我虽然没有清洁高尚的德行,却承蒙陛下教我担任犹如飞鹰和走狗一样的重任,前些时候虽然诛杀王甫、段颎,不过是几个狐狸小丑,不足以布告天下。请求陛下准许我再任职一个月,一定会让犹如豺狼和恶鸟一样的奸佞邪恶全都低头认罪。”说罢,又叩头不止地向灵帝请求,竟然出血。宦官们在殿上大声斥责说:“卫尉,你敢违抗圣旨呀!”一连呵斥了两三次,阳球只好接受任命。

因此,曹节、朱瑀等人的权势,又重新兴盛起来。曹节更兼任尚书令。郎中梁国人审忠上书说:“陛下即位的最初几年,不能亲自处理国家的政事,皇太后思念抚养和培育的恩情,暂时代理主持朝政,前任中常侍苏康、管霸及时伏诛。太傅陈蕃、大将军窦武,考讯审问他们的馀党,目的在于肃清朝政。华容侯朱瑀知道事情被发觉和暴露,祸害将要降临到自己身上,于是便无端制造逆谋,扰乱王室,冲击皇宫,抢夺皇帝玺印,逼迫和威胁陛下,聚集和会合群臣,挑拨离间皇太后与陛下之间的母子骨肉恩情,而竟诛杀陈蕃、窦武以及尹勋等人。结果,宦官们共同割裂国土,互相封爵赏赐,父子兄弟,都受到尊崇荣宠,他们一向亲近信任和厚待的人,都分布在各州各郡,有的被擢升为九卿,有的甚至担任了三公的高位。他们不考虑俸禄丰厚和官位尊贵的责任,却随便钻营私人请托的门路,多方设法积蓄财物,大肆扩建家宅,连街接巷,甚至盗取流经皇宫的御水,用来垂钓,而车马衣服,玩赏物品,上比君王。三公、九卿等朝廷大臣,闭口吞声,谁也不敢说话,州牧、郡太守顺从和迎合他们的意旨,征聘和推荐人才时,摒弃贤能,任用愚蠢之辈。因此蝗虫成灾,外族起兵反叛。上天的愤怒,已积有十多年之久。所以连年以来,天上发生日食,地下发生地震,就是为了谴责和警戒君主,想让君主早日悔悟,诛杀罪恶不可名状的人。过去,商高宗因发生野鸡飞到鼎耳啼叫的变异,因而修德,使商王朝得以中兴。

近者神祇启悟陛下,发赫斯之怒,故王甫父子应时葅截,路人士女莫不称善,若除父母之雠。诚怪陛下复忍孽臣之类,不悉殄灭。昔秦信赵高,以危其国;吴使刑臣,身遭其祸。今以不忍之恩,赦夷族之罪,奸谋一成,悔亦何及!臣为郎十五年,皆耳目闻见,瑀之所为,诚皇天所不复赦。愿陛下留漏刻之听,裁省臣表,扫灭丑类,以答天怒。与瑀考验,有不如言,愿受汤镬之诛,妻子并徙,以绝妄言之路。"章寝不报。

中常侍吕强清忠奉公,帝以众例封为都乡侯,强固辞不受,因上疏陈事曰:"臣闻高祖重约,非功臣不侯,所以重天爵、明劝戒也。中常侍曹节等,宦官祐薄,品卑人贱,谄谀媚主,佞邪徼宠,有赵高之祸,未被镮裂之诛。陛下不悟,妄授茅土,开国承家,小人是用,又并及家人,重金兼紫,交结邪党,下比群佞。阴阳乖刺,稼穑荒芜,人用不康,罔不由兹。臣诚知封事已行,言之无逮,所以冒死干触陈愚忠者,实愿陛下损改既谬,从此一止。臣又闻后宫采女数千馀人,衣食之费日数百金,比谷虽贱而户有饥色,按法当贵而今更贱者,由赋发繁数,以解县官,寒不敢衣,饥不敢食,民有斯厄而莫之恤。宫女无用,填积后庭,天下虽复尽力耕桑,犹不能供。又,前召议郎蔡邕对问于金商门,邕不敢怀道迷国,而切言极对,毁刺贵臣,

最近，天地神明为了促使陛下醒悟，发雷霆之怒，所以王甫父子及时伏诛，路上行人和成年男女，无不拍手称快，好像报了杀父母的冤仇一样。只是抱怨陛下为什么继续容忍残馀的丑类，不将他们一网打尽。过去秦王朝信任宦官赵高，终于使秦王朝灭亡；吴王馀祭信任受刑之人，结果竟被他刺杀身亡。而今，陛下以不忍心诛杀的恩德，赦免他们灭族的大罪，如果他们的奸谋一旦成功，即使后悔也来不及了！我为郎已有十五年之久，所有这些情况都是亲眼看见，亲耳听到的，朱瑀的所作所为，连皇天都不会原谅。请求陛下抽出片刻的时间，垂听我的陈述，察看和裁决我的奏章，扫清和诛杀奸邪，回报上天的愤怒。我愿意跟朱瑀当面对质，如果有一句假话，甘愿接受身被烹杀，妻子和儿子都被放逐的惩罚，以杜绝乱说的道路。"奏章呈上去后，被搁置起来，没有回报。

中常侍吕强清廉忠直，奉公守法，灵帝按照众人的成例，封他为都乡侯，吕强坚决推辞，不肯接受，因而上书陈述政事说："我曾经听说，汉高祖郑重约定，不是功臣不可封侯，这是为了尊重国家的封爵，明白劝勉和告诫后人。中常侍曹节等人，身为宦官，福佑菲薄，品格卑下，出身微贱，依靠谗言和谄媚，取悦人主，使用奸佞邪恶的手段邀取恩宠，有赵高的祸害，却还没有受到车裂酷刑的诛杀。陛下不知悔悟，妄自赐给食邑，建立侯国，使邪恶小人得到任用，家人们一同晋升，印绶重叠，互相结成邪党，下面又勾结一群奸佞小人。阴阳违背，农田荒芜，人民缺吃少穿，全都由此而起。我当然知道封爵已成事实，说也没有用处，但我仍然冒着死罪触犯陛下，陈述我的一片愚忠，实在只是盼望陛下减少和改正以往的过失，到此为止。我又听说，后宫的采女有数千多人，仅仅衣食一项的费用，每天都要耗费数百金之多，近来，谷价虽然降低，但家家户户，面有饥色，按照道理，谷价应该涨价，而现在反而降低，是由于赋敛和征发繁多，需要限期交给官府，只好故意压低谷价。农民天冷时不敢买衣服穿，饥饿时不敢吃饱，他们如此困苦，又有谁来怜恤？宫女们毫无用处，却塞满后宫，即使是全国都尽力耕田种桑，尚且无法供养。去年，命议郎蔡邕前往金商门，回答陛下的询问，蔡邕不敢隐瞒真情，迷惑朝廷，极力直言回答，抨击到权贵大臣，

讥呵宦官。陛下不密其言，至令宣露，群邪项领，膏唇拭舌，竞欲咀嚼，造作飞条。陛下回受诽谤，致邕刑罪，室家徙放，老幼流离，岂不负忠臣哉！今群臣皆以邕为戒，上畏不测之难，下惧剑客之害，臣知朝廷不复得闻忠言矣！故太尉段颎，武勇冠世，习于边事，垂发服戎，功成皓首，历事二主，勋烈独昭。陛下既已式序，位登台司，而为司隶校尉阳球所见诬胁，一身既毙，而妻子远播，天下惆怅，功臣失望。宜征邕更加授任，反颎家属，则忠贞路开，众怨以弭矣。"帝知其忠而不能用。

8　丁酉，赦天下。

9　上禄长和海上言："礼，从祖兄弟别居异财，恩义已轻，服属疏末。而今党人锢及五族，既乖典训之文，有谬经常之法。"帝览之而悟，于是党锢自从祖以下皆得解释。

10　五月，以卫尉刘宽为太尉。

11　护匈奴中郎将张脩与南单于呼徵不相能，脩擅斩之，更立右贤王羌渠为单于。秋，七月，脩坐不先请而擅诛杀，槛车征诣廷尉，死。

12　初，司徒刘郃兄侍中儵与窦武同谋，俱死。永乐少府陈球说郃曰："公出自宗室，位登台鼎，天下瞻望，社稷镇卫，岂得雷同，容容无违而已。今曹节等放纵为害，而久在左右，又公兄侍中受害节等，今可表徙卫尉阳球为司隶校尉，以次收节等诛之，政出圣主，天下太平，可翘足而待也！"郃曰："凶竖多耳目，

责备到当权的宦官。陛下不能为他保守秘密，以致泄漏出去，奸佞邪恶之辈，肆无忌惮，张牙舞爪，恨不得把蔡邕咬碎嚼烂，于是制作匿名信进行诬陷。陛下听信他们的诽谤，以致蔡邕被判处重刑，家属也遭到放逐，老幼流离失所，岂不辜负了忠臣？而今，群臣都以蔡邕作为警戒，对上畏惧会有意外的灾难，对下害怕遭到刺客的杀害，我知道朝廷从此再也听不到忠直的言语！已故太尉段颎，威武和勇猛盖世，尤其是熟悉边防事务，童年时就投身军旅，直到老年白头时才完成大功，历事桓帝、灵帝，功业特别显著。陛下既已按次第叙录功劳，位列三公，然而却遭到司隶校尉阳球的诬陷和胁迫，身既死亡，妻子和儿子被放逐到边远地方，天下的人伤心，功臣失望。应该把蔡邕召回京都雒阳，重新委任官职，迁回段颎的家属，则忠贞路开，众人的怨恨可以平息。"灵帝知道吕强忠心，但不能采纳他的建议。

8　丁酉（二十四日），大赦天下。

9　上禄县长和海上书灵帝说："根据礼制，同曾祖而不同祖父的兄弟，已经分开居住，家财也已分开，恩德和情义已经很轻，从丧服上说只不过是疏远的家族。而今禁锢党人，却扩大到这类疏远亲属，既不符合古代的典章制度，也不符合正常的法令规章。"灵帝看到奏章后醒悟，于是对党人的禁锢从伯叔祖父以下都得到解除。

10　五月，擢升卫尉刘宽为太尉。

11　护匈奴中郎将张脩与南匈奴汗国单于栾提呼徵不和睦。张脩擅自斩杀栾提呼徵，并改立右贤王栾提羌渠为南匈奴汗国单于。秋季，七月，张脩被指控为事先没有奏请朝廷批准而擅自诛杀，被用囚车押回京都雒阳，送往廷尉监狱处死。

12　当初，司徒刘郃的哥哥侍中刘儵，因和窦武共同策划诛杀宦官，一同被杀。永乐少府陈球向刘郃进言说："您出身皇族，位居三公，天下的人都仰望着您，镇守和捍卫国家，怎么可以随声附和，唯唯诺诺深恐得罪别人。而今曹节等人为所欲为，放任为害。而且他们久居在皇帝左右，您的哥哥侍中刘儵就是被曹节等人杀害的，您可以上书朝廷，推荐卫尉阳球重新出任司隶校尉，将曹节等人逐个逮捕诛杀，由圣明的君主亲自主持朝政，天下太平，只要一举足的短时间内即可到来！"刘郃说："宦官等凶恶小人的耳目很多，

恐事未会,先受其祸。"尚书刘纳曰:"为国栋梁,倾危不持,焉用彼相邪!"郃许诺,亦与阳球结谋。球小妻,程璜之女,由是节等颇得闻知,乃重赂璜,且胁之。璜惧迫,以球谋告节,节因共白帝曰:"郃与刘纳、陈球、阳球交通书疏,谋议不轨。"帝大怒。冬,十月甲申,刘郃、陈球、刘纳、阳球皆下狱,死。

13 巴郡板楯蛮反,遣御史中丞萧瑗督益州刺史讨之,不克。

14 十二月,以光禄勋杨赐为司徒。

15 鲜卑寇幽、并二州。

三年(庚申,180)

1 春,正月癸酉,赦天下。

2 夏,四月,江夏蛮反。

3 秋,酒泉地震。

4 冬,有星孛于狼、弧。

5 鲜卑寇幽、并二州。

6 十二月己巳,立贵人何氏为皇后。征后兄颍川太守进为侍中。后本南阳屠家,以选入掖庭,生皇子辨,故立之。

7 是岁作罼圭、灵昆苑。司徒杨赐谏曰:"先帝之制,左开鸿池,右作上林,不奢不约,以合礼中。今猥规郊城之地以为苑囿,坏沃衍,废田园,驱居民,畜禽兽,殆非所谓若保赤子之义。今城外之苑已有五六,可以逞情意,顺四节也。宜惟夏禹卑宫、太宗露台之意,以尉下民之劳。"

恐怕事情还没有等到机会,反而先受到灾祸。"尚书刘纳进言说:"身为国家的栋梁大臣,国家行将倾覆而不扶持,还要您这种辅佐干什么!"于是刘郃应允承诺,也和阳球密谋。阳球的妻是中常侍程璜的女儿,因此曹节等人逐渐得到消息,于是用厚重的礼物贿赂程璜,并且对他进行威胁。程璜恐惧迫急,就把阳球等人的密谋全都告诉了曹节,于是曹节等人共同向灵帝报告说:"刘郃跟刘纳、陈球、阳球互通书信,往来勾结,图谋不轨。"灵帝勃然大怒。冬季,十月甲申(十四日),将刘郃、陈球、刘纳、阳球逮捕下狱,都在狱中处死。

13　巴郡板楯部蛮族起兵反叛,朝廷派遣御史中丞萧瑗,督促益州刺史率军前往讨伐,未能取胜。

14　十二月,擢升光禄勋杨赐为司徒。

15　鲜卑侵犯幽州、并州。

汉灵帝光和三年(庚申,公元 180 年)

1　春季,正月癸酉,大赦天下。

2　夏季,四月,江夏郡蛮族起兵反叛。

3　秋季,酒泉郡发生地震。

4　冬季,有异星出现于狼星、弧星之间。

5　鲜卑侵犯幽州、并州。

6　十二月己巳(初五),封何贵人为皇后。征召何皇后的哥哥、颍川郡太守何进为侍中。何皇后本是南阳郡一个屠户家的女儿,后被选进宫廷,生下皇子刘辨,所以被灵帝立为皇后。

7　同年,灵帝下令兴建毕圭苑、灵昆苑。司徒杨赐上书劝阻说:"先帝创立制度,左边开辟鸿池,右边兴建上林苑,既不算奢侈,也不算十分节约,正好符合礼仪法度。而今,增多规划城郊之地,作为皇家苑囿,破坏肥沃的土地,荒废田园,把农民驱逐出去,畜养飞禽走兽,这大概不是爱民如子的大义。况且现在城外的皇家苑囿已经有五六个之多,足够陛下任情游乐,满足四季的需要。应该好好回想一下夏禹宫室简陋、汉文帝拒绝兴建露台的本意,体恤小民的劳苦。"

书奏，帝欲止，以问侍中任芝、乐松；对曰："昔文王之囿百里，人以为小；齐宣五里，人以为大。今与百姓共之，无害于政也。"帝悦，遂为之。

8　巴郡板楯蛮反。

9　苍梧、桂阳贼攻郡县，零陵太守杨琁制马车数十乘，以排囊盛石灰于车上，系布索于马尾；又为兵车，专毂弓弩。及战，令马车居前，顺风鼓灰，贼不得视，因以火烧布然，马惊，奔突贼阵，因使后车弓弩乱发，钲鼓鸣震，群盗波骇破散，追逐伤斩无数，枭其渠帅，郡境以清。荆州刺史赵凯诬奏琁实非身亲破贼，而妄有其功；琁与相章奏。凯有党助，遂槛车征琁，防禁严密，无由自讼。乃啮臂出血，书衣为章，具陈破贼形势，及言凯所诬状，潜令亲属诣阙通之。诏书原琁，拜议郎；凯受诬人之罪。琁，乔之弟也。

奏章呈上去后,灵帝打算停止兴建,询问侍中任芝、乐松的意见。他们二人回答说:"过去,周文王的苑囿,方圆有一百里,人们尚且认为太小;齐宣王的苑囿,方圆只有五里,人们却认为太大。而今,如果陛下和老百姓共同享用,对政事没有什么妨害。"灵帝听了非常喜悦,便下令兴建。

8 巴郡板楯部蛮族再度起兵反叛。

9 苍梧郡、桂阳郡盗贼联合攻打郡县,零陵郡太守杨琁制作了马车数十辆,在马车上放着盛满石灰的大袋,把绑袋口的布索系在马尾巴上;另外,又专门准备载着张满弓弩的战车。等到战斗开始时,命马车在前面冲锋,石灰顺着风势飞扬,盗贼都睁不开眼睛,再用火点燃布索,马受惊后,向盗贼的阵地狂奔乱跑,跟在后面的战车弓弩齐发,战鼓震天动地,群盗惊慌失措,四处逃散,杨琁挥军追击,杀伤和杀死的不计其数,并将盗贼首领斩首,郡境得以完全清平。荆州刺史赵凯向朝廷上书诬告说,杨琁实际上不是亲自上阵破贼,而妄说自己有功;杨琁也向朝廷上书进行答辩。但因赵凯在朝廷有同党的帮助,便下令逮捕杨琁,用囚车押解回京都雒阳,囚禁在监狱,由于防范和戒备森严,杨琁无法申诉。于是他咬破手臂,撕裂衣服,写成血书作为奏章,详细陈述自己破贼的形势,以及反驳赵凯诬陷自己的情况,秘密交给前来探监的亲属,到宫门呈递。结果,灵帝下诏,赦免杨琁无罪,任命他为议郎;赵凯受到诬告反坐的惩处。杨琁是杨乔的弟弟。

卷第五十八 汉纪五十

起辛酉(181)尽丁卯(187)凡七年

孝灵皇帝中
光和四年(辛酉,181)

1 春,正月,初置骒骥厩丞,领受郡国调马。豪右辜榷,马一匹至二百万。

2 夏,四月庚子,赦天下。

3 交趾乌浒蛮久为乱,牧守不能禁。交趾人梁龙等复反,攻破郡县。诏拜兰陵令会稽朱儁为交趾刺史,击斩梁龙,降者数万人,旬月尽定。以功封都亭侯,征为谏议大夫。

4 六月庚辰,雨雹如鸡子。

5 秋,九月庚寅朔,日有食之。

6 太尉刘宽免;卫尉许馘为太尉。

7 闰月辛酉,北宫东掖庭永巷署灾。

8 司徒杨赐罢;冬,十月,太常陈耽为司徒。

9 鲜卑寇幽、并二州。檀石槐死,子和连代立。和连才力不及父而贪淫,后出攻北地,北地人射杀之。其子骞曼尚幼,兄子魁头立。后骞曼长大,与魁头争国,众遂离散。魁头死,弟步度根立。

10 是岁,帝作列肆于后宫,使诸采女贩卖,更相盗窃争斗。帝著商贾服,从之饮宴为乐。又于西园弄狗,著

孝灵皇帝中
汉灵帝光和四年(辛酉,公元181年)

1　春季,正月,首次设立骟骥厩丞,负责接收和饲养从各郡、国征发来的良马。由于各地豪强闻讯垄断马匹交易,马价涨到一匹值两百万钱。

2　夏季,四月庚子,大赦天下。

3　交趾地区的乌浒蛮起兵反抗,历时已久,地方官员对此束手无策。交趾人梁龙等又聚众起兵,攻破了东汉政权所置的郡、县。灵帝下诏任命兰陵令会稽人朱儁为交趾刺史,朱儁领兵击败了叛军,梁龙被斩,数万人投降,不过一个月,便全部平定了当地的反抗。朱儁因功被封为都亭侯,并被调入朝担任谏议大夫。

4　六月庚辰(十九日),天上降下大如鸡蛋的冰雹。

5　秋季,九月庚寅(初一),出现日食。

6　太尉刘宽被免职;任命卫尉许馘为太尉。

7　闰九月辛酉(初二),洛阳北宫东掖庭永巷署发生火灾。

8　司徒杨赐被免职;冬季,十月,任命太常陈耽为司徒。

9　鲜卑族侵犯幽州与并州。鲜卑族首领檀石槐去世,他的儿子和连继任首领。和连才干和能力不如他的父亲却贪财好色,后来在进攻北地郡时,和连被当地人射死。由于他的儿子骞曼年龄尚小,便由他的侄子魁头担任首领。骞曼长大后,与魁头争夺首领的地位,发生内讧,致使部众纷纷离散,不再听从指挥。魁头去世后,他的弟弟步度根继任首领。

10　这一年,灵帝在后宫修建了许多店铺,让宫女们行商贩卖,于是,后宫中相互盗窃和争斗的事屡有发生。他自己则换上商人的服装,与行商的宫女们一起饮酒作乐。灵帝又在西园玩狗,狗的头上戴着

进贤冠,带绶。又驾四驴,帝躬自操辔,驱驰周旋;京师转相仿效,驴价遂与马齐。

帝好为私稸,收天下之珍货,每郡国贡献,先输中署,名为"导行费"。中常侍吕强上疏谏曰:"天下之财,莫不生之阴阳,归之陛下,岂有公私!而今中尚方敛诸郡之宝,中御府积天下之缯,西园引司农之藏,中厩聚太仆之马,而所输之府,辄有导行之财。调广民困,费多献少,奸吏因其利,百姓受其敝。又,阿媚之臣,好献其私,容谄姑息,自此而进。旧典:选举委任三府,尚书受奏御而已。受试任用,责以成功,功无可察,然后付之尚书举劾,请下廷尉覆按虚实,行其罪罚。于是三公每有所选,参议掾属,咨其行状,度其器能。然犹有旷职废官,荒秽不治。今但任尚书,或有诏用,如是,三公得免选举之负,尚书亦复不坐,责赏无归,岂肯空自劳苦乎!"书奏,不省。

11 何皇后性强忌,后宫王美人生皇子协,后鸩杀美人。帝大怒,欲废后;诸中官固请,得止。

12 大长秋华容侯曹节卒,中常侍赵忠代领大长秋。

文官的帽子,身上披着绶带。他还手执缰绳,亲自驾驶着四头驴拉的车子,在园内来回乱跑。京城洛阳的豪门大族竞相仿效,致使驴的售价竟涨到与马价相等。

灵帝还喜好积蓄私房钱,广为收集天下的各种奇珍异宝,每次各郡、国向朝廷进贡,都要先精选出一部分珍品,送交管理皇帝私人财物的中署,称之为"导行费"。中常侍吕强为此上书规劝说:"普天之下的财富,无不生于阴阳,都归陛下所有,为什么还要有公私之分!而现在,中尚方广敛各郡的珍宝,中御府堆满各地出产的丝织品,西园里收藏着理应由大司农管理的钱物,骙骙厩中则饲养着本该归太仆管理的马匹,而且各地向朝廷交纳租赋时,都要另外送上导行费。这样,租赋数量增加,人民贫困,官府的实际所收却未见增多,贪官污吏从中取利,黎民百姓深受其苦。更有一些阿谀献媚的官员,利用这点,额外进献财物,陛下遂对他们姑息纵容,致使这种不良之风越来越盛。依照以往的制度,选拔官员的事情应由三府负责,尚书只负责将三府的奏章转呈给陛下。被选拔者通过考核,加以委任,并责求他们拿出政绩,没有功绩者,则由尚书提出弹劾,交给廷尉进一步调查落实,然后加以处罚。因此,三公在选拔人才时,都要与僚属仔细评议,了解这些人平素的品行,评估他们的才干。尽管如此严格,仍然有个别官员不能胜任,影响到整个部门的工作。如今只是由尚书负责选拔官员,甚至由陛下颁下诏书,直接任用一些人为官,这样的话,三公可以不承担选拔是否得当的责任,尚书也是如此。原来对选任官员进行检查的奖惩制度也就无法实施,谁又肯为这事白白尽心呢!"吕强的奏章呈上后,灵帝未加理睬。

11 何皇后嫉妒心非常重,后宫王美人生下皇子刘协,何皇后就用毒药把王美人毒死。灵帝勃然大怒,决心废掉何皇后。宦官们竭力为她求情,才使灵帝打消这个想法。

12 大长秋、华容侯曹节去世,由中常侍赵忠代理大长秋的职务。

五年(壬戌,182)

1　春,正月辛未,赦天下。

2　诏公卿以谣言举刺史、二千石为民蠹害者。太尉许
馘、司空张济承望内官,受取货赂,其宦者子弟、宾客,虽贪污
秽浊,皆不敢问,而虚纠边远小郡清修有惠化者二十六人,吏
民诣阙陈诉。司徒陈耽上言:"公卿所举,率党其私,所谓放
鸱枭而囚鸾凤。"帝以让馘、济,由是诸坐谣言征者,悉拜
议郎。

3　二月,大疫。

4　三月,司徒陈耽免。

5　夏,四月,旱。

6　以太常袁隗为司徒。

7　五月庚申,永乐宫署灾。

8　秋,七月,有星孛于太微。

9　板楯蛮寇乱巴郡,连年讨之,不能克。帝欲大发兵,
以问益州计吏汉中程包,对曰:"板楯七姓,自秦世立功,复其
租赋。其人勇猛善战。昔永初中,羌入汉川,郡县破坏,得
板楯救之,羌死败殆尽,羌人号为神兵,传语种辈,勿复南
行。至建和二年,羌复大入,实赖板楯连摧破之。前车骑将
军冯绲南征武陵,亦倚板楯以成其功。近益州郡乱,太守李
颙亦以板楯讨而平之。忠功如此,本无恶心。长吏乡亭更
赋至重,仆役箠楚,过于奴虏,亦有嫁妻卖子,或乃至自刭割。

汉灵帝光和五年(壬戌,公元182年)

1 春季,正月辛未(十四日),大赦天下。

2 灵帝下诏,命令朝中大臣根据流传的民谣,检举为害百姓的刺史和郡守。太尉许馘和司空张济投靠有权势的宦官,收受贿赂,对一些担任刺史、郡守的宦官子弟或宾客,尽管他们贪赃枉法、声名狼藉,也不敢过问,却毫无根据地检举了位处边远小郡、一向清廉、颇有政绩的官员二十六人,这些官员的部属及治下的百姓纷纷来到洛阳皇宫门前为他们申诉。司徒陈耽上书说:"这次大臣们的检举行动,完全是为了包庇各自的私党,如按他们的检举来处理,则是放走鸱枭那样的恶鸟,而将凤凰囚禁起来。"灵帝为此责备了许馘、张济,并将这次因所谓民谣而被免职征召进京的官员,全都任命为议郎。

3 二月,瘟疫到处流行。

4 三月,司徒陈耽被免职。

5 夏季,四月,出现旱灾。

6 任命太常袁隗为司徒。

7 五月庚申(初五),永乐宫署发生火灾。

8 秋季,七月,有异星出现于太微星旁。

9 板楯蛮人在巴郡聚众进行反抗,一连征伐了好几年,也未能平定。灵帝打算出动大军进行征剿,并为此询问益州派入朝中汇报情况的计吏汉中人程包,程包回答说:"板楯族中有七个大姓,分领各自的部落,在秦朝时,他们就为政权建立过功勋,因此得到免除田租赋税的优待。他们全都骁勇善战。以前在永初年间,羌族人攻入汉川,郡、县政权全被破坏,幸而得到板楯人的援救,羌族才被打败,死伤殆尽,羌人因此称板楯人为神兵,并相互告诫,不要再向南进入这一地区。到了建和二年,羌人又大举入侵,全靠板楯人才能连续击败羌人。前车骑将军冯绲南征武陵,也是倚仗板楯人的勇猛作战才得以成功。最近益州郡发生叛乱,太守李颙也是征调板楯人来平定叛乱。板楯人一向忠心耿耿,屡建功勋,原本没有反抗朝廷的意思。可是,地方官府向板楯人征收的赋税极重,地方官员对待他们比对待奴隶和强盗还要残忍,动辄酷刑拷打,他们为交纳赋税被迫卖妻卖子,甚至有人因不堪忍受而刎颈自杀。

虽陈冤州郡,而牧守不为通理,阙庭悠远,不能自闻,含怨呼天,无所叩诉,故邑落相聚以叛戾,非有谋主僭号以图不轨。今但选明能牧守,自然安集,不烦征伐也!"帝从其言,选用太守曹谦,宣诏赦之,即时皆降。

10　八月,起四百尺观于阿亭道。

11　冬,十月,太尉许馘罢;以太常杨赐为太尉。

12　帝校猎上林苑,历函谷关,遂狩于广成苑。十二月,还,幸太学。

13　桓典为侍御史,宦官畏之。典常乘骢马,京师为之语曰:"行行且止,避骢马御史!"典,焉之孙也。

六年(癸亥,183)

1　春,三月辛未,赦天下。

2　夏,大旱。

3　爵号皇后母为舞阳君。

4　秋,金城河水溢出二十馀里。

5　五原山岸崩。

6　初,钜鹿张角奉事黄、老,以妖术教授,号"太平道"。咒符水以疗病,令病者跪拜首过,或时病愈,众共神而信之。角分遣弟子周行四方,转相诳诱,十馀年间,徒众数十万,自青、徐、幽、冀、荆、扬、兖、豫八州之人,莫不毕应。或弃卖财产,流移奔赴,填塞道路,未至病死者亦以万数。郡县不解其意,反言角以善道教化,为民所归。

尽管他们曾到州、郡官府去陈诉冤情,但州、郡长官既不处理,又不向上奏报,路途遥遥,无法到京城直接向陛下喊冤,满含怨气地向苍天呼喊,仍是投诉无门,于是各部落便聚集起来进行反抗,他们完全是迫于无奈,并无建立政权闹独立的野心。如今,只要任命清廉能干的官员去担任州、郡长官,动乱自然就会平定,无须调军征伐。"灵帝听从了程包的建议,任命曹谦担任巴郡太守,宣布皇帝赦免他们叛乱行为的诏书,板楯人立刻全部投降了。

10 八月,在阿亭道建造起高达四百尺的楼台。

11 冬季,十月,太尉许馘被免职;任命太常杨赐为太尉。

12 灵帝在上林苑打猎,后又经函谷关,到广成苑进行狩猎。十二月,回到京城洛阳,到太学进行巡视。

13 桓典担任侍御史,他执法无私,宦官们都很畏惧。桓典常骑一匹青白杂色的马,京城雒阳因此传言说:"走走停停,避开骑杂色马的御史!"桓典是桓焉的孙子。

汉灵帝光和六年(癸亥,公元 183 年)

1 春季,三月辛未(二十一日),大赦天下。

2 夏季,出现严重旱灾。

3 封何皇后的母亲为舞阳君。

4 秋季,金城郡境内的黄河水暴涨,泛滥两岸二十馀里。

5 五原郡境内发生山崩。

6 最初,钜鹿人张角信奉黄帝、老子,以法术和咒语等传授门徒,号称"太平道"。他用念过咒语的符水治病,先让病人下跪,说出自己所犯的错误,然后喝下符水,有些病人竟然就此痊愈,于是,人们将他奉若神明,张角派他的弟子到各地去传播教义,仅十馀年的时间,信徒便多达数十万,青州、徐州、幽州、冀州、荆州、扬州、兖州和豫州等八州之人,无不响应。有的信徒卖掉自己的家产,前往投奔张角,一路上拥挤得水泄不通,仅病死在途中的就数以万计。郡、县的官员不了解张角的真实意图,反而讲张角教民向善,因而为百姓所拥戴。

太尉杨赐时为司徒,上书言:"角诳曜百姓,遭赦不悔,稍益滋蔓。今若下州郡捕讨,恐更骚扰,速成其患。宜切敕刺史、二千石,简别流民,各护归本郡,以孤弱其党,然后诛其渠帅,可不劳而定。"会赐去位,事遂留中。司徒掾刘陶复上疏申赐前议,言:"角等阴谋益甚,四方私言,云'角等窃入京师,觇视朝政'。鸟声兽心,私共鸣呼。州郡忌讳,不欲闻之,但更相告语,莫肯公文。宜下明诏,重募角等,赏以国土。有敢回避,与之同罪。"帝殊不为意,方诏陶次第《春秋条例》。

角遂置三十六方,方,犹将军也,大方万馀人,小方六七千,各立渠帅。讹言:"苍天已死,黄天当立,岁在甲子,天下大吉。"以白土书京城寺门及州郡官府,皆作"甲子"字。大方马元义等先收荆、扬数万人,期会发于邺。元义数往来京师,以中常侍封谞、徐奉等为内应,约以三月五日内外俱起。

中平元年(甲子,184)

1 春,角弟子济南唐周上书告之。于是收马元义,车裂于雒阳。诏三公、司隶按验宫省直卫及百姓有事角道者,诛杀千馀人;下冀州逐捕角等。角等知事已露,晨夜驰敕诸方,一时俱起,皆著黄巾以为标帜,故时人谓之"黄巾贼"。二月,角自称天公将军,角弟宝称地公将军,宝弟梁称人公将军,所在燔烧官府,

太尉杨赐当时正担任司徒,他上书说:"张角欺骗百姓,虽受到免除罪责的赦令,仍不思悔改,反而进一步蔓延扩张。现在,如果命州、郡进行镇压,恐怕会加重局势的混乱,促使其提前叛乱。应该命令刺史、郡守把流民的籍贯一一查清,并将他们分别护送回原籍,借以削弱张角党徒的力量,然后再诛杀那些首领,这样,不必劳师动众,就可以平息事态。"恰在此时,杨赐被免职,他的奏章于是留在皇宫,未能实行。司徒掾刘陶再次上书,重提杨赐的这项建议,说:"张角等人正在加紧策划阴谋,外面曾有流言说'张角等偷偷潜入京城雒阳,窥探朝廷的动静',他们像鸟声兽心一样,暗地里彼此呼应。州郡官员怕如实呈报会受到朝廷的处分,不敢上奏,只是私下相互间通知,没人愿用公文的形式来通报。为此建议陛下公开颁发诏书,悬重赏捉拿张角等人,以封侯作为奖赏。官员中若有畏惧不前者,与张角等人同罪论处。"灵帝对这件事并不重视,反而下诏让刘陶整理《春秋条例》。

张角把自己的党徒按地区分为三十六个部分,每部分设置一个首领,称之为"方",犹如将军,大方统率一万馀人,小方统率六七千人,各方面分别委派大小头领。他宣称:"苍天已死,黄天当立,岁在甲子,天下大吉。"并用白土在京城雒阳各官署及各州、郡官府的大门上书写"甲子"二字。他们计划由大方马元义等集结荆州、扬州的党徒数万人,在邺城会师后起事。为此,马元义经常前往京城雒阳,与中常侍封谞、徐奉等人联络,由封、徐二人为内应,约定于次年的三月五日,京城内外同时举事。

汉灵帝中平元年(甲子,公元 184 年)

1 春季,张角的弟子济南人唐周上书告密。于是,朝廷逮捕了马元义,在雒阳用车裂的酷刑将他处死。灵帝下诏,命令三公和司隶校尉调查宫廷及朝廷官员、禁军将士和普通百姓,凡信奉张角"太平教"的,一律逮捕,处死了一千馀人;同时还下令让冀州的官员捉拿张角等人。张角等得知计划已经泄露,便派人昼夜兼程赶往各地,通知各方首领提前举事,一时间各方全都起兵,他们个个头戴黄巾作为标志,因此当时人称作"黄巾贼"。二月,张角自称天公将军,他弟弟张宝称地公将军,张梁称人公将军,他们率众焚烧当地官府,

劫略聚邑，州郡失据，长吏多逃亡。旬月之间，天下响应，京师震动。安平、甘陵人各执其王应贼。

三月戊申，以河南尹何进为大将军，封慎侯，率左右羽林、五营营士屯都亭，修理器械，以镇京师；置函谷、太谷、广成、伊阙、镮辕、旋门、孟津、小平津八关都尉。

帝召群臣会议。北地太守皇甫嵩以为宜解党禁，益出中藏钱、西园厩马以班军士。嵩，规之兄子也。上问计于中常侍吕强，对曰："党锢久积，人情怨愤，若不赦宥，轻与张角合谋，为变滋大，悔之无救。今请先诛左右贪浊者，大赦党人，料简刺史、二千石能否，则盗无不平矣。"帝惧而从之。壬子，赦天下党人，还诸徙者，唯张角不赦。发天下精兵，遣北中郎将卢植讨张角，左中郎将皇甫嵩、右中郎将朱儁讨颍川黄巾。

是时中常侍赵忠、张让、夏恽、郭胜、段珪、宋典等皆封侯贵宠，上常言："张常侍是我公，赵常侍是我母。"由是宦官无所惮畏，并起第宅，拟则宫室。上尝欲登永安候台，宦官恐望见其居处，乃使中大人尚但谏曰："天子不当登高，登高则百姓虚散。"上自是不敢复升台榭。及封谞、徐奉事发，上诘责诸常侍曰："汝曹常言党人欲为不轨，皆令禁锢，或有伏诛者。今党人更为国用，

攻陷城镇,所到之处,州郡官员无力抵抗,大多弃职逃跑。不过一个月的时间,天下纷纷响应,连京城雒阳也为之震动。安平国和甘陵国的人民也起来响应黄巾军,并生擒了安平王刘续和甘陵王刘忠。

三月戊申(初三),任命河南尹何进为大将军,并封他为慎侯,何进统率左、右羽林军以及屯骑、步兵、越骑、长水、射声等五营将士驻扎在都亭,整修军械,守卫京城雒阳;在洛阳周围,还设置了函谷关、太谷关、广成关、伊阙关、辕辕关、旋门关、孟津关、小平津关等八关都尉,分统军马,镇守关隘。

灵帝召集大臣商议对策。北地郡太守皇甫嵩提出,应该解除禁止党人做官的禁令,并拿出皇帝私人所有的中藏府钱财以及西园骡骥厩中的良马赏赐给出征的将士。皇甫嵩是皇甫规的侄子。灵帝询问中常侍吕强的意见,吕强说:"对党人的禁令时间已经很长了,人民对此很是不满,若不予以赦免,将迫使他们轻举妄动,与张角联合起来,叛乱之势便会更趋扩大,到那时,后悔就来不及了。现在,应当先将陛下左右的几个贪赃枉法最厉害的官员处死,大赦所有的党人,并考察各地刺史、郡守的能力,如果这样做,叛乱肯定可以平息。"灵帝对黄巾军的势力十分害怕,完全接受了吕强的建议。壬子(初七),大赦天下党人,已经被流放到边疆地区的党人及其家属都可以重返故乡,唯有张角不在赦免范围之内。与此同时,征调全国各地的精兵,派遣北中郎将卢植征讨张角,左中郎将皇甫嵩、右中郎将朱儁征讨在颍川地区活动的黄巾军。

这一时期,中常侍赵忠、张让、夏恽、郭胜、段珪、宋典等都被封为侯爵,很得灵帝的宠信,灵帝常说:"张常侍是我父亲,赵常侍是我母亲。"于是,宦官的权势甚大,他们不畏法令,纷纷大兴土木,甚至仿照皇宫的式样修建宅第。一次,灵帝想登上永安宫的瞭望台,观看皇宫周围的景致,宦官们生怕灵帝看到自己违法建造的宅第会动怒,便让中大人尚但劝阻灵帝,说:"天子不应当登上高楼,登高则会使人民流散。"灵帝对其深信不疑,从此凡是较高的楼台亭榭都不再敢登。封谞、徐奉为张角做内应的事件败露后,灵帝斥责那些宦官们说:"你们常说党人图谋不轨,想要造反,我不仅把他们全都禁锢起来,而且还杀掉了一批。现在党人倒是在为国家出力,

汝曹反与张角通,为可斩未?"皆叩头曰:"此王甫、侯览所为也!"于是诸常侍人人求退,各自征还宗亲、子弟在州郡者。

赵忠、夏恽等遂共谮吕强,云与党人共议朝廷,数读《霍光传》。强兄弟所在并皆贪秽。帝使中黄门持兵召强。强闻帝召,怒曰:"吾死,乱起矣!丈夫欲尽忠国家,岂能对狱吏乎!"遂自杀。忠、恽复谮曰:"强见召,未知所问而就外自屏,有奸明审。"遂收捕其宗亲,没入财产。

侍中河内向栩上便宜,讥刺左右。张让诬栩与张角同心,欲为内应,收送黄门北寺狱,杀之。郎中中山张钧上书曰:"窃惟张角所以能兴兵作乱,万民所以乐附之者,其源皆由十常侍多放父兄、子弟、婚亲、宾客典据州郡,辜榷财利,侵掠百姓,百姓之冤,无所告诉,故谋议不轨,聚为盗贼。宜斩十常侍,县头南郊,以谢百姓,遣使者布告天下,可不须师旅而大寇自消。"帝以钧章示诸常侍,皆免冠徒跣顿首,乞自致雒阳诏狱,并出家财以助军费。有诏,皆冠履视事如故。帝怒钧曰:"此真狂子也!十常侍固当有一人善者不!"御史承旨,遂诬奏钧学黄巾道,收掠,死狱中。

2　庚子,南阳黄巾张曼成攻杀太守褚贡。

你们反与张角秘密勾结,企图谋反,难道不该处死?"宦官们都跪下叩头说:"这些都是王甫、侯览干的!"于是,宦官们的气焰大为收敛,纷纷将在外担任州、郡官员的子弟及亲属召回,不敢让他们继续任职。

于是,赵忠、夏恽等人向灵帝诬告吕强,说吕强与党人一起议论朝廷,经常阅读《霍光传》。他那些担任官职的兄弟全都贪赃枉法。灵帝听后,令中黄门佩带兵器去召吕强入宫。吕强得知灵帝召他的用意后,忿忿地说:"我死之后,必有大乱!大丈夫以尽忠报国为己任,怎能被人凭空诬陷,徒然向狱吏们申辩呢!"便自杀了。赵忠、夏恽等还不罢休,再次诬陷说:"吕强闻听陛下召见,还不知道要问他什么事,就在外自杀了,这说明他肯定有罪。"于是,灵帝下令逮捕吕强的亲属,并将全部财产没收充公。

侍中、河内人向栩向灵帝上书,抨击宦官们的不法行为。张让为此诬告向栩与张角是一伙,要做张角的内应,于是向栩被捕,送交黄门北寺监狱处死。郎中、中山人张钧上书说:"张角之所以能够兴兵作乱,百姓之所以乐于归附张角,究其根由皆在十常侍,这些宦官大量安插自己的父兄、子弟、亲戚及其投靠者充任州郡长官,搜刮财富,掠夺百姓,百姓们有冤无处申诉,这才聚集起来成为盗贼,与朝廷对抗。为此,应该处死十常侍,将他们的头悬挂在京城南郊示众,并派使者向全国宣布此事,这样,无需出动军队镇压,庞大的寇盗集团就会自行解散。"灵帝将张钧的奏章交诸常侍看,这些人吓得摘下帽子,除去鞋袜,下跪叩头,请求灵帝允许他们到洛阳专门审理皇帝亲自交办案件的诏狱去投案自首,并将家产献出,用以弥补军费开支的不足。灵帝下诏,令诸常侍重新穿戴起表示官位的衣帽鞋袜,继续担任原职。他反而对张钧上奏一事大发雷霆,说:"此人真是狂妄之极!难道十常侍中竟没有一个好人!"御史知道了灵帝的心意,诬奏张钧信奉黄巾道,遂将他逮捕入狱,拷打致死。

2 庚子,南阳郡的黄巾军将领张曼成攻破郡城,并杀死太守褚贡。

3　帝问太尉杨赐以黄巾事,赐所对切直,帝不悦。夏,四月,赐坐寇贼免。以太仆弘农邓盛为太尉。已而帝阅录故事,得赐与刘陶所上张角奏,乃封赐为临晋侯,陶为中陵乡侯。

4　司空张济罢;以大司农张温为司空。

5　皇甫嵩、朱儁合将四万馀人共讨颍川,嵩、儁各统一军。儁与贼波才战,败。嵩进保长社。

6　汝南黄巾败太守赵谦于邵陵。广阳黄巾杀幽州刺史郭勋及太守刘卫。

7　波才围皇甫嵩于长社。嵩兵少,军中皆恐。贼依草结营,会大风,嵩约敕军士皆束苣乘城,使锐士间出围外,纵火大呼,城上举燎应之,嵩从城中鼓噪而出,奔击贼陈,贼惊,乱走。会骑都尉沛国曹操将兵适至,五月,嵩、操与朱儁合军,更与贼战,大破之,斩首数万级。封嵩都乡侯。

操父嵩,为中常侍曹腾养子,不能审其生出本末,或云夏侯氏子也。操少机警,有权数,而任侠放荡,不治行业。世人未之奇也,唯太尉桥玄及南阳何颙异焉。玄谓操曰:"天下将乱,非命世之才,不能济也。能安之者,其在君乎!"颙见操,叹曰:"汉家将亡,安天下者,必此人也。"玄谓操曰:"君未有名,可交许子将。"子将者,训之从子劭也,好人伦,多所赏识,与从兄靖俱有高名。

3　灵帝询问太尉杨赐有关黄巾军的情况，杨赐直言不讳，据实说明，使得灵帝大为不快。夏季，四月，杨赐因未能平息黄巾叛乱而被免职。任命太仆、弘农人邓盛为太尉。过了一些时候，灵帝翻阅过去的奏章，发现了杨赐与刘陶所上的有关张角的奏章，于是，封杨赐为临晋侯，刘陶为中陵乡侯。

4　司空张济被免职；任命大司农张温为司空。

5　皇甫嵩、朱儁率军四万人，一同讨伐颍川郡的黄巾军，皇甫嵩和朱儁各率一支军队，兵分两路前进。朱儁迎战黄巾军将领波才，被击败。皇甫嵩率军进驻长社，固守县城。

6　汝南郡的黄巾军在邵陵击败太守赵谦所率的官军。广阳郡的黄巾军杀幽州刺史郭勋及太守刘卫。

7　波才率黄巾军将皇甫嵩围困在长社县城。皇甫嵩力单势孤，军中人心恐慌。黄巾军的营寨所设之处荒草遍野，适逢狂风大作，皇甫嵩让士兵们全都手持成束苇草，登上城楼静候，另命一批勇士，偷偷地越过包围圈，放火烧草并高声呐喊。与此同时，城上的军士也一齐点燃火把，与之呼应。皇甫嵩亲自率军擂鼓出击，直捣敌阵。黄巾军不知底细，惊恐不已，溃乱而走。这时，恰好骑都尉、沛国人曹操率兵前来接应，皇甫嵩的军心更加稳定，五月，皇甫嵩、曹操与朱儁会师，再次出战，黄巾军大败，死者数万人。灵帝封皇甫嵩为都乡侯。

曹操的父亲曹嵩，是中常侍曹腾的养子，他原来的姓氏已无法确定，据传为夏侯氏。曹操自小为人机警，有谋略，善权术，并喜欢行侠仗义，行为放荡，不大受传统礼教的约束，不经营家产事业。因此，当时人认为他并无什么过人之处，唯有太尉桥玄和南阳人何颙很器重他。桥玄对他说："天下即将大乱，不是掌握时代命运的杰出人才，不能拯救。能够平息这场大乱的人，恐怕就是你了！"何颙看到曹操后叹息说："汉朝的统治就要灭亡，能够重新安定天下的，一定是此人。"桥玄向曹操建议说："你在世上尚无名气，可以与许子将结交。"许子将就是许训的侄子许劭，许劭善于待人接物，能够辨别人的品行和能力，与他的堂兄许靖都有很高的名望。

好共核论乡党人物,每月辄更其品题,故汝南俗有月旦评焉。尝为郡功曹,府中闻之,莫不改操饰行。曹操往造劭而问之曰:"我何如人?"劭鄙其为人,不答。操乃劫之,劭曰:"子,治世之能臣,乱世之奸雄。"操大喜而去。

朱儁之击黄巾也,其护军司马北地傅燮上疏曰:"臣闻天下之祸不由于外,皆兴于内。是故虞舜先除四凶,然后用十六相,明恶人不去,则善人无由进也。今张角起于赵、魏,黄巾乱于六州,此皆衅发萧墙而祸延四海者也。臣受戎任,奉辞伐罪,始到颍川,战无不克。黄巾虽盛,不足为庙堂忧也。臣之所惧,在于治水不自其源,末流弥增其广耳。陛下仁德宽容,多所不忍,故阉竖弄权,忠臣不进。诚使张角枭夷,黄巾变服,臣之所忧,甫益深耳。何者?夫邪正之人不宜共国,亦犹冰炭不可同器。彼知正人之功显而危亡之兆见,皆将巧辞饰说,共长虚伪。夫孝子疑于屡至,市虎成于三夫,若不详察真伪,忠臣将复有杜邮之戮矣!陛下宜思虞舜四罪之举,速行谗佞之诛,则善人思进,奸凶自息。"赵忠见其疏而恶之。燮击黄巾,功多当封,忠潜诉之。帝识燮言,得不加罪,竟亦不封。

两人喜欢一起评论本地的知名人士,并根据这些人士的所作所为,逐月更改评语和排列顺序,为此,汝南人称之为"月旦评"。许劭曾经担任过郡府中管理人事的功曹,当时府中上下官员,都努力改善自己的操行,以求得到一个较好的评语。曹操前去拜访许劭,并征求他对自己的评价,问道:"我是一个怎么样的人呢?"许劭看不惯他平素的行为,不愿提出评语,故闭口不答。曹操加以威胁,许劭才说:"你在天下太平时可以成为一个能臣,在天下不安定时则会成为一个奸雄。"曹操听后,大喜而归。

朱儁进攻黄巾军时,他的护军司马、北地人傅燮上书说:"我听说天下的灾祸不是来源于外部,而是起因于内部。正因如此,虞舜先除去四凶,然后才任用十六位贤能之士辅佐自己治理天下,这说明,恶人不除,善人就不可能取得权力。如今张角在赵、魏之地起兵叛乱,黄巾军遍及六州之地,然而导致这场大乱的根源实际是在宫廷之内。我受陛下的委任,奉命率军讨伐叛乱,从颍川开始,一直是战无不胜,所向披靡。黄巾军势力虽大,并不足以使陛下担忧,我所恐惧的是,如果治理洪水不从源头治起,下游势必泛滥得更加严重。陛下慈爱宽容,对许多知道不对的事情也不忍心去处理,因此,宦官们控制了朝政大权,忠臣则不能得到重用。即使能将张角抓住处死,平息了黄巾叛乱,我的忧虑仍不会消除,反而更会加深。为什么呢? 这是因为,邪恶小人与正人君子不能在朝廷共存,如同寒冰与炽炭不能同时放入一个容器一样。那些邪恶之辈明白,正直之士的成功预示着他们行将灭亡,因此必然要花言巧语,用尽挑拨离间之能事。传播假消息的人多了,即使是曾参那样的孝子也难免遭受怀疑,市中明明没有老虎,但只要有三个人肯定说有,人们就会相信,假如陛下不能详细辨察真伪,那么忠臣义士就会再次像秦国名将白起那样含冤而死!陛下应该借鉴虞舜对四凶的处理,尽速诛杀那些善进谗言的贪佞奸臣,这样,善人就会愿意为朝廷尽力,叛乱也就会自然平息。"赵忠看到这份奏章后恨之入骨。傅燮在征讨黄巾军时屡立战功,本应得到封爵的赏赐,但是赵忠利用职权,不断向灵帝讲傅燮的坏话。幸好灵帝还记得傅燮奏章所言,没有听信赵忠的谗言予以处置,但也没有封他。

8　张曼成屯宛下百馀日。六月，南阳太守秦颉击曼成，斩之。

9　交趾土多珍货，前后刺史多无清行，财计盈给，辄求迁代。故吏民怨叛，执刺史及合浦太守来达，自称柱天将军。三府选京令东郡贾琮为交趾刺史。琮到部，讯其反状，咸言"赋敛过重，百姓莫不空单。京师遥远，告冤无所，民不聊生，故聚为盗贼"。琮即移书告示，各使安其资业，招抚荒散，蠲复徭役，诛斩渠帅为大害者，简选良吏试守诸县，岁间荡定，百姓以安。巷路为之歌曰："贾父来晚，使我先反；今见清平，吏不敢饭！"

10　皇甫嵩、朱儁乘胜进讨汝南、陈国黄巾，追波才于阳翟，击彭脱于西华，并破之。馀贼降散，三郡悉平。嵩乃上言其状，以功归儁，于是进封儁西乡侯，迁镇贼中郎将。诏嵩讨东郡，儁讨南阳。

北中郎将卢植连战破张角，斩获万馀人，角等走保广宗。植筑围凿堑，造作云梯，垂当拔之。帝遣小黄门左丰视军，或劝植以赂送丰，植不肯。丰还，言于帝曰："广宗贼易破耳，卢中郎固垒息军，以待天诛。"帝怒，槛车征植，减死一等；遣东中郎将陇西董卓代之。

8 黄巾将领张曼成驻军宛城城下一百多天。六月,南阳太守秦颉进攻黄巾军,杀死张曼成。

9 交趾地区盛产珍珠等宝物,先后担任刺史的官员多数贪赃枉法,只顾搜刮财物,等到搜刮够了,便要求调任。因此下层官吏及百姓愤恨而不堪忍受,纷纷起来反抗,俘虏了刺史及合浦太守来达,其首领自称为"柱天将军"。三府选用京县县令、东郡人贾琮任交趾刺史。贾琮到任后,便着手调查这次叛乱的原因,人们都说:"官府征收的赋税太重,百姓的家产无不被搜刮一空,只剩下了然一身。京城雒阳过于遥远,无处诉冤,民不聊生,只好聚众成为盗贼。"贾琮命人四处张贴布告,让百姓安心生产,招抚流亡在外的饥民返乡,免除沉重的徭役负担,将叛乱的主要首领处死,普通民众则不予追究,并选派清廉干练的官吏担任属下各县的代理县长。不过一年之间,叛乱全被平定,百姓得以安居。大街小巷到处可听到称颂贾琮的歌谣:"贾父来晚,使我先反;今见清平,吏不敢饭!"

10 皇甫嵩、朱儁乘胜进攻在汝南郡和陈国的黄巾军,又追击黄巾将领波才到阳翟,并在西华攻击黄巾军另一将领彭脱所率的军队,都取得了胜利。黄巾军接连失败,剩余的部众或者投降官军,或者逃散,至此,三郡的叛乱被全部平定。皇甫嵩上书报告作战情况,将主要功劳归于朱儁,于是朝廷进封朱儁为西乡侯,并提升他为镇贼中郎将。灵帝下诏,命令皇甫嵩讨伐东郡的黄巾军,朱儁讨伐南阳的黄巾军。

北中郎将卢植率军连续战败张角,斩杀和俘虏黄巾军一万馀人,张角等退保广宗县城。卢植率军将广宗城团团围住,修筑长墙,挖掘壕沟,以断绝城内外的交通,同时加紧制造攻城需用的云梯,攻克广宗城已是指日可待。恰在此时,灵帝派他宠信的宦官小黄门左丰到卢植军中视察,有人劝卢植贿赂左丰,卢植不肯。左丰怀恨在心,回到雒阳后向灵帝谎报说:"据守广宗的贼寇很容易攻破,然而卢植只是让军队躲在营垒里休息,闭门不战。照这样的话,恐怕只有等到上天惩罚张角,才能取得最后胜利。"灵帝闻言大怒,派人用囚车将卢植押解回雒阳,判处比死罪轻一等的处分。另派东中郎将、陇西人董卓代替卢植的职务。

11 巴郡张脩以妖术为人疗病,其法略与张角同,令病家出五斗米,号"五斗米师"。秋,七月,脩聚众反,寇郡县;时人谓之"米贼"。

12 八月,皇甫嵩与黄巾战于苍亭,获其帅卜巳。董卓攻张角无功,抵罪。乙巳,诏嵩讨角。

13 九月,安平王续坐不道,诛,国除。

初,续为黄巾所虏,国人赎之得还,朝廷议复其国。议郎李燮曰:"续守藩不称,损辱圣朝,不宜复国。"朝廷不从。燮坐谤毁宗室,输作左校。未满岁,王坐诛,乃复拜议郎。京师为之语曰:"父不肯立帝,子不肯立王。"

14 冬,十月,皇甫嵩与张角弟梁战于广宗,梁众精勇,嵩不能克。明日,乃闭营休士以观其变,知贼意稍懈,乃潜夜勒兵,鸡鸣,驰赴其陈,战至晡时,大破之,斩梁,获首三万级,赴河死者五万许人。角先已病死,剖棺戮尸,传首京师。十一月,嵩复攻角弟宝于下曲阳,斩之,斩获十馀万人。即拜嵩为左车骑将军,领冀州牧,封槐里侯。嵩能温恤士卒,每军行顿止,须营幔修立,然后就舍,军士皆食,尔乃尝饭,故所向有功。

15 北地先零羌及枹罕、河关群盗反,共立湟中义从胡北宫伯玉、李文侯为将军,杀护羌校尉泠徵。金城人边章、韩遂素著名西州,群盗诱而劫之,使专任军政,杀金城太守陈懿,攻烧州郡。

11 巴郡人张脩用法术为人治病,所用方法大致与张角相同,他治病时,只让病家出五斗米,因此号为"五斗米师"。秋季,七月,张脩聚集信徒起来造反,攻打郡、县,当时人称他们为"米贼"。

12 八月,皇甫嵩与黄巾军在苍亭大战,俘虏黄巾军将领卜巳。董卓进攻张角,未能取胜,受到处分。乙巳(初三),灵帝下诏,命皇甫嵩率军征讨张角。

13 九月,安平王刘续因被指控为大逆不道,处死,封国也被撤销。

最初,刘续被黄巾军所俘,安平国人将他赎回,朝廷进行讨论,打算恢复其封国。议郎李燮提出:"刘续身为一个藩王,不仅没有尽到职责,反而损害了朝廷的声誉,因此不该让他恢复封国。"灵帝没有听从李燮的意见,重新恢复刘续安平王的爵位。李燮反被指控为诽谤宗室,送到左校去服苦役。不到一年,安平王刘续因犯罪被处死,李燮才得以释放,继续任议郎。京城洛阳人将此事与其父李固不肯立质帝、桓帝事联系在一起,交口称颂说:"父不肯立帝,子不肯立王。"

14 冬季,十月,皇甫嵩与张角的弟弟张梁大战于广宗,张梁率领的黄巾军骁勇善战,皇甫嵩未能取胜。第二天,皇甫嵩守营不出,让士兵们稍事休息,自己则静观敌军的变化,看到黄巾军有些松懈,便趁夜部署军队,清晨鸡鸣之时,率军直冲敌阵,双方激战直至傍晚,广宗一战黄巾军大败,张梁阵亡,黄巾军三万多人被杀,约五万人被逼落河中淹死。张角在此之前已经病故,人们将他的棺材剖开,乱刀碎尸,并将头颅送到洛阳。十一月,皇甫嵩又进攻张角的弟弟张宝于下曲阳,张宝被杀,黄巾军被杀、被俘共十馀万人。灵帝闻讯大喜,立即任命皇甫嵩为左车骑将军,兼冀州牧,并封为槐里侯。皇甫嵩很能体恤士兵,每次行军休息时,总是等到营帐全部修好,他才去休息,士兵全都吃上饭,他才去吃,所以能够不断取得胜利。

15 北地郡羌族的先零部落及袍罕、河关两地的人民起来反抗,一致拥立湟中的义勇首领胡人北宫伯玉和李文侯为将军,护羌校尉泠徵被杀。金城人边章、韩遂在西州素有盛名,起事者将其诱骗来,武力胁迫他们主持军政事务,杀死金城太守陈懿,攻打焚烧州郡官府。

初，武威太守倚恃权贵，恣行贪暴，凉州从事武都苏正和案致其罪。刺史梁鹄惧，欲杀正和以免其负，访于汉阳长史敦煌盖勋。勋素与正和有仇，或劝勋因此报之，勋曰："谋事杀良，非忠也；乘人之危，非仁也。"乃谏鹄曰："夫纵食鹰隼，欲其鸷也。鸷而亨之，将何用哉！"鹄乃止。正和诣勋求谢，勋不见，曰："吾为梁使君谋，不为苏正和也。"怨之如初。

后刺史左昌盗军谷数万，勋谏之。昌怒，使勋与从事辛曾、孔常别屯阿阳以拒贼，欲因军事罪之，而勋数有战功。及北宫伯玉之攻金城也，勋劝昌救之，昌不从。陈懿既死，边章等进围昌于冀，昌召勋等自救，辛曾等疑不肯赴，勋怒曰："昔庄贾后期，穰苴奋剑。今之从事岂重于古之监军乎！"曾等惧而从之。勋至冀，诮让章等以背叛之罪，皆曰："左使君若早从君言，以兵临我，庶可自改；今罪已重，不得降也。"乃解围去。

叛羌围校尉夏育于畜官，勋与州郡合兵救育，至狐槃，为羌所败。勋馀众不及百人，身被三创，坚坐不动，指木表曰："尸我于此！"句就种羌滇吾以兵扞众曰："盖长史贤人，汝曹杀之者为负天。"勋仰骂曰："死反虏！汝何知，促来杀我！"众相视而惊。滇吾下马与勋，勋不肯上，遂为羌所执。羌服其义勇，不敢加害，送还汉阳。后刺史杨雍表勋领汉阳太守。

起初，武威郡的太守依仗权贵的势力，贪污残暴，无恶不作，凉州从事、武都人苏正和调查并举发了他的罪行。凉州刺史梁鹄感到害怕，便想杀死苏正和以免牵连自己，于是就去征求汉阳郡长史、敦煌人盖勋的意见。盖勋一向与苏正和有仇，有人劝盖勋乘此机会进行报复，盖勋说："借刺史向我征求意见的机会谋害人才，是不忠；乘人之危，是不仁。"他劝阻梁鹄说："人们豢养猎鹰，是要用它捕捉猎物。如因猎鹰捕捉了猎物而将它煮杀，那么养它还有什么用呢！"于是，梁鹄打消了杀苏正和的念头。苏正和听说此事后，前往拜访盖勋，向他致谢，盖勋避而不见，说："我是在为梁鹄使君着想，并不是为了苏正和。"他对苏正和的仇恨丝毫未减，一如当初。

后任刺史左昌偷盗军粮数万石，盖勋进行劝阻。左昌大怒，于是让盖勋与从事辛曾、孔常率军另驻阿阳抵抗叛军，想借口盖勋作战不力而加以处分，不想盖勋屡立战功。当北宫伯玉攻打金城时，盖勋劝左昌发兵援救，左昌没有听从他的意见。杀死陈懿后，边章等进军将左昌围困在冀县，左昌召盖勋前去救援，辛曾等人迟疑，不肯出兵，盖勋大怒说："从前庄贾身为监军而延误军期，被司马穰苴处死。今天的从事难道比古时的监军还要尊贵吗！"辛曾等听后，生怕盖勋真按军法从事，只得听他指挥出兵援救。盖勋到达冀县后，斥责边章等人背叛朝廷的行为，边章等回答说："假如左刺史早些听从您的意见，从一开始就出兵攻击，或许我们还能改过自新。如今大错已然铸成，再无归降的可能了。"于是，撤除对冀县的包围离去。

起兵的羌族人将护羌校尉夏育围困在官府畜牧场。盖勋与州、郡联合出兵前去救援，援军行进到狐槃，被羌族人打得大败。盖勋手下所剩不足一百人，身上三处负伤，但仍稳坐不动，他指着路边的木牌说："就将我尸体放在这里！"句就部落的羌人首领滇吾手执武器不许众人杀死盖勋，并说："盖长史是一位贤人，你们如果将他杀死，就会得罪上天。"盖勋仰天大骂道："该死的反叛羌人！你知道什么，赶快来杀我！"羌人都大吃一惊，面面相觑。滇吾下马让盖勋骑，盖勋不肯，于是被羌人所俘。羌人钦佩他的仁义与勇敢，不敢加害，便将他送回汉阳。后来担任凉州刺史的杨雍上表保举盖勋兼任汉阳太守。

16　张曼成馀党更以赵弘为帅，众复盛，至十馀万，据宛城。朱儁与荆州刺史徐璆等合兵围之，自六月至八月不拔。有司奏征儁。司空张温上疏曰："昔秦用白起，燕任乐毅，皆旷年历载，乃能克敌。儁讨颍川已有功效，引师南指，方略已设；临军易将，兵家所忌，宜假日月，责其成功。"帝乃止。儁击弘，斩之。

贼帅韩忠复据宛拒儁，儁鸣鼓攻其西南，贼悉众赴之；儁自将精卒掩其东北，乘城而入。忠乃退保小城，惶惧乞降。诸将皆欲听之，儁曰："兵固有形同而势异者。昔秦、项之际，民无定主，故赏附以劝来耳。今海内一统，唯黄巾造逆。纳降无以劝善，讨之足以惩恶。今若受之，更开逆意，贼利则进战，钝则乞降，纵敌长寇，非良计也！"因急攻，连战不克。儁登土山望之，顾谓司马张超曰："吾知之矣。贼今外围周固，内营逼急，乞降不受，欲出不得，所以死战也。万人一心，犹不可当，况十万乎！不如彻围，并兵入城，忠见围解，势必自出，自出则意散，破之道也。"既而解围，忠果出战，儁因击，大破之，斩首万馀级。

南阳太守秦颉杀忠，馀众复奉孙夏为帅，还屯宛。儁急攻之，司马孙坚率众先登。癸巳，拔宛城。孙夏走，儁追至西鄂精山，复破之，斩万馀级。于是黄巾破散，其馀州郡所诛，一郡数千人。

16 黄巾将领张曼成被杀后,所馀部众又拥立赵弘为统帅,势力再度扩大,达到十馀万人,攻占了宛城。朱儁与荆州刺史徐璆等率军联合将宛城包围起来,从六月攻至八月,一直未能攻克。有关部门要求将朱儁调回,给予处分。司空张温上书说:"从前秦国任用白起,燕国任用乐毅,都是经过长年艰苦奋战,才取得最终的胜利。朱儁在征讨颍川黄巾时便已建立战功,挥师南下,早已确定作战计划;在战争之中更换统帅,是兵家的禁忌,应该再给他一些时间,以求取得成功。"灵帝这才罢休。不久,朱儁发动进攻,将赵弘杀死。

黄巾将领韩忠再次占据宛城抗拒朱儁,朱儁让士兵们敲着军鼓佯攻宛城西南角,黄巾军全都赶赴该处抵御;朱儁却亲率精兵袭击宛城的东北角,越城而入。韩忠退守小城,惊慌失措,要求投降。诸将都愿意接受,但朱儁说:"在军事上有形式相同而实质不同的情况。从前秦末项羽争霸的时候,哪一个统治者都没有取得天下,因此要奖赏归附者,以鼓励更多的人前来归顺。如今天下统一,只有黄巾军起来造反。如果接受他们投降,就无法鼓励那些守法的百姓,只有严厉镇压,才能惩罚这些罪犯。如果现在接受他们的投降,就会进一步助长叛军的势头,他们在有利时起兵进攻,不利时则投降保命,这种放纵敌人的作法不是上策!"朱儁连续发起猛攻,全都未能奏效。他登上土山,观察黄巾军的情况,然后回头对司马张超说:"我知道原因了。现在叛军被严密围住,内部形势危急,他们求降不成,突围又无路可走,因而只能死战到底。万人一心,已是势不可挡,更何况十万人一心呢!不如撤除包围圈,集中兵力攻城,韩忠见到包围解除了,一定会冲出求生,叛军们一出城定会各寻生路,斗志全消,这是破敌的最好办法。"于是朱儁解除包围,韩忠果然出战,朱儁乘势攻击,大破黄巾军,杀死一万馀人。

南阳太守秦颉杀死韩忠,剩下的黄巾军又推举孙夏为统帅,再次占领宛城。朱儁发起猛攻,司马孙坚率领部下首先登上城墙。癸巳(二十二日),攻下宛城。孙夏率众逃走,朱儁追至西鄂县的精山,再次击溃黄巾军,杀死一万馀人。黄巾军溃不成军,其他州、郡大肆搜捕零星的黄巾馀众,每郡都杀死数千人。

17 十二月己巳,赦天下,改元。

18 豫州刺史太原王允破黄巾,得张让宾客书,与黄巾交通,上之。上责怒让。让叩头陈谢,竟亦不能罪也。让由是以事中允,遂传下狱,会赦,还为刺史。旬日间,复以他罪被捕。杨赐不欲使更楚辱,遣客谢之曰:"君以张让之事,故一月再征,凶憝难量,幸为深计!"诸从事好气决者,共流涕奉药而进之。允厉声曰:"吾为人臣,获罪于君,当伏大辟以谢天下,岂有乳药求死乎!"投杯而起,出就槛车。既至,大将军进与杨赐、袁隗共上疏请之,得减死论。

二年(乙丑,185)

1 春,正月,大疫。

2 二月己酉,南宫云台灾。庚戌,乐城门灾。

中常侍张让、赵忠说帝敛天下田,亩十钱,以修宫室,铸铜人。乐安太守陆康上疏谏曰:"昔鲁宣税亩而蝝灾自生,哀公增赋而孔子非之,岂有聚夺民物以营无用之铜人,捐舍圣戒,自蹈亡王之法哉!"内幸谮康援引亡国以譬圣明,大不敬,槛车征诣廷尉。侍御史刘岱表陈解释,得免归田里。康,续之孙也。

17 十二月己巳(二十九日),大赦天下,改年号为中平元年。

18 豫州刺史太原人王允打败黄巾军,从收缴物品中查出宦官首领张让门下的宾客与黄巾军往来联系的书信,便将这些信件上报朝廷。灵帝知道后大发雷霆,狠狠地斥责了张让。张让叩头请罪,灵帝竟也不再追究。于是张让寻机诬告王允,遂将王允逮捕入狱,恰巧赶上大赦,王允得以恢复官职。可是在十天之内又以别的罪名被捕。杨赐不愿让王允再次遭受拷打的痛苦和羞辱,派人对王允说:"因为你揭发了张让,所以会一月之内两次被捕,张让凶恶无比,阴险难测,希望你好好考虑一下,是否还要再受折辱!"王允属下那些年轻气盛的从事们,泪流满面,一同将毒药进奉给王允。王允厉声说道:"我身为一个臣子,得罪了君王,理应由司法机构正式处死,以公告天下,怎么能服毒自杀呢!"于是摔掉药杯,奋然起身,出门登上囚车。他被押解到廷尉以后,大将军何进与杨赐、袁隗一起上书营救,王允才得以免死,被判处减死一等之罪。

汉灵帝中平二年(乙丑,公元185年)

1 春季,正月,瘟疫到处流行。

2 二月己酉(初十),洛阳南宫的云台发生火灾。庚戌(十一日),皇宫的乐城门又发生火灾。

中常侍张让、赵忠劝说灵帝对全国的耕地每亩加收十钱的田税,用以修建宫殿,铸造铜人。乐安郡太守陆康上书劝阻,说:"从前春秋时,鲁国的国君宣公按亩征收田税,因而蝗虫的幼虫大量孵出,造成大灾,鲁哀公想要增加百姓的赋税,孔子认为这种做法不对,怎么能强行搜刮人民的财物去修造毫无用处的铜人?又怎么能将圣人的告诫弃之脑后,去效仿导致亡国的措施呢!"宦官们攻击陆康援引亡国的例子来比喻圣明的皇帝,是犯了"大不敬"的亵渎皇帝的罪过,遂用囚车将陆康押送到廷尉监狱。侍御史刘岱上书为他辩解,陆康才未被处死,放逐还乡。陆康是陆续的孙子。

又诏发州郡材木文石，部送京师。黄门常侍辄令谴呵不中者，因强折贱买，仅得本贾十分之一，因复货之，宦官复不为即受，材木遂至腐积，宫室连年不成。刺史、太守复增私调，百姓呼嗟。又令西园驺分道督趣，恐动州郡，多受赇赂。刺史、二千石及茂才、孝廉迁除，皆责助军、修宫钱，大郡至二三千万，馀各有差。当之官者，皆先至西园谐价，然后得去。其守清者乞不之官，皆迫遣之。时钜鹿太守河内司马直新除，以有清名，减责三百万。直被诏，怅然曰："为民父母而反割剥百姓以称时求，吾不忍也。"辞疾，不听。行至孟津，上书极陈当世之失，即吞药自杀。书奏，帝为暂绝修宫钱。

3　以朱儁为右车骑将军。

4　自张角之乱，所在盗贼并起，博陵张牛角、常山褚飞燕及黄龙、左校、于氐根、张白骑、刘石、左髭丈八、平汉大计、司隶缘城、雷公、浮云、白雀、杨凤、于毒、五鹿、李大目、白绕、眭固、苦蝤之徒，不可胜数，大者二三万，小者六七千人。

张牛角、褚飞燕合军攻瘿陶，牛角中流矢，且死，令其众奉飞燕为帅，改姓张。飞燕名燕，轻勇趫捷，故军中号曰"飞燕"。山谷寇贼多附之，部众寖广，殆至百万，号黑山贼，河北诸郡县并被其害，朝廷不能讨。燕乃遣使至京师，奏书乞降；

灵帝又下诏让各州、郡向朝廷进献木材及纹理美观的石料,送往京城洛阳。宦官们在验收时,百般挑剔,对认为不合格的,强迫州、郡官贱卖,价格仅为原价的十分之一,各州、郡不能完成定额,于是宦官们又将已验收的木头卖给州郡官员,而当州、郡官员们再用这批木材交纳时,宦官们仍是百般挑剔,不能及时入库,几经反复,致使运来的木材都堆积在一起朽坏了,宫殿则一连数年始终未能修好。各地的刺史、太守更是乘此机会私自增加百姓赋税,致使人民怨恨不已,到处是一片呻吟哀号之声。灵帝又命令西园的皇家卫士分别到各州、郡去督促采购,这些人恐吓惊扰州郡官府,到处收受贿赂。刺史、太守以及茂才、孝廉在升迁和赴任时,都要交纳"助军"和"修宫"钱,做大郡的太守,通常要交两三千万钱,其馀的依官职等级不同而增减。凡是新委任的官员,都要先去西园议定应交纳的钱数,然后方能赴任。有些清廉之士,请求辞职不去的,也都被迫上任、交钱。当时,河内人司马直刚刚被任命为钜鹿太守,因他平素有清廉之称,故将他应交的数额减少三百万。司马直接到诏书后,怅然长叹,说:"身为百姓的父母官,却要剥削百姓去迎合当前这种弊政,我于心不忍。"遂借口有病而辞职,但是未获批准。在赴任途中,他走到孟津,上书极为详细直率地陈述了当时的各种弊政,然后服毒自杀。他的奏章呈上后,灵帝受到震动,暂时停止征收修宫钱。

3 任命朱儁为右车骑将军。

4 自从张角举事之后,各地百姓纷纷起来反抗东汉政权,较为知名的有博陵人张牛角、常山人褚飞燕以及黄龙、左校、于氐根、张白骑、刘石、左髭丈八、平汉大计、司隶缘城、雷公、浮云、白雀、杨凤、于毒、五鹿、李大目、白绕、眭固、苦蝤等,不可胜数,这些队伍大到两三万人,小的也有六七千人。

张牛角和褚飞燕联合进攻瘿陶,张牛角被流箭射中,临死之前,命令他的部下尊奉褚飞燕为统帅,同时让褚飞燕改姓张。褚飞燕原名为褚燕,因他身轻如燕,又骁勇善战,故此军中都称他为"飞燕"。张燕接管了张牛角的队伍之后,势力大增,附近山区的叛匪纷纷归附到他麾下,部众渐多,达到近百万人,官府称他人为"黑山贼",黄河以北的各郡、县都不断受到张燕部下的侵扰,朝廷却无力派兵围剿。于是,张燕派使者到京城洛阳,上书朝廷请求归降。

遂拜燕平难中郎将,使领河北诸山谷事,岁得举孝廉、计吏。

　　5　司徒袁隗免。三月,以廷尉崔烈为司徒。烈,寔之从兄也。

　　是时,三公往往因常侍、阿保入钱西园而得之,段颎、张温等虽有功勤名誉,然皆先输货财,乃登公位。烈因傅母入钱五百万,故得为司徒。及拜日,天子临轩,百僚毕会,帝顾谓亲幸者曰:"悔不少靳,可至千万!"程夫人于傍应曰:"崔公,冀州名士,岂肯买官!赖我得是,反不知姝邪!"烈由是声誉顿衰。

　　6　北宫伯玉等寇三辅,诏左车骑将军皇甫嵩镇长安以讨之。

　　时凉州兵乱不止,征发天下役赋无已,崔烈以为宜弃凉州。诏会公卿百官议之,议郎傅燮厉言曰:"斩司徒,天下乃安!"尚书奏燮廷辱大臣。帝以问燮,对曰:"樊哙以冒顿悖逆,愤激思奋,未失人臣之节,季布犹曰'哙可斩也'。今凉州天下要冲,国家藩卫。高祖初兴,使郦商别定陇右;世宗拓境,列置四郡,议者以为断匈奴右臂。今牧御失和,使一州叛逆。烈为宰相,不念为国思所以弭之之策,乃欲割弃一方万里之土,臣窃惑之!若使左衽之虏得居此地,士劲甲坚,因以为乱,此天下之至虑,社稷之深忧也。若烈不知,是极蔽也;知而故言,是不忠也。"帝善而从之。

灵帝任命张燕为平难中郎将,使他管理黄河以北山区的行政及治安事务,并与其他郡级行政单位一样,每年可以向朝廷推荐孝廉,并派遣计吏到洛阳去汇报。

5 司徒袁隗被免职。三月,任命廷尉崔烈为司徒。崔烈是崔寔的堂兄。

当时,官员们只有通过宦官或者灵帝幼时的乳母向西园进献财物后,才能出任三公,段颎、张温等人虽然立有军功或是很有声望,但也都是先进献钱物,然后才能登上三公之位。崔烈通过灵帝的乳母进献五百万钱,因此当上司徒。到正式任命那天,灵帝亲自主持仪式,文武百官都来参加,灵帝对左右的亲信说:"真后悔没有再稍吝惜一些,否则可以要到一千万。"程夫人在旁边接着说:"崔烈是冀州的名士,怎么肯用钱来买官!多亏了我,他才肯出这么多,您反而不满意吗!"因此,崔烈的声望顿时大为下跌。

6 北宫伯玉等率军进攻三辅地区,灵帝下诏,命左车骑将军皇甫嵩镇守长安,指挥大军进行讨伐。

当时,凉州地区不断有人起兵造反,官府为了筹措进行征讨的军费,不断加征赋税,司徒崔烈提出应该放弃凉州。灵帝下诏让公卿百官共同商议这件事,议郎傅燮正颜厉色地说道:"处死司徒,天下才能安定!"尚书弹劾傅燮在宫殿上公开侮辱大臣有罪。灵帝命傅燮详细陈述理由,傅燮回答说:"以前樊哙因为匈奴冒顿单于冒犯中国,出于忠义激愤,要求出兵征讨,并没有失去人臣礼节,而季布还说'樊哙应该处死'。如今凉州是通向西域的交通要道,并负有守护国家西边门户的重任。当年高祖平定天下时,就让郦商去占领陇右;武帝开拓疆土,设立了武威、张掖、酒泉、敦煌四郡,当时舆论认为这是切断了匈奴的右臂。现在,地方官员治理失当,致使全州的百姓都起来造反。崔烈身为宰相,不为国家考虑如何平定叛乱的策略,反而建议舍弃这块广袤万里的国土,我感到困惑不解!一旦胡人控制了这一地区,兵强马壮,铠甲坚实,据以向中原发动进攻,那将成为国家最大的忧虑,甚至会危及整个政权的稳固。假如崔烈未曾想到这一点,说明他极端愚蠢;如果他知道其中的利害而故意提此建议,则是对国家不忠。"灵帝同意并听从傅燮的意见。

7 夏,四月庚戌,大雨雹。

8 五月,太尉邓盛罢;以太仆河南张延为太尉。

9 六月,以讨张角功,封中常侍张让等十二人为列侯。

10 秋,七月,三辅螟。

11 皇甫嵩之讨张角也,过邺,见中常侍赵忠舍宅逾制,奏没入之。又中常侍张让私求钱五千万,嵩不与。二人由是奏嵩连战无功,所费者多,征嵩还,收左车骑将军印绶,削户六千。八月,以司空张温为车骑将军,执金吾袁滂为副,以讨北宫伯玉;拜中郎将董卓为破虏将军,与荡寇将军周慎并统于温。

12 九月,以特进杨赐为司空。冬,十月庚寅,临晋文烈侯杨赐薨。以光禄大夫许相为司空。相,训之子也。

13 谏议大夫刘陶上言:"天下前遇张角之乱,后遭边章之寇,今西羌逆类已攻河东,恐遂转盛,豕突上京。民有百走退死之心,而无一前斗生之计,西寇浸前,车骑孤危,假令失利,其败不救。臣自知言数见厌,而言不自裁者,以为国安则臣蒙其庆,国危则臣亦先亡也。谨复陈当今要急八事。"大较言天下大乱,皆由宦官。宦官共谗陶曰:"前张角事发,诏书示以威恩,自此以来,各各改悔。今者四方安静,而陶疾害圣政,专言妖孽。州郡不上,陶何缘知?疑陶与贼通情。"于是收陶下黄门北寺狱,掠按日急。陶谓使者曰:"臣恨不与伊、

7　夏季,四月庚戌(十二日),天降大冰雹。

8　五月,太尉邓盛被免职;任命太仆、河南人张延为太尉。

9　六月,灵帝以讨伐张角有功的名义,封中常侍张让等十二人为列侯。

10　秋季,七月,三辅地区螟虫成灾。

11　皇甫嵩征讨张角时,途经邺城,看到中常侍赵忠建造的住宅超过法定的规格,就上奏朝廷建议将赵忠的宅第予以没收。此外,中常侍张让曾私下向皇甫嵩索取五千万钱贿赂,被皇甫嵩拒绝。赵、张两人对此怀恨在心,就向灵帝诬告说,皇甫嵩久战不胜,不仅无功可言,反而浪费了大批军用物资,于是灵帝便将皇甫嵩召回洛阳,收回他左车骑将军的印信绶带,并把他的封邑削减六千户。八月,任命司空张温为车骑将军,执金吾袁滂做他的副手,率军征讨北宫伯玉;并任命中郎将董卓为破虏将军,与荡寇将军周慎一道都归张温指挥。

12　九月,任命特进杨赐为司空。冬季,十月庚寅,临晋侯杨赐去世。任命光禄大夫许相为司空。许相是许训的儿子。

13　谏议大夫刘陶上书说:"天下先有张角之乱,后有边章之乱,如今西边的羌族叛军已在攻打河东郡,恐怕要越闹越大,威胁到京城洛阳的安全。百姓们只有许多撤退逃生的念头,而没有一点拼命奋战以求生存的打算,西面的叛军日渐逼进,车骑将军张温孤军无援,一旦疆场失利,全局将不可收拾。我深知这样反复上书,必将招致陛下的厌烦,但是仍然不克制自己,是因为我知道,国家平安,我也将从中受益;国家危险,我则会先行毁灭。现在,我再次陈述目前急待处理的八件事情。"这八件要事的主旨,是指出天下之所以大乱,都是因宦官引起。宦官们一齐向灵帝诬陷刘陶,说:"以前,张角反叛之后,陛下发布诏书,威恩并施,从那以后,叛乱者都已改悔。现在,天下太平,四方安静,刘陶对陛下圣明的政治不满,专门揭露妖孽一类的黑暗面。再说,刘陶所言之事,州、郡并没有上报,他又是怎么知道的?我们怀疑刘陶自己与贼人有所联系。"灵帝听信了这些谗言,逮捕刘陶,送交宦官控制的黄门北寺监狱,严刑拷问,日益迫急。刘陶对代表皇帝审讯的使臣说:"我真恨自己不能像伊尹、

吕同畴,而以三仁为辈。今上杀忠謇之臣,下有憔悴之民,亦在不久,后悔何及!"遂闭气而死。前司徒陈耽为人忠正,宦官怨之,亦诬陷,死狱中。

14　张温将诸郡兵步骑十馀万屯美阳,边章、韩遂亦进兵美阳,温与战,辄不利。十一月,董卓与右扶风鲍鸿等并兵攻章、遂,大破之,章、遂走榆中。

温遣周慎将三万人追之。参军事孙坚说慎曰:"贼城中无谷,当外转粮食,坚愿得万人断其运道,将军以大兵继后,贼必困乏而不敢战,走入羌中,并力讨之,则凉州可定也!"慎不从,引军围榆中城,而章、遂分屯葵园峡,反断慎运道,慎惧,弃车重而退。

温又使董卓将兵三万讨先零羌,羌、胡围卓于望垣北,粮食乏绝,乃于所渡水中立隄以捕鱼,而潜从隄下过军。比贼追之,决水已深,不得渡,遂还屯扶风。

张温以诏书召卓,卓良久乃诣温。温责让卓,卓应对不顺。孙坚前耳语谓温曰:"卓不怖罪而鸥张大语,宜以召不时至,陈军法斩之。"温曰:"卓素著威名于河、陇之间,今日杀之,西行无依。"坚曰:"明公亲率王师,威震天下,何赖于卓!观卓所言,不假明公,轻上无礼,一罪也;章、遂跋扈经年,当以时进讨,而卓云未可,沮军疑众,二罪也;卓受任无功,应召稽留,而轩昂自高,

吕尚那样为明主出力,却与商朝灭亡之时的微子、箕子、比干三位仁人遭受同样的命运。如今上面滥杀忠良正直的臣子,下面的百姓则憔悴不堪,这样的局面也不会长期维持,将来后悔也来不及了!"于是,闭住气自杀身亡。前任司徒陈耽为人忠正,宦官们很怨恨他,也伺机陷害,将他逮捕,害死在狱中。

14 张温统率诸郡的步、骑兵十余万驻扎在美阳。边章、韩遂也进军美阳,张温与他们交战失利。十一月,董卓与右扶风鲍鸿等合兵进攻边章、韩遂,大破他们统领的西羌军,边章、韩遂率军败退榆中。

张温派周慎率领三万人追剿边章、韩遂。参军事孙坚向周慎建议说:"叛军据守的城中缺少粮食,必须从外面运入,我愿率领一万人截断敌军的运粮道,将军统大军在后接应,叛军必然会因饥乏交困而不敢应战,只能退回羌人腹地,到那时,再合力围剿他们,就可以平定凉州!"周慎没有听从他的建议,率军将榆中城团团围住,而边章、韩遂分兵驻守葵园峡,反而将官军的运粮道路截断,周慎极为恐慌,丢弃辎重,匆忙撤军。

张温又派董卓率领三万人前去讨伐羌族的先零部落,羌人与胡人在望垣以北将董卓团团围住,董卓军中缺粮,于是便在打算渡河的地方筑起堤堰,假装要捕鱼充饥,然后,在堤堰的掩护之下,悄然撤退。等到羌人发觉时,董卓的大军已全部过河,并将堤堰决开,河水暴涨,致使羌人无法过河追赶,于是董卓回师,驻扎扶风。

张温以皇帝诏书的名义征召董卓,董卓拖延很久才前去晋见张温。张温责备董卓,而董卓态度倨傲,应答时毫不恭顺。孙坚上前附在张温的耳边悄声说道:"董卓对他在战斗中的失利毫不在意,反而气焰嚣张,应该按照军法'应召不即时到达'一条,申明法令,予以处死。"张温回答说:"董卓在黄河、陇山之间一向有威望,今天将他杀死,可能会影响将要进行的西征。"孙坚说:"将军亲自统率皇家大军,威震天下,何必依赖于董卓!观察董卓的言谈举止,对你一点也不尊重,轻视长官,举止无礼,是第一条罪状;边章、韩遂叛乱多年,现应及时征讨,而董卓反对,动摇军心,是第二条罪状;董卓接受委派,无功而回,长官征召时又迟迟不到,而且态度倨傲,

三罪也。古之名将仗钺临众,未有不断斩以成功者也。今明公垂意于卓,不即加诛,亏损威刑,于是在矣。"温不忍发,乃曰:"君且还,卓将疑人。"坚遂出。

15 是岁,帝造万金堂于西园,引司农金钱、缯帛牣积堂中,复藏寄小黄门、常侍家钱各数千万,又于河间买田宅,起第观。

三年(丙寅,186)

1 春,二月,江夏兵赵慈反,杀南阳太守秦颉。

2 庚戌,赦天下。

3 太尉张延罢。遣使者持节就长安拜张温为太尉。三公在外始于温。

4 以中常侍赵忠为车骑将军。帝使忠论讨黄巾之功,执金吾甄举谓忠曰:"傅南容前在东军,有功不侯,天下失望。今将军亲当重任,宜进贤理屈,以副众心。"忠纳其言,遣弟城门校尉延致殷勤于傅燮。延谓燮曰:"南容少答我常侍,万户侯不足得也!"燮正色拒之曰:"有功不论,命也。傅燮岂求私赏哉!"忠愈怀恨,然惮其名,不敢害,出为汉阳太守。

5 帝使钩盾令宋典修南宫玉堂,又使掖庭令毕岚铸四铜人,又铸四钟,皆受二千斛。又铸天禄、虾蟆吐水于平门外桥东,转水入宫。又作翻车、渴乌,施于桥西,用洒南北郊路,以为可省百姓洒道之费。

是第三条罪状。古代的名将受命统军出征,没有不靠断然诛杀以成功的。如今将军对董卓如此谦下,不立即诛杀,就将损害统帅的威严和军中法规。"张温不忍心立即处理董卓,便说:"你先回去,时间一长,董卓会起疑心的。"孙坚于是告辞而出。

15　灵帝在西园修造万金堂,把大司农所管国库中的金银、铜钱及绸缎等都搬到万金堂中,堆得满满的,灵帝还把钱寄存在小黄门、中常侍家中,每家各存数千万,并在他当皇帝之前的封地河间购买田地,修建住宅。

汉灵帝中平三年(丙寅,公元186年)

1　春季,二月,江夏郡的兵士赵慈聚众造反,杀死南阳郡太守秦颉。

2　庚戌(十六日),大赦天下。

3　太尉张延被免职。灵帝派遣使者持符节到长安,任命张温为太尉。在京城以外任命三公,由张温开始。

4　任命中常侍赵忠为车骑将军。灵帝命赵忠调查审核讨伐黄巾军的功劳,执金吾甄举对赵忠说:"傅燮先前在征伐东方的黄巾时,立有大功,但是未被封侯,天下的民众感到失望。如今将军亲负这项重任,应该推举贤人,审理冤情,以满足民心。"赵忠采纳了甄举的意见,派他的弟弟城门校尉赵延去向傅燮致意。赵延对傅燮说:"只要你肯稍稍接受我哥哥的友情,封万户侯则不在话下!"傅燮正颜厉色地拒绝他说:"有功而未得到封赏,是我的命运不好。我岂能乞求私人的恩惠!"赵忠知道后,越发怀恨,只是顾忌傅燮的声望,不敢公开加以迫害,便外放他为汉阳郡太守。

5　灵帝让钩盾令宋典在南宫里修建玉堂殿,并让掖庭令毕岚铸造四个铜人,再铸四口铜钟,容量都为两千斛。又铸造一种名为"天禄"的铜兽及吐水的铜蛤蟆,放在平门外的桥东,水从蛤蟆口中吐出流入皇宫之内。又作翻车和渴乌,作为抽水机械放在桥西,用来浇洒南北大道,认为可以节省百姓洒水泼道的费用。

6　五月壬辰晦,日有食之。

7　六月,荆州刺史王敏讨赵慈,斩之。

8　车骑将军赵忠罢。

9　冬,十月,武陵蛮反,郡兵讨破之。

10　前太尉张延为宦官所谮,下狱死。

11　十二月,鲜卑寇幽、并二州。

12　征张温还京师。

四年(丁卯,187)

1　春,正月己卯,赦天下。

2　二月,荥阳贼杀中牟令。三月,河南尹何苗讨荥阳贼,破之。拜苗为车骑将军。

3　韩遂杀边章及北宫伯玉、李文侯,拥兵十馀万,进围陇西,太守李相如叛,与遂连和。

凉州刺史耿鄙率六郡兵讨遂。鄙任治中程球,球通奸利,士民怨之。汉阳太守傅燮谓鄙曰:"使君统政日浅,民未知教。贼闻大军将至,必万人一心,边兵多勇,其锋难当;而新合之众,上下未和,万一内变,虽悔无及。不若息军养德,明赏必罚。贼得宽挺,必谓我怯,群恶争势,其离可必。然后率已教之民,讨成离之贼,其功可坐而待也!"鄙不从。夏,四月,鄙行至狄道,州别驾反应贼,先杀程球,次害鄙,贼遂进围汉阳。城中兵少粮尽,燮犹固守。

6　五月壬辰晦(三十日),出现日食。

7　六月,荆州刺史王敏讨伐赵慈,将他杀死。

8　车骑将军赵忠被免职。

9　冬季,十月,武陵蛮族起来反抗,武陵郡的军队将他们镇压下去。

10　前任太尉张延遭宦官们诬陷,死在狱中。

11　十二月,鲜卑族侵犯劫掠幽州与并州。

12　征召张温回京城洛阳。

汉灵帝中平四年(丁卯,公元187年)

1　春季,正月己卯(二十一日),大赦天下。

2　二月,荥阳百姓起来造反,杀死中牟县县令。三月,河南尹何苗统军讨伐荥阳的叛匪,将他们镇压下去。灵帝任命何苗为车骑将军。

3　韩遂杀死边章及北宫伯玉、李文侯,指挥着十馀万大军进兵包围陇西郡,陇西郡太守李相如叛变朝廷,与韩遂联合在一起。

凉州刺史耿鄙率领属下六郡的军队讨伐韩遂。耿鄙很信任治中程球,但程球贪赃枉法,好营私利,引起士人和百姓的不满。汉阳太守傅燮对耿鄙说:"您到职的时间不长,人民还没有很好的受到教化。叛军们听说官军即将征讨,必然会万众一心,边疆地区的人多骁勇善战,进攻时锐不可当;而我军则是由六郡的军队新近组合而成,互相之间既不熟悉,上下也不是很和睦,万一发生内乱,尽管后悔也来不及了。不如暂时让军队修整一下,培养统帅的威信,做到赏罚分明,稳定军心。叛军看形势缓和后,必然认为我军胆怯,各首领之间就会开始争权夺利,必然离心离德。然后,你率领训练有素的军队,去征伐已然分崩离析的叛军,则大功必成!"耿鄙不听。夏季,四月,耿鄙大军行进到狄道,凉州别驾叛变响应叛军,先杀程球,后杀耿鄙,叛军因而进兵包围了汉阳郡。城中兵力不足,粮草将尽,但傅燮仍然坚守城池。

时北地胡骑数千随贼攻郡,皆夙怀燮恩,共于城外叩头,求送燮归乡里。燮子干,年十三,言于燮曰:"国家昏乱,遂令大人不容于朝。今兵不足以自守,宜听羌、胡之请,还乡里,徐俟有道而辅之。"言未终,燮慨然叹曰:"汝知吾必死邪!圣达节,次守节。殷纣暴虐,伯夷不食周粟而死。吾遭世乱,不能养浩然之志,食禄,又欲避其难乎!吾行何之,必死于此!汝有才智,勉之勉之!主簿杨会,吾之程婴也。"

狄道人王国使故酒泉太守黄衍说燮曰:"天下已非复汉有,府君宁有意为吾属帅乎?"燮按剑叱衍曰:"若剖符之臣,反为贼说邪!"遂麾左右进兵,临陈战殁。耿鄙司马扶风马腾亦拥兵反,与韩遂合,共推王国为主,寇掠三辅。

4 太尉张温以寇贼未平,免;以司徒崔烈为太尉。五月,以司空许相为司徒;光禄勋沛国丁宫为司空。

5 初,张温发幽州乌桓突骑三千以讨凉州,故中山相渔阳张纯请将之,温不听,而使涿令辽西公孙瓒将之。军到蓟中,乌桓以牢禀逋县,多叛还本国。张纯忿不得将,乃与同郡故泰山太守张举及乌桓大人丘力居等连盟,劫略蓟中,杀护乌桓校尉公綦稠、右北平太守刘政、辽东太守阳终等,众至十馀万,屯肥如。举称天子,纯称弥天将军、安定王,移书州郡,云举当代汉,告天子避位,敕公卿奉迎。

当时，叛军中有数千名骑兵是北地郡的胡人，都怀念傅燮的恩德，这些人一齐下马，在城外向傅燮叩头，请求傅燮放弃城池，表示愿意护送他平安返回家乡北地郡。傅燮的儿子傅幹只有十三岁，对父亲说："国家政治腐败混乱，致使你在朝中无法容身。如今部下兵少将寡，无法坚守，应该听从羌、胡人的请求，回归故乡，将来等到有圣明的天子出来，再去辅佐。"傅幹的话没有说完，傅燮十分感慨，叹息道："你要知道我必须去死！只有圣人能通达权变，其次则是坚守节操。从前商纣王残暴淫虐，忠臣伯夷仍然严守臣节，不吃周朝的粮食而饿死。我生逢这样的乱世，不能居家静养浩然之气，既然已经接受了朝廷的俸禄，又怎能遇到危险就逃避呢！我又能走到哪里去，只有死在此地！你有才干、智慧，要好好努力！主簿杨会就是我的程婴，他会尽力照顾你的。"

狄道人王国派前酒泉太守黄衍前来劝说傅燮道："汉朝已不再能统治天下了，您是否愿意做我们的首领？"傅燮手按剑柄，叱责黄衍说："你身为国家正式任命的太守，怎么反倒为叛军做说客！"于是，傅燮率领左右冲向叛军，临阵战死，耿鄙属下的司马扶风人马腾也率军造反，与韩遂联盟，共同推举王国为首领，攻击抢掠三辅地区。

4 太尉张温因为没能平定叛乱，被免职；任命司徒崔烈为太尉。五月，任命司空许相为司徒；光禄勋、沛国人丁宫为司空。

5 最初，张温征发幽州乌桓族的三千名骑兵去征讨凉州叛军，前中山国相、渔阳人张纯求统领这些乌桓骑兵，张温不肯，而让涿县县令、辽西人公孙瓒统领。部队到蓟中时，乌桓骑兵因为粮饷拖欠不发，纷纷逃回乌桓部落。张纯因为没有让他统领乌桓兵而怀恨在心，这时便与同郡人、前泰山郡太守张举和乌桓部落酋长丘力居等联盟，抢劫蓟中，并杀死护乌桓校尉公綦稠、右北平郡太守刘政，辽东郡太守阳终等人，张纯等人的势力迅速扩大，多达十馀万人，驻扎在肥如县。张举自称皇帝，张纯则称弥天将军、安定王，他们发布公文通告各州、郡，宣称张举将取代东汉政权，要求灵帝退位，命公卿百官前来奉迎张举。

6　冬,十月,长沙贼区星自称将军,众万馀人。诏以议郎孙坚为长沙太守,讨击平之,封坚乌程侯。

7　十一月,太尉崔烈罢;以大司农曹嵩为太尉。

8　十二月,屠各胡反。

9　是岁,卖关内侯,直五百万钱。

10　前太丘长陈寔卒,海内赴吊者三万馀人。寔在乡间,平心率物,其有争讼,辄求判正,晓譬曲直,退无怨者。至乃叹曰:"宁为刑罚所加,不为陈君所短!"杨赐、陈耽,每拜公卿,群僚毕贺,辄叹寔大位未登,愧于先之。

6　冬季,十月,长沙人区星起来造反,自称将军,有一万多人。灵帝下诏,任命议郎孙坚为长沙太守,将他们镇压下去,孙坚被封为乌程侯。

7　十一月,太尉崔烈被免职;任命大司农曹嵩为太尉。

8　十二月,匈奴屠各部落起兵造反。

9　这一年,灵帝出卖官爵,关内侯的价格为五百万钱。

10　前任太丘县县长陈寔去世,全国各地前去参加吊丧活动的有三万多人。陈寔在乡里,公平正直,民间凡是发生争执,都要请他裁决,他把是非曲直讲得十分清楚,事过之后没有人抱怨他不公正。甚至有人叹息说:"宁可接受刑罚,也不愿被陈先生责备!"杨赐、陈耽每次被任命为公、卿等高级职务时,文武百官都来祝贺,杨、陈二人便连声叹息陈寔怀才不遇,未能出任高官,对自己先任要职而感到惭愧。

卷第五十九　汉纪五十一

起戊辰(188)尽庚午(190)凡三年

孝灵皇帝下

中平五年(戊辰,188)

1　春,正月丁酉,赦天下。

2　二月,有星孛于紫宫。

3　黄巾徐贼郭大等起于河西白波谷,寇太原、河东。

4　三月,屠各胡攻杀并州刺史张懿。

5　太常江夏刘焉见王室多故,建议以为:"四方兵寇,由刺史威轻,既不能禁,且用非其人,以致离叛。宜改置牧伯,选清名重臣以居其任。"焉内欲求交阯牧,侍中广汉董扶私谓焉曰:"京师将乱,益州分野有天子气。"焉乃更求益州。会益州刺史郤俭赋敛烦扰,谣言远闻,而耿鄙、张懿皆为盗所杀,朝廷遂从焉议,选列卿、尚书为州牧,各以本秩居任。以焉为益州牧,太仆黄琬为豫州牧,宗正东海刘虞为幽州牧。州任之重,自此而始。焉,鲁恭王之后;虞,东海恭王之五世孙也。虞尝为幽州刺史,民夷怀其恩信,故用之。董扶及太仓令赵韪皆弃官,随焉入蜀。

6　诏发南匈奴兵配刘虞讨张纯,单于羌渠遣左贤王将骑诣幽州。国人恐发兵无已,于是右部醯落反,与屠各胡合,凡十馀万人,攻杀羌渠。国人立其子右贤王於扶罗为持至尸逐侯单于。

孝灵皇帝下
汉灵帝中平五年(戊辰,公元 188 年)

1　春季,正月丁酉(十五日),大赦天下。

2　二月,有异星出现于紫微星旁。

3　黄巾军残部郭大等人在河西白波谷起兵,进攻太原郡、河东郡。

4　三月,匈奴屠各部落进攻并州,杀并州刺史张懿。

5　太常江夏人刘焉看到国家政局已乱,向灵帝建议:"各地到处发生叛乱,是由于刺史位轻权小,既不能禁制,又用人不当,所以引起百姓叛离朝廷。应该改置威重位高的州牧,选用有清廉名声的重臣担任。"刘焉当时心里想去担任交阯牧,但侍中、广汉人董扶私下里对刘焉说:"京城洛阳将要发生大乱,根据天象,益州地区将出现新的皇帝。"于是,刘焉改变主意,要求去益州。正好益州刺史郤俭横征暴敛,四处都流传有关他暴政的民谣,再加上耿鄙、张懿被叛军杀死,朝廷就采纳刘焉建议,选用列卿、尚书出任州牧,仍带着各自原来的俸禄,不加调整。任命刘焉为益州牧,太仆黄琬为豫州牧,宗正东海人刘虞为幽州牧。从此以后,各州长官的权力明显增重。刘焉是鲁恭王刘馀的后代;刘虞是东海恭王刘彊的五世孙。刘虞曾担任过幽州刺史,百姓与夷人都很怀念他的恩德与信誉,故此朝廷才有这个任命。董扶与太仓令赵题都辞去官职,随同刘焉到益州去。

6　灵帝下诏征发南匈奴兵分配给刘虞,去征伐张纯,南匈奴单于羌渠派遣左贤王率领骑兵赴幽州听候调遣。匈奴人害怕以后征发不停,于是右部醢落首先发难,与屠各部落联合,共有十多万人,进攻并杀死羌渠。匈奴人立羌渠的儿子右贤王於扶罗为持至尸逐侯单于。

7　夏,四月,太尉曹嵩罢。

8　五月,以永乐少府南阳樊陵为太尉;六月,罢。

9　益州贼马相、赵祗等起兵绵竹,自号黄巾,杀刺史郤俭,进击巴郡、犍为,旬月之间,破坏三郡,有众数万,自称天子。州从事贾龙率吏民攻相等,数日破走,州界清静。龙乃选吏卒迎刘焉。

焉徙治绵竹,抚纳离叛,务行宽惠,以收人心。

10　郡国七大水。

11　故太傅陈蕃子逸与术士襄楷会于冀州刺史王芬坐,楷曰:“天文不利宦者,黄门、常侍真族灭矣。”逸喜。芬曰:“若然者,芬愿驱除!”因与豪杰转相招合,上书言黑山贼攻劫郡县,欲因以起兵。会帝欲北巡河间旧宅,芬等谋以兵徼劫,诛诸常侍、黄门,因废帝,立合肥侯,以其谋告议郎曹操。操曰:“夫废立之事,天下之至不祥也。古人有权成败、计轻重而行之者,伊、霍是也。伊、霍皆怀至忠之诚,据宰辅之势,因秉政之重,同众人之欲,故能计从事立。今诸君徒见曩者之易,未睹当今之难,而造作非常,欲望必克,不以危乎!”芬又呼平原华歆、陶丘洪共定计。洪欲行,歆止之曰:“夫废立大事,伊、霍之所难。芬性疏而不武,此必无成。”洪乃止。会北方夜半有赤气,东西竟天,太史上言:“北方有阴谋,不宜北行。”帝乃止。敕芬罢兵,俄而征之。芬惧,解印绶亡走,至平原,自杀。

7　夏季,四月,太尉曹嵩被免职。

8　五月,任命永乐少府南阳樊陵为太尉;六月,将他免职。

9　益州人马相、赵祗等在绵竹起兵,自称为"黄巾",杀死刺史郤俭,进攻巴郡、犍为,不过一个月,连破三郡,有部下数万人,马相自称天子。益州从事贾龙等率领官吏及百姓进攻马相等,几天后将他们彻底击溃,益州界内恢复清静。于是,贾龙就选派官兵去迎接刘焉。

刘焉将州府移到绵竹,招抚曾经叛乱的百姓,为政宽容,到处施行恩德,以收买人心。

10　有七个郡、国发生大水灾。

11　已故太傅陈蕃的儿子陈逸与法术家襄楷在冀州刺史王芬处见面,襄楷说:"从天象来看,不利于宦官,那些黄门、常侍们这次真的要全部被消灭。"陈逸对此非常高兴。王芬说:"如果真是这样的话,我愿意充当干这件事的先锋!"就与各地的豪杰互相联系,上书说黑山地区的叛军抢劫他属下的郡、县,想以此为借口起兵。正好灵帝准备到北方来巡视他在河间的旧居,王芬等计划用武力来劫持灵帝,杀死那些宦官,然后宣布废黜灵帝,另立合肥侯为皇帝,王芬等将这个计划告诉议郎曹操。曹操说:"废立皇帝是天下最不吉祥的事。古代有的人慎重估量轻重、计算成败后施行,伊尹和霍光便是如此。这两个人都满怀忠诚,以宰相的地位,手握重权,加上又是出于官员与百姓的一致愿望,故此能顺利达到目的。如今,各位只看到他们当初的轻而易举,而未看到现在的各种困难,想要通过这种非常的手段,来一下达到目的,难道不觉得很危险吗!"王芬又邀请平原人华歆、陶丘洪来共同策划。陶丘洪准备动身,华歆进行劝阻,说:"废立皇帝的大事,连伊尹、霍光那样杰出的人物都感觉很困难。何况王芬性情疏阔,又缺乏威武气概,这次举动一定会失败。"陶丘洪于是没有去。这时候,北方天空在半夜时候有一道赤气,从东到西,横贯天际,负责观测天象的太史上书说:"北方地区正在酝酿阴谋,陛下不宜去北方。"灵帝于是打消去旧居的念头,命令王芬解散已集结的士兵,不久,征召王芬到洛阳去。王芬害怕计划已经泄露,就扔下印绶逃亡,跑到平原时自杀了。

12 秋，七月，以射声校尉马日磾为太尉。日磾，融之族孙也。

13 八月，初置西园八校尉，以小黄门蹇硕为上军校尉，虎贲中郎将袁绍为中军校尉，屯骑校尉鲍鸿为下军校尉，议郎曹操为典军校尉，赵融为助军左校尉，冯芳为助军右校尉，谏议大夫夏牟为左校尉，淳于琼为右校尉，皆统于蹇硕。帝自黄巾之起，留心戎事。硕壮健有武略，帝亲任之，虽大将军亦领属焉。

14 九月，司徒许相罢；以司空丁宫为司徒，光禄勋南阳刘弘为司空。

15 以卫尉条侯董重为票骑将军。重，永乐太后兄子也。

16 冬，十月，青、徐黄巾复起，寇郡县。

17 望气者以为京师当有大兵，两宫流血。帝欲厌之，乃大发四方兵，讲武于平乐观下，起大坛，上建十二重华盖，盖高十丈；坛东北为小坛，复建九重华盖，高九丈。列步骑数万人，结营为陈。甲子，帝亲出临军，驻大华盖下，大将军进驻小华盖下。帝躬擐甲、介马，称"无上将军"，行陈三匝而还，以兵授进。帝问讨虏校尉盖勋曰："吾讲武如是，何如？"对曰："臣闻先王曜德不观兵。今寇在远而设近陈，不足以昭果毅，只黩武耳！"帝曰："善！恨见君晚，群臣初无是言也。"勋谓袁绍曰："上甚聪明，但蔽于左右耳。"与绍谋共诛嬖幸，蹇硕惧，出勋为京兆尹。

18 十一月，王国围陈仓。诏复拜皇甫嵩为左将军，督前将军董卓，合兵四万人以拒之。

12 秋季,七月,任命射声校尉马日磾为太尉。马日磾是马融的族孙。

13 八月,开始设置西园八校尉,任命小黄门蹇硕为上军校尉,虎贲中郎将袁绍为中军校尉,屯骑校尉鲍鸿为下军校尉,议郎曹操为典军校尉,赵融为助军左校尉,冯芳为助军右校尉,谏议大夫夏牟为左校尉,淳于琼为右校尉,都由蹇硕统一指挥。灵帝自黄巾军起事以后,开始注重军事。蹇硕身体壮健,又通晓军事,很受灵帝信任,连大将军也要听从他的指挥。

14 九月,司徒许相被免职;任命司空丁宫为司徒,光禄勋南阳人刘弘为司空。

15 任命卫尉、条侯董重为骠骑将军。董重是灵帝母亲董太后的侄子。

16 冬季,十月,青州、徐州的黄巾军再度起兵,攻掠郡县。

17 观察云气来预言吉凶的法术家认为京城洛阳将有兵灾,南北两宫会发生流血事件。灵帝想通过法术来化解,于是大批征调各地的军队,在平乐观下进行阅兵仪式,修筑一个大坛,上面立起十二层的五彩伞盖,高达十丈;在大坛的东北修筑了一个小坛,上面立起九层的伞盖,高九丈。步、骑兵数万人列队,设营布阵。甲子(十六日),灵帝亲自出来阅兵,站在大伞盖之下,大将军何进站在小伞盖之下。灵帝披戴甲胄,骑上有护甲的战马,自称“无上将军”,绕军阵三圈进行检阅,然后将武器授予何进。灵帝问讨虏校尉盖勋说:“我这样检阅大军,你觉得怎样?”盖勋回答:“我听说从前圣明的君王只显示恩德,不炫耀武力。如今,贼寇都在远地,陛下却在京城阅兵,不足以显示消灭敌人的决心,只表现为穷兵黩武罢了。”灵帝说:“你的看法很对!可惜我见到你太晚,群臣从来没有讲过这样的话。”盖勋对袁绍说:“皇帝很聪明,只是被他左右的人蒙蔽住了。”他与袁绍密谋一起诛杀宦官,蹇硕对盖勋不放心,将他派到长安担任京兆尹。

18 十一月,王国率军包围陈仓。灵帝下诏再任命皇甫嵩为左将军,统率前将军董卓,共有军队四万人,去抵抗王国。

19　张纯与丘力居钞略青、徐、幽、冀四州。诏骑都尉公孙瓒讨之。瓒与战于属国石门，纯等大败，弃妻子，逾塞走。悉得所略男女。瓒深入无继，反为丘力居等所围于辽西管子城，二百馀日，粮尽众溃，士卒死者什五六。

20　董卓谓皇甫嵩曰："陈仓危急，请速救之。"嵩曰："不然，百战百胜，不如不战而屈人兵。陈仓虽小，城守固备，未易可拔。王国虽强，攻陈仓不下，其众必疲，疲而击之，全胜之道也，将何救焉！"国攻陈仓八十馀日，不拔。

六年(己巳，189)

1　春，二月，国众疲敝，解围去，皇甫嵩进兵击之。董卓曰："不可！兵法，穷寇勿迫，归众勿追。"嵩曰："不然。前吾不击，避其锐也；今而击之，待其衰也；所击疲师，非归众也；国众且走，莫有斗志，以整击乱，非穷寇也。"遂独进击之，使卓为后拒，连战，大破之，斩首万馀级。卓大惭恨，由是与嵩有隙。

韩遂等共废王国，而劫故信都令汉阳阎忠使督统诸部。忠病死，遂等稍争权利，更相杀害，由是浸衰。

2　幽州牧刘虞到部，遣使至鲜卑中，告以利害，责使送张举、张纯首，厚加购赏。丘力居等闻虞至，喜，各遣译自归。举、纯走出塞，馀皆降散。虞上罢诸屯兵，但留降虏校尉公孙瓒，将步骑万人屯右北平。三月，张纯客王政杀纯，送首诣虞。公孙瓒志欲扫灭乌桓，而虞欲以恩信招降，由是与瓒有隙。

19　张纯与乌桓首长丘力居在青、徐、幽、冀四州境内到处抢掠。灵帝下诏命骑都尉公孙瓒进行讨伐。公孙瓒在辽东属国的石门山与他们交战,张纯等大败,丢弃妻子儿女,向塞外逃命。他们所抢掠俘虏的男女百姓,都被公孙瓒夺回。公孙瓒乘胜深入追击,但没有后援,反被丘力居等包围在辽西郡管子城,坚守了两百馀日,终因粮尽而全军溃散,士兵死亡了十分之五六。

20　董卓对皇甫嵩说:"陈仓形势危急,请赶快救援。"皇甫嵩说:"不然,百战百胜,不如不战而胜。陈仓虽小,但城垣坚固,守卫严密,很不容易攻破。王国兵力虽强,但攻不下陈仓,人马必然疲乏,我们乘机进军,才能稳获胜利,为什么要急于援救呢!"王国围攻陈仓八十馀天,未能攻破。

汉灵帝中平六年(己巳,公元189年)

1　春季,二月,王国的部队疲惫不堪,解围撤退,皇甫嵩下令进军追击。董卓说:"不行! 兵法上说:'穷寇勿迫,归众勿追。'"皇甫嵩说:"不对。以前我们不进攻,是躲避他们的锐气;现在发动进攻,是利用他们士气已经低落;我们现在所攻击的是疲惫之师,而不是'归众';王国部队正要逃走,军心涣散,已无斗志,并不是'穷寇'。"于是皇甫嵩率领直属部队去追击,命令董卓作后援,皇甫嵩连续进攻,大获全胜,杀死一万多人。董卓恼羞成怒,从此与皇甫嵩结下仇恨。

韩遂等人共同废掉王国的首领地位,胁迫前信都县令汉阳人阎忠担任首领,统率各部。不久,阎忠病死,韩遂等人开始争权夺利,继而又互相攻杀,于是势力逐渐衰弱。

2　幽州牧刘虞到任后,派使臣到鲜卑部落去,为他们分析利害,悬以重赏,让他们斩送张举和张纯的人头。丘力居等听说刘虞来到幽州,都很高兴,各自派翻译来晋见刘虞。张举、张纯逃到塞外,部下有的投降,有的逃散。刘虞上奏,请求将征集的各部队全部遣散,只留下降虏校尉公孙瓒,率领步、骑兵一万人,驻扎在右北平。三月,张纯的门客王政刺杀张纯,带张纯的人头去见刘虞。公孙瓒想用武力消灭乌桓部落,而刘虞想用恩德和信义来招降他们,因此,两人之间产生了矛盾。

3 夏,四月丙子朔,日有食之。

4 太尉马日䃅免;遣使即拜幽州牧刘虞为太尉,封容丘侯。

5 蹇硕忌大将军进,与诸常侍共说帝遣进西击韩遂,帝从之。进阴知其谋,奏遣袁绍收徐、兖二州兵,须绍还而西,以稽行期。

6 初,帝数失皇子,何皇后生子辩,养于道人史子眇家,号曰"史侯"。王美人生子协,董太后自养之,号曰"董侯"。群臣请立太子。帝以辩轻佻无威仪,欲立协,犹豫未决。会疾笃,属协于蹇硕。丙辰,帝崩于嘉德殿。硕时在内,欲先诛何进而立协,使人迎进,欲与计事;进即驾往。硕司马潘隐与进早旧,迎而目之。进惊,驰从儳道归营,引兵入屯百郡邸,因称疾不入。

戊午,皇子辩即皇帝位,年十四。尊皇后曰皇太后。太后临朝。赦天下,改元为光熹。封皇弟协为勃海王。协年九岁。以后将军袁隗为太傅,与大将军何进参录尚书事。

进既秉朝政,忿蹇硕图己,阴规诛之。袁绍因进亲客张津,劝进悉诛诸宦官。进以袁氏累世贵宠,而绍与从弟虎贲中郎将术皆为豪桀所归,信而用之。复博征智谋之士何颙、荀攸及河南郑泰等二十馀人,以颙为北军中候,攸为黄门侍郎,泰为尚书,与同腹心。攸,爽之从孙也。

蹇硕疑不自安,与中常侍赵忠、宋典等书曰:"大将军兄弟秉国专朝,今与天下党人谋诛先帝左右,扫灭我曹,但以硕典禁兵,故且沉吟。今宜共闭上阁,急捕诛之。"中常侍郭胜,进同郡人也,太后及进之贵幸,胜有力焉,故亲信何氏。与赵忠等议,

3 夏季,四月丙子朔,出现日食。

4 太尉马日䃅被免职;灵帝派遣使臣到幽州去任命幽州牧刘虞为太尉,封为容丘侯。

5 蹇硕忌恨大将军何进,与宦官们共同劝说灵帝派遣何进西征韩遂,灵帝同意了。何进知道他们的阴谋后,请求派袁绍到徐州和兖州去调集军队,要等到袁绍回来再进行西征,以便拖延行期。

6 最初,灵帝几个儿子生下后不久死去,因此,何皇后生下儿子刘辩后,就送到道人史子眇家去抚养,故被称为"史侯"。王美人生下儿子刘协后,由董太后亲自抚养,被称为"董侯"。文武百官请求灵帝早日确立太子。灵帝认为刘辩为人轻佻,缺乏威仪,想立刘协,但又犹豫未决。正在这时,灵帝病重,把刘协托付给蹇硕。丙辰(十一日),灵帝于嘉德殿驾崩。蹇硕当时在皇宫中,想先杀何进,然后立刘协为皇帝,他派人去请何进商议事情,何进即刻乘车前往。蹇硕的司马潘隐与何进早有交谊,在迎接他时用眼神示意。何进大惊,驰车抄近道跑回自己控制的军营,率军进驻各郡国在京城的官邸,声称有病,不再进宫。

戊午(十三日),皇子刘辩继承皇位,当时他十四岁。尊称母亲何皇后为皇太后。何太后临朝主持朝政。大赦天下,改年号为光熹。封皇弟刘协为勃海王。刘协当时只有九岁。任命后将军袁隗为太傅,与大将军何进共同主持尚书事务。

何进既已掌握朝政大权,怨恨蹇硕想谋害自己,暗中计划将他杀死。袁绍通过何进的亲信门客张津,劝说何进将所有的宦官一网打尽。何进因袁氏历代都有人做高官,袁绍与堂弟虎贲中郎将袁术又为天下豪杰所归附,因此何进相信并任用他们。又广泛征聘有智谋的人士何颙、荀攸及河南人郑泰等二十多人,任命何颙为北军中候,荀攸为黄门侍郎,郑泰为尚书,把他们都当作自己的心腹。荀攸是荀爽的族孙。

蹇硕心里疑虑不安,写信给中常侍赵忠、宋典等人说:"大将军何进兄弟控制朝政,独断专行,如今与天下的党人策划要把先帝左右的亲信和宦官们都一网打尽,只是因为我统率禁军,所以暂且不敢轻举妄动。现在应该一起动手,关闭宫门,赶快将何进逮捕处死。"中常侍郭胜与何进是同郡之人,何太后及何进能有这样的地位,他帮了很大的忙,因此他站在何氏一边。郭胜与赵忠等人商议后,

不从硕计，而以其书示进。庚午，进使黄门令收硕，诛之，因悉领其屯兵。

票骑将军董重与何进权势相害，中官挟重以为党助。董太后每欲参干政事，何太后辄相禁塞，董后忿恚，詈曰："汝今辀张，怙汝兄耶！吾敕票骑断何进头，如反手耳！"何太后闻之，以告进。五月，进与三公共奏："孝仁皇后使故中常侍夏恽等交通州郡，辜较财利，悉入西省。故事，蕃后不得留京师，请迁宫本国。"奏可。辛巳，进举兵围票骑府，收董重，免官，自杀。六月，辛亥，董太后忧怖，暴崩。民间由是不附何氏。

7　辛酉，葬孝灵皇帝于文陵。何进惩蹇硕之谋，称疾，不入陪丧，又不送山陵。

8　大水。

9　秋，七月，徙勃海王协为陈留王。

10　司徒丁宫罢。

11　袁绍复说何进曰："前窦武欲诛内宠而反为所害者，但坐言语漏泄。五营兵士皆畏服中人，而窦氏反用之，自取祸灭。今将军兄弟并领劲兵，部曲将吏皆英俊名士，乐尽力命，事在掌握，此天赞之时也。将军宜一为天下除患，以垂名后世，不可失也！"进乃白太后，请尽罢中常侍以下，以三署郎补其处。太后不听，曰："中官统领禁省，自古及今，汉家故事，不可废也。且先帝新弃天下，我奈何楚楚与士人共对事乎！"进难违太后意，且欲诛其放纵者。绍以为中官亲近至尊，出纳号令，今不悉废，后必为患。而太后母舞阳君及何苗数受诸宦官赂遗，知进欲诛之，数白太后为其障蔽，又言："大将军专杀左右，擅权以弱社稷。"太后疑以为然。进新贵，素敬惮中官，

拒绝蹇硕的提议,而把蹇硕的信送给何进看。庚午(二十五日),何进令黄门令逮捕蹇硕,将他处死,把禁军全部置于自己指挥之下。

骠骑将军董重与何进互争权利,宦官们依靠董重来加强声势。董太后每次想要干预国家政事,何太后都加以阻止,董太后很是愤恨,骂道:"你现在如此气焰嚣张,不过是依仗你的哥哥何进!我如命令骠骑将军董重砍下何进的人头,只是举手之劳!"何太后听到后,告诉给何进。五月,何进与三公共同上奏:"董太后派前中常侍夏恽等与州、郡官府相互勾结,搜刮财物,都存在她所住永乐宫。按照过去的惯例,藩国的王后不能留住在京城,请把她迁回本国。"何太后批准了这一奏章。辛巳(初六),何进举兵包围了骠骑将军府,逮捕董重,免除他的职务,董重自杀。六月,辛亥(初七),董太后又忧又怕,突然死去。从此以后,何进一家就失去了民心。

7　辛酉(十七日),把灵帝安葬在文陵。何进警惕会发生蹇硕那样的阴谋,自称有病,不入宫去陪丧,也不送灵帝的棺椁到墓地。

8　发生大水灾。

9　秋季,七月,改封勃海王刘协为陈留王。

10　司徒丁宫被免职。

11　袁绍又向何进建议说:"从前窦武他们想要消灭宦官反而被宦官所杀害,只是因为消息泄露。五营兵士一向畏惧宦官的权势,而窦氏反而利用他们,所以杀人不成,自取其祸。如今将军兄弟同时统帅禁军,部下将帅都是英雄俊杰之士,乐于为您赴汤蹈火,事情全在掌握之中,这是天赐良机。将军应该断然决定,为天下除去大害,垂名后世,一定不要错过这个机会!"何进晋见太后,请求全部撤换中常侍以下的宦官,委派三署郎官代替他们的职务。何太后不答应,说:"从古至今,都是由宦官来管理皇宫内的事情,这条汉朝的传统制度,不能废掉。何况灵帝刚刚去世,我怎能衣冠整齐地与士人相对共事呢!"何进难以违背太后的意思,打算暂且诛杀几个平日最跋扈的宦官。袁绍认为宦官最亲近太后和皇帝,百官的奏章及皇帝诏命都由他们来回传递,现在如果不彻底废除,将来一定会有后患。但是何太后的母亲舞阳君和弟弟何苗多次接受宦官们的贿赂,知道何进要消灭宦官,屡次向何太后进言阻止,又说:"大将军何进专权,擅自杀害左右近臣,削弱国家。"太后心中疑虑,认为他们的话有理。何进新近掌握重权,但他一向对宦官们既尊敬又畏惧,

虽外慕大名而内不能断，故事久不决。

绍等又为画策，多召四方猛将及诸豪杰，使并引兵向京城，以胁太后，进然之。主簿广陵陈琳谏曰："谚称'掩目捕雀'，夫微物尚不可欺以得志，况国之大事，其可以诈立乎！今将军总皇威，握兵要，龙骧虎步，高下在心，此犹鼓洪炉燎毛发耳。但当速发雷霆，行权立断，则天人顺之。而反委释利器，更征外助，大兵聚会，强者为雄，所谓倒持干戈，授人以柄，功必不成，只为乱阶耳！"进不听。典军校尉曹操闻而笑曰："宦者之官，古今宜有，但世主不当假之权宠，使至于此。既治其罪，当诛元恶，一狱吏足矣，何至纷纷召外兵乎！欲尽诛之，事必宣露，吾见其败也。"

初，灵帝征董卓为少府，卓上书言："所将湟中义从及秦、胡兵皆诣臣言：'牢直不毕，禀赐断绝，妻子饥冻。'牵挽臣车，使不得行。羌、胡憋肠狗态，臣不能禁止，辄将顺安慰。增异复上。"朝廷不能制。及帝寝疾，玺书拜卓并州牧，令以兵属皇甫嵩。卓复上书言："臣误蒙天恩，掌戎十年，士卒大小，相狎弥久，恋臣畜养之恩，为臣奋一旦之命，乞将之北州，效力边垂。"嵩从子郦说嵩曰："天下兵柄，在大人与董卓耳。今怨隙已结，势不俱存。卓被诏委兵而上书自请，此逆命也。彼度京师政乱，故敢踌躇不进，此怀奸也。二者，刑所不赦。且其凶戾无亲，将士不附。大人今为元帅，杖国威以讨之，

所以他虽然羡慕能得到除去宦官的美名，但又不能当机立断，因此事情拖下来，久久不能决定。

袁绍又为何进出谋划策，让他多召各地的猛将和英雄豪杰，都率军向京城洛阳进发，以此来威胁何太后，何进同意了这一计划。主簿、广陵人陈琳劝阻说："民间有一句谚语，叫'掩目捕雀'，像那样的小事尚且不可用欺诈手段达到目的，何况国家大事，怎么可以用这种手段呢！如今将军身集皇家威望，手握兵权，龙行虎步，为所欲为，对付宦官，好比是用炉火去烧毛发。只要您快速发动，用雷霆万钧之势当机立断，发号施令，那么上应天意，下顺民心。然而如今反而要放弃手中的权柄，去征求外援，等到各地大军聚集时，强大者就将称雄，这样做就像是倒拿武器，而把刀柄递给别人一样，必定不会成功，只会酿成大乱！"何进不听。典军校尉曹操听说后笑着说："在宫中服务的宦官，古今都应该有，只是君王不应该过于宠信，或给予大权，使他们发展到现在这个程度。既然要惩治他们，应当除去首恶，只要一个狱吏就足够了，何至于纷纷攘攘地征召各地部队呢！假如要想将他们一网打尽，事情必然会泄露，我将看到此事的失败。"

起初，灵帝征召董卓入朝担任少府，董卓上书说："我所统率的湟中地区的志愿附属军以及秦、胡兵都来见我，说：'没有发给足够的粮饷，使得妻子儿女都饥寒交迫。'把我的车子拖住，使我无法应召动身。这些羌、胡人都心肠险恶，很难驾驭，我不能让他们听从命令，只能先留下来进行安抚。有新的情况，再随时汇报。"朝廷对他也无可奈何。到灵帝病重时，下诏任命董卓为并州牧，命令他把军队交给皇甫嵩指挥。董卓又上书说："我得到陛下信任，已经率军作战达十年之久，在全军上下，久已培养起感情，他们眷恋我的恩德，愿意为我战死沙场，请求陛下准许我把这支军队带到并州，为国家守卫边疆。"皇甫嵩的侄子皇甫郦向皇甫嵩建议说："全国的军权，主要握在您和董卓手中。现在双方已结下仇怨，势必不能共存。董卓接到命令他交出军权的诏书，但他却上书请求带走军队，是违抗皇帝的诏命。他认为朝中政治混乱，敢于按兵不动，拖延时间，以观变化，是心怀奸诈。这两项都是不能赦免的大罪。而且他凶暴残忍，不受将士拥戴。您现在身为元帅，倚仗国威去讨伐他，

上显忠义,下除凶害,无不济也。"嵩曰:"违命虽罪,专诛亦有责也。不如显奏其事,使朝廷裁之。"乃上书以闻。帝以让卓。卓亦不奉诏,驻兵河东以观时变。

何进召卓使将兵诣京师。侍御史郑泰谏曰:"董卓强忍寡义,志欲无厌,若借之朝政,授以大事,将恣凶欲,必危朝廷。明公以亲德之重,据阿衡之权,秉意独断,诛除有罪,诚不宜假卓以为资援也!且事留变生,殷鉴不远,宜在速决。"尚书卢植亦言不宜召卓,进皆不从。泰乃弃官去,谓荀攸曰:"何公未易辅也。"

进府掾王匡,骑都尉鲍信,皆泰山人,进使还乡里募兵;并召东郡太守桥瑁屯成皋,使武猛都尉丁原将数千人寇河内,烧孟津,火照城中,皆以诛宦官为言。

董卓闻召,即时就道,并上书曰:"中常侍张让等,窃幸承宠,浊乱海内。臣闻扬汤止沸,莫若去薪;溃痈虽痛,胜于内食。昔赵鞅兴晋阳之甲以逐君侧之恶,今臣辄鸣钟鼓如雒阳,请收让等以清奸秽!"太后犹不从。何苗谓进曰:"始共从南阳来,俱以贫贱依省内以致富贵,国家之事,亦何容易。覆水不收,宜深思之,且与省内和也。"卓至渑池,而进更狐疑,使谏议大夫种邵宣诏止之。卓不受诏,遂前至河南。邵迎劳之,因譬令还军。卓疑有变,使其军士以兵胁邵。邵怒,称诏叱之,军士皆披,遂前质责卓,卓辞屈,乃还军夕阳亭。邵,暠之孙也。

对上表示您的忠义，又为下边消除一个祸害，无往不利。"皇甫嵩说："尽管董卓违抗诏命有罪，但不得朝廷批准，我就擅自讨伐他，也有罪。不如公开奏报这件事，由朝廷来裁决。"于是，上书奏明。灵帝下诏责备董卓。董卓仍不肯服从，把军队驻扎在河东郡，以观察政局的变化。

何进召董卓率军到洛阳来。侍御史郑泰劝阻说："董卓为人强悍，不讲仁义，又贪得无厌，假如依靠他的支持来办这件大事，他将为所欲为，必然会威胁到朝廷的安全。您作为皇亲国戚，掌握国家大权，可以依照本意独断独行，惩治那些罪人，实在不应该依靠董卓作为外援！而且事情拖得太久，就会起变化，先前窦武之事的教训也并不久远，应该赶快决断。"尚书卢植也认为不应当召董卓，何进都不接受。郑泰于是辞职而去，告诉荀攸说："何进是个很不容易辅佐的人。"

何进的僚属王匡与骑都尉鲍信都是泰山人，何进让他们回乡去招募军队；又召东郡太守桥瑁屯兵成皋，让武猛都尉丁原率领数千人进军河内郡，焚烧黄河的孟津渡口，火光直照到洛阳城中；这些行动都以消灭宦官作为口号。

董卓接到何进召他进京的命令，立刻率军上路出发，同时上书说："中常侍张让等人，利用得到皇帝宠幸之机，扰乱天下。我曾听说，扬汤止沸，不如釜底抽薪；疮痈溃烂虽然疼痛，但要胜于向内侵蚀脏腑。从前，赵鞅统率晋阳的军队来清除君王身边的恶人，如今，我率军大张旗鼓地到洛阳来，请求逮捕张让等人，清除奸邪！"太后仍然拒不答应。何苗对何进说："我们当时一起从南阳来，出身贫贱，都是依靠宦官的扶助才有今天的富贵，国家大事，谈何容易。而且覆水难收，应该多加考虑，我的意见是与宦官们讲和。"董卓到渑池时，何进更加犹豫不决，派谏议大夫种邵拿着皇帝诏书去阻止董卓。董卓不接受诏命，一直进军到河南。种邵迎接慰劳他的军队，并劝令他退军。董卓疑心洛阳政局已发生变动，命部下用武器威胁种邵。种邵大怒，用皇帝的名义叱责他们，士兵都害怕地散开，种邵上前当面责问董卓，董卓理屈词穷，只好撤军回到夕阳亭。种邵是种暠的孙子。

　　袁绍惧进变计，因胁之曰："交构已成，形势已露，将军复欲何待而不早决之乎？事久变生，复为窦氏矣！"进于是以绍为司隶校尉，假节，专命击断；从事中郎王允为河南尹。绍使雒阳方略武吏司察宦者，而促董卓等使驰驿上奏，欲进兵平乐观。太后乃恐，悉罢中常侍、小黄门使还里舍，唯留进所私人以守省中。诸常侍、小黄门皆诣进谢罪，唯所措置。进谓曰："天下匈匈，正患诸君耳。今董卓垂至，诸君何不早各就国！"袁绍劝进便于此决之，至于再三，进不许。绍又为书告诸州郡，诈宣进意，使捕按中官亲属。

　　进谋积日，颇泄，中官惧而思变。张让子妇，太后之妹也，让向子妇叩头曰："老臣得罪，当与新妇俱归私门。唯受恩累世，今当远离宫殿，情怀恋恋，愿复一入直，得暂奉望太后陛下颜色，然后退就沟壑，死不恨矣！"子妇言于舞阳君，入白太后。乃诏诸常侍皆复入直。

　　八月戊辰，进入长乐宫，白太后，请尽诛诸常侍。中常侍张让、段珪相谓曰："大将军称疾，不临丧，不送葬，今欻入省，此意何为？窦氏事竟复起邪？"使潜听，具闻其语。乃率其党数十人持兵窃自侧闼入，伏省户下，进出，因诈以太后诏召进，入坐省闼。让等诘进曰："天下愦愦，亦非独我曹罪也。先帝尝与太后不快，几至成败，我曹涕泣救解，各出家财千万为礼，

袁绍怕何进改变主意，威胁他说："矛盾久已形成，行动迹象已很明显，将军还想等待什么，而不早作决断？事情拖得太久就会发生变化，难道还要重演窦武被害的惨剧吗！"何进于是任命袁绍为司隶校尉，假节，有不经请示就逮捕或处死罪犯的权力；又任命从事中郎王允为河南尹。袁绍命属下的方略武吏到处侦察宦官动静，又联络董卓等人，让他们再次上奏，并在奏章上扬言将进军到平乐观。于是何太后大为恐惧，把中常侍、小黄门等宦官都罢免回家，只留下一些何进的亲信守在宫中。宦官们都去向何进请罪，表示一切听从他的处置。何进对他们说："天下动荡不定，正是由于厌恨你们。如今董卓大军马上就要来了，你们为什么还不早日各自回自己的封国去！"袁绍劝何进乘此机会一网打尽，再三申明理由，何进执意不许。袁绍又用公文通知各州、郡官府，假借何进的名义，要各地逮捕宦官们的亲属。

何进的计划因时间太长，逐渐泄露，宦官们知道后，怕被一网打尽，开始筹划对策。张让的儿媳是何太后的妹妹，张让向她叩头请求说："我现在犯下罪责，理应全家回到家乡，不再过问政事。只是我们受到皇家几代的恩德，如今要远离宫殿，心中恋恋不舍，盼望允许我再入宫侍奉一次，只要能见到皇太后和皇帝，然后就是死在荒野，心中也没有遗恨了！"这位儿媳向母亲舞阳君说情，舞阳君又入宫向何太后说情。于是何太后下诏，让宦官们全都重新入宫服侍。

八月戊辰（二十五日），何进前往长乐宫，晋见何太后，请求杀死全体中常侍。中常侍张让、段珪等人商议说："大将军何进自称有病，既不参加先帝的丧礼，又不送葬到墓地去，如今突然入宫，有什么意图？难道窦武事件又要重演？"派人去窃听何进兄妹的谈话，获知全部谈话内容。于是率领自己的党羽数十人，手持武器，偷偷从侧门进去，埋伏在殿门下，等何进出来，就假传太后的旨意召他，何进未加提防，进入宫中。于是张让等人责问何进说："天下大乱，也不单是我们宦官的罪过。先帝曾经跟太后生气，几乎废黜太后，全是我们流着泪叩头求情，各人都献出家财千万作为礼物，

和悦上意,但欲托卿门户耳。今乃欲灭我曹种族,不亦大甚乎!"于是尚方监渠穆拔剑斩进于嘉德殿前。让、珪等为诏,以故太尉樊陵为司隶校尉,少府许相为河南尹。尚书得诏版,疑之,曰:"请大将军出共议。"中黄门以进头掷与尚书曰:"何进谋反,已伏诛矣!"

进部曲将吴匡、张璋在外,闻进被害,欲引兵入宫,宫门闭。虎贲中郎将袁术与匡共斫攻之,中黄门持兵守阁。会日暮,术因烧南宫青琐门,欲以胁出让等。让等入白太后,言大将军兵反,烧宫,攻尚书闼,因将太后、少帝及陈留王劫省内官属,从复道走北宫。尚书卢植执戈于阁道窗下,仰数段珪,珪惧,乃释太后,太后投阁,乃免。袁绍与叔父隗矫诏召樊陵、许相,斩之。绍及何苗引兵屯朱雀阙下,捕得赵忠等,斩之。吴匡等素怨苗不与进同心,而又疑其与宦官通谋,乃令军中曰:"杀大将军即车骑也,吏士能为报雠乎?"皆流涕曰:"愿致死!"匡遂引兵与董卓弟奉车都尉旻攻杀苗,弃其尸于苑中。绍遂闭北宫门,勒兵捕诸宦者,无少长皆杀之,凡二千馀人,或有无须而误死者。绍因进兵排宫,或上端门屋,以攻省内。

庚午,张让、段珪等困迫,遂将帝与陈留王数十人步出谷门,夜,至小平津,六玺不自随,公卿无得从者,唯尚书卢植、河南中部掾闵贡夜至河上。贡厉声质责让等,且曰:"今不速死,吾将杀汝!"因手剑斩数人。让等惶怖,叉手再拜,叩头向帝辞曰:"臣等死,陛下自爱!"遂投河而死。

才使先帝缓和下来,我们这样做,只是希望你有权后能做我们的靠山。如今你反而想把我们全部杀死灭族,不也太过分了吗!"于是尚方监渠穆拔出剑来,在嘉德殿前杀死何进。张让、段珪等写下诏书,任命前太尉樊陵为司隶校尉,少府许相为河南尹。尚书看到诏书,觉得可疑,说:"请大将军何进出来共同商议。"中黄门将何进的人头扔给尚书,说:"何进谋反,已被处死!"

何进部下的军官吴匡、张璋在皇宫外,听到何进被杀害,打算率军冲入皇宫,但宫门已关闭。虎贲中郎将袁术与吴匡等共同进攻皇宫,用刀劈砍宫门,中黄门等则手持武器,在内防守。相持到黄昏,袁术下令纵火烧南宫的青琐门,想以此威胁张让等人出来。张让等人到后宫禀告何太后,说大将军何进的部下谋反,纵火烧宫,并进攻尚书门。他们裹胁着何太后、少帝、陈留王刘协以及宫内的其他官员从天桥阁道逃向北宫。尚书卢植手持长戈站在阁道的窗下,仰头斥责段珪,段珪惊恐害怕,于是放开何太后,何太后从窗口跳下,得以幸免。袁绍与他叔父袁隗假传圣旨,召见樊陵、许相,把他们处死。袁绍与何苗等率兵驻扎在朱雀门下,捉到赵忠等人,都立即处死。吴匡等人平时就怨恨何苗不与何进同心,而且怀疑他与宦官有勾结,于是号令军中说:"杀死大将军的人就是车骑将军何苗,将士们能为大将军报仇吗?"何进部下都流着泪说:"愿拼死为大将军报仇!"于是吴匡就率兵与董卓的弟弟奉车都尉董旻一起攻杀何苗,把他的尸体扔在宫苑里。于是袁绍关上北宫门,派兵捉拿所有的宦官,不论老少,一律杀死,共两千多人毙命,有些未长胡须的人也在混乱中被误杀。袁绍乘势率军进攻,有的士兵爬上端门,向宫内冲击。

庚午(二十七日),张让、段珪等被困宫中,无计可施,只好带着少帝、陈留王刘协等数十人走出谷门,夜里来到小平津,因匆忙出逃,连皇帝所用的六颗御玺也未带上,没有公卿跟随,只有尚书卢植、河南中部掾闵贡夜里追到黄河岸边。闵贡厉声斥责张让等人,而且说:"你们如今还不快死,我就要来杀你们!"于是用剑砍死数名宦官。张让等又惊又怕,拱手行礼,又向少帝叩头辞别说:"我们死了,请陛下保重!"于是投河而死。

贡扶帝与陈留王夜步逐萤光南行，欲还宫。行数里，得民家露车，共乘之，至雒舍止。辛未，帝独乘一马，陈留王与贡共乘一马，从雒舍南行，公卿稍有至者。董卓至显阳苑，远见火起，知有变，引兵急进；未明，到城西，闻帝在北，因与公卿往奉迎于北芒阪下。帝见卓将兵卒至，恐怖涕泣。群公谓卓曰：“有诏却兵。”卓曰：“公诸人为国大臣，不能匡正王室，至使国家播荡，何却兵之有！”卓与帝语，语不可了。乃更与陈留王语，问祸乱由起，王答，自初至终，无所遗失。卓大喜，以王为贤，且为董太后所养，卓自以与太后同族，遂有废立之意。

是日，帝还宫，赦天下，改光熹为昭宁。失传国玺，馀玺皆得之。以丁原为执金吾。骑都尉鲍信自泰山募兵适至，说袁绍曰：“董卓拥强兵，将有异志，今不早图，必为所制。及其新至疲劳，袭之，可禽也！”绍畏卓，不敢发。信乃引兵还泰山。

董卓之入也，步骑不过三千，自嫌兵少，恐不为远近所服，率四五日辄夜潜出军近营，明旦，乃大陈旌鼓而还，以为西兵复至，雒中无知者。俄而进及弟苗部曲皆归于卓，卓又阴使丁原部曲司马五原吕布杀原而并其众，卓兵于是大盛。乃讽朝廷，以久雨，策免司空刘弘而代之。

闵贡扶着少帝与陈留王刘协在夜里借萤火虫的微光来寻找道路，徒步摸索着向南走，想回到宫中。这样走了几里地，得到百姓家一辆板车，大家一齐挤上去，到达雒舍歇息。辛未（二十八日），找到马匹，少帝独自骑一匹，陈留王刘协和闵贡合骑一匹，从雒舍向南走，这时才逐渐有大臣赶来护驾。董卓率军到显阳苑，远远望见宫中起火，知道发生变故，便统军急速前进。天还没亮，来到城西，听说少帝在北边，就与大臣们一齐到北芒阪下奉迎少帝。少帝见董卓突然率大军前来，吓得直哭。大臣们对董卓说："皇帝下诏，要军队后撤。"董卓说："你们这些人身为国家大臣，不能辅佐王室，以致使皇帝在外流亡，还敢说要军队后撤！"董卓上前参见少帝，少帝因过于惊吓，说起话来语无伦次。于是董卓再与陈留王刘协谈问起事变经过，刘协一一回答，从始至终，毫无遗漏。董卓十分高兴，觉得刘协强于少帝，而且又是由董太后养大的，他认为自己与董太后同族，于是心里有了废黜少帝，改立刘协为皇帝的念头。

　　当天，少帝回到宫中，大赦天下，改年号，将光熹元年改为昭宁元年。检点宫中物品，找到皇帝六玺中的五个，而最珍贵的传国玉玺却丢失了。任命丁原为执金吾。骑都尉鲍信到泰山郡募兵恰在这时归来，他劝说袁绍："董卓统率强兵，恐怕将有不轨的打算，现在不早点下手，必然会被他控制。应该乘他刚到，兵马都很疲惫，发动突袭，可以生擒董卓！"袁绍畏惧董卓，不敢发动进攻。于是鲍信率领新招募的部队返回泰山郡。

　　董卓刚到洛阳，手下只有步、骑兵三千人，自知兵力单薄，担心不能使远近慑服，于是，每隔四五天，就派军队夜里悄悄离开洛阳，到城外扎营，第二天早上，再严整军容，大张旗鼓地开进洛阳，让人以为凉州又派来了援军，而洛阳城中没有人知道他的底细。不久，何进与何苗的部下都投靠董卓，董卓又暗中指使丁原部下的司马、五原人吕布杀死丁原，乘机吞并了丁原的部队，于是董卓兵力大增。他暗示朝廷，借口连日下雨不停，让皇帝颁策罢免司空刘弘的职务，由自己接任。

初,蔡邕徒朔方,会赦得还。五原太守王智,甫之弟也,奏邕谤讪朝廷,邕遂亡命江海,积十二年。董卓闻其名而辟之,称疾不就。卓怒,詈曰:"我能族人!"邕惧而应命,到,署祭酒,甚见敬重,举高第,三日之间,周历三台,迁为侍中。

12　董卓谓袁绍曰:"天下之主,宜得贤明,每念灵帝,令人愤毒!董侯似可,今欲立之,为能胜史侯否?人有小智大痴,亦知复何如?为当且尔,刘氏种不足复遗!"绍曰:"汉家君天下四百许年,恩泽深渥,兆民戴之。今上富于春秋,未有不善宣于天下。公欲废嫡立庶,恐众不从公议也!"卓按剑叱绍曰:"竖子敢然!天下之事,岂不在我!我欲为之,谁敢不从!尔谓董卓刀为不利乎!"绍勃然曰:"天下健者岂惟董公!"引佩刀,横揖,径出。卓以新至,见绍大家,故不敢害。绍县节于上东门,逃奔冀州。

九月癸酉,卓大会百僚,奋首而言曰:"皇帝暗弱,不可以奉宗庙,为天下主。今欲依伊尹、霍光故事,更立陈留王,何如?"公卿以下皆惶恐,莫敢对。卓又抗言曰:"昔霍光定策,延年按剑。有敢沮大议,皆以军法从事!"坐者震动。尚书卢植独曰:"昔太甲既立不明,昌邑罪过千馀,故有废立之事。今上富于春秋,行无失德,非前事之比也。"卓大怒,罢坐。将杀植,蔡邕为之请,议郎彭伯亦谏卓曰:"卢尚书海内大儒,人之望也。今先害之,天下震怖。"卓乃止,但免植官,植遂逃隐于上谷。卓以废立议示太傅袁隗,隗报如议。

起初,蔡邕被流放到朔方郡,遇到大赦后,得以返回家乡。五原郡太守王智是中常侍王甫的弟弟,指控蔡邕诽谤朝廷,于是蔡邕流亡江湖,前后达十二年。董卓听人说到蔡邕的名声,下令征召他做自己的僚属,蔡邕自称有病,不肯接受征召。董卓大怒,咆哮说:"我能把蔡邕全族杀得一个不剩!"蔡邕感到恐惧,只得接受命令,他到洛阳后,被任命为司空祭酒,董卓对蔡邕十分敬重,以考绩优秀为理由举荐他,使他在三日内连续升迁三次,在三个不同的官署任职,最后被任命为侍中。

　　12　董卓对袁绍说:"天下的君主,应该由贤明的人来担任,每次想到灵帝的所作所为,就使人愤恨!'董侯'看来不错,现在我打算改立他为皇帝,不知他是否能胜过'史侯'? 有的人小事聪明,大事糊涂,谁知道他又会怎样? 如果他也不行,那么刘氏的统治就不能再继续下去了!"袁绍说:"汉朝统治天下已约四百年,恩德深厚,万民拥戴。如今皇上年龄尚幼,没有什么过失传布天下。您想废嫡立庶,恐怕众人都不会赞同您的提议!"董卓手按剑柄,大声呵叱袁绍说:"小子,你胆敢这样放肆! 天下大事,都由我决定! 我要想这样做,谁敢不服从? 你难道以为董卓的刀不够锋利吗!"袁绍也勃然大怒,说:"天下的英雄豪杰,难道只有你董卓一个人!"袁绍把佩刀横过来,向众人作了一个揖,昂然径直而出。董卓因新到洛阳,袁绍又是累代高官的大家,没有敢当时杀害他。袁绍把司隶校尉的符节悬挂在上东门,离开洛阳逃奔冀州。

　　九月癸酉,董卓召集文武百官,蛮横地说:"皇帝没有能力,不可以承继祖宗留下的基业,做统治天下的君主。如今,我想依照伊尹、霍光的前例,改立陈留王刘协为皇帝,你们觉得怎样?"大臣们都十分惶恐,没有人敢发表意见。董卓又高声说:"从前霍光定下废立的大计后,田延年手握剑柄,准备诛杀反对的人。现在无论谁胆敢反对这项计划,都以军法从事!"在座的人无不震骇。只有尚书卢植说:"从前太甲继位后昏庸不明,昌邑王有千馀条罪状,所以有废立之事发生。现在的皇帝年龄尚幼,举动也没有过失,不能强行与从前的情况相比。"董卓大怒,离座而去。他准备杀卢植,蔡邕为卢植求情,议郎彭伯也劝阻董卓,说:"卢尚书是全国有名的儒学大师,受人尊敬。现在先杀了他,将使全国都陷入恐怖之中。"董卓这才停止动手,只是免去卢植的官职。于是,卢植逃到上谷郡隐居起来。董卓派人把废立皇帝的计划送给太傅袁隗看,袁隗不敢反对,回报表示同意。

甲戌，卓复会群僚于崇德前殿，遂胁太后策废少帝，曰："皇帝在丧，无人子之心，威仪不类人君，今废为弘农王，立陈留王协为帝。"袁隗解帝玺绶，以奉陈留王，扶弘农王下殿，北面称臣。太后鲠涕，群臣含悲，莫敢言者。

卓又议："太后踧迫永乐宫，至令忧死，逆妇姑之礼。"乃迁太后于永安宫。赦天下，改昭宁为永汉。丙子，卓鸩杀何太后，公卿以下不布服，会葬，素衣而已。卓又发何苗棺，出其尸，支解节断，弃于道边，杀苗母舞阳君，弃尸于苑枳落中。

13 诏除公卿以下子弟为郎，以补宦官之职，侍于殿上。

14 乙酉，以太尉刘虞为大司马，封襄贲侯。董卓自为太尉，领前将军事，加节传、斧钺、虎贲，更封郿侯。

15 丙戌，以太中大夫杨彪为司空。

16 甲午，以豫州牧黄琬为司徒。

17 董卓率诸公上书，追理陈蕃、窦武及诸党人，悉复其爵位，遣使吊祠，擢用其子孙。

18 自六月雨至于是月。

19 冬，十月乙巳，葬灵思皇后。

20 白波贼寇河东，董卓遣其将牛辅击之。初，南单于於扶罗既立，国人杀其父者遂叛，共立须卜骨都侯为单于。於扶罗诣阙自讼。会灵帝崩，天下大乱，於扶罗将数千骑与白波贼合兵寇郡县。时民皆保聚，

甲戌（初一），董卓又在崇德前殿召集百官，威胁何太后下诏废黜少帝刘辩，诏书说："皇帝在为先帝守丧期间，没有尽到做儿子的孝心，而且仪表缺乏君王应有的威严，如今，废他为弘农王，改立陈留王刘协为皇帝。"袁隗把少帝刘辩身上佩带的玺绶解下来，进奉给陈留王刘协，然后扶弘农王刘辩下殿，向坐在北面的刘协称臣。何太后哽咽流涕，大臣们也都心中悲伤，但没有一个人敢站出来反对。

董卓又提出："何太后曾经逼迫婆母董太皇太后，使她忧虑而死，违背了儿媳孝敬婆母的礼制。"于是，把何太后迁到永安宫。大赦天下，改年号，把昭宁元年改为永汉元年。丙子（初三），董卓用毒药害死何太后，大臣们都秉承董卓的意思，不穿丧服，在参加丧礼时，也只是穿素色衣服。董卓又把何苗的棺木掘出来，拖出尸体，砍为数段，扔在道边，还杀死何苗的母亲舞阳君，把尸体扔在御花园的枳林中。

13　下诏，任命朝中大臣的子弟为郎官，在宫殿侍候皇帝，以填补原来由宦官担任的职务。

14　乙酉（十二日），任命太尉刘虞为大司马，封襄贲侯。董卓自己担任太尉，兼前将军，并加赐代表皇帝权力的符节，以及作为仪仗的斧钺和虎贲卫士，进封为郿侯。

15　丙戌（十三日），任命太中大夫杨彪为司空。

16　甲午（二十一日），任命豫州牧黄琬为司徒。

17　董卓率领三公等大臣上书，请求重新审理陈蕃、窦武以及党人的案件，一律恢复爵位，派使者去祭悼他们的坟墓，并任用他们的子弟为官。

18　自六月到九月，大雨连绵不断。

19　冬季，十月乙巳（初三），安葬何太后。

20　白波叛军进攻河东郡，董卓派部下将领牛辅率军讨伐。

起初，南匈奴单于於扶罗继位后，谋杀他父亲的人于是叛变，共同拥立须卜骨都侯为单于，与他对抗。於扶罗到洛阳向朝廷控告他们。正赶上灵帝去世，天下大乱，於扶罗便率领数千骑兵联合白波叛军共同攻击郡、县。当时百姓都聚集在坞堡里，凭险自守，

钞掠无利,而兵遂挫伤。复欲归国,国人不受,乃止河东平阳。须卜骨都侯为单于一年而死,南庭遂虚其位,以老王行国事。

21 十一月以董卓为相国,赞拜不名,入朝不趋,剑履上殿。

22 十二月戊戌,以司徒黄琬为太尉,司空杨彪为司徒,光禄勋荀爽为司空。

初,尚书武威周毖,城门校尉汝南伍琼,说董卓矫桓、灵之政,擢用天下名士以收众望,卓从之,命毖、琼与尚书郑泰、长史何颙等沙汰秽恶,显拔幽滞。于是征处士荀爽、陈纪、韩融、申屠蟠。复就拜爽平原相,行至宛陵,迁光禄勋,视事三日,进拜司空。自被征命及登台司,凡九十三日。又以纪为五官中郎将,融为大鸿胪。纪,寔之子;融,韶之子也。爽等皆畏卓之暴,无敢不至。独申屠蟠得征书,人劝之行,蟠笑而不答,卓终不能屈,年七十馀,以寿终。卓又以尚书韩馥为冀州牧,侍中刘岱为兖州刺史,陈留孔伷为豫州刺史,东平张邈为陈留太守,颍川张咨为南阳太守。卓所亲爱,并不处显职,但将校而已。

23 诏除光熹、昭宁、永汉三号。

24 董卓性残忍,一旦专政,据有国家甲兵、珍宝,威震天下,所愿无极,语宾客曰:"我相,贵无上也!"侍御史扰龙宗诣卓白事,不解剑,立挝杀之。是时,雒中贵戚,室第相望,金帛财产,家家充积,卓纵放兵士,突其庐舍,剽虏资物,妻略妇女,不避贵戚。人情崩恐,不保朝夕。

於扶罗没有抢掠到什么东西,自己的部下反有不少伤亡。他想再回到自己的领地去,但那些已拥立新单于的人不接纳他,他只好停留在河东郡的平阳县。须卜骨都侯仅做一年单于就去世了,南匈奴没有再推举新的单于,空下王位,而由须卜骨都侯的父亲代行单于职权。

21 十一月,任命董卓为相国,允许他在参拜皇帝时不唱名,上朝不趋行,佩剑穿鞋上殿。

22 十二月戊戌,任命司徒黄琬为太尉,司空杨彪为司徒,光禄勋荀爽为司空。

起初,尚书、武威人周毖,城门校尉、汝南人伍琼劝说董卓矫正桓帝、灵帝时所施行的弊政,征召天下有名望的士人,以争取民心,董卓采纳了这个建议,命令周毖、伍琼与尚书郑泰、长史何颙等淘汰贪赃枉法与不称职的官员,选拔被压抑的人才。于是,征召未做过官的士人荀爽、陈纪、韩融、申屠蟠入朝任职。又派使者到荀爽家乡去任命他为平原国相,荀爽赴任途中走到宛陵,又被任命为光禄勋,荀爽上任才三天,就升任司空。从他被征召,到升任三公,一共只有九十三天。又任命陈纪为五官中郎将,韩融为大鸿胪。陈纪是陈寔的儿子;韩融是韩韶的儿子。荀爽等人都害怕董卓的残暴,被征召就不敢不来。只有申屠蟠接到被征召的命令后,别人都劝他应召,他笑而不答,董卓到底没能勉强他做官,他活到七十多岁,在家寿终正寝。董卓又任命尚书韩馥为冀州牧,侍中刘岱为兖州刺史,陈留人孔伷为豫州刺史,东平人张邈为陈留太守,颍川人张咨为南阳太守。董卓自己的亲信都没有担任高官,只是在军队中担任中郎将、校尉一类的职务。

23 下诏废除光熹、昭宁、永汉三个年号,仍称本年为中平六年。

24 董卓性情残忍,一旦控制朝政大权,全国武装力量和国库中的珍宝等全由他随意支配,威震天下,欲望变得没有止境,他曾对门下的宾客说:“我的相貌,是天下最尊贵的!”侍御史扰龙宗晋见董卓汇报事情,没有解下佩剑,立刻被当场打死。当时,洛阳城内的皇亲国戚很多,宅第相望,家家都堆满了金银财宝,董卓放纵部下的士兵随意冲入他们的内宅,强夺财物,奸淫妇女,并不在乎是否皇亲国戚。致使人人自危,朝不保夕。

卓购求袁绍急，周毖、伍琼说卓曰：“夫废立大事，非常人所及。袁绍不达大体，恐惧出奔，非有他志。今急购之，势必为变。袁氏树恩四世，门生故吏遍于天下，若收豪桀以聚徒众，英雄因之而起，则山东非公之有也。不如赦之，拜一郡守，绍喜于免罪，必无患矣。”卓以为然，乃即拜绍勃海太守，封邟乡侯。又以袁术为后将军，曹操为骁骑校尉。

术畏卓，出奔南阳。操变易姓名，间行东归，过中牟，为亭长所疑，执诣县。时县已被卓书，唯功曹心知是操，以世方乱，不宜拘天下雄隽，因白令释之。操至陈留，散家财，合兵得五千人。

是时，豪杰多欲起兵讨卓者，袁绍在勃海，冀州牧韩馥遣数部从事守之，不得动摇。东郡太守桥瑁诈作京师三公移书与州郡，陈卓罪恶，云：“见逼迫，无以自救，企望义兵，解国患难。”馥得移，请诸从事问曰：“今当助袁氏邪，助董氏邪？”治中从事刘子惠曰：“今兴兵为国，何谓袁、董！”馥有惭色。子惠复言：“兵者凶事，不可为首。今宜往视他州，有发动者，然后和之。冀州于他州不为弱也，他人功未有在冀州之右者也。”馥然之。馥乃作书与绍，道卓之恶，听其举兵。

孝献皇帝甲
初平元年（庚午，190）

1　春，正月，关东州郡皆起兵以讨董卓，推勃海太守袁绍为盟主。绍自号车骑将军，诸将皆板授官号。绍与河内太守王匡屯河内，冀州牧韩馥留邺，给其军粮。豫州刺史孔伷屯颍川，兖州刺史刘岱、陈留太守张邈、邈弟广陵太守超、东郡太守桥瑁、山阳太守袁遗、济北相鲍信与曹操俱屯酸枣，后将军袁术屯鲁阳，

董卓悬赏捉拿袁绍，催逼急迫，周毖、伍琼对董卓说："废立皇帝这种大事，不是平常人所能明白的。袁绍不识大体，得罪了您以后，心里害怕而出奔，并没有别的想法。如今急着悬赏捉拿他，势必会使他公开反叛。袁氏家族连续四世出任高官，门生、故吏遍布天下，假若袁绍聚集豪杰来起兵反抗，其他的人也会乘机起事，那样的话崤山以东地区就不归您所有了。不如赦免袁绍，任命他为一个郡的太守，他因赦免而感到高兴，就必定不会再有后患。"董卓认为有理，于是派使臣来任命袁绍为勃海太守，封邟乡侯。又任命袁术为后将军，曹操为骁骑校尉。

　　袁术害怕董卓，出奔南阳。曹操也改名换姓，从小路向东逃回家乡，经过中牟县时，亭长疑心他来历不明，捉起来送到县里。当时县里已收到董卓下令缉捕曹操的公文，只有功曹心里知道他是曹操，认为天下已经大乱，不应该拘捕英雄豪杰，就向县令建议，把曹操释放。曹操回到陈留郡，把家产全部出卖，招兵买马，集结起五千人。

　　这时候，天下的豪杰之士多准备起兵讨伐董卓，袁绍在勃海郡，冀州牧韩馥派了几个从事来监视他，使他无法起兵。东郡太守桥瑁伪造了一份京城中三公给各州、郡的文书，陈述董卓的种种罪恶，说："我们现在被逼无奈，无法自救，盼望各地兴起义兵，解除国家的大难。"韩馥得到这份文书，请属下的从事们来商议，向他们说："如今我应当帮助袁绍，还是帮助董卓？"治中从事刘子惠说："如今起兵是为了国家，怎么谈到袁绍、董卓！"韩馥面有惭愧之色。刘子惠又说："起兵是很凶险的事情，不能抢先发动。现在应派人去看其他各州的动静，有人带头，我们再响应。冀州的势力不比其他州弱，因此，将来别人的功劳也不会在您之上。"韩馥认为有理。于是写信给袁绍，讲述董卓的罪恶，对他起兵表示赞同。

孝献皇帝甲
汉献帝初平元年(庚午，公元 190 年)

　　1　春季，正月，函谷关以东的各州、郡全都起兵讨伐董卓，推举勃海太守袁绍为盟主。袁绍自称车骑将军，并临时授予诸将官号。袁绍与河内郡太守王匡驻军河内，冀州牧韩馥留守邺城，负责供应军粮。豫州刺史孔伷驻军颍川，兖州刺史刘岱、陈留郡太守张邈、张邈的弟弟广陵郡太守张超、东郡太守桥瑁、山阳郡太守袁遗、济北国相鲍信和曹操都驻军酸枣，后将军袁术驻军鲁阳，

众各数万。豪桀多归心袁绍者,鲍信独谓曹操曰:"夫略不世出,能拨乱反正者,君也。苟非其人,虽强必毙。君殆天之所启乎!"

2 辛亥,赦天下。

3 癸酉,董卓使郎中令李儒鸩杀弘农王辩。

4 卓议大发兵以讨山东。尚书郑泰曰:"夫政在德,不在众也。"卓不悦曰:"如卿此言,兵为无用邪?"泰曰:"非谓其然也,以为山东不足加大兵耳。明公出自西州,少为将帅,闲习军事。袁本初公卿子弟,生处京师;张孟卓东平长者,坐不窥堂;孔公绪清谈高论,嘘枯吹生,并无军旅之才,临锋决敌,非公之俦也。况王爵不加,尊卑无序,若恃众怙力,将各棋峙以观成败,不肯同心共胆,与齐进退也。且山东承平日久,民不习战;关西顷遭羌寇,妇女皆能挟弓而斗,天下所畏者,无若并、凉之人与羌、胡义从,而明公拥之以为爪牙,譬犹驱虎兕以赴犬羊,鼓烈风以扫枯叶,谁敢御之!无事征兵以惊天下,使患役之民相聚为非,弃德恃众,自亏威重也。"卓乃悦。

5 董卓以山东兵盛,欲迁都以避之,公卿皆不欲而莫敢言。卓表河南尹朱儁为太仆以为己副,使者召拜,儁辞,不肯受;因曰:"国家西迁,必孤天下之望,以成山东之衅,臣不知其可也。"使者曰:"召君受拜而君拒之,不问徙事而君陈之,何也?"儁曰:"副相国,非臣所堪也;迁都非计,事所急也。辞所不堪,言其所急,臣之宜也。"由是止不为副。

各路军马都有数万人。当时各路豪杰多拥戴袁绍,只有鲍信对曹操说:"现在谋略超群,能拨乱反正的人,就是阁下了。假如不是这种人才,尽管目前强大,却终必失败。您大概是上天专门派来拯救这个乱世的!"

2 辛亥(初十),大赦天下。

3 癸酉,董卓派郎中令李儒用毒药杀死了弘农王刘辩。

4 董卓准备大规模征发全国百姓当兵,去讨伐崤山以东地区。尚书郑泰说:"决定成败,在于是否施行德政,而不在于兵众数量。"董卓很不高兴地说:"照你这么讲,军队就没有用吗?"郑泰说:"我不是那个意思,只是认为崤山以东根本用不着出动大军讨伐。您在西州崛起,年轻时就出任将帅,深明军事韬略。而袁绍是个官宦子弟,从小生长在京城;张邈是东平郡的忠厚长者,坐在那里,眼睛都不会东张西望;孔伷只会高谈阔论,褒贬是非。这些人全无军事才能,临阵交锋,决不是您的对手。何况他们的官职都是自己封的,未得朝廷任命,上下尊卑都不明确。两军对阵,这些人就会各自保存实力,以观成败,不肯同心合力,共进共退。而且崤山以东地区太平的时间已很长,百姓都不熟悉作战,函谷关以西地区新近受过羌人的攻击,连妇女都能弯弓作战,并州、凉州的军队以及羌人、胡人义勇军是最勇猛的军队,天下无人不怕,而您正是以这些军队作为爪牙,作起战来,犹如猛虎入羊群,狂风扫枯叶,谁能抵抗!在这种情况下,没有必要地征发百姓当兵,会动摇民心,使得怕服兵役的人聚集闹事,放弃德政而动用军队,是损害自己的威望。"董卓听了大为高兴。

5 董卓认为崤山以东的军事联盟声势浩大,打算把京都由洛阳迁到长安进行躲避,大臣们都不愿意,但谁也不敢说。董卓上书推荐河南尹朱儁为太仆,作为自己的副手,派使者去召朱儁接受任命。朱儁拒不接受,对使者说:"把京都向西迁徙,必然会使天下失望,反而增加崤山以东联军的借口,我认为不应该这样做。"使者说:"召您接受太仆的任命,而您拒绝了,没有问起迁都的事情,您却说了许多,这是为什么?"朱儁说:"作为相国的副手,是我所不能承担的重任;而迁都是失策,又很急迫。我拒绝无力承担的重任,说出认为是当务之急的事情,正是做臣子的本分。"因此,董卓不再勉强朱儁做自己的副手。

卓大会公卿议,曰:"高祖都关中,十有一世,光武宫雒阳,于今亦十一世矣。按《石包谶》,宜徙都长安,以应天人之意。"百官皆默然。司徒杨彪曰:"移都改制,天下大事,故盘庚迁亳,殷民胥怨。昔关中遭王莽残破,故光武更都雒邑,历年已久,百姓安乐,今无故捐宗庙,弃园陵,恐百姓惊动,必有糜沸之乱。《石包谶》,妖邪之书,岂可信用!"卓曰:"关中肥饶,故秦得并吞六国。且陇右材木自出,杜陵有武帝陶灶,并功营之,可使一朝而办。百姓何足与议!若有前却,我以大兵驱之,可令诣沧海。"彪曰:"天下动之至易,安之甚难,惟明公虑焉!"卓作色曰:"公欲沮国计邪?"太尉黄琬曰:"此国之大事,杨公之言,得无可思!"卓不答。司空荀爽见卓意壮,恐害彪等,因从容言曰:"相国岂乐此邪!山东兵起,非一日可禁,故当迁以图之,此秦、汉之势也。"卓意小解。琬退,又为驳议。二月,乙亥,卓以灾异奏免琬、彪等,以光禄勋赵谦为太尉,太仆王允为司徒。城门校尉伍琼、督军校尉周珌固谏迁都,卓大怒曰:"卓初入朝,二君劝用善士,故卓相从,而诸君到官,举兵相图,此二君卖卓,卓何用相负!"庚辰,收琼、珌,斩之。杨彪、黄琬恐惧,诣卓谢,卓亦悔杀琼、珌,乃复表彪、琬为光禄大夫。

6 卓征京兆尹盖勋为议郎。时左将军皇甫嵩将兵三万屯扶风,勋密与嵩谋讨卓。会卓亦征嵩为城门校尉,嵩长史梁衍说嵩曰:"董卓寇掠京邑,废立从意,今征将军,大则危祸,小则困辱。今及卓在雒阳,天子来西,以将军之众迎接至尊,奉令讨逆,征兵群帅,袁氏逼其东,将军迫其西,

董卓召集大臣商议迁都,说:"高祖建都关中,共历十一世,光武帝建都洛阳,到今天也是十一世了。按照《石包谶》的说法,应该迁都长安,以上应天意,下顺民心。"群臣都默不作声。司徒杨彪说:"迁都改制,是天下大事,殷代盘庚迁都亳邑,就引起百姓的怨恨。从前关中地区遭到王莽的破坏,所以光武帝在洛阳建都,历时已久,百姓安居乐业,现在无缘无故地抛弃皇家宗庙与先帝的陵园,恐怕会引起民心动荡,定将导致天下大乱。《石包谶》是一本专谈妖邪的书,怎么能作为根据!"董卓说:"关中土地肥饶,所以秦国能吞并六国,统一天下。而且陇右地区出产木材,杜陵有武帝留下的烧制陶器的窑灶,全力经营,很快就能安顿好。跟百姓有什么好说的!如果不服从,我以大军在后驱赶,可以让他们直赴沧海。"杨彪说:"动天下是很容易的,但既动后再安天下就很困难了,愿您三思!"董卓变脸说:"你要阻挠国家大计吗?"太尉黄琬说:"这是国家大事,杨公所说的,还是值得好好考虑的!"董卓未作回答。司空荀爽看见董卓已很生气,怕他要杀害杨彪等人,于是和缓地劝解说:"难道相国是乐于这样做吗!只是因为崤山以东诸州郡起兵,不是一天可以平定的,所以要先迁都,再逐步消灭他们。这正与秦朝和汉初的情况相同。"董卓听后,怒气才稍平息。黄琬回府后,又上书反对迁都。二月乙亥(初五),董卓以天降灾异为借口,上奏皇帝,免除黄琬、杨彪的职务,任命光禄勋赵谦为太尉,太仆王允为司徒。城门校尉伍琼、督军校尉周珌坚决反对迁都,董卓大怒,说:"我初入朝,你们两个劝我选用良善之士,我言听计从,而这些人到任后,都起兵反对我,这是你们两个人出卖我,我有什么对不起你们!"庚辰(初十),逮捕伍琼、周珌,将他们处死。杨彪、黄琬大为恐惧,就到董卓府上去谢罪。董卓也因杀死伍琼、周珌而感到后悔,为了安定人心,于是上表推举杨彪、黄琬为光禄大夫。

　　6　董卓征召京兆尹盖勋为议郎。这时左将军皇甫嵩统兵三万驻扎在扶风,盖勋秘密与皇甫嵩联系,商议讨伐董卓。正在这时,董卓也征召皇甫嵩为城门校尉。皇甫嵩的长史梁衍向他建议说:"董卓在京城纵兵抢掠,随自己的心意废立皇帝,如今征召将军,恐怕将军将有性命之忧,至少也会受到羞辱。现在乘董卓远在洛阳,天子将要西迁,将军统率大军迎接皇帝,然后奉皇帝之命讨伐叛逆董卓,征发各地武装,袁绍等人在东边进攻,将军在西边夹击,

此成禽也！"嵩不从,遂就征。勋以众弱不能独立,亦还京师。卓以勋为越骑校尉。河南尹朱儁为卓陈军事,卓折儁曰："我百战百胜,决之于心,卿勿妄说,且污我刀！"盖勋曰："昔武丁之明,犹求箴谏,况如卿者,而欲杜人之口乎！"卓乃谢之。

7 卓遣军至阳城,值民会于社下,悉就斩之,驾其车重,载其妇女,以头系车辕,歌呼还雒,云攻贼大获。卓焚烧其头,以妇女与甲兵为婢妾。

8 丁亥,车驾西迁,董卓收诸富室,以罪恶诛之,没入其财物,死者不可胜计;悉驱徙其馀民数百万口于长安,步骑驱蹙,更相蹈藉,饥饿寇掠,积尸盈路。卓自留屯毕圭苑中,悉烧宫庙、官府、居家,二百里内,室屋荡尽,无复鸡犬。又使吕布发诸帝陵及公卿以下冢墓,收其珍宝。卓获山东兵,以猪膏涂布十馀匹,用缠其身,然后烧之,先从足起。

9 三月乙巳,车驾入长安,居京兆府舍,后乃稍葺宫室而居之。时董卓未至,朝政大小皆委之王允。允外相弥缝,内谋王室,甚有大臣之度,自天子及朝中皆倚允。允屈意承卓,卓亦雅信焉。

10 董卓以袁绍之故,戊午,杀太傅袁隗、太仆袁基及其家尺口以上五十馀人。

11 初,荆州刺史王睿与长沙太守孙坚共击零、桂贼,以坚武官,言颇轻之。及州郡举兵讨董卓,睿与坚亦皆起兵。睿素与武陵太守曹寅不相能,扬言当先杀寅。寅惧,诈作按行使者檄移坚,就睿罪过,令收,行刑讫,以状上。坚承檄,

一定能生擒董卓!"皇甫嵩没有采纳他的建议,接受征召,动身去洛阳。盖勋因自己势单力孤,也只好应召回到洛阳。董卓任命盖勋为越骑校尉。河南尹朱儁对董卓分析军事形势,董卓轻蔑地说:"我百战百胜,胸中自有主张,你不必胡说,免得用你的血来玷污我的宝刀!"盖勋说:"从前武丁那样圣明的君王,还请求别人来提出建议,何况像您这样的人,反而要封住别人的嘴吗?"董卓于是向他道歉。

7 董卓派军队到阳城,正好赶上百姓在举行祭神仪式,军队就冲上去大杀大砍,把男人全部杀光,用他们的车子,装载俘虏的妇女,还把人头系在车辕上,高唱凯歌回到洛阳,宣称:"攻击叛军,大获全胜!"董卓把人头烧掉,把妇女分给士兵做妾或奴婢。

8 丁亥(十七日),献帝刘协在董卓胁迫下动身,西迁长安,董卓逮捕洛阳城中富豪,横加罪名处死,把他们的财物全部没收,死者不计其数;强迫剩下的数百万居民,都向长安迁徙,命大军在后驱赶,马踏人踩,互相拥挤,加上饥饿和抢掠,百姓不断死去,沿途堆满尸体。董卓自己留驻在毕圭苑中,命部下纵火焚烧一切宫殿、官府及百姓住宅,两百里内,房屋尽毁,鸡犬不留。又让吕布率兵挖掘历代皇帝陵寝和大臣的墓地,搜罗珍宝。董卓曾捉到一批山东兵,他命人用十馀匹涂上猪油的布裹到这些山东兵的身上,然后从脚底下点火,将他们活活烧死。

9 三月乙巳(初五),献帝到达长安,先在京兆尹的府中住下。后将宫殿稍加修整,才搬入宫中。这时董卓还未到长安,朝中大小事务都由司徒王允负责。王允卫护王室,协调内外,很有大臣风度,从天子到文武百官,都倚靠王允。王允对董卓曲意逢迎,而董卓也一直信任王允。

10 董卓因袁绍起兵反抗他,戊午(十八日),杀死太傅袁隗、太仆袁基及其袁家少儿以上的五十馀口。

11 起初,荆州刺史王睿与长沙太守孙坚共同讨伐零陵、桂阳二郡起来反抗的人民,王睿以为孙坚是一介武夫,言语之中,很轻视他。及至各州、郡起兵讨伐董卓时,王睿与孙坚也一同起兵。王睿一向与武陵太守曹寅不相上下,这时扬言要先杀死曹寅。曹寅很害怕,就伪造了一份朝廷按行使者的公文给孙坚,宣布王睿的罪状,要孙坚拘捕王睿,行刑后,再把情况上报。孙坚得到这份公文,

即勒兵袭睿。睿闻兵至,登楼望之,遣问:"欲何为?"坚前部答曰:"兵久战劳苦,欲诣使君求资直耳。"睿见坚惊曰:"兵自求赏,孙府君何以在其中?"坚曰:"被使者檄诛君!"睿曰:"我何罪?"坚曰:坐"无所知!"睿穷迫,刮金饮之而死。坚前至南阳,众已数万人。南阳太守张咨不肯给军粮,坚诱而斩之。郡中震栗,无求不获。前到鲁阳,与袁术合兵。术由是得据南阳,表坚行破虏将军领豫州刺史。

诏以北军中候刘表为荆州刺史。时寇贼纵横,道路梗塞,表单马入宜城,请南郡名士蒯良、蒯越,与之谋曰:"今江南宗贼甚盛,各拥众不附,若袁术因之,祸必至矣。吾欲征兵,恐不能集,其策焉出?"蒯良曰:"众不附者,仁不足也;附而不治者,义不足也。苟仁义之道行,百姓归之如水之趣下,何患征兵之不集乎?"蒯越曰:"袁术骄而无谋,宗贼帅多贪暴,为下所患,若使人示之以利,必以众来。使君诛其无道,抚而用之,一州之人有乐存之心,闻君威德,必襁负而至矣。兵集众附,南据江陵,北守襄阳,荆州八郡可传檄而定,公路虽至,无能为也。"表曰:"善!"乃使越诱宗贼帅,至者五十五人,皆斩之而取其众。遂徙治襄阳,镇抚郡县,江南悉平。

12 董卓在雒阳,袁绍等诸军皆畏其强,莫敢先进。曹操曰:"举义兵以诛暴乱,大众已合,诸君何疑!向使董卓倚王室,据旧京,东向以临天下,虽以无道行之,犹足为患。今焚烧宫室,劫迁天子,海内震动,不知所归,此天亡之时也,一战而天下定矣。"遂引兵西,将据成皋,张邈遣将卫兹分兵随之。

就率军袭击王睿。王睿听到孙坚部队赶来的消息，登上城楼眺望，派人前去询问："你们要干什么？"孙坚的前锋部队回答说："士兵长期征战，很辛苦，想面见刺史，请求发给赏赐。"王睿在楼上见到孙坚，大惊，问他："士兵自来求赏，孙太守怎么也混在里面？"孙坚说："接到使者的公文，要处死你！"王睿说："我犯了什么罪？"孙坚说："你犯了'无所知'的罪！"王睿被逼无奈，只好刮下金屑，吞饮而死。孙坚率军前进到南阳，部下已经有数万人。南阳太守张咨不肯供给军粮，孙坚将他诱出而斩杀。南阳郡中都怕得要死，孙坚要什么就给什么。孙坚进军到鲁阳，与袁术会合。袁术因此占领南阳作根据地，上表保奏孙坚代理破虏将军兼豫州刺史。

献帝下诏任命北军中候刘表为荆州刺史。当时遍地都是盗贼，道路也被阻断，刘表单人匹马进入宜城，请来南郡的名士蒯良、蒯越，与他们商议说："如今江南宗党势力十分强大，各自拥兵独立，假如袁术借助他们的力量乘机来攻，必然会大祸临头。我想征召军队，但恐怕征集不起来，你们有什么高见？"蒯良说："民众不归附，是宽仁不够；归附而不能治理，是恩义不足。只要施行仁义之道，百姓就会争相归附，像水向下流一样，何必担心征集不到呢？"蒯越说："袁术骄傲而缺乏谋略。宗党首领多贪残凶暴，部下离心离德，只要给予小利，这些首领必然会率众前来。然后您把横行无道者处死，招抚收编他们的部下，州内百姓都想安居乐业，听说了您的威望和恩德，一定会扶老携幼，前来投奔。聚集兵众后，据守江陵和襄阳这南、北两处，荆州境内的八郡，发布公文就可平定，即使那时袁术攻来，他也无计可施。"刘表说："很好！"就派蒯越去引诱各宗党首领，有五十五个首领来到，刘表把他们全部处死，吞并他们的部队。于是把州府移到襄阳，镇压郡县叛乱，安抚百姓，荆州属下的长江以南地区全部平定。

12　董卓镇守洛阳，袁绍等各部队都畏惧董卓军力强盛，谁也不敢先行进攻。曹操说："我们兴起义兵，来诛除暴乱之人，如今大军已经集结，诸位还有什么可迟疑的！假如董卓倚仗皇帝的权威，据守洛阳，向东进军，尽管他凶残无道，也会成为我们的大患。如今他烧毁宫殿，强迫天子迁徙，全国震动，不知道该跟从谁，这正是上天赐予我们灭亡董卓的时机，一战就可以平定天下。"于是，曹操率军向西进发，准备攻占成皋，张邈拨出部分军队，派部将卫兹率领，随曹操一同进军。

进至荥阳汴水,遇卓将玄菟徐荣,与战,操兵败,为流矢所中,所乘马被创。从弟洪以马与操,操不受。洪曰:"天下可无洪,不可无君!"遂步从操,夜遁去。荣见操所将兵少,力战尽日,谓酸枣未易攻也,亦引兵还。

操到酸枣,诸军十馀万,日置酒高会,不图进取,操责让之,因为谋曰:"诸君能听吾计,使勃海引河内之众临孟津,酸枣诸将守成皋,据敖仓,塞轘辕、太谷,全制其险,使袁将军率南阳之军军丹、析,入武关,以震三辅,皆高垒深壁,勿与战,益为疑兵,示天下形势,以顺诛逆,可立定也。今兵以义动,持疑不进,失天下望,窃为诸君耻之!"邈等不能用。操乃与司马沛国夏侯惇等诣扬州,募兵,得千馀人,还屯河内。

顷之,酸枣诸军食尽,众散。刘岱与桥瑁相恶,岱杀瑁,以王肱领东郡太守。青州刺史焦和亦起兵讨董卓,务及诸将西行,不为民人保障,兵始济河,黄巾已入其境。青州素殷实,甲兵甚盛,和每望寇奔北,未尝接风尘、交旗鼓也。性好卜筮,信鬼神,入见其人,清谈干云,出观其政,赏罚淆乱,州遂萧条,悉为丘墟。顷之,和病卒,袁绍使广陵臧洪领青州以抚之。

13 夏,四月,以幽州牧刘虞为太傅,道路壅塞,信命竟不得通。先是,幽部应接荒外,资费甚广,岁常割青、冀赋调二亿有馀以足之。时处处断绝,委输不至,而虞敝衣绳屦,食无兼肉,务存宽政,劝督农桑,开上谷胡市之利,通渔阳盐铁之饶,民悦年登,谷石三十,青、徐士庶避难归虞者百馀万口,虞皆收视温恤,为安立生业,流民皆忘其迁徙焉。

曹军行进到荥阳汴水,与董卓部将玄菟人徐荣的部队发生遭遇战,曹军战败,曹操被流箭射中,所骑的马也受了伤。他的堂弟曹洪把马让给他,他不肯接受。曹洪说:"天下可以没有曹洪,但不能没有您!"于是曹操上马,曹洪步行保护,乘着黑夜逃走。而徐荣见曹操虽然兵少,但奋战了一整天才败退,认为酸枣不容易攻破,也率军后撤。

曹操退回酸枣,见到各路军马十多万,每天只是喝酒聚会,没人图谋进取,曹操责备他们,并建议说:"你们如能听从我的计划,请袁绍率领河内诸军进逼孟津,而驻扎酸枣的各位将领则据守成皋,占领敖仓,封锁辕辕、太谷,控制洛阳外围的险要地区,请袁术率领南阳军队进驻丹水、析县,攻入武关,以威胁三辅地区,各部队全都高筑营垒,暂时坚守不战,而应布置疑兵,显示出天下大军汇集的形势,以动摇敌人军心,然后名正言顺地讨征叛逆,可以很快平定局势。如今我们号称义兵,但畏缩不前,使天下人失望,我真为大家感到羞耻!"张邈等不采纳他的建议。于是曹操与司马、沛国人夏侯惇等到扬州去招募新兵,集结一千余人后返回,驻扎在河内郡。

不久,驻在酸枣的各路军马因为粮食吃尽,四散回家。兖州刺史刘岱与东郡太守桥瑁相互敌视,刘岱杀死桥瑁,任命王肱兼任东郡太守。青州刺史焦和也起兵讨伐董卓,只想与各路将领一道西征,没考虑本州人民的安全,他的军队刚开始渡黄河,黄巾军就攻入了青州。青州地区一向富庶,军队装备很优良,但焦和每次作战都望风而逃,从来没有与敌人正面交过锋。他非常相信占卜,信奉鬼神,他长于高谈阔论,但处理政务则赏罚不明,结果全州到处都是废墟,一派萧条景象。不久,焦和病死,袁绍派广陵人臧洪兼任青州刺史,安抚百姓。

13 夏季,四月,任命幽州牧刘虞为太傅,因为道路阻断,使者和诏书无法到达。以前,由于幽州境外是边远地区,所需费用很多,每年都从青、冀二州所交的赋税中拨出两亿多钱,来补助幽州。这时,各地的联系都因战乱而断绝,补助自然也不再会来,刘虞本人身披破旧衣裳,脚穿草鞋,饮食俭朴,为政宽厚,劝导督促百姓从事农业、桑蚕业,又开放上谷郡与胡人进行贸易,发展渔阳郡的盐、铁生产,使百姓欢悦,粮食丰收,每石谷价只有三十钱,青州、徐州的人民纷纷来幽州投奔刘虞,达到一百余万人,刘虞将他们全部收留,尽心安抚,为他们安家立业,使这些人都忘记自己是流亡在外。

14 五月,司空荀爽薨。六月辛丑,以光禄大夫种拂为司空。拂,邵之父也。

15 董卓遣大鸿胪韩融、少府阴脩、执金吾胡毋班、将作大匠吴脩、越骑校尉王瑰安集关东,解譬袁绍等。胡毋班、吴脩,王瑰至河内,袁绍使王匡悉收击杀之。袁术亦杀阴脩,惟韩融以名德免。

16 董卓坏五铢钱,更铸小钱,悉取雒阳及长安铜人、钟虡、飞廉、铜马之属以铸之,由是货贱物贵,谷石至数万钱。

17 冬,孙坚与官属会饮于鲁阳城东,董卓步骑数万猝至,坚方行酒,谈笑,整顿部曲,无得妄动。后骑渐益,坚徐罢坐,导引入城,乃曰:“向坚所以不即起者,恐兵相蹈藉,诸君不得入耳。”卓兵见其整,不敢攻而还。

18 王匡屯河阳津,董卓袭击,大破之。

19 左中郎将蔡邕议:“孝和以下庙号称宗者,皆宜省去,以遵先典。”从之。

20 中郎将徐荣荐同郡故冀州刺史公孙度于董卓,卓以为辽东太守。度到官,以法诛灭郡中名豪大姓百馀家,郡中震栗,乃东伐高句骊,西击乌桓,语所亲吏柳毅、阳仪等曰:“汉祚将绝,当与诸卿图正耳。”于是分辽东为辽西、中辽郡,各置太守,越海收东莱诸县,置营州刺史。自立为辽东侯、平州牧,立汉二祖庙,承制,郊祀天地,藉田,乘鸾路,设旄头、羽骑。

14 五月,司空荀爽去世。六月辛丑,任命光禄大夫种拂为司空。种拂是种劭的父亲。

15 董卓派大鸿胪韩融、少府阴脩、执金吾胡毋班、将作大匠吴脩、越骑校尉王瑰去关东地区与袁绍等人谈判,劝说他们服从朝廷。胡毋班、吴脩、王瑰走到河内,袁绍命令王匡把他们全都抓起来杀掉。袁术也杀死了阴脩,只有韩融因德高望重,免于一死。

16 董卓宣布废除五铢钱,另铸小钱作为货币,不仅五铢钱被销毁铸成小钱,洛阳及长安的铜人、铜马以及铜铸的各种神兽神禽也都被熔掉铸钱,从此钱贱物贵,物价猛涨,每石谷价高达数万钱。

17 冬季,孙坚与部下官员正在鲁阳城东饮酒聚会,董卓部下数万步、骑兵忽然出现。孙坚一边谈笑敬酒,一边整顿着军队不许轻举妄动。后来骑兵逐渐增多,孙坚才慢慢站起身。他率领大家入城后,才说:"刚才,我所以没有立即起身,是恐怕部队慌乱,互相拥挤,使你们无法入城。"董卓的军队看孙坚部伍严整,不敢进攻而退还。

18 王匡驻在河阳津,董卓派军袭击,大破王匡军队。

19 左中郎将蔡邕提议:"孝和帝以后的皇帝,庙号称'宗'的,都应该撤去,以遵循传统的典制。"献帝同意。

20 中郎将徐荣向董卓推荐同郡人、前冀州刺史公孙度,董卓任命他为辽东郡太守。公孙度到任后,依照法律处死郡中豪门大姓一百余家,全郡的人震惊战慄,于是他向东征伐高句骊,向西攻击乌桓部族。他对亲信官员柳毅、阳仪等说:"汉朝的统治将要灭亡,我要和你们一同建立起一个王国。"于是分割辽东郡的一部分,设置辽西郡、中辽郡,各设太守,并渡海去占领东莱等县,设置营州,委派营州刺史。公孙度自称为辽东侯、平州牧,建立汉朝高祖刘邦和世祖光武帝刘秀的祭庙,代表皇帝发号施令,在郊外祭祀天地,并举行藉田之礼,以表示重视农业,他出入时乘坐皇帝使用的鸾车,前后有旄头、羽林等骑士护卫。

卷第六十　汉纪五十二

起辛未(191)尽癸酉(193)凡三年

孝献皇帝乙

初平二年(辛未,191)

1　春,正月辛丑,赦天下。

2　关东诸将议:以朝廷幼冲,迫于董卓,远隔关塞,不知存否,幽州牧刘虞,宗室贤俊,欲共立为主。曹操曰:"吾等所以举兵而远近莫不响应者,以义动故也。今幼主微弱,制于奸臣,非有昌邑亡国之衅,而一旦改易,天下其孰安之! 诸君北面,我自西向。"韩馥、袁绍以书与袁术曰:"帝非孝灵子,欲依绛、灌诛废少主、迎立代王故事,奉大司马虞为帝。"术阴有不臣之心,不利国家有长君,乃外托公义以拒之。绍复与术书曰:"今西名有幼君,无血脉之属,公卿以下皆媚事卓,安可复信! 但当使兵往屯关要,皆自麋死。东立圣君,太平可冀,如何有疑! 又室家见戮,不念子胥,可复北面乎?"术答曰:"圣主聪睿,有周成之质,贼卓因危乱之际,威服百寮,此乃汉家小厄之会,乃云今上'无血脉之属',岂不诬乎! 又曰'室家见戮,可复北面',此卓所为,岂国家哉! 偻偻赤心,志在灭卓,不识其他!"

孝献皇帝乙

汉献帝初平二年(辛未,公元191年)

1　春季,正月辛丑(初六),大赦天下。

2　关东各州、郡起兵讨伐董卓的将领们商议:认为献帝年龄幼小,被董卓所控制,又远在长安,关塞相隔,不知生死,幽州牧刘虞是宗室中最贤明的,准备拥立他为皇帝。曹操说:"我们这些人所以起兵,而且远近之人无不响应的原因,正由于我们的行动是正义的。如今皇帝幼弱,虽为奸臣所控制,并没有犯下昌邑王刘贺那样可以导致亡国的过失,一旦你们改立别人,天下谁能接受! 你们向北边迎立刘虞,我自尊奉西边的献帝。"韩馥、袁绍写信给袁术说:"献帝刘协不是灵帝的儿子,我们准备依照周勃和灌婴废黜少主、迎立代王刘恒的先例,尊奉大司马刘虞为皇帝。"袁术暗中怀有当皇帝的野心,认为国家有一个年长贤明的皇帝对自己不利,于是假托君臣大义拒绝了韩馥和袁绍的建议。袁绍再次给袁术写信,说:"如今西边名义上有一个年幼的皇帝,而实际并没有皇家的血统。朝中大臣都谄媚董卓,怎能再相信他们! 只要派兵去守住关口要塞,自会把他们全都困死。我们在东边拥立一个圣明的皇帝,就可期望过上太平日子,为什么迟疑不决! 再说,咱们全家被杀,你不想想伍子胥是怎样为父兄报仇的,难道可以再向这样的皇帝称臣吗?"袁术回信说:"皇帝聪明睿智,有周成王姬诵那样的资质。贼臣董卓乘国家危乱之时,用暴力压服朝中大臣,这是汉朝的一个小小厄运,你竟说皇帝'没有皇家血统',这岂不是诬蔑吗! 你还说'全家被杀,难道可以再向这样的皇帝称臣',这事是董卓做的,岂是皇帝的本意! 我满腔赤诚,志在消灭董卓,不知其他的事情!"

馥、绍竟遣故乐浪太守张岐等赍议上虞尊号。虞见岐等，厉色叱之曰："今天下崩乱，主上蒙尘，吾被重恩，未能清雪国耻。诸君各据州郡，宜共戮力尽心王室，而反造逆谋以相垢污邪！"固拒之。馥等又请虞领尚书事，承制封拜，复不听，欲奔匈奴以自绝；绍等乃止。

3　二月丁丑，以董卓为太师，位在诸侯王上。

4　孙坚移屯梁东，为卓将徐荣所败，复收散卒进屯阳人。卓遣东郡太守胡轸督步骑五千击之，以吕布为骑督。轸与布不相得，坚出击，大破之，枭其都督华雄。

或谓袁术曰："坚若得雒，不可复制，此为除狼而得虎也。"术疑之，不运军粮。坚夜驰见术，画地计校曰："所以出身不顾者，上为国家讨贼，下慰将军家门之私雠。坚与卓非有骨肉之怨也，而将军受浸润之言，还相嫌疑，何也？"术踧踖，即调发军粮。

坚还屯，卓遣将军李傕说坚，欲与和亲，令坚疏子弟任刺史、郡守者，许表用之。坚曰："卓逆天无道，今不夷汝三族，县示四海，则吾死不瞑目，岂将与乃和亲邪！"复进军大谷，距雒九十里。卓自出，与坚战于诸陵间，卓败走，却屯渑池，聚兵于陕。坚进至雒阳，击吕布，复破走。坚乃扫除宗庙，祠以太牢，得传国玺于城南甄官井中，分兵出新安、渑池间以要卓。

卓谓长史刘艾曰："关东军败数矣，皆畏孤，无能为也。惟孙坚小戆，颇能用人，当语诸将，使知忌之。孤昔与周慎西征边、韩于金城，孤语张温，求引所将兵为慎作后驻，温不听。温又使孤讨先零叛羌，孤知其不克而不得止，遂行，

韩馥与袁绍竟然派遣前任乐浪郡太守张岐等带着他们的提议到幽州,向刘虞奉上皇帝的尊号。刘虞见到张岐等人,厉声呵斥他们说:"如今天下四分五裂,皇帝在外蒙难,我受到国家重恩,未能为国雪耻。你们各自据守州、郡,本应同心协力为王室效力,怎么反而策划这种逆谋来玷污我!"他坚决拒绝。韩馥等人又请求刘虞主持尚书事务,代表皇帝封爵任官,刘虞仍不接受,打算逃入匈奴将自己隔绝起来,袁绍等人这才作罢。

3 二月丁丑(十二日),任命董卓为太师,地位在诸侯王之上。

4 孙坚率军移驻梁县以东,被董卓部将徐荣打败,他又收集残部进驻阳人。董卓派遣东郡太守胡轸统率步、骑兵五千人,攻打孙坚,并任命吕布为骑督。胡轸与吕布不和,孙坚出来迎战,大破胡轸,斩杀他部下的都督华雄。

有人对袁术说:"假如孙坚攻占洛阳,就不能再控制他,这可是除掉了狼而得到了虎。"袁术感到疑虑,便不再供应孙坚军粮。孙坚连夜奔驰去见袁术,在地上画图为他分析形势,说:"我所以奋不顾身,上为国家讨伐逆贼,下为将军报家门私仇。我与董卓并没有个人怨恨,而将军却听信外人的挑拨之言,反过来猜忌我,这是为什么?"袁术惭愧不安,立即下令调发军粮。

孙坚回到驻地,董卓派将军李傕劝说孙坚,表示愿与孙坚结成儿女亲家,并要孙坚把他子弟中想做刺史、太守的,开列一个名单,由他推荐任用。孙坚说:"董卓逆天无道,我今天要是不能夷灭董卓三族,昭示天下,则我死不瞑目,怎会与他结亲!"孙坚继续进军,抵达距洛阳九十里的大谷。董卓亲自出击,与孙坚在诸陵园之间交战,董卓被打败,率军退守渑池,集结重兵防守陕县。孙坚进入洛阳,进攻吕布,吕布也被打败,退走。于是孙坚打扫皇帝宗庙,用猪、牛、羊进行祭祀,在城南甄官署的水井中,找到了传国御玺,他又分兵到新安、渑池,以逼迫董卓。

董卓对长史刘艾说:"关东的叛军屡次大败,都很畏惧我,不会有什么作为。只有孙坚这个家伙,不知死活,挺会用人,应该告诉诸将,让他们知道提防。我从前与周慎到金城郡西征边章、韩遂,我向张温请求率领部下做周慎的后援,张温不同意。张温又派我去讨伐先零的叛乱羌人,我知道不能取胜,但又迫于军令,不能不去,于是出发,

留别部司马刘靖将步骑四千屯安定以为声势。叛羌欲截归道，孤小击辄开，畏安定有兵故也。虏谓安定当数万人，不知但靖也。而孙坚随周慎行，谓慎求先将万兵造金城，使慎以二万作后驻。边、韩畏慎大兵，不敢轻与坚战，而坚兵足以断其运道。儿曹用其言，凉州或能定也。温既不能用孤，慎又不能用坚，卒用败走。坚以佐军司马，所见略与人同，固自为可，但无故从诸袁儿，终亦死耳!"乃使东中郎将董越屯渑池，中郎将段煨屯华阴，中郎将牛辅屯安邑，其馀诸将布在诸县，以御山东。辅，卓之婿也。卓引还长安。孙坚修塞诸陵，引军还鲁阳。

5 夏，四月，董卓至长安，公卿皆迎拜车下。卓抵手谓御史中丞皇甫嵩曰："义真，怖未乎?"嵩曰："明公以德辅朝廷，大庆方至，何怖之有! 若淫刑以逞，将天下皆惧，岂独嵩乎!"卓党欲尊卓比太公，称尚父，卓以问蔡邕，邕曰："明公威德，诚为巍巍，然比之太公，愚意以为未可，宜须关东平定，车驾还反旧京，然后议之。"卓乃止。

卓使司隶校尉刘器籍吏民有为子不孝、为臣不忠、为吏不清、为弟不顺者，皆身诛，财物没官。于是更相诬引，冤死者以千数。百姓嚣嚣，道路以目。

6 六月丙戌，地震。
7 秋，七月，司空种拂免;以光禄大夫济南淳于嘉为司空。太尉赵谦罢;以太常马日䃅为太尉。

留下别部司马刘靖率领四千步、骑兵驻在安定,作为呼应。羌军想切断我的退路,我只作轻微攻击就冲开了阻截,这是因为他们害怕安定的驻军。羌军以为安定会有数万大军,不知只有刘靖的一支小部队。孙坚随周慎作战,向周慎请求先率一万人前往金城,由周慎率两万人为后援。边章、韩遂害怕周慎的大军,不敢轻易与孙坚开战,而孙坚的军队又足以切断他们的粮道。假如周慎那些小子能用孙坚的计谋,凉州或许还能平定。而张温既不能听从我,周慎又不能听从孙坚,最后只能战败而退走。孙坚当时不过是佐军司马,见解却与我大致相同,确实是可用之才,只是他无缘无故地跟随袁家的那些公子,最终还是会送命的!"于是,董卓派东中郎将董越驻守渑池,中郎将段煨驻守华阴,中郎将牛辅驻守安邑,其馀的将领分布各县,以抵御山东联军的进攻。牛辅是董卓的女婿。董卓回到长安。孙坚在修复历代皇帝的陵墓后,率军回到鲁阳。

5 夏季,四月,董卓抵达长安,朝中大臣都来迎接,在他车前参拜。董卓击掌对御史中丞皇甫嵩说:"皇甫义真,你害怕不害怕?"皇甫嵩回答说:"您以德辅佐朝廷,巨大的喜庆方才到来,我有什么害怕的!如果随意杀戮,滥施刑罚,则天下人人畏惧,又岂止我一个人!"董卓的党羽,都想依照周朝开国功臣姜子牙的先例,尊称董卓为"尚父",董卓征求蔡邕的意见,蔡邕说:"您的威德,确实很高,但我觉得还不足以与姜子牙相比,应该等到平定函谷关以东的叛乱,护送皇帝返回旧京洛阳,然后再商议此事。"于是董卓制止党羽,不再议论此事。

董卓命令司隶校尉刘嚣登记,将官员与百姓中儿女不孝顺父母、臣属不忠于长官、官吏不清廉以及弟弟不尊敬兄长的人,一律处死,财物被官府没收。于是有许多人乘机进行诬告,含冤而死的人数以千计。长安地区人心惶恐,人们在路上相遇,只敢用眼睛相互示意。

6 六月丙戌(二十三日),发生地震。

7 秋季,七月,司空种拂被免职;任命光禄大夫、济南人淳于嘉为司空。太尉赵谦被免职;任命太常马日䃅为太尉。

8　初,何进遣云中张杨还并州募兵,会进败,杨留上党,有众数千人。袁绍在河内,杨往归之,与南单于於扶罗屯漳水。韩馥以豪杰多归心袁绍,忌之,阴贬节其军粮,欲使其众离散。会馥将麹义叛,馥与战而败,绍因与义相结。

绍客逄纪谓绍曰:"将军举大事而仰人资给,不据一州,无以自全。"绍曰:"冀州兵强,吾士饥乏,设不能办,无所容立。"纪曰:"韩馥庸才,可密要公孙瓒使取冀州,馥必骇惧,因遣辩士为陈祸福,馥迫于仓卒,必肯逊让。"绍然之,即以书与瓒。瓒遂引兵而至,外托讨董卓而阴谋袭馥,馥与战不利。会董卓入关,绍还军延津,使外甥陈留高幹及馥所亲颍川辛评、荀谌、郭图等说馥曰:"公孙瓒将燕、代之卒乘胜来南,而诸郡应之,其锋不可当。袁车骑引军东向,其意未可量也,窃为将军危之!"馥惧,曰:"然则为之奈何?"谌曰:"君自料宽仁容众为天下所附,孰与袁氏?"馥曰:"不如也。""临危吐决,智勇过人,又孰与袁氏?"馥曰:"不如也。""世布恩德,天下家受其惠,又孰与袁氏?"馥曰:"不如也。"谌曰:"袁氏一时之杰,将军资三不如之势,久处其上,彼必不为将军下也。夫冀州,天下之重资也,彼若与公孙瓒并力取之,危亡可立而待也。夫袁氏,将军之旧,且为同盟,当今之计,若举冀州以让袁氏,彼必厚德将军,瓒亦不能与之争矣。是将军有让贤之名,而身安于泰山也。"馥性恇怯,因然其计。馥长史耿武、别驾闵纯、治中李历闻而谏曰:"冀州带甲百万,谷支十年。袁绍孤客穷军,仰我鼻息,譬如婴儿在股掌之上,绝其哺乳,

8 起初,何进派遣云中人张杨回并州去招募兵马,恰赶上何进被杀,张杨就留在上党,有部下数千人。袁绍在河内,张杨前往归附,与南匈奴单于於扶罗共同在漳水岸边扎营。冀州刺史韩馥因为各地豪杰纷纷投奔袁绍,心中嫉妒,暗地里减少对袁绍的粮草供应,想使他的军队离散。正在这时,韩馥部将麹义叛变,韩馥进行讨伐,反被麹义战败,袁绍就乘此机会与麹义相勾结。

袁绍的谋士逢纪对袁绍说:"将军倡导大事,却要依靠别人供应粮草,如果不能占据一个州作为根据地,就不能保全自己。"袁绍说:"冀州兵强,而我的部下又饥又乏,假如不能一战成功,就没有立足之处了。"逢纪说:"韩馥是一个庸才,您可秘密联络公孙瓒,让他攻打冀州,韩馥必然惊慌恐惧,我们便乘机派遣有口才的使节去为他分析祸福得失,韩馥迫于突然发生的危机,必然肯把冀州出让给您。"袁绍觉得有理,就写信给公孙瓒。公孙瓒率军到冀州,表面上声称去讨伐董卓,而密谋偷袭韩馥,韩馥率军迎战,失败。正好董卓西去长安,进入函谷关,袁绍便率军返回延津,派外甥、陈留人高幹与韩馥所亲信的颍川人辛评、荀谌、郭图等人去游说韩馥:"公孙瓒统率燕、代两地的大军乘胜南下,各郡纷纷响应,军锋锐不可当。袁绍又率军向东移动,意图不可估量,我们为将军担心!"韩馥心中慌乱,问他们说:"那么,我该怎么办呢?"荀谌说:"您自己判断一下,宽厚仁义,能为天下豪杰所归附,比得上袁绍吗?"韩馥说:"比不上。"荀谌又问:"那么,临危不乱,遇事果断,智勇过人,比得上袁绍吗?"韩馥说:"比不上。"荀谌再问:"数世以来,广布恩德,使天下家家受惠,比得上袁绍吗?"韩馥说:"比不上。"荀谌说:"袁绍是这一代的人中豪杰,将军以三方面都不如他的条件,却又长期在他之上,他必然不会屈居将军之下。冀州是天下物产丰富的重要地区,他要是与公孙瓒两面夹击夺取冀州,将军立刻就会陷入危亡的困境。不过,袁绍是将军的多年老友,又曾结盟共讨董卓,现在的办法是,如果把冀州让给袁绍,他必然感谢您的厚德,而公孙瓒也无力与他来争。这样,将军既能得到让贤的美名,以后在袁绍的保护下,也可安如泰山。"韩馥性情怯懦,于是同意了他们的计策。韩馥的长史耿武、别驾闵纯、治中李历得到消息,劝阻韩馥说:"冀州地区可以集结起百万大军,所存粮食够吃十年。袁绍只是一支缺乏给养的客军,完全仰仗我们供给粮草,好像怀抱中的婴儿,不给他奶吃,

立可饿杀,奈何欲以州与之!"馥曰:"吾袁氏故吏,且才不如本初,度德而让,古人所贵,诸君独何病焉!"先是,馥从事赵浮、程涣将强弩万张屯孟津,闻之,率兵驰还。时绍在朝歌清水,浮等从后来,船数百艘,众万馀人,整兵鼓,夜过绍营,绍甚恶之。浮等到,谓馥曰:"袁本初军无斗粮,各已离散,虽有张杨、於扶罗新附,未肯为用,不足敌也。小从事等请以见兵拒之,旬日之间,必土崩瓦解。明将军但当开阁高枕,何忧何惧!"馥又不听,乃避位,出居中常侍赵忠故舍,遣子送印绶以让绍。绍将至,从事十人争弃馥去,独耿武、闵纯杖刀拒之,不能禁,乃止。绍皆杀之。绍遂领冀州牧,承制以馥为奋威将军,而无所将御,亦无官属。绍以广平沮授为奋武将军,使监护诸将,宠遇甚厚。魏郡审配、钜鹿田丰并以正直不得志于韩馥,绍以丰为别驾,配为治中,及南阳许攸、逢纪、颍川荀谌皆为谋主。

绍以河内朱汉为都官从事。汉先为韩馥所不礼,且欲徼迎绍意,擅发兵围守馥第,拔刃登屋,馥走上楼,收得馥大儿,椎折两脚。绍立收汉,杀之。馥犹忧怖,从绍索去,往依张邈。后绍遣使诣邈,有所计议,与邈耳语。馥在坐上,谓为见图,无何,起至溷,以书刀自杀。

鲍信谓曹操曰:"袁绍为盟主,因权专利,将自生乱,是复有一卓也。若抑之,则力不能制,祗以遘难。且可规大河之南以待其变。"操善之。会黑山、于毒、白绕、眭固等十馀万众略东郡,王肱不能御。曹操引兵入东郡,击白绕于濮阳,破之。袁绍因表操为东郡太守,治东武阳。

立刻就会饿死,为什么要把冀州的权力交给他呢!"韩馥说:"我本来是袁家的老部下,才干也不如袁绍,自知能力不足而让贤,是古人所称赞的行为,你们为什么单单要反对呢?"起初,韩馥派从事赵浮、程涣率领一万名弓弩手驻守孟津,他们听到这个消息,率军火速赶回冀州。当时袁绍在朝歌清水口,赵浮等从后赶来,乘坐战船数百艘,兵众一万多人,军容严整,鼓声震天,在夜里经过袁绍的军营,袁绍十分厌恶。赵浮等赶到冀州,对韩馥说:"袁绍军中没有一斗粮食,已经各自离散,虽然有张杨、於扶罗等新近归附,但不会为他效力,不足以为敌。我们这几个小从事,愿领现在部队抵御他,不过十天,他必然土崩瓦解。将军您只管打开房门,放心睡觉,既不用忧虑,也不必害怕!"韩馥仍不采纳,而宣布辞去冀州牧的职务,从官府中迁出,在中常侍赵忠的旧宅居住,派儿子把印绶送给袁绍。袁绍将要到达邺城,韩馥部下的十名从事就争先恐后地离开韩馥,唯独耿武、闵纯挥刀阻拦,但禁止不了,只好作罢。袁绍来到后,将耿武、闵纯二人处死。袁绍于是兼任冀州牧,以皇帝的名义任命韩馥为奋威将军,但既没有兵,也没有官属。袁绍任命广平人沮授为奋武将军,派他监护所有将领,对他十分宠信。魏郡人审配、钜鹿人田丰都因为人正直,不为韩馥欣赏,袁绍任命田丰为别驾,审配为治中,与南阳人许攸、逢纪、颍川人荀谌都成为袁绍的主要谋士。

袁绍任命河内人朱汉为都官从事。朱汉原先曾被韩馥轻慢,这时又想迎合袁绍的心意,便擅自发兵包围韩馥的住宅,拔刀登屋,韩馥逃上楼去,朱汉捉到韩馥的大儿子,将他的两只脚打断。袁绍立即逮捕朱汉,将他处死。但是韩馥仍然忧虑惊恐,请求袁绍让他离去,袁绍同意,于是韩馥就去投奔陈留郡太守张邈。后来袁绍派使者去见张邈,谈到机要之处,使者便在张邈耳边悄声细语。韩馥正好在座,以为是在商议如何对付自己。过了一会儿,他起身走进厕所,用刮削简牍的书刀自杀。

鲍信对曹操说:"袁绍身为盟主,却利用职权,专谋私利,将使天下更乱,会成为第二个董卓。要想抑制他,我们没有力量,只会树敌。我们可暂且先去黄河以南发展势力,等待形势变化。"曹操十分同意。正好黑山、于毒、白绕、眭固等十多万人进攻东郡,太守王肱无力抵抗。曹操就率军进入东郡,在濮阳进攻白绕,将白绕打败。于是,袁绍便向朝廷举荐曹操为东郡太守,曹操将郡府设在东武阳。

9 南单于劫张杨以叛袁绍,屯于黎阳。董卓以杨为建义将军、河内太守。

10 太史望气,言当有大臣戮死者。董卓使人诬卫尉张温与袁术交通,冬,十月壬戌,笞杀温于市以应之。

11 青州黄巾寇勃海,众三十万,欲与黑山合。公孙瓒率步骑二万人逆击于东光南,大破之,斩首三万馀级。贼弃其辎重,奔走渡河。瓒因其半济薄之,贼复大破,死者数万,流血丹水,收得生口七万馀人,车甲财物不可胜算,威名大震。

12 刘虞子和为侍中,帝思东归,使和伪逃董卓,潜出武关诣虞,令将兵来迎。和至南阳,袁术利虞为援,留和不遣,许兵至俱西,令和为书与虞。虞得书,遣数千骑诣和。公孙瓒知术有异志,止之,虞不听。瓒恐术闻而怨之,亦遣其从弟越将千骑诣术,而阴教术执和,夺其兵,由是虞、瓒有隙。和逃术来北,复为袁绍所留。

是时关东州、郡务相兼并以自强大,袁绍、袁术亦自离贰。术遣孙坚击董卓未返,绍以会稽周昂为豫州刺史,袭夺坚阳城。坚叹曰:“同举义兵,将救社稷,逆贼垂破而各若此,吾当谁与戮力乎!”引兵击昂,走之。袁术遣公孙越助坚攻昂,越为流矢所中死。公孙瓒怒曰:“余弟死,祸起于绍。”遂出军屯磐河,上书数绍罪恶,进兵攻绍。冀州诸城多叛绍从瓒,绍惧,以所佩勃海太守印绶授瓒从弟范,遣之郡,而范遂背绍,领勃海兵以助瓒。瓒乃自署其将帅严纲为冀州刺史,田楷为青州刺史,单经为兖州刺史,又悉改置郡、县守、令。

9　南匈奴单于於扶罗劫持张杨，背叛了袁绍，驻军黎阳。董卓任命张杨为建义将军、河内太守。

10　太史观察天象后声称，朝中大臣中将有人被杀死。董卓借机派人诬告卫尉张温与袁术秘密联络，冬季，十月壬戌（初一），将张温在闹市中用乱棒打死，以应天象。

11　青州黄巾军进攻勃海，部众达三十万人，准备与黑山军会合。公孙瓒率领步、骑军两万人在东光县以南迎击，大破黄巾军，斩杀三万多人。黄巾军丢弃辎重，渡河逃命。公孙瓒等黄巾军渡过一半时，发动猛攻，再次大败黄巾军，杀死数万人，河水都被血染成了红色，并俘虏七万多人，车辆、甲胄和财物不计其数，公孙瓒威名大震。

12　刘虞的儿子刘和在宫廷担任侍中，献帝想要东归洛阳，便命刘和假装逃避董卓，秘密地经武关去见刘虞，传达皇帝旨令，要刘虞出兵前去迎接献帝。刘和走到南阳时，袁术企图利用刘虞为外援，便扣住刘和，应许在刘虞兵到之后一起向西奉迎皇帝，命刘和给刘虞写信。刘虞接到信后，便派数千名骑兵去见刘和。公孙瓒知道袁术素有称帝的野心，就劝阻刘虞，但是刘虞不听。公孙瓒害怕袁术知道此事后会怨恨自己，就派堂弟公孙越也率领一千名骑兵前去晋见袁术，并在暗中调唆袁术扣留刘和，吞并刘虞派去的队伍，从此刘虞与公孙瓒开始结仇。刘和从袁术处逃走北上，又被袁绍留住不放。

这时，函谷关以东的各州、郡长官只顾相互吞并，扩充自己的势力，袁绍、袁术兄弟自身也离心离德。袁术派孙坚前去攻打董卓，孙坚尚未返回，袁绍就任命会稽人周昂为豫州刺史，偷袭并攻占孙坚的根据地阳城。孙坚叹息道："大家共同为大义而起兵想要拯救国家，现在逆贼董卓就要被打败了，但我们却各自如此相待，我能与谁一起合力奋战呢！"于是孙坚率军还击周昂，周昂战败退走。袁术派公孙越帮助孙坚进攻周昂，公孙越被流箭射死。公孙瓒知道后大怒，说："我弟弟的死，祸首就是袁绍。"于是他率军驻扎磐河，上书朝廷，历数袁绍所犯的罪恶，然后进军攻击袁绍。冀州属下的各城多数背叛袁绍而响应公孙瓒。袁绍感到恐慌，便把自己的勃海太守印绶授予公孙瓒的堂弟公孙范，派他前往勃海郡出任太守，以求和解。然而，公孙范随即便背叛了袁绍，率领勃海郡的军队，前去协助公孙瓒。于是，公孙瓒自行任命部将严纲为冀州刺史，田楷为青州刺史，单经为兖州刺史，并全部更换了各郡、县的长官。

　　初,涿郡刘备,中山靖王之后也,少孤贫,与母以贩履为业,长七尺五寸,垂手下膝,顾自见其耳。有大志,少语言,喜怒不形于色。尝与公孙瓒同师事卢植,由是往依瓒。瓒使备与田楷徇青州有功,因以为平原相。备少与河东关羽、涿郡张飞相友善;以羽、飞为别部司马,分统部曲。备与二人寝则同床,恩若兄弟,而稠人广坐,侍立终日,随备周旋,不避艰险。常山赵云为本郡将吏兵诣公孙瓒,瓒曰:"闻贵州人皆愿袁氏,君何独迷而能反乎?"云曰:"天下讻讻,未知孰是,民有倒县之厄,鄙州论议,从仁政所在,不为忽袁公,私明将军也。"刘备见而奇之,深加接纳,云遂从备至平原,为备主骑兵。

　　13　初,袁术之得南阳,户口数百万,而术奢淫肆欲,征敛无度,百姓苦之,稍稍离散。既与袁绍有隙,各立党援以相图谋。术结公孙瓒而绍连刘表,豪杰多附于绍。术怒曰:"群竖不吾从而从吾家奴乎!"又与公孙瓒书曰:"绍非袁氏子。"绍闻大怒。

　　术使孙坚击刘表,表遣其将黄祖逆战于樊、邓之间,坚击破之,遂围襄阳。表夜遣黄祖潜出发兵,祖将兵欲还,坚逆与战,祖败走,窜岘山中。坚乘胜,夜追祖,祖部曲兵从竹木间暗射坚,杀之。坚所举孝廉长沙桓阶诣表请坚丧,表义而许之。坚兄子贲率其士众就袁术,术复表贲为豫州刺史。术由是不能胜表。

最初,西汉时中山靖王刘胜的后裔、涿郡人刘备幼年丧父,家境贫苦,与母亲一起靠贩卖草鞋为生,刘备身高七尺五寸,双手下垂时能够超过膝盖,耳朵很大,用自己的眼睛都能看得到。他胸怀大志,不多说话,喜怒不形于色。他因曾经与公孙瓒一起在卢植门下学习儒家经义,所以便投靠公孙瓒。公孙瓒派他与田楷夺取青州,建立了战功,因此被任命为平原国相。刘备年轻时与河东人关羽、涿郡人张飞交情深厚,于是委派他们两人为别部司马,分别统领部队。他与这两个人同榻而眠,情同手足,但是在大庭广众之中,关羽和张飞整日站在刘备身边侍卫,他们跟随刘备出生入死,不避艰险。常山人赵云率领本郡的队伍前去投奔公孙瓒,公孙瓒问他说:"听说你们冀州人都愿归顺袁绍,怎么唯独你能迷途知返呢?"赵云答道:"天下大乱,不知道谁是能够拯救大难的人,百姓们遭受的痛苦,就像是被倒吊起来一样,我们冀州的百姓,只是向往仁政,并不是轻视袁绍,而亲附将军。"刘备见到赵云后,认为他胆识出众,便用心交结。于是赵云就随刘备到平原,为他统领骑兵。

13 当初,袁术占领南阳时,有户口数百万,但他骄奢淫逸,任意加收赋税,致使百姓不堪忍受,逐渐外逃。后来,他与袁绍结下怨仇,两人各自树立党羽,寻求外援,互相算计。袁术勾结公孙瓒,袁绍则联合刘表,当时,豪杰多数都归附袁绍。袁术愤怒地说:"这些小子不跟随我,反而跟随我们家的家奴!"他还给公孙瓒写信说:"袁绍不是我们袁家的儿子。"袁绍知道后大怒。

袁术派孙坚去攻击荆州刺史刘表,刘表派部将黄祖在樊城和邓县一带迎战,孙坚打败黄祖,于是围困襄阳。刘表派黄祖乘夜偷偷出城,前去调集各郡的援军,黄祖率军想要返回襄阳时,孙坚迎击,黄祖大败,逃入岘山。孙坚乘胜连夜追赶,黄祖的部下潜伏在竹林树丛之中,用暗箭将孙坚射死。孙坚生前推荐的孝廉、长沙人桓阶晋见刘表,请求他归还孙坚的尸体,以便入土安葬,刘表为他的义举所感动,表示同意发还。孙坚的侄子孙贲率领孙坚的部队投靠袁术,袁术再次上表推荐孙贲担任豫州刺史。从此以后,袁术再也没有力量战胜刘表。

14 初,董卓入关,留朱儁守雒阳,而儁潜与山东诸将通谋,惧为卓所袭,出奔荆州。卓以弘农杨懿为河南尹,儁复引兵还雒,击懿,走之。儁以河南残破无所资,乃东屯中牟,移书州郡,请师讨卓。徐州刺史陶谦上儁行车骑将军,遣精兵三千助之,馀州郡亦有所给。谦,丹阳人,朝廷以黄巾寇乱徐州,用谦为刺史。谦至,击黄巾,大破走之,州境晏然。

15 刘焉在益州阴图异计。沛人张鲁,自祖父陵以来世为五斗米道,客居于蜀。鲁母以鬼道常往来焉家,焉乃以鲁为督义司马,以张脩为别部司马,与合兵掩杀汉中太守苏固,断绝斜谷阁,杀害汉使。焉上书言"米贼断道,不得复通"。又托他事杀州中豪强王咸、李权等十馀人,以立威刑。犍为太守任岐及校尉贾龙由此起兵攻焉,焉击杀岐、龙。焉意渐盛,作乘舆车具千馀乘,刘表上"焉有似子夏在西河疑圣人"之论。时焉子范为左中郎将,诞为治书御史,璋为奉车都尉,皆从帝在长安,惟小子别部司马瑁素随焉。帝使璋晓喻焉,焉留璋不遣。

16 公孙度威行海外,中国人士避乱者多归之,北海管宁、邴原、王烈皆往依焉。宁少时与华歆为友,尝与歆共锄菜,见地有金,宁挥锄不顾,与瓦石无异,歆捉而掷之,人以是知其优劣。邴原远行游学,八九年而归,师友以原不饮酒,会米肉送之。原曰:"本能饮酒,但以荒思废业,故断之耳。今当远别,可一饮燕。"于是共坐饮酒,终日不醉。宁、原俱以操尚称,

14 当初,董卓入函谷关西赴长安时,留朱儁镇守洛阳。而朱儁暗中与山东地区的将领们联络,他怕董卓发觉后会出兵袭击,就逃到荆州。董卓任命弘农人杨懿为河南尹,朱儁又率军攻回洛阳,赶走杨懿。朱儁见洛阳已残破不堪,便向东移驻中牟县,同时向各州、郡发出公文,号召各地派军讨伐董卓。徐州刺史陶谦上表推荐朱儁代理车骑将军,并派三千名精兵援助朱儁,其他州、郡也纷纷响应。陶谦是丹阳人,朝廷因黄巾军侵扰徐州,便任命他为刺史。陶谦到职之后,大破黄巾军,将其逐出,恢复了徐州境内的秩序。

15 刘焉在益州暗中策划独立。沛国人张鲁从他祖父张陵创立五斗米道以来,世代信奉,迁到蜀地居住。张鲁的母亲因会神秘的道术,经常出入刘焉家中,于是刘焉任命张鲁为督义司马,张修为别部司马,派两人联合率兵进攻汉中郡,杀死太守苏固,并封锁了益州到长安的通道斜谷阁,截杀朝廷派来的使臣。然后,刘焉上书朝廷,说"米贼将道路阻断,不能再与朝廷联系"。又找借口杀死州中豪强王咸、李权等十多人,以建立刑威。犍为郡太守任岐与校尉贾龙因此起兵攻打刘焉,刘焉出兵迎击,杀死任岐、贾龙。刘焉渐渐得意忘形,制作了唯有皇帝才能使用的御车及其它车具一千多辆,荆州刺史刘表为此上书说"刘焉在益州处处仿效皇帝,就像子夏在西河模仿孔圣人一样"。当时,刘焉的儿子刘范为左中郎将,刘诞为治书御史,刘璋为奉车都尉,都跟随献帝住在长安,只有小儿子别部司马刘瑁一直跟随在刘焉身边。献帝派刘璋到益州,命令刘焉改正那些行为,刘焉则将刘璋留下,不让他再回长安。

16 公孙度在辽东,声威远传海外,中原地区人士为了躲避战乱,纷纷前往投靠,北海人管宁、邴原和王烈都在其中。管宁少年时与华歆是朋友,曾一起锄菜,看到地上有一块黄金,管宁继续挥锄不止,视黄金如同瓦砾,华歆却将黄金拾起后又扔掉,人们从这件事上判断出他们二人的优劣。邴原曾到远方去游学,八九年后才返回家乡,老师和朋友们以为他不会喝酒,所以只拿来米和肉为他送行。邴原说:"我本来有酒量,只是因为怕荒废学业,才将酒戒掉。如今就要与你们远别,可以喝一次。"于是与众人坐在一起饮酒欢宴,喝了一天也没醉。管宁、邴原都以节操高尚而闻名于世,

度虚馆以候之。宁既见度,乃庐于山谷,时避难者多居郡南,而宁独居北,示无还志,后渐来从之,旬月而成邑。宁每见度,语唯经典,不及世事;还山,专讲《诗》、《书》,习俎豆,非学者无见也。由是度安其贤,民化其德。邴原性刚直,清议以格物,度以下心不安之。宁谓原曰:"潜龙以不见成德。言非其时,皆招祸之道也。"密遣原逃归,度闻之,亦不复追也。王烈器业过人,少时名闻在原、宁之右。善于教诱,乡里有盗牛者,主得之,盗请罪,曰:"刑戮是甘,乞不使王彦方知也!"烈闻而使人谢之,遗布一端。或问其故,烈曰:"盗惧吾闻其过,是有耻恶之心,既知耻恶,则善心将生,故与布以劝为善也。"后有老父遗剑于路,行道一人见而守之,至暮,老父还,寻得剑,怪之,以事告烈,烈使推求,乃先盗牛者也。诸有争讼曲直将质之于烈,或至途而反,或望庐而还,皆相推以直,不敢使烈闻之。度欲以为长史,烈辞之,为商贾以自秽,乃免。

三年(壬申,192)

1　春,正月丁丑,赦天下。

2　董卓遣牛辅将兵屯陕,辅分遣校尉北地李傕、张掖郭汜、武威张济将步骑数万击破朱儁于中牟,因掠陈留、颍川诸县,所过杀虏无遗。

公孙度听说他们来到辽东,便准备宾馆,迎候二人。管宁见过公孙度之后,就在山谷中修建小屋,当时前来避难的人大多居住在郡城南郊,而唯独管宁住在北郊,表示他不想再返回家乡,后来人们渐渐地在他的周围落户,不过一个月,就形成了村庄。管宁每次见到公孙度,只谈儒学经典,不涉及世事;回到山村,则专门讲授《诗经》《尚书》,研习古代祭祀的礼仪,只会见学者,不见其他的人。因此,公孙度因管宁为人贤明而不再提防他,民间也受到他品德的感化。邴原为人性情刚直,喜欢评价人物,抨击不合理的现象,从公孙度以下的各级官吏,都对他表示不满。管宁对邴原说:"隐藏的龙,以不为人所见而成其德。不是时机而发表意见,都会招来灾祸。"秘密教邴原逃回中原,公孙度听说后,也没有派人追赶。王烈器度宽宏,学业精深,年轻时名望在管宁、邴原之上。他善于教诲,乡里有人偷牛,被牛的主人捉住,偷牛贼请求说:"甘愿受刑被杀,只求不要让王烈知道!"王烈听说后让人前去看他,并送给他一匹布。有人询问送布的原因,王烈说:"偷牛贼害怕我听到他的过失,表示他还有羞耻心,既然知道羞耻,就能够生出善心,我送给他布,就是鼓励他从善。"后来,有一位老人将佩剑丢失在路上,一位行人看到后,便守在旁边,到了傍晚,老人回来,找到了丢失的剑,大为惊奇,便把这件事告诉王烈,王烈派人调查,原来守剑的人就是以前那个偷牛贼。民间发生争执后,去请王烈裁决,有的才走到半路,有的只看到他的住宅,便纷纷退回去,向对方表示让步,而不愿让王烈知道他们有过纠纷。公孙度想任命王烈为长史,王烈推辞不受,而去经营商业来贬低自己,表示无意为官,公孙度这才作罢。

汉献帝初平三年(壬申,公元 192 年)

1 春季,正月丁丑,大赦天下。

2 董卓派牛辅率军驻在陕县,牛辅分别派遣校尉北地人李傕、张掖人郭汜、武威人张济率领步、骑兵数万人袭击中牟,大败朱儁,并沿途抢掠陈留、颍川两郡所属各县,所过之处,烧杀掳掠,人民几乎死尽。

初,荀淑有孙曰彧,少有才名,何颙见而异之,曰:"王佐才也!"及天下乱,彧谓父老曰:"颍川四战之地,宜亟避之。"乡人多怀土不能去,彧独率宗族去依韩馥。会袁绍已夺馥位,待彧以上宾之礼。彧度绍终不能定大业,闻曹操有雄略,乃去绍从操。操与语,大悦,曰:"吾子房也!"以为奋武司马。其乡人留者,多为催、汜等所杀。

3 袁绍自出拒公孙瓒,与瓒战于界桥南二十里。瓒兵三万,其锋甚锐。绍令麴义领精兵八百先登,强弩千张夹承之。瓒轻其兵少,纵骑腾之。义兵伏楯下不动,未至十数步,一时同发,欢呼动地,瓒军大败。斩其所置冀州刺史严纲,获甲首千馀级。追至界桥,瓒敛兵还战,义复破之,遂到瓒营,拔其牙门,馀众皆走。

初,兖州刺史刘岱与绍、瓒连和,绍令妻子居岱所,瓒亦遣从事范方将骑助岱。及瓒击破绍军,语岱令遣绍妻子,别敕范方:"若岱不遣绍家,将骑还!吾定绍,将加兵于岱。"岱与官属议,连日不决,闻东郡程昱有智谋,召而问之。昱曰:"若弃绍近援而求瓒远助,此假人于越以救溺子之说也。夫公孙瓒非袁绍之敌也,今虽坏绍军,然终为绍所禽。"岱从之。范方将其骑归,未至而瓒败。

当初,荀淑的孙子荀彧,从小就有才华名望,何颙见到他大为惊异,说:"真是一个辅佐君王的人才!"及至天下大乱,荀彧对乡里父老说:"颍川地势平阔,四面受敌,应该尽早躲避。"乡里人多依恋故土,舍不得离去,只有荀彧率领他的家族前去投奔韩馥。正赶上袁绍已经夺取韩馥的地位,他用上宾之礼接待荀彧。荀彧认为袁绍最终不能成就大业,听说曹操有雄才大略,于是便离开袁绍,前去投奔曹操。曹操与他面谈之后,大为高兴,说:"这就是我的张良!"于是任命他为奋武司马。那些留在颍川未走的乡人,多在这次劫难中被李傕、郭汜等杀害。

3 袁绍亲自率军迎战公孙瓒,两军会战于界桥以南二十里处。公孙瓒部下有三万人马,锐不可当。袁绍命令麹义率领精兵八百人为先锋,并在左右两侧布置了一千张强弩。公孙瓒轻视麹义兵少,命令骑兵冲阵。麹义的士兵则用盾牌掩护身体,一动不动,等到双方相距只有十几步时,两侧弓弩齐发,士兵们跃起冲锋,喊杀之声动地,公孙瓒军大败。他所任命的冀州刺史严纲被杀,死亡一千多人。麹义率兵追至界桥,公孙瓒集结军队,进行反扑,麹义再次大胜,于是到达公孙瓒军营,拔掉了营门大旗,公孙瓒的残军全部逃走。

起初,兖州刺史刘岱与袁绍、公孙瓒的关系都很好,袁绍让自己的妻子儿女寄居在刘岱家中,公孙瓒也派从事范方率领骑兵前往协助刘岱。及至公孙瓒初次击败袁绍的军队后,告诉刘岱,让他交出袁绍的家眷,同时另下命令给范方:"如果刘岱不交出袁绍的家眷,就率领骑兵返回!等我平定袁绍之后,再对刘岱用兵。"刘岱与部属商议对策,一连几天不能决定,后听说东郡人程昱足智多谋,便召他来征询意见。程昱说:"舍弃冀州袁绍这个近援,而想得到幽州公孙瓒的远助,就好像到遥远的越地去请游泳能手前来解救这里已快淹死的人一样,是毫无用处的。而且公孙瓒不是袁绍的对手,如今公孙瓒打败袁绍的军队,可是他最终将被袁绍擒获。"刘岱听从了他的意见。范方率骑兵离开兖州,返回公孙瓒的大营。还未到达,公孙瓒便已经溃败。

4　曹操军顿丘,于毒等攻东武阳。操引兵西入山,攻毒等本屯。诸将皆请救武阳。操曰:"使贼闻我西而还,武阳自解也;不还,我能败其本屯,虏不能拔武阳必矣。"遂行。毒闻之,弃武阳还。操遂击眭固及匈奴於扶罗于内黄,皆大破之。

5　董卓以其弟旻为左将军,兄子璜为中军校尉,皆典兵事,宗族内外并列朝廷。卓侍妾怀抱中子皆封侯,弄以金紫。卓车服僭拟天子,召呼三台,尚书以下皆自诣卓府启事。又筑坞于郿,高厚皆七丈,积谷为三十年储,自云:"事成,雄据天下;不成,守此足以毕老。"

卓忍于诛杀,诸将言语有蹉跌者,便戮于前,人不聊生。司徒王允与司隶校尉黄琬、仆射士孙瑞、尚书杨瓒密谋诛卓。中郎将吕布,便弓马,膂力过人,卓自以遇人无礼,行止常以布自卫,甚爱信之,誓为父子。然卓性刚褊,尝小失卓意,卓拔手戟掷布,布拳捷避之,而改容顾谢,卓意亦解。布由是阴怨于卓。卓又使布守中阁,而私于傅婢,益不自安。王允素善待布,布见允,自陈卓几见杀之状,允因以诛卓之谋告布,使为内应。布曰:"如父子何?"曰:"君自姓吕,本非骨肉。今忧死不暇,何谓父子!掷戟之时,岂有父子情邪!"布遂许之。

4　曹操驻军顿丘,于毒等进攻东武阳。曹操命令军队西行入山,前去攻击于毒等的营寨。部下将领全都请求援救东武阳。曹操说:"让叛匪听说我们西行,如果他们回来救援,那么东武阳的包围不救自解;如果他们不回来,那么我们能够攻下他们的营寨,而他们肯定不能攻下东武阳。"于是便率军出发。于毒听说后,放弃东武阳,赶回援救营寨。曹操乘势进军内黄,向睢固及南匈奴单于於扶罗发动进攻,大败这两支队伍。

5　董卓任命他的弟弟董旻为左将军,侄子董璜为中军校尉,都执掌兵权,他的宗族及亲戚都在朝中担任大官。就连董卓侍妾刚生下的儿子也都被封为侯爵,把侯爵用的金印和紫色绶带当作玩具。董卓所乘坐的车辆和穿着的各种衣饰都与皇帝的一样,他对尚书台、御史台、符节台发号施令,尚书以下的官员都要到董卓的太师府去汇报和请示。他又在郿修建了一个巨大的堡垒,墙高七丈,厚也七丈,里面存有足够吃三十年的粮食,他自己说:"大事告成,可以雄踞天下;如果不成,守住这里也足以终老。"

董卓性情残暴,随意杀人,部下将领言语稍有差错,就被当场处死,致使人人自危。司徒王允与司隶校尉黄琬、仆射士孙瑞、尚书杨瓒等密谋除掉董卓。中郎将吕布精于骑射,力气超过常人,董卓知道自己待人寡恩无礼,害怕遭到暗害,无论去什么地方,都常常让吕布作自己的随从侍卫,对他十分宠信,发誓说情同父子。但是董卓性情刚愎,曾经为了一件不合自己心意的小事,拔出手戟掷向吕布,吕布身手矫健,避开手戟,又和颜悦色地向董卓道歉,董卓才息怒作罢。吕布从此暗中怨恨董卓。董卓又命吕布守卫中阁,吕布乘机与董卓的一位侍女私通,越发心中不安。王允一向对待吕布很好,吕布见王允时,主动说出几乎被董卓所杀的事情,于是王允将诛杀董卓的计划告诉吕布,并让他做内应。吕布说:"但我们有父子之情,怎么办?"王允说:"你自姓吕,与他本没有骨肉关系。如今顾虑自己的生死都来不及,还谈什么父子!他在掷戟之时,难道有父子之情吗!"吕布于是应允。

　　夏,四月丁巳,帝有疾新愈,大会未央殿。卓朝服乘车而
入,陈兵夹道,自营至宫,左步右骑,屯卫周匝,令吕布等扞卫
前后。王允使士孙瑞自书诏以授布,布令同郡骑都尉李肃与
勇士秦谊、陈卫等十馀人伪著卫士服,守北掖门内以待卓。
卓入门,肃以戟刺之;卓衷甲,不入,伤臂,堕车,顾大呼曰:
"吕布何在?"布曰:"有诏讨贼臣!"卓大骂曰:"庸狗,敢如是
邪!"布应声持矛刺卓,趣兵斩之。主簿田仪及卓仓头前赴其
尸,布又杀之,凡所杀三人。布即出怀中诏版以令吏士曰:
"诏讨卓耳,馀皆不问。"吏士皆正立不动,大称万岁。百姓歌
舞于道,长安中士女卖其珠玉衣装市酒肉相庆者,填满街肆。
弟旻、璜等及宗族老弱在郿,皆为其群下所斫射死。暴卓尸
于市,天时始热,卓素充肥,脂流于地,守尸吏为大炷,置卓脐
中然之,光明达曙,如是积日。诸袁门生聚董氏之尸,焚灰扬
之于路。坞中有金二三万斤,银八九万斤,锦绮奇玩积如丘
山。以王允录尚书事,吕布为奋威将军、假节、仪比三司,封
温侯,共秉朝政。

　　卓之死也,左中郎将高阳侯蔡邕在王允坐,闻之惊叹。
允勃然,叱之曰:"董卓国之大贼,几亡汉室,君为王臣,所宜
同疾,而怀其私遇,反相伤痛,岂不共为逆哉!"即收付廷尉。
邕谢曰:"身虽不忠,古今大义,耳所厌闻,口所常玩,岂当背国
而向卓也! 愿黥首刖足,继成汉史。"士大夫多矜救之,不能得。

夏季,四月丁巳,献帝患病初愈,在未央殿大会朝中百官。董卓身穿朝服,乘车入朝,从军营到皇宫的道路两侧警卫密布,左侧是步兵,右侧是骑兵,戒备森严,由吕布等在前后侍卫。王允命士孙瑞自己书写诏书交给吕布,吕布让同郡人、骑都尉李肃与勇士秦谊、陈卫等十馀人冒充卫士,身穿卫士的服装,埋伏在北掖门等待董卓。董卓一进门,李肃举戟刺去,董卓内穿铁甲,未能刺入,只伤了他的手臂,跌到车下,董卓回头大喊:“吕布在哪里?”吕布说:“奉皇帝诏令,讨伐贼臣!”董卓大骂说:“狗崽子,你胆敢如此!”吕布没等董卓骂完,就手持铁矛将他刺死,并催促士兵砍下他的头颅。主簿田仪及董卓的奴仆扑到董卓的尸前,又被吕布杀死,共杀了三个人。吕布随即从怀中取出诏书,命令官兵们说:“皇帝下诏,只讨董卓,其他人一概不问。”官兵们听后都立正不动,高呼万岁。百姓在街道上唱歌跳舞,以示庆祝,长安城中的士人、妇女卖掉珠宝首饰及衣服用来买酒买肉互相庆贺,街市拥挤得水泄不通。董卓的弟弟董旻、董璜以及留在郿坞的董氏家族老幼,都被他们的部下用刀砍死,或用箭射死。董卓的尸体被拖到市中示众,当时天气渐热,董卓一向身体肥胖,油脂流到地上,看守尸体的官吏便作了一个大灯捻,放在董卓的肚脐上点燃,从晚上烧到天亮,就这样一连烧了几天。受过董卓迫害的袁氏家族的门生们,把已被斩碎的董卓尸体收拢起来,焚烧成灰,扬撒在大路上。郿坞中藏有黄金两三万斤,白银八九万斤,绫罗绸缎、奇珍异宝堆积如山。献帝任命王允录尚书事,吕布为奋威将军、假节,礼仪待遇均与三公相等,封温侯,与王允一起主持朝政。

　　董卓被杀时,左中郎将、高阳侯蔡邕正在王允家中作客,听到这一消息后,为之惊叹。王允勃然大怒,斥责说:“董卓是国家的大贼,几乎灭亡了汉朝王室的统治,你是汉朝的大臣,应当同仇敌忾,而你怀念他的私人恩惠,反为他悲痛,这岂不是与他共同为逆吗!”当时就将蔡邕逮捕,送交廷尉。蔡邕承认自己有罪,说:“虽然我身处在这样一个不忠的地位,但对古今的君臣大义,耳中常听,口中常说,怎么会背叛国家而袒护董卓呢! 我情愿在脸上刺字,砍去脚,让我继续写完汉史。”许多士大夫同情蔡邕,设法营救他,但没有成功。

太尉马日磾谓允曰:"伯喈旷世逸才,多识汉事,当续成后史,为一代大典。而所坐至微,诛之,无乃失人望乎!"允曰:"昔武帝不杀司马迁,使作谤书流于后世。方今国祚中衰,戎马在郊,不可令佞臣执笔在幼主左右,既无益圣德,复使吾党蒙其讪议。"日磾退而告人曰:"王公其无后乎!善人,国之纪也;制作,国之典也;灭纪废典,其能久乎!"邕遂死狱中。

初,黄门侍郎荀攸与尚书郑泰、侍中种辑等谋曰:"董卓骄忍无亲,虽资强兵,实一匹夫耳,可直刺杀也。"事垂就而觉,收攸系狱,泰逃奔袁术。攸言语饮食自若,会卓死,得免。

6 青州黄巾寇兖州,刘岱欲击之,济北相鲍信谏曰:"今贼众百万,百姓皆震恐,士卒无斗志,不可敌也。然贼军无辎重,唯以钞略为资,今不若畜士众之力,先为固守。彼欲战不得,攻又不能,其势必离散,然后选精锐,据要害,击之可破也。"岱不从,遂与战,果为所杀。

曹操部将东郡陈宫谓操曰:"州今无主,而王命断绝,宫请说州中纲纪,明府寻往牧之,资之以收天下,此霸王之业也。"宫因往说别驾、治中曰:"今天下分裂而州无主。曹东郡,命世之才也,若迎以牧州,必宁生民。"鲍信等亦以为然,乃与州吏万潜等至东郡,迎操领兖州刺史。操遂进兵击黄巾于寿张东,不利。贼众精悍,操兵寡弱,操抚循激励,明设赏罚,承间设奇,昼夜会战,战辄禽获,贼遂退走。鲍信战死,操购求其丧不得,乃刻木如信状,祭而哭焉。诏以京兆金尚为兖州刺史,将之部,操逆击之,尚奔袁术。

太尉马日磾对王允说:"蔡伯喈是旷世奇才,对汉朝的史事典章了解很多,应当让他完成史书,这将是一代大典。而且他所犯的罪是微不足道的,杀了他,岂不使天下士人失望!"王允说:"从前武帝不杀司马迁,结果使得他所作的谤书《史记》流传后世。如今国运中衰,兵马就在郊外,不能让奸佞之臣在幼主身边撰写史书,这既无益于皇帝的圣德,还会使我们这些人受到讥讽。"马日磾退出后,对别人说:"王允的后代大概要灭绝!善人是国家的楷模,史著是国家的经典。毁灭楷模,废除经典,国家如何能够长久?"于是,蔡邕就死在狱中。

起初,黄门侍郎荀攸与尚书郑泰、侍中种辑等秘密商议:"董卓骄横残忍,没有真正的亲信,虽然手握强兵,实际上不过是一个孤立的独夫民贼,可以径直把他刺死。"事情即将成功,而消息泄露,荀攸被捕入狱,郑泰逃奔袁术。荀攸在狱中,言谈和饮食都与平时一样,恰好董卓被杀,荀攸得以幸免。

6 青州的黄巾军攻掠兖州,兖州刺史刘岱准备出兵迎击,济北国相鲍信劝阻他说:"如今黄巾军有百万之众,百姓全都十分恐慌,士兵也没有斗志,不能对付敌人。然而黄巾军没有辎重,只靠抢劫来供应军需,我们不如保存实力,首先固守城池。敌军求战不得,攻城不下,势必离散,到那时再挑选精兵,分据各关口要塞,一定可以将敌军打败。"刘岱不听,率军出战,果然被黄巾军杀死。

曹操的部将、东郡人陈宫对曹操说:"现在刺史已死,州中无主,与朝廷的联系也已断绝,我想去说服州中的主要官员,同意由您来主持州中事务,以此作为资本,进而夺取天下,这是霸王大业。"于是,陈宫前去劝说别驾、治中等主要官员:"如今天下分裂,而无人主持州政。曹操是一代英才,假如迎接他做刺史,必然能够使百姓安宁。"鲍信等也有同样的看法,便与州中官吏万潜等人来到东郡,迎接曹操兼任兖州刺史。曹操随后率军到寿张县东攻击黄巾军,未能取胜。黄巾军骁勇精悍,而曹军则兵力单薄,曹操稳定军心,鼓舞士气,严明赏罚制度,并且连设奇计,昼夜不停地会战,每次都杀伤不少敌军,于是黄巾军退出兖州。鲍信战死,曹操悬赏寻找他的尸体,但终究没有找到,于是就雕刻了一个鲍信的木像,下葬时,曹操亲去祭奠,放声大哭。朝廷任命京兆人金尚为兖州刺史,金尚将要赴任,遭到曹操迎击,金尚逃走,投奔袁术。

7 五月，以征西将军皇甫嵩为车骑将军。

8 初，吕布劝王允尽杀董卓部曲，允曰："此辈无罪，不可。"布欲以卓财物班赐公卿、将校，允又不从。允素以剑客遇布，布负其功劳，多自夸伐，既失意望，渐不相平。允性刚棱疾恶，初惧董卓，故折节下之。卓既歼灭，自谓无复患难，颇自骄傲，以是群下不甚附之。

允始与士孙瑞议，特下诏赦卓部曲，既而疑曰："部曲从其主耳。今若名之恶逆而赦之，恐适使深自疑，非所以安之也。"乃止。又议悉罢其军，或说允曰："凉州人素惮袁氏而畏关东，今若一旦解兵开关，必人人自危。可以皇甫义真为将军，就领其众，因使留陕以安抚之。"允曰："不然。关东举义兵者，皆吾徒也，今若距险屯陕，虽安凉州，而疑关东之心，不可也。"

时百姓讹言当悉诛凉州人，卓故将校遂转相恐动，皆拥兵自守，更相谓曰："蔡伯喈但以董公亲厚尚从坐；今既不赦我曹而欲使解兵，今日解兵，明日当复为鱼肉矣。"吕布使李肃至陕，以诏命诛牛辅，辅等逆与肃战，肃败，走弘农，布诛杀之。辅恇怯失守，会营中无故自惊，辅欲走，为左右所杀。李傕等还，辅已死，傕等无所依，遣使诣长安求赦。王允曰："一岁不可再赦。"不许。傕等益惧，不知所为，欲各解散，间行归乡里，讨虏校尉武威贾诩曰："诸君若弃军单行，则一亭长能束君矣，不如相率而西，以攻长安，为董公报仇，事济，奉国家以正天下；若其不合，走未晚也。"傕等然之，乃相与结盟，率军数千，

7　五月,任命征西将军皇甫嵩为车骑将军。

8　起初,吕布劝王允把董卓的部下全部杀死,王允说:"这些人没有罪,不能处死。"吕布想把董卓的财物赏赐给朝中大臣及统兵将领,王允又没有答应。王允一向把吕布视为一员武将,不愿他干预朝政,而吕布认为自己诛杀董卓有功,到处夸耀,既然屡次失望,心中逐渐不高兴。王允性情刚直方正,嫉恶如仇,当初因为畏惧董卓,不得不委曲低头。董卓被诛之后,他自认为不会再有什么祸难,颇为骄傲,因此部属们对他并不十分拥戴。

王允起初曾与士孙瑞商议,特别下诏赦免董卓属下的将领及士兵,接着又感到迟疑,说道:"部将们只是遵从主人的命令,本无罪可言。如今要把他们作为恶逆之人予以赦免,恐怕反会招致他们的猜疑,并不是令他们安心的办法。"因而没有颁布赦书。后又商议全部解散董卓所统率的军队,有人对王允说:"凉州人一直害怕袁绍,畏惧关东的大军,如今若是一旦解散军队,打开函谷关,董卓的部下一定会人人自危。可任命皇甫嵩为将军,率领董卓的旧部,并留驻陕县以进行安抚。"王允说:"不行。关东的义兵将领与我们是一致的,现在如果再将大军留驻陕县,扼守险要,虽然安抚了凉州人,却会使关东将领起疑,这是不行的。"

当时,百姓中盛传要杀死所有的凉州人,于是那些原为董卓部下的将领惊恐不安,全都控制住军队,以求自保,他们还相互传言:"蔡邕只因受过董卓的信任和厚待,尚且被牵连处死;现在既没有赦免我们,而又要解散我们的军队,如果今天解散军队,明天我们就会成为任凭宰杀的鱼肉了。"吕布派李肃前往陕县,宣布皇帝诏命,诛杀牛辅,牛辅等率军迎击李肃,李肃战败,逃回弘农,被吕布处死。牛辅心中惶恐不安,恰巧遇上军营中无故发生夜惊,牛辅想弃军逃走,被左右亲信杀死。李傕等回到大营时,牛辅已死,李傕等无以依靠,便派使者前往长安请求赦免。王允回答说:"一年之内,不能发布两次赦免令。"拒绝了他们的请求。李傕等更加害怕,不知如何是好,打算解散军队,各人分别走小路逃回家乡,讨虏校尉、武威人贾诩说:"如果你们放弃军队,孤身逃命,只需一个亭长就能把你们捉起来,不如大家齐心合力,西进攻打长安,去为董卓报仇,如果事情成功,可以拥戴皇帝以号令天下;如若不成,再逃走也不迟。"李傕等同意,于是一起宣誓结盟,率领着数千人马,

晨夜西行。王允以胡文才、杨整脩皆凉州大人,召使东,解释之,不假借以温颜,谓曰:"关东鼠子,欲何为邪!卿往呼之!"于是二人往,实召兵而还。

催随道收兵,比至长安,已十馀万,与卓故部曲樊稠、李蒙等合围长安城,城峻不可攻。守之八日,吕布军有叟兵内反,六月,戊午,引催众入城,放兵虏掠。布与战城中,不胜,将数百骑以卓头系马鞍出走,驻马青琐门外,招王允同去。允曰:"若蒙社稷之灵,上安国家,吾之愿也;如其不获,则奉身以死之。朝廷幼少,恃我而已,临难苟免,吾不忍也。努力谢关东诸公,勤以国家为念!"太常种拂曰:"为国大臣,不能禁暴御侮,使白刃向宫,去将安之!"遂战而死。

催、汜屯南宫掖门,杀太仆鲁馗、大鸿胪周奂、城门校尉崔烈、越骑校尉王颀,吏民死者万馀人,狼籍满道。王允扶帝上宣平门避兵,催等于城门下伏地叩头,帝谓催等曰:"卿等放兵纵横,欲何为乎?"催等曰:"董卓忠于陛下,而无故为吕布所杀,臣等为卓报雠,非敢为逆也。请事毕诣廷尉受罪。"催等围门楼,共表请司徒王允出,问"太师何罪?"允穷蹙,乃下见之。己未,赦天下,以李催为扬武将军,郭汜为扬烈将军,樊稠等皆为中郎将。催等收司隶校尉黄琬,杀之。

初,王允以同郡宋翼为左冯翊,王宏为右扶风,催等欲杀允,恐二郡为患,乃先征翼、宏。宏遣使谓翼曰:"郭汜、李催以我二人在外,故未危王公,今日就征,明日俱族,计

昼夜兼程向长安进发。王允知道胡文才、杨整脩都是凉州有威望的人物,便召见胡、杨二人,想让他们去东方会见李傕等人,解释误会,可是王允在面见他们时,并没有和颜悦色,而是说:"这些潼关东面的鼠辈,想要干什么? 你去把他们叫来!"因此胡文才和杨整脩去见李傕等人,实际上是把大军召回长安。

李傕沿途招集人马,等到达长安时,已有十馀万之众,他们与董卓旧部樊稠、李蒙等会合,一起包围了长安。长安城墙高大,无法进攻。守到第八天,吕布属下的蜀郡士兵叛变,六月,戊午(初一),叛军引李傕部队入城,李傕等放纵士兵大肆抢掠。吕布与李傕等在城中交战不胜,便率领数百名骑兵,把董卓的头颅挂在马鞍上,突围出逃,他在青琐门外停马,招呼王允一起逃走。王允回答说:"如果得到社稷之灵保佑,国家平安,这是我最大的愿望;如果此愿不能实现,那么我将为之献出生命。如今皇帝年龄幼小,只能倚仗着我,遇到危险而自己逃命,我不忍心这样做。请勉励关东的各位将领,常将皇帝和国家大局放在心上!"太常种拂说:"身为国家大臣,不能禁止暴力,抵御凌辱,致使刀枪指向皇宫,还想逃到哪里!"于是奋战而死。

李傕、郭汜等驻扎在南宫披门,杀死太仆鲁馗、大鸿胪周奂、城门校尉崔烈、越骑校尉王颀等人,官吏和百姓被杀一万多人,尸体散乱地堆满街道。王允扶着献帝逃上宣平门,躲避乱兵,李傕等人在城下伏地叩头,献帝对李傕等人说:"你们放纵士兵,想要做什么?"李傕等说:"董卓忠于陛下,却无故被吕布杀害,我们为董卓报仇,并不敢做叛逆之事。待到此事了结之后,我们情愿上廷尉去领受罪责。"李傕派兵围住宣平门楼,联名上表,要求司徒王允出面,问道:"太师董卓有什么罪?"王允被逼无奈,只好走下楼来面见李傕等人。己未(初二),大赦天下,任命李傕为扬武将军,郭汜为扬烈将军,樊稠等人都为中郎将。李傕等逮捕司隶校尉黄琬,将他处死。

起初,王允任命同郡人宋翼为左冯翊,王宏为右扶风,李傕等想要杀死王允,又恐怕他们起兵反抗,于是先要献帝下诏征召宋翼、王宏。王宏派人对宋翼说:"郭汜、李傕因为我们两个在外握有兵权,所以不敢杀害王允,如果今日应召,明日就会全族被害,计策上

将安出?"翼曰:"虽祸福难量,然王命,所不得避也。"宏曰:
"关东义兵鼎沸,欲诛董卓,今卓已死,其党与易制耳。若举
兵共讨催等,与山东相应,此转祸为福之计也。"翼不从,宏不
能独立,遂俱就征。甲子,催收允及翼、宏,并杀之。允妻子
皆死。宏临命诟曰:"宋翼竖儒,不足议大计!"催尸王允于
市,莫敢收者,故吏平陵令京兆赵戬弃官收而葬之。始,允自
专讨卓之劳,士孙瑞归功不侯,故得免于难。

　　　臣光曰:《易》称"劳谦君子有终吉",士孙瑞有功不
伐,以保其身,可不谓之智乎!

　9　催等以贾诩为左冯翊,欲侯之,诩曰:"此救命之计,
何功之有!"固辞不受。又以为尚书仆射,诩曰:"尚书仆射,
官之师长,天下所望,诩名不素重,非所以服人也。"乃以为
尚书。

　10　吕布自武关奔南阳,袁术待之甚厚。布自恃有功于
袁氏,恣兵钞掠。术患之,布不自安,去从张杨于河内。李催
等购求布急,布又逃归袁绍。

　11　丙子,以前将军赵谦为司徒。

　12　秋,七月庚子,以太尉马日磾为太傅,录尚书事;八
月,以车骑将军皇甫嵩为太尉。

　13　诏太傅马日磾、太仆赵岐杖节镇抚关东。

　14　九月,以李催为车骑将军、领司隶校尉、假节;郭汜
为后将军,樊稠为右将军,张济为骠骑将军,皆封侯。催、汜、
稠筦朝政,济出屯弘农。

该怎么应对?"宋翼回答说:"虽然祸福无法预料,然而皇帝的诏命,是不能违抗的。"王宏的使人说:"关东诸州、郡义兵好像滚水沸腾,想要诛杀董卓,如今董卓已死,他的党羽容易制服。如果起兵一同讨伐李傕等人,与山东诸军相互呼应,正是转祸为福的上策。"宋翼不同意,王宏孤立不能成事,于是双双接受征召。甲子(初七),李傕逮捕王允、宋翼、王宏,一齐处死。王允的家小也都被杀死。王宏临死之前辱骂道:"宋翼,你这个没用的腐儒,真不足以与你商议国家大事!"李傕把王允的尸体放置在闹市之中,没人胆敢前去收尸,王允从前的部属、平陵县县令京兆人赵戬放弃官位将王允的尸体收葬。当初,王允将讨伐董卓的功劳全都归于自己,由于士孙瑞的功劳归给了王允,没有封侯,因而这次能够幸免于难。

> 臣司马光说:《周易》说"辛劳而又谦让的君子,可以善始全终,吉祥",士孙瑞立下大功而不夸耀,以保护自己的身家性命,岂不应称他是智慧过人!

9 李傕等任命贾诩为左冯翊,想封他为侯爵,贾诩说:"我提出的只是救命之计,有什么功劳!"坚决辞让不受。李傕又任命他为尚书仆射,贾诩说:"尚书仆射是宫廷的主要官员,为天下所瞩目,我平素名望不重,不能使人心服。"于是任命贾诩为尚书。

10 吕布途经武关到南阳投奔袁术,袁术待他十分优厚。吕布认为自己杀死了董卓,对袁家有功,因此放纵部下士兵抢掠。袁术对此不满,吕布察觉后,心不自安,便离开袁术,去河内投奔张杨。李傕等人悬赏捉拿吕布,形势很紧,吕布又从张杨处逃走,改投袁绍。

11 丙子(十九日),任命前将军赵谦为司徒。

12 秋季,七月庚子(十三日),任命太尉马日磾为太傅,录尚书事;八月,任命车骑将军皇甫嵩为太尉。

13 献帝下诏,命令太傅马日磾、太仆赵岐持符节去安抚关东诸州、郡。

14 九月,任命李傕为车骑将军,兼任司隶校尉,假节;任命郭汜为后将军,樊稠为右将军,张济为骠骑将军,都封为侯爵。李傕、郭汜、樊稠掌管朝政,张济出京,率军驻在弘农郡。

15　司徒赵谦罢。

16　甲申,以司空淳于嘉为司徒,光禄大夫杨彪为司空,录尚书事。

17　初,董卓入关,说韩遂、马腾与共图山东,遂、腾率众诣长安。会卓死,李傕等以遂为镇西将军,遣还金城;腾为征西将军,遣屯郿。

18　冬,十月,荆州刺史刘表遣使贡献。以表为镇南将军荆州牧,封成武侯。

19　十二月,太尉皇甫嵩免,以光禄大夫周忠为太尉,参录尚书事。

20　曹操追黄巾至济北,悉降之,得戎卒三十馀万,男女百馀万口,收其精锐者,号青州兵。

操辟陈留毛玠为治中从事,玠言于操曰:"今天下分崩,乘舆播荡,生民废业,饥馑流亡,公家无经岁之储,百姓无安固之志,难以持久。夫兵义者胜,守位以财,宜奉天子以令不臣,修耕植以畜军资,如此,则霸王之业可成也。"操纳其言,遣使诣河内太守张杨,欲假涂西至长安,杨不听。

定陶董昭说杨曰:"袁、曹虽为一家,势不久群。曹今虽弱,然实天下之英雄也,当故结之。况今有缘,宜通其上事,并表荐之,若事有成,永为深分。"杨于是通操上事,仍表荐操。昭为操作书与李傕、郭汜等,各随轻重致殷勤。

15　司徒赵谦被免职。

16　甲申(二十九日),任命司空淳于嘉为司徒,光禄大夫杨彪为司空,录尚书事。

17　起初,董卓入关后,劝说韩遂、马腾等人一起对抗山东讨伐董卓的联军,韩遂、马腾率军前赴长安。正赶上董卓被杀,李傕等便任命韩遂为镇西将军,派他返回金城;马腾为征西将军,率军前去驻守郿县。

18　冬季,十月,荆州刺史刘表派遣使者到长安进献贡品。任命刘表为镇南将军、荆州牧,封成武侯。

19　十二月,太尉皇甫嵩被免职,任命光禄大夫周忠为太尉,参与主持尚书事务。

20　曹操追击黄巾军到济北,黄巾军全体投降,曹操得到兵士三十馀万,男女一百馀万口,收整其中精锐的士兵,称为"青州兵"。

曹操延聘陈留人毛玠为治中从事,毛玠向曹操进言:"如今天下四分五裂,皇帝流亡在外,百姓无法生产,因饥荒而弃家流亡。官府没有一年的存粮,百姓不能安心,这种局面难以持久。奉行仁义的军队,才能取得胜利,拥有丰富的财源,才能巩固自己的地位,应该遵奉天子,用朝廷的名义向那些叛逆之臣发号施令,发展农业和桑蚕业,以积蓄军用物资,这样,就能够成就霸王之业。"曹操采纳了他的建议,派人晋见河内郡太守张杨,想借道西上长安与朝廷联系,被张杨拒绝。

定陶人董昭劝说张杨:"虽然袁绍与曹操联盟,但势必不会长久合作。曹操如今势力虽弱,然而他实际上是天下真正的英雄。应当寻找机会与他结交。何况现有借路这个机缘,最好允许他的使者通过,将他的奏章上呈朝廷,并上表推荐他。如果事情成功,就可以成为长久的深交。"于是张杨允许曹操的使者通过河内郡前往长安,同时自己上表推荐曹操。董昭还以曹操的名义写信给李傕、郭汜等人,依照他们的权势轻重,分别致以问候。

催、汜见操使,以为关东欲自立天子,今曹操虽有使命,非其诚实,议留操使。黄门侍郎锺繇说催、汜曰:"方今英雄并起,各矫命专制,唯曹兖州乃心王室,而逆其忠款,非所以副将来之望也!"催、汜乃厚加报答。繇,皓之曾孙也。

21　徐州刺史陶谦与诸守相共奏记,推朱儁为太师,因移檄牧伯,欲以同讨李催等,奉迎天子。会李催用太尉周忠、尚书贾诩策,征儁入朝,儁乃辞谦议而就征,复为太仆。

22　公孙瓒复遣兵击袁绍,至龙凑,绍击破之。瓒遂还幽州,不敢复出。

23　扬州刺史汝南陈温卒,袁绍使袁遗领扬州。袁术击破之,遗走至沛,为兵所杀。术以下邳陈瑀为扬州刺史。

四年(癸酉,193)

1　春,正月甲寅朔,日有食之。

2　丁卯,赦天下。

3　曹操军甄城。袁术为刘表所逼,引兵屯封丘,黑山别部及匈奴於扶罗皆附之。曹操击破术军,遂围封丘。术走襄邑,又走宁陵。操追击,连破之。术走九江,扬州刺史陈瑀拒术不纳。术退保阴陵,集兵于淮北,复进向寿春。瑀惧,走归下邳,术遂领其州,兼称徐州伯。李催欲结术为援,以术为左将军,封阳翟侯,假节。

李傕、郭汜见到曹操的使者，认为关东诸将领想要自己拥立皇帝，如今曹操虽然派使者前来表示效忠，但并不是真心诚意，李、郭二人商议，准备把使者扣留在长安。黄门侍郎钟繇向李傕、郭汜建议说："如今天下英雄一同崛起，各自冒用朝廷的名义独断专行，唯有曹操心向王室，假如朝廷拒不接受他的忠诚，会使将来打算效法他的人失望。"李傕、郭汜于是款待曹操的来使，并给以很丰厚的回报。钟繇是钟皓的曾孙。

21 徐州刺史陶谦与各郡、国的太守、国相联合签署文书，推举车骑将军朱儁为太师，并用公文通知各州长官，号召共同讨伐李傕等人，奉迎天子返回洛阳。正在这时，李傕采用太尉周忠、尚书贾诩的计谋，用皇帝名义征召朱儁入朝，于是朱儁辞谢陶谦的提议，应召入朝，又被任命为太仆。

22 公孙瓒又派遣军队进攻袁绍，到达龙凑，被袁绍军队击败。公孙瓒于是退回幽州，不敢再出来。

23 扬州刺史、汝南人陈温去世，袁绍委派袁遗兼任扬州刺史。袁术派军队击败袁遗，袁遗逃到沛，被乱兵杀死。袁术任命下邳人陈瑀为扬州刺史。

汉献帝初平四年(癸酉,公元193年)

1 春季，正月甲寅朔(初一)，出现日食。

2 丁卯(十四日)，大赦天下。

3 曹操驻军甄城。袁术受荆州刺史刘表军队的逼迫，率军移驻封丘，黑山军的一个分支部队与南匈奴单于於扶罗都归附袁术。曹操击败袁术军队，于是包围封丘。袁术退到襄邑，又退到宁陵。曹操在后面追击，接连打败袁术。袁术逃到九江，扬州刺史陈瑀率军抵御，不许袁术入境。袁术退守阴陵，在淮河以北集结部队，又向寿春进军。陈瑀大为恐惧，逃回下邳，于是袁术占领寿春，自称扬州刺史，兼称徐州伯。李傕想拉拢袁术作外援，便任命袁术为左将军、封阳翟侯，假节。

4　袁绍与公孙瓒所置青州刺史田楷连战二年,士卒疲困,粮食并尽,互掠百姓,野无青草。绍以其子谭为青州刺史,楷与战,不胜。会赵岐来和解关东,瓒乃与绍和亲,各引兵去。

5　三月,袁绍在薄落津。魏郡兵反,与黑山贼于毒等数万人共覆邺城,杀其太守。绍还屯斥丘。

6　夏,曹操还军定陶。

7　徐州治中东海王朗及别驾琅邪赵昱说刺史陶谦曰:"求诸侯莫如勤王,今天子越在西京,宜遣使奉贡。"谦乃遣昱奉章至长安。诏拜谦徐州牧,加安东将军,封溧阳侯。以昱为广陵太守,朗为会稽太守。

是时,徐方百姓殷盛,谷实差丰,流民多归之。而谦信用谗邪,疏远忠直,刑政不治,由是徐州渐乱。许劭避地广陵,谦礼之甚厚,劭告其徒曰:"陶恭祖外慕声名,内非真正,待吾虽厚,其势必薄。"遂去之。后谦果捕诸寓士,人乃服其先识。

8　六月,扶风大雨雹。

9　华山崩裂。

10　太尉周忠免,以太仆朱儁为太尉,录尚书事。

11　下邳阙宣聚众数千人,自称天子;陶谦击杀之。

12　大雨,昼夜二十馀日,漂没民居。

13　袁绍出军入朝歌鹿肠山,讨于毒,围攻五日,破之,斩毒及其众万馀级。绍遂寻山北行,进击诸贼左髭丈八等,皆斩之。又击刘石、青牛角、黄龙左校、郭大贤、李大目、于氐根等,复斩数万级,皆屠其屯壁。遂与黑山贼张燕及四营屠各、雁门乌桓战于常山。燕精兵数万,骑数千匹。绍与吕布共击燕,连战十馀日,燕兵死伤虽多,绍军亦疲,遂俱退。

4　袁绍与公孙瓒所委任的青州刺史田楷连续作战两年,军队疲惫不堪,粮食全都吃尽,抢掠百姓,以致田地间连青草都难得见到。袁绍任命自己的儿子袁谭为青州刺史,田楷进攻袁谭,未能取胜。正好朝廷派赵岐前来调解关东各州、郡的矛盾,公孙瓒于是与袁绍结为儿女亲家,各自率兵退回。

5　三月,袁绍驻军薄落津。这时,他属下魏郡的士兵叛变,与黑山军于毒等数万人联合,攻占邺城,杀死魏郡太守。袁绍率军回到斥丘。

6　夏季,曹操大军回到定陶。

7　徐州治中、东海人王朗和别驾、琅邪人赵昱向刺史陶谦建议说:"要想求得诸侯的信任与拥护,最好的办法莫过于尊奉君王,如今天子流亡在长安,应该派遣使者前去进贡。"陶谦于是派赵昱作为使节,携带呈给皇帝的奏章到长安。献帝下诏任命陶谦为徐州牧,加授安东将军,封为溧阳侯。任命赵昱为广陵太守,王朗为会稽太守。

当时,徐州地区百姓富裕,粮食丰足,各地流民多来投奔。但是陶谦信任奸佞小人,疏远忠直之士,司法及政务都管理不善,使得徐州政局也逐渐混乱。许劭避难来到广陵,陶谦对他的礼节和待遇都很厚,许劭对他的门徒们说:"陶谦外表上追求尊重贤才的名声,但实际上他并不是正人君子,现在待我虽厚,将来必然会改变。"于是,他离开徐州。后来,陶谦果然大肆逮捕流亡到徐州的士大夫,人们才佩服许劭的先见之明。

8　六月,扶风郡下了大冰雹。

9　华山发生山崩。

10　太尉周忠被免职,任命太仆朱儁为太尉,主持尚书事务。

11　下邳人阙宣聚集百姓数千人,自称天子。陶谦击斩阙宣。

12　大雨昼夜不停地持续二十馀日,淹没了许多百姓的住宅。

13　袁绍率军深入朝歌境内的鹿肠山,讨伐于毒,围攻五日,攻破于毒,斩杀于毒及其部下一万多人。袁绍于是顺山北行,进攻左髭丈八等乱匪,将乱匪全部斩杀。又进击刘石、青牛角、黄龙左校、郭大贤、李大目、于氐根等,又斩杀数万人,乱匪的营寨也全部遭到屠戮。最后,袁绍与黑山军张燕以及四营的匈奴屠各部落和雁门的乌桓部落在常山交战。张燕有精兵数万人,战马数千匹。袁绍与吕布联合进攻张燕,一连战斗了十馀天,张燕军死伤虽多,袁绍军也感到疲惫,于是双方各自撤退。

吕布将士多暴横，绍患之，布因求还雒阳。绍承制以布领司隶校尉，遣壮士送布，而阴图之。布使人鼓筝于帐中，密亡去，送者夜起，斫帐被皆坏。明旦，绍闻布尚在，惧，闭城自守。布引军复归张杨。

14　前太尉曹嵩避难在琅邪，其子操令泰山太守应劭迎之。嵩辎重百馀两，陶谦别将守阴平，士卒利嵩财宝，掩袭嵩于华、费间，杀之，并少子德。秋，操引兵击谦，攻拔十馀城，至彭城，大战，谦兵败，走保郯。

初，京、雒遭董卓之乱，民流移东出，多依徐土，遇操至，坑杀男女数十万口于泗水，水为不流。

操攻郯不能克，乃去，攻取虑、睢陵、夏丘，皆屠之，鸡犬亦尽，墟邑无复行人。

15　冬，十月辛丑，京师地震。

16　有星孛于天市。

17　司空杨彪免。丙午，以太常赵温为司空，录尚书事。

18　刘虞与公孙瓒积不相能，瓒数与袁绍相攻，虞禁之，不可，而稍节其禀假。瓒怒，屡违节度，又复侵犯百姓。虞不能制，乃遣驿使奉章陈其暴掠之罪，瓒亦上虞禀粮不周。二奏交驰，互相非毁，朝廷依违而已。瓒乃筑小城于蓟城东南以居之，虞数请会，瓒辄称病不应。虞恐其终为乱，乃率所部兵合十万人以讨之。时瓒部曲放散在外，仓卒掘东城欲走。虞兵无部伍，不习战，又爱民庐舍，敕不听焚烧，戒军士曰："无伤馀人，杀一伯珪而已。"攻围不下。瓒乃简募锐士数百人，因风纵火，

吕布部下的将士多凶横强暴,袁绍颇为厌恨,吕布于是请求返回洛阳。袁绍用皇帝的名义任命吕布兼任司隶校尉,派遣精壮武士护送吕布,但命令他们暗中害死吕布。吕布命人在他的帐内弹筝,自己悄悄地溜走了。武士们乘夜袭击吕布,帐篷和床被全部砍坏。第二天早晨,袁绍得知吕布仍然活着,大为恐惧,下令关闭城门,严加防守。吕布率军再度依附张杨。

　　14　前任太尉曹嵩在琅邪躲避战乱,他的儿子曹操命令泰山郡太守应劭迎接曹嵩到兖州。曹嵩携带辎重一百馀车,陶谦的一个部将驻守在阴平县,士兵贪图曹嵩的财产,于是在华县与费县的交界处发动袭击,杀死曹嵩和他的小儿子曹德。秋天,曹操率军进攻陶谦,攻克十馀城。到达彭城时,与陶谦的军队展开大战,陶谦战败,逃到郯县固守。

　　以前,洛阳一带遭受董卓之乱,百姓向东迁徙,大多投奔徐州,这次遇到曹操到来,男女老幼数十万人被驱赶到泗水河中淹死,尸体阻塞了河道,致使水不能流。

　　曹操围攻郯县,未能攻下,于是离开,攻克虑县、睢陵、夏丘,所过之处全都遭到屠戮,鸡犬不留,故城废址不再有一个行人。

　　15　冬季,十月辛丑(二十二日),京城长安发生地震。

　　16　有异星出现在天市星旁。

　　17　司空杨彪被免职。丙午(二十七日),任命太常赵温为司空,录尚书事。

　　18　幽州牧刘虞与公孙瓒之间的矛盾日益加深,公孙瓒数次与袁绍相互攻击,刘虞禁止无效,因而稍稍减少对公孙瓒的粮草供应。公孙瓒大怒,不断违背刘虞的命令,又经常侵掠百姓。刘虞无力制约,于是派遣使者上书陈述公孙瓒横暴掠夺百姓的罪状,公孙瓒也上书指责刘虞克扣军饷。两人不断上奏,相互攻击,朝廷无法裁决,只能敷衍而已。于是公孙瓒在蓟城的东南修筑一座小城,率军在内居住,刘虞几次请他会商,他都称病不肯前往。刘虞担心他终将叛乱,于是率领部下合计十万大军讨伐公孙瓒。当时公孙瓒的部下都分散在外,仓促之间掘开东城打算逃走。刘虞的部队没有纪律缺乏训练,刘虞又爱惜百姓的房屋,下令不许纵火,他告诫士兵说:“不要伤害其他人,只杀公孙瓒一人。”因此围兵战斗力不强,未能攻克。公孙瓒于是挑选了几百名勇士,乘风纵火,

直冲突之,虞众大溃。虞与官属北奔居庸,瓒追攻之,三日,城陷,执虞并妻子还蓟,犹使领州文书。会诏遣使者段训增虞封邑,督六州事;拜瓒前将军,封易侯。瓒乃诬虞前与袁绍等谋称尊号,胁训斩虞及妻子于蓟市。故常山相孙瑾、掾张逸、张瓒等相与就虞,骂瓒极口,然后同死。瓒传虞首于京师,故吏尾敦于路劫虞首,归葬之。虞以恩厚得众心,北州百姓流旧莫不痛惜。

初,虞欲遣使奉章诣长安,而难其人,众咸曰:"右北平田畴,年二十二,年虽少,然有奇材。"虞乃备礼,请以为掾。具车骑将行,畴曰:"今道路阻绝,寇虏纵横,称官奉使,为众所指。愿以私行,期于得达而已。"虞从之。畴乃自选家客二十骑,俱上西关,出塞,傍北山,直趣朔方,循间道至长安致命。

诏拜畴为骑都尉。畴以天子方蒙尘未安,不可以荷佩荣宠,固辞不受。得报,驰还,比至,虞已死,畴谒祭虞墓,陈发章表,哭泣而去。公孙瓒怒,购求获畴,谓曰:"汝不送章报我,何也?"畴曰:"汉室衰颓,人怀异心,唯刘公不失忠节。章报所言,于将军未美,恐非所乐闻,故不进也。且将军既灭无罪之君,又雠守义之臣,畴恐燕、赵之士皆将蹈东海而死,莫有从将军者也。"瓒乃释之。

直冲突围,刘虞军队一下子溃散。刘虞与部下官属向北逃到居庸关,公孙瓒赶来,围攻居庸关,三日后攻下,把刘虞及其妻子儿女捉回蓟城,仍让刘虞签署州府的文书。正在此时,朝廷派使者段训宣布献帝诏书,增加刘虞的封邑,让他总管六州的事务;任命公孙瓒为前将军,封为易侯。公孙瓒便乘机诬告刘虞先前曾与袁绍等人通谋要当皇帝,胁迫段训在蓟城的闹市处死刘虞及其妻子儿女。前任常山国相孙瑾,掾张逸、张瓒等一同自动聚到刘虞周围,对公孙瓒破口大骂,然后与刘虞一起被杀。公孙瓒把刘虞的头颅送往京城长安,刘虞的旧部尾敦在半路上截下头颅,送回安葬。刘虞为人宽厚,广施仁义,因此深得民心。幽州的百姓,无论是当地土著,还是流亡来的外乡人,无不痛惜他的惨死。

起初,刘虞想派遣使者到长安去呈送奏章,但难以找到合适的人选。众人都说:"右北平人田畴,今年二十二岁,年纪虽轻,然而却有奇才。"于是刘虞送上礼物,请他做自己的僚属。车马备好,将要出发的时候,田畴说:"如今道路阻断,寇盗横行,如果公开官方使者的身份,必会成为他们劫掠的目标。我愿以平民百姓的身份私自前往,只要能到达长安就行。"刘虞同意了他的建议。田畴便在自己的门客中挑选二十名骑士,一道从居庸关出塞,沿阴山直抵朔方郡,再走小路到达长安,向朝廷呈上刘虞的奏章。

献帝下诏任命田畴为骑都尉。田畴认为皇帝流亡,蒙受垢辱,尚未安定,自己不能任官享受荣耀,坚决辞让不受。他得到朝廷回复的章报后,就急速赶回幽州,但等他回来时,刘虞已被杀害,田畴到刘虞墓前祭拜,陈放朝廷章报,并汇报其中内容,然后痛哭离去。公孙瓒知道后,大怒,悬赏捉拿田畴,捉到后,公孙瓒问田畴说:"你为什么不把朝廷的章报送给我?"田畴说:"汉朝王室势力衰微,人人都怀有异心,只有刘虞没有失去忠贞的节操。章报中的内容,对将军并没有赞美之词,恐怕也不是将军所愿意看到的,因此我没有送来。而且,将军既然杀害无罪的上级,又仇视固守节义的臣僚,我恐怕燕、赵地区的豪杰之士都将跳到东海里淹死,而没有人肯追随将军。"公孙瓒只好将他释放。

畴北归无终,率宗族及他附从者数百人,扫地而盟曰:"君仇不报,吾不可以立于世!"遂入徐无山中,营深险平敞地而居,躬耕以养父母,百姓归之,数年间至五千馀家。畴谓其父老曰:"今众成都邑,而莫相统一,又无法制以治之,恐非久安之道。畴有愚计,愿与诸君共施之,可乎?"皆曰:"可!"畴乃为约束,相杀伤、犯盗、诤讼者,随轻重抵罪,重者至死,凡一十馀条。又制为婚姻嫁娶之礼,与学校讲授之业,班行于众,众皆便之,至道不拾遗。北边翕然服其威信,乌桓、鲜卑各遣使致馈,畴悉抚纳,令不为寇。

19 十二月辛丑,地震。

20 司空赵温免。乙巳,以卫尉张喜为司空。

田畴回到无终县，率领宗族以及归附他的数百人，扫地而盟誓说："刘虞之仇不报，我不能再活在世上！"于是进入徐无山中，在深险之处找到一块平地，建立营寨居住，他亲自进行耕作以奉养父母，百姓前来投奔，数年间增加到五千馀家。田畴对乡里父老说："如今大家聚集到一起，已形成村镇，但不相统一，又没有法律来约束，这恐怕不是维持长久安定的方式。我有一个计划，愿意与诸位父老一起实施，可以吗？"大家都说："可以！"于是，田畴制订法令，凡是相互杀伤、偷盗以及因争吵而告状的人，按照情节轻重予以处罚，最重的判处死刑，共十馀条。他又制定婚姻嫁娶的礼仪和学堂讲授的课程，法令制订后，向众人公布实行，大家都乐于遵循，民风纯朴，甚至路不拾遗。北方边塞地区的人都很敬服田畴的威信，乌桓、鲜卑部落分别派使者来向田畴致意，并送上礼物，田畴对他们一律安抚接纳，让他们不要侵扰作乱。

19　十二月辛丑(二十三日)，发生地震。

20　司空赵温被免职。乙巳(二十七日)，任命卫尉张喜为司空。

卷第六十一　汉纪五十三

起甲戌(194)尽乙亥(195)凡二年

孝献皇帝丙

兴平元年(甲戌,194)

1　春,正月辛酉,赦天下。

2　甲子,帝加元服。

3　二月戊寅,有司奏立长秋宫。诏曰:"皇妣宅兆未卜,何忍言后宫之选乎!"壬午,三公奏改葬皇妣王夫人,追上尊号曰灵怀皇后。

4　陶谦告急于田楷,楷与平原相刘备救之。备自有兵数千人,谦益以丹阳兵四千,备遂去楷归谦,谦表为豫州刺史,屯小沛。曹操军食亦尽,引兵还。

5　马腾私有求于李傕,不获而怒,欲举兵相攻。帝遣使者和解之,不从。韩遂率众来和腾、傕,既而复与腾合。谏议大夫种邵、侍中马宇、左中郎将刘范谋使腾袭长安,己为内应,以诛傕等。壬申,腾、遂勒兵屯长平观。邵等谋泄,出奔槐里。傕使樊稠、郭汜及兄子利击之,腾、遂败走,还凉州。又攻槐里,邵等皆死。庚申,诏赦腾等。

夏,四月,以腾为安狄将军,遂为安降将军。

孝献皇帝丙

汉献帝兴平元年(甲戌,公元194年)

1 春季,正月辛酉(十三日),大赦天下。

2 甲子(十六日),为献帝举行加冠礼。

3 二月戊寅(初一),有关部门奏请献帝选立皇后。献帝下诏说:"我母亲安葬的地方还未定,怎么忍心谈挑选后妃的事呢?"壬午(初五),三公上奏,请将献帝的母亲王美人改葬入灵帝之陵,并追加尊号,称"灵怀皇后"。

4 徐州牧陶谦向青州刺史田楷告急,田楷与平原国相刘备率兵去援救他。刘备拥有自己的军队数千人,陶谦又增拨丹阳郡兵士四千名归他指挥,于是刘备就脱离田楷,投奔陶谦,陶谦上表推荐刘备担任豫州刺史,驻扎在小沛。正好曹操军粮也已告尽,率军撤回兖州。

5 征西将军马腾为私事有求于李傕,因未得到满足而大怒,打算部署军队进攻李傕。献帝派遣使者进行调解,马腾不肯听从。韩遂率军来调解马腾与李傕的纠纷,结果反而又与马腾联合。谏议大夫种邵、侍中马宇、左中郎将刘范策划让马腾进袭长安,自己做内应,以诛灭李傕等人。壬申,马腾、韩遂率军进驻长平观。种邵等人的计划泄露,他们便从长安出逃,跑到槐里。李傕派樊稠、郭汜及自己的侄子李利发动进攻,马腾、韩遂兵败退回凉州。樊稠等又进攻槐里,种邵等人全都被杀。庚申,下诏赦免马腾等人。

夏季,四月,任命马腾为安狄将军,韩遂为安降将军。

6　曹操使司马荀彧、寿张令程昱守鄄城，复往攻陶谦，遂略地至琅邪、东海，所过残灭。还，击破刘备于郯东。谦恐，欲走归丹阳。会陈留太守张邈叛操迎吕布，操乃引军还。

初，张邈少时，好游侠，袁绍、曹操皆与之善。及绍为盟主，有骄色，邈正议责绍，绍怒，使操杀之。操不听，曰："孟卓，亲友也，是非当容之。今天下未定，奈何自相危也！"操之前攻陶谦，志在必死，敕家曰："我若不还，往依孟卓。"后还见邈，垂泣相对。

陈留高柔谓乡人曰："曹将军虽据兖州，本有四方之图，未得安坐守也。而张府君恃陈留之资，将乘间为变，欲与诸君避之，何如？"众人皆以曹、张相亲，柔又年少，不然其言。柔从兄幹自河北呼柔，柔举宗从之。

吕布之舍袁绍从张杨也，过邈，临别，把手共誓。绍闻之，大恨。邈畏操终为绍杀己也，心不自安。前九江太守陈留边让尝讥议操，操闻而杀之，并其妻子。让素有才名，由是兖州士大夫皆恐惧。陈宫性刚直壮烈，内亦自疑，乃与从事中郎许汜、王楷及邈弟超共谋叛操。宫说邈曰："今天下分崩，雄杰并起，君以千里之众，当四战之地，抚剑顾盼，亦足以为人豪，而反受制于人，不亦鄙乎！今州军东征，其处空虚，吕布壮士，善战无前，若权迎之，共牧兖州，观天下形势，俟时事之变，此亦纵横之一时也。"邈从之。

6　曹操委派司马荀彧、寿张县令程昱留守鄄城,自己再次前往徐州进攻陶谦,于是沿途攻掠,直到琅邪、东海,所过之处,受到严重破坏。大军返回,又在郯县以东击败刘备的军队。陶谦震恐,打算逃回丹阳。正在这时,陈留太守张邈背叛曹操,迎接吕布入兖州,于是曹操率军而回。

起初,张邈年轻时,行侠仗义,袁绍、曹操都与他友善。及至袁绍当上讨伐董卓联军的盟主,待人接物态度傲慢,张邈义正辞严地责备袁绍,袁绍恼羞成怒,让曹操去杀张邈。曹操不肯听从,说:"张邈是亲近的朋友,即使他有不对的地方也该宽容。如今天下尚未安定,怎么能自相残杀呢?"曹操第一次进攻陶谦时,决心战死,曾命令家中妻小说:"我如果不能生还,你们就去投靠张邈。"后来曹操回来见到张邈,两人相对流下眼泪。

陈留人高柔对同乡人说:"曹操虽然目前占有兖州,但他本有兼并天下的图谋,不会安心坐守这块地盘。然而张邈倚仗陈留郡作资本,将会找机会另作打算,我想和你们一同避开争战,怎么样?"众人都认为曹操与张邈互相亲善,而高柔年纪又轻,不相信他的预言。恰好高柔的堂兄高幹从河北召唤高柔,高柔带着全族人前往河北依附高幹。

吕布离开袁绍去投奔张杨时,路过陈留郡,拜访张邈,临别时,一同握手盟誓。袁绍知道这一消息后,大为痛恨。张邈担心曹操终究会为袁绍谋害自己,心中不能自安。前任九江太守、陈留人边让曾经讥讽过曹操,曹操知道后将边让及其妻子儿女全部杀死。边让一向才华出众,声望很高,因此兖州地区的士大夫全都感到恐惧。陈宫性情耿直刚烈,心里也疑虑不安,就与从事中郎许汜、王楷以及张邈的弟弟张超一起策划背叛曹操。陈宫对张邈进言:"如今天下分裂,豪杰纷纷崛起,您拥有广达千里的疆土民众,又处于四方必争的冲要之地,手抚佩剑,左右顾盼,也足以成为人中豪杰。却反而受制于人,不是太鄙陋了吗!如今曹操统率大军东征,州中空虚,吕布是个壮士,能征善战,无人可比,如果暂时迎接他来,共同主持兖州事务,观察天下的形势,等待时局变化,这也是您纵横天下的一个时机。"张邈听从了陈宫的意见。

时操使宫将兵留屯东郡,遂以其众潜迎布为兖州牧。布至,邈乃使其党刘翊告荀彧曰:"吕将军来助曹使君击陶谦,宜亟供其军食。"众疑惑,彧知邈为乱,即勒兵设备,急召东郡太守夏侯惇于濮阳。惇来,布遂据濮阳。时操悉军攻陶谦,留守兵少,而督将、大吏多与邈、宫通谋,惇至,其夜,诛谋叛者数十人,众乃定。

豫州刺史郭贡率众数万来至城下,或言与吕布同谋,众甚惧。贡求见荀彧,彧将往,惇等曰:"君一州镇也,往必危,不可。"彧曰:"贡与邈等,分非素结也,今来速,计必未定,及其未定说之,纵不为用,可使中立。若先疑之,彼将怒而成计。"贡见彧无惧意,谓鄄城未易攻,遂引兵去。

是时,兖州郡县皆应布,唯鄄城、范、东阿不动。布军降者言:"陈宫欲自将兵取东阿,又使汜嶷取范。"吏民皆恐。程昱本东阿人,或谓昱曰:"今举州皆叛,唯有此三城,宫等以重兵临之,非有以深结其心,三城必动。君,民之望也,宜往抚之。"昱乃归过范,说其令靳允曰:"闻吕布执君母、弟、妻子,孝子诚不可为心。今天下大乱,英雄并起,必有命世能息天下之乱者,此智者所宜详择也。得主者昌,失主者亡。陈宫叛迎吕布而百城皆应,似能有为。然以君观之,布何如人哉?夫布粗中少亲,刚而无礼,匹夫之雄耳。宫等以势假合,不能相君也,兵虽众,终必无成。曹使君智略不世出,

当时曹操派陈宫率兵留守东郡,于是陈宫就率军秘密迎接吕布来担任兖州牧。吕布到达后,张邈就派他的党羽刘翊告诉荀彧说:"吕将军来帮助曹刺史进攻陶谦,应该赶快供给他军粮。"众人感到疑惑,荀彧知道张邈将要背叛,就立即部署军队进行防守,并急速征召在濮阳的东郡太守夏侯惇。夏侯惇前来救援,吕布便占据濮阳。当时曹操把所有的军队都带去进攻陶谦,留守的兵很少,而且大部分将领和主要官吏都参与了张邈、陈宫的阴谋,夏侯惇赶到以后,当天夜里,就诛杀了几十个参与叛变阴谋的官员,情势才稳定下来。

豫州刺史郭贡率领数万人的大军来到鄄城城下,有谣言说他与吕布合谋,城中众人十分恐惧。郭贡要求会见荀彧,荀彧准备出城会面,夏侯惇等劝阻他说:"你是一州的主持人,出城必定有危险,不能去。"荀彧说:"郭贡与张邈等人,并不是老交情,如今来得这样迅速,必是还未定好策略,趁他尚未定好策略时说服他,即便他不能帮助我们,也可使他保持中立。如果先疑心他,将使他在一怒之下打定主意,投到敌人那边。"郭贡看到荀彧并无恐惧之心,认为鄄城不易攻破,于是率军离去。

当时,兖州属下的郡、县全都响应吕布,只有鄄城、范县、东阿县没有动摇。吕布军中归降的人说:"陈宫准备自己率军攻取东阿,又派氾嶷攻取范县。"官民全都感到恐慌。程昱本是东阿人,荀彧对他说:"如今全州都已背叛,只剩下了这三个城,陈宫等派大军攻城,如果我们不能紧密地团结民心,这三城必定会动摇。你在东阿人民中声望很高,应该前去进行安抚。"于是,程昱离开鄄城返回东阿,在途中经过范县,劝说范县县令靳允道:"听说吕布已将您的母亲、弟弟和妻子儿女都抓了起来,孝子的心情自然十分沉重。如今天下大乱,英雄纷纷崛起,其中必定会有一位主宰时代命运安定天下的人,这是聪明人应该仔细对比选择的。跟对主人才能兴旺,跟错主人就会败亡。陈宫背叛曹君,迎接吕布,而诸城全都响应,似乎能有所作为。然而据您观察,吕布是个什么样的人?吕布为人粗暴而很少与人亲近,又刚愎无礼,不过是个勇猛的匹夫而已。陈宫等人在目前形势下与他联合,只是互相利用,不会奉吕布为主,因此,他们虽然兵多,但终究不会成事。曹使君智慧谋略盖世,

殆天所授。君必固范,我守东阿,则田单之功可立也。孰与违忠从恶而母子俱亡乎?唯君详虑之!"允流涕曰:"不敢有贰心。"时氾嶷已在县,允乃见嶷,伏兵刺杀之,归,勒兵自守。

　　徐众评曰:允于曹公未成君臣,母至亲也,于义应去。卫公子开方仕齐,积年不返,管仲以为不怀其亲,安能爱君!是以求忠臣必于孝子之门,允宜先救至亲。徐庶母为曹公所得,刘备遣庶归北,欲为天下者恕人子之情也;曹公亦宜遣允。

　　7　昱又遣别骑绝仓亭津,陈宫至,不得渡。昱至东阿,东阿令颍川枣祗已率厉吏民拒城坚守,卒完三城以待操。操还,执昱手曰:"微子之力,吾无所归矣。"表昱为东平相,屯范。

　　吕布攻鄄城不能下,西屯濮阳。曹操曰:"布一旦得一州,不能据东平,断亢父、泰山之道,乘险要我,而乃屯濮阳,吾知其无能为也。"乃进攻之。

　　8　五月,以扬武将军郭汜为后将军,安集将军樊稠为右将军,并开府如三公,合为六府,皆参选举。李傕等各欲用其所举,若一违之,便忿愤喜怒,主者患之,乃以次第用其所举。先从傕起,汜次之,稠次之,三公所举,终不见用。

　　9　河西四郡以去凉州治远,隔以河寇,上书求别置州。六月丙子,诏以陈留邯郸商为雍州刺史,典治之。

简直是上天特别授予他的。您一定要坚守范县,我守住东阿,则可以立下田单恢复齐国那样的大功。这样,难道不比你违背忠义去跟随恶人,结果母子都被杀死要好吗?请您好好考虑!"靳允流着泪说:"我不敢有二心。"这时,氾嶷已率兵进入范县,靳允便出来会见氾嶷,用伏兵将氾嶷刺杀,回城后,部署军队坚守。

　　徐众评论说:靳允与曹操之间并没有确立君臣关系,而母亲是至亲,依照道义,靳允应该辞官去跟随母亲。春秋时期,卫国公子开方到齐国当官,多年没有返回家乡,管仲认为不惦念自己父母的人,又怎么能爱君主! 所以,访求忠臣一定要到孝子之门,靳允应该首先去营救自己的至亲骨肉。徐庶的母亲被曹操俘虏,刘备就送徐庶返回北方,以便营救他的母亲。想要掌握天下的人,应当体恤做儿子的孝顺之情,而曹操也应该让靳允离开。

　　7　程昱又派遣一支骑兵部队截断黄河上的仓亭津渡口,陈宫率军到河边,无法渡河。程昱来到东阿,东阿县令、颍川人枣祗已率领勉励官民在城墙上坚守,终于他们守住这三城以等曹操大军的归来。曹操回来后,握着程昱的手说:"假若不是你尽力,我就无家可归了。"曹操上表推荐程昱为东平国相,驻守范县。

　　吕布进攻鄄城,未能攻克,就向西移驻濮阳。曹操说:"吕布一下子得到一州的地盘,却不能占据东平,切断亢父、泰山的要道,利用险要的地势来对抗我,反而回驻濮阳,我知道他没有多大作为。"于是进攻吕布。

　　8　五月,朝廷任命扬武将军郭汜为后将军,安集将军樊稠为右将军,都和三公一样开府,设置僚属,加上先前已享受这种待遇的车骑将军李傕,与三公的府署合称为六府,都参预全国官员的推荐与选举。李傕等人都要任用自己所推荐的人选,要是一有违背,就大发脾气,有关机构无法应付,只好依照次序任用他们所推荐的人选。先从李傕推荐的开始,其次是郭汜,再次是樊稠,三公所推举的人才,根本没有被任用的机会。

　　9　河西的敦煌、酒泉、张掖、武威四郡因为距离凉州官府所在地冀县太远,而且交通又被寇盗阻断,因此上书请求另外设置一州。六月丙子(初一),下诏设置雍州,任命陈留人邯郸商为雍州刺史,治理河西四郡事务。

10　丁丑,京师地震。戊寅,又震。

11　乙酉晦,日有食之。

12　秋,七月壬子,太尉朱俊免。

13　戊午,以太常杨彪为太尉,录尚书事。

14　甲子,以镇南将军杨定为安西将军,开府如三公。

15　自四月不雨至于是月,谷一斛直钱五十万,长安中
人相食。帝令侍御史侯汶出太仓米豆为贫人作糜,饿死者如
故。帝疑禀赋不实,取米豆各五升于御前作糜,得二盆。乃
杖汶五十,于是悉得全济。

16　八月,冯翊羌寇属县,郭汜、樊稠等率众破之。

17　吕布有别屯在濮阳西,曹操夜袭破之,未及还,会布
至,身自搏战,自旦至日昳,数十合,相持甚急。操募人陷陈,
司马陈留典韦将应募者进当之,布弓弩乱发,矢至如雨,韦不
视,谓等人曰:"虏来十步,乃白之。"等人曰:"十步矣。"又曰:
"五步乃白。"等人惧,疾言:"虏至矣!"韦持戟大呼而起,所抵
无不应手倒者,布众退。会日暮,操乃得引去。拜韦都尉,令
常将亲兵数百人,绕大帐左右。

濮阳大姓田氏为反间,操得入城,烧其东门,示无反
意。及战,军败,布骑得操而不识,问曰:"曹操何在?"操
曰:"乘黄马走者是也。"布骑乃释操而追黄马者。操突火而出,

10　丁丑(初二),京师长安发生地震。戊寅(初三),再次发生地震。

11　乙酉晦,发生日食。

12　秋季,七月壬子(初七),太尉朱俊被免职。

13　戊午(十三日),任命太常杨彪为太尉,主持尚书事务。

14　甲子(十九日),任命镇南将军杨定为安西将军,允许他开府置僚属,待遇与三公相同。

15　从四月到七月,一直没有降雨,谷价一斛值五十万钱,长安城中的百姓出现人吃人的现象。献帝命令侍御史侯汶取出太仓中储存的米、豆为贫民熬粥施舍,可是饿死的人仍像过去一样多。献帝怀疑有人从中作弊,便命令用米、豆各五升,在自己面前熬粥,煮出两盆。于是,责打侯汶五十棍,贫民才都得以保全性命。

16　八月,冯翊地区的羌族人进攻属下各县,郭汜、樊稠率军将其击败。

17　吕布有一支部队驻在濮阳以西,曹操乘夜袭击将其击溃,还未来得及撤回,正遇上吕布前来援救,吕布亲自冲锋陷阵,自清晨一直战到太阳偏西,交战数十回合,两军相持不下,十分危急。曹操招募壮士去突击敌阵,司马、陈留人典韦率领那些应募壮士在阵前抵御吕布军队的进攻,吕布军中弓弩齐发,箭如雨下,典韦对敌人连看也不看,对那些壮士说:"敌人来到距我们十步的地方,再告诉我。"壮士们说:"已经十步了。"典韦又说:"相距五步时再告诉我。"那些壮士们见敌人已到面前,大为惊惶,赶快喊:"敌人已经到了!"典韦执戟大喊而起,冲入敌阵,对面的敌人无不应手而倒,吕布的军队后撤。这时天色已晚,曹操才得以率军退回自己的营寨。回营后,曹操提升典韦为都尉,命他平日率领亲兵数百人,在自己的大帐左右负责警卫。

濮阳县的大姓田氏为吕布实行反间计,假意作曹操的内应,曹操得以进入濮阳城后,纵火焚烧所经过的东门,表示自己不再退回。及至与吕布交战,曹军大败,吕布部下的骑士捉到曹操而不认识,问道:"曹操在哪里?"曹操说:"骑黄马逃走的就是。"吕布的骑士就放开曹操去追那骑黄马的人。曹操从大火中突围而出,

至营,自力劳军,令军中促为攻具,进,复攻之,与布相守百馀日。蝗虫起,百姓大饿,布粮食亦尽,各引去。九月,操还鄄城。布到乘氏,为其县人李进所破,东屯山阳。

冬,十月,操至东阿。袁绍使人说操,欲使操遣家居邺。操新失兖州,军食尽,将许之。程昱曰:"意者将军殆临事而惧,不然,何虑之不深也!夫袁绍有并天下之心,而智不能济也。将军自度能为之下乎?将军以龙虎之威,可为之韩、彭邪!今兖州虽残,尚有三城,能战之士,不下万人,以将军之神武,与文若、昱等收而用之,霸王之业可成也,愿将军更虑之!"操乃止。

18　十二月,司徒淳于嘉罢,以卫尉赵温为司徒,录尚书事。

19　马腾之攻李傕也,刘焉二子范、诞皆死。议郎河南庞羲,素与焉善,乃募将焉诸孙入蜀。会天火烧城,焉徙治成都,疽发背而卒。州大吏赵韪等贪焉子璋温仁,共上璋为益州刺史,诏拜颍川扈瑁为刺史。璋将沈弥、娄发、甘宁反,击璋,不胜,走入荆州。诏乃以璋为益州牧。璋以韪为征东中郎将,率众击刘表,屯朐䏰。

20　徐州牧陶谦疾笃,谓别驾东海麋竺曰:"非刘备不能安此州也。"谦卒,竺率州人迎备。备未敢当,曰:"袁公路近在寿春,君可以州与之。"典农校尉下邳陈登曰:"公路骄豪,非治乱之主,今欲为使君合步骑十万,上可以匡主济民,下可以割地守境。若使君不见听许,登亦未敢听使君也。"北海相孔融谓备曰:"袁公路岂忧国忘家者邪!冢中枯骨,何足介意!今日之事,百姓与能。天与不取,悔不可追。"备遂领徐州。

回到营中,亲自慰问军士,命令军中赶快制作攻城用的器械,随即进军,再次攻击濮阳,与吕布相持一百余天。发生蝗灾,百姓饥馑,吕布的存粮也已吃尽,两军各自撤退。九月,曹操回到鄄城。吕布率军到乘氏县,被乘氏县人李进击败,向东退到山阳。

冬季,十月,曹操来到东阿县。这时,袁绍派人劝说曹操,想让曹操把家眷送到邺城居住。曹操新近失掉兖州,军中粮食也已吃尽,便准备接受袁绍的建议。程昱说:"我认为将军这是临事畏惧,不然,为什么考虑得这么不周全! 袁绍有并吞天下的野心,但他的智谋却不足以实现他的野心。将军自己考虑一下,能做他的下属吗? 将军以龙虎之威,可以当他的韩信、彭越吗? 如今兖州虽已残破,还有三城控制在您的手中,部下的战士不下万人,凭将军的谋略与武功,再加上荀彧和我们这些人,齐心协力,是可以成就霸王之业的,请将军重新考虑!"曹操于是放弃了原来的打算。

18 十二月,司徒淳于嘉被免职,任命卫尉赵温为司徒,主持尚书事务。

19 马腾进攻李傕时,刘焉的两个儿子刘范、刘诞都被杀死。议郎、河南人庞羲,平时与刘焉友善,便派人带刘焉的孙子们入蜀。这时,原州府所在地绵竹被雷击引起的大火烧毁,刘焉就把州府移到成都,因背生毒疮而去世。州中主要官员赵韪等贪图刘焉的儿子刘璋性情温和、好施仁义,便一同上表请求朝廷委任刘璋为益州刺史,献帝下诏,任命颍川人扈瑁为益州刺史。刘璋的部将沈弥、娄发、甘宁等人叛变,进攻刘璋,战败,逃入荆州。于是下诏任命刘璋为益州牧。刘璋任命赵韪为征东中郎将,率军进攻刘表,驻守朐䏰县。

20 徐州牧陶谦病势危重,他对别驾、东海人麋竺说:"除了刘备,没有谁能保护本州的安全。"陶谦去世后,麋竺率领徐州官民迎接刘备。刘备不敢担当此任,说:"袁术近在寿春,你们可以把徐州交给他。"典农校尉、下邳人陈登说:"袁术骄奢横暴,不是能治理乱世的君主,如今,我们打算为您集结起十万步、骑大军,上可以辅佐君王,拯救百姓,下可以割据一方,保守疆土。如果您不答应我们的请求,我们也不敢听从您的建议。"北海国相孔融对刘备说:"袁术岂是忧国忘家的人! 不过是坟墓中的枯骨,根本不足介意。今天的事情,是百姓选择贤能。这种上天赐予的机会如果拒绝,后悔就来不及了。"于是刘备接受他们的请求,兼任徐州牧。

21 初,太傅马日磾与赵岐俱奉使至寿春,岐守志不桡,袁术惮之。日磾颇有求于术,术侵侮之,从日磾借节视之,因夺不还,条军中十馀人,使促辟之。日磾从术求去,术留不遣,又欲逼为军师。日磾病其失节,呕血而死。

22 初,孙坚娶钱唐吴氏,生四男策、权、翊、匡及一女。坚从军于外,留家寿春。策年十馀岁,已交结知名。舒人周瑜与策同年,亦英达凤成,闻策声问,自舒来造焉,便推结分好,劝策徙居舒,策从之。瑜乃推道旁大宅与策,升堂拜母,有无通共。及坚死,策年十七,还葬曲阿;已乃渡江,居江都,结纳豪俊,有复雠之志。

丹阳太守会稽周昕与袁术相恶,术上策舅吴景领丹阳太守,攻昕,夺其郡,以策从兄贲为丹阳都尉。策以母弟托广陵张纮,径到寿春见袁术,涕泣言曰:“亡父昔从长沙入讨董卓,与明使君会于南阳,同盟结好,不幸遇难,勋业不终。策感惟先人旧恩,欲自凭结,愿明使君垂察其诚!”术甚奇之,然未肯还其父兵,谓策曰:“孤用贵舅为丹阳太守,贤从伯阳为都尉,彼精兵之地,可还依召募。”策遂与汝南吕范及族人孙河迎其母诣曲阿,依舅氏,因缘召募,得数百人,而为泾县大帅祖郎所袭,几至危殆,于是复往见术。术以坚馀兵千馀人还策,表拜怀义校尉。策骑士有罪,逃入术营,隐于内厩,策指使人就斩之,讫,诣术谢。术曰:“兵人好叛,当共疾之,何为谢也!”由是军中益畏惮之。术初许以策为九江太守,已而更用丹阳陈纪。后术欲攻徐州,从庐江太守陆康求米三万斛,康不与。

21　起初,太傅马日磾与赵岐一起奉朝廷使命来到寿春,赵岐严守气节,不肯迁就,袁术对他很敬畏。马日磾经常有求于袁术,袁术就折辱马日磾,向他借所持的代表皇帝权力的符节看,乘机夺走不还,又开列了军中十几个人的名单,要马日磾立刻任命为自己的僚属。马日磾向袁术请求离去,袁术扣留不放,又要逼迫他担任军师。马日磾悔恨自己失去献帝授予的符节,吐血而死。

22　起初,孙坚娶钱唐人吴氏为妻子,生下四个儿子,即孙策、孙权、孙翊、孙匡,此外还有一个女儿。孙坚在外征战,把家眷留在寿春。孙策十馀岁时,已开始结交当地知名之士。舒县人周瑜与孙策同岁,也英武豪迈,少年早成,听到孙策的名声,便从舒县前来拜访,两人一见如故,互相推心置腹,周瑜劝孙策移居舒县,孙策同意。周瑜就把临近道路的一座大宅院让给孙策居住,周瑜还到内堂去拜见了孙策的母亲,两家互通有无。孙坚死时,孙策十七岁,把父亲的棺木送回老家曲阿去安葬。安葬后,他渡过长江,住在江都,结交天下豪杰,立志为父亲报仇。

丹阳郡太守、会稽人周昕与袁术互相敌视,袁术上表推荐孙策的舅父吴景兼任丹阳郡太守,进攻周昕,夺下丹阳郡,将孙策的堂兄孙贲任命为丹阳都尉。孙策把母亲和弟弟托付给广陵人张纮,自己直接到寿春去见袁术,流着泪对袁术说:"我已故去的父亲当年从长沙出发讨伐董卓,与您在南阳相会,共结盟好,他不幸中途遇难,没能完成功业。我感念您对我父亲的旧恩,愿继续为您效力,请您明察我的一片诚心!"袁术对孙策的谈吐举止很感惊异,但不肯交还他父亲原来统率的队伍,对他说:"我已任用你舅父吴景为丹阳郡太守,你堂兄孙贲为都尉,丹阳郡是出精兵的地方,你可以回去依靠他们的力量招募兵马。"孙策就与汝南人吕范、本族人孙河将母亲接到曲阿,依靠舅父吴景,乘机在当地募兵,得到数百人,但他遭到泾县的土豪祖郎的袭击,几乎被杀,于是他再次去见袁术。袁术把孙坚旧部千馀人还给孙策,向朝廷上表推荐他担任怀义校尉。孙策部下的一名骑士犯罪后逃入袁术大营,隐藏在里面的马房中,孙策派人进去当场将骑士处斩,然后,他拜见袁术,表示谢罪。袁术说:"有些士兵喜欢叛变,我与你一样痛恨这种行为,你为什么要谢罪!"从此以后,袁术军中对孙策更加畏惧。袁术最初答应任孙策为九江郡太守,但此后却改用丹阳人陈纪。后来,袁术准备进攻徐州,要求庐江郡太守陆康提供三万斛米,陆康不给。

术大怒,遣策攻康,谓曰:"前错用陈纪,每恨本意不遂,今若得康,庐江真卿有也。"策攻康,拔之,术复用其故吏刘勋为太守;策益失望。

侍御史刘繇,岱之弟也,素有盛名,诏书用为扬州刺史。州旧治寿春,术已据之,繇欲南渡江,吴景、孙贲迎置曲阿。及策攻庐江,繇闻之,以景、贲本术所置,惧为袁、孙所并,遂构嫌隙,迫逐景、贲。景、贲退屯历阳,繇遣将樊能、于糜屯横江,张英屯当利口以拒之。术乃自用故吏惠衢为扬州刺史,以景为督军中郎将,与贲共将兵击英等。

二年(乙亥,195)

1　春,正月癸丑,赦天下。

2　曹操败吕布于定陶。

3　诏即拜袁绍为右将军。

4　董卓初死,三辅民尚数十万户,李傕等放兵劫掠,加以饥馑,二年间,民相食略尽。李傕、郭汜、樊稠各相与矜功争权,欲斗者数矣,贾诩每以大体责之,虽内不能善,外相含容。

樊稠之击马腾、韩遂也,李利战不甚力,稠叱之曰:"人欲截汝父头,何敢如此,我不能斩卿邪!"及腾、遂败走,稠追至陈仓,遂语稠曰:"本所争者非私怨,王家事耳。与足下州里人,欲相与善语而别。"乃俱却骑,前接马,交臂相加,共语良久而别。军还,李利告傕:"韩、樊交马语,不知所道,意爱甚密。"傕亦以稠勇而得众,忌之。稠欲将兵东出关,从傕索益兵。二月,傕请稠会议,便于坐杀稠。由是诸将转相疑贰。

袁术大怒,派孙策去进攻陆康,对孙策说:"以前我错用陈纪为九江太守,每以不合本意而感到遗憾,这次你如果能战胜陆康,庐江郡就真的归你所有了。"孙策进攻陆康,攻下庐江郡府,但是袁术又任用自己的老部下刘勋为庐江郡太守,孙策对他更加失望。

侍御史刘繇是已故兖州刺史刘岱的弟弟,一向声望很高,朝廷下诏任命他为扬州刺史。扬州州府以前设在寿春,但这时已被袁术占据,刘繇想把州府设在长江以南,吴景、孙贲就迎接刘繇到曲阿。及至孙策进攻庐江,刘繇听到消息后,认为吴景、孙贲本是袁术安置的人,害怕自己被袁术、孙策等所兼并,于是就产生敌意,将吴景、孙贲等赶走。吴景、孙贲退守历阳,刘繇派部将樊能、于糜驻横江,张英驻当利口以防备他们。袁术知道后,就自己委派旧部下惠衢为扬州刺史,委任吴景为督军中郎将,与孙贲等率军一起进攻张英等。

汉献帝兴平二年(乙亥,公元195年)

1 春季,正月癸丑(十一日),大赦天下。

2 曹操在定陶击败吕布。

3 朝廷下诏派使者到邺城,就地任命袁绍为右将军。

4 董卓刚死的时候,三辅地区的百姓还有数十万户,由于李傕等人纵兵抢掠,加上饥荒,百姓吃人肉充饥,两年之间,几乎死尽。李傕、郭汜、樊稠相互夸耀自己的功勋,争权夺利,有几次要冲突起来,贾诩每次都责备他们要以大局为重,因此,虽然他们内部不能友好相处,但表面还是团结一致。

樊稠进攻马腾、韩遂时,李傕的侄子李利作战不太卖力,樊稠斥责他说:"人家要来砍你叔父的人头,你还胆敢如此松懈,难道我不能杀你吗!"马腾、韩遂败退时,樊稠军追到陈仓,韩遂对樊稠说:"本来咱们之间争的不是个人仇怨,而是国家大事。我与你都是同州人,临别前想再说几句知心话。"于是各自命令军士后退,他们两个人骑马上前对话,相互握手致意,交谈很久才告别。大军回到长安后,李利报告李傕说:"樊稠与韩遂两人马头相交地密谈,不知道谈话的内容,只看到他们很亲近。"李傕也因为樊稠作战勇猛而得到部属拥戴,对他有猜忌之心。樊稠准备率军东出函谷关,向李傕要求增加军队。二月,李傕请樊稠商议军情,就在会上杀死樊稠。从此以后,将领们之间相互猜忌,不能团结一致。

　　催数设酒请郭汜，或留汜止宿。汜妻恐汜爱催婢妾，思
有以间之。会催送馈，妻以豉为药，摘以示汜曰："一栖不两
雄，我固疑将军信李公也。"他日，催复请汜，饮大醉，汜疑其
有毒，绞粪汁饮之，于是各治兵相攻矣。

　　帝使侍中、尚书和催、汜，催、汜不从。汜谋迎帝幸其营，
夜有亡者，告催。三月丙寅，催使兄子暹将数千兵围宫，以车
三乘迎帝。太尉杨彪曰："自古帝王无在人家者，诸君举事，
奈何如是！"暹曰："将军计定矣。"于是群臣步从乘舆以出，兵
即入殿中，掠宫人、御物。帝至催营，催又徙御府金帛置其
营，遂放火烧宫殿、官府、民居悉尽。帝复使公卿和催、汜，汜
留杨彪及司空张喜、尚书王隆、光禄勋刘渊、卫尉士孙瑞、太
仆韩融、廷尉宣璠、大鸿胪荣郃、大司农朱儁、将作大匠梁邵、
屯骑校尉姜宣等于其营以为质。朱儁愤懑发病死。

　　5　夏，四月甲子，立贵人琅邪伏氏为皇后；以后父侍中
完为执金吾。
　　6　郭汜飨公卿，议攻李催。杨彪曰："群臣共斗，一人劫
天子，一人质公卿，可行乎！"汜怒，欲手刃之。彪曰："卿尚不
奉国家，吾岂求生邪！"中郎将杨密固谏，汜乃止。催召羌、胡
数千人，先以御物缯彩与之，许以宫人、妇女，欲令攻郭汜。
汜阴与催党中郎将张苞等谋攻催。丙申，汜将兵夜攻催门，
矢及帝帷帐中，又贯催左耳。苞等烧屋，火不然。杨奉于外
拒汜，汜兵退，苞等因将所领兵归汜。

李傕经常摆下酒宴款待郭汜,有时还留郭汜住宿在自己家中。郭汜的妻子恐怕郭汜会喜欢上李傕家的侍女,想用计阻止郭汜前往。正好李傕送来食物,郭汜妻把豆豉说成毒药,挑出来给郭汜看,说:"一群鸡中容不下两只公鸡,我实在不明白将军为什么这样信任李傕。"另一天,李傕又宴请郭汜,郭汜饮酒过量而大醉,他疑心酒里有毒,就喝下粪汁来使自己呕吐,于是,他们各自部署队伍,相互攻击。

　　献帝派侍中、尚书去调解李傕和郭汜的矛盾,但李傕、郭汜都不服从。郭汜阴谋劫持献帝到他的军营,夜里,有人逃到李傕营中,将郭汜的计划告诉李傕。三月丙寅(二十五日),李傕派侄子李暹率领数千名兵士包围皇宫,用三辆车迎接献帝到自己营中。太尉杨彪说:"自古以来,帝王从没有住在臣民家中的,你们做事,怎么能这样呢!"李暹说:"将军的计划已经定了。"于是,群臣徒步跟在献帝的车后出宫,军队立即就进入宫殿,抢掠宫女和御用器物。献帝到李傕营中后,李又将御府所收藏的金帛搬到自己营里,随即放火将宫殿、官府和百姓的房屋全部烧光。献帝又派公卿调解李傕、郭汜的矛盾,郭汜就把太尉杨彪及司空张喜、尚书王隆、光禄勋刘渊、卫尉士孙瑞、太仆韩融、廷尉宣璠、大鸿胪荣郃、大司农朱儁、将作大匠梁邵、屯骑校尉姜宣等都扣留在营中,作为人质。朱儁十分气愤,发病而死。

　　5　夏季,四月甲子,献帝立贵人、琅邪人伏氏为皇后,任命皇后的父亲、侍中伏完为执金吾。

　　6　郭汜设宴款待被扣的朝廷大臣,商议进攻李傕。太尉杨彪说:"你们这些臣属互相争斗,一个人劫持天子,一个人扣留大臣,这怎么能行!"郭汜大怒,想要亲手用刀杀死杨彪,杨彪说:"你连圣上都不尊奉,我难道还会贪生怕死吗!"中郎将杨密竭力劝阻,郭汜这才作罢。李傕召集数千名羌人和胡人,先以御用物品和绸缎赏赐他们,许诺还将赏赐宫女和民间妇女,打算要他们进攻郭汜。郭汜则暗中与李傕的党羽中郎将张苞等勾结,策划进攻李傕。丙申(二十五日),郭汜率军乘夜进攻李傕营门,飞箭射到献帝御帐的帷帘中,还贯穿了李傕的左耳。张苞等人在营内放火烧房,但火没有燃着。李傕部下杨奉在营外抵抗郭汜,郭汜军撤退,张苞于是率领部下投奔郭汜。

　　是日，傕复移乘舆幸北坞，使校尉监坞门，内外隔绝，侍臣皆有饥色。帝求米五斗、牛骨五具以赐左右。傕曰："朝晡上饭，何用米为？"乃以臭牛骨与之。帝大怒，欲诘责之。侍中杨琦谏曰："傕自知所犯悖逆，欲转车驾幸池阳黄白城，臣愿陛下忍之。"帝乃止。司徒赵温与傕书曰："公前屠陷王城，杀戮大臣，今争睚眦之隙，以成千钧之雠，朝廷欲令和解，诏命不行，而复欲转乘舆于黄白城，此诚老夫所不解也。于《易》，一为过，再为涉，三而弗改，灭其顶，凶。不如早共和解。"傕大怒，欲杀温，其弟应谏之，数日乃止。

　　傕信巫觋厌胜之术，常以三牲祠董卓于省门外。每对帝或言"明陛下"，或言"明帝"，为帝说郭汜无状，帝亦随其意应答之。傕喜，自谓良得天子欢心也。

　　闰月己卯，帝使谒者仆射皇甫郦和傕、汜。郦先诣汜，汜从命；又诣傕，傕不肯，曰："郭多，盗马虏耳，何敢欲与吾等邪，必诛之！君观吾方略士众，足办郭多否邪？郭多又劫质公卿，所为如是，而君苟欲左右之邪！"郦曰："近者董公之强，将军所知也。吕布受恩而反图之，斯须之间，身首异处，此有勇而无谋也。今将军身为上将，荷国宠荣，汜质公卿而将军胁主，谁轻重乎！张济与汜有谋，杨奉，白波贼帅耳，犹知将军所为非是，将军虽宠之，犹不为用也。"傕呵之令出。郦出，诣省门，白"傕不肯奉诏，辞语不顺"。帝恐傕闻之，亟令郦去。傕遣虎贲王昌呼，欲杀之，昌知郦忠直，纵令去，还答傕，言"追之不及"。

这天，李傕又把献帝迁移到北坞，派校尉把守坞门，断绝内外交通，献帝左右的侍臣都面有饥色。献帝派人向李傕要求供应五斗米，五具牛骨，准备赐给左右。李傕说："早晚两次送饭，要米干什么用？"于是，就派人把已发臭的牛骨头送去。献帝大怒，想要责问李傕。侍中杨琦劝阻说："李傕自己知道所犯下的是叛逆大罪，打算把陛下转移到池阳的黄白城，我愿陛下忍耐。"献帝这才作罢。司徒赵温写信给李傕说："你先前攻陷京城，烧杀抢掠，杀害大臣，如今为了一些小小怨恨而铸成深仇，圣上想要下令和解，但诏书无人遵奉，而你又打算把圣上转移到黄白城，这实在让我不解。根据《周易》，第一次为过分，第二次就陷入水中，第三次还不改，就将被淹没，大凶。不如早些与郭汜和解。"李傕大怒，想要杀死赵温，他弟弟李应竭力劝阻，几天后，李傕才息怒作罢。

李傕相信巫婆神汉解除灾祸的法术，经常在宫门外用猪、牛、羊三牲祭奠董卓。李傕每次见到献帝，或者称献帝为"明陛下"，或者称"明帝"，向献帝述说郭汜的罪行，献帝也顺着李傕的意思应答。李傕大喜，自己以为已得到献帝的欢心。

闰五月己卯(初九)，献帝派谒者仆射皇甫郦调解李傕、郭汜的争端。皇甫郦先去拜见郭汜，郭汜答应服从。皇甫郦又去拜见李傕，李傕不肯接受，说："郭汜不过是个盗马贼罢了，怎么敢与我平起平坐，一定要杀死他！您看我的谋略和队伍，是不是已经足够制服郭汜？郭汜又劫持大臣作为人质，行为如此恶劣，而您还要帮助他吗？"皇甫郦说："不久以前，董卓势力的强大，是将军所知道的。但吕布受他恩宠，却反过来杀害他，不过眨眼之间，董卓已经身首异处，这是因为董卓有勇而无谋。如今，将军身为上将，受到朝廷荣宠，郭汜劫持大臣，而将军却劫持天子，这罪过是谁轻谁重？张济已与郭汜联合在一起，杨奉不过是个白波军的首领，还知道将军所做的事情不对，将军虽然宠信他，但恐怕他也不会听你支使。"李傕大声呵斥，让皇甫郦出去。皇甫郦离开李傕大营，到献帝住处汇报，说："李傕不肯奉召，而且言辞不恭顺。"献帝恐怕李傕听到，赶快命令皇甫郦离去。李傕果然派虎贲武士王昌来叫皇甫郦，准备杀死他。王昌知道皇甫郦忠贞正直，就放他逃走，回去报告李傕说："皇甫郦已逃走，追赶不上。"

辛巳，以车骑将军李傕为大司马，在三公之右。

7　吕布将薛兰、李封屯钜野，曹操攻之，布救兰等，不胜而走，操遂斩兰等。操军乘氏，以陶谦已死，欲遂取徐州，还乃定布。荀彧曰："昔高祖保关中，光武据河内，皆深根固本以制天下，进足以胜敌，退足以坚守，故虽有困败而终济大业。将军本以兖州首事，平山东之难，百姓无不归心悦服。且河、济，天下之要地也，今虽残坏，犹易以自保，是亦将军之关中、河内也，不可以不先定。今已破李封、薛兰，若分兵东击陈宫，宫必不敢西顾，以其间收熟麦，约食畜谷，一举而布可破也。破布，然后南结扬州，共讨袁术，以临淮、泗。若舍布而东，多留兵则不足用，少留兵则民皆保城，不得樵采，布乘虚寇暴，民心益危，唯鄄城、范、卫可全，其馀非己之有，是无兖州也。若徐州不定，将军当安所归乎！且陶谦虽死，徐州未易亡也。彼惩往年之败，将惧而结亲，相为表里。今东方皆已收麦，必坚壁清野以待将军，攻之不拔，略之无获，不出十日，则十万之众，未战而先自困耳。前讨徐州，威罚实行，其子弟念父兄之耻，必人自为守，无降心，就能破之，尚不可有也。夫事故有弃此取彼者，以大易小可也，以安易危可也，权一时之势，不患本之不固可也。今三者莫利，惟将军熟虑之。"操乃止。

布复从东缗与陈宫将万馀人来战，操兵皆出收麦，在者不能千人，屯营不固。屯西有大堤，其南树木幽深，操隐兵堤里，出半兵堤外。布益进，乃令轻兵挑战，既合，伏兵乃悉乘堤，步骑并追，大破之，追至其营而还。布夜走，操复攻拔定陶，

辛巳(十一日),任命车骑将军李傕为大司马,位在三公之上。

7　吕布的部将薛兰、李封驻军钜野,曹操向他们发动进攻,吕布前来援救,被曹操击败,退走,于是曹操斩杀薛兰等人。曹操驻军乘氏,因徐州牧陶谦已死,便准备先夺取徐州,回来再攻打吕布。荀彧说:"从前高祖守保关中,光武帝占据河内,都巩固基地以控制天下,进足以胜敌,退足以坚守,所以虽有困顿失利,但最终完成统一天下的大业。将军本来从兖州起兵,平定山东之乱,百姓无不对您心悦诚服。而且,兖州处于黄河与济水之间,是天下的冲要之地,如今虽已残破,但还易于自保,这正是将军的'关中''河内',不能不先把这个基地安定下来。现在,已击破李封、薛兰,如果分兵向东进攻陈宫,他必然不敢再有西进的打算,我们便乘机收获已成熟的麦子,节衣缩食,储备粮草,就可以一举击败吕布。击败吕布后,再向南与扬州刺史刘繇结盟,共同讨伐袁术,控制淮水、泗水一带。如果现在不管吕布,而去向东攻打徐州,多留兵则出征兵力不足,少留兵则只有让全体百姓守城,不要说收麦,连上山砍柴也不能进行,吕布乘虚进攻,民心就会更加动摇,只有鄄城、范县、濮阳可以保全,其馀的城都会失去,那就等于您不再占有兖州了。如果出征不能平定徐州,将军将回到哪里去呢!而且陶谦虽然已死,徐州并不容易灭亡。那里的人接受往年失败的教训,必然因畏惧而团结一致,内外呼应。如今东边徐州的麦子已经收割,他们必定坚壁清野,等待将军,既攻不下城,又抢掠不到物资,不出十天,十万大军还没有作战,已先自陷困境了。上次讨伐徐州,您曾实行威罚,徐州的子弟们想到父兄的仇恨,必然人人固守,不肯归降,即使您能攻破城池,仍不能使他们归顺。在考虑事情时,经常要有舍此取彼的选择,可以取大而舍小,可以求安全而舍危险,可以在不威胁根本稳固的前提下采取权宜之计。现在东征徐州,并不符合以上三个取舍标准,请将军仔细斟酌。"曹操这才打消了东征的念头。

吕布再次从东缗出发,与陈宫率领万馀人来进攻曹操,曹操部下的士兵全都出去收割麦子,在营中的不到一千人,难以守住营寨。在营寨西边有一条大堤,南边有一片茂密深广的树林,曹操把一半士兵埋伏在堤后,另一半士兵暴露在堤外布下阵势。吕布的军队逼近时,曹操才命轻装部队挑战,等到两军厮杀在一起以后,伏兵才登上大堤杀出,步兵与骑兵一齐冲锋,大破吕布的军队,直追到吕布的营寨才返回。吕布当夜撤退,曹操又攻下定陶,

分兵平诸县。布东奔刘备,张邈从布,使其弟超将家属保雍丘。

布初见备,甚尊敬之,谓备曰:"我与卿同边地人也!布见关东起兵,欲诛董卓。布杀卓东出,关东诸将无安布者,皆欲杀布耳。"请备于帐中,坐妇床上,令妇向拜,酌酒饮食,名备为弟。备见布语言无常,外然之而内不悦。

8 李傕、郭汜相攻连月,死者以万数。六月,傕将杨奉谋杀傕,事泄,遂将兵叛傕,傕众稍衰。庚午,镇东将军张济自陕至,欲和傕、汜,迁乘舆权幸弘农。帝亦思旧京,遣使宣谕,十反,汜、傕许和,欲质其爱子。傕妻爱其男,和计未定,而羌、胡数来窥省门,曰:"天子在此中邪!李将军许我宫人,今皆何在?"帝患之,使侍中刘艾谓宣义将军贾诩曰:"卿前奉职公忠,故仍升荣宠。今羌、胡满路,宜思方略。"诩乃召羌、胡大帅饮食之,许以封赏,羌、胡皆引去,傕由此单弱。于是复有言和解之计者,傕乃从之,各以女为质。

秋,七月甲子,车驾出宣平门,当渡桥,汜兵数百人遮桥曰:"此天子非也?"车不得前。傕兵数百人,皆持大戟在乘舆车前,兵欲交,侍中刘艾大呼曰:"是天子也!"使侍中杨琦高举车帷,帝曰:"诸君何敢迫近至尊邪?"汜兵乃却。既渡桥,士众皆称万岁。夜到霸陵,从者皆饥,张济赋给各有差。傕出屯池阳。

分兵平定各县。吕布向东到徐州投奔刘备,张邈跟随吕布,又让自己的弟弟张超带领家属退守雍丘。

吕布初见刘备时,十分尊敬,对刘备说:"我与你都是边疆出身的人!我见到函谷关以东诸州、郡起兵,目的是讨伐董卓。但我杀死董卓后来到关东,关东的诸将领没有一个接纳我,而都要杀死我。"吕布请刘备到自己帐中,坐在妻子的床上,让自己妻子向刘备行礼,又设酒宴款待刘备,称刘备为弟。刘备见吕布语无伦次,外表上与他应酬,心里并不愉快。

8 李傕、郭汜相互攻击,一连几个月,死者数以万计。六月,李傕部将杨奉打算谋杀李傕,计划泄露,便率领部下背叛李傕,李傕的势力逐渐衰落。庚午,镇东将军张济从陕县来到长安,打算调解李傕与郭汜的争端,迎接献帝暂时前往弘农。献帝也思念旧京洛阳,便派遣使者到李傕、郭汜营中传达圣旨,使者反复十次,李傕与郭汜才答应讲和,但要互相交换爱子,作为人质。李傕的妻子疼爱儿子,不肯送走,所以和约没有谈成。而在这段时间,李傕部下的羌人与胡人不断地到献帝住地的大门窥探,说:"皇帝在这里面吧!李傕答应赐给我们的宫女,如今都在什么地方?"献帝大为不安,派侍中刘艾对宣义将军贾诩说:"你以前对国家忠心耿耿,恪尽职守,因此得到提拔,享受荣耀。如今羌人与胡人塞满道路,你应该筹划一个对策。"于是,贾诩大开酒宴,款待羌人和胡人的首领,许诺授予他们爵位和赏赐财物,这些羌人和胡人才全部离去,李傕从此势力单弱。于是又有人提出和解的建议,李傕便同意与郭汜讲和,相互交换女儿做人质。

秋季,七月甲子,献帝乘车出宣平门,正要过护城河桥,郭汜部下数百名士兵在桥上拦住去路,问:"这是不是天子?"献帝车驾无法前进。李傕部下数百名士兵,全都手执大戟守在车前,两军就要交手,侍中刘艾大声喊:"真的是天子!"让侍中杨琦把车帘高高掀起,献帝说:"你们怎敢这样迫近至尊!"郭汜的兵才撤退,渡过桥后,官兵一起高呼:"万岁!"晚上走到霸陵,侍从官员与卫士都饥饿不堪,张济根据各人官职大小,分别给予饮食。李傕也离开长安,驻军池阳。

丙寅,以张济为票骑将军,开府如三公;郭汜为车骑将军,杨定为后将军,杨奉为兴义将军,皆封列侯。又以故牛辅部曲董承为安集将军。

郭汜欲令车驾幸高陵,公卿及济以为宜幸弘农,大会议之,不决。帝遣使谕汜曰:“弘农近郊庙,勿有疑也!”汜不从。帝遂终日不食。汜闻之曰:“可且幸近县。”八月甲辰,车驾幸新丰。丙子,郭汜复谋胁帝还都郿,侍中种辑知之,密告杨定、董承、杨奉令会新丰。郭汜自知谋泄,乃弃军入南山。

9　曹操围雍丘,张邈诣袁术求救,未至,为其下所杀。

10　冬,十月,以曹操为兖州牧。

11　戊戌,郭汜党夏育、高硕等谋胁乘舆西行。侍中刘艾见火起不止,请帝出幸一营以避火。杨定、董承将兵迎天子幸杨奉营,夏育等勒兵欲止乘舆,杨定、杨奉力战,破之,乃得出。壬寅,行幸华阴。

宁辑将军段煨具服御及公卿已下资储,欲上幸其营。煨与杨定有隙,定党种辑、左灵言煨欲反,太尉杨彪、司徒赵温、侍中刘艾、尚书梁绍皆曰:“段煨不反,臣等敢以死保。”董承、杨定胁弘农督邮令言郭汜来在煨营,帝疑之,乃露次于道南。

丁未,杨奉、董承、杨定将攻煨,使种辑、左灵请帝为诏,帝曰:“煨罪未著,奉等攻之,而欲令朕有诏邪!”辑固请,至夜半,犹弗听。奉等乃辄攻煨营,十馀日不下。煨供给御膳,禀赡百官,无有二意。诏使侍中、尚书告谕定等,令与煨和解,定等奉诏还营。

丙寅，献帝任命张济为骠骑将军，允许他开府置僚属，待遇与三公相同；任命郭汜为车骑将军，杨定为后将军，杨奉为兴义将军，都封为列侯。又任命已故牛辅的部将董承为安集将军。

郭汜想让献帝前往高陵，大臣们与张济都认为应该去弘农，召开大会进行商议，但决定不下。献帝派使者去告诉郭汜："我只是因为弘农离祭祀天地之处和祖先宗庙较近，并无别的意思，将军不要多疑！"郭汜仍不服从。于是献帝整天不肯进食。郭汜听到后说："可以暂且先到一个最近的县城。"八月甲辰(初六)，献帝到达新丰。丙子，郭汜又阴谋胁迫献帝西还，定都郿县，侍中种辑得到消息，秘密通知杨定、董承、杨奉，命令他们到新丰来会合。郭汜知道阴谋败露，于是抛弃他的军队，逃入终南山。

9 曹操率军包围雍丘，张邈去见袁术请求救援，他还没有走到，就被自己部下杀死。

10 冬季，十月，任命曹操为兖州牧。

11 戊戌(初一)，郭汜的党羽夏育、高硕等策划劫持献帝西行，先纵火扰乱人心。侍中刘艾看到火起不息，就请献帝到其他军营中躲避火势。杨定、董承率接献帝到杨奉营，夏育等出兵企图阻拦献帝，杨定、杨奉奋力作战，击败夏育等，献帝才得以逃出。壬寅(初五)，献帝抵达华阴。

宁辑将军段煨准备好献帝的衣服车马等御用物品和公卿以下官员们所需的物资器具，想要献帝进驻他的大营。但是段煨与杨定有仇，杨定的同党种辑、左灵声称段煨蓄意谋反，太尉杨彪、司徒赵温、侍中刘艾、尚书梁绍都说："段煨不会谋反，我们愿以性命担保！"董承、杨定威胁弘农郡督邮，让他向献帝报告说"郭汜已来到段煨营中"。献帝惊疑不定，只好在路南露宿。

丁未(初十)，杨奉、董承、杨定等人准备进攻段煨，派种辑、左灵来请求献帝下诏。献帝说："段煨并没有谋反的迹象，杨奉等人去进攻他，还要命令朕下诏吗！"种辑一再坚持，直到半夜，献帝仍然拒绝下诏。于是杨奉等就进攻段煨大营，一连十余天，未能攻下。段煨供应献帝御膳及百官的饮食，并没有二心。献帝下诏，派侍中、尚书等告诉杨定等，命令他们与段煨和解，杨定等奉诏回营。

李傕、郭汜悔令车驾东,闻定攻煨,相招共救之,因欲劫帝而西。杨定闻傕、汜至,欲还蓝田,为汜所遮,单骑亡走荆州。张济与杨奉、董承不相平,乃复与傕、汜合。十二月,帝幸弘农,张济、李傕、郭汜共追乘舆,大战于弘农东涧,承、奉军败,百官士卒死者,不可胜数,弃御物、符策、典籍,略无所遗。射声校尉沮儁被创坠马,傕谓左右曰:"尚可活否?"儁骂之曰:"汝等凶逆,逼劫天子,使公卿被害,宫人流离,乱臣贼子,未有如此也!"傕乃杀之。

壬申,帝露次曹阳。承、奉乃谲傕等与连和,而密遣间使至河东,招故白波帅李乐、韩暹、胡才及南匈奴右贤王去卑,并率其众数千骑来,与承、奉共击傕等,大破之,斩首数千级。

于是董承等以新破傕等,可复东引。庚申,车驾发东,董承、李乐卫乘舆,胡才、杨奉、韩暹、匈奴右贤王于后为拒。傕等复来战,奉等大败,死者甚于东涧。光禄邓渊、廷尉宣璠、少府田芬、大司农张义皆死。司徒赵温、太常王绛、卫尉周忠、司隶校尉管郃为傕所遮,欲杀之,贾诩曰:"此皆大臣,卿奈何害之!"乃止。李乐曰:"事急矣,陛下宜御马。"上曰:"不可舍百官而去,此何辜哉!"兵相连缀四十里,方得至陕,乃结营自守。

时残破之馀,虎贲、羽林不满百人,傕、汜兵绕营叫呼,吏士失色,各有分散之意。李乐惧,欲令车驾御船过砥柱,出孟津,杨彪以为河道险难,非万乘所宜乘。乃使李乐夜渡,潜具船,举火为应。上与公卿步出营,皇后兄伏德扶后,一手挟绢十匹。董承使符节令孙徽从人间斫之,杀旁侍者,血溅后衣。

李傕、郭汜后悔让献帝东去弘农,听说杨定进攻段煨,就相互召唤,共同率军援救,想乘机劫持献帝去西方。杨定听说李傕、郭汜前来,想退回蓝田,但被郭汜拦住,于是他自己单人匹马逃到荆州。张济又与杨奉、董承发生冲突,于是再次跟李傕、郭汜联合。十二月,献帝抵达弘农。张济、李傕、郭汜一同追赶献帝,在弘农东涧展开大战,董承、杨奉的军队战败,被杀死的文武百官与兵士,不计其数,御用物品、符信典策、图书档案等,全部散落。射声校尉沮儶受伤落马,李傕对左右说:“这人还能活吗?”沮儶诟骂道:“你们这帮凶恶的逆贼,逼劫天子,使大臣被害,宫女流散,乱臣贼子,还没有人像这样大逆不道!”于是李傕将沮儶杀死。

　　壬申,献帝抵达曹阳,露宿在外。董承、杨奉等假装与李傕等联合,而暗中派出使者到河东郡去招请过去白波军的首领李乐、韩暹、胡才以及南匈奴右贤王去卑,全都各率部下数千骑兵前来,与董承、杨奉等合击李傕等,李傕等大败,被斩杀数千人。

　　于是董承等人认为李傕等刚刚被打败,可以继续东行。庚申(二十四日),献帝一行向东进发,董承、李乐保护车驾,胡才、杨奉、韩暹与匈奴右贤王去卑率军作为后卫。李傕等又来进攻,杨奉等大败,死亡人数比在弘农东涧时还多。光禄勋邓渊、廷尉宣璠、少府田芬、大司农张义全都被杀。司徒赵温、太常王绛、卫尉周忠、司隶校尉管郃被李傕阻拦,李傕要杀死他们,贾诩说:“这些人都是朝中大臣,你怎么能杀害他们!”李傕这才作罢。李乐对献帝说:“形势十分危急,请陛下上马。”献帝说:“我不能丢下百官,自己逃命,他们有什么罪!”军队断断续续地在道路上连接有四十里长,然后到达陕县,于是筑起营寨固守。

　　当时,在大败之后,护驾的虎贲、羽林武士不到一百人。李傕、郭汜的兵士绕着献帝的营寨大声呼喊,官兵们惊慌失色,都有分散逃跑的想法。李乐感到恐惧,想让献帝乘船沿黄河而下,经过砥柱,从孟津上岸,太尉杨彪认为走水路凶险,不宜于让天子冒这么大的危险。于是派李乐乘夜渡河,秘密准备船只,举火把作为信号。献帝与大臣徒步走出营寨,伏皇后的哥哥伏德一手扶着伏皇后,一手挟着十匹绢。人群相互拥挤,无法进行,董承派符节令孙徽用刀在人群中开道,杀死伏皇后身边的侍者,鲜血溅到伏皇后的衣服上。

河岸高十馀丈,不得下,乃以绢为辇,使人居前负帝,馀皆匍匐而下,或从上自投,冠帻皆坏。既至河边,士卒争赴舟,董承、李乐以戈击之,手指于舟中可掬。帝乃御船,同济者,皇后及杨彪以下才数十人,其宫女及吏民不得渡者,皆为兵所掠夺,衣服俱尽,发亦被截,冻死者不可胜计。卫尉士孙瑞为催所杀。

催见河北有火,遣骑候之,适见上渡河,呼曰:"汝等将天子去邪!"董承惧射之,以被为幔。既到大阳,幸李乐营。河内太守张杨使数千人负米来贡饷。乙亥,帝御牛车,幸安邑,河东太守王邑奉献绵帛,悉赋公卿以下,封邑为列侯,拜胡才为征东将军,张杨为安国将军,皆假节开府。其垒壁群帅竞求拜职,刻印不给,至乃以锥画之。

乘舆居棘篱中,门户无关闭,天子与群臣会,兵士伏篱上观,互相镇压以为笑。

帝又遣太仆韩融至弘农与催、汜等连和,催乃放遣公卿百官,颇归所掠宫人及乘舆器服。已而粮谷尽,宫人皆食菜果。

乙卯,张杨自野王来朝,谋以乘舆还雒阳,诸将不听,杨复还野王。

是时,长安城空四十馀日,强者四散,羸者相食,二三年间,关中无复人迹。

沮授说袁绍曰:"将军累叶台辅,世济忠义。今朝廷播越,宗庙残毁,观诸州郡虽外托义兵,内实相图,未有忧存社稷恤民之意。今州域粗定,兵强士附,西迎大驾,即宫邺都,挟天子而令诸侯,畜士马以讨不庭,谁能御之!"颍川郭图、淳于琼曰:"汉室陵迟,为日久矣,今欲兴之,不亦难乎!

黄河堤岸离水面有十余丈高,无法下去,就用绢结成坐椅,让人在前面背着献帝,其余的人都爬着下去,有的人从堤岸上自己跳下去,把官帽全都摔坏了。到达河边后,士卒争先恐后地跳上渡船,董承、李乐等用长戈阻拦,船中堆满了被砍落的手指,多得可以用手捧起来。献帝这才上船,与他同时渡过河的,只有伏皇后以及杨彪以下数十人,宫女与跟随的官员、百姓未能渡河的,都遭到乱兵的掠夺,衣服全被脱光,连头发也被割掉,冻死的人不计其数。卫尉士孙瑞被李傕杀死。

李傕看到黄河北岸有火光,就派骑兵侦察,正看见献帝在渡河,就大声喊:"你们把天子弄到哪里去?"董承害怕他们射箭,就把被子张开来作为掩护。到达大阳以后,进入李乐军营。河内郡太守张杨派数千人背着米来进贡。乙亥,献帝乘坐牛车,抵达安邑。河东郡太守王邑奉献丝绵与绸缎,献帝全部赏赐给大臣及随行官员。献帝封王邑为列侯,任命胡才为征东将军、张杨为安国将军,都持符节,享有开府置僚属的权利。他们部下将领竞相向献帝乞请官职,因任命官员太多,来不及刻印,以至用铁锥来划。

献帝住在以荆棘为篱的房中,门窗不能关闭,献帝与群臣们举行朝会时,兵士们就趴在篱笆上观望,相互拥挤取乐。

献帝又派太仆韩融到弘农,与李傕、郭汜等讲和,李傕这才放走被他俘虏的公卿百官,并归还一部分被掠去的宫女和御用物品。不久,粮食吃光,宫女们全都以野菜、野果充饥。

乙卯(十九日),河内郡太守张杨从野王县来朝见献帝,计划护送献帝返回洛阳,但是护驾的将领们不同意,张杨就又回到野王。

这时候,长安城中无人管理,达四十余天,身强力壮的都四散逃命,老幼病弱的只能自相残杀,靠吃人肉度日,两三年间,关中地区不再有人的踪迹。

沮授向袁绍建议说:"将军的祖先,几代都是国家大臣,世传忠义。如今,天子流离失所,宗庙也残败毁坏,我看到各州、郡虽然表面上都声称是义兵,实际上互相图谋,并没有忧国忧民的想法。如今,将军已基本平定冀州地区,兵强马壮,将士听命,如果您向西去迎接天子,迁都邺城,就可以挟天子而令诸侯,积蓄兵马,讨伐不服从朝廷的叛逆,天下有谁能与您对抗?"颍川人郭图、淳于琼说:"汉朝王室的没落为时已久,如今要使它复兴,不是太困难了吗!

且英雄并起,各据州郡,连徒聚众,动有万计,所谓秦失其鹿,先得者王。今迎天子自近,动辄表闻,从之则权轻,违之则拒命,非计之善者也。"授曰:"今迎朝廷,于义为得,于时为宜,若不早定,必有先之者矣。"绍不从。

12　初,丹阳朱治尝为孙坚校尉,见袁术政德不立,劝孙策归取江东。时吴景攻樊能、张英等,岁馀不克。策说术曰:"家有旧恩在东,愿助舅讨横江。横江拔,因投本土召募,可得三万兵,以佐明使君定天下。"术知其恨,而以刘繇据曲阿,王朗在会稽,谓策未必能定,乃许之,表策为折冲校尉。将兵千馀人,骑数十匹,行收兵,比至历阳,众五六千。时周瑜从父尚为丹阳太守,瑜将兵迎之,仍助以资粮,策大喜,曰:"吾得卿,谐也!"进攻横江、当利,皆拔之,樊能、张英败走。

策渡江转斗,所向皆破,莫敢当其锋者。百姓闻孙郎至,皆失魂魄。长吏委城郭,窜伏山草。及策至,军士奉令,不敢虏略,鸡犬菜茹,一无所犯,民乃大悦,竞以牛酒劳军。策为人,美姿颜,能笑语,阔达听受,善于用人,是以士民见者莫不尽心,乐为致死。

策攻刘繇牛渚营,尽得邸阁粮谷、战具。时彭城相薛礼、下邳相丹阳笮融依繇为盟主,礼据秣陵城,融屯县南,策皆击破之。又破繇别将于梅陵,转攻湖孰、江乘,皆下之,进击繇于曲阿。

而且英雄豪杰纷纷起兵，各据州、郡，部下人马动辄数以万计，这正是秦朝失其鹿，先得者为王的时机。现在，要是把天子迎接到自己身边，一举一动都要上表奏请，服从天子，则自己权力减轻，不服从，则要蒙受违抗圣旨的罪名，这不是上策。"沮授说："现在迎接天子，既符合君臣大义，又是最有利的时机，如果不能早日决定，必定会有人抢先下手。"袁绍没有采纳沮授的建议。

12　起初，丹阳人朱治曾经在孙坚部下担任过校尉，他看到袁术为政混乱，对待下属刻薄，就劝孙策返回故乡，去占据江东。当时孙策的舅父吴景攻打樊能、张英等人，一年多未能取胜。孙策便向袁术请求说："我家在江东地区对人民有旧恩，我愿意帮助舅父去进攻横江。攻陷横江后，我便回到家乡去招募兵马，可以集结起三万兵众，用来辅佐将军平定天下。"袁术知道孙策对自己心怀不满，但由于当时扬州刺史刘繇占据曲阿，会稽郡太守王朗守在本郡，他认为孙策不一定能将他们击败，于是同意了孙策的请求，上表推荐他为折冲校尉。孙策率领千馀名步兵和数十名骑兵出发，一边走一边招兵，到达历阳的时候，已经增加到五六千人。这时，周瑜的伯父周尚为丹阳郡太守，周瑜率兵迎接孙策，并援助他军费和粮草，孙策大喜，说："我得到你的帮助，一定能成功！"孙策进攻横江、当利，全都攻克，樊能、张英战败逃走。

孙策渡江以后，辗转作战，战无不胜，没有人能抵挡住他的攻势。百姓听到孙策将要到达，全都失魂落魄。各地官员弃城出逃，躲到深山之中。及至孙策到来，军队奉有命令，不敢进行掳掠，民间的一只鸡、一条狗、一棵蔬菜，都不触动，于是民心大为欢悦，争先用牛肉和美酒去慰劳孙策的军队。孙策相貌英俊，言谈幽默，性格豁达，能接受别人的意见，善于使用人才，因此，无论士大夫还是一般百姓，凡是见过他的人，都为他尽心尽力，乐意为他效命。

孙策进攻刘繇设在牛渚的营地，获得了存在那里的全部粮草与武器。当时，彭城国相薛礼、下邳国相丹阳人笮融都拥戴刘繇为盟主，薛礼驻守秣陵城，笮融驻军秣陵县南，都被孙策击败。孙策又攻破刘繇驻在梅陵的一支部队，转而进攻湖孰、江乘，全都攻克，于是到曲阿进击刘繇。

繇同郡太史慈时自东莱来省繇。会策至,或劝繇可以慈为大将。繇曰:"我若用子义,许子将不当笑我邪!"但使慈侦视轻重。时独与一骑卒遇策于神亭,策从骑十三,皆坚旧将辽西韩当、零陵黄盖辈也。慈便前斗,正与策对,策刺慈马,而揽得慈项上手戟,慈亦得策兜鍪。会两家兵骑并各来赴,于是解散。

繇与策战,兵败,走丹徒。策入曲阿,劳赐将士,发恩布令,告谕诸县:"其刘繇、笮融等故乡部曲来降首者,一无所问;乐从军者,一身行,复除门户;不乐者不强。"旬日之间,四面云集,得见兵二万馀人,马千馀匹,威震江东。

丙辰,袁术表策行殄寇将军。策将吕范言于策曰:"今将军事业日大,士众日盛,而纲纪犹有不整者,范愿暂领都督,佐将军部分之。"策曰:"子衡既士大夫,加手下已有大众,立功于外,岂宜复屈小职,知军中细事乎!"范曰:"不然。今舍本土而托将军者,非为妻子也,欲济世务也。譬犹同舟涉海,一事不牢,即俱受其败。此亦范计,非但将军也。"策笑,无以答。范出,便释褠,著袴褶,执鞭诣阁下启事,自称领都督,策乃授传,委以众事。由是军中肃睦,威禁大行。

策以张纮为正议校尉,彭城张昭为长史,常令一人居守,一人从征讨,及广陵秦松、陈端等亦参与谋谟。策

刘繇的同郡人太史慈这时从东莱来看望刘繇。正赶上孙策进攻曲阿，有人劝刘繇可任用太史慈为大将。刘繇说："我如果任用太史慈，许劭不会笑话我用人不当吗！"他只派太史慈去侦察敌军动静。有一次，太史慈只带一个骑兵外出，在神亭与孙策突然相遇，当时跟随孙策的有十三名骑士，都是当年追随孙坚的辽西人韩当、零陵人黄盖等旧将。太史慈便向前出战，正与孙策相对，孙策一枪刺中太史慈的马，夺得太史慈脖子后插的手戟，而太史慈也夺得孙策所戴的头盔。正在这生死相搏之时，双方的骑兵同时赶来，于是各自退回营地。

　　刘繇与孙策交战，兵败，逃往丹徒。孙策进入曲阿，慰劳赏赐将士，同时，发布宽大命令，通知各县："凡是刘繇、笮融等人的乡亲故友和部下前来自首归降的，一概不咎既往，愿意去当兵的，一家出一人，免除全家的赋役负担；不愿当兵的也不勉强。"不过十天，应募者从四面涌来，得到两万馀名兵士，一千馀匹战马，孙策的声威震动江东。

　　丙辰(二十日)，袁术上表推荐孙策代理殄寇将军。孙策的部将吕范对孙策说："如今，将军事业日益兴盛，部下将士越来越多，但军中纪律还有不完备的地方，我愿意暂时兼任都督，帮助将军进行治理。"孙策说："你本人已然是士大夫，手下又统率重兵，在外立下大功，难道应再让你屈居这种小官职，考察军中的细小事情吗？"吕范说："不是这样，我如今舍弃故乡来追随将军，不是为了妻子儿女，而是为了救国救民。譬如共同乘一条船去漂洋过海，出现任何一点小故障，就使大家全都葬身大海。我这样做，也是为我自己打算，不仅是为将军。"孙策笑了笑，无法回答。吕范出来后，就脱去士大夫所穿的长衫，换上中下级武官所穿的便于骑马的服装，手执皮鞭，到孙策所住的房前报告，自称兼任都督，于是孙策就授给他符传，正式委任，命他整顿军中风纪。自此之后，营中气氛严肃和睦，军纪严明，法令得到彻底贯彻。

　　孙策委任张纮为正议校尉，彭城人张昭为长史，经常让他们一个人留守，一个人跟随自己出征，广陵人秦松、陈端等也常参预决策。孙策

待昭以师友之礼,文武之事,一以委昭。昭每得北方士大夫书疏,专归美于昭,策闻之,欢笑曰:"昔管子相齐,一则仲父,二则仲父,而桓公为霸者宗。今子布贤,我能用之,其功名独不在我乎!"

袁术以从弟胤为丹阳太守。周尚、周瑜皆还寿春。

刘繇自丹徒将奔会稽,许劭曰:"会稽富实,策之所贪,且穷在海隅,不可往也。不如豫章,北连豫壤,西接荆州,若收合吏民,遣使贡献,与曹兖州相闻,虽有袁公路隔在其间,其人豺狼,不能久也。足下受王命,孟德、景升必相救济。"繇从之。

13 初,陶谦以笮融为下邳相,使督广陵、下邳、彭城粮运。融遂断三郡委输以自入,大起浮屠祠,课人诵读佛经,招致旁郡好佛者至五千馀户。每浴佛,辄多设饮食,布席于路,经数十里,费以钜亿计。及曹操击破陶谦,徐土不安,融乃将男女万口走广陵,广陵太守赵昱待以宾礼。先是彭城相薛礼为陶谦所逼,屯秣陵,融利广陵资货,遂乘酒酣杀昱,放兵大掠,因过江依礼,既而复杀之。

刘繇使豫章太守朱皓攻袁术所用太守诸葛玄,玄退保西城。及繇溯江西上,驻于彭泽,使融助皓攻玄。许劭谓繇曰:"笮融出军,不顾名义者也。朱文明喜推诚以信人,更使密防之。"融到,果诈杀皓,代领郡事。繇进讨融,融败走,入山,为民所杀。诏以前太傅掾华歆为豫章太守。

以老师和朋友的礼节对待张昭，行政与军务大事，全都委托他来处理。张昭经常收到北方士大夫的书信，信中把江东地区的政绩都归功于张昭。孙策知道后，高兴地说："从前管仲当齐国宰相，什么事都由他来做主，而齐桓公终于成为五霸之首。如今，张昭为人贤明，我能放心地任用他，最后的功名还不都是属于我吗！"

袁术委任堂弟袁胤为丹阳郡太守，周尚与周瑜都回到寿春。

刘繇想从丹徒逃到会稽郡，许劭对他说："会稽郡殷实富裕，正是孙策所贪图的，而且该郡又远在海边，你不能去那里。还不如到豫章郡，那里北连豫州，西接荆州，如果能把官员与百姓安顿好，派使者到朝廷去进贡，与占据兖州的曹操取得联系，尽管现在袁术隔断了豫章与中原的联系，但像他这样的豺狼之辈，不会长久。您是受朝廷正式任命的刺史，曹操与刘表必定会予以援助。"刘繇听从了他的劝告。

13　起初，徐州牧陶谦委任笮融为下邳国相，派他负责监督广陵、下邳、彭城的粮食运输。笮融就把这三个郡国应交的粮食都据为己有，大肆兴建佛教寺庙，命令百姓诵读佛经，又招引其他郡的佛教信徒五千馀户迁徙到下邳国来。每逢释迦牟尼生日，举办"浴佛会"时，都在路边摆设宴席，连绵不断，长达数十里，耗费钱物数以亿计。到曹操击败陶谦，徐州局势动荡时，笮融便率领男女信徒万馀人退到广陵，广陵郡太守赵昱用宾客之礼接待笮融。在这以前，彭城国相薛礼受到陶谦军队的逼迫，率领部下迁徙到秣陵。而笮融看到广陵富庶，想据为己有，就在一次宴席上，乘大家饮酒作乐时杀死了赵昱，纵容部下大肆抢掠，又乘势渡过长江到秣陵去投靠薛礼，不久又杀死了薛礼。

刘繇派豫章郡太守朱皓进攻袁术委任的豫章郡太守诸葛玄，诸葛玄退守西城。及至刘繇沿江西上，驻军彭泽，便派笮融去帮助朱皓进攻诸葛玄。许劭对刘繇说："笮融出动军队，不讲名节，不顾信义，朱皓喜欢以诚待人，要让朱皓严密提防笮融。"笮融到达后，果然用诡计杀死朱皓，接管了豫章郡事务。刘繇进军讨伐笮融，笮融战败，逃入深山，为当地百姓杀死。朝廷下诏，任命前太傅掾华歆为豫章郡太守。

丹阳都尉朱治逐吴郡太守许贡而据其郡,贡南依山贼严白虎。

14　张超在雍丘,曹操围之急,超曰:"惟臧洪当来救吾。"众曰:"袁、曹方睦,洪为袁所表用,必不败好以招祸。"超曰:"子源天下义士,终不背本,但恐见制强力,不相及耳。"洪时为东郡太守,徒跣号泣,从绍请兵,将赴其难,绍不与;请自率所领以行,亦不许。雍丘遂溃,张超自杀,操夷其三族。

洪由是怨绍,绝不与通。绍兴兵围之,历年不下。绍令洪邑人陈琳以书喻之,洪复书曰:"仆小人也,本乏志用。中因行役,蒙主人倾盖,恩深分厚,遂窃大州,宁乐今日自还接刃乎! 当受任之初,自谓究竟大事,共尊王室。岂悟本州被侵,郡将遘厄,请师见拒,辞行被拘,使洪故君遂至沦灭,区区微节,无所获申,岂得复全交友之道、重亏忠孝之名乎! 斯所以忍悲挥戈,收泪告绝。行矣孔璋,足下徼利于境外,臧洪投命于君亲;吾子托身于盟主,臧洪策名于长安;子谓馀身死而名灭,仆亦笑子生而无闻焉!"

绍见洪书,知无降意,增兵急攻。城中粮谷已尽,外无强救,洪自度必不免,呼将吏士民谓曰:"袁氏无道,所图不轨,且不救洪郡将,洪于大义,不得不死。念诸君无事空与此祸,可先城未败,将妻子出。"皆垂泣曰:"明府与袁氏本无怨隙,今为本朝郡将之故,自致残困。吏民何忍当舍明府去也!"初尚掘鼠煮筋角,后无可复食者。主簿启内厨米三升,请稍以为饘粥,

丹阳郡都尉朱治赶走吴郡太守许贡,占领吴郡,许贡南逃,投靠山贼首领严白虎。

14 张超固守雍丘,曹操对他发动猛烈的围攻,张超说:"只有臧洪会来救我。"部下众人都说:"袁绍与曹操目前关系亲密,臧洪是袁绍推荐委任的官员,他必定不会破坏袁、曹的和睦而招惹大祸。"张超说:"臧洪是天下知名的义士,最终不会背弃旧恩,只怕他被袁绍的强大力量控制,不能及时赶来。"臧洪当时担任东郡太守,他赤着双脚,大声痛哭着请求袁绍发兵,要去解救张超急难,袁绍不肯发兵;臧洪又请求自己率领东郡的人马去救援,袁绍也不允许。于是雍丘被曹操攻陷,张超自杀,他的全家老小以及内外亲属被曹操全部杀死。

臧洪因此怨恨袁绍,与袁绍断绝一切关系。袁绍发兵包围东郡,攻打一年多,仍未攻克。袁绍命令与臧洪同县的陈琳写信给臧洪,为他分析利害,臧洪复信说:"我是一个渺小的人,本无大志。在仕途中,得到您的赏识,受恩深厚,被委以重任,难道我愿意像今天这样干戈相向吗?当初我受任之时,自以为能完成大事,共尊王室。谁知道当我的本州受到攻击,州郡长官陷于危难之时,我请求发兵,却遭到拒绝,想单独出兵,又在辞行时被扣下,致使我的故主全家被害,我对故主的节义,无法表达,怎么还能顾全你我的朋友交谊,而做出对忠孝有损的事!因此我强忍悲痛,挥戈而起,拭去眼泪,毅然决裂。走吧,孔璋你在境外谋求利益,我则为君亲效命;你托身投靠盟主袁绍,我则为朝廷尽心;你警告我将身死名灭,我则笑你虽生而无闻!"

袁绍见到臧洪的回信,知他没有投降的意思,就增兵猛攻。城中粮食已尽,外面没有强大的救兵,臧洪自知不能幸免,就把官员、将士和百姓召集来,告诉他们:"袁绍无道,又图谋不轨,而且不去援救我本郡的长官,我出于君臣大义,不能不死。我想到你们与此并不相干,却凭空卷入这场大祸,可在城未破之前,带领你们的妻儿老小去逃命。"众人都流着泪说:"您与袁绍本来没有仇怨,如今只是为了本朝的旧长官,而自己找来灾难。我们怎能忍心抛下您去逃生!"开始,城中还能挖到老鼠,并煮食皮革制品,后来就再没有可吃的东西了。主簿告诉臧洪,内厨房只剩三升米,请做一点稠粥。

洪叹曰："何能独甘此邪！"使作薄糜，遍班士众，又杀其爱妾以食将士。将士咸流涕，无能仰视者。男女七八千人，相枕而死，莫有离叛者。城陷，生执洪。绍大会诸将见洪，谓曰："臧洪，何相负若此！今日服未？"洪据地嗔目曰："诸袁事汉，四世五公，可谓受恩。今王室衰弱，无扶翼之意，欲因际会，希冀非望，多杀忠良以立奸威。洪亲见呼张陈留为兄，则洪府君亦宜为弟，同共戮力，为国除害，奈何拥众观人屠灭！洪惜力劣，不能推刃为天下报仇，何谓服乎！"绍本爱洪，意欲令屈服，原之。见洪辞切，知终不为己用，乃杀之。

洪邑人陈容少亲慕洪，时在绍坐，起谓绍曰："将军举大事，欲为天下除暴，而先诛忠义，岂合天意！臧洪发举为郡将，奈何杀之！"绍惭，使人牵出，谓曰："汝非臧洪俦，空复尔为！"容顾曰："仁义岂有常，蹈之则君子，背之则小人。今日宁与臧洪同日而死，不与将军同日而生也！"遂复见杀，在坐无不叹息，窃相谓曰："如何一日杀二烈士！"

15 公孙瓒既杀刘虞，尽有幽州之地，志气益盛，恃其才力，不恤百姓，记过忘善，睚眦必报。衣冠善士，名在其右者，必以法害之，有材秀者，必抑困使在穷苦之地。或问其故，瓒曰："衣冠皆自以职分当贵，不谢人惠。"故所宠爱，类多商贩、庸儿，与为兄弟，或结婚姻，所在侵暴，百姓怨之。

臧洪说:"我怎么能单独下咽呢!"便命人熬成稀粥,让所有的士兵共享,臧洪又杀死自己的爱妾,给将士食用。将士们都泪流满面,不能抬头仰视。城中有百姓七八千人因饥饿而死,尸体相互枕藉重叠堆积,但没有人背叛臧洪。城陷后,臧洪被生擒。袁绍召集诸将,审问臧洪说:"臧洪,你为什么这样背叛我!今天服了吗?"臧洪坐在地上,瞪起眼睛说道:"你们袁家侍奉汉朝,四代有五个人出任三公,可以说是受到皇室的深恩。如今皇室势力衰弱,却没有辅佐之意,反而想乘机图谋不轨,靠多杀忠良来树立自己的威望。我亲眼见到你称张邈为兄,那么我的故主、张邈弟弟张超就是你的弟弟,大家应该齐心协力,为国除害,怎么能按兵不动,眼看着他们被人杀害!我自恨力量薄弱,不能拔刀而起,为天下人报仇,谈什么服不服!"袁绍本来很喜欢臧洪,想要使他屈服后,再加宽恕。见他言辞激烈,知道决不会再为自己效力,就下令杀死臧洪。

臧洪的同县人陈容自小亲近敬慕臧洪,这时正好在座,站起来对袁绍说:"将军身负大任,要为天下除害,却先诛杀忠义之人,怎么能上合天意!臧洪起兵是为了他的故主,为什么要杀他!"袁绍心中惭愧,派人把陈容拉出去,对他说:"你不是臧洪那样的人,再讲这些话有什么用!"陈容回过头来说:"仁义并没有一定形式,遵循仁义就是君子,背弃仁义就是小人。今天我宁愿与臧洪同日而死,不愿与将军同日而生!"于是陈容也被杀死。在座的人无不叹息,私下互相议论说:"怎么能在一天之中杀死两位烈士!"

15 公孙瓒杀死刘虞后,占有全部幽州,更加趾高气扬,倚仗自己的才干和武力,不体恤百姓,只记住别人的过失,却不记得别人的好处,连瞪他一眼的小事,也必定要报复。对士大夫名望在他之上的,一定假借法律来加以陷害;对有才能的人,一定要想法压抑,把对方置于穷困之地。有人问公孙瓒这样做的原因,公孙瓒说:"士大夫们全都自认为他们应该富贵,给他们富贵,他们也不会感谢。"所以公孙瓒所宠信的都是商贩、庸仆一类的人,与这些人结为兄弟,或者互通婚姻,到处仗势欺人,百姓十分怨恨。

刘虞从事渔阳鲜于辅等,合率州兵欲共报仇,以燕国阎柔素有恩信,推为乌桓司马。柔招诱胡、汉数万人,与瓒所置渔阳太守邹丹战于潞北,斩丹等四千馀级。乌桓峭王亦率种人及鲜卑七千馀骑,随辅南迎虞子和与袁绍将麹义合兵十万共攻瓒,破瓒于鲍丘,斩首二万馀级。于是代郡、广阳、上谷、右北平各杀瓒所置长吏,复与鲜于辅、刘和兵合,瓒军屡败。

先是有童谣曰:“燕南垂,赵北际,中央不合大如砺,唯有此中可避世。”瓒自谓易地当之,遂徙镇易,为围堑十重,于堑里筑京,皆高五六丈,为楼其上;中堑为京,特高十丈,自居焉。以铁为门,斥去左右。男人七岁以上不得入门,专与姬妾居。其文簿、书记皆汲而上之。令妇人习为大声,使闻数百步,以传宣教令。疏远宾客,无所亲信,谋臣猛将,稍稍乖散。自此之后,希复攻战。或问其故。瓒曰:“我昔驱畔胡于塞表,扫黄巾于孟津,当此之时,谓天下指麾可定。至于今日,兵革方始,观此,非我所决,不如休兵力耕,以救凶年。兵法,百楼不攻。今吾诸营楼橹数十重,积谷三百万斛,食尽此谷,足以待天下之事矣。”

16 南单于於扶罗死,弟呼厨泉立,居于平阳。

已故幽州牧刘虞的从事、渔阳人鲜于辅等人,齐心合力,打算率领州中的军队为刘虞报仇,因为燕国人阎柔平素威信较高,被推举为乌桓司马。阎柔召引胡人、汉人有数万之多,与公孙瓒委任的渔阳郡太守邹丹在潞县以北大战,阎柔获胜,斩杀邹丹及其部下四千馀人。乌桓峭王也率领乌桓人及鲜卑人,共七千馀骑兵,随鲜于辅南下迎接刘虞的儿子刘和与袁绍部将麹义联合,共计十万兵马进攻公孙瓒,在鲍丘打败公孙瓒,斩杀两万馀人。于是,代郡、广阳郡、上谷郡与右北平郡,纷纷起兵,杀死公孙瓒所委任的官员,又与鲜于辅、刘和的队伍会师,公孙瓒军队屡战屡败。

在此之前,有童谣说:"燕南垂,赵北际,中央不合大如砺,唯有此中可避世。"公孙瓒自认为童谣所说的地方是指易县,就把自己的大本营迁到那里,在周围挖掘了十道堑壕,在堑壕内修筑许多土丘,每座土丘都有五六丈高,在上面建起高楼;在中央修有一个最高的土山,达到十丈,供公孙瓒自己居住。以铁为门,左右侍卫全被隔在门外,七岁以上的男子不许入内,只与姬妾同住。文书、报告等都用绳子吊上城。他又命令妇女练习放大嗓门,使声音能传到数百步,以便向其他城楼传达命令。从此,公孙瓒疏远宾客,没有亲信,部下的谋士与猛将,也逐渐离散。而且从此以后,公孙瓒也很少再率军出外作战。有人问起原因,公孙瓒说:"我从前在塞外驱逐胡人部落,在孟津扫荡黄巾叛军,那时,自认为可以凭借自己的能力平定天下叛乱。但到了今天,战乱才不过刚刚开始,看起来,大局并非能够由我决定。因此,不如让士兵们养精蓄锐,努力耕作,以渡过荒年。兵法上讲,百楼不攻。如今,我的军队分驻各楼,有深堑高楼数十重,存粮食三百万斛,吃尽这些粮食,足以看到天下局势的变化了。"

16　南匈奴单于於扶罗去世,他弟弟呼厨泉继位,居住在平阳。

卷第六十二　汉纪五十四

起丙子(196)尽戊寅(198)凡三年

孝献皇帝丁
建安元年(丙子,196)

1　春,正月癸酉,大赦,改元。

2　董承、张杨欲以天子还雒阳,杨奉、李乐不欲,由是诸将更相疑贰。二月,韩暹攻董承,承奔野王。韩暹屯闻喜,胡才、杨奉之坞乡。胡才欲攻韩暹,上使人喻止之。

3　汝南、颍川黄巾何仪等拥众附袁术,曹操击破之。

4　张杨使董承先缮修雒阳宫。太仆赵岐为承说刘表,使遣兵诣雒阳,助修宫室,军资委输,前后不绝。夏,五月,丙寅,帝遣使至杨奉、李乐、韩暹营,求送至雒阳,奉等从诏。六月乙未,车驾幸闻喜。

5　袁术攻刘备以争徐州,备使司马张飞守下邳,自将拒术于盱眙、淮阴,相持经月,更有胜负。下邳相曹豹,陶谦故将也,与张飞相失,飞杀之,城中乖乱。袁术与吕布书,劝令袭下邳,许助以军粮。布大喜,引军水陆东下。备中郎将丹阳许耽开门迎之。张飞败走,布虏备妻子及将吏家口。备闻之,引还,比至下邳,兵溃。备收馀兵东取广陵,与袁术战,又败,屯于海西,饥饿困踧,吏士相食,从事东海麋竺以家财助军。备请降于布,布亦忿袁术运粮不继,乃召备,复以为豫州刺史,与并势击术,使屯小沛。布自称徐州牧。

孝献皇帝丁
汉献帝建安元年（丙子，公元196年）

1　春季，正月癸酉（初七），大赦天下，改年号为建安。

2　董承、张杨打算护送献帝回雒阳，杨奉、李乐不同意，于是将领们进一步相互猜疑。二月，韩暹进攻董承，董承败走，投奔驻在野王的张杨。韩暹驻军闻喜，胡才、杨奉率军前往坞乡。胡才准备进攻韩暹，献帝派人传旨，阻止他进军。

3　汝南、颍川的黄巾军首领何仪等率众投靠袁术，曹操出军击溃何仪等。

4　张杨派董承先去修缮被董卓烧毁的雒阳宫殿。太仆赵岐为董承去说服刘表，让他派兵到洛阳，协助修缮宫殿，并源源不断地输送军用物资和粮草。夏季，五月丙寅（初二），献帝派使者到杨奉、李乐、韩暹等人营中，要求他们护送自己返回雒阳，杨奉等听从诏命。六月乙未（初一），献帝抵达闻喜。

5　袁术进攻刘备，以争夺徐州。刘备派司马张飞守下邳，自己率军到盱眙、淮阴一带抵抗袁术，两军相持一个多月，互有胜负。下邳国相曹豹，是已故徐州牧陶谦的旧部，与张飞关系不好，被张飞杀死，下邳城中大乱。袁术写信给吕布，劝他袭击下邳，许诺援助军粮。吕布大喜，率军水陆并进，向东袭击下邳。刘备部下的中郎将、丹阳人许耽打开城门迎接吕布。张飞兵败退走，吕布俘虏了刘备的妻子儿女以及官员、将领们的家属。刘备听到消息后，率军回救，到达下邳后，全军溃散。刘备收拾残部，向东攻取广陵，与袁术交战，又被打败，退守海西，军中将士饥饿不堪，只好自相残杀，以人肉充饥，从事、东海人糜竺拿出家中财产资助军费。刘备向吕布请求投降，吕布也正怨恨袁术运粮中断，于是召刘备前来，又委任他为豫州刺史，吕布要与刘备一起进攻袁术，让刘备驻军小沛。吕布自称徐州牧。

布将河内郝萌夜攻布，布科头祖衣，走诣都督高顺营。顺即严兵入府讨之，萌败走，比明，萌将曹性击斩萌。

6 庚子，杨奉、韩暹奉帝东还，张杨以粮迎道路。秋，七月甲子，车驾至雒阳，幸故中常侍赵忠宅。丁丑，大赦。八月辛丑，幸南宫杨安殿。张杨以为己功，故名其殿曰杨安。杨谓诸将曰："天子当与天下共之，朝廷自有公卿大臣，杨当出扞外难。"遂还野王，杨奉亦出屯梁，韩暹、董承并留宿卫。癸卯，以安国将军张杨为大司马，杨奉为车骑将军，韩暹为大将军、领司隶校尉，皆假节钺。

是时，宫室烧尽，百官披荆棘，依墙壁间，州郡各拥强兵，委输不至。群僚饥乏，尚书郎以下自出采稆，或饥死墙壁间，或为兵士所杀。

7 袁术以谶言"代汉者当涂高"，自云名字应之。又以袁氏出陈，为舜后，以黄代赤，德运之次，遂有僭逆之谋。闻孙坚得传国玺，拘坚妻而夺之。及闻天子败于曹阳，乃会群下议称尊号，众莫敢对。主簿阎象进曰："昔周自后稷至于文王，积德累功，参分天下有其二，犹服事殷。明公虽奕世克昌，未若有周之盛；汉室虽微，未若殷纣之暴也！"术默然。

术聘处士张范；范不往，使其弟承谢之。术谓承曰："孤以土地之广，士民之众，欲微福齐桓，拟迹高祖，何如？"承曰："在德不在强。夫用德以同天下之欲，虽由匹夫之资而兴霸王之功，不足为难。若苟欲僭拟，干时而动，众之所弃，谁能兴之！"术不悦。

吕布的部将河内人郝萌叛变,乘夜进攻吕布,吕布蓬头散发,衣衫不整地逃到都督高顺营中。高顺立即率军入府讨伐郝萌,郝萌战败逃走。到天明时,郝萌部将曹性斩杀郝萌。

　　6　庚子(初六),杨奉、韩暹护送献帝东还洛阳,张杨运输粮食在路上迎接。秋季,七月甲子(初一),献帝到达洛阳,住在前中常侍赵忠的家中。丁丑(十四日),大赦天下。八月辛丑(初八),献帝到达洛阳南宫杨安殿。张杨认为献帝返回旧都是自己的功劳,所以把那座宫殿命名为杨安殿。张杨对诸将领说:"天子,是全国百姓的天子,朝廷自有公卿大臣来辅佐,我应该离开京城,做抵御外敌的屏障。"于是他返回野王,杨奉也出京驻军梁县。韩暹、董承二人留在洛阳,负责保卫洛阳与皇宫的安全。癸卯(初十),任命安国将军张杨为大司马,杨奉为车骑将军,韩暹为大将军兼任司隶校尉,都被赐予代表天子权威的符节和黄钺。

　　当时,宫殿都被烧毁,百官劈开荆棘,靠在墙壁间居住。州、郡长官各自拥有强兵却不肯进贡。官员们又饿又乏,尚书郎以下的官员自己出去采摘野菜,有人饿死于断墙残壁之间,有人被士兵杀死。

　　7　袁术认为,民间流行的一句预言"代汉者当涂高"中的"涂"与自己的名字"术"和表字"公路"相应,并认为袁氏的祖先出于春秋时代的陈国,是舜的后裔,舜是土德,黄色,汉是火德,赤色,以黄代赤,是五行运转顺序,于是就有了篡位的打算。听说孙坚得到传国玉玺,袁术就拘留了孙坚的妻子,强行夺下。及至他听到献帝败于曹阳的消息,就召集部下,商议自己称帝事宜。部下们无人胆敢应对。主簿阎象进道:"从前,周朝自始祖后稷传到文王,累积恩德,功勋卓著,三分天下已经占有二分,但仍然臣服于殷朝。虽然您家历代为官显赫,但没有周朝当初的兴盛;汉朝王室虽然衰微,却没有殷纣王那样的暴行!"袁术听后默然不语。

　　袁术征聘隐士张范,张范不肯前往,派自己弟弟张承去向袁术表示歉意。袁术对张承说:"我以土地的广阔,百姓和军队的众多,想要与齐桓公比美,以汉高祖为榜样,你觉得怎么样?"张承说:"此事在于德,而不在于强。用恩德来顺应天下百姓的希望,即使是由一个人的资本开始去建立霸王的事业,也不困难。如果是想篡位,违背天时而动,会为众人所抛弃,谁也不能使他兴盛起来!"袁术听后很不高兴。

孙策闻之，与术书曰："成汤讨桀称'有夏多罪'，武王伐纣曰'殷有重罚'，此二主者，虽有圣德，假使时无失道之过，无由逼而取也。今主上非有恶于天下，徒以幼小，胁于强臣，异于汤、武之时也。且董卓贪淫骄陵，志无纪极，至于废主自兴，亦犹未也，而天下同心疾之，况效尤而甚焉者乎！又闻幼主明智聪敏，有凤成之德，天下虽未被其恩，咸归心焉。使君五世相承，为汉宰辅，荣宠之盛，莫与为比，宜效忠守节，以报王室，则旦、奭之美，率土所望也。时人多惑图纬之言，妄牵非类之文，苟以悦主为美，不顾成败之计，古今所慎，可不孰虑！忠言逆耳，驳议致憎，苟有益于尊明，无所敢辞。"术始自以为有淮南之众，料策必与己合，及得其书，愁沮发疾。既不纳其言，策遂与之绝。

8　曹操在许，谋迎天子。众以为"山东未定，韩暹、杨奉，负功恣睢，未可卒制"。荀彧曰："昔晋文公纳周襄王而诸侯景从，汉高祖为义帝缟素而天下归心。自天子蒙尘，将军首唱义兵，徒以山东扰乱，未遑远赴。今銮驾旋轸，东京榛芜，义士有存本之思，兆民怀感旧之哀。诚因此时，奉主上以从人望，大顺也；秉至公以服天下，大略也；扶弘义以致英俊，大德也。四方虽有逆节，其何能为？韩暹、杨奉，安足恤哉！若不时定，使豪杰生心，后虽为虑，亦无及矣。"操乃遣扬武中郎将曹洪将兵西迎天子，董承等据险拒之，洪不得进。

孙策听到消息后,写信给袁术说:"商汤讨伐夏桀时说'有夏多罪',周武王讨伐殷纣王时说'殷有重罚',商汤与周武王,虽然有圣德,但假如当时夏桀、殷纣没有失道的过失,也没有理由逼迫他们而夺取天下。如今天子并未对天下百姓犯有过失,只是因为年龄幼小,被强臣所胁迫,与商汤和周武王的时代不同。即使像董卓那样贪淫凶暴,欺上凌下,野心极大的人,也还未敢废黜天子自立为帝,而天下还是一致痛恨他,何况仿效他而做得更过分!又听说年幼的天子明智聪敏,有早成之德,天下虽然还未承受到他的恩泽,但全都归心于他。您家中五代连续出任汉朝的三公或辅佐大臣,荣宠的深厚,任何家族都不能相比,应该忠心耿耿严守臣节,以报答王室,这便是周公姬旦、召公姬奭的美业,天下人的愿望。现在人们多被图纬之类的预言书所迷惑,望文生义,牵强附会,只求讨主人的欢心,并不考虑成败,称帝的事,从古至今都十分慎重,岂能不深思熟虑!忠言逆耳,异议招致憎恶,但只要对您有益,我一切都不敢推辞。"袁术开始时自以为拥有淮南的兵众,预料孙策一定会拥护自己,及至接到孙策的信,因忧虑沮丧而生病。他既然没有听从孙策的意见,孙策便与他断绝了关系。

8 曹操在许县,计划迎接献帝。部下众人都认为"山东尚未平定,而且韩暹、杨奉等人自认为护驾有功,骄横凶暴,不能迅速制服"。荀彧说:"以前,晋文公重耳迎纳周襄王,各国一致推举他为霸主;汉高祖为义帝发丧,身穿孝服,使得天下百姓诚心归附。自从天子流离在外,将军首先倡导兴起义军,只因山东局势混乱,未能远去迎驾。如今献帝返回旧京,但洛阳荒废,忠义之士希望能保全根本,黎民百姓也怀念旧的王室,为之悲伤。借此时机,遵奉天子以顺从民心,是最合乎时势的行动;用大公无私的态度使天下心悦诚服,是最正确的策略;坚守君臣大义,辅佐朝廷,招揽天下英才,是最大的德行。这样,尽管四方还有不遵从朝廷的叛逆,但他们能有什么作为?韩暹、杨奉之辈,有什么值得顾虑!如果不及时决定,使别人捷足先登,以后虽然费尽心机,也来不及了。"于是曹操派遣扬武中郎将曹洪率兵向西到洛阳迎接献帝,董承等扼守险要阻拦,曹洪不能前进。

　　议郎董昭,以杨奉兵马最强而少党援,作操书与奉曰:"吾与将军闻名慕义,便推赤心。今将军拔万乘之艰难,反之旧都,翼佐之功,超世无畴,何其休哉!方今群凶猾夏,四海未宁,神器至重,事在维辅,必须众贤,以清王轨,诚非一人所能独建,心腹四支,实相恃赖,一物不备,则有阙焉。将军当为内主,吾为外援,今吾有粮,将军有兵,有无相通,足以相济,死生契阔,相与共之。"奉得书喜悦,语诸将军曰:"兖州诸军近在许耳,有兵有粮,国家所当依仰也。"遂共表操为镇东将军,袭父爵费亭侯。

　　韩暹矜功专恣,董承患之,因潜召操。操乃将兵诣雒阳。既至,奏韩暹、张杨之罪。暹惧诛,单骑奔杨奉。帝以暹、杨有翼车驾之功,诏一切勿问。辛亥,以曹操领司隶校尉、录尚书事。操于是诛尚书冯硕等三人,讨有罪也;封卫将军董承等十三人为列侯,赏有功也;赠射声校尉沮儁为弘农太守,矜死节也。

　　操引董昭并坐,问曰:"今孤来此,当施何计?"昭曰:"将军兴义兵以诛暴乱,入朝天子,辅翼王室,此五霸之功也。此下诸将,人殊意异,未必服从,今留匡弼,事势不便,惟有移驾幸许耳。然朝廷播越,新还旧京,远近跂望,冀一朝获安,今复徙驾,不厌众心。夫行非常之事,乃有非常之功,愿将军算其多者。"操曰:"此孤本志也。杨奉近在梁耳,闻其兵精,得无为孤累乎?"昭曰:"奉少党援,心相凭结,镇东、费亭之事,皆奉所定,宜时遣使厚遗答谢,以安其意。说'京都无粮,

议郎董昭认为杨奉的兵马最强,但缺少外援,就用曹操的名义给杨奉写信说:"我与将军相互倾慕,只听到对方的名声,便已推心置腹。如今,将军在艰难之中救出天子,护送他回到旧都洛阳,卫护辅佐的功勋,盖世无双,是何等的美业!现在,各地不法之徒扰乱中原,天下不宁,皇位政权最为重要,这又主要依靠辅佐的大臣,所有的贤明之士必须一齐努力,才能肃清君王道路上的障碍,这绝不是一个人的力量所能办得到的,心脏、胸腹与四肢,实际是互相依存的,缺少任何一件,都不完整。将军应当在朝廷主持事务,我则作为外援,如今我有粮草,将军有兵马,互通有无,足以相辅相成,我们生死与共,祸福同当。"杨奉接到信后十分高兴,对其他将领说:"兖州的军队,近在许县,有兵有粮,朝廷正可以倚靠他们。"于是诸将联名上表推荐曹操担任镇东将军,并承袭他父亲曹嵩的爵位费亭侯。

韩暹倚仗护驾有功,专横霸道,董承对他十分厌恨,就私下派人召请曹操。于是曹操亲率大军到达洛阳。到达后,向献帝奏报韩暹、张杨的不法行为。韩暹害怕被杀,单人匹马投奔杨奉。献帝认为韩暹、张杨护驾有功,下诏一切不予追究。辛亥(十八日),命曹操兼任司隶校尉、主持尚书事务。于是曹操诛杀尚书冯硕等三人,处罚他们犯下的罪过;封卫将军董承等十三人为列侯,奖赏他们护驾有功;追赠射声校尉沮儁为弘农太守,哀怜他为国而死。

曹操请董昭与自己坐在一起,问他:"现在我已到洛阳,下一步应当怎么办?"董昭说:"将军兴起义兵,讨伐暴乱,入京朝见天子,辅佐王室,这是春秋时期五霸的功业。现在洛阳的各位将领,都有自己的打算,未必听从将军的指挥,如今留在洛阳控制朝政,有许多不利因素,只有请天子移驾到许县这个办法最好。但是天子在外流离多时,刚回到旧都城,远近都盼望迅速获得安定,如今再要移驾,是不符合民心的。不过,只有做不同寻常的事情,才能建立不同寻常的功业,希望将军做出利多弊少的选择。"曹操说:"我本来的计划就是这样的。只是杨奉近在梁县,听说他兵强马壮,会不会阻挠我呢?"董昭说:"杨奉孤立无援,所以他愿与将军结交。任命您为镇东将军,封费亭侯的事情,都是杨奉的主意,应该及时派遣使者带去重礼表示感谢,使他安心。并告诉他说'洛阳无粮,

欲车驾暂幸鲁阳,鲁阳近许,转运稍易,可无县乏之忧'。奉为人勇而寡虑,必不见疑,比使往来,足以定计,奉何能为累!"操曰:"善!"即遣使诣奉。庚申,车驾出镮辕而东,遂迁都许。己巳,幸曹操营,以操为大将军,封武平侯。始立宗庙社稷于许。

9 孙策将取会稽。吴人严白虎等众各万馀人,处处屯聚,诸将欲先击白虎等。策曰:"白虎等群盗,非有大志,此成禽耳。"遂引兵渡浙江。会稽功曹虞翻说太守王朗曰:"策善用兵,不如避之。"朗不从。发兵拒策于固陵。

策数渡水战,不能克。策叔父静说策曰:"朗负阻城守,难可卒拔。查渎南去此数十里,宜从彼据其内,所谓攻其无备,出其不意者也。"策从之,夜,多然火为疑兵,分军投查渎道,袭高迁屯。朗大惊,遣故丹阳太守周昕等帅兵逆战,策破昕等,斩之。朗遁走,虞翻追随营护朗,浮海至东冶,策追击,大破之,朗乃诣策降。

策自领会稽太守,复命虞翻为功曹,待以交友之礼。策好游猎,翻谏曰:"明府喜轻出微行,从官不暇严,吏卒常苦之。夫君人者不重则不威,故白龙鱼服,困于豫且;白蛇自放,刘季害之。愿少留意!"策曰:"君言是也。"然不能改。

10 九月,司徒淳于嘉、太尉杨彪、司空张喜皆罢。
11 车驾之东迁也,杨奉自梁欲邀之,不及。冬,十月,曹操征奉,奉南奔袁术,遂攻其梁屯,拔之。

想让献帝暂时移驾鲁阳,鲁阳靠近许县,运输较为便利,可以免去粮食匮乏的忧虑'。杨奉这个人有勇无谋,一定不会疑心,在使者往来期间,足以定下大计,杨奉怎能进行阻挠!"曹操说:"很好!"立即派使者去晋见杨奉。庚申(二十七日),献帝车驾出辕辕关向东行进。于是迁都于许县,改称许县为许都。己巳,献帝抵达曹操军营,任命曹操为大将军,封武平侯。开始在许都建立宗庙与社稷。

9 孙策打算攻取会稽郡。这时,吴郡人严白虎等各有部众万馀人,在各处建有许多堡塞,诸将领想先攻击严白虎等。孙策说:"严白虎等人不过是一群强盗,没有大志,他们容易对付。"于是率军渡过浙江。会稽功曹虞翻劝太守王朗说:"孙策善于用兵,不如先躲避一下他的锐气。"王朗不听。发兵据守固陵,抵抗孙策。

孙策几次渡水作战,都未能取胜。他的叔父孙静对他说:"王朗据守坚城,很难一下攻破。从这里向南数十里是查渎,应从那里进入王朗的后方,这正是兵法上讲的攻其无备,出其不意。"孙策采纳这个建议,夜里,到处点燃火把作为疑兵,然后派出一支部队从查渎道进袭高迁屯。王朗知道后,大吃一惊,派前丹阳郡太守周昕等率军迎击,孙策打败周昕等人,斩周昕。王朗逃走,虞翻追随进行掩护,乘船过海逃到东冶,孙策追击他们,大破王朗所率的残部,王朗只好向孙策投降。

孙策自己兼任会稽郡太守,仍委任虞翻为功曹,用朋友的礼节对待他。孙策喜欢外出打猎,虞翻劝阻他说:"您喜欢轻装便服出行,随从官员来不及准备,兵士们也深以为苦。身为长官,如不够稳重,就不容易树立权威,所以传说中的白龙,一旦变为鱼,平常的渔夫豫且就可射它;而白蛇到处游荡,终于被汉高祖刘邦杀死。请您稍加留心!"孙策说:"你说得对。"但他仍不能改正。

10 九月,司徒淳于嘉、太尉杨彪、司空张喜都被免职。

11 曹操护送献帝从洛阳向东迁到许县时,杨奉从梁县出兵想要阻拦,但已来不及。冬季,十月,曹操出兵征讨杨奉,杨奉向南投奔袁术,曹操攻陷了杨奉在梁县的营寨。

12　诏书下袁绍,责以"地广兵多,而专自树党,不闻勤王之师,但擅相讨伐"。绍上书深自陈诉。戊辰,以绍为太尉,封邺侯。绍耻班在曹操下,怒曰:"曹操当死数矣,我辄救存之,今乃挟天子以令我乎!"表辞不受。操惧,请以大将军让绍。丙戌,以操为司空,行车骑将军事。

操以荀彧为侍中,守尚书令。操问彧以策谋之士,彧荐其从子蜀郡太守攸及颍川郭嘉。操征攸为尚书,与语,大悦,曰:"公达,非常人也。吾得与之计事,天下当何忧哉!"以为军师。

初,郭嘉往见袁绍,绍甚敬礼之,居数十日,谓绍谋臣辛评、郭图曰:"夫智者审于量主,故百全而功名可立。袁公徒欲效周公之下士,而不知用人之机,多端寡要,好谋无决,欲与共济天下大难,定霸王之业,难矣。吾将更举而求主,子盍去乎!"二人曰:"袁氏有恩德于天下,人多归之,且今最强,去将何之!"嘉知其不寤,不复言,遂去之。操召见,与论天下事,喜曰:"使孤成大业者,必此人也!"嘉出,亦喜曰:"真吾主也!"操表嘉为司空祭酒。

操以山阳满宠为许令,操从弟洪,有宾客在许界数犯法,宠收治之,洪书报宠,宠不听。洪以白操,操召许主者,宠知将欲原客,乃速杀之。操喜曰:"当事不当尔邪!"

13　北海太守孔融,负其高气,志在靖难,而才疏意广,讫无成功。高谈清教,盈溢官曹,辞气清雅,可玩而诵,论事考实,难可悉行。但能张磔网罗,而目理甚疏,造次能得人心,久久亦不愿附也。其所任用,好奇取异,多剽轻小才。

12　献帝下诏给袁绍,责备他"地广兵多,但专门结党营私,没听说勤王救驾的军队出动,只是擅自互相讨伐"。袁绍上书,深自谴责和辩解。戊辰,任命袁绍为太尉,封邺侯。袁绍耻于自己的官位在曹操之下,大发雷霆,说:"曹操几次要死了,都是我救了他,现在他竟挟持天子对我来发号施令!"上书辞让,拒绝接受。曹操感到害怕,请求把自己担任的大将军一职授予袁绍。丙戌,任命曹操为司空,代行车骑将军职务。

曹操委任荀彧为侍中,代理尚书令。曹操请荀彧推荐出谋划策之士,荀彧推荐自己的侄子、蜀郡太守荀攸和颍川人郭嘉。曹操征召荀攸为尚书,和他谈话后,大为高兴,说:"荀攸不是寻常之人。我能与他商议大事,天下还有什么可忧虑的!"任用荀攸为军师。

起初,郭嘉去见袁绍,袁绍对他十分礼敬。郭嘉住了几十天,对袁绍的谋臣辛评、郭图说:"有智之士要审慎地选择主人,才能保全自己,建立功业。袁绍只想仿效周公姬旦礼贤下士,却不懂得用人的方法,事务繁杂,却缺少重点,喜欢谋略,但又优柔寡断,要与他共同拯救天下的大难,建立霸王之业,太困难了。我将另投明主,你们何不离去呢?"辛评、郭图说:"袁氏家族对天下有恩德,人们多来归附,而且现在他的势力最强,离开他还能去投奔谁?"郭嘉知道他们执迷不悟,便不再说,于是离去。曹操召见郭嘉,与他谈论天下大事,高兴地说:"使我成就大业的,一定就是此人!"郭嘉出来后,也高兴地说:"这真是我的主人!"曹操上表推荐郭嘉为司空祭酒。

曹操委任山阳人满宠为许都行政长官。曹操堂弟曹洪门下的宾客在许都境内屡次犯法,满宠逮捕宾客进行审讯。曹洪写信向满宠求情,满宠不理。曹洪报告了曹操,于是曹操召见许都的主要官员。满宠知道将要教他释放宾客,便将宾客立即处死。曹操高兴地说:"负责的官员,难道不该这样做吗!"

13　北海郡太守孔融,以才气出众自负,立志平定祸乱,但他志大才疏,一直没有成效。他高谈阔论,训诫官属,谈吐优雅,可使人玩味传诵,但把他的议论具体实施,却很难全行得通。他只会大言不惭,却又漏洞百出,他一时可得人心,但久而久之,人们便不愿再依附。他所任用的官员,好标新立异,多数是耍小聪明的轻浮之人。

至于尊事名儒郑玄,执子孙礼,易其乡名曰郑公乡,及清俊之士左承祖、刘义逊等,皆备在座席而已,不与论政事,曰:"此民望,不可失也!"

黄巾来寇,融战败,走保都昌。时袁、曹、公孙首尾相连,融兵弱粮寡,孤立一隅,不与相通。左承祖劝融宜自托强国,融不听而杀之,刘义逊弃去。青州刺史袁谭攻融,自春至夏,战士所馀才数百人,流矢交集,而融犹隐几读书,谈笑自若。城夜陷,乃奔东山,妻子为谭所虏。曹操与融有旧,征为将作大匠。

袁谭初至青州,其土自河而西,不过平原。谭北排田楷,东破孔融,威惠甚著。其后信任群小,肆志奢淫,声望遂衰。

14 中平以来,天下乱离,民弃农业,诸军并起,率乏粮谷,无终岁之计,饥则寇掠,饱则弃馀,瓦解流离,无敌自破者,不可胜数。袁绍在河北,军人仰食桑椹,袁术在江淮,取给蒲嬴,民多相食,州里萧条。羽林监枣祗请建置屯田,曹操从之,以祗为屯田都尉,以骑都尉任峻为典农中郎将。募民屯田许下,得谷百万斛。于是州郡例置田官,所在积谷,仓廪皆满。故操征伐四方,无运粮之劳,遂能兼并群雄。军国之饶,起于祗而成于峻。

15 袁术畏吕布为己害,乃为子求婚,布复许之。术遣将纪灵等步骑三万攻刘备,备求救于布。诸将谓布曰:"将军常欲杀刘备,今可假手于术。"布曰:"不然。术若破备,则北连泰山诸将,吾为在术围中,不得不救也。"便率步骑千馀驰往赴之。

孔融尊奉大儒郑玄,以子孙之礼对待郑玄,把郑玄所居住的乡改名为郑公乡,对其他有名望的清俊之士左承祖、刘义逊等,全都只当作宾客奉陪在座而已,不与他们讨论国家政事,他说:"这是人民尊敬的人物,不能失去他们!"

黄巾军来进攻北海郡,孔融战败,退守都昌。当时,袁绍、曹操、公孙瓒等的势力范围相互连接,孔融兵力薄弱,粮草不足,孤立在一个角落,与他们不相来往。左承祖劝孔融应自己选择一个较大的势力作为依靠,孔融没有听从,反而将他杀死,刘义逊因此背弃孔融,离开北海郡。青州刺史袁谭进攻孔融,从春到夏,孔融部下只剩数百名战士,乱箭四飞,孔融却还靠在案几上读书,谈笑自若。都昌城在夜里被攻破,孔融这才逃往东山,他的妻子儿女都被袁谭俘虏。曹操与孔融是老友,就征召他到朝廷担任将作大匠。

袁谭刚到青州时,在黄河以西的疆界,不超过平原县。他向北攻击公孙瓒委任的青州刺史田楷,向东又攻破北海郡太守孔融,他的威望和惠政十分突出。但他后来信任一些奸佞小人,纵欲肆志,骄奢淫逸,声望便衰落了。

14　汉灵帝中平年间以来,天下混乱分裂,百姓无法从事农业生产,各地纷纷组织军队,但都缺乏粮草,没有一年的储备,饥饿时就抢掠,吃饱后就扔掉剩下的粮食,军队分崩离析,未受攻击就自行瓦解的,数不胜数。袁绍在河北,军士靠吃桑椹度日;袁术在长江、淮河之间,以蛤蚌为食,很多百姓互相残杀,用人肉充饥,各地都是一片萧条景象。羽林监枣祗请求建立屯田制度,曹操采纳了他的建议,委任枣祗为屯田都尉,委任骑都尉任峻为典农中郎将。招募百姓在许都周围屯田,收获谷物一百万斛。于是州、郡照此成例设置主管屯田的官员,各地存粮都装满了仓库。所以曹操出兵征战四方,不用长途运输粮食,便能兼并各地方割据势力。军队与国家的富裕,是由枣祗创业,而由任峻完成的。

15　袁术害怕吕布危害自己,就为儿子向吕布女儿求婚,吕布答应了。袁术派遣部将纪灵等率领步、骑兵三万进攻刘备,刘备向吕布求救。吕布属下的将领们对吕布说:"将军一直想杀刘备,这次可以借袁术的手来实现。"吕布说:"不然。袁术如果击溃刘备,就可以向北联络臧霸等泰山诸将领,我就将陷入袁术的包围之中,因此不能不救刘备。"吕布便率领步、骑兵一千馀人急速赶赴刘备处。

灵等闻布至，皆敛兵而止。布屯沛城西南，遣铃下请灵等，灵等亦请布，布往就之，与备共饮食。布谓灵等曰："玄德，布弟也，为诸君所困，故来救之。布性不喜合斗，喜解斗耳。"乃令军候植戟于营门，布弯弓顾曰："诸君观布射戟小支，中者当各解兵，不中可留决斗。"布即一发，正中戟支。灵等皆惊，言："将军天威也！"明日复欢会，然后各罢。

备合兵得万馀人，布恶之，自出兵攻备。备败走，归曹操，操厚遇之，以为豫州牧。或谓操曰："备有英雄之志，今不早图，后必为患。"操以问郭嘉，嘉曰："有是。然公起义兵，为百姓除暴，推诚杖信以招俊杰，犹惧其未也。今备有英雄名，以穷归己而害之，是以害贤为名也。如此，则智士将自疑，回心择主，公谁与定天下乎！夫除一人之患以沮四海之望，安危之机也，不可不察。"操笑曰："君得之矣！"遂益其兵，给粮食，使东至沛，收散兵以图吕布。

初，备在豫州，举陈郡袁涣为茂才。涣为吕布所留，布欲使涣作书骂辱备，涣不可，再三强之，不许。布大怒，以兵胁涣曰："为之则生，不为则死！"涣颜色不变，笑而应之曰："涣闻唯德可以辱人，不闻以骂！使彼固君子邪，且不耻将军之言。彼诚小人邪，将复将军之意，则辱在此不在于彼。且涣他日之事刘将军，犹今日之事将军也，如一旦去此，复骂将军，可乎？"布惭而止。

纪灵等听说吕布前来，都收兵回营，停止攻战。吕布驻军沛城西南，派遣侍卫去请纪灵等人，纪灵等也派人来请吕布，吕布就前往纪灵营中，设下宴席，邀请刘备一起参加。吕布对纪灵等人说："刘玄德是我的弟弟，被你们围困，所以我来救他。我性格不喜欢战斗，只喜欢解斗。"于是命令军官把铁戟竖立在营门，吕布拉满了弓，对旁观的人说："你们看我射戟头旁边的戟支，如果射中，你们就各自罢兵，如果不中，你们可以留下厮杀。"吕布随即射了一箭，正中戟支。纪灵等全都大吃一惊，说："将军真是天赋神威！"第二天，又设酒欢宴，然后各自班师。

　　刘备集合起一万馀人的部队，吕布认为受到了威胁，就亲自出兵攻打刘备。刘备败走，投奔曹操。曹操对他的待遇十分优厚，又让朝廷任命他为豫州牧。有人对曹操说："刘备有英雄大志，如今不趁早除掉他，必然会有后患。"曹操为此征询郭嘉的意见，郭嘉说："这种说法是对的。但是，您兴起义兵，为百姓除暴，诚心诚意地招募天下英雄豪杰，还唯恐他们不来。如今刘备有英雄之名，因走投无路前来投靠，而您却杀掉他，这将会使您得到谋害贤才的恶名。果真如此，才智之士将人人自危，回心转意，另选主人，您还去和谁一起平定天下！因除去一个人的祸患而失去天下人的期望，这是关系今后安危的关键，您不可不仔细考虑。"曹操笑着说："你分析得很对！"于是加拨给刘备一些军队，供应粮草，让他往东到沛县一带，集合被击溃的残部，与吕布对抗。

　　起初，刘备在豫州，曾推举陈郡人袁涣为茂才。袁涣被吕布扣留，吕布想要袁涣写一封信辱骂刘备，袁涣不答应，吕布再三强迫，仍被袁涣拒绝。吕布大怒，用剑威胁袁涣说："你写这封信，就可以活，不写就得死！"袁涣面色不改，笑着回答说："我听说只有道德可以使人感到羞耻，没听说用诟骂可以达到这个目的。假如刘备是个君子，他不会以将军的诟骂为耻，假如他真是小人，就将回骂将军，则受到羞辱的是将军，而不是他。而且，我当初跟随刘备，犹如今天跟随将军，如果有一天我离开这里，再为别人写信骂将军，难道可以吗？"吕布感到惭愧，于是作罢。

16　张济自关中引兵入荆州界,攻穰城,为流矢所中死。荆州官属皆贺,刘表曰:"济以穷来,主人无礼,至于交锋,此非牧意,牧受吊,不受贺也。"使人纳其众,众闻之喜,皆归心焉。济族子建忠将军绣代领其众,屯宛。

初,帝既出长安,宣威将军贾诩上还印绶,往依段煨于华阴。诩素知名,为煨军所望,煨礼奉甚备。诩潜谋归张绣,或曰:"煨待君厚矣,君去安之!"诩曰:"煨性多疑,有忌诩意,礼虽厚,不可恃久,将为所图。我去必喜,又望吾结大援于外,必厚吾妻子。绣无谋主,亦愿得诩:则家与身必俱全矣。"诩遂往,绣执子孙礼,煨果善视其家。诩说绣附于刘表,绣从之。诩往见表,表以客礼待之。诩曰:"表,平世三公才也,不见事变,多疑无决,无能为也!"

刘表爱民养士,从容自保,境内无事,关西、兖、豫学士归之者以千数。表乃起立学校,讲明经术,命故雅乐郎河南杜夔作雅乐。乐备,表欲庭观之。夔曰:"今将军号不为天子,合乐而庭作之,无乃不可乎!"表乃止。

平原祢衡,少有才辩,而尚气刚傲,孔融荐之于曹操。衡骂辱操,操怒,谓融曰:"祢衡竖子,孤杀之,犹雀鼠耳!顾此人素有虚名,远近将谓孤不能容之。"乃送与刘表,表延礼以为上宾。衡称表之美盈口,而好讥贬其左右,于是左右因形而谮之曰:"衡称将军之仁,西伯不过也,唯以为不能断,终不济者,

16　张济从关中率军进入荆州地界,攻穰城,被流箭射中而死。荆州官员都向荆州牧刘表祝贺。刘表说:"张济因穷途潦倒而来,我作为主人,未尽到礼节,竟导致双方交锋,这并非我的本意。我只接受哀悼,不接受祝贺。"他派人去收容张济的部队,张济部下知道后大喜,全都诚心归附。张济的族侄、建忠将军张绣接管部队,驻守宛城。

　　起初,献帝离开长安后,宣威将军贾诩就交回印绶,到华阴去投靠段煨。贾诩素有名望,段煨军中将士都很仰慕他,段煨对他礼遇十分周到。贾诩暗中策划投奔张绣,有人对他说:"段煨待您这么优厚,您还要到哪里去?"贾诩说:"段煨性情多疑,有嫉妒我的意思,虽然现在礼遇周到,但不能长久依赖,将来会有杀身之祸。我离开后,他一定很高兴,又希望我在外给他争取强援,必然会优待我的妻子儿女。张绣军中没有谋士,也愿意得到我,这样,我与家眷就都可以保全了。"贾诩就去张绣军中,张绣对他十分敬重,以晚辈自居,段煨也果然对贾诩的家眷十分优待。贾诩劝说张绣依附刘表,张绣同意。贾诩去见刘表,刘表用宾客的礼节招待他。贾诩与刘表接触后,说:"刘表在天下太平时,是担任三公的人才。但他看不清乱世的变化,又为人多疑,缺乏决断,不会有所作为!"

　　刘表在荆州爱护百姓,优待士大夫,只求和平自保,境内安宁无事,百姓生活安定。函谷关以西、兖州、豫州的学者来投奔刘表的数以千计。于是刘表建立学府,讲授儒家经典。他命令前任宫廷雅乐郎、河南人杜夔制作雅乐。制作完毕后,刘表准备召集文武官员,让杜夔当众演奏。杜夔说:"如今将军名号并不是天子,却召集众人公开演奏雅乐,岂不是不太合适!"刘表于是打消此意。

　　平原人祢衡自幼有才华,能言善辩,但盛气凌人,刚愎骄傲,孔融把他推荐给曹操。祢衡辱骂曹操,曹操大怒,对孔融说:"祢衡这个小子,我要杀他,不过像宰一只麻雀或老鼠一样。只是想到此人一向有虚名,杀了他,远近之人会觉得我没有容人之量。"于是把祢衡送到荆州,交给刘表,刘表对祢衡礼节周到,把他当作上宾。祢衡满口赞美刘表,但却爱讥讽刘表左右的亲信。于是,刘表的亲信就利用机会诬陷祢衡:"祢衡称颂将军仁义爱人,可以与周文王相比,但又认为将军临事不能决断,而最终的失败,

必由此也。"其言实指表短,而非衡所言也。表由是怒,以江夏太守黄祖性急,送衡与之,祖亦善待焉。后衡众辱祖,祖杀之。

二年(丁丑,197)

1　春,正月,曹操讨张绣,军于淯水,绣举众降。操纳张济之妻,绣恨之。又以金与绣骁将胡车儿,绣闻而疑惧,袭击操军,杀操长子昂。操中流矢,败走,校尉典韦与绣力战,左右死伤略尽,韦被数十创。绣兵前搏之,韦双挟两人击杀之,瞋目大骂而死。操收散兵,还住舞阴。绣率骑来追,操击破之,绣走还穰,复与刘表合。

是时,诸军大乱,平虏校尉泰山于禁独整众而还,道逢青州兵劫掠人,禁数其罪而击之。青州兵走,诣操。禁既至,先立营垒,不时谒操。或谓禁:"青州兵已诉君矣,宜促诣公辨之。"禁曰:"今贼在后,追至无时,不先为备,何以待敌!且公聪明,谮诉何缘得行!"徐凿堑安营讫,乃入谒,具陈其状。操悦,谓禁曰:"淯水之难,吾犹狼狈,将军在乱能整,讨暴坚垒,有不可动之节,虽古名将,何以加之!"于是录禁前后功,封益寿亭侯。操引军还许。

2　袁绍与操书,辞语骄慢。操谓荀彧、郭嘉曰:"今将讨不义而力不敌,何如?"对曰:"刘、项之不敌,公所知也。汉祖惟智胜项羽,故羽虽强,终为所禽。今绍有十败,公有十胜,绍虽强,无能为也。绍繁礼多仪,公体任自然,此道胜也。绍以逆动,

必定是由于这个原因。"这话实际上指出了刘表的缺点,但却不是祢衡说的。刘表因此大怒,知道江夏郡太守黄祖性情暴躁,就把祢衡送到江夏,黄祖对祢衡也很优待。但后来祢衡当众辱骂黄祖,黄祖将他杀死。

汉献帝建安二年(丁丑,公元197年)

1 春季,正月,曹操率军讨伐张绣,驻在淯水,张绣率部众投降曹操。曹操收纳张绣族叔张济的遗孀为姬妾,张绣对此大为恼恨。曹操又送金银给张绣部下的骁将胡车儿,张绣得知后,疑惑不安,便袭击曹军,杀死曹操的长子曹昂,曹操被流箭射中,狼狈败逃,校尉典韦同张绣奋力交战,左右的卫士死伤将尽,他身上受伤数十处。张绣部下冲上前来,他双手抓住两个敌人奋力击杀,最后,瞪起眼睛大骂张绣而死。曹操收集残部,退回舞阴驻守。张绣率领骑兵前来追击,被曹操击败,张绣退回穰县,再度与刘表联合。

这时,曹操部下诸军一片混乱,只有平虏校尉、泰山人于禁约束部下,有秩序地向后撤回,路上见到曹操属下的青州军在抢掠百姓,便上前数说他们的罪状,并派兵进行攻击。青州兵逃走,去向曹操告状。于禁到达以后,先安营扎寨,没有立即去拜见曹操。有人对于禁说:"青州兵已经先去告您的状了,您应该快去向曹公解释。"于禁说:"如今敌人就在后面,随时都会追到,不先做好准备,怎么迎敌!而且曹公英明,谗毁攻讦怎么能行得通呢!"于是从容地挖好壕沟,安好营寨后,才进入拜见曹操,报告全部情况。曹操很高兴,对于禁说:"淯水之败,连我也狼狈不堪,将军在混乱中能整顿好自己的队伍,讨平暴乱,巩固营垒,有不可动摇的气节,即使是古代名将,也不会比你更好!"于是累计于禁的前后战功,封为益寿亭侯。曹操率军返回许都。

2 袁绍在给曹操的信中,措辞十分傲慢。曹操对荀彧、郭嘉说:"现在,我准备讨伐背逆君臣大义的袁绍,但在实力上不是他的对手,应该怎么办?"他们回答说:"刘邦的势力比不上项羽,是您所知道的,刘邦只靠谋略战胜项羽,所以项羽虽强,最终仍被击败。如今,袁绍有十项失败因素,而您有十项胜利因素,袁绍虽然强大,却不会有什么作为。袁绍讲究排场,礼仪繁多,而您待人接物出于自然,这是在处世之道上胜过他。袁绍身为臣子,如果起兵进攻,便是叛逆,

公奉顺以率天下，此义胜也。桓、灵以来，政失于宽，绍以宽济宽，故不摄，公纠之以猛，上下知制，此治胜也。绍外宽内忌，用人而疑之，所任唯亲戚子弟，公外易简而内机明，用人无疑，唯才所宜，不间远近，此度胜也。绍多谋少决，失在后事，公得策辄行，应变无穷，此谋胜也。绍高议揖让以收名誉，士之好言饰外者多归之，公以至心待人，不为虚美，士之忠正远见而有实者皆愿为用，此德胜也。绍见人饥寒，恤念之，形于颜色，其所不见，虑或不及，公于目前小事，时有所忽，至于大事，与四海接，恩之所加，皆过其望，虽所不见，虑无不周，此仁胜也。绍大臣争权，谗言惑乱，公御下以道，浸润不行，此明胜也。绍是非不可知，公所是进之以礼，所不是正之以法，此文胜也。绍好为虚势，不知兵要，公以少克众，用兵如神，军人恃之，敌人畏之，此武胜也。"操笑曰："如卿所言，孤何德以堪之！"嘉又曰："绍方北击公孙瓒，可因其远征，东取吕布。若绍为寇，布为之援，此深害也。"或曰："不先取吕布，河北未易图也。"操曰："然，吾所惑者，又恐绍侵扰关中，西乱羌、胡，南诱蜀、汉，是我独以兖、豫抗天下六分之五也，为将奈何？"或曰："关中将帅以十数，莫能相一，唯韩遂、马腾最强，彼见山东方争，必各拥众自保，今若抚以恩德，遣使连和，虽不能久安，比公安定山东，足以不动。侍中、尚书仆射钟繇有智谋，若属以西事，公无忧矣。"操乃表繇以侍中守司隶校尉，持节督关中诸军，特使不拘科制。繇至长安，移书腾、遂等，为陈祸福，腾、遂各遣子入侍。

而您尊奉天子以统率天下,这是在道义上胜过他。自从桓帝、灵帝以来,政令失于松弛,袁绍却用松弛来补救松弛,因此缺乏法纪,令出不行;而您用严厉来纠正松弛,使得大小官员都知道遵守法纪,这是在治理上胜过他。袁绍外表宽厚而内心猜忌,用人好起疑心,只信任亲戚子弟;而您外表平易近人,内心机敏善察,用人不疑,只看才干,不问远近亲疏,这是在器度上胜过他。袁绍计谋多而决断少,往往错过时机;而您制定了策略就立即施行,可应付无穷的变化,这是在谋略上胜过他。袁绍喜欢高谈阔论,谦恭揖让,以沽名钓誉,因此,那些华而不实的士大夫多去投奔他;而您以至诚待人,不虚情假义,忠诚正直、有远见和真才实学之士都愿为您效力,这是在品德上胜过他。袁绍看到他人饥寒交迫,怜悯之情便在面色上显露出来,但对没有看到的,就有时考虑不周;而您对于眼前的小事,经常忽略不管,但对于大事,以及与全国各地的交往,您所施的恩惠却往往出人意外,对于看不到的事情,也考虑得无不十分周全,这是在仁义上胜过他。袁绍手下的大臣争权夺利,互进谗言,混淆视听;而您管理属下有方,谗言诬陷行不通,这是在明智上胜过他。袁绍做事没有标准,所是所非不可知;而您对正直、有功的人礼敬,对邪恶、犯罪的人以法律制裁,这是在文治上胜过他。袁绍喜欢虚张声势,而不知兵家要诀;而您善于以弱胜强,用兵如神,部下信赖,敌人畏惧,这是在武功上胜过他。"曹操笑道:"照你们的分析,我怎么担当得起!"郭嘉又说:"袁绍正在北方攻击公孙瓒,可乘他远征之机,先向东收拾吕布。如果袁绍攻我,吕布在旁支援,就会成为大害。"荀彧说:"不先击败吕布,我们就不容易攻击占据河北的袁绍。"曹操说:"你们分析得对。我感到为难的是,又怕袁绍扰乱关中,向西联合羌人、胡人,向南勾结蜀、汉地方势力,那样的话,则我将仅以兖州、豫州来对抗全国其馀的六分之五地区,又该怎么办呢?"荀彧说:"关中将领数以十计,各自为政,不能统一,其中韩遂、马腾势力最强,他们看到山东地区发生争斗,必然各自拥兵自保,如今,要是用恩德去安抚他们,派使者去与他们连和,虽然不会长久安定,但足以维持到您克定山东。侍中、尚书仆射钟繇有智谋,如果让他处理关中事务,您就不必忧虑了。"曹操于是上表推荐,并由朝廷批准,命钟繇以侍中兼任司隶校尉,持符节监督关中地区诸军,还授予他不受法令制度约束的特权。钟繇到达长安后,发送文书给马腾、韩遂等,为他们分析利害,马腾、韩遂等都表示服从朝廷,各自派遣儿子到朝廷任职,充当人质。

3　袁术称帝于寿春,自称仲家,以九江太守为淮南尹,置公卿百官,郊祀天地。沛相陈珪,球弟子也,少与术游。术以书召珪,又劫质其子,期必致珪。珪答书曰:"曹将军兴复典刑,将拨平凶慝,以为足下当戮力同心,匡翼汉室;而阴谋不轨,以身试祸,欲吾营私阿附,有死不能也。"术欲以故兖州刺史金尚为太尉,尚不许而逃去,术杀之。

4　三月,诏将作大匠孔融持节拜袁绍大将军,兼督冀、青、幽、并四州。

5　夏,五月,蝗。

6　袁术遣使者韩胤以称帝事告吕布,因求迎妇,布遣女随之。陈珪恐徐、扬合从,为难未已,往说布曰:"曹公奉迎天子,辅赞国政,将军宜与协同策谋,共存大计。今与袁术结昏,必受不义之名,将有累卵之危矣!"布亦怨术初不己受也,女已在途,乃追还绝昏,械送韩胤,枭首许市。

陈珪欲使子登诣曹操,布固不肯。会诏以布为左将军,操复遗布手书,深加慰纳。布大喜,即遣登奉章谢恩,并答操书。登见操,因陈布勇而无谋,轻于去就,宜早图之。操曰:"布狼子野心,诚难久养,非卿莫究其情伪。"即增珪秩中二千石,拜登广陵太守。临别,操执登手曰:"东方之事,便以相付。"令阴合部众以为内应。

始,布因登求徐州牧不得,登还,布怒,拔戟斫几曰:"卿父劝吾协同曹操,绝婚公路;今吾所求无获,而卿父子并显重,但为卿所卖耳!"登不为动容,徐对之曰:"登见曹公言:'养将军譬如养虎,当饱其肉,不饱则将噬人。'公曰:'不如卿言。譬如养鹰,

3　袁术在寿春登极做皇帝,自称"仲家",改九江郡太守为淮南尹,作为京都最高行政长官,设置公卿百官,到郊外祭祀天地。沛国相陈珪是陈球的侄子,从小与袁术是朋友。袁术用文书征召陈珪,又劫持陈珪的儿子做人质,以求一定能召来陈珪。陈珪回信说:"曹将军重振朝廷权威,将扫平叛逆,我以为您也会同心协力,辅佐汉家王室。然而您却阴谋不轨,以身试祸,还想要我因私废公,阿附于您,我宁死不从。"袁术打算委任前任兖州刺史金尚为太尉,金尚拒绝后逃走,袁术将他杀死。

4　三月,献帝下诏,派将作大匠孔融持符节到邺城,任命袁绍为大将军,兼管冀州、青州、幽州、并州四州的军务。

5　夏季,五月,发生蝗灾。

6　袁术派遣使者韩胤把自己称帝的事告诉吕布,并乘此机会要求为袁术的儿子迎娶吕布的女儿,吕布让女儿随韩胤回寿春。陈珪担心徐州与扬州联合在一起,祸难更难平定,就去劝说吕布:"曹操奉迎天子,辅佐朝政,将军应该与他同心协力,共商大计。如今要是与袁术缔结婚姻,必然招来不义的名声,将会有危如累卵的处境。"吕布也想起袁术当初不肯接纳自己的旧怨,女儿已随韩胤上路,吕布便将她追回来,拒绝了婚事,并将韩胤戴上刑具,送往许都,韩胤在街市上处斩,他的人头被挂起来示众。

陈珪想让儿子陈登去晋见曹操,吕布坚决不同意。正在这时,献帝下诏任命吕布为左将军,曹操又亲自写信给吕布,对他大加慰勉和拉拢。吕布大喜,立即派陈登带上谢恩的奏章和答复曹操的信,前往京师。陈登见到曹操,指出吕布有勇无谋,反复无常,应该尽早对他下手。曹操说:"吕布狼子野心,确实难以长期蓄养,除了你,没有人能够洞察他的虚伪。"随即将陈珪的官秩升至中二千石,并任命陈登为广陵郡太守。临别之时,曹操握着陈登的手说:"东方的事情,就委托给你了。"命令他暗中联络部众,作为内应。

当初,吕布曾要陈登请求朝廷任命自己为徐州牧,这一请求遭到拒绝,陈登返回后,吕布大怒,拔出戟来,猛砍桌案,喊道:"你父亲劝我与曹操联合,拒绝袁术家的婚事,如今我的要求被拒绝,而你们父子却加官封爵,只是我被你出卖罢了!"陈登不动声色,慢慢地回答:"我见到曹操,对他说:'养将军就好像是养虎,必须让他吃饱肉,否则就会吃人。'曹操却说:'你说得不对,实际是与养鹰一样,

饥即为用，饱则飏去。'其言如此。"布意乃解。

袁术遣其大将张勋、桥蕤等与韩暹、杨奉连势，步骑数万趣下邳，七道攻布。布时有兵三千，马四百匹，惧其不敌，谓陈珪曰："今致术军，卿之由也，为之奈何？"珪曰："暹、奉与术，卒合之师耳，谋无素定，不能相维，子登策之，比于连鸡，势不俱栖，立可离也。"布用珪策，与暹、奉书曰："二将军亲拔大驾，而布手杀董卓，俱立功名，今奈何与袁术同为贼乎！不如相与并力破术，为国除害。"且许悉以术军资与之。暹、奉大喜，即回计从布。布进军，去勋营百步，暹、奉兵同时叫呼，并到勋营，勋等散走，布兵追击，斩其将十人首，所杀伤堕水死者殆尽。布因与暹、奉合军向寿春，水陆并进，到钟离，所过虏掠，还渡淮北，留书辱术。术自将步骑五千扬兵淮上，布骑皆于水北大哈笑之而还。

泰山贼帅臧霸袭琅邪相萧建于莒，破之。霸得建资实，许以赂布而未送，布自往求之。其督将高顺谏曰："将军威名宣播，远近所畏，何求不得，而自行求赂！万一不克，岂不损邪！"布不从。既至莒，霸等不测往意，固守拒之，无获而还。

顺为人清白有威严，少言辞，所将七百馀兵，号令整齐，每战必克，名"陷陈营"。布后疏顺，以魏续有内外之亲，夺其兵以与续，及当攻战，则复令顺将，顺亦终无恨意。布性决易，所为无常，顺每谏曰："将军举动，不肯详思，忽有失得，动辄言误，误岂可数乎！"布知其忠而不能从。

只有让他饿着,才服从命令,如果让他吃饱,就会展翅高飞,无处寻觅。'曹操就是这样讲的。"吕布的怒气才平息下来。

袁术派遣大将张勋、桥蕤等与韩暹、杨奉联合,共有步、骑兵数万人,直逼下邳,分七路进攻吕布。吕布当时有步兵三千,战马四百匹,恐怕抵挡不住,就对陈珪说:"今天把袁术的大军给招惹来,是由于你的缘故,现在应该怎么办?"陈珪说:"韩暹、杨奉与袁术只是暂时结合,并不是事先谋划好的,也不能维持长期的团结。我儿子陈登预料,他们就好像几只公鸡,绝不能同时住在一个鸡窝里,很快就会离散。"吕布采用陈珪的计策,写信给韩暹、杨奉说:"二位将军亲自护送天子从关中出来,而我亲自杀死董卓,都为国家立下大功。如今你们怎么能和袁术一起做贼!不如大家合力击破袁术,为国除害。"并且答应将袁术的军用物资以及粮草全部给他们两个。韩暹、杨奉收信后大喜,就改变主意,与吕布联合。吕布大军逼到距张勋营寨百步时,韩暹、杨奉部下同时倒戈,呼喊着一同冲向张勋营中,张勋等四散逃命,吕布军队迫击斩杀袁术十名将领,其馀的或被杀死,或落水淹死,袁术大军几乎全军覆没。吕布乘势与韩暹、杨奉合兵一处前往寿春,水陆并进,到达钟离,一路上烧杀抢掠,又渡过淮河,回到北岸,留下一封辱骂袁术的信。袁术亲自率领步、骑兵五千人,在淮河南岸炫耀武力,吕布的骑兵都在北岸大声嘲笑,然后撤回徐州。

泰山军首领臧霸到莒县去袭击琅邪国相萧建,攻陷莒县。臧霸得到萧建的辎重,答应送给吕布一部分但没有送到,吕布就亲自率军前去索取。吕布的部将高顺劝阻吕布说:"将军威名远扬,远近畏惧,想要什么会要不到,何必自己去索取!万一不顺利,岂不有损您的威名!"吕布不听。吕布到莒县后,臧霸等不知吕布的来意,坚守城池,抵御吕布,吕布空手而归。

高顺为人廉洁,有威望,很少说话,部下有七百馀兵士,号令整齐,每战必胜,号称"陷阵营"。吕布后来疏远高顺,因为魏续是自己的亲戚,就把高顺的部下拨给魏续指挥。等到需要冲锋陷阵时,才又交给高顺率领,但高顺始终没有怨恨。吕布性情不稳定,反复无常,高顺每每劝他说:"将军行动,不肯多加思考,每次失利后,才承认错误,但错误怎么可一再发生呢!"吕布知道他忠于自己,但不能采纳他的意见。

7　曹操遣议郎王诵以诏书拜孙策为骑都尉,袭爵乌程侯,领会稽太守,使与吕布及吴郡太守陈瑀共讨袁术。策欲得将军号以自重,诵便承制假策明汉将军。

策治严,行到钱唐。瑀阴图袭策,潜结祖郎、严白虎等,使为内应。策觉之,遣其将吕范、徐逸攻瑀于海西,瑀败,单骑奔袁绍。

8　初,陈王宠有勇,善弩射。黄巾贼起,宠治兵自守,国人畏之,不敢离叛。国相会稽骆俊素有威恩,是时王侯无复租禄,而数见虏夺,或并日而食,转死沟壑,而陈独富强,邻郡人多归之,有众十馀万。及州郡兵起,宠率众屯阳夏,自称辅汉大将军。袁术求粮于陈,骆俊拒绝之,术忿恚,遣客诈杀俊及宠,陈由是破败。

9　秋,九月,司空曹操东征袁术。术闻操来,弃军走,留其将桥蕤等于蕲阳以拒操。操击破蕤等,皆斩之。术走渡淮,时天旱岁荒,士民冻馁,术由是遂衰。

操辟陈国何夔为掾,问以袁术何如,对曰:“天之所助者顺,人之所助者信。术无信顺之实而望天人之助,其可得乎!”操曰:“为国失贤则亡,君不为术所用,亡,不亦宜乎!”操性严,掾属公事往往加杖,夔常蓄毒药,誓死无辱,是以终不见及。

沛国许褚,勇力绝人,聚少年及宗族数千家,坚壁以御外寇,淮、汝、陈、梁间皆畏惮之,操徇淮、汝,褚以众归操,操曰:“此吾樊哙也!”即日拜都尉,引入宿卫,诸从褚侠客,皆以为虎士焉。

7 曹操派议郎王诵携带献帝诏书任命孙策为骑都尉,承袭父亲孙坚的爵位乌程侯,兼任会稽郡太守,命令孙策与吕布及吴郡太守陈瑀联合起来,共同讨伐袁术。孙策想得到将军的名号,以抬高自己的地位,王诵就以献帝代表的名义,暂且任命他为明汉将军。

孙策准备行装上路,走到了钱唐。吴郡太守陈瑀阴谋袭击孙策,暗中勾结祖郎、严白虎等,让他们做内应。孙策察觉,派遣部将吕范、徐逸到海西去进攻陈瑀,陈瑀战败,单人匹马投奔袁绍。

8 起初,陈王刘宠勇猛过人,善用弓弩。黄巾军起兵后,刘宠征召境内兵士,固守城池,陈国人惧怕他,不敢叛变。陈国的国相、会稽人骆俊一向很有威望,当时,诸封国的王、侯都已不再享有租赋收入,反而不断遭到抢掠,有的两天才能吃上一顿饭,流离在外,死于荒野,只有陈国仍很富强,邻郡的百姓纷纷前去投靠,拥有部众十馀万人。到各州、郡起兵讨伐董卓时,刘宠率军驻阳夏,自称辅汉大将军。袁术向陈国要粮草,被骆俊拒绝,袁术大为生气,派刺客诈降,乘机杀死刘宠和骆俊,陈国从此衰败。

9 秋季,九月,司空曹操东征袁术。袁术听说曹操前来,抛下军队逃跑,留大将桥蕤等据守蕲阳抵抗曹操。曹操大破桥蕤等,将桥蕤等将领全部斩杀。袁术渡过淮河,逃到淮北,当时旱灾很重,土地荒芜,百姓饥寒交迫,袁术从此便没落下去。

曹操延聘陈国人何夔为自己的僚属,问他对袁术的看法,何夔说:"只有顺应潮流,才能得到上天帮助;只有信誉卓著,才能得到百姓帮助。袁术既不顺应潮流,又缺乏信誉,却盼望上天与百姓帮助他,怎么可以得到!"曹操说:"任何一个政权失去贤能的人才都会灭亡,袁术不能重视你这样的人才,灭亡的命运不是注定了吗?"曹操性情严厉,部下僚属往往因公事而受到棍棒的责打,何夔常常随身携带毒药,准备在事急时吞服,誓死不受责打的侮辱,因此他到底也未受过责打。

沛国人许褚勇力过人,聚集附近的少年勇士及宗族数千家,坚守寨垒以抵御外来的侵犯掳掠。淮河、汝水、陈国、梁国一带都很畏惧他的势力。曹操进军到淮河、汝水一带时,许褚率领部众归附曹操,曹操高兴地说:"这就是我的樊哙!"当天就委任许褚为都尉,让他做自己的侍卫首领,跟随许褚的少年侠客们,都被任命为侍卫武士。

10 故太尉杨彪与袁术昏姻，曹操恶之，诬云欲图废立，奏收下狱，劾以大逆。将作大匠孔融闻之，不及朝服，往见操曰："杨公四世清德，海内所瞻。《周书》，父子兄弟，罪不相及，况以袁氏归罪杨公乎！"操曰："此国家之意。"融曰："假使成王杀召公，周公可得言不知邪！"操使许令满宠按彪狱，融与尚书令荀彧皆属宠曰："但当受辞，勿加考掠。"宠一无所报，考讯如法。数日，求见操，言之曰："杨彪考讯，无他辞语。此人有名海内，若罪不明白，必大失民望，窃为明公惜之。"操即日赦出彪。初，彧、融闻宠考掠彪，皆怒；及因此得出，乃更善宠。彪见汉室衰微，政在曹氏，遂称脚挛，积十余年不行，由是得免于祸。

11 马日磾丧至京师，朝廷议欲加礼，孔融曰："日磾以上公之尊，秉髦节之使，而曲媚奸臣，为所牵率，王室大臣，岂得以见胁为辞！圣上哀矜旧臣，未忍追按，不宜加礼。"朝廷从之。金尚丧至京师，诏百官吊祭，拜其子玮为郎中。

12 冬，十一月，曹操复攻张绣，拔湖阳，禽刘表将邓济。又攻舞阴，下之。

13 韩暹、杨奉在下邳，寇掠徐、扬间，军饥饿，辞吕布，欲诣荆州，布不听。奉知刘备与布有宿憾，私与备相闻，欲共击布。备阳许之。奉引军诣沛，备请奉入城，饮食未半，于座上缚奉，斩之。暹失奉，孤特，与十余骑归并州，为枌秋令张宣所杀。胡才、李乐留河东，才为怨家所杀，乐自病死。郭汜为其将伍习所杀。

10　前任太尉杨彪与袁术家有姻亲关系，曹操对此感到厌恶，便诬告杨彪图谋罢黜皇帝，另立新君，奏报献帝后，将杨彪逮捕，指控他有大逆不道之罪。将作大匠孔融听到消息后，来不及换上朝服，就赶去见曹操，对他说："杨公四代都有清高的品德，受到天下人的仰慕。根据《周书》，父子兄弟，有罪都互不牵连，何况将袁术的罪状加到杨彪头上！"曹操说："这是天子的意思。"孔融说："假如周成王要杀死召公姬奭，周公姬旦能说不知道吗？"曹操命令许都令满宠来审理杨彪案，孔融与尚书令荀彧都嘱咐满宠说："只能接受杨彪的口供，不得用刑加以拷问。"满宠根本未加理睬，照样严刑拷问。过了几天，满宠求见曹操，汇报说："杨彪受刑后，没有供出什么罪行。这个人全国闻名，如果没有确实证据就定罪，必定会失去民心，我很为您惋惜。"曹操当天就下令赦免杨彪。起初，荀彧、孔融听到满宠拷打杨彪的消息，都大为愤慨，等到杨彪因此而被赦免，才明白满宠的用意，于是对待满宠更加亲近。杨彪看到汉王室已经衰败，政权控制在曹操手中，就自称腿脚痉挛，十几年不走路，因此得以免祸。

11　太傅马日磾的灵柩运回京师，朝廷商议要为他大办丧事，提高仪式规格，孔融说："马日磾以上公的尊贵地位，代表天子出使，而他曲意谄媚奸臣，受奸臣的控制，朝廷的大臣，怎么能用被人胁迫作为借口！天子怜悯旧臣，不忍加以追究，但不应该再提高规格。"朝廷接受了孔融的意见。已故兖州刺史金尚的灵柩运到京师，献帝下诏，命令文武百官进行吊祭，任命他的儿子金玮为郎中。

12　冬季，十一月，曹操再次进攻张绣，攻占湖阳，生擒刘表部将邓济。曹军又进攻舞阴，攻克。

13　韩暹、杨奉在下邳，纵兵抢掠徐州与扬州交界地区，但军队仍然饥饿，便向吕布告辞，打算到荆州投靠刘表，吕布不允许他们离开。杨奉知道刘备与吕布有宿怨，暗中与刘备联络，想与刘备一起进攻吕布。刘备假装同意。杨奉率军到沛县，刘备请杨奉进城，摆宴席款待杨奉，酒宴还未到一半，就在席上将杨奉捆起来，随即斩杀。韩暹失去杨奉，十分孤立，率领部下十馀名骑士投奔并州，途中被枌秋县令张宣杀死。胡才、李乐留在河东，胡才被仇人杀死，李乐自己病死。郭汜被部将伍习杀死。

14　颍川杜袭、赵俨、繁钦避乱荆州，刘表俱待以宾礼。钦数见奇于表，袭喻之曰："吾所以与子俱来者，徒欲全身以待时耳，岂谓刘牧当为拨乱之主而规长者委身哉！子若见能不已，非吾徒也，吾与子绝矣！"钦慨然曰："请敬受命！"及曹操迎天子都许，俨谓钦曰："曹镇东必能匡济华夏，吾知归矣！"遂还诣操，操以俨为朗陵长。

阳安都尉江夏李通妻伯父犯法，俨收治，致之大辟。时杀生之柄，决于牧守，通妻子号泣以请其命。通曰："方与曹公戮力，义不以私废公！"嘉俨执宪不阿，与为亲交。

三年(戊寅，198)

1　春，正月，曹操还许。三月，将复击张绣。荀攸曰："绣与刘表相恃为强，然绣以游军仰食于表，表不能供也，势必乖离。不如缓军以待之，可诱而致也。若急之，其势必相救。"操不从，围绣于穰。

2　夏，四月，使谒者仆射裴茂，诏关中诸将段煨等讨李傕，夷其三族。以煨为安南将军，封阆乡侯。

3　初，袁绍每得诏书，患其有不便于己者，欲移天子自近，使说曹操以许下埤湿，雒阳残破，宜徙都鄄城以就全实。操拒之。田丰说绍曰："徙都之计，既不克从，宜早图许，奉迎天子，动托诏书，号令海内，此算之上者。不尔，终为人所禽，虽悔无益也。"绍不从。

14 颍川人杜袭、赵俨、繁钦到荆州避难，刘表都以宾客的礼节接待他们。繁钦屡次受到刘表的欣赏，杜袭对繁钦进行劝告说："我所以与你一起来到荆州，只是为了保全性命以等待时机，难道是把刘表看作能拨乱反正的英主，而准备终身追随他吗！你如果不断显示才能，就不再是我的朋友，咱们从此绝交！"繁钦感慨地说："我接受你的劝告！"到曹操奉迎天子，定都许县，赵俨对繁钦说："曹操一定能安定全国，我知道应该归附谁了。"于是他去许都晋见曹操，曹操委任他为朗陵县长。

阳安郡都尉、江夏人李通妻子的伯父犯法，赵俨将他逮捕问罪，判处死刑。当时，百姓的生杀大权，都控制在州、郡长官手中，李通的妻子号哭着哀求李通救她伯父一命，李通说："我正与曹公同心协力，在道义上不能以私废公！"李通赞扬赵俨执法无私，与赵俨结为好友。

汉献帝建安三年(戊寅，公元 198 年)

1 春季，正月，曹操回到许都。三月，曹操准备再次进攻张绣。荀攸说："张绣与刘表互相依靠，力量强大。但张绣率领的外来军队完全依靠刘表供应粮草，刘表无力长期供给，最后势必会闹翻。不如暂缓出军，等待变化，采用招诱的手段吸引张绣。如果进军紧逼，则他们必然互相救援。"曹操没有采纳，进军包围张绣驻军的穰城。

2 夏季，四月，朝廷派谒者仆射裴茂到关中传达献帝所下诏书，命令段煨等诸将领联合讨伐李傕，段煨等将李傕的三族亲属全部诛灭。任命段煨为安南将军，封闅乡侯。

3 起初，袁绍每接到诏书，对其中一些对自己不利的措施很觉烦恼，因此他想把天子迁到离自己较近的地方，派使者去游说曹操，指出许都地势较低而潮湿，洛阳已经残破，最好迁都到鄄城以靠近富裕的地区，便于供应。曹操拒绝了这个建议。袁绍的谋士田丰劝袁绍说："迁都的建议既然已被拒绝，应当早日进攻许都，奉迎天子。然后，就可利用皇帝的诏书，号令全国，这是上策。不这样，最终会受制于人，后悔也没有用了。"袁绍未予采纳。

会绍亡卒诣操,云田丰劝绍袭许,操解穰围而还,张绣率众追之。五月,刘表遣兵救绣,屯于安众,守险以绝军后。操与荀彧书曰:"吾到安众,破绣必矣。"及到安众,操军前后受敌,操乃夜凿险伪遁。表、绣悉军来追,操纵奇兵步骑夹攻,大破之。他日,彧问操:"前策贼必破,何也?"操曰:"虏遏吾归师,而与吾死地,吾是以知胜矣。"

绣之追操也,贾诩止之曰:"不可追也,追必败。"绣不听,进兵交战,大败而还。诩登城谓绣曰:"促更追之,更战必胜。"绣谢曰:"不用公言,以至于此,今已败,奈何复追?"诩曰:"兵势有变,促追之!"绣素信诩言,遂收散卒更追,合战,果以胜还。乃问诩曰:"绣以精兵追退军而公曰必败,以败卒击胜兵而公曰必克,悉如公言,何也?"诩曰:"此易知耳。将军虽善用兵,非曹公敌也。曹公军新退,必自断后,故知必败。曹公攻将军,既无失策,力未尽而一朝引退,必国内有故也。已破将军,必轻军速进,留诸将断后,诸将虽勇,非将军敌,故虽用败兵而战必胜也。"绣乃服。

4　吕布复与袁术通,遣其中郎将高顺及北地太守雁门张辽攻刘备。曹操遣将军夏侯惇救之,为顺等所败。秋,九月,顺等破沛城,虏备妻子,备单身走。

曹操欲自击布,诸将皆曰:"刘表、张绣在后,而远袭吕布,其危必也。"荀攸曰:"表、绣新破,势不敢动。布骁猛,又恃袁术,若从横淮、泗间,豪杰必应之。今乘其初叛,众心未一,往可破也。"操曰:"善!"比行,泰山屯帅臧霸、孙观、吴敦、

正好袁绍部下有逃兵投奔曹操,说到田丰劝说袁绍袭击许都,曹操便从穰县解围撤退,张绣率军在后追赶。五月,刘表派军去援救张绣,驻在安众,据守险要,切断曹军退路。曹操给荀彧写信说:"我到了安众,一定可以击败张绣!"及至到达安众,曹军腹背受敌,曹操于是乘夜开凿险道,假装要逃跑。刘表、张绣率领全部军队前来追击,曹操指挥突袭部队,命步兵与骑兵前后夹击,大破刘表与张绣联军。后来,荀彧询问曹操说:"您以前料定敌军必败,是根据什么?"曹操说:"敌人阻挡我们退兵,是把我军置于死地,我因此知道可以获胜。"

张绣追击曹操时,贾诩阻止他说:"不能去追,追则必败!"张绣未听,进兵交战,大败而回。贾诩登上城墙对张绣说:"赶快再去追击,再战必胜!"张绣向他道歉说:"没有听您的话,以至落到如此地步,现已大败,怎么还要去追?"贾诩说:"兵势变化无常,赶快追击!"张绣一向信服贾诩的话,就收拾残兵败将,再去追赶。交兵会战,果然得胜而归。于是问贾诩说:"我用精兵去追赶退军,而您说必败,用败兵去击胜军,而您说必胜,结果完全如您预料,原因在哪里?"贾诩说:"这很容易明白。将军虽善于用兵,但不是曹操的对手。曹操军队刚开始撤退,必然亲自率军断后,所以知道将军必败。曹操进攻将军,既没有失策之处,又不是力量用尽,却一下子率军撤退,一定是他的后方发生了变故。他已击败将军的追兵,必然轻装速进,而留下其他将领断后,其他将领虽然勇猛,却不是将军的对手,所以将军虽然率败兵去追击,也必能获胜。"张绣于是大为敬服。

4 吕布又与袁术联合,派其部将中郎将高顺与北地太守、雁门人张辽进攻刘备。曹操派将军夏侯惇去援救刘备,被高顺等击败。秋季,九月,高顺等攻破沛城,俘虏了刘备的妻子儿女,刘备只身逃走。

曹操打算亲自去进击吕布,诸将都说:"刘表、张绣在后,如果您率军远袭吕布,必然会发生危机。"荀攸说:"刘表、张绣新近受创,在此情势下,不敢有所举动。吕布为人骁勇,又倚仗袁术的势力,如果他纵横淮河、泗水之间,必有其他豪杰起来响应。如今趁他刚刚背叛朝廷,众心不定,大军前往,可以将他击破。"曹操说:"很好!"等到曹操大军出动时,泰山郡的诸营垒首领臧霸、孙观、吴敦、

尹礼、昌豨等皆附于布。操与刘备遇于梁，进至彭城。陈宫谓布："宜逆击之，以逸待劳，无不克也。"布曰："不如待其来，蹙著泗水中。"冬，十月，操屠彭城。广陵太守陈登率郡兵为操先驱，进至下邳。布自将屡与操战，皆大败，还保城，不敢出。

操遗布书，为陈祸福；布惧，欲降。陈宫曰："曹操远来，势不能久。将军若以步骑出屯于外，宫将馀众闭守于内，若向将军，宫引兵而攻其背；若但攻城，则将军救于外。不过旬月，操军食尽，击之，可破也。"布然之，欲使宫与高顺守城，自将骑断操粮道。布妻谓布曰："宫、顺素不和，将军一出，宫、顺必不同心共城守也，如有蹉跌，将军当于何自立乎！且曹氏待公台如赤子，犹舍而归我。今将军厚公台不过曹氏，而欲委全城，捐妻子，孤军远出，若一旦有变，妾岂得复为将军妻哉！"布乃止，潜遣其官属许汜、王楷求救于袁术。术曰："布不与我女，理自当败，何为复来？"汜、楷曰："明上今不救布，为自败耳。布破，明上亦破也。"术乃严兵为布作声援。布恐术为女不至，故不遣救兵，以绵缠女身缚著马上，夜自送女出，与操守兵相触，格射不得过，复还城。

河内太守张杨素与布善，欲救之，不能，乃出兵东市，遥为之势。十一月，杨将杨丑杀杨以应操，别将眭固复杀丑，将其众北合袁绍。杨性仁和，无威刑，下人谋反发觉，对之涕泣，辄原不问，故及于难。

尹礼、昌豨等都纷纷归附于吕布。曹操在梁国遇到刘备,一同进驻彭城。陈宫对吕布说:"应当率军迎击,以逸待劳,无往不胜!"吕布说:"不如等待他们自己前来,我把他们赶到泗水中淹死。"冬季,十月,曹操在彭城屠城。广陵郡太守陈登率领广陵郡郡兵作为曹操的先锋,进抵下邳。吕布亲自率军屡次与曹操交战,全都大败,只好退守城池,不敢出战。

曹操写信给吕布,为他分析利害祸福,吕布恐惧,打算投降。陈宫说:"曹操远来,势不能停留过久。将军如果率领步、骑兵屯驻城外,由我率领剩下的军队在内守城,如果曹军进攻将军,我就领兵攻击他们的后背;如果曹军攻城,则将军在外援救。不过十天半月,曹军粮食吃光,我们再行反击,可以破敌。"吕布同意,打算留陈宫与高顺守城,自己率骑兵截断曹军的粮道。吕布的妻子对吕布说:"陈宫与高顺一向不和,将军一出城,陈宫与高顺必然不能同心协力地守城。万一出现什么问题,将军要往哪里立脚!而且曹操对待陈宫,犹如父母对待怀抱中的幼儿,陈宫还舍弃曹操来投靠我们。你待陈宫并未超过曹操,就把全城交给他,抛别妻儿家小,孤军远出,如果一旦有变,我岂能继续做你的妻子吗!"吕布就取消那个计划,偷偷派遣部下官员许汜、王楷向袁术求救。袁术说:"吕布不把女儿给我送来,理应失败,为什么又来找我?"许汜、王楷说:"您现在不救吕布,是自取败亡。吕布一破,您也就要失败了。"袁术于是整顿动员军队,作为吕布的声援。吕布担心袁术因为自己不送女儿,因而不发兵救援,就用丝绵将女儿身体裹住,绑到马上,乘夜亲自送女儿出城,但遇到了曹操守兵,曹军弓弩齐发,吕布不能通过,只得又退回城中。

河内郡太守张杨一向与吕布关系很好,想去援救,但势力不足,只能率军出驻野王县东市,遥作声势。十一月,张杨部将杨丑杀死张杨,响应曹操,另一个部将眭固又杀死杨丑,率领部下向北投奔袁绍。张杨性格宽厚仁慈,没有威严,不讲法治,部下有人叛变而被发觉,他却对着叛徒流眼泪,予以原谅,不加追问,因此,终于被害。

操掘堑围下邳，积久，士卒疲敝，欲还。荀攸、郭嘉曰："吕布勇而无谋，今屡战皆北，锐气衰矣。三军以将为主，主衰则军无奋意。陈宫有智而迟，今及布气之未复，宫谋之未定，急攻之，布可拔也。"乃引沂、泗灌城，月馀，布益困迫，临城谓操军士曰："卿曹无相困我，我当自首于明公。"陈宫曰："逆贼曹操，何等明公！今日降之，若卵投石，岂可得全也！"

布将侯成亡其名马，已而复得之，诸将合礼以贺成，成分酒肉先入献布。布怒曰："布禁酒而卿等酝酿，为欲因酒共谋布邪！"成忿惧。十二月，癸酉，成与诸将宋宪、魏续等共执陈宫、高顺，率其众降。布与麾下登白门楼。兵围之急，布令左右取其首诣操，左右不忍，乃下降。

布见操曰："今日已往，天下定矣。"操曰："何以言之？"布曰："明公之所患不过于布，今已服矣。若令布将骑，明公将步，天下不足定也。"顾谓刘备曰："玄德，卿为坐上客，我为降虏，绳缚我急，独不可一言邪！"操笑曰："缚虎不得不急。"乃命缓布缚，刘备曰："不可。明公不见吕布事丁建阳、董太师乎！"操颔之。布目备曰："大耳儿，最叵信！"

操谓陈宫曰："公台平生自谓智有馀，今竟何如！"宫指布曰："是子不用宫言，以至于此。若其见从，亦未必为禽也。"操曰："奈卿老母何？"宫曰："宫闻以孝治天下者不害人之亲，老母存否，在明公，不在宫也。"操曰："奈卿妻子何？"宫曰："宫闻施仁政于天下者不绝人之祀，妻子存否，在明公，不在宫也。"操未复言。宫请就刑，遂出，不顾，操为之泣涕，并布、顺皆缢杀之，传首许市。操召陈宫之母，养之终其身，嫁宫女，抚视其家，皆厚于初。

曹操挖掘壕沟包围下邳城，但很久未能攻克，兵士十分疲惫，他打算撤军。荀攸、郭嘉说："吕布有勇无谋，现在连战连败，锐气已衰。三军完全要看主将的情况，主将锐气一衰，则三军斗志全消。陈宫虽有智谋，但机变不够。现在应该乘吕布锐气未复，陈宫智谋未定的时机，发动猛攻，可以消灭吕布。"于是，曹军开凿沟渠，引沂水、泗水来灌城，又过了一个月，吕布更加困窘，登上城头对曹军士兵说："你们不要这样逼迫我，我要向明公自首。"陈宫说："曹操不过是个逆贼，怎么配称明公！我们现在投降，就好像用鸡蛋去敲石头，岂能保住性命！"

吕布部将侯成丢失一匹好马，不久又找回来，将领们联合送礼给侯成，向他道贺。侯成设宴招待诸将，先分一份酒肉献给吕布。吕布发怒说："我下令禁酒，而你们又违令酿酒，打算借饮酒来共同算计我吗？"侯成又气又怕。十二月癸酉（二十四日），侯成与宋宪、魏续等其他将领共同捉住陈宫、高顺，率领部下归降曹操。吕布率领左右亲兵登上白门楼。曹军四面紧逼，吕布命令左右亲兵砍下他的人头去投降曹操，亲兵们不忍下手，吕布只好下楼投降。

吕布见到曹操，说："从今以后，天下可以平定了。"曹操说："为什么这样讲？"吕布说："您所顾忌的人，不过是我吕布。现在，我已归顺，如果让我率领骑兵，您自统步兵，则天下无人能敌。"吕布又回头对刘备说："刘玄德，你是座上客，我为阶下囚，绳子把我捆得太紧，难道不能帮我说句话吗？"曹操笑着说："捆绑猛虎，不能不紧。"于是下令给吕布松绑，刘备说："不行，您没有看到吕布事奉丁原与董卓的情况吗？"曹操点头赞同。吕布瞪着刘备说："大耳儿，最不可信！"

曹操对陈宫说："你平生自以为智谋有余，现在怎么样？"陈宫指着吕布说："这个人不用我的计策，才落到这样的下场。如果他听我的话，也未必就被你捉住。"曹操说："那你的老母怎么办呢？"陈宫说："我听说，以孝道治理天下的人，不伤害别人的双亲，我老母的生死，决定于您，而不在我。"曹操说："你的妻子儿女怎么办？"陈宫说："我听说施仁政于天下的人，不灭绝别人的后代，妻子儿女的生死，也决定于您，而不在我。"曹操没有再说话。陈宫请求立刻受刑，于是走出门，不再回头，曹操忍不住为他落泪。陈宫与吕布、高顺一齐被绞死，他们的头颅被送到京师许都街市去示众。曹操把陈宫的母亲召来，赡养她直到去世；又把他的女儿嫁出去，对陈宫家属的抚养照顾，比当初陈宫跟随自己时还要丰厚。

前尚书令陈纪、纪子群在布军中,操皆礼用之。张辽将其众降,拜中郎将。臧霸自亡匿,操募索得之,使霸招吴敦、尹礼、孙观等,皆诣操降。操乃分琅邪、东海为城阳、利城、昌虑郡,悉以霸等为守、相。

初,操在兖州,以徐翕、毛晖为将。及兖州乱,翕、晖皆叛。兖州既定,翕、晖亡命投霸。操语刘备,令霸送二首,霸谓备曰:"霸所以能自立者,以不为此也。霸受主公生全之恩,不敢违命。然王霸之君,可以义告,愿将军为之辞。"备以霸言白操,操叹息谓霸曰:"此古人之事,而君能行之,孤之愿也。"皆以翕、晖为郡守。陈登以功加伏波将军。

5 刘表与袁绍深相结约。治中邓羲谏表,表曰:"内不失贡职,外不背盟主,此天下之达义也。治中独何怪乎?"羲乃辞疾而退。

长沙太守张羡,性屈强,表不礼焉。郡人桓阶说羡举长沙、零陵、桂阳三郡以拒表,遣使附于曹操,羡从之。

6 孙策遣其正议校尉张纮献方物,曹操欲抚纳之,表策为讨逆将军,封吴侯;以弟女配策弟匡,又为子彰取孙贲女;礼辟策弟权、翊;以张纮为侍御史。

袁术以周瑜为居巢长,以临淮鲁肃为东城长。瑜、肃知术终无所成,皆弃官渡江从孙策,策以瑜为建威中郎将。肃因家于曲阿。

前任尚书令陈纪与他儿子陈群在吕布军中，曹操对他们全都以礼相待，并任用他们为官。张辽率领他的部下归降，被任命为中郎将。臧霸自己逃到民间隐藏起来，曹操悬赏将他捉拿，派他去招降吴敦、尹礼、孙观等，这些人全都到曹操营中归降。曹操于是分割琅邪和东海，增置为城阳、利城和昌虑三郡，将臧霸等人全都任命为郡太守和封国国相。

起初，曹操在兖州时，徐翕、毛晖都是他部下的将领。及至兖州大乱时，徐翕与毛晖都叛变了曹操。兖州平定后，这两个人逃亡，投奔了臧霸。曹操让刘备传话，命令臧霸送来徐翕与毛晖的人头。臧霸对刘备说："我之所以能够自立，正是因为不做这种出卖朋友的事情。我受到主公的不杀之恩，不敢违抗命令。但是，成就王霸大业的君主，可以用大义来说服，希望将军为我美言。"刘备把臧霸的话告诉曹操，曹操叹息着对臧霸说："这是古人的高尚行为，而你能做到，这正是我的愿望。"于是，将徐翕、毛晖任命为太守。陈登因功升任伏波将军。

5　刘表与袁绍往来密切，交情深厚。治中邓羲对他进行劝告，刘表说："我对朝廷不缺进贡，对地方不背盟主，这是天下人都能理解的道理。你为什么要见怪呢?"于是邓羲自称有病而辞去职务。

长沙郡太守张羡，性格倔强，刘表对他不礼敬。长沙人桓阶建议张羡联合长沙、零陵、桂阳三个郡一齐抗拒刘表，派使者向曹操表示归附，张羡听从了他的建议。

6　孙策派他部下的正议校尉张纮到朝廷进贡地方特产，曹操打算笼络孙策，就上表推荐孙策担任讨逆将军，封吴侯;把自己的侄女嫁给孙策的弟弟孙匡，又为儿子曹彰娶孙贲的女儿;还延聘孙策的弟弟孙权、孙翊到京师任职;任命张纮为侍御史。

袁术委任周瑜为居巢县长，临淮人鲁肃为东城县长。周瑜与鲁肃知道袁术最后成不了大事，都抛弃官职，渡过长江来投奔孙策，孙策任用周瑜为建威中郎将。鲁肃就把全家都搬到曲阿来定居。

　　曹操表征王朗，策遣朗还。操以朗为谏议大夫，参司空军事。

　　袁术遣间使赍印绶与丹阳宗帅祖郎等，使激动山越，共图孙策。刘繇之奔豫章也，太史慈遁于芜湖山中，自称丹阳太守。策已定宣城以东，惟泾以西六县未服，慈因进住泾县，大为山越所附。于是策自将讨祖郎于陵阳，禽之。策谓郎曰：“尔昔袭孤，斫孤马鞍，今创军立事，除弃宿恨，惟取能用，与天下通耳，非但汝，汝勿恐怖。”郎叩头谢罪，即破械，署门下贼曹。又讨太史慈于勇里，禽之，解缚，捉其手曰：“宁识神亭时邪？若卿尔时得我云何？”慈曰：“未可量也。”策大笑曰：“今日之事，当与卿共之，闻卿有烈义，天下智士也，但所托未得其人耳。孤是卿知己，勿忧不如意也。”即署门下督。军还，祖郎、太史慈俱在前导，军人以为荣。

　　会刘繇卒于豫章，士众万馀人，欲奉豫章太守华歆为主。歆以为“因时擅命，非人臣所宜”，众守之连月，卒谢遣之，其众未有所附。策命太史慈往抚安之，谓慈曰：“刘牧往责吾为袁氏攻庐江，吾先君兵数千人，尽在公路许。吾志在立事，安得不屈意于公路而求之乎！其后不遵臣节，谏之不从，丈夫义交，苟有大故，不得不离，吾交求公路及绝之本末如此，恨不及其生时与共论辩也。今儿子在豫章，卿往视之，并宣孤意于其部曲，部曲乐来者与俱来，不乐来者且安慰之。并观华子鱼所以牧御方规何如。卿须几兵，多少随意。”慈曰：“慈有不赦之罪，将军量同桓、文，当尽死以报德。今并息兵，兵不宜多，将数十人足矣。”左右皆曰：“慈必北去不还。”

曹操上表请朝廷征召被孙策俘虏的会稽郡太守王朗,孙策送王朗返回京师。曹操任命王朗为谏议大夫,参议司空府的军事。

袁术派遣秘密使者,将印绶带给丹阳郡地方势力首领祖郎等,要祖郎去煽动山越人,共同打击孙策。刘繇被孙策战败,投奔豫章郡时,太史慈逃到芜湖地区的山中,自称为丹阳太守。孙策已经平定宣城以东地区,只有泾县以西的六县还未征服,太史慈就进驻泾县,大受山越人的拥护。于是,孙策亲自率军到陵阳去征讨祖郎,将他生擒,孙策对祖郎说:“你以前袭击我,曾砍中我的马鞍。如今我兴建军队,创立大业,抛除旧恨,只要是能用之才,就加以任用,共取天下。不仅是你一个人,你不必害怕。”祖郎叩头请罪,孙策立即打开他的枷锁,任命他为门下贼曹。孙策又进军勇里攻讨太史慈,将他生擒。孙策解开捆绑太史慈的绳索,握着他的手说:“还记得神亭相遇时的情景吗?如果你那时捉到我,会怎么对待?”太史慈说:“无法想象。”孙策大笑着说:“今天的大事我要与你一同开创。听说你有义节,为人忠勇,是天下的智士,只是你所跟随的并不是真正的明主罢了。我是你的知己,不要担心不能如意。”随即任用太史慈为门下督。孙策大军返回时,祖郎、太史慈一同在前面开道,全军都认为是荣耀。

正在这时,扬州牧刘繇在豫章郡去世,他部下有万馀人,打算推举豫章郡太守华歆为首领。华歆认为“利用时机擅自夺取权力,不是人臣应该做的事情”,刘繇的部众坚持了几个月,华歆最终还是表示辞谢,把他们送走。于是这些部众无所归依。孙策命令太史慈前去安抚,他对太史慈说:“刘州牧以前责备我为袁术进攻庐江,当时,我父亲遗留下的数千精兵,都在袁术那里。我志在建立大业,怎么能不向他屈意低头而索求我父亲的旧部呢!以后,袁术不遵守臣节,不听从劝谏,大丈夫以道义相交,但有大的变动时,也不能不分离,我当初投靠袁术及后来与他断交的经过,就是这样,只恨不能在刘州牧活着的时候向他解释清楚。如今,刘州牧的儿子在豫章,你去看望一下,并把我的意思宣告给他的部属,他们乐意来的就随你一同来,不乐意的也加以安抚。并观察一下华歆治理郡务的能力怎样。你需要带多少兵去,可以自作决定。”太史慈说:“我曾犯下不可宽恕的重罪,将军有齐桓公、晋文公那样的气量,我应当以死报答将军的恩德。如今双方并没有交战,不宜多带人马,率领数十人足够了。”孙策左右的人都说:“太史慈一定会向北逃走,不再回来。”

策曰："子义舍我，当复从谁！"钱送昌门，把腕别曰："何时能还？"答曰："不过六十日。"慈行，议者犹纷纭言遣之非计。策曰："诸君勿复言，孤断之详矣。太史子义虽气勇有胆烈，然非纵横之人，其心秉道义，重然诺，一以意许知己，死亡不相负，诸君勿忧也。"慈果如期而反，谓策曰："华子鱼，良德也，然无他方规，自守而已。又，丹阳僮芝，自擅庐陵，番阳民帅别立宗部，言'我已别立郡海昏、上缭，不受发召'，子鱼但睹视之而已。"策拊掌大笑，遂有兼并之志。

7　袁绍连年攻公孙瓒，不能克，以书谕之，欲相与释憾连和。瓒不答，而增修守备，谓长史太原关靖曰："当今四方虎争，无有能坐吾城下相守经年者明矣，袁本初其若我何！"绍于是大兴兵以攻瓒。先是瓒别将有为敌所围者，瓒不救，曰："救一人，使后将恃救，不肯力战。"及绍来攻，瓒南界别营，自度守则不能自固，又知必不见救，或降或溃。绍军径至其门，瓒遣子续请救于黑山诸帅，而欲自将突骑出傍西山，拥黑山之众侵掠冀州，横断绍后。关靖谏曰："今将军将士莫不怀瓦解之心，所以犹能相守者，顾恋其居处老少，而恃将军为主故耳。坚守旷日，或可使绍自退；若舍之而出，后无镇重，易京之危，可立待也。"瓒乃止。绍渐相攻逼，瓒众日蹙。

孙策说:"太史慈如果舍弃我,还能再去跟随谁?"孙策在昌门为太史慈饯行,握住太史慈的手腕,依依惜别,问他:"什么时候能回来?"太史慈回答说:"不过六十天。"太史慈走后,大家仍议论纷纷,认为派他去是失策。孙策说:"你们不要再说,我已考虑周详。太史慈虽然为人勇猛、胆识过人,但不是一个反复之人。他以道义为重,一诺千金,一旦视作知己,生死不会相负,你们不要担忧。"太史慈果然如期返回,对孙策说:"华歆品德高尚,但没有别的谋略,只能自保而已。另外,丹阳人僮芝擅自占领庐陵,番阳地方势力首领别立宗部,声称'我们已在海昏、上缭另立郡府,不接受豫章郡的命令',而华歆只能眼睁睁看着,无计可施。"孙策拍手大笑,于是有了兼并豫章郡的打算。

7 袁绍连年进攻公孙瓒,不能攻克,就写信给公孙瓒,想与他解开过去的仇怨,互相联合。公孙瓒不予理睬,反而增强防备,他对长史、太原人关靖说:"如今四方龙争虎斗,显然没有人能围在我城下,一坐好几年,袁绍能对我怎么样!"袁绍于是大举增兵,向公孙瓒进攻。在此之前,公孙瓒据守各地的将领中,有人被敌军围困,公孙瓒不肯救援,他说:"如果救了这一个人,会使其他将领以后依赖救援,不肯努力奋战。"等到袁绍前来进攻时,公孙瓒派到南境营寨防守的将领,自知坚守不住,又知必定不会有人援救,于是有的投降,有的溃散。袁绍大军长驱直入,到达易京城门,公孙瓒派儿子公孙续向黑山军的将领们求援,并准备自己率领精锐骑兵出城,奔往西山,带领黑山军侵伐掳掠冀州,切断袁绍的退路。关靖劝阻公孙瓒说:"如今将军部下将士无不怀着离散之心,所以还能坚守,只是因为顾念全家老少都在这里,而且依赖将军在此主持大局。继续坚守,拖延时日,或许能使袁绍知难自退;如果将军舍弃他们,率兵出城,后方无人做主,易京的陷落,便指日可待。"公孙瓒于是放弃出城打算。袁绍大军逐渐进逼,公孙瓒部众日益窘迫。

卷第六十三　汉纪五十五

起己卯(199)尽庚辰(200)凡二年

孝献皇帝戊
建安四年(己卯,199)

1　春,黑山贼帅张燕与公孙续率兵十万,三道救之。未至,瓒密使行人赍书告续,使引五千铁骑于北隰之中,起火为应,瓒欲自内出战。绍候得其书,如期举火。瓒以为救至,遂出战。绍设伏击之,瓒大败,复还自守。绍为地道,穿其楼下,施木柱之,度足达半,便烧之,楼辄倾倒,稍至京中。瓒自计必无全,乃悉缢其姊妹、妻子,然后引火自焚。绍趣兵登台,斩之。田楷战死。关靖叹曰:“前若不止将军自行,未必不济。吾闻君子陷人危,必同其难,岂可以独生乎!”策马赴绍军而死。续为屠各所杀。

　　渔阳田豫说太守鲜于辅曰:“曹氏奉天子以令诸侯,终能定天下,宜早从之。”辅乃率其众以奉王命。诏以辅为建忠将军,都督幽州六郡。

　　初,乌桓王丘力居死,子楼班年少,从子蹋顿有武略,代立,总摄上谷大人难楼、辽东大人苏仆延、右北平大人乌延等。袁绍攻公孙瓒,蹋顿以乌桓助之。瓒灭,绍承制皆赐蹋顿、难楼、苏仆延、乌延等单于印绶;又以阎柔得乌桓心,因加宠慰以安北边。其后难楼、苏仆延奉楼班为单于,以蹋顿为王,然蹋顿犹秉计策。

孝献皇帝戊

汉献帝建安四年(己卯,公元 199 年)

1　春季,黑山军首领张燕与公孙续率兵十万,分三路援救公孙
瓒。张燕的援军还未到,公孙瓒秘密派使者送信给公孙续,让他率
五千铁骑到北方低洼地区埋伏,点火作为信号,公孙瓒打算出城夹
击袁绍围城部队。袁绍的巡逻兵得到这封书信,袁绍就按期举火,
公孙瓒以为援军已到,就率军出战。袁绍的伏兵发动进攻,公孙瓒
大败,回城继续坚守。袁绍围城部队挖掘地道,挖到公孙瓒部队固
守的城楼下,用木柱撑住,估计已挖到城楼的一半,便纵火烧毁木
柱,城楼就一下倒塌,袁绍用这种方法逐渐攻到公孙瓒所住的中京。
公孙瓒自知必定无可幸免,就绞死自己的姊妹、妻子儿女,然后放火
自焚。袁绍命令士兵登上高台,斩公孙瓒。田楷战死。关靖叹息
说:"以前,我如果不阻止将军自己出城,未必没有希望。我听说君
子使别人陷入危难时,自己一定与他分担患难,怎么能自己独自逃
生呢?"就骑马冲入袁绍军中而死。公孙续被匈奴屠各部落杀死。

　　渔阳人田豫劝告本郡太守鲜于辅说:"曹操尊奉天子来号令诸
侯,最终能够平定天下,应该早早归顺他。"鲜于辅于是率领部下归
附朝廷。献帝下诏任命鲜于辅为建忠将军,都督幽州六郡军务。

　　起初,乌桓王丘力居死后,他的儿子楼班年龄还小,侄儿蹋顿勇
武善战,富有谋略,就接替了丘力居的王位,总领上谷大人难楼、辽
东大人苏仆延、右北平大人乌延等。袁绍进攻公孙瓒时,蹋顿率领
乌桓人帮助袁绍。公孙瓒灭亡后,袁绍用皇帝的名义对蹋顿、难楼、
苏仆延、乌延等都赐予单于印绶;又因为阎柔深受乌桓人敬重,对阎
柔待遇特别优厚,以求得北方边境的安定。后来,难楼、苏仆延共同
尊奉楼班为单于,以蹋顿为王,但实际事务仍由蹋顿掌管。

2 眭固屯射犬，夏，四月，曹操进军临河，使将军史涣、曹仁渡河击之。仁，操从弟也。固自将兵北诣袁绍求救，与涣、仁遇于犬城，涣、仁击斩之。操遂济河，围射犬，射犬降，操还军敖仓。

初，操在兖州举魏种孝廉。兖州叛，操曰："唯魏种且不弃孤。"及闻种走，操怒曰："种不南走越、北走胡，不置汝也！"既下射犬，生禽种，操曰："唯其才也！"释其缚而用之，以为河内太守，属以河北事。

3 以卫将军董承为车骑将军。

4 袁术既称帝，淫侈滋甚，媵御数百，无不兼罗纨，厌粱肉，自下饥困，莫之收恤。既而资实空尽，不能自立，乃烧宫室，奔其部曲陈简、雷薄于灊山，复为简等所拒，遂大穷，士卒散走，忧懑不知所为。乃遣使归帝号于从兄绍曰："禄去汉室久矣，袁氏受命当王，符瑞炳然。今君拥有四州，人户百万，谨归大命，君其兴之！"袁谭自青州迎术，欲从下邳北过。曹操遣刘备及将军清河朱灵邀之，术不得过，复走寿春。六月，至江亭，坐簧床而叹曰："袁术乃至是乎！"因愤慨结病，欧血死。术从弟胤畏曹操，不敢居寿春，率其部曲奉术柩及妻子奔庐江太守刘勋于皖城。故广陵太守徐璆得传国玺，献之。

5 袁绍既克公孙瓒，心益骄，贡御稀简。主簿耿包密白绍，宜应天人，称尊号。绍以包白事示军府。僚属皆言包妖妄，宜诛，绍不得已，杀包以自解。

2　眭固驻军于射犬，夏季，四月，曹操进军到黄河岸边，派将军史涣、曹仁渡过黄河，进攻眭固。曹仁是曹操的堂弟。眭固亲自率军北上向袁绍求援，在犬城与史涣、曹仁大军相遇，史涣、曹仁进击，杀死眭固。于是曹操亲统大军渡过黄河，围困射犬，射犬投降，曹军回师敖仓。

起初，曹操在兖州推荐魏种为孝廉。兖州各郡纷纷背叛时，曹操说："只有魏种不会辜负我。"及至听到魏种逃走的消息，曹操大怒，说："你魏种南逃不到越地，北逃不到胡地，我就不放过你！"攻下射犬以后，生擒魏种，曹操说："只因为他有才干！"解开捆绑他的绳索，任用他为河内郡太守，让他负责黄河以北的事务。

3　任命卫将军董承为车骑将军。

4　袁术称帝后，奢靡贪淫的程度比以前更厉害，后宫妃嫔有数百人，无不身穿绫罗绸缎，饱食山珍海味，属下将士们饥饿困苦，他却毫不关心。不久，储存的各种物资都已耗尽，无法维持，于是他烧毁宫殿，去投奔驻在灊山的部将陈简、雷薄，但又遭到陈简等的拒绝，于是袁术大为困窘，部下士兵不断逃走，他心中忧虑烦闷，无计可施。他于是派人把皇帝的尊号送给他的堂兄袁绍，说："汉朝王室的气数久已尽了，袁氏应当接受天命为君王，符命与祥瑞都显示得很明白。如今您拥有四州的地盘，人口一百万户，我谨将上天授予的使命归献给您，请您复兴大业！"袁谭从青州来迎接袁术，想从下邳北方通过。曹操派遣刘备及将军、清河人朱灵率军进行拦截，袁术无法通过，再退回寿春。六月，袁术到达江亭，坐在只铺着竹席的床上，叹息说："我袁术竟落到这个地步！"气愤感慨成病，吐血而死。袁术的堂弟袁胤害怕曹操，不敢留在寿春，率领部下带着袁术的灵柩与家眷，投奔驻在皖城的庐江太守刘勋。前任广陵郡太守徐璆得到袁术占有的传国玉玺，献给朝廷。

5　袁绍消灭公孙瓒后，更加骄横，对朝廷进贡的次数和数量减少。主簿耿包秘密向袁绍建议，应当应天顺民，即位称帝。袁绍把耿包的建议告诉给自己部下的主要官员，官员们一致认为耿包妖言惑众，应该斩首。袁绍不得已，杀掉耿包以表示自己无意称帝。

绍简精兵十万、骑万匹，欲以攻许。沮授谏曰："近讨公孙瓒，师出历年，百姓疲敝，仓库无积，未可动也。宜务农息民，先遣使献捷天子，若不得通，乃表曹操隔我王路，然后进屯黎阳，渐营河南，益作舟船，缮修器械，分遣精骑抄其边鄙，令彼不得安，我取其逸，如此，可坐定也。"郭图、审配曰："以明公之神武，引河朔之强众，以伐曹操，易如覆手，何必乃尔！"授曰："夫救乱诛暴，谓之义兵。恃众凭强，谓之骄兵；义者无敌，骄者先灭。曹操奉天子以令天下，今举师南向，于义则违。且庙胜之策，不在强弱。曹操法令既行，士卒精练，非公孙瓒坐而受攻者也。今弃万安之术而兴无名之师，窃为公惧之！"图、配曰："武王伐纣，不为不义；况兵加曹操，而云无名！且以公今日之强，将士思奋，不及时以定大业，所谓'天与不取，反受其咎'，此越之所以霸，吴之所以灭也。监军之计在于持牢，而非见时知几之变也。"绍纳图言。图等因是谮授曰："授监统内外，威震三军，若其浸盛，何以制之！夫臣与主同者亡，此《黄石》之所忌也。且御众于外，不宜知内。"绍乃分授所统为三都督，使授及郭图、淳于琼各典一军。骑都尉清河崔琰谏曰："天子在许，民望助顺，不可攻也！"绍不从。

许下诸将闻绍将攻许，皆惧，曹操曰："吾知绍之为人，志大而智小，色厉而胆薄，忌克而少威，兵多而分画不明，将骄而政令不壹，土地虽广，粮食虽丰，适足以为吾奉也。"孔融谓荀彧曰："绍地广兵强，田丰、许攸智士也为之谋，审配、

袁绍挑选了精兵十万、良马万匹,打算攻打许都。沮授劝阻他说:"近来讨伐公孙瓒,连年出兵,百姓们疲困不堪,仓库中又没有积蓄,不能出兵。应当抓紧农业生产,使百姓休养生息,先派遣使者将消灭公孙瓒的捷报呈献天子,如果捷报不能上达天子,就可以上表指出曹操断绝我们与朝廷的联系,然后出兵进驻黎阳,逐渐向黄河以南发展,同时多造船只,整修武器,分派精锐的骑兵去骚扰曹操的边境,使他不得安定,而我们以逸待劳,这样,坐在那里就可以统一全国。"郭图、审配说:"以您用兵如神的谋略,统率河朔之地的强兵,去讨伐曹操,易如反掌,何必那样费事?"沮授说:"用兵去救乱除暴,被称为义兵;倚仗人多势众,被称为骄兵。义兵无敌,骄兵先亡。曹操尊奉天子以号令天下,如今我们要是举兵南下,就违背了君臣大义。而且克敌制胜的谋略,不在于强弱。曹操法令严明,士兵训练有素,不是公孙瓒那样被动挨打的人。如今要舍弃万全之计而出动无名之师,我私下里为您担忧!"郭图、审配说:"周武王讨伐商纣王,并不是不义;何况我们是讨伐曹操,怎么能说是师出无名?而且以您今天的强盛,将士们急于立功疆场,不乘此时机奠定大业,就正像古人所说的'不接受上天给予的赏赐,就会反受其害',这正是春秋时期越国所以称霸,吴国所以灭亡的原因。监军沮授的计策过于持重,不是随机应变的谋略。"袁绍采纳了郭图等的意见。郭图等乘机向袁绍讲沮授的坏话,说:"沮授总管内外,威震三军,如果势力再逐渐扩张,靠什么来控制他! 臣下的权威与君主一样就一定会灭亡,这是黄石公兵书中指出的大忌。而且统军在外的人,不应同时主持内部政务。"袁绍就把沮授所统领的军队分为三部分,由三位都督指挥,派沮授、郭图与淳于琼各统一军,骑都尉、清河人崔琰劝阻袁绍说:"天子在许都,民心倾向于那边,不能进攻!"袁绍不听。

　　许都的将领们听说袁绍要来进攻,都心中害怕,曹操说:"我知道袁绍的为人,志向很大而智谋短浅,外表勇武而内心胆怯,猜忌刻薄而缺少威信,人马虽多而调度无方,将领骄横而政令不一,他的土地虽然广大,粮食虽然丰足,却正好是为我们预备的。"孔融对荀彧说:"袁绍地广兵强,有田丰、许攸这样的智士为他出谋划策,审配、

逢纪忠臣也,任其事,颜良、文丑勇将也,统其兵,殆难克乎!"或曰:"绍兵虽多而法不整,田丰刚而犯上,许攸贪而不治,审配专而无谋,逢纪果而自用。此数人者,势不相容,必生内变。颜良、文丑,一夫之勇耳,可一战而禽也。"

秋,八月,操进军黎阳,使臧霸等将精兵入青州以扞东方,留于禁屯河上。九月,操还许,分兵守官渡。

袁绍遣人招张绣,并与贾诩书结好。绣欲许之,诩于绣坐上显谓绍使曰:"归谢袁本初,兄弟不能相容,而能容天下国士乎!"绣惊惧曰:"何至于此!"窃谓诩曰:"若此,当何归?"诩曰:"不如从曹公。"绣曰:"袁强曹弱,又先与曹为雠,从之如何?"诩曰:"此乃所以宜从也。夫曹公奉天子以令天下,其宜从一也;绍强盛,我以少众从之,必不以我为重,曹公众弱,其得我必喜,其宜从二也;夫有霸王之志者,固将释私怨以明德于四海,其宜从三也。愿将军无疑!"冬,十一月,绣率众降曹操,操执绣手,与欢宴,为子均取绣女,拜扬武将军;表诩为执金吾,封都亭侯。

关中诸将以袁、曹方争,皆中立顾望。凉州牧韦端使从事天水杨阜诣许,阜还,关右诸将问:"袁、曹胜败孰在?"阜曰:"袁公宽而不断,好谋而少决;不断则无威,少决则后事,今虽强,终不能成大业。曹公有雄才远略,决机无疑,法一而兵精,能用度外之人,所任各尽其力,必能济大事者也。"

逢纪这样的忠臣为他办事,颜良、文丑这样的勇将为他统领兵马,恐怕是难以战胜吧!"荀彧说:"袁绍的兵马虽多但法纪不严,田丰刚直但冒犯上司,许攸贪婪又治理无方,审配专权却没有谋略,逢纪处事果断但自以为是。这几个人,势必不能相容,一定会生内讧。颜良、文丑不过是匹夫之勇,一仗就可以捉住他们。"

秋季,八月,曹操进军黎阳,派臧霸等率领精兵,到青州去保卫东方边境,留于禁驻扎在黄河一带。九月,曹操返回许都,分兵驻守官渡。

袁绍派使者去拉拢张绣,并给张绣的谋士贾诩写信,表示愿与贾诩结交。张绣打算答应袁绍,贾诩在张绣招待袁绍使者时,高声对使者说:"请回去为我们谢谢袁绍的好意,他与兄弟袁术不能相容,而能容天下的英雄豪杰吗!"张绣又惊又怕,说:"怎么至于这样!"他悄悄地对贾诩说:"像现在这样,咱们应当依靠谁?"贾诩说:"不如依靠曹操。"张绣说:"袁绍势力雄厚,曹操势单力孤,而且我们以前又与曹操结过怨仇,怎么归附他呢?"贾诩说:"正因为如此,才应当归附曹操。曹操尊奉天子以号令天下,名正言顺,这是应该归附的第一条理由;袁绍强盛,我们以不多的人马去投靠他,必定不会受到重视,而曹操势单力薄,得到我们必然十分高兴,这是应该归附的第二条理由;抱有称霸天下大志的人,一定会抛弃私怨,以向四海表明他的恩德,这是应该归附的第三条理由。希望将军不要疑虑!"冬季,十一月,张绣率部投降曹操,曹操握着张绣的手,与他一起欢宴,为儿子曹均娶张绣的女儿为妻,任命张绣为扬武将军;上表推荐贾诩担任执金吾,封都亭侯。

关中地区的将领们看到袁绍与曹操正在争斗,都保持中立,坐观成败。凉州牧韦端派遣从事、天水人杨阜前往许都,杨阜返回后,关中将领们问他:"袁绍与曹操相争,将会谁胜谁败?"杨阜说:"袁公宽容而不果断,好谋而迟疑不决;不果断就没有威信,迟疑不决就会错过时机,如今虽强,但终究不能成就大业。曹公有雄才大略,当机立断,毫不迟疑,法令统一,兵强马壮,能不拘一格地任用人才,部下各尽其力,一定能成就大业。"

　　曹操使治书侍御史河东卫觊镇抚关中,时四方大有还民,关中诸将多引为部曲。觊书与荀彧曰:"关中膏腴之地,顷遭荒乱,人民流入荆州者十万馀家,闻本土安宁,皆企望思归,而归者无以自业,诸将各竞招怀以为部曲,郡县贫弱,不能与争,兵家遂强,一旦变动,必有后忧。夫盐,国之大宝也,乱来放散,宜如旧置使者监卖,以其直益市犁牛,若有归民,以供给之,勤耕积粟以丰殖关中,远民闻之,必日夜竞还。又使司隶校尉留治关中以为之主,则诸将日削,官民日盛,此强本弱敌之利也。"彧以白操,操从之。始遣谒者仆射监盐官,司隶校尉治弘农。关中由是服从。

　　袁绍使人求助于刘表,表许之而竟不至,亦不援曹操。从事中郎南阳韩嵩、别驾零陵刘先说表曰:"今两雄相持,天下之重在于将军。若欲有为,起乘其敝可也;如其不然,固将择所宜从。岂可拥甲十万,坐观成败,求援而不能助,见贤而不肯归! 此两怨必集于将军,恐不得中立矣。曹操善用兵,贤俊多归之,其势必举袁绍,然后移兵以向江、汉,恐将军不能御也。今之胜计,莫若举荆州以附曹操,操必重德将军,长享福祚,垂之后嗣,此万全之策也。"蒯越亦劝之,表狐疑不断,乃遣嵩诣许曰:"今天下未知所定,而曹操拥天子都许,君为我观其衅。"嵩曰:"圣达节;次守节。嵩,守节者也。夫君臣名定,以死守之。今策名委质,唯将军所命,虽赴汤蹈火,死无辞也。以嵩观之,曹公必得志于天下。将军能上顺天子,下归曹公,使嵩可也;如其犹豫,嵩至京师,天子假嵩一职,不获辞命,

曹操派治书侍御史、河东人卫觊镇抚关中地区，当时有许多难民归来，关中的将领们大多把他们收容下来，作为部属。卫觊写信给荀彧说："关中土地肥沃，以前遭受战乱，百姓流入荆州的有十万馀家，听说家乡安宁，都盼望返回故乡，但回乡的人无法自立谋生，将领们争相招揽他们，作为部属，郡、县贫弱，没有力量与将领们抗拒，于是将领们势力扩大，一旦发生变故，必然会有后患。盐，是国家的重要财富，战乱以来无人管理，应当依照过去的制度，设置使者负责专卖，用专卖的收入去购买农具、耕牛，如果有返乡的百姓，就供应他们，让他们辛勤耕作，广积粮食，使关中富裕起来，流亡远方的百姓知道后，必定不分昼夜地争着归来。还应该让司隶校尉留驻关中，主持关中地区事务，这样将领们的势力日益削弱，官府与百姓日益强盛，这是强固根本、削弱敌人的好办法。"荀彧把卫觊的建议报告给曹操，被曹操采纳。于是开始派遣谒者仆射主管盐政事务，监督专卖，将司隶校尉的官署设在弘农。关中地区从此受到朝廷的控制。

　　袁绍派使者向荆州牧刘表请求援助，刘表应许他的请求而援军始终不到，也不帮助曹操。从事中郎、南阳人韩嵩和别驾、零陵人刘先劝刘表说："如今袁绍、曹操两雄相持，天下的重心在于将军。如果您想有所作为，可以乘他们斗得两败俱伤时起兵；如果没有那个意思，就应当选择所应归附的对象，进行援助，怎么能拥兵十万，坐观成败，遇到求援而不能相助，看见贤能的人而不肯归附！这样，双方的怨恨必定都集中到您身上，您恐怕得不到中立了。曹操善于用兵，贤才俊杰多为他效力，势必会战胜袁绍，然后他再进军长江、汉水一带，恐怕将军抵御不住。如今最好的办法，不如以荆州归附曹操，曹操一定会感激将军，将军就可以长享福运，并可传给后代，这是万全之策。"蒯越也劝刘表这样做，刘表犹豫不决，于是派韩嵩前往许都，对韩嵩说："如今天下不知谁能最后胜利，而曹操拥戴天子，建都于许县，你为我去观察一下那里的形势。"韩嵩说："圣人可以通达权变；次者只能严守节操。我是个守节的人，君臣名分一定，就以死守之。如今我作为将军的僚属，只服从您的命令，赴汤蹈火，虽死不辞。据我看来，曹操一定会统一天下。如果将军能上尊天子，下归曹操，就可以派我出使许都；如果将军犹豫不决，我到京城，万一天子授予我一个官职，又无法辞让，

则成天子之臣,将军之故吏耳。在君为君,则嵩守天子之命,义不得复为将军死也。惟加重思,无为负嵩!"表以为惮使,强之。至许,诏拜嵩侍中、零陵太守。及还,盛称朝廷、曹公之德,劝表遣子入侍。表大怒,以为怀贰,大会寮属,陈兵,持节,将斩之,数曰:"韩嵩敢怀贰邪!"众皆恐,欲令嵩谢。嵩不为动容,徐谓表曰:"将军负嵩,嵩不负将军!"且陈前言。表妻蔡氏谏曰:"韩嵩,楚国之望也,且其言直,诛之无辞。"表犹怒,考杀从行者,知无他意,乃弗诛而囚之。

6 扬州贼帅郑宝欲略居民以赴江表,以淮南刘晔,高族名人,欲劫之使唱此谋,晔患之。会曹操遣使诣州,有所案问,晔要与归家。宝来候使者,晔留与宴饮,手刃杀之,斩其首以令宝军曰:"曹公有令,敢有动者,与宝同罪!"其众数千人皆詟服,推晔为主。晔以其众与庐江太守刘勋,勋怪其故,晔曰:"宝无法制,其众素以钞略为利。仆宿无资,而整齐之,必怀怨难久,故以相与耳!"勋以袁术部曲众多,不能赡,遣从弟偕求米于上缭诸宗帅,不能满数,偕召勋使袭之。

孙策恶勋兵强,伪卑辞以事勋曰:"上缭宗民数欺鄙郡,欲击之,路不便。上缭甚富实,愿君伐之,请出兵以为外援。"且以珠宝、葛越赂勋。勋大喜,外内尽贺,刘晔独否,勋问其故,对曰:"上缭虽小,城坚池深,攻难守易,不可旬日而举也。

则我就成为天子之臣,只是将军的旧部了。既成为天子的臣属,便遵奉天子的命令,在大义上不能再为将军效命了。请您三思,不要辜负了我的一腔忠诚!"刘表以为韩嵩害怕出使到许都,就强迫他去。韩嵩到达许都,献帝下诏,任命韩嵩为侍中、零陵郡太守。韩嵩从许都返回后,极力称赞朝廷与曹操的恩德,劝刘表把儿子送到京城,作为天子的侍从。刘表大怒,认为韩嵩有二心,就召集全体官员,排列武士,手持代表天子权力的符节,打算杀死韩嵩,刘表责问韩嵩说:"韩嵩,你竟敢怀有二心吗!"大家都为他担心,劝他向刘表谢罪。韩嵩不动声色,态度从容地对刘表说:"是将军辜负了我,我并没有辜负将军!"就把自己以前说过的话又重复了一遍。刘表的妻子蔡氏劝告刘表说:"韩嵩是楚地有名望的人士,而且他的话有理,杀他没有罪名。"刘表仍然怒气不息,用重刑拷问跟随韩嵩出使的官员,有的被拷打致死,终于知道韩嵩没有背叛自己的意思,就没有杀他,而把他囚禁起来。

6 扬州地区叛匪首领郑宝打算裹胁百姓到长江以南,他认为淮南人刘晔出身皇族,本人名望又高,准备劫持刘晔,以刘晔的名义来发动此事,刘晔对此很忧虑。正好曹操派遣使者到扬州来调查一件事情,刘晔就邀请使者同自己一道回家。郑宝前来拜见使者,刘晔留他参加宴会。在宴会上,刘晔亲手用刀杀死郑宝,砍下他的头颅。然后,拿着郑宝的人头,命令郑宝的部下:"曹公有命令,胆敢不服从命令的,与郑宝同罪。"郑宝部下有数千人,都被镇服,推举刘晔为首领。刘晔把这数千人交给庐江郡太守刘勋,刘勋很奇怪,询问原因,刘晔说:"郑宝军中没有纪律,部众向来靠抢掠百姓取利。我一向没有资财,而又要对他们进行整编,必然会引起怨恨,局面难以持久,所以把这些人交给您管辖。"刘勋因为收容袁术的部属太多,粮草供应不上,就派遣堂弟刘偕向上缭的宗党首领们征集粮草,上缭宗党首领们没有满足刘偕的要求,刘偕就通知刘勋,请他派兵进行袭击。

会稽郡太守孙策对刘勋的强大势力颇为忌惮,假装谦顺地对刘勋说:"上缭的宗党民众,屡次欺负本郡,我打算进攻他们,但路远不便,上缭很是富庶,希望您进兵讨伐,我愿出兵作为外援。"而且用珠宝和织作精美的细葛布来贿赂刘勋。刘勋大喜,内外一致向他祝贺,只有刘晔不以为然,刘勋问他原因,刘晔说:"上缭虽小,但城堡坚固,壕沟深广,易守难攻,不会在十天之内攻克。

兵疲于外而国内虚,策乘虚袭我,则后不能独守。是将军进屈于敌,退无所归,若军必出,祸今至矣。"勋不听,遂伐上缭。至海昏,宗帅知之,皆空壁逃迁,勋了无所得。时策引兵西击黄祖,行及石城,闻勋在海昏,策乃分遣从兄贲、辅将八千人屯彭泽,自与领江夏太守周瑜将两万人袭皖城,克之,得术、勋妻子及部曲三万馀人。表汝南李术为庐江太守,给兵三千人以守皖城,皆徙所得民东诣吴。勋还至彭泽,孙贲、孙辅邀击,破之。勋走保流沂,求救于黄祖,祖遣其子射率船军五千人助勋。策复就攻勋,大破之。勋北归曹操,射亦遁走。

策收得勋兵二千馀人,船千艘,遂进击黄祖。十二月辛亥,策军至沙羡,刘表遣从子虎及南阳韩晞,将长矛五千来救祖。甲寅,策与战,大破之,斩晞。祖脱身走,获其妻子及船六千艘,士卒杀溺死者数万人。

策盛兵将徇豫章,屯于椒丘,谓功曹虞翻曰:"华子鱼自有名字,然非吾敌也。若不开门让城,金鼓一震,不得无所伤害。卿便在前,具宣孤意。"翻乃往见华歆曰:"窃闻明府与鄙郡故王府君齐名中州,海内所宗,虽在东垂,常怀瞻仰。"歆曰:"孤不如王会稽。"翻复曰:"不审豫章资粮器仗,士民勇果,孰与鄙郡?"歆曰:"大不如也。"翻曰:"明府言不如王会稽,谦光之谭耳;精兵不如会稽,实如尊教。孙讨逆智略超世,用兵如神,前走刘扬州,君所亲见;南定鄙郡,亦君所闻也。今欲守孤城,自料资粮,已知不足,不早为计,悔无及也。今大军已次椒丘,仆便还去,明日日中迎檄不到者,与君辞矣。"歆曰:"久在江表,常欲北归,孙会稽来,吾便去也。"

大军被困在坚城之下而后方空虚,如果孙策乘虚袭击我们,后方便难于自守。那样,则将军进不能攻陷敌城,退又无家可归。因此,如果大军一定要出,灾祸今天就会到来。"刘勋不听,于是讨伐上缭。大军到达海昏,宗党首领听到风声,全都赶快逃跑,只留下空城,刘勋什么也没有抢到。这时,孙策率兵向西进攻黄祖,走到石城,听说刘勋在海昏,就分派堂兄孙贲、孙辅率领八千人驻在彭泽,自己与兼任江夏郡太守的周瑜率领两万人袭击刘勋的根据地皖城,攻克该城,俘虏了袁术与刘勋的家眷以及部属三万馀人。孙策上表推荐汝南人李术担任庐江郡太守,拨给他三千士兵守卫皖城,把其馀俘获的人都向东迁到自己控制的吴郡。刘勋率军返回到达彭泽,受到孙贲、孙辅的截击,大败。刘勋退守流沂,向黄祖求救,黄祖派儿子黄射率五千水军来援助刘勋。孙策再次前来进攻刘勋,刘勋大败。向北投奔曹操,黄射也逃走了。

孙策收编了刘勋部下的士兵两千馀人,俘获了一千艘船只,乘势进攻黄祖。十二月辛亥(初八),孙策进军到沙羡,刘表派遣侄子刘虎与大将南阳人韩晞,率领五千名手持长矛的士兵来救黄祖。甲寅(十一日),两军会战,孙策大败敌军,斩韩晞。黄祖脱身逃走,黄祖的家眷及战船六千艘被孙策俘获,黄祖部下士兵被杀死及淹死的有数万人。

孙策统大军准备进攻豫章郡,驻扎在椒丘,他对功曹虞翻说:"华歆虽有名望,但不是我的对手。如果他不开门让城,一旦发动进攻,不会没有死伤。你在他的面前,讲明我的意思。"虞翻就先去拜见华歆,说:"听说您与我郡的前任太守王朗在中原地区都享有盛名,受到海内的一致尊崇,虽然我居住在偏远的东方,心中一直很敬仰。"华歆说:"我不如王朗。"虞翻又说:"不知豫章郡的粮草储存,武器装备以及民众的勇敢斗志,比起我们会稽郡如何?"华歆说:"远远比不上。"虞翻说:"您说名望不如王朗,是谦虚之词;但兵力精强比不上会稽,则正如您的判断。孙将军智谋出众,用兵如神。以前,他攻破扬州刺史刘繇,是您亲眼所见;再向南平定我们会稽郡,您也一定有耳闻。如今,你要固守孤城,自己已知粮草不足,不早作打算,后悔就来不及了。现在孙将军大军已到椒丘,我这就要回去,如果明天中午迎接孙将军的檄文还没送到,我就不能与您再见了。"华歆说:"我久在江南,常想北归家乡,孙将军一到,我就离开。"

乃夜作檄,明旦,遣吏赍迎。策便进军,歆葛巾迎策。策谓歆曰:"府君年德名望,远近所归;策年幼稚,宜修子弟之礼。"便向歆拜,礼为上宾。

孙盛曰:歆既无夷、皓韬邈之风,又失王臣匪躬之操,桡心于邪儒之说,交臂于陵肆之徒,位夺节堕,咎孰大焉!

7 策分豫章为庐陵郡,以孙贲为豫章太守,孙辅为庐陵太守。会僮芝病,辅遂进取庐陵,留周瑜镇巴丘。

孙策之克皖城也,抚视袁术妻子;及入豫章,收载刘繇丧,善遇其家。士大夫以是称之。

会稽功曹魏腾尝迕策意,策将杀之,众忧恐,计无所出。策母吴夫人倚大井谓策曰:"汝新造江南,其事未集,方当优贤礼士,舍过录功。魏功曹在公尽规,汝今日杀之,则明日人皆叛汝。吾不忍见祸之及,当先投此井中耳!"策大惊,遽释腾。

初,吴郡太守会稽盛宪举高岱孝廉,许贡来领郡,岱将宪避难于营帅许昭家。乌程邹佗、钱铜及嘉兴王晟等各聚众万馀或数千人,不附孙策。策引兵扑讨,皆破之,进攻严白虎。白虎兵败,奔馀杭,投许昭。程普请击昭,策曰:"许昭有义于旧君,有诚于故友,此丈夫之志也。"乃舍之。

8 曹操复屯官渡。操常从士徐他等谋杀操,入操帐,见校尉许褚,色变,褚觉而杀之。

于是,华歆连夜赶写迎接孙策的檄文,第二天一早,就派人送到孙策军前。孙策随即领军前进,华歆头戴葛巾,身着便装迎接孙策。孙策对华歆说:"您年高德劭,名满天下,深为远近人心所归;我年幼识浅,应当用子弟拜见长辈的礼节见您。"于是,孙策按照子弟的礼节拜见华歆,将华歆尊为上宾。

> 孙盛说:华歆既没有伯夷与商山四皓那样不慕荣利的高风亮节,又失去朝廷大臣尽忠忘私的操守,却屈从邪恶书生的游说,结交孙策那样的横行之徒,官位被夺,气节堕毁,没有比这更大的罪过了!

7　孙策分割豫章郡,另立庐陵郡,委任堂兄孙贲为豫章郡太守,孙辅为庐陵郡太守。恰好占据庐陵的僮芝有病,孙辅就进军攻取庐陵,留周瑜镇守巴丘。

孙策攻克皖城时,安抚照顾袁术的妻子家小;等到他进入豫章,又远送刘繇的棺柩返回家乡,厚待刘繇的家属。士大夫们对于他的这些行为,很是称赞。

会稽郡功曹魏腾曾经得罪孙策,孙策要杀死他,众官员忧虑恐惧,却又无计可施。孙策的母亲吴夫人倚着大井的栏杆,对孙策说:"你刚刚开创江南的局面,诸事都还没有安顿,正应该礼贤下士,不念过失,只记功劳。魏功曹在公事上尽职尽责,你今天杀了他,明天别人都会背叛你。我不忍心见到大祸临头,应当先投井自尽!"孙策大惊,赶快释放魏腾。

当初,吴郡太守、会稽人盛宪推荐高岱为孝廉,许贡来接管吴郡,高岱把盛宪藏在营帅许昭家中避难。本年,乌程人邹伦、钱铜以及嘉兴人王晟等,每人都拥有部众一万馀人或数千人,不肯归附孙策。孙策进军讨伐,全部击破,就又挥军进讨严白虎。严白虎战败,逃到馀杭,投奔许昭。孙策部将程普请求进击许昭,孙策说:"许昭对过去的长官有义,对老朋友有诚,这正是大丈夫应有的志气。"于是,没有进军去逼迫许昭。

8　曹操又进驻官渡。曹操身边的侍卫徐他等策划谋杀曹操,他们进入曹操的营帐,刚想动手,见到校尉许褚,脸色大变,许褚发觉,将徐他等杀死。

9 初,车骑将军董承称受帝衣带中密诏,与刘备谋诛曹操。操从容谓备曰:"今天下英雄,惟使君与操耳,本初之徒,不足数也!"备方食,失匕箸;值天雷震,备因曰:"圣人云'迅雷风烈必变',良有以也。"遂与承及长水校尉种辑、将军吴子兰、王服等同谋。会操遣备与朱灵邀袁术,程昱、郭嘉、董昭皆谏曰:"备不可遣也!"操悔,追之,不及。术既南走,朱灵等还。备遂杀徐州刺史车胄,留关羽守下邳,行太守事,身还小沛。东海贼昌豨及郡县多叛操为备。备众数万人,遣使与袁绍连兵,操遣司空长史沛国刘岱、中郎将扶风王忠击之,不克。备谓岱等曰:"使汝百人来,无如我何;曹公自来,未可知耳!"

五年(庚辰,200)

1 春,正月,董承谋泄。壬子,曹操杀承及王服、种辑,皆夷三族。

操欲自讨刘备,诸将皆曰:"与公争天下者,袁绍也。今绍方来而弃之东,绍乘人后,若何?"操曰:"刘备,人杰也,今不击,必为后患。"郭嘉曰:"绍性迟而多疑,来必不速。备新起,众心未附,急击之,必败。"操师遂东。冀州别驾田丰说袁绍曰:"曹操与刘备连兵,未可卒解。公举军而袭其后,可一往而定。"绍辞以子疾,未得行。丰举杖击地曰:"嗟乎!遭难遇之时,而以婴儿病失其会,惜哉,事去矣!"

9　起初,车骑将军董承声称接受了献帝衣带中的密诏,与刘备一起密谋刺杀曹操。一天,曹操从容地对刘备说:"如今天下的英雄,只有您和我罢了,袁绍之流,是算不上数的!"刘备正在吃东西,吓得掉了筷子,正遇到天上打雷,刘备乘机掩饰说:"圣人说'遇到迅雷和暴风,使人改变脸色',真是这样。"事后,刘备便与董承以及长水校尉种辑、将军吴子兰、王服等一同策划。这时,曹操派遣刘备与朱灵去截击袁术,程昱、郭嘉、董昭等都劝阻曹操,说:"不可派遣刘备率兵外出!"曹操后悔,派人去追,但已来不及。袁术既向南退回寿春,朱灵等班师回朝。刘备就杀死徐州刺史车胄,留关羽镇守下邳,代理下邳郡太守,自己率军驻在小沛。东海乱匪首领昌豨以及周围其他郡县多背叛曹操,归附刘备。刘备拥有部众数万人,派使者与袁绍联盟,曹操派遣司空长史、沛国人刘岱和中郎将、扶风人王忠率军进攻刘备,刘岱等失利。刘备对刘岱等人说:"像你们这样的,来上一百个,也不能把我怎么样;如果曹公亲自来,胜负就难以预料了。"

汉献帝建安五年(庚辰,公元200年)

1　春季,正月,董承的密谋败露。壬子,曹操杀死董承和王服、种辑,并将他们的三族全部屠灭。

曹操打算亲自出马讨伐刘备,将领们都说:"与您争夺天下的是袁绍,如今袁绍大军压境,而您却向东讨伐刘备,如果袁绍在背后进行攻击,怎么办?"曹操说:"刘备是人中豪杰,如今不进攻他,必定成为后患。"郭嘉说:"袁绍性情迟钝,而且多疑,即使进攻,也必定不会很快。刘备刚刚创立基业,人心还没有完全归附,赶快进攻,一定能将刘备击败。"曹操于是挥师东征刘备。冀州别驾田丰劝袁绍说:"曹操与刘备交战,不会立即分出胜负。将军率军袭击他的后方,可以一举成功。"袁绍表示因幼子病情正重,不能出兵。田丰举起手杖敲着地说:"唉!遇到这种难得的机会,却因为小孩子的病而放弃,可惜啊,大事完了!"

曹操击刘备,破之,获其妻子;进拔下邳,禽关羽;又击昌豨,破之。备奔青州,因袁谭以归袁绍。绍闻备至,去邺二百里迎之,驻月馀,所亡士卒稍稍归之。

曹操还军官渡,绍乃议攻许,田丰曰:"曹操既破刘备,则许下非复空虚。且操善用兵,变化无方,众虽少,未可轻也,今不如以久持之。将军据山河之固,拥四州之众,外结英雄,内修农战,然后简其精锐,分为奇兵,乘虚迭出以扰河南,救右则击其左,救左则击其右,使敌疲于奔命,民不得安业,我未劳而彼已困,不及三年,可坐克也。今释庙胜之策而决成败于一战,若不如志,悔无及也。"绍不从。丰强谏忤绍,绍以为沮众,械系之。于是移檄州郡,数操罪恶。二月,进军黎阳。

沮授临行,会其宗族,散资财以与之曰:"势存则威无不加,势亡则不保一身,哀哉!"其弟宗曰:"曹操士马不敌,君何惧焉!"授曰:"以曹操之明略,又挟天子以为资,我虽克伯珪,众实疲敝,而主骄将忕,军之破败,在此举矣。扬雄有言:'六国蚩蚩,为嬴弱姬。'其今之谓乎!"

振威将军程昱以七百兵守鄄城。曹操欲益昱兵二千,昱不肯,曰:"袁绍拥十万众,自以所向无前,今见昱少兵,必轻易,不来攻。若益昱兵,过则不可不攻,攻之必克,徒两损其势,愿公无疑。"绍闻昱兵少,果不往。操谓贾诩曰:"程昱之胆,过于贲、育矣!"

曹操进攻刘备,将刘备打败,俘虏了他的妻子家小;曹操接着攻克下邳,捉住关羽;又击败昌豨。刘备逃奔青州,通过袁谭投奔袁绍。袁绍听说刘备来到,出邺城两百里,亲自去迎接刘备。刘备在邺城住了一个来月,被打散的士兵逐渐回到刘备身边。

曹操率军回到官渡,袁绍才开始计议进攻许都,田丰说:"曹操既然击败刘备,则许都已不再空虚。而且曹操善于用兵,变化无穷,兵马虽少,却不可轻视,现在,不如按兵不动,与他相持。将军据守山川险固,拥有四州的民众,对外结交英雄,对内抓紧农耕,加强战备。然后,挑选精锐之士,分出来组成奇兵,频繁攻击薄弱之处,扰乱黄河以南,敌军救右,我军则击其左,救左,则击其右,使得敌军疲于奔命,百姓无法安心生产,我们没有劳苦,而敌军已经陷入困境,不到三年,就可稳操胜券。现在放弃必胜的谋略,而要以一战来决定成败,万一不能如愿,后悔就来不及了。"袁绍没有采纳。田丰竭力劝谏,冒犯了袁绍,袁绍认为田丰扰乱军心,给他戴上刑具,关押起来。于是,袁绍用公文通告各州、郡,宣布曹操的罪状。二月,袁绍进军黎阳。

沮授在出军前,召集宗族,把自己的家产分给族人,说:"有势时权威无所不加,失势后连自己性命也保不住,真是可悲!"他弟弟沮宗说:"曹操的兵马比不上我军,您为什么害怕呢?"沮授说:"凭曹操的智慧与谋略,又挟持天子作为资本,我们虽战败公孙瓒,但士兵实际上已经疲惫,加上主上骄傲,将领奢侈,全军覆没,就在这一仗了。扬雄曾经说过:'六国纷纷扰扰,只不过是为秦取代周而效劳。'这说的正是今天呀!"

振威将军程昱率七百人守鄄城。曹操打算给他增加两千名士兵,程昱不肯,说:"袁绍拥兵十万,自以为所向无前,看到我兵力薄弱,一定瞧不起,不会来攻。如给我增兵,则袁绍大军经过就不会不进攻,进攻必然攻克,那就白白损失您和我两处的实力,请您不必担心。"袁绍听说程昱兵少,果然没去进攻。曹操对贾诩说:"程昱的胆量,超过古代的勇士孟贲和夏育!"

　　袁绍遣其将颜良攻东郡太守刘延于白马。沮授曰："良性促狭，虽骁勇，不可独任。"绍不听。夏，四月，曹操北救刘延。荀攸曰："今兵少不敌，必分其势乃可。公到延津，若将渡兵向其后者，绍必西应之，然后轻兵袭白马，掩其不备，颜良可禽也。"操从之。绍闻兵渡，即分兵西邀之。操乃引军兼行趣白马，未至十馀里，良大惊，来逆战。操使张辽、关羽先登击之。羽望见良麾盖，策马刺良于万众之中，斩其首而还，绍军莫能当者。遂解白马之围，徙其民，循河而西。

　　绍渡河追之，沮授谏曰："胜负变化，不可不详。今宜留屯延津，分兵官渡，若其克获，还迎不晚，设其有难，众弗可还。"绍弗从。授临济叹曰："上盈其志，下务其功，悠悠黄河，吾其济乎！"遂以疾辞。绍不许而意恨之，复省其所部，并属郭图。

　　绍军至延津南，操勒兵驻营南阪下，使登垒望之，曰："可五六百骑。"有顷，复白："骑稍多，步兵不可胜数。"操曰："勿复白。"令骑解鞍放马。是时，白马辎重就道。诸将以为敌骑多，不如还保营。荀攸曰："此所以饵敌，如何去之！"操顾攸而笑。绍骑将文丑与刘备将五六千骑前后至。诸将复白："可上马。"操曰："未也。"有顷，骑至稍多，或分趣辎重。操曰："可矣。"乃皆上马。时骑不满六百，遂纵兵击，大破之，斩丑。丑与颜良，皆绍名将也，再战，悉禽之，绍军夺气。

袁绍派大将颜良到白马进攻东郡太守刘延。沮授说:"颜良性情急躁狭隘,虽然骁勇,但不可让他独当一面。"袁绍不听。夏季,四月,曹操率军向北援救刘延。荀攸说:"如今我们兵少,不是袁军的对手,只有分散他的兵力才行。您到延津后,做出准备渡河袭击袁绍后方的样子,袁绍必然向西应战,然后您率军轻装急进,袭击白马,攻其不备,就可击败颜良。"曹操采用荀攸的计策。袁绍听说曹军要渡河,就分兵向西阻截。曹操于是率军急速向白马挺进,还差十余里,颜良才得到消息,大吃一惊,前来迎战。曹操派张辽、关羽作先锋,关羽望见颜良的旌旗伞盖,策马长驱直入,在万众之中刺死颜良,斩下他的头颅而归,袁绍军中无人能挡。于是,解开白马之围,曹操把全城百姓沿黄河向西迁徙。

袁绍要渡过黄河进行追击,沮授劝阻他说:"胜负之间,变化无常,不能不慎重考虑。如今应当把大军留驻在延津,分出部分军队去官渡,如果他们告捷,回来迎接大军也不晚。如果大军渡河南下,万一失利,大家就没有退路了。"袁绍不听他的劝告。沮授在渡河时叹息着说:"主上狂妄自大,下边将领只会贪功,悠悠黄河,我们还能再回来吗?"于是,沮授称病辞职。袁绍不批准,但心中怀恨,就又解除沮授的兵权,把他所统帅的军队全部拨归郭图指挥。

袁绍大军到达延津以南,曹操部署军队在南阪下安营,派人登上营垒瞭望,报告说:"敌军大约有五六百骑兵。"一会儿,又报告说:"骑兵稍多,步兵不可胜数。"曹操说:"不必再报告了。"命令骑兵解下马鞍,放马休息。这时,从白马西迁的辎重已经上路,将领们认为敌军骑兵多,不如回去守卫营垒。荀攸说:"这正是引敌上钩,怎么能走?"曹操看着荀攸微微一笑。袁绍的骑兵将领文丑与刘备率领五六千骑兵先后赶到。曹军将领们都说:"可以上马了。"曹操说:"还没到时候。"又过了一会儿,袁军骑兵来得更多,有的已分别攻击曹军的辎重车队。曹操说:"时候到了。"于是曹军全体骑兵上马。当时曹军骑兵不到六百人,曹操挥军猛击,大破袁军,斩杀文丑。文丑与颜良都是袁绍军中有名的大将,两次交战,先后被曹军杀死,袁绍军中士气大衰。

初,操壮关羽之为人,而察其心神无久留之意,使张辽以其情问之,羽叹曰:"吾极知曹公待我厚,然吾受刘将军恩,誓以共死,不可背之。吾终不留,要当立效以报曹公乃去耳。"辽以羽言报操,操义之。及羽杀颜良,操知其必去,重加赏赐。羽尽封其所赐,拜书告辞,而奔刘备于袁军。左右欲追之,操曰:"彼各为其主,勿追也。"

操还军官渡,阎柔遣使诣操,操以柔为乌桓校尉。鲜于辅身见操于官渡,操以辅为右度辽将军,还镇幽土。

2 广陵太守陈登治射阳,孙策西击黄祖,登诱严白虎馀党,图为后害。策还击登,军到丹徒,须待运粮。初,策杀吴郡太守许贡,贡奴客潜民间,欲为贡报雠。策性好猎,数出驱驰,所乘马精骏,从骑绝不能及,卒遇贡客三人,射策中颊,后骑寻至,皆刺杀之。策创甚,召张昭等谓曰:"中国方乱,以吴、越之众,三江之固,足以观成败,公等善相吾弟!"呼权,佩以印绶,谓曰:"举江东之众,决机于两陈之间,与天下争衡,卿不如我;举贤任能,各尽其心以保江东,我不如卿。"丙午,策卒,时年二十六。

权悲号,未视事,张昭曰:"孝廉!此宁哭时邪!"乃改易权服,扶令上马,使出巡军。昭率僚属,上表朝廷,下移属城,中外将校,各令奉职。周瑜自巴丘将兵赴丧,遂留吴,以中护军与张昭共掌众事。时策虽有会稽、吴郡、丹阳、豫章、庐江、庐陵,然深险之地,犹未尽从,流寓之士,皆以安危去就为意,未有君臣之固,而张昭、周瑜等谓权可与共成大业,遂委心而服事焉。

起初，曹操欣赏关羽的为人，但观察关羽的心思，没有久留之意，就派张辽去了解关羽的想法，关羽叹息说："我十分明白曹公待我情义深厚，但我受刘将军厚恩，已发誓与他同生死，共患难，不能背弃誓言。我最终不会留在这里，但要立功报答曹公后才离去。"张辽把关羽的话报告给曹操，曹操很佩服他的义气。等到关羽杀死颜良后，曹操知道他一定要走，就重加赏赐。关羽把所有曹操赏赐的东西都封存起来，留下一封书信向曹操告辞，就到袁绍军中投奔刘备。曹操的左右将领要去追赶关羽，曹操说："他是各为其主，不要去追。"

曹操回军官渡，阎柔派遣使者拜见曹操，曹操任命阎柔为乌桓校尉。鲜于辅亲自到官渡拜见曹操，曹操任命他为右度辽将军，回去镇守幽州。

2　广陵郡太守陈登把郡府设在射阳，孙策向西攻击黄祖，陈登引诱严白虎的馀党，准备在孙策后方起事。孙策率军回击陈登，先驻在丹徒，等待运输粮草。当初，孙策曾杀死吴郡太守许贡，许贡的家奴和门客藏在民间，打算为许贡报仇。孙策喜欢出外打猎，经常在外追赶野兽，他骑的一匹骏马，速度极快，卫士们的马根本追不上。孙策乘马驱驰时，突然遇到许贡的三个门客，用箭射中孙策面颊，卫士们随后赶到，将门客全部杀死。孙策受伤很重，召唤长史张昭等人，对他们说："中原正在大乱，以吴、越的人力，据守三江险要，足以坐观成败。你们一定要好好辅佐我的弟弟！"把孙权叫来，把印绶给孙权佩上，对孙权说："率领江东的人马，决战于疆场，与天下英雄相争，你不如我；遴选贤才，任用能臣，使他们各尽忠心，保守江东，我不如你。"四月丙午（初四），孙策去世，当时他二十六岁。

孙权悲痛号哭，没有立即主持军政事务，张昭对他说："孙孝廉！这难道是你哭的时候吗！"于是给孙权换好官服，扶孙权上马，要他去巡视军营。张昭率领僚属，向朝廷上表奏报孙策的死讯，并通知属下郡、县，命令各地官吏和大小将领都严守岗位。周瑜从巴丘率兵前来奔丧，就留在吴郡，担任中护军，与张昭一起主持军政事务。当时孙策虽然已经占有会稽、吴郡、丹阳、豫章、庐江、庐陵这几个郡，但偏远山区，还未全部控制，流亡到江南的士大夫，也还怀有暂时避难的想法，与孙策、孙权并未建立起稳定的君臣关系，但张昭、周瑜等人以为可以与孙权共同完成大业，于是尽心尽力地为孙权效力。

3　秋,七月,立皇子冯为南阳王;壬午,冯薨。

4　汝南黄巾刘辟等叛曹操应袁绍,绍遣刘备将兵助辟,郡县多应之。绍遣使拜阳安都尉李通为征南将军,刘表亦阴招之,通皆拒焉。或劝通从绍,通按剑叱之曰:"曹公明哲,必定天下;绍虽强盛,终为之虏耳。吾以死不贰。"即斩绍使,送印绶诣操。

通急录户调,朗陵长赵俨见通曰:"方今诸郡并叛,独阳安怀附,复趣收其绵绢,小人乐乱,无乃不可乎?"通曰:"公与袁绍相持甚急,左右郡县背叛乃尔,若绵绢不调送,观听者必谓我顾望,有所须待也。"俨曰:"诚亦如君虑,然当权其轻重。小缓调,当为君释此患。"乃书与荀彧曰:"今阳安郡百姓困穷,邻城并叛,易用倾荡,乃一方安危之机也。且此郡人执守忠节,在险不贰,以为国家宜垂慰抚,而更急敛绵绢,何以劝善!"彧即白操,悉以绵绢还民,上下欢喜,郡内遂安。通击群贼瞿恭等,皆破之,遂定淮、汝之地。

时操制新科,下州郡,颇增严峻,而调绵绢方急。长广太守何夔言于操曰:"先王辨九服之赋以殊远近;制三典之刑以平治乱。愚以为此郡宜依远域新邦之典,其民间小事,使长吏临时随宜,上不背正法,下以顺百姓之心。比及三年,民安其业,然后乃可齐之以法也。"操从之。

3 秋季,七月,献帝封皇子刘冯为南阳王。壬午(十二日),刘冯去世。

4 汝南郡的黄巾军首领刘辟等背叛曹操,响应袁绍,袁绍派遣刘备统兵去援助刘辟,周围的郡、县纷纷起来响应。袁绍派使者委任阳安郡都尉李通为征南将军,刘表也暗中派人来招李通,李通一概拒绝。有人劝李通与袁绍联络,李通手按剑柄叱责说:"曹公明智,必然平定天下;袁绍虽然强盛,终究会败在曹公之手。我誓死不二。"随即杀死袁绍使者,把袁绍送来的印绶交给曹操。

李通加紧按户征收棉绢,朗陵县县令赵俨去见李通,对他说:"如今其他郡县都已叛变,只阳安仍归附朝廷,现在又要按户强收棉绢,小人喜欢作乱,这样强行征敛,岂不是不大合适?"李通说:"曹公与袁绍相持,正在危急时刻,周围郡、县又都已经背叛,如果不立刻征收棉绢,送到许都,就会有人说我坐观成败,有所等待。"赵俨说:"事情确实像您考虑得那样,但是应当区别轻重缓急,稍稍放松,我来为你消除这个顾虑。"赵俨于是给荀彧写信说:"如今阳安郡百姓穷困,邻近郡县都已叛变,容易受到影响,因此,成为这一地区安危的关键。阳安郡的百姓保持忠节,身处险境而并无二心,我认为国家应该加以慰抚,想不到反而加紧征收棉绢,这怎么能劝导百姓一心向善呢?"荀彧立刻报告曹操,把已征收的棉、绢一律退还给百姓,上下都十分高兴,于是全郡安定。李通进攻郡内的地方势力首领瞿恭等,全部击溃他们,平定了淮、汝地区。

当时曹操制定了新的法令,颁下州、郡执行,比以前更加严厉,而且征收棉绢相当急迫。长广郡太守何夔对曹操说:"古代的君王把赋税分为九等,以距京城的远近作为标准;而且根据归附早晚与治乱的情况订了轻典、中典、重典三种不同的刑法标准。我认为长广郡应该按照归附较晚的边远地区施行法律,赋税从轻,法令从宽,民间的小事,由地方官员因地制宜,自行处理,上不违背朝廷正法,下可顺应百姓之心。等到三年以后,百姓安居乐业,然后再推行朝廷的统一法令。"曹操批准了这个意见。

刘备略汝、颍之间,自许以南,吏民不安,曹操患之。曹仁曰:"南方以大将军方有目前急,其势不能相救,刘备以强兵临之,其背叛故宜也。备新将绍兵,未能得其用,击之,可破也。"操乃使仁将骑击备,破走之,尽复收诸叛县而还。

备还至绍军,阴欲离绍,乃说绍南连刘表。绍遣备将本兵复至汝南,与贼龚都等合,众数千人。曹操遣将蔡杨击之,为备所杀。

袁绍军阳武,沮授说绍曰:"北兵虽众而劲果不及南,南军谷少而资储不如北。南幸于急战,北利在缓师。宜徐持久,旷以日月。"绍不从。八月,绍进营稍前,依沙塠为屯,东西数十里。操亦分营与相当。

5　九月庚午朔,日有食之。

6　曹操出兵与袁绍战,不胜,复还,坚壁。绍为高橹,起土山,射营中,营中皆蒙楯而行。操乃为霹雳车,发石以击绍楼,皆破;绍复为地道攻操,操辄于内为长堑以拒之。操众少粮尽,士卒疲乏,百姓困于征赋,多叛归绍者。操患之,与荀彧书,议欲还许,以致绍师。彧报曰:"绍悉众聚官渡,欲与公决胜败。公以至弱当至强,若不能制,必为所乘,是天下之大机也。且绍,布衣之雄耳,能聚人而不能用。以公之神武明哲而辅以大顺,何向而不济!今谷食虽少,未若楚、汉在荥阳、成皋间也。是时刘、项莫肯先退者,以为先退则势屈也。公以十分居一之众,画地而守之,扼其喉而不得进,已半年矣。情见势竭,必将有变。此用奇之时,不可失也。"操从之,乃坚壁持之。

刘备率军攻掠汝、颍地区,自许都以南,官民都人心不安,曹操对此很忧虑。曹仁说:"南方知道大将军正与袁绍相持到危急关头,无力去援救,刘备率强兵压境,他们背叛是在所难免的。不过,刘备刚开始率领袁绍的士兵,还不能得心应手,立刻进攻,可以击破刘备。"曹操就派曹仁率骑兵进攻刘备,刘备兵败溃逃,曹仁再次收复叛变的各县才回军。

刘备回到袁绍军中,暗中打算离开袁绍。于是,他劝说袁绍与荆州的刘表联合。袁绍派刘备率领他原来的部队再到汝南,与当地土匪龚都等联合,有部众数千人。曹操派部将蔡杨前去进攻,被刘备杀死。

袁绍驻军阳武,沮授劝袁绍说:"我军数量虽多,但战斗力比不上曹军;曹军粮草短缺,军用物资储备比不上我军。因此,曹操利于速战速决,我军利于打持久战。应当作长期打算,拖延时间。"袁绍没有采纳。八月,袁绍大军向前稍作推进,依沙丘扎营,东西达数十里。曹操也把部队分开驻扎,与袁绍营垒相对。

5 九月庚午朔(初一),出现日食。

6 曹操出兵与袁绍交战,没有取胜,又退回营垒,坚守不出。袁绍军中制造高楼,堆起土山,居高临下地向曹营射箭,曹军在营中行走,都要用盾牌遮挡飞箭。曹操制成霹雳车,发射石块,将袁绍的高楼全都击毁;袁绍又挖地道进攻,曹军在营内挖一道长长的深沟,以抵御袁军从地下来攻。曹操兵少粮尽,士兵疲惫不堪,百姓无法交纳沉重的赋税,纷纷背叛而降附袁绍。曹操大为忧虑,给荀彧写信,说准备用退回许都的办法,引诱袁军深入。荀彧回信说:"袁绍集中全部军队到官渡,打算与您一决胜负。您以最弱者抵抗最强者,如果不能制敌,就将为敌所制,这正是夺取天下的关键。而且,袁绍是平民式的英雄,能把人才招集在自己身边,却没有能力加以妥善任用。以您的神武明智,加上尊奉天子、名正言顺,有谁能阻拦得住! 如今,粮食虽少,但还没有到楚、汉在荥阳、成皋对峙时的困境。那时刘邦、项羽谁也不肯先向后撤,是因为先退就会被对方控制局势。您的军队只有袁绍军队的十分之一,但您坚守不动,扼住袁军的咽喉,使袁军无法前进,已长达半年。再坚持下去,事情就会发生变化,这正是出奇制胜的时机,一定不能放弃。"曹操听从荀彧的劝告,坚守营垒,与袁绍相持。

　　操见运者,抚之曰:"却十五日为汝破绍,不复劳汝矣。"绍运谷车数千乘至官渡。荀攸言于操曰:"绍运车旦暮至,其将韩猛锐而轻敌,击,可破也!"操曰:"谁可使者?"攸曰:"徐晃可。"乃遣偏将军河东徐晃与史涣邀击猛,破走之,烧其辎重。

　　冬,十月,绍复遣车运谷,使其将淳于琼等将兵万馀人送之,宿绍营北四十里。沮授说绍:"可遣蒋奇别为支军于表,以绝曹操之钞。"绍不从。

　　许攸曰:"曹操兵少而悉师拒我,许下馀守,势必空弱。若分遣轻军,星行掩袭,许可拔也。许拔,则奉迎天子以讨操,操成禽矣。如其未溃,可令首尾奔命,破之必也。"绍不从,曰:"吾要当先取操。"会攸家犯法,审配收系之,攸怒,遂奔操。

　　操闻攸来,跣出迎之,抚掌笑曰:"子卿远来,吾事济矣!"既入坐,谓操曰:"袁氏军盛,何以待之?今有几粮乎?"操曰:"尚可支一岁。"攸曰:"无是,更言之!"又曰:"可支半岁。"攸曰:"足下不欲破袁氏邪,何言之不实也!"操曰:"向言戏之耳。其实可一月,为之奈何?"攸曰:"公孤军独守,外无救援而粮谷已尽,此危急之日也。袁氏辎重万馀乘,在故市、乌巢,屯军无严备,若以轻兵袭之,不意而至,燔其积聚,不过三日,袁氏自败也。"操大喜,乃留曹洪、荀攸守营,自将步骑五千人,皆用袁军旗帜,衔枚缚马口,夜从间道出,人抱束薪,所历道有问者,语之曰:"袁公恐曹操钞略后军,遣兵以益备。"闻者信以为然,皆自若。既至,围屯,大放火,营中惊乱。会明,琼等望见操兵少,出陈门外,操急击之,琼退保营,操遂攻之。

曹操见到运输粮草的人,安抚他们说:"再过十五天,为你们击败袁绍,就不用再辛苦你们运粮了。"袁绍的运粮车数千辆来到官渡。荀攸对曹操说:"袁绍的运送辎重的车队马上就要来了,押运的大将韩猛勇敢而轻敌,进攻他,可以把他击败!"曹操说:"派谁去合适?"荀攸说:"徐晃最合适。"于是,曹操派遣偏将军、河东人徐晃与史涣在半路截击韩猛,击退韩猛,烧毁辎重。

冬季,十月,袁绍又派大批车辆运粮草,让大将淳于琼等率领一万余人护送,停留在袁绍大营以北四十里处。沮授劝袁绍说:"可派遣蒋奇率一支军队,在运粮队的外围巡逻,以防曹操派军袭击。"袁绍不听。

许攸说:"曹操兵少,而集中全力来抵抗我军,许都由剩下的人守卫,防备一定空虚。如果派一支队伍轻装前进,连夜奔袭,可以攻陷许都。占领许都后,就奉迎天子以讨伐曹操,必然能捉住曹操。假如他未立刻溃散,也能使他首尾不能兼顾,疲于奔命,一定可将他击败。"袁绍不同意,说:"我一定要先捉住曹操。"正在这时,许攸家里有人犯法,留守邺城的审配将他们逮捕,许攸知道后大怒,就投奔曹操。

曹操听说许攸前来,等不及穿鞋,光着脚就跑出来迎接他,拍手大笑说:"许子卿,你远道而来,我的大事可成功了!"入座以后,许攸对曹操说:"袁军势大,你有什么办法抵抗他?现在还有多少粮草?"曹操说:"还可以支付一年。"许攸说:"没有那么多,再说一次!"曹操又说:"可以支付半年。"许攸说:"你不想击破袁绍吗?为什么不说实话呢!"曹操说:"刚才是开个玩笑。其实只可应付一个月,怎么办呢?"许攸说:"您孤军独守,外无救援,而粮草已尽,这是危急的关头。袁绍有一万多辆辎重车,在故市、乌巢,守军戒备不严密,如果派轻装部队袭击,出其不意而来,焚毁他们的粮草与军用物资,不出三天,袁绍大军就会自行溃散。"曹操大喜,于是留下曹洪、荀攸防守大营,亲自率领五千名步骑兵,都打着袁军的旗号,兵士嘴里叼着小木棍,把马嘴绑上,以防发出声音,夜里从小道出营,每人抱一捆柴草。经过的路上遇到有人盘问,就回答说:"袁公恐怕曹操袭击后方辎重,派兵去加强守备。"听的人信以为真,全都毫无戒备。到达乌巢后,围住袁军辎重,四面放火,袁军营中大乱。正在这时,天已渐亮,淳于琼等看到曹军兵少,就在营外摆开阵势,曹操进军猛击,淳于琼等抵挡不住,退守营寨,于是曹军开始进攻。

绍闻操击琼，谓其子谭曰："就操破琼，吾拔其营，彼固无所归矣！"乃使其将高览、张郃等攻操营。郃曰："曹公精兵往，必破琼等，琼等破，则事去矣，请先往救之。"郭图固请攻操营。郃曰："曹公营固，攻之必不拔。若琼等见禽，吾属尽为虏矣。"绍但遣轻骑救琼，而以重兵攻操营，不能下。

绍骑至乌巢，操左右或言："贼骑稍近，请分兵拒之。"操怒曰："贼在背后，乃白！"士卒皆殊死战，遂大破之，斩琼等，尽燔其粮谷，士卒千馀人，皆取其鼻，牛马割唇舌，以示绍军。绍军将士皆恟惧。郭图惭其计之失，复潛张郃于绍曰："郃快军败。"郃忿惧，遂与高览焚攻具，诣操营降。曹洪疑不敢受，荀攸曰："郃计画不用，怒而来奔，君有何疑！"乃受之。

于是绍军惊扰，大溃。绍及谭等幅巾乘马，与八百骑渡河。操追之不及，尽收其辎重、图书、珍宝。馀众降者，操尽坑之，前后所杀七万馀人。

沮授不及绍渡，为操军所执，乃大呼曰："授不降也，为所执耳！"操与之有旧，迎谓曰："分野殊异，遂用圮绝，不图今日乃相禽也！"授曰："冀州失策，自取奔北。授知力俱困，宜其见禽。"操曰："本初无谋，不相用计，今丧乱未定，方当与君图之。"授曰："叔父、母弟，县命袁氏，若蒙公灵，速死为福。"操叹曰："孤早相得，天下不足虑也。"遂赦而厚遇焉。授寻谋归袁氏，操乃杀之。

袁绍听到曹操袭击淳于琼的消息，对儿子袁谭说："就算曹操攻破淳于琼，而我去攻破他的大营，让他无处可归！"于是，派遣大将高览、张郃去攻打曹军大营。张郃说："曹操亲率精兵前去袭击，必能攻破淳于琼等，他们一败，辎重被毁，则大势已去，请先去救援淳于琼。"郭图坚持要先攻曹操营寨。张郃说："曹操营寨坚固，一定不能攻克。如果淳于琼等被捉，我们都将成为俘虏。"袁绍只是派轻骑去援救淳于琼，而派重兵进攻曹军大营，未能攻下。

　　袁绍增援的骑兵到达乌巢，曹操左右有人说："敌人的骑兵逐渐靠近，请分兵抵抗。"曹操怒喝道："敌人到了背后，再来报告！"曹军士兵都拼死作战，于是大破袁军，斩杀淳于琼等，烧毁袁军的全部粮食，将一千余名袁军士兵的鼻子全部割下，将俘获牛马的嘴唇、舌头也割下，拿给袁绍军队看。袁军将士看到后，大为恐惧。郭图因自己的计策失败，心中羞愧，就又去袁绍那里诬告张郃，说："张郃听说我军失利，十分幸灾乐祸。"张郃听说后，又恨又怕，就与高览烧毁了攻营的器械，到曹营去投降。曹洪生怕中计，不敢接受他们投降。荀攸说："张郃因为计策不为袁绍采用，一怒之下来投奔，您有什么可怀疑的！"于是接受张郃、高览的投降。

　　于是，袁绍全军惊恐，秩序大乱，急剧崩溃。袁绍与袁谭等只戴着头巾，骑着快马，率领八百名骑士渡过黄河而逃。曹军追赶不及，俘获了袁绍的全部辎重、图书和珍宝。袁军投降的残部，全部被曹操活埋掉，先后杀死的有七万余人。

　　沮授来不及跟上袁绍渡河逃走，被曹军俘虏，于是他大喊："我不是投降，只是被擒！"曹操和他是老相识，亲自来迎接他，对他说："咱们受地区限制，一直被隔开不能相见，想不到今天你会被我捉住！"沮授说："袁绍失策，自取失败。我的才智和能力全都无法施展，该当被擒。"曹操说："袁绍缺乏头脑，不能采用你的计策，如今，天下战乱未定，我要与你一同创立功业。"沮授说："我叔父与弟弟的性命，都控制在袁绍手中，如果蒙您看重，就请快些杀我，这才是我的福气。"曹操叹息说："我如果早就得到你，天下大事都不需要担忧了。"于是，赦免沮授，并给予他优厚待遇。不久，沮授策划逃回袁绍军中，曹操这才将他杀死。

操收绍书中,得许下及军中人书,皆焚之,曰:"当绍之强,孤犹不能自保,况众人乎!"

冀州城邑多降于操。袁绍走至黎阳北岸,入其将军蒋义渠营,把其手曰:"孤以首领相付矣!"义渠避帐而处之,使宣号令。众闻绍在,稍复归之。

或谓田丰曰:"君必见重矣。"丰曰:"公貌宽而内忌,不亮吾忠,而吾数以至言忤之,若胜而喜,犹能救我,今战败而恚,内忌将发,吾不望生。"绍军士皆拊膺泣曰:"向令田丰在此,必不至于败。"绍谓逢纪曰:"冀州诸人闻吾军败,皆当念吾,惟田别驾前谏止吾,与众不同,吾亦惭之。"纪曰:"丰闻将军之退,拊手大笑,喜其言之中也。"绍于是谓僚属曰:"吾不用田丰言,果为所笑。"遂杀之。初,曹操闻丰不从戎,喜曰:"绍必败矣。"及绍奔遁,复曰:"向使绍用其别驾计,尚未可知也。"

审配二子为操所禽,绍将孟岱言于绍曰:"配在位专政,族大兵强,且二子在南,必怀反计。"郭图、辛评亦以为然。绍遂以岱为监军,代配守邺。护军逢纪素与配不睦,绍以问之,纪曰:"配天性烈直,每慕古人之节,必不以二子在南为不义也。愿公勿疑。"绍曰:"君不恶之邪!"纪曰:"先所争者,私情也;今所陈者,国事也。"绍曰:"善!"乃不废配,配由是更与纪亲。冀州城邑叛绍者,绍稍复击定之。

绍为人宽雅,有局度,喜怒不形于色,而性矜愎自高,短于从善,故至于败。

曹操收缴袁绍的往来书信,得到许都官员及自己军中将领写给袁绍的信,他将这些信全部烧掉,说:"当袁绍强盛之时,连我都不能自保,何况众人呢!"

冀州属下的郡县多投降曹操。袁绍逃到黎阳的黄河北岸,进入部将蒋义渠营中,握着他的手说:"我把脑袋托付给你了!"蒋义渠把大帐让给袁绍,让他在内发号施令,袁军残部知道袁绍还在,又逐渐聚集起来。

有人对田丰说:"您一定会受到重用。"田丰说:"袁绍外貌宽厚而内心猜忌,不能明白我的一片忠心,而我屡次因直言相劝而触怒了他,如果他因胜利而高兴,或许能赦免我,现在战败而愤恨,妒心将要发作,我不指望能活下去。"袁军将士都捶胸痛哭,说:"假如田丰在这里,一定不会失败。"袁绍对逄纪说:"留在冀州的众人,听到我军失败,都会挂念我;只有田丰以前曾经劝阻我出兵,与众人不同,我也感到心中有愧。"逄纪说:"田丰听说将军失利,拍手大笑,庆幸他的预言实现了。"袁绍于是对僚属说:"我没有用田丰的计策,果然被他取笑。"就下令把田丰处死。起初,曹操听说田丰没有随军出征,高兴地说:"袁绍必败无疑。"到袁绍大败逃跑时,曹操又说:"假如袁绍采用田丰的计策,胜败还难以预料。"

审配的两个儿子被曹军俘虏,袁绍部将孟岱对袁绍说:"审配官居高位,专权独断,家族人丁旺盛,兵马十分精锐,而且他两个儿子都在曹操手中,一定会心生背叛之意。"郭图、辛评也以为如此。袁绍就委任孟岱为监军,代替审配镇守邺城。护军逄纪一向与审配不和睦,袁绍去征询逄纪的意见,逄纪说:"审配天性刚直,经常仰慕古人的气节,一定不会因为两个儿子在敌人手中,而做出不义的事来。希望您不要怀疑。"袁绍说:"你不恨他吗?"逄纪说:"以前我与他的争执是私人小事;如今我说的是国家大事。"袁绍说:"好!"于是,没有罢免审配的职务,自此以后,审配与逄纪的关系日益亲近。冀州属下郡、县背叛袁绍的,袁绍又出军讨平了一些。

袁绍为人宽厚文雅,有气度,喜怒不形于色,但性格刚愎自用,不善于采纳别人的正确意见,所以最终一败涂地。

7　冬，十月辛亥，有星孛于大梁。

8　庐江太守李术攻杀扬州刺史严象，庐江梅乾、雷绪、陈兰等各聚众数万在江淮间，曹操表沛国刘馥为扬州刺史。时扬州独有九江，馥单马造合肥空城，建立州治，招怀乾、绪等，皆贡献相继。数年中，恩化大行，流民归者以万数。于是广屯田，兴陂堨；官民有畜，乃聚诸生，立学校；又高为城垒，多积木石，以修战守之备。

9　曹操闻孙策死，欲因丧伐之。侍御史张纮谏曰："乘人之丧，既非古义，若其不克，成雠弃好，不如因而厚之。"操即表权为讨虏将军，领会稽太守。

操欲令纮辅权内附，乃以纮为会稽东部都尉。纮至吴，太夫人以权年少，委纮与张昭共辅之。纮思惟补察，知无不为。太夫人问扬武都尉会稽董袭曰："江东可保不？"袭曰："江东有山川之固，而讨逆明府恩德在民，讨虏承基，大小用命，张昭秉众事，袭等为爪牙，此地利人和之时也，万无所忧。"权遣张纮之部，或以纮本受北任，嫌其志趣不止于此，权不以介意。

鲁肃将北还，周瑜止之，因荐肃于权曰："肃才宜佐时，当广求其比以成功业。"权即见肃，与语，悦之。宾退，独引肃合榻对饮，曰："今汉室倾危，孤思有桓、文之功，君何以佐之？"肃曰："昔高帝欲尊事义帝而不获者，以项羽为害也。今之曹操，犹昔项羽，将军何由得为桓、文乎！肃窃料之，汉室不可复兴，曹操不可卒除，为将军计，惟有保守江东以观天下之衅耳。若因北方多务，剿除黄祖，进伐刘表，竟长江所极，据而有之，此王业也。"

7　冬季，十月辛亥（十二日），有异星出现在大梁星次。

8　庐江郡太守李术袭击扬州刺史严象，将严象杀死，庐江人梅乾、雷绪、陈兰等各自聚集数万人，分布于江、淮之间，曹操上表推荐沛国人刘馥担任扬州刺史。当时扬州属下只有九江郡控制在曹操手中，刘馥单人匹马到合肥这座空城来上任，在合肥建立州府，招抚梅乾、雷绪等，他们都不断向朝廷进贡。数年之中，广施恩德，推行教化，来归附的流民数以万计。于是刘馥广开屯田，大修水利；官府与百姓都有积蓄，于是召集学生兴建学校；又加高城墙、堡垒，积聚守城用的滚木石块，加强作战和防守的准备。

9　曹操听到孙策的死讯，打算乘孙权等正在办丧事之机，大举讨伐。侍御史张纮说："乘人办丧事进行讨伐，是不符合古代道义的，如果不能攻克，反而化友为敌，不如利用这个机会厚待他。"于是，曹操上表推荐孙权担任讨虏将军，兼任会稽郡太守。

曹操想让张纮辅佐孙权，劝导孙权归附朝廷，于是上表推荐张纮担任会稽郡东部都尉。张纮来到吴郡，孙权的母亲吴夫人认为孙权年纪尚轻，委托张纮与张昭共同辅佐孙权。张纮一心辅政，尽心尽力。吴夫人向扬武校尉、会稽人董袭说："江东能保得住吗？"董袭说："江东地形险要，易守难攻，孙策将军的恩德留在民间，孙权继承基业，大小官员都拥护他，张昭主持大局，我们这些武将作为爪牙，这正是地利人和之时，万无一失，您不必担忧。"孙权派遣张纮到会稽郡上任，有人认为张纮是朝廷任命的官员，恐怕他的志向不仅仅如此，但孙权并不因此而介意。

鲁肃将要返回北方故乡，周瑜劝他留下，并向孙权推荐说："鲁肃才干出众，应当委以重任，还要多延聘一些他这样的人才，以成就大业。"孙权立即接见鲁肃，与他交谈后，大为赏识。等到宾客都告辞后，单独留下鲁肃，把坐榻靠在一处，一道饮酒。孙权说："如今汉朝王室形势垂危，我想建立齐桓公、晋文公那样的功业，你有什么好办法来帮助我？"鲁肃说："从前，汉高祖刘邦打算尊奉义帝，但并未如愿，是因为项羽从中阻碍。如今的曹操，正像当年的项羽，将军有什么办法去效仿齐桓公、晋文公呢？据我私下推测，汉朝王室已不能复兴，曹操也不能一下就被消灭掉。为将军打算，只有保守江东，观察天下大局的变化。如果能乘曹操在北方用兵，无暇南顾之机，消灭黄祖，进讨刘表，把长江流域全部控制，这就能建立帝王之业。"

权曰:"今尽力一方,冀以辅汉耳,此言非所及也。"张昭毁肃年少粗疏,权益贵重之,赏赐储偫,富拟其旧。

权料诸小将兵少而用薄者,并合之。别部司马汝南吕蒙,军容鲜整,士卒练习。权大悦,增其兵,宠任之。

功曹骆统劝权尊贤接士,勤求损益,飨赐之日,人人别进,问其燥湿,加以密意,诱谕使言,察其志趣。权纳用焉。统,俊之子也。

庐陵太守孙辅恐权不能保江东,阴遣人赍书呼曹操。行人以告,权悉斩辅亲近,分其部曲,徙辅置东。

曹操表征华歆为议郎、参司空军事。庐江太守李术不肯事权,而多纳其亡叛。权以状白曹操曰:"严刺史昔为公所用,而李术害之,肆其无道,宜速诛灭。今术必复诡说求救。明公居阿衡之任,海内所瞻,愿敕执事,勿复听受。"因举兵攻术于皖城。术求救于操,操不救。遂屠其城,枭术首,徙其部曲二万馀人。

10 刘表攻张羡,连年不下。曹操方与袁绍相拒,未暇救之。羡病死,长沙复立其子怿。表攻怿及零、桂,皆平之。于是表地方数千里,带甲十馀万,遂不供职贡,郊祀天地,居处服用,僭拟乘舆焉。

孙权说："如今我只想治理好本地区,以此来辅佐汉朝王室,你所说的我还没有想到。"张昭诽谤鲁肃年轻粗略,但孙权却更加重视鲁肃,赏赐给他大批财物,使鲁肃的豪富同鲁家当年一样。

孙权检查属下的低级将领,将部下兵力较少而能力又差的加以合并。别部司马、汝南人吕蒙,部下军容整齐,训练有素。孙权大为夸奖,为他增兵,并加以宠任。

功曹骆统劝孙权尊敬贤才,接纳各地士人,不断征询下面对自己的意见。在宴会时,分别接见,关心各人的生活起居,以示亲近,鼓励发言,以便观察他们的能力与志向。孙权都采纳了。骆统是骆俊的儿子。

庐陵太守孙辅恐怕孙权不能保住江东,暗中派人送信给曹操,请他率军南下。那个送信密使报告了孙权,孙权把孙辅左右的亲信全部处死,分散孙辅的部属,把他送到东部看管起来。

曹操上表朝廷,征召华歆为议郎,参议司空府的军务。庐江郡太守李术不肯服从孙权,而且收容孙权部下的叛徒。孙权把这些情况报告曹操,说:"扬州刺史严象,是您从前任用的,却被李术杀害。李术肆无忌惮地杀害朝廷官员,应当尽早消灭。如今我出兵征讨,李术必定还会花言巧语向朝廷求救。您身负天下重任,一举一动,都会被全国所注意,请求您告诉负责具体事务的官员,不要听信李术的话。"于是孙权进军皖城,围攻李术。李术向曹操求救,曹操不加理睬。于是孙权攻下皖城,放纵士兵屠城,砍下李术的人头示众,把李术的部属两万余人都迁到自己的控制区内。

10 刘表进攻长沙郡太守张羡,相持几年,一直未能攻克。曹操正与袁绍在官渡对峙,分不出兵力来救张羡。张羡病死后,长沙人又拥立他的儿子张怿接替他的职务。刘表进攻张怿以及零陵、桂阳两郡,全部平定。从此,刘表拥有土地数千里,部下军队有十余万,便不再向朝廷进贡,而他在郊外祭祀天地,住处和衣服器具,都模仿天子。

11 张鲁以刘璋暗懦,不复承顺,袭别部司马张脩,杀之而并其众。璋怒,杀鲁母及弟,鲁遂据汉中,与璋为敌。璋遣中郎将庞羲击之,不克。璋以羲为巴郡太守,屯阆中以御鲁。羲辄召汉昌賨民为兵,或构羲于璋,璋疑之。赵韪数谏不从,亦恚恨。

初,南阳、三辅民流入益州者数万家,刘焉悉收以为兵,名曰东州兵。璋性宽柔,无威略,东州人侵暴旧民,璋不能禁。赵韪素得人心,因益州士民之怨,遂作乱,引兵数万攻璋;厚赂荆州,与之连和。蜀郡、广汉、犍为皆应之。

11 张鲁认为刘璋懦弱无能,不再服从刘璋的命令,袭击别部司马张脩,杀死张脩而吞并了他的队伍。刘璋大怒,杀死张鲁的母亲和弟弟,于是张鲁占据汉中地区,与刘璋为敌。刘璋派中郎将庞羲进攻张鲁,未能取胜。刘璋委任庞羲为巴郡太守,驻守阆中,抵抗张鲁。庞羲未请示刘璋,就征召汉昌的賨人为兵,有人向刘璋诬陷庞羲图谋不轨,刘璋心中起疑。赵韪屡次劝告刘璋,刘璋不加理睬,赵韪也怀恨在心。

起初,南阳及三辅地区的百姓因避难而流亡到益州的有数万家,刘璋的父亲刘焉把他们都收编为部队,称为东州兵。刘璋性格宽厚而仁慈,没有威信,东州兵欺压侵扰益州的土著居民,刘璋不能禁止。赵韪一向深得民心,便利用益州百姓对刘璋的怨恨,起兵反叛,率军数万人进攻刘璋;赵韪还给荆州牧刘表送去厚礼,与他联盟。蜀郡、广汉郡、犍为郡都起来响应赵韪。

卷第六十四　汉纪五十六

起辛巳(201)尽乙酉(205)凡五年

孝献皇帝己

建安六年(辛巳,201)

1　春,三月丁卯朔,日有食之。

2　曹操就谷于安民。以袁绍新破,欲以其间击刘表。荀彧曰:"绍既新败,其众离心,宜乘其困,遂定之;而欲远师江、汉,若绍收其馀烬,乘虚以出人后,则公事去矣。"操乃止。夏,四月,操扬兵河上,击袁绍仓亭军,破之。秋,九月,操还许。

3　操自击刘备于汝南,备奔刘表,龚都等皆散。表闻备至,自出郊迎,以上宾礼待之,益其兵,使屯新野。备在荆州数年,尝于表坐起至厕,慨然流涕。表怪,问备,备曰:"平常身不离鞍,髀肉皆消。今不复骑,髀里肉生。日月如流,老将至矣,而功业不建,是以悲耳。"

4　曹操遣夏侯渊、张辽围昌豨于东海,数月,粮尽,议引军还。辽谓渊曰:"数日已来,每行诸围,豨辄属目视辽,又其射矢更稀。此必豨计犹豫,故不力战。辽欲挑与语,傥可诱也。"乃使谓豨曰:"公有命,使辽传之。"豨果下与辽语。

孝献皇帝己

汉献帝建安六年(辛巳,公元201年)

1　春季,三月丁卯朔,出现日食。

2　曹操率军移驻粮食较为丰足的安民。曹操认为袁绍才被击败,打算利用这个间隙去进攻刘表。荀彧说:"袁绍刚吃了一场败仗,军心涣散,应该乘他尚未摆脱困境之机,一扫而平;而您却要远征长江、汉水之间,如果袁绍收拾残部,乘虚从后面突袭,则您的基业将付诸流水。"曹操才停止远征荆州的打算。夏季,四月,曹操率军沿黄河行进,炫耀军威,进攻袁绍驻在仓亭的军队,将其击败。秋季,九月,曹操回到许都。

3　曹操亲自率军到汝南进攻刘备,刘备败走,到荆州投靠刘表,龚都等人都四散而逃。刘表听到刘备来的消息,亲自到郊外来迎接,用上宾的礼节接待刘备,又给刘备增加一些部队,让刘备驻扎在新野。刘备在荆州住了好几年,曾有一次,他在会见刘表时起身上厕所,感慨地流下泪来。刘表感到奇怪,问他是什么原因,刘备说:"我过去从不离开马鞍,大腿内侧磨得没有什么肉。如今不再骑马,大腿内侧长出了肉。日月如同流水,人已经快老了,但却尚未建立功业,所以心中悲伤。"

4　曹操派遣夏侯渊、张辽率军围攻占据东海的昌豨,数月未能攻下,曹军粮草已尽,将领们商议撤军。张辽对夏侯渊说:"这几天以来,我每次巡视阵地,昌豨的目光总追随着我,而且他们的箭也比以前射得少一些。我认为这是昌豨心中犹豫,所以未尽全力作战。我准备引动他交谈,或许能诱使他归降。"于是,张辽派人对昌豨说:"曹公有命令,让张辽传达给你。"昌豨果然下城与张辽交谈。

辽为说操神武,方以德怀四方,先附者受大赏。豨乃许降。辽遂单身上三公山,入豨家,拜妻子。豨欢喜,随辽诣操;操遣豨还。

5　赵韪围刘璋于成都。东州人恐见诛灭,相与力战,韪遂败退,追至江州,杀之。庞羲惧遣史,程祁宣旨于其父汉昌令畿,索赍兵。畿曰:"郡合部曲,本不为乱,纵有谗谀,要在尽诚,若遂怀异志,不敢闻命。"羲更使祁说之,畿曰:"我受牧恩,当为尽节,汝为郡吏,自宜效力。不义之事,有死不为。"羲怒,使人谓畿曰:"不从太守,祸将及家!"畿曰:"乐羊食子,非无父子之恩,大义然也。今虽羹祁以赐畿,畿啜之矣。"羲乃厚谢于璋。璋擢畿为江阳太守。

朝廷闻益州乱,以五官中郎将牛亶为益州刺史;征璋为卿,不至。

6　张鲁以鬼道教民,使病者自首其过,为之请祷。实无益于治病,然小人昏愚,竞共事之。犯法者,三原,然后乃行刑;不置长吏,皆以祭酒为治。民、夷便乐之,流移寄在其地者,不敢不奉其道。后遂袭取巴郡。朝廷力不能征,遂就宠鲁为镇民中郎将,领汉宁太守,通贡献而已。

民有地中得玉印者,群下欲尊鲁为汉宁王。功曹巴西阎圃谏曰:"汉川之民,户出十万,财富土沃,四面险固。上匡天子,则为桓、文,次及窦融,不失富贵。今承制署置,势足斩断,不烦于王。愿且不称,勿为祸先。"鲁从之。

张辽向他盛赞曹操的谋略武功,说曹操正广施恩德,招纳四方豪杰,先归附的可受到重赏。昌豨便答应投降。张辽就孤身一人上昌豨占据的三公山,到昌豨家中,会见他的妻儿。昌豨十分高兴,随张辽一起去拜见曹操,曹操命昌豨返回原处。

5 赵韪率军在成都包围刘璋,东州人恐怕受到屠杀,都拼死作战,杀退赵韪,并追击到江州将他杀死。庞羲听说赵韪被杀,心中恐惧,派属官程祁传达命令给他父亲汉昌县县令程畿,征调賨人队伍。程畿说:"郡里召集队伍,目的不是为了叛乱,纵然有人进谗言加以陷害,也只能对上表白我们的忠诚,如果因此而怀有异心,则我不敢遵从命令。"庞羲又派程祁去劝说程畿,程畿说:"我受到刘州牧的大恩,应当为他尽节,而你身为郡的官员,理当为庞太守效力。不义的事情,我宁死也不会去做。"庞羲大怒,派人对程畿说:"如果你不服从太守,将给你全家带来灾祸!"程畿说:"乐羊吃下他儿子的肉,并不是没有父子间的恩情,而是为了维护君臣大义。如今,即使庞太守把程祁煮成肉羹来赐给我,我也会吃下去。"庞羲无奈,只有送上重礼,向刘璋道歉。刘璋提拔程畿担任江阳郡太守。

朝廷听说益州局势混乱,任命五官中郎将牛亶为益州刺史;征召刘璋入京担任卿,刘璋不去。

6 张鲁用鬼神等天师道的宗教形式来治理属下的百姓,他让病人坦白自己所犯的过失,再由他为病人向上天祈祷。这种方法实际上并不能治病,但那些愚昧的人却深信不疑,争相信奉。张鲁对犯法的人,可以饶恕三次,然后才施用刑法。不设置官吏,而由天师道中的首领祭酒来管理各级行政事务。当地的百姓以及夷人对张鲁的制度都很欢迎,外地流亡到汉中地区的人,也不敢不信奉天师道。后来,张鲁又夺取巴郡。朝廷无力进行征讨,只好安抚张鲁,任命他为镇民中郎将,兼任汉宁郡太守,张鲁对待朝廷,只是进贡一些当地土特产而已。

民间有人从地里掘出一颗玉印,张鲁的部下打算尊称张鲁为汉宁王。功曹、巴西人阎圃劝阻张鲁说:"汉水流域有十万多户百姓,土地肥沃,物产丰富,四面地势险要,利于固守。辅佐天子,可望建成齐桓公、晋文公那样的功业,次一等的,也可像窦融那样,长保富贵。如今,作为皇帝的代表来行使职权,凡事皆由自己做主,不必再要王爵的称号。希望您能暂不称王,先不要惹祸。"张鲁听从了阎圃的意见。

七年(壬申,202)

1　春,正月,曹操军谯,遂至浚仪,治睢阳渠。遣使以太牢祀桥玄。进军官渡。

2　袁绍自军败,惭愤,发病呕血;夏,五月,薨。

初,绍有三子,谭、熙、尚。绍后妻刘氏爱尚,数称于绍,绍欲以为后而未显言之。乃以谭继兄后,出为青州刺史。沮授谏曰:"世称万人逐兔,一人获之,贪者悉止,分定故也。谭长子,当为嗣,而斥使居外,祸其始此矣。"绍曰:"吾欲令诸子各据一州,以视其能。"于是以中子熙为幽州刺史,外甥高幹为并州刺史。

逢纪、审配素为谭所疾,辛评、郭图皆附于谭,而与配、纪有隙。及绍薨,众以谭长、欲立之。配等恐谭立而评等为害,遂矫绍遗命,奉尚为嗣。谭至,不得立,自称车骑将军,屯黎阳。尚少与之兵,而使逢纪随之。谭求益兵,审配等又议不与。谭怒,杀逢纪。秋,九月,曹操渡河攻谭。谭告急于尚,尚留审配守邺,自将助谭,与操相拒。连战,谭、尚数败,退而固守。

尚遣所置河东太守郭援,与高幹、匈奴南单于共攻河东,发使与关中诸将马腾等连兵,腾等阴许之,援所经城邑皆下。河东郡吏贾逵守绛,援攻之急,城将溃,父老与援约,不害逵,乃降,援许之。援欲使逵为将,以兵劫之,逵不动。左右引逵使叩头,逵叱之曰:"安有国家长吏为贼叩头!"援怒,将斩之,

汉献帝建安七年(壬申,公元202年)

1　春季,正月,曹操率军驻在谯县,又进驻浚仪,挖掘睢阳渠。曹操派使者用太牢的规格去祭祀已故太尉桥玄的坟墓。曹军继续前进,到达官渡。

2　袁绍自从官渡大败之后,羞愧愤恨不已,发病吐血不止;夏季,五月,袁绍去世。

袁绍有三个儿子:袁谭、袁熙、袁尚。袁绍后妻刘氏偏爱袁尚,经常在袁绍面前称赞袁尚。袁绍想让袁尚做自己的继承人,但没有明说。就把长子袁谭过继给自己已死去的哥哥,让他离开邺城,去担任青州刺史。沮授劝阻袁绍说:"世人常说:一万个人追逐一只野兔,一个人捉到后,其他人即使贪心,也全停止下来,这是因为所有权已经确定。袁谭是您的长子,应当做继承人,而您却把他排斥在外,灾祸将由此开始。"袁绍说:"我想让儿子们各自主持一州的事务,以考察他们的能力。"于是,他委派次子袁熙为幽州刺史,外甥高干为并州刺史。

逢纪、审配一向被袁谭所忌恨,辛评、郭图则拥护袁谭,而与审配、逢纪有矛盾。等到袁绍死后,大家都认为袁谭是长子、打算拥立他继承袁绍之位。审配等人恐怕袁谭掌权后,会受到辛评等人的报复,就假传袁绍的遗命,遵奉袁尚做袁绍的继承人。袁谭自青州赶来奔丧,不能接替父亲的职位,就自称车骑将军,驻军黎阳。袁尚拨给袁谭很少一部分兵力,还派逢纪随军前去监视袁谭。袁谭请求再增加兵力,审配等人商议后又予以拒绝。袁谭大怒,杀死逢纪。秋季,九月,曹操渡过黄河,进攻袁谭。袁谭向袁尚求救,袁尚留审配守邺城,亲自率军去救袁谭,与曹军对抗。两军交战数次,袁谭、袁尚连续失败,只好退守营寨。

袁尚派遣他所委任的河东郡太守郭援,与高干、匈奴单于一起进攻河东郡,派使者到关中去,与马腾等将领们联系,共同起兵反抗曹操,马腾等都暗中答应,郭援率军进攻,一路所经过的县城都被攻下或者归降。河东郡官员贾逵坚守绛县,郭援猛攻不止,县城将要陷落时,城中父老与郭援约定,只要不杀害贾逵,他们就投降,郭援答应了。郭援打算任用贾逵为他部下将领,用武力相胁迫,贾逵毫不动摇。左右的人拉贾逵的衣服,让他叩头,贾逵厉声斥责说:"哪里有国家的官吏向贼人叩头的道理!"郭援大怒,就要杀死贾逵,

或伏其上以救之。绛吏民闻将杀遂，皆乘城呼曰："负约杀我贤君，宁俱死耳!"乃囚于壶关，著土窖中，盖以车轮。遂谓守者曰："此间无健儿邪，而使义士死此中乎?"有祝公道者，适闻其言，乃夜往，盗引出遂，折械遣去，不语其姓名。

曹操使司隶校尉锺繇围南单于于平阳，未拔而救至。繇使新丰令冯翊张既说马腾，为言利害。腾疑未决。傅幹说腾曰："古人有言：'顺德者昌，逆德者亡。'曹公奉天子诛暴乱，法明政治，上下用命，可谓顺道矣。袁氏恃其强大，背弃王命，驱胡虏以陵中国，可谓逆德矣。今将军既事有道，阴怀两端，欲以坐观成败。吾恐成败既定，奉辞责罪，将军先为诛首矣!"于是腾惧。幹因曰："智者转祸为福。今曹公与袁氏相持，而高幹、郭援合攻河东，曹公虽有万全之计，不能禁河东之不危也。将军诚能引兵讨援，内外击之，其势必举。是将军一举，断袁氏之臂，解一方之急，曹公必重德将军，将军功名无与比矣。"腾乃遣子超将兵万馀人与繇会。

初，诸将以郭援众盛，欲释平阳去。锺繇曰："袁氏方强，援之来，关中阴与之通，所以未悉叛者，顾吾威名故耳。若弃而去，示之以弱，所在之民，谁非寇雠，纵吾欲归，其得至乎!此为未战先自败也。且援刚愎好胜，必易吾军，若渡汾为营，及其未济击之，可大克也。"援至，果径前渡汾，众止之，不从。济水未半，繇击，大破之。战罢，众人皆言援死而不得其首。援，繇之甥也。晚后，马超校尉南安庞德，于鞬中出一头，繇见之而哭。德谢繇，繇曰："援虽我甥，乃国贼也，卿何谢之有!"南单于遂降。

有人伏在贾逵身上，以保护他。绛县的官民们听说要杀死贾逵，都登上城墙，高声喊道："如果背弃誓言，杀害我们的好长官，宁可大家一起拼死！"于是郭援把贾逵押到壶关，关在地窖里，用车轮盖住洞口。贾逵对看守们说："此间难道没有一个英雄好汉，而使义士死在地窖里吗？"有一个叫祝公道的壮士，正好听到贾逵的话，就在夜里把贾逵偷偷救出来，打开刑具，放贾逵逃走，没有讲出自己的名字。

　　曹操派司隶校尉钟繇包围南匈奴单于驻守的平阳，未能攻陷，而对方援军已经到达。钟繇派新丰县县令冯翊人张既去劝说马腾，为他陈说利害。马腾听后，仍犹豫不决。部下将领傅幹对马腾说："古人说过：'顺德者昌，逆德者亡。'曹操尊奉天子，平定暴乱，法纪严谨，政治清明，上下听从命令，可以称为顺德。袁氏家族倚仗势力强大，犯上作乱，勾结匈奴来侵掠中国，可以称为逆德。如今将军已尊奉朝廷，却又暗中骑墙，想坐观成败。我恐怕等到成败定下来之后，曹操奉旨问罪征讨，将军将第一个被杀！"马腾听后十分恐惧。傅幹乘机建议说："明智的人能转祸为福。如今，曹操与袁氏家族相持不下，而高幹、郭援合力进攻河东郡，曹操虽然有万全之计，也无力挽救河东郡的危局。将军假如能在此危急关头领军征讨郭援，内外夹击，必能取胜。将军这一举动，既斩断袁氏家族的臂膀，又解救了河东郡的危急，曹操必然深感将军的恩德，您的功名将无人能够相比。"于是，马腾派儿子马超率军一万馀人与钟繇会合。

　　起初，将领们看到郭援军势强盛，想放弃平阳离去。钟繇说："袁氏的势力正强，郭援这次来，关中的势力暗中与他相勾结，他们所以没有全部背叛朝廷，只是因为他们还顾虑我的威名。如果撤围而退，向郭援示弱，则各地的百姓，都会成为盗贼，即使我想回去，又怎么能退得回去呢？这是未作战而先自败退。而且郭援刚愎好胜，必然看不起我军，如果他渡过汾河来扎营，等他全军渡过一半时，我们突然袭击，可获大胜。"郭援到达后，果然挥军直接渡河，部下纷纷劝阻，但郭援不听。当他部下渡过没有一半时，钟繇率军奋击，大破郭援。战斗结束后，钟繇部下诸将都说郭援已被杀死，但没有找到郭援的人头。郭援是钟繇的外甥。后来，马超部下的校尉、南安人庞德从装弓箭的袋子里取出一个人头，钟繇一看见就哭了，原来那正是郭援的人头。庞德向钟繇道歉，钟繇说："郭援虽是我的外甥，但他是背叛朝廷的逆贼，你有什么可道歉的！"南匈奴单于看到援军已败，便投降了。

3 刘表使刘备北侵,至叶,曹操遣夏侯惇、于禁等拒之。备一旦烧屯去,惇等追之。裨将军钜鹿李典曰:"贼无故退,疑必有伏。南道窄狭,草木深,不可追也。"惇等不听,使典留守而追之,果入伏里,兵大败。典往救之,备乃退。

4 曹操下书责孙权任子,权召群僚会议,张昭、秦松等犹豫不决。权引周瑜诣吴夫人前定议,瑜曰:"昔楚国初封,不满百里之地。继嗣贤能,广土开境,遂据荆、扬,传业延祚,九百馀年。今将军承父兄馀资,兼六郡之众,兵精粮多,将士用命,铸山为铜,煮海为盐,境内富饶,人不思乱,有何逼迫而欲送质?质一人,不得不与曹氏相首尾,与相首尾,则命召不得不往,如此,便见制于人也。极不过一侯印,仆从十馀人,车数乘,马数匹,岂与南面称孤同哉!不如勿遣,徐观其变。若曹氏能率义以正天下,将军事之未晚;若图为暴乱,彼自亡之不暇,焉能害人!"吴夫人曰:"公瑾议是也。公瑾与伯符同年,小一月耳,我视之如子也,汝其兄事之。"遂不送质。

八年(癸未,203)

1 春,二月,曹操攻黎阳,与袁谭、袁尚战于城下,谭、尚败走,还邺。夏,四月,操追至邺,收其麦。诸将欲乘胜遂攻之,郭嘉曰:"袁绍爱此二子,莫适立也。今权力相侔,各有党与,急之则相保,缓之则争心生。不如南向荆州以待其变,变成而后击之,可一举定也。"操曰:"善!"五月,操还许,留其将贾信屯黎阳。

3 刘表派刘备向北进攻,到达叶县,曹操派夏侯惇、于禁等前去抵挡。刘备突然放火烧掉自己军营,向后撤退。夏侯惇等率军追赶。裨将军、钜鹿人李典说:"刘备无故撤退,我怀疑定有埋伏。南边道路狭窄,草木深密,不能追赶。"夏侯惇等不听,命令李典留守大营,亲自领兵紧追,果然陷入埋伏,大败。李典率军援救,刘备才撤军。

4 曹操发下公文,要孙权派自己的弟弟或儿子到朝廷来做官,孙权召集主要官员进行商议,张昭、秦松等人犹豫不决。孙权把周瑜领到自己母亲吴夫人跟前来做最后决定,周瑜说:"从前,楚国开始受封于周朝时,统治的区域方圆不到一百里。以后历代国君贤明能干,不断开拓疆土,遂占有荆州与扬州,子孙相袭,立国一共九百多年。如今,将军承袭父、兄的基业,拥有六郡的地盘与人力,兵精粮足,将士听命。上山开采铜矿,沿海炼制食盐,境内富庶,人心安定,有什么压力使得咱们一定要送人质?而且人质一送去,就不能不与曹操联系紧密,那么当朝廷下令征召时就不能不入朝,这样,就会被人所控制。最多不过是被封为侯爵,有十几个仆从,几辆车,几匹马而已,怎么能与面向南方而称孤道寡相比!不如不送人质,从容观察事态变化。如果曹操真能以君臣大义来治理天下,将军再侍奉他也不晚;如果他图谋不轨,犯上作乱,他连自己也保不住,又怎么能害人?"吴夫人对孙权说:"周瑜说得很对。他与你哥哥孙策同年,只比孙策小一个月,我把他看作自己的儿子,你要当作哥哥来尊敬他。"因此决定不送人质。

汉献帝建安八年(癸未,公元203年)

1 春季,二月,曹操进攻黎阳,与袁谭、袁尚在黎阳城下展开大战,袁谭、袁尚败走,退回邺城。夏季,四月,曹操大军追到邺城,收割了邺城周围田地里的小麦。曹军将领都提出要乘胜攻打邺城,郭嘉说:"袁绍生前喜欢这两个儿子,没能决定让谁做继承人。如今,他们权力相等,各有党羽辅佐,情况危急,就相互援救,局势稍有缓和,就又会争权夺利。不如先向南进取荆州,等待他们兄弟内讧,然后再进攻,可以一举平定。"曹操说:"好!"五月,曹操回到许都,留部将贾信驻守黎阳。

谭谓尚曰:"我铠甲不精,故前为曹操所败。今操军退,人怀归志,及其未济,出兵掩之,可令大溃,此策不可失也。"尚疑之,既不益兵,又不易甲。谭大怒,郭图、辛评因谓谭曰:"使先公出将军为兄后者,皆审配之谋也。"谭遂引兵攻尚,战于门外。谭败,引兵还南皮。

别驾北海王脩,率吏民自青州往救谭。谭欲更还攻尚,脩曰:"兄弟者,左右手也。譬人将斗而断其右手,曰'我必胜',其可乎? 夫弃兄弟而不亲,天下其谁亲之! 彼谗人离间骨肉以求一朝之利,愿塞耳勿听也。若斩佞臣数人,复相亲睦,以御四方,可横行于天下。"谭不从。谭将刘询起兵漯阴以叛谭,诸城皆应之。谭叹曰:"今举州皆叛,岂孤之不德邪!"王脩曰:"东莱太守管统,虽在海表,此人不反,必来。"后十余日,统果弃其妻子来赴谭,妻子为贼所杀。谭更以统为乐安太守。

2 秋,八月,操击刘表,军于西平。

3 袁尚自将攻袁谭,大破之,谭奔平原,婴城固守。尚围之急,谭遣辛评弟毗诣曹操请救。

刘表以书谏谭曰:"君子违难不适雠国,交绝不出恶声,况忘先人之雠,弃亲戚之好,而为万世之戒,遗同盟之耻哉! 若冀州有不弟之傲,仁君当降志辱身,以济事为务,事定之后,使天下平其曲直,不亦为高义邪!"又与尚书曰:"金、木、水、火以刚柔相济,然后克得其和,能为民用。青州天性峭急,迷于曲直。仁君度数弘广,绰然有馀,当以大包小,以优容劣,

袁谭对袁尚说:"我的部下铠甲不够精良,所以先前被曹军战败。现在曹军撤退,上下将士,人人思归,在他们未完全渡过黄河以前,出兵追击,可使他全军溃散,这种时机,万万不可错过。"袁尚疑心袁谭另有打算,既不增加他的兵马,也不肯给他部下更换铠甲。袁谭大怒,郭图、辛评乘机对袁谭说:"使已故袁公把你过继给哥哥的,全是审配的主意。"袁谭就率军进攻袁尚,在邺城门外大战。袁谭战败,率军退回南皮。

　袁谭的别驾、北海人王脩,率领官吏和百姓从青州来援救袁谭。袁谭打算再次进攻袁尚,王脩劝阻说:"兄弟之间的关系,好比是人的左、右手。假如一个人要与别人争斗,先砍断自己的右手,还说'我一定能胜',难道对吗? 抛弃兄弟而不亲近,天下还有谁能亲近? 那些进谗言的小人,离间别人的骨肉,只是为了追求眼前的一点小利,希望您塞住耳朵,不要听信。如果能下决心杀掉几个奸佞小人,与兄弟重相和睦,齐心协力,抵御四方,可以横行于天下。"袁谭不听。袁谭部将刘询在漯阴起兵,背叛袁谭,各县城纷纷响应刘询。袁谭叹息说:"如今全州都起来叛变,莫非是我缺少恩德吗?"王脩说:"东莱郡太守管统,虽然远在海滨,但这个人不会反叛,一定前来追随。"又过了十多天,管统果然抛弃家眷来投奔袁谭,他的家眷被叛军杀死。袁谭又委任管统为乐安郡太守。

　2　秋季,八月,曹操进攻刘表,大军进驻西平。

　3　袁尚亲自统率大军进攻袁谭,袁谭大败,逃到平原,环城固守。袁尚团团围住,连续猛攻,袁谭派辛评的弟弟辛毗到曹操那里求救。

　刘表写信劝袁谭说:"君子遇到危难,也不会逃到敌国,即使与人绝交,也不会进行辱骂,何况忘掉使你父亲羞愤而死的深仇大恨,抛弃兄弟的手足之情,做出这种万世都会引以为戒的事情,使同盟人都为你感到耻辱! 如果袁尚有不尊重兄长的傲慢举动,你也该委曲求全,以大局为重,等到大局已定,再由天下人来评论曲直,不也是高风亮节吗?"刘表又给袁尚写信,说:"金、木、水、火四种物质,以刚柔互配,才能相辅相成,为人所用。袁谭天性急躁,不能明辨是非。你器量宽宏,包容他还绰绰有馀,应当以大容小,以优容劣,

先除曹操以卒先公之恨，事定之后，乃议曲直之计，不亦善乎！若迷而不反，则胡夷将有讥诮之言，况我同盟，复能戮力为君之役哉！此韩卢、东郭自困于前而遗田父之获者也。”谭、尚皆不从。

辛毗至西平见曹操，致谭意，群下多以为刘表强，宜先平之，谭、尚不足忧也。荀攸曰：“天下方有事，而刘表坐保江、汉之间，其无四方之志可知矣。袁氏据四州之地，带甲数十万，绍以宽厚得众心，使二子和睦以守其成业，则天下之难未息也；今兄弟遘恶，其势不两全，若有所并则力专，力专则难图也。及其乱而取之，天下定矣，此时不可失也。”操从之。

后数日，操更欲先平荆州，使谭、尚自相敝，辛毗望操色，知有变，以语郭嘉。嘉白操，操谓毗曰：“谭必可信，尚必可克不？”毗对曰：“明公无问信与诈也，直当论其势耳。袁氏本兄弟相伐，非谓他人能间其间，乃谓天下可定于己也。今一旦求救于明公，此可知也。显甫见显思困而不能取，此力竭也。兵革败于外，谋臣诛于内，兄弟谗阋，国分为二，连年战伐，介胄生虮虱，加以旱蝗，饥馑并臻；天灾应于上，人事困于下，民无愚智，皆知土崩瓦解，此乃天亡尚之时也。今往攻邺，尚不还救，即不能自守；还救，即谭踵其后。以明公之威，应困穷之敌，击疲敝之寇，无异迅风之振秋叶矣。天以尚与明公，明公不取而伐荆州。荆州丰乐，国未有衅。仲虺有言，‘取乱侮亡’。方今二袁不务远略而内相图，可谓乱矣；居者无食，行者无粮，可谓亡矣。朝不谋夕，民命靡继，而不绥之，欲待他年。

先除去曹操,以了却你父亲的遗恨,等到大事已定,再来评论谁是谁非,不好吗?如果执迷不悟,则连不讲礼义的外族人都会讥笑你们,何况我们这些盟友,还会再尽力为你作战?这正是韩卢狗和东郭兔互相追逐,先行自困,而耕田老农不劳而获故事的再现!"袁谭、袁尚都不听刘表的劝解。

辛毗到西平拜见曹操,转达袁谭求救的请求,曹操部下官员多认为刘表势大,应当先消灭刘表,袁谭、袁尚自相残杀,不足忧虑。荀攸说:"目前,正是天下英雄争霸之机,而刘表坐守江、汉之间,可知他胸无大志。袁氏家族占据四州之地,有兵马数十万,袁绍以宽厚而得民心,假如他的两个儿子和睦相处,共守已有的基业,则天下灾难,仍不能平息;如今他们兄弟相争,势不两立,如果一个人吞并了另一个人,则力量就会集中起来。力量集中后,再想进取就困难了。应该乘他们相持不下时动手夺取,天下就可以平定了,这个机会难得,不能失去。"曹操表示同意。

过了几天,曹操又打算先平定荆州,让袁谭、袁尚自相残杀,两败俱伤后再下手,辛毗观察曹操脸色,知道他又改变主意,就去告诉郭嘉。郭嘉报告曹操,曹操问辛毗说:"袁谭求救一定可信吗?袁尚是一定能被攻克吗?"辛毗说:"您不必问是否有诈,只应看整个形势的发展变化。袁谭、袁尚兄弟相争,并未考虑到别人会乘机利用,只是认为天下可由自己平定。如今,袁谭向您求救,表明他已走投无路。袁尚看到袁谭陷入困境,却不能一举攻破袁谭,说明袁尚也已智穷力竭。他们的形势是军队在外战败,谋士在内被杀,兄弟内讧,土地割裂,连年征战,将士的甲胄里都长出虱子,再加上旱灾与蝗灾,造成饥荒,天灾人祸,上下交应,百姓无论智慧或是愚笨,都已知道袁氏统治将要土崩瓦解,这正是上天要灭亡袁尚的时机。如今您去攻打邺城,袁尚不撤军回救,则邺城不保;袁尚退军,则袁谭会在后夹击。以您的军威,对付穷困之敌,进击疲惫之军,犹如疾风去吹秋叶一般。上天把灭袁尚的时机赏赐给您,您却不去进攻袁尚,而要讨伐荆州。荆州地区百姓安居,官府富强,没有机会可供您利用。从前仲虺说,'敌人有内乱则夺取,敌人有覆亡迹象则侵入'。如今,袁氏兄弟不顾长远大局,而自相攻击,可称为内乱;居民饥饿,行人无粮,可称为覆亡的迹象。黄河以北的百姓朝不虑夕,性命全无保障,而您不立即去安抚,却要等到以后。

他年或登,又自知亡而改修厥德,失所以用兵之要矣。今因其请救而抚之,利莫大焉。且四方之寇,莫大于河北,河北平,则六军盛而天下震矣。"操曰:"善!"乃许谭平。

冬,十月,操至黎阳。尚闻操渡河,乃释平原还邺。尚将吕旷、高翔畔归曹操,谭复阴刻将军印以假旷、翔。操知谭诈,乃为子整聘谭女以安之,而引军还。

4　孙权西伐黄祖,破其舟军,惟城未克,而山寇复动。权还,过豫章,使征虏中郎将吕范平鄱阳、会稽,荡寇中郎将程普讨乐安,建昌都尉太史慈领海昏,以别部司马黄盖、韩当、周泰、吕蒙等守剧县令长,讨山越,悉平之。建安、汉兴、南平民作乱,聚众各万馀人,权使南部都尉会稽贺齐进讨,皆平之,复立县邑,料出兵万人,拜齐平东校尉。

九年(甲申,204)

1　春,正月,曹操济河,遏淇水入白沟以通粮道。

二月,袁尚复攻袁谭于平原,留其将审配、苏由守邺。曹操进军至洹水,苏由欲为内应,谋泄,出奔操。操进至邺,为土山、地道以攻之。尚武安长尹楷屯毛城,以通上党粮道。夏,四月,操留曹洪攻邺,自将击楷,破之而还;又击尚将沮鹄于邯郸,拔之。

以后如果赶上丰收,袁氏兄弟又醒悟到已濒于危亡,而痛改前非,则您就将失去用兵的机会。现在,利用袁谭求救而去援助,对您是最有利的。而且您的敌人,没有比占据黄河以北的袁氏更强大的了,您平定黄河以北后,军威大盛,足以震动天下。"曹操说:"对!"于是,答应出兵救援。

冬季,十月,曹操进军到黎阳。袁尚听到曹军渡过黄河的消息,解除对平原的包围,撤回邺城。袁尚部将吕旷、高翔背叛袁尚,投降曹操,袁谭又暗中刻好将军的印信,送给吕旷、高翔。曹操知道袁谭并非真心归降,便为儿子曹整聘娶袁谭的女儿为妻,以安袁谭之心,然后,曹操班师回朝。

4 孙权西征黄祖,大破黄祖水军,只是未能攻克黄祖据守的城池,正在这时,山区的土著居民山越再度起兵反抗。孙权只好撤军,经过豫章郡,派征虏中郎将吕范平定鄱阳、会稽,荡寇中郎将程普进讨乐安,由建昌都尉太史慈兼管海昏县事务,委任别部司马黄盖、韩当、周泰、吕蒙等分别兼任山越聚居县的县令和县长,率军讨伐山越,完全平定了山越的反抗。建安、汉兴、南平三县百姓起来反抗,每县都聚集起一万馀人,孙权派南部都尉、会稽人贺齐讨伐,完全平定,重建县城,挑选出精兵一万馀人,晋升贺齐为平东校尉。

汉献帝建安九年(甲申,公元 204 年)

1 春季,正月,曹操率军渡过黄河,派人筑堰堵住淇水,使其流入白沟,以便运输军粮。

二月,袁尚又到平原去进攻袁谭,留部将审配、苏由镇守邺城。曹军进到洹水,苏由打算为曹操作内应,密谋泄露,苏由就出城投奔曹操。曹操大军到达邺城后,四面围住,上筑土山,下挖地道,展开猛攻。袁尚委任的武安县县长尹楷驻军毛城,保护通向上党的运输军粮道路。夏季,四月,曹操留曹洪继续攻打邺城,亲自统军进攻尹楷,击溃尹楷后回师;又去进攻镇守邯郸的袁尚部将沮鹄,攻陷邯郸。

易阳令韩范、涉长梁岐皆举县降。徐晃言于操曰:"二袁未破,诸城未下者倾耳而听,宜旌赏二县以示诸城。"操从之,范、岐皆赐爵关内侯。黑山贼帅张燕遣使求助,操拜平北将军。

五月,操毁土山、地道,凿堑围城,周回四十里,初令浅,示若可越。配望见,笑之,不出争利。操一夜浚之,广深二丈,引漳水以灌之。城中饿死者过半。

秋,七月,尚将兵万馀人还救邺。未到,欲令审配知外动止,先使主簿钜鹿李孚入城。孚研问事杖,系著马边,自著平上帻,将三骑,投暮诣邺下。自称都督,历北围,循表而东,步步呵责守围将士,随轻重行其罚。遂历操营前,至南围,当章门,复责怒守围者,收缚之。因开其围,驰到城下,呼城上人,城上人以绳引,孚得入。配等见孚,悲喜,鼓噪称万岁。守围者以状闻,操笑曰:"此非徒得入也,方且复出。"孚知外围益急,不可复冒,乃请配悉出城中老弱以省谷,夜,简别数千人,皆使持白幡,从三门并出降。孚复将三骑作降人服,随辈夜出,突围得去。

尚兵既至,诸将皆以为:"此归师,人自为战,不如避之。"操曰:"尚从大道来,当避之;若循西山来者,此成禽耳。"尚果循西山来,东至阳平亭,去邺十七里,临滏水为营。夜,举火以示城中,城中亦举火相应。配出兵城北,欲与尚对决围。操逆击之,败还,尚亦破走,依曲漳为营,操遂围之。未合,尚惧,遣使求降;

易阳县县令韩范、涉县县长梁岐都献出县城,投降曹操。徐晃对曹操说:"袁氏兄弟还未被消灭,那些还未归降的县城长官,都在侧耳倾听我们对归降者的态度,应该特别奖赏这两个县的官员,以此给其他县城的人看。"曹操听从了,封韩范、梁岐为关内侯。黑山军首领张燕派使者来拜见曹操,请求派军协助曹操进攻袁氏兄弟,曹操委任他为平北将军。

五月,曹操毁去土山、地道,开凿壕沟,包围邺城,长达四十里,最初挖得很浅,看起来好像可以不费力地越过。审配在城上看见,放声大笑,没有派兵出来破坏。曹操派人乘夜疏浚,一夜之间,挖成深二丈、宽二丈的深壕,把漳河水引入壕沟,完全断绝了邺城内外的联系。城中人饿死大半。

秋季,七月,袁尚率军一万余人回救邺城。在未到前,想让审配了解外面的形势,先派主簿、钜鹿人李孚入城。李孚砍下树枝作为责打人的刑杖,挂在马旁,自己戴上武官用的头巾,率领三名骑兵,黄昏时到达邺城。李孚自称为都督,从北边进入围城的曹军大营,顺着标志,向东巡查,一路上不断呵斥守围的将士,根据违反军中法纪的轻重,分别给予处罚。经过曹操大营前,巡视到城南,对着邺城正南的章门,李孚又大声责骂守围将士,把他们捆绑起来。然后,李孚乘机打开营门,急驰到城下,向城上呼喊,城上的守军放下绳子,把李孚等吊上城去。审配等看见李孚,悲喜交加,高声欢呼"万岁"!守城将士向曹操汇报,曹操笑着说:"他不但能进城,还会再出来。"李孚知道外边围困得更紧,不能再假冒曹军出城,就请审配把城中的老弱放出城去,以便节省粮食,晚上,让挑选出的老弱手持白旗,从三个城门出去向曹军投降,李孚与那三个骑兵也打扮成投降人的样子,杂在人群中,乘夜突围而去。

袁尚的援军已经到达,曹军将领们都认为:"这是思归之军,人人都将拼死作战,不如先避开。"曹操说:"袁尚如果从大路来,应当避开;如果沿着西山来,则将被我们击败。"袁尚果然沿着西山向邺城出发,在距邺城十七里的阳平亭,沿滏水边扎营。晚上,点燃烽火,告知城中守军,城中也点火相应。审配率军出城,驻在城北,准备与袁尚内外夹击,冲破曹军的包围。曹操迎击审配,审配抵挡不住,退回城里,袁尚也被曹军击败,退到漳河拐弯处安营,曹操率军包围袁尚营寨。还未完全围住时,袁尚畏惧,派使者向曹操请求投降;

操不听,围之益急。尚夜遁,保祁山,操复进围之;尚将马延、张颚等,临陈降,众大溃,尚奔中山。尽收其辎重,得尚印绶、节钺及衣物,以示城中,城中崩沮。审配令士卒曰:"坚守死战!操军疲矣,幽州方至,何忧无主!"操出行围,配伏弩射之,几中。

配兄子荣为东门校尉,八月,戊寅,荣夜开门内操兵。配拒战城中,操兵生获之。辛评家系邺狱,辛毗驰往,欲解之,已悉为配所杀。操兵缚配诣帐下,毗逆以马鞭击其头,骂之曰:"奴,汝今日真死矣!"配顾曰:"狗辈,正由汝曹,破我冀州,恨不得杀汝也。且汝今日能杀生我邪!"有顷,操引见,谓配曰:"曩日孤之行围,何弩之多也!"配曰:"犹恨其少!"操曰:"卿忠于袁氏,亦自不得不尔。"意欲活之。配意气壮烈,终无桡辞,而辛毗等号哭不已,遂斩之。冀州人张子谦先降,素与配不善,笑谓配曰:"正南,卿竟何如我?"配厉声曰:"汝为降虏,审配为忠臣,虽死,岂羡汝生邪!"临行刑,叱持兵者令北向,曰:"我君在北也。"操乃临祀绍墓,哭之流涕;慰劳绍妻,还其家人宝物,赐杂缯絮,廪食之。

初,袁绍与操共起兵,绍问操曰:"若事不辑,则方面何所可据?"操曰:"足下意以为何如?"绍曰:"吾南据河,北阻燕、代,兼戎狄之众,南向以争天下,庶可以济乎!"操曰:"吾任天下之智力,以道御之,无所不可。"

曹操拒绝接受,加紧部署包围。袁尚乘夜逃走,退守祁山,曹操又进军包围;袁尚部将马延、张颉等临阵投降,袁尚全军溃散,袁尚逃到中山。曹军俘获了袁尚的全部辎重,得到袁尚的印绶、节杖、黄钺以及衣物等,拿去给邺城守军看,守军斗志顿时崩溃。审配命令将士们说:"坚守死战!曹操已经疲惫不堪,袁熙率领的幽州援军就要来到,我们还怕没有人来做主吗!"曹操出营巡视围城部队,审配埋伏强弩射击,几乎射中曹操。

　　审配的侄子审荣为邺城东门校尉,八月戊寅(初二),审荣乘夜打开城门,放曹军入城。审配在城中拼死抵抗,被曹军生擒。辛评的家眷被关在邺城监狱中,辛毗赶去,打算救护他们,但全家都已被审配下令杀死。曹军士兵把审配绑起来带到大帐,辛毗迎面用马鞭猛抽审配头部,大骂他说:"奴才,你今天死定了!"审配瞪着辛毗说:"狗东西,正是由于你们这些人,冀州才遭到曹军践踏,我恨不能亲手杀死你。而且,你今天能决定我的生死吗!"过了一会儿,曹操接见审配,对他说:"那天我巡视围城部队,怎么有那么多埋伏的弓弩!"审配说:"我还恨太少!"曹操说:"你效忠于袁氏,也不得不那样做。"有心宽恕审配。但审配意气壮烈,始终不说一句屈服求饶的话,而且辛毗等人在旁号哭不止,请曹操为全家报仇,曹操遂下令杀死审配。冀州人张子谦先投降了曹操,他一向与审配关系不好,这时,笑着对审配说:"审配,你到底比我怎么样?"审配厉声叱责他说:"你是投降的俘虏,而我是忠臣,虽然一死,难道还羡慕像你这样的活着吗!"等到行刑时,审配大声命令刽子手让自己面向北方,说:"我的君主在北方。"曹操亲自去袁绍墓前祭祀,痛哭流涕;安慰袁绍的妻子,退还袁家的金银财宝,并赐给绸缎丝绵等,并供给粮食。

　　起初,袁绍与曹操共同起兵讨伐董卓,袁绍问曹操说:"假如大事不成,有什么地方可以据守?"曹操说:"你的意思如何?"袁绍说:"我南据黄河,北方依靠燕、代地区,召集北方蛮族兵力,向南争夺天下,大概可以成功吧!"曹操说:"我任用天下的贤能智士,加以正确指导,在什么地方都行。"

九月，诏以操领冀州牧。操让还兖州。

初，袁尚遣从事安平牵招至上党督军粮，未还，尚走中山，招说高幹以并州迎尚，并力观变，幹不从。招乃东诣曹操，操复以为冀州从事；又辟崔琰为别驾，操谓琰曰："昨按户籍，可得三十万众，故为大州也。"琰对曰："今九州幅裂，二袁兄弟亲寻干戈，冀方蒸庶，暴骨原野，未闻王师存问风俗，救其涂炭，而校计甲兵，唯此为先，斯岂鄙州士女所望于明公哉！"操改容谢之。

许攸恃功骄嫚，尝于众坐呼操小字曰："某甲，卿非我，不得冀州也！"操笑曰："汝言是也。"然内不乐，后竟杀之。

2　冬，十月，有星孛于东井。

3　高幹以并州降，操复以幹为并州刺史。

4　曹操之围邺也，袁谭复背之，略取甘陵、安平、勃海、河间。攻袁尚于中山，尚败，走故安，从袁熙。谭悉收其众，还屯龙凑。操与谭书，责以负约，与之绝婚，女还，然后进讨。十二月，操军其门，谭拔平原，走保南皮，临清河而屯。操入平原，略定诸县。

5　曹操表公孙度为武威将军，封永宁乡侯。度曰："我王辽东，何永宁也！"藏印绶于武库。是岁，度卒，子康嗣位，以永宁乡侯封其弟恭。

九月，献帝下诏，任命曹操兼任冀州牧。曹操接受此职后，辞去所兼兖州牧的职务。

　　起初，袁尚派从事、安平人牵招到上党去监督运输军粮，牵招还没有回来，袁尚已逃到中山，牵招劝说并州刺史高幹迎接袁尚到并州来，合力以观察局势变化，高幹不听。牵招于是到东方投奔曹操，曹操仍任用他为冀州从事；曹操又延聘崔琰为别驾，对崔琰说："昨天，我翻阅冀州的户籍，可以征召到三十万人，确实是个大州。"崔琰回答说："如今天下分崩离析，袁氏兄弟自相残杀，冀州的百姓陷于水深火热之中，死尸遍布原野而无人掩埋。如今朝廷大军进驻冀州，没有听到有慰问民间疾苦，拯救百姓的举动，反而先计算甲兵的数量，唯独将此放在首位，这怎么能符合敝州百姓对您的期望？"曹操改变随便的态度，郑重地向崔琰道歉。

　　许攸倚仗自己的功劳，态度十分傲慢，曾在大庭广众中，喊着曹操的小名说："曹阿瞒，要不是我，你得不到冀州！"曹操笑着说："你说的是。"但心里很不高兴，后来竟找借口杀掉许攸。

　　2　冬季，十月，有异星出现在井宿。

　　3　袁绍委任的并州刺史高幹归降曹操，献出并州，曹操仍任命他为并州刺史。

　　4　曹操围攻邺城时，原已归降曹操的袁谭又背叛曹操，攻取甘陵、安平、勃海、河间等地。袁谭又进攻据守中山的袁尚，袁尚抵挡不住，败走故安，投奔幽州刺史袁熙。袁谭将袁尚的残部全部收编，回军驻扎在龙凑。曹操写信给袁谭，责备他违背誓约，与他断绝婚姻关系，把已嫁给自己儿子曹整为妻的袁谭女儿送回后，出军讨伐袁谭。十二月，曹军到达其门，袁谭自平原撤出，退守南皮，在清河沿岸布防。曹操进入平原，派军占领周围诸县。

　　5　曹操上表推荐公孙度为武威将军，封永宁乡侯。公孙度说："我已在辽东为王，永宁乡侯算什么？"把曹操派人送来的印绶收藏到武器库中。这一年，公孙度去世，他儿子公孙康继位，公孙康把永宁乡侯的爵位封给自己的弟弟公孙恭。

操以牵招尝为袁氏领乌桓,遣诣柳城,抚慰乌桓。值峭
王严五千骑欲助袁谭,又,公孙康遣使韩忠假峭王单于印绶。
峭王大会群长,忠亦在坐。峭王问招:"昔袁公言受天子之
命,假我为单于;今曹公复言当更白天子,假我真单于;辽东
复持印绶来。如此,谁当为正?"招答曰:"昔袁公承制,得有
所拜假;中间违错天子命,曹公代之,言当白天子,更假真单
于;辽东下郡,何得擅称拜假也!"忠曰:"我辽东在沧海之东,
拥兵百馀万,又有扶馀、涉貊之用,当今之势,强者为右,曹操
何得独为是也!"招呵忠曰:"曹公允恭明哲,翼戴天子,伐叛
柔服,宁静四海。汝君臣顽嚣,今恃险远,背违王命,欲擅拜
假,侮弄神器,方当屠戮,何敢慢易咎毁大人!"便捉忠头顿
筑,拔刀欲斩之。峭王惊怖,徒跣抱招,以救请忠,左右失色。
招乃还坐,为峭王等说成败之效,祸福所归,皆下席跪伏,敬
受敕教,便辞辽东之使,罢所严骑。

6　丹阳大都督妫览、郡丞戴员杀太守孙翊。将军孙河
屯京城,驰赴宛陵,览、员复杀之;遣人迎扬州刺史刘馥,令住
历阳,以丹阳应之。

览入居军府中,欲逼取翊妻徐氏。徐氏绐之曰:"乞须
晦日,设祭除服,然后听命。"览许之。徐氏潜使所亲语翊亲
近旧将孙高、傅婴等与共图览,高、婴涕泣许诺,密呼翊时侍
养者二十馀人与盟誓合谋。到晦日,设祭。徐氏哭泣尽
哀,毕,乃除服,薰香沐浴,言笑欢悦。大小凄怆,怪其如此。

牵招曾经受袁绍委任管理乌桓骑兵，因此，曹操派他去柳城，安抚乌桓部落。正赶上乌桓峭王动员五千名骑兵，准备去援助袁谭，另外，公孙康也派使者韩忠给峭王送来单于印绶。峭王召集各部落酋长会商，韩忠也在座。峭王问牵招说："从前，袁绍说奉天子之命，委任我为单于；如今，曹操又说要再上表奏请天子，委任我为真单于；而辽东又派人送来单于的印绶。这样，到底谁是真的？"牵招回答说："从前，袁绍代表天子发号施令，有权封授官爵；以后，他违背了天子旨意，已由曹操来接替，曹操说要奏明天子，重新封你为真单于；辽东不过是一个偏远的小郡，怎么有权来封授官爵呢？"韩忠说："我辽东在沧海之东，拥有雄兵百万，扶馀国以及涉貊部落都听命于我。当今的形势，是强者为首，曹操怎么能妄自尊大！"牵招大声呵斥韩忠说："曹公以诚信待人，恭谨明智，辅佐天子，讨伐叛逆，安抚顺服，平定全国的混乱。你们辽东上下都顽劣奸诈，嚣张跋扈，如今倚仗地形险要而又远离中原，就背叛朝廷，竟敢擅自封授官爵，侮弄天子，应当处以极刑，怎么敢侮辱曹公这样的朝中大臣！"牵招上前揪住韩忠的头发，把他的头往地上乱按，又抽出佩刀，打算杀死韩忠。峭王又惊又怕，光着脚奔过去，抱住牵招，请求牵招饶了韩忠，左右之人，都大惊失色。牵招才回到座位，为峭王等人分析成败祸福，峭王等酋长们都离开座位，向牵招跪拜，恭敬地接受朝廷命令，峭王把辽东的使臣打发回去，解散了已集结准备援助袁谭的五千骑兵。

6　丹阳郡的大都督妫览、郡丞戴员杀死太守孙翊。将军孙河驻在京城，听到消息后赶赴宛陵，又被妫览、戴员杀死；妫览、戴员等派人去迎接朝廷任命的扬州刺史刘馥，请刘馥率军到历阳，他们就以丹阳郡归顺朝廷。

妫览迁到原先孙翊居住的府第中，打算强迫孙翊的妻子徐氏嫁给自己。徐氏无力抗拒，只好假装答应，说："请您等到这个月底，我祭奠丈夫脱去丧服之后，再听从您的命令。"妫览同意了。徐氏暗中派自己的心腹与孙翊的亲近部将孙高、傅婴等联系，策划共除妫览、戴员，孙高、傅婴流着泪答应为主报仇，他们秘密来孙翊原先的侍卫武士二十多人，共同盟誓，作好安排。到月底，徐氏摆设香案，祭奠亡夫，尽情痛哭，祭奠完毕后，就脱下丧服，熏香洗澡，言谈笑语十分欢悦。郡府中的人们，心中都深为悲痛，怪徐氏不该靦颜事仇。

览密觇,无复疑意。徐氏呼高、婴置户内,使人召览入。徐氏出户拜览,适得一拜,徐大呼:"二君可起!"高、婴俱出,共杀览,馀人即就外杀员。徐氏乃还缞绖,奉览、员首以祭翊墓,举军震骇。

孙权闻乱,从椒丘还。至丹阳,悉族诛览、员馀党,擢高、婴为牙门,其馀赏赐有差。

河子韶,年十七,收河馀众屯京城。权引军归吴,夜至京城下营,试攻惊之。兵皆乘城,传檄备警,欢声动地,颇射外人。权使晓喻,乃止。明日见韶,拜承烈校尉,统河部曲。

十年(乙酉,205)

1　春,正月,曹操攻南皮,袁谭出战,士卒多死。操欲缓之,议郎曹纯曰:"今县师深入,难以持久,若进不能克,退必丧威。"乃自执桴鼓以率攻者,遂克之。谭出走,追斩之。

李孚自称冀州主簿,求见操曰:"今城中强弱相陵,人心扰乱,以为宜令新降为内所识信者宣传明教。"操即使孚往入城,告谕吏民,使各安故业,不得相侵,城中乃安。操于是斩郭图等及其妻子。

袁谭使王脩运粮于乐安,闻谭急,将所领兵往赴之,至高密,闻谭死,下马号哭曰:"无君焉归!"遂诣曹操,乞收葬谭尸,操许之,复使脩还乐安,督军粮。谭所部诸城皆服,唯乐安太守管统不下。操命脩取统首,脩以统亡国忠臣,解其缚,使诣操,操悦而赦之,辟脩为司空掾。

妫览派人秘密观察,看到这样,就不再怀疑。徐氏把孙高、傅婴安排在自己房中,然后派人去请妫览进来。妫览进来后,徐氏出来拜见妫览,只拜了一拜,徐氏就大叫:"两位将军,可以动手了!"孙高、傅婴一跃而出,共同杀死妫览,其馀的人立即在外边杀死戴员。徐氏于是又换上丧服,砍下妫览、戴员的人头,到孙翊墓前祭奠,听到消息后,全军无不震骇。

孙权听到变乱的消息,立即从椒丘回军,到丹阳后,把妫览、戴员馀党的全家老小以及亲属统统杀死,提拔孙高、傅婴为牙门,其他有功人员,也都受到不同的赏赐。

孙河的儿子孙韶,年仅十七岁,收集父亲的馀部守卫京城。孙权率军从丹阳返回吴郡,晚上到达京城城下安营,孙权为了考察孙韶的能力,假装攻城来惊吓他。孙韶的军队闻警,全都迅速登城防守,号令严明,戒备森严,喊杀声震天动地,乱箭纷纷落下。孙权派人说明情况,城上才停止。天明以后,孙权接见孙韶,委任他为承烈校尉,统率孙河的部属。

汉献帝建安十年(乙酉,公元205年)

1 春季,正月,曹操进攻南皮,袁谭率军出战,曹军伤亡惨重。曹操准备稍微减缓攻势,议郎曹纯说:"如今孤军深入,难以持久,如果进不能攻克敌城,一后退就会大损军威。"曹操于是亲自擂动战鼓,命令部下猛攻,遂攻陷南皮。袁谭出逃,被曹军追上,杀死。

李孚自称冀州主簿,求见曹操,对曹操说:"现在城中秩序骚乱,百姓不分强弱,相互攻杀,人心惶惶。我认为应当派遣新近归降,而又是城中人所认识的人去传达您的命令,恢复秩序。"曹操立刻就派李孚入城,宣告城中官民,让他们各安故业,不得互相侵犯,城中才安定下来。曹操于是杀死袁谭的谋士郭图等及其妻儿。

袁谭先派王修到乐安去运输粮草,王修听到袁谭情况危急,赶快率领部队前去援助,走到高密,听到袁谭的死讯,下马号哭说:"没有了主人,我到哪里去呢!"就去拜见曹操,请求让他收葬袁谭的尸体,曹操答应了,仍派王修到乐安去督运军粮。当时,袁谭属下的各郡、县城都已归顺曹操,只有乐安郡太守管统未降。曹操命令王修去斩管统的人头。王修认为管统是效忠故主的忠臣,捉住管统后,解开捆绑他的绳索,让他去拜见曹操,曹操大为高兴,赦免管统,并延聘王修为司空掾。

郭嘉说操多辟青、冀、幽、并名士以为掾属,使人心归附,操从之。官渡之战,袁绍使陈琳为檄书,数操罪恶,连及家世,极其丑诋。及袁氏败,琳归操,操曰:"卿昔为本初移书,但可罪状孤身,何乃上及父祖邪!"琳谢罪,操释之,使与陈留阮瑀俱管记室。

先是渔阳王松据涿郡,郡人刘放说松以地归操,操辟放参司空军事。

袁熙为其将焦触、张南所攻,与尚俱奔辽西乌桓。触自号幽州刺史,驱率诸郡太守令长,背袁向曹,陈兵数万,杀白马而盟,令曰:"敢违者斩!"众莫敢仰视,各以次歃。别驾代郡韩珩曰:"吾受袁公父子厚恩,今其破亡,智不能救,勇不能死,于义阙矣;若乃北面曹氏,所不能为也。"一坐为珩失色。触曰:"夫举大事,当立大义,事之济否,不待一人,可卒珩志,以厉事君。"乃舍之。触等遂降曹操,皆封为列侯。

2 夏,四月,黑山贼帅张燕率其众十馀万降,封安国亭侯。

3 故安赵犊、霍奴等杀幽州刺史及涿郡太守,三郡乌桓攻鲜于辅于犷平。秋,八月,操讨犊等,斩之;乃渡潞水救犷平,乌桓走出塞。

4 冬,十月,高幹闻操讨乌桓,复以并州叛,执上党太守,举兵守壶关口。操遣其将乐进、李典击之。河内张晟,众万馀人,寇崤、渑间,弘农张琰起兵以应之。

郭嘉劝说曹操多延聘青、冀、幽、并四州的名士作为掾、属,使人心归附,曹操采纳了他的意见。官渡之战前,袁绍命令陈琳撰写讨伐曹操的檄文,历数曹操的罪恶,并攻击曹家的祖先,极尽丑化诋毁之能事。等到袁绍失败后,陈琳投降曹操,曹操对他说:"你从前为袁绍写檄文,只该攻击我本人,为什么要向上攻击到我的父亲、祖父?"陈琳谢罪,曹操便赦免他,派他与陈留人阮瑀一同担任主管撰写奏章的记室。

以前,渔阳人王松占据涿郡,涿郡人刘放劝说王松以涿郡归降曹操,曹操延聘刘放参议司空府军务。

袁熙受到他自己部将焦触、张南的攻击,与袁尚一起投奔辽西郡的乌桓部落。焦触自称幽州刺史,胁迫所属各郡、县的长官,都背叛袁氏,归顺曹操。焦触等集结数万人马,杀死白马,歃血为盟,下令说:"有敢于违抗者,一律斩首!"众人在威逼之下,都不敢抬头,各自按顺序歃血盟誓。别驾、代郡人韩珩说:"我受到袁氏父子的厚恩,如今袁氏已经破亡,我的智谋不能拯救他们,又没有勇气去死节,于君臣大义已经有欠缺。如果再去归顺曹操,就更为失节,我不能做这样的事。"在场的人都被吓得变了脸色。焦触说:"发动大事,应以大义为重,事情的成败,不在乎一个人,我们可以成全韩珩的志向,以勉励忠心事主的人。"于是,听任韩珩离去。焦触等就全部归降曹操,都被封为列侯。

2 夏季,四月,黑山军首领张燕率领部下十余万人归降曹操,被封安国亭侯。

3 故安人赵犊、霍奴等杀死幽州刺史和涿郡太守,辽西、辽东、右北平等三郡的乌桓部落进攻鲜于辅据守的犷平。秋季,八月,曹操大军讨伐赵犊等,杀死赵犊等人;于是,曹军又渡过潞水去援救犷平,乌桓部落退到塞外。

4 冬季,十月,驻守并州的高幹听到曹操讨伐乌桓的消息,又背叛曹操,逮捕上党郡太守,派兵拒守壶关口。曹操派部将乐进、李典率军进击。河内人张晟聚集起一万馀人,侵掠崤山、渑池一带,弘农人张琰起兵响应张晟。

河东太守王邑被征,郡掾卫固及中郎将范先等诣司隶校尉钟繇,请留之。繇不许。固等外以请邑为名,而内实与高幹通谋。曹操谓荀彧曰:"关西诸将,外服内贰,张晟寇乱殽、渑,南通刘表,固等因之,将为深害。当今河东,天下之要地也,君为我举贤才以镇之。"彧曰:"西平太守京兆杜畿,勇足以当难,智足以应变。"操乃以畿为河东太守。钟繇促王邑交付,邑佩印绶,径从河北诣许自归。

卫固等使兵数千人绝陕津,杜畿至,数月不得渡。操遣夏侯惇讨固等,未至,畿曰:"河东有三万户,非皆欲为乱也。今兵迫之急,欲为善者无主,必惧而听于固。固等势专,讨之不胜,为难未已;讨之而胜,是残一郡之民也。且固等未显绝王命,外以请故君为名,必不害新君,吾单车直往,出其不意,固为人多计而无断,必伪受吾,吾得居郡一月,以计縻之,足矣。"遂诡道从郖津渡。

范先欲杀畿以威众,且观畿去就,于门下斩杀主簿以下三十馀人,畿举动自若。于是固曰:"杀之无损,徒有恶名,且制之在我。"遂奉之。畿谓固、先曰:"卫、范,河东之望也,吾仰成而已。然君臣有定义,成败同之,大事当共平议。"以固为都督,行丞事,领功曹;将校吏兵三千馀人,皆范先督之。固等喜,虽阳事畿,不以为意。固欲大发兵,畿患之,说固曰:"今大发兵,众情必扰,不如徐以赀募兵。"固以为然,从之,得兵甚少。

河东郡太守王邑受到朝廷征召,郡掾卫固与中郎将范先等去拜见司隶校尉锺繇,请求让王邑继续留任。锺繇不同意。卫固等表面上是请求挽留王邑,实际上暗中却与高幹勾结。曹操对荀彧说:"函谷关以西的将领们,表面上服从朝廷,却怀有二心,张晟等侵掠崤山、渑池一带,向南与荆州的刘表联合,卫固乘机起事,将会成为我们的心腹大患。现在河东郡是天下的冲要之地,你为我推荐一个贤能的人才,镇守河东。"荀彧说:"西平郡太守、京兆人杜畿,他的勇气足以担当危难,智谋足以应付变化莫测的局势。"曹操就任命杜畿为河东郡太守。锺繇催促王邑办理移交,王邑却携带印绶,直接从河东郡属下的河北县去许都,向朝廷报到。

卫固等派兵数千人切断黄河上的陕津渡口,杜畿到达河边,几个月不能渡过黄河。曹操派遣夏侯惇率军讨伐卫固等,还未开到,杜畿说:"河东郡有三万户百姓,不是都想背叛朝廷。现在大军如果逼迫太急,想要顺从朝廷的人无人引导,必然因畏惧而听从卫固的指挥。卫固等人的势力会更加强大,大军讨伐不能取胜,难于结束这场灾难;即使征伐得胜,也会使一郡的百姓都受到残害。而且卫固等人没有公开地背叛朝廷,表面上以要求旧长官留任为理由,必然不能公然谋害新长官,我只乘一辆车独自前去上任,出其不意,卫固为人谋略虽多,但缺乏决断,必然会暂时假意接纳我,我只要能在郡中待一个月的时间,用计策稳住他,就足够了。"于是,杜畿绕道从郖津渡过黄河。

范先想杀死杜畿,用以威胁部众,后来决定先观察杜畿的态度,就在郡府的门前杀死主簿以下三十余人,杜畿毫不在乎,言谈举止都没有改变常态。因此,卫固说:"杀了他并没有好处,只会招来恶名,而且他是被控制在咱们手里。"于是,卫固等人就正式尊奉杜畿为河东郡的太守。杜畿对卫固、范先说:"你们卫家、范家,是河东郡的两大望族,我要仰仗你们来办事。然而君臣上下有确定的名分,今后要有福共享,有难同担,因此,遇到大事,要共同商量。"杜畿委任卫固为都督,代理郡丞的职务,又兼任功曹;全郡的大小将领及兵士有三千多人,都由范先指挥。卫固等心中大喜,虽然表面上以杜畿为主,实际上没把他当回事。卫固要大举征发全郡百姓当兵,杜畿担心这样会使他的力量大为增长,就对卫固说:"如今,要是大量征发百姓,必然会使民心骚动,不如采用募兵的方式慢慢来。"卫固认为有理,同意杜畿的方法,但招募到的士兵很少。

畿又喻固等曰:"人情顾家,诸将掾史,可分遣休息,急缓召之不难。"固等恶逆众心,又从之。于是善人在外,阴为己援;恶人分散,各还其家。

会白骑攻东垣,高幹入濩泽。畿知诸县附己,乃出,单将数十骑,赴坚壁而守之,吏民多举城助畿者,比数十日,得四千馀人。固等与高幹、张晟共攻畿,不下,略诸县,无所得。曹操使议郎张既西征关中诸将马腾等,皆引兵会击晟等,破之,斩固、琰等首,其馀党与皆赦之。

于是杜畿治河东,务崇宽惠。民有辞讼,畿为陈义理,遣归谛思之,父老皆自相责怒,不敢讼。劝耕桑,课畜牧,百姓家家丰实;然后兴学校,举孝弟,修戎事,讲武备,河东遂安。畿在河东十六年,常为天下最。

5 秘书监、侍中荀悦作《申鉴》五篇,奏之。悦,爽之兄子也。时政在曹氏,天子恭己,悦志在献替,而谋无所用,故作是书。其大略曰:"为政之术,先屏四患,乃崇五政。伪乱俗,私坏法,放越轨,奢败制:四者不除,则政末由行矣,是谓四患。兴农桑以养其生,审好恶以正其俗,宣文教以章其化,立武备以秉其威,明赏罚以统其法,是谓五政。人不畏死,不可惧以罪;人不乐生,不可劝以善。故在上者,先丰民财以定其志,是谓养生。

杜畿又对卫固说:"顾念家庭,是人之常情,各级将领和郡中文职官吏,可以让他们轮流休息,到情况需要时再征召他们,也不困难。"卫固等不愿因拒绝杜畿的建议而招来众人的怨恨,只好也同意。这样,善人在外边可以暗中相助,而与卫固等同谋的恶人都各自回家,力量分散。

正在这时,有一股号称白骑的武装力量进攻东垣,高幹也率军进入濩泽。杜畿知道诸县都已归附自己,就离开郡城,只身率领数十名骑兵,选择一个坚固的营寨进行防守,属下各县的官吏与百姓都纷纷占据城池,援助杜畿,不过几十天,杜畿已有四千多人。卫固与高幹、张晟合兵进攻杜畿据守的营寨,未能攻下,又去周围各县去抢掠粮草,也没有收获。曹操派议郎张既西去关中,征调马腾等将领平定叛乱,他们都出兵联合进攻张晟等,大获全胜,斩杀卫固、张琰等人,赦免了其馀的党羽。

以后,杜畿治理河东郡,以宽大为主,广施仁惠。百姓有来打官司的,杜畿为他们讲解仁义道德,分析事理,让他们回去好好考虑,父老们都自相责备,不敢再去告状。杜畿劝勉百姓努力耕田,种桑养蚕,鼓励他们饲养牲畜,使得家家都富裕起来;然后,又兴建学堂,推荐孝顺父母、友爱兄弟的人;修造城防,制作武器,加强作战训练;河东郡便安定下来。杜畿在河东郡任职十六年,治理的政绩常常是天下之最。

5　秘书监、侍中荀悦,撰写《申鉴》五篇,上奏给献帝。荀悦是荀爽的侄子。当时,政权掌握在曹操手中,献帝只是表面上的最高统治者,不能干预朝政大事,荀悦有志为朝廷贡献自己的才干,但他的谋略都无处施展,所以著述此书。书中的主要内容是:"治理天下的办法,首先是消灭'四患',然后要推行'五政'。以虚伪败坏风俗;用私心破坏法纪;行为放荡,超越正常规定;奢侈靡费,损坏国家制度──不消灭这四种现象,就无法推行政令,所以称之为'四患'。振兴农业与桑蚕业,以保障百姓生活;分辨善恶,以纠正民间习俗;推行文化教育,以改善社会风气;建立武备,以维持朝廷的威严;赏罚分明,以统一法令──这就是'五政'。百姓不怕死,就不要以刑罚来恐吓他们;百姓没有生趣,就不可能劝导他们向善。所以,身居高位的人,要先使百姓富足起来,使他们安居乐业,这就是保障民生。

善恶要乎功罪,毁誉效于准验,听言责事,举名察实,无或诈伪以荡众心。故俗无奸怪,民无淫风,是谓正俗。荣辱者,赏罚之精华也,故礼教荣辱以加君子,化其情也;桎梏鞭扑以加小人,化其形也。若教化之废,推中人而坠于小人之域,教化之行,引中人而纳于君子之涂,是谓章化。在上者必有武备以戒不虞,安居则寄之内政,有事则用之军旅,是谓秉威。赏罚,政之柄也。人主不妄赏,非爱其财也,赏妄行,则善不劝矣;不妄罚,非矜其人也,罚妄行,则恶不惩矣。赏不劝,谓之止善,罚不惩,谓之纵恶。在上者能不止下为善,不纵下为恶,则国法立矣。是谓统法。四患既独,五政又立,行之以诚,守之以固,简而不怠,疏而不失,垂拱揖让,而海内平矣。”

对于善、恶,要以功、罪为标准来判定;对于毁谤与赞誉,要用实际效果来进行检验。对人不仅要听他的言论,更要观察他的行为;不被他的名声所困扰,要考察他是否名实相符;不能让虚伪狡诈的人得逞,免得人们去纷纷仿效。因此,不会出现奸怪的习俗,民间也不会发生淫乱之风,这就是纠正民俗。奖励与羞辱是赏赐、惩罚的核心,所以礼教规定、荣誉与羞辱只能施加于君子,以改变他们的内心;枷锁与鞭笞则专用来对付小人,以改变他们的行为。如果不推行教化,就会使中等资质的人也堕落成小人;而推行教化,就能使这些中等资质的人升为君子;就是改善社会风气。作为统治者,必然要拥有军队,以防备不能预料的变化,平时用来管理内政,战时则效命疆场,这就是维持威严。赏赐与惩罚,是执政的根本权力。君王不随意赏赐,并不是爱惜财物,而是因为随意赏赐,就不能用赏赐来劝导人们行善;君王不随意惩罚,并不是姑息怜悯,而是因为随意惩罚,就不能使惩罚来打击犯罪。赏赐而没有起到劝导的作用,就是阻止人们行善;惩罚而没有起到打击的作用,就是纵容人们作恶。作为统治者,能够不阻止下面的人行善,不纵容下面的人作恶,则国法确立,这就是统一法令。除去了'四患',又建立了'五政',诚心诚意地执行,长期坚持,简要而不懈怠,疏阔而不遗漏,这样,不需劳神费心,天下就能太平了。"

卷第六十五　汉纪五十七

起丙戌(206)尽戊子(208)凡三年

孝献皇帝庚
建安十一年(丙戌,206)

1　春,正月,有星孛于北斗。

2　曹操自将击高幹,留其世子丕守邺,使别驾从事崔琰傅之。操围壶关,三月,壶关降。高幹自入匈奴求救,单于不受。幹独与数骑亡,欲南奔荆州,上洛都尉王琰捕斩之,并州悉平。

　　曹操使陈郡梁习以别部司马领并州刺史。时荒乱之馀,胡、狄雄张,吏民亡叛入其部落,兵家拥众,各为寇害。习到官,诱喻招纳,皆礼召其豪右,稍稍荐举,使诣幕府。豪右已尽,次发诸丁强以为义从。又因大军出征,令诸将分请以为勇力。吏兵已去之后,稍移其家,前后送邺,凡数万口。其不从命者,兴兵致讨,斩首千数,降附者万计。单于恭顺,名王稽颡,服事供职,同于编户。边境肃清,百姓布野,勤劝农桑,令行禁止。长老称咏,以为自所闻识,刺史未有如习者。习乃贡达名士避地州界者河内常林、杨俊、王象、荀纬及太原王凌之徒,操悉以为县长,后皆显名于世。

孝献皇帝庚

汉献帝建安十一年（丙戌，公元 206 年）

1 春季，正月，有异星出现在北斗星座。

2 曹操亲自率军征讨并州刺史高幹，留下世子曹丕镇守邺城，派别驾、从事崔琰辅佐曹丕。曹操大军包围壶关，三月，壶关投降。高幹亲自去向匈奴求救，被匈奴单于拒绝。高幹身边只剩几名骑兵卫士，想逃到荆州去投奔刘表，半路上，被上洛都尉王琰捉获斩首，并州全部平定。

曹操派陈郡人梁习以别部司马的职务，兼任并州刺史。当时在兵荒马乱之后，匈奴等各北方胡狄各族的势力都很大，官吏及百姓往往叛逃到他们的部落中，其馀许多地方势力也都拥有强大的武装力量，各霸一方。梁习到任后，用好言好语来招纳那些地方势力，以礼接待那些首领，并推荐其中一些人做官，让他们到州府来任职。等这些首领都离开本乡后，就征发当地青壮年充当志愿军。梁习又借大军出征之机，把这些志愿军分送到将领们部下，到别处作战。在这些官员、兵士都离去以后，就陆续把他们的家小迁到邺城，前后送走的有数万人。有不服从命令的，就出兵进行征讨，杀死几千人，投降的数以万计。于是，匈奴单于对梁习态度恭顺，各部落的王爷都谨慎守法，各部落负担赋税徭役，与在册的百姓一样。边境肃清，农夫遍布田野，梁习鼓励农业和桑蚕业，严格执法。得到父老们的一致称赞，认为记忆之中，没有一个刺史比得上梁习。梁习又向朝廷推荐来并州躲避战乱的各地名士，如河内人常林、杨俊、王象、荀纬以及太原人王凌等，曹操都任命他们为县长，后来这些人都闻名于世。

　　初，山阳仲长统游学至并州，过高幹，幹善遇之，访以世事。统谓幹曰："君有雄志而无雄材，好士而不能择人，所以为君深戒也。"幹雅自多，不悦统言，统遂去之。幹死，荀彧举统为尚书郎。著论曰《昌言》，其言治乱，略曰："豪杰之当天命者，未始有天下之分者也，无天下之分，故战争者竞起焉。角智者皆穷，角力者皆负，形不堪复伉，势不足复校，乃始羁首系颈，就我之衔绁耳。及继体之时，豪杰之心既绝，士民之志已定，贵有常家，尊在一人。当此之时，虽下愚之才居之，犹能使恩同天地，威侔鬼神，周、孔数千无所复角其圣，贲、育百万无所复奋其勇矣。彼后嗣之愚主，见天下莫敢与之违，自谓若天地之不可亡也，乃奔其私嗜，骋其邪欲，君臣宣淫，上下同恶，荒废庶政，弃忘人物。信任亲爱者，尽佞谄容说之人也；宠贵隆丰者，尽后妃姬妾之家也。遂至熬天下之脂膏，斮生民之骨髓，怨毒无聊，祸乱并起，中国扰攘，四夷侵叛，土崩瓦解，一朝而去，昔之为我哺乳之子孙者，今尽是我饮血之寇雠也。至于运徙势去，犹不觉悟者，岂非富贵生不仁，沉溺致愚疾邪！存亡以之迭代，治乱从此周复，天道常然之大数也。"

　　3　秋，七月，武威太守张猛杀雍州刺史邯郸商。州兵讨诛之。猛，奂之子也。

　　4　八月，曹操东讨海贼管承，至淳于，遣将乐进、李典击破之，承走入海岛。

起初，山阳人仲长统游学来到并州，拜访当时的刺史高幹，高幹对他待遇优厚，征求他对时局的看法。仲长统对高幹说："你有雄心大志，却缺乏雄才大略；喜好贤能之士，却不能鉴别人才。在这些事上面，你要好好注意。"高幹一向自以为是，对仲长统的话很不高兴，仲长统就离开了高幹。高幹死后，荀彧推荐仲长统担任尚书郎。仲长统撰写《昌言》，分析国家的安危治乱，主要大意是："受命于上天的英雄豪杰，并不是从开始时就有统一天下的名分，由于没有这种名分，所以竞争者纷纷崛起。但到后来，那些仗恃智谋的，智谋穷尽，仗恃力量的，力量枯竭，形势不允许再对抗，也不足以再较量，于是才捉住头，捆住颈，服从命令。等到第二代统治者继位时，那些豪杰已不再有争夺天下的雄心，士大夫与百姓都已习惯于遵从命令，富贵之家已经固定，威权都集中于君主一人手中。在这时候，即使是一个下等的蠢人坐在皇帝的宝座上，也能使他的恩德大到与天地相同，使他的威严达到与鬼神相似的地步，即使是有几千个周公姬旦和孔夫子这样的圣人，也无法再发挥他们的圣明；有百万个孟贲和夏育之类的勇士，也无处再施展他们的勇力。那些继承天下的愚蠢帝王，见天下没有人敢违抗他的旨意，就自认为政权会像天地不会灭亡，于是随意发展自己的嗜好，放纵自己的邪恶欲望，君主与臣僚都为所欲为，上下一齐作恶，荒废朝政，排斥人才。所信任亲近的，都是奸佞谄媚的小人；所宠爱提升的，都是后宫妃嫔的家族。以至达到熬尽天下民脂民膏，敲骨吸髓的程度，人民身受怨毒，痛苦不堪，灾祸战乱，同时而起，中原大地纷扰不安，四方外族相继背叛，政权土崩瓦解，毁于一旦，从前受我养护哺育的小民，如今全都成为喝我鲜血的仇敌。至于那些大势已去，还不觉悟的人，岂不正是富贵产生的麻木不仁，溺爱导致的愚昧顽劣吗！政权的存亡相互交替，治理与战乱也不断周而复始地循环，这正是天地运行的规律。"

　　3　秋季，七月，武威太守张猛杀死雍州刺史邯郸商。州中的军队讨伐张猛，把他杀死。张猛是张奂的儿子。

　　4　八月，曹操向东讨伐海上的盗贼管承，进军到淳于，派大将乐进、李典击败管承的部众，管承逃到海岛上。

5　昌狶复叛,操遣于禁讨斩之。

6　是岁,立故琅邪王容子熙为琅邪王,齐、北海、阜陵、下邳、常山、甘陵、济阴、平原八国皆除。

7　乌桓乘天下乱,略有汉民十馀万户,袁绍皆立其酋豪为单于,以家人子为己女妻焉。辽西乌桓蹋顿尤强,为绍所厚,故尚兄弟归之,数入塞为寇,欲助尚复故地。曹操将击之,凿平虏渠、泉州渠以通运。

8　孙权击山贼麻、保二屯,平之。

十二年(丁亥,207)

1　春,二月,曹操自淳于还邺。丁酉,操奏封大功臣二十馀人,皆为列侯;因表万岁亭侯荀彧功状;三月,增封彧千户。又欲授以三公,彧使荀攸深自陈让,至于十数,乃止。

2　曹操将击乌桓。诸将皆曰:“袁尚亡虏耳,夷狄贪而无亲,岂能为尚用。今深入征之,刘备必说刘表以袭许,万一为变,事不可悔。”郭嘉曰:“公虽威震天下,胡恃其远,必不设备,因其无备,卒破击之,可破灭也。且袁绍有恩于民夷,而尚兄弟生存。今四州之民,徒以威附,德施未加,舍而南征,尚因乌桓之资,招其死主之臣,胡人一动,民夷俱应,以生蹋顿之心,成觊觎之计,恐青、冀非己之有也。表坐谈客耳,自知才不足以御备,重任之则恐不能制,轻任之则备不为用,虽虚国远征,公无忧矣。”操从之。行至易,郭嘉曰:“兵贵神速。今千里袭人,辎重多,难以趋利,且彼闻之,必为备;不如留辎重,轻兵兼道以出,掩其不意。”

5　昌豨又背叛曹操，曹操派于禁讨伐，斩杀昌豨。

6　这一年，献帝立已故琅邪王刘容的儿子刘熙为琅邪王，撤销齐、北海、阜陵、下邳、常山、甘陵、济阴、平原等八个王国。

7　乌桓人乘天下大乱，裹胁占有汉人十多万户，袁绍把各部落的酋长都封为单于，并以平民家的姑娘做自己的女儿，嫁给那些单于做妻子。辽西乌桓酋长蹋顿的势力尤其强盛，受到袁绍的厚待，因此袁尚兄弟去投奔蹋顿，蹋顿屡次派兵入塞抢掠，想帮助袁尚恢复旧有的疆土。曹操准备出军讨伐，开凿平房渠、泉州渠，以便运输大军所需的粮草。

8　孙权攻击山贼盘踞的麻屯和保屯，完全平定。

汉献帝建安十二年(丁亥,公元207年)

1　春季，二月，曹操从淳于返回邺城。丁酉(初五)，曹操上奏献帝并得到批准，大封功臣二十多人，都为列侯；又上表称赞万岁亭侯荀彧的功劳；三月，为表彰荀彧，在他原来侯国封户的基础上，又增加一千户。还准备任命荀彧为三公，荀彧派荀攸恳切地表达自己的辞让之意，先后达到十余次，曹操才同意。

2　曹操准备出兵征讨乌桓。将领们都说：“袁尚只不过是个逃亡罪犯，乌桓人贪得无厌而不念旧情，岂能受袁尚利用。如今大军深入塞外征乌桓，刘备必然劝说刘表乘虚袭击许都，万一发生变化，大事就后悔不及了。”郭嘉说：“您虽然威震天下，但乌桓人倚仗距离遥远，一定不会预先防备，乘其不备，突然袭击，可以一战告捷。况且，袁绍对这一地区的百姓以及塞外的夷人有恩德，而袁尚兄弟现在还活在世上。如今冀、青、幽、并四州的百姓，只是因畏惧而服从我们，并没有受过我们的恩德。如果我们离开这里而率军南征，袁尚利用乌桓的武力作资本，招集愿为恩主效死的部属，乌桓人一出兵，四州的百姓及夷人都会纷纷响应，这会使蹋顿动心，生出非分的打算，恐怕青州与冀州就不会再在您的控制下了。刘表不过是个只会坐在那里发议论的人，他自知才干不能驾御住刘备，重用他则害怕控制不住，轻用他则刘备不会被利用。因此，即使我们抽调全国兵力远征，您也不必担忧。”曹操听从了郭嘉的意见。大军进发到易县，郭嘉提议说：“兵贵神速，如今远涉千里进行奇袭，辎重太多，难以掌握先机，而且假如乌桓人得到消息，必然加强戒备；不如留下辎重，军队轻装以加倍的速度急进，出其不意地进攻。”

　　初,袁绍数遣使召田畴于无终,又即授将军印,使安辑所统,畴皆拒之。及曹操定冀州,河间邢颙谓畴曰:"黄巾起来,二十馀年,海内鼎沸,百姓流离。今闻曹公法令严。民厌乱矣,乱极则平,请以身先。"遂装还乡里。畴曰:"邢颙,天民之先觉者也。"操以颙为冀州从事。畴忿乌桓多杀其本郡冠盖,意欲讨之而力未能。操遣使辟畴,畴戒其门下趣治严。门人曰:"昔袁公慕君,礼命五至,君义不屈;今曹公使一来而君若恐弗及者,何也?"畴笑曰:"此非君所识也。"遂随使者到军,拜为蓨令,随军次无终。

　　时方夏水雨,而滨海洿下,泞滞不通,虏亦遮守蹊要,军不得进。操患之,以问田畴。畴曰:"此道,秋夏每常有水,浅不通车马,深不载舟船,为难久矣。旧北平郡治在平冈,道出卢龙,达于柳城。自建武以来,陷坏断绝,垂二百载,而尚有微径可从。今虏将以大军当由无终,不得进而退,懈弛无备。若嘿回军,从卢龙口越白檀之险,出空虚之地,路近而便,掩其不备,蹋顿可不战而禽也。"操曰:"善!"乃引军还,而署大木表于水侧路傍曰:"方今夏暑,道路不通,且俟秋冬,乃复进军。"虏候骑见之,诚以为大军去也。

　　操令畴将其众为乡导,上徐无山,堑山堙谷,五百馀里,经白檀,历平冈,涉鲜卑庭,东指柳城。未至二百里,虏乃知之。尚、熙与蹋顿及辽西单于楼班、右北平单于能臣抵之等将数万骑逆军。八月,操登白狼山,卒与虏遇,众甚盛。操车重在后,被甲者少,左右皆惧。操登高,望虏阵不整,乃纵兵击之,使张辽为前锋,虏众大崩,斩蹋顿及名王已下,胡、汉降者二十馀万口。

起初,袁绍几次派使者到无终县去召田畴,又派人授予田畴将军的印信,让田畴统率已有部众,田畴都拒绝了。到曹操平定冀州后,河间人邢颙对田畴说:"黄巾军起事以来,已二十多年,天下动荡不定,百姓流离失所。如今,听说曹公法令严明,百姓对战乱已经厌恶,乱到极点,就会归于平静,请让我先去试探一下。"于是,邢颙收拾行装,返回家乡。田畴说:"邢颙是个先知先觉的人。"曹操委任邢颙为冀州从事。田畴忿恨乌桓人经常杀害本郡著名的士大夫,想讨伐乌桓而力量不够。曹操派使者来征召田畴,田畴要他的部属赶快为他治理行装。部属说:"以前,袁绍仰慕您的名声,曾五次礼聘,您一直拒绝;如今,曹操的使者一来,您就好像迫不及待,这是什么原因?"田畴笑着说:"这就不是你们所能知道的了。"他随同使者一起到曹操军中,被任命为蓚令,随大军进驻无终县。

　　当时正赶上夏季,大雨不止,沿海一带,泥泞难行,而且乌桓人还在交通要道派兵把守,曹军受阻无法前进。曹操十分忧虑,向田畴询问对策。田畴说:"这条道路每逢夏、秋两季,常常积水,而且不深不浅,车马无法通过,舟船也无法行驶,是长期不能解决的难题。原来右北平郡府设在平冈,道路通过卢龙塞,到达柳城。自从光武帝建武以来,道路陷坏,无人行走,已将近两百年,但仍留有道路的残迹可以追寻而行。现在乌桓人以为无终是我们大军的必经之路,大军不能前进,只好撤退,因此他们放松了戒备。如果我们假装沮丧退军,却从卢龙塞口越过白檀险阻,进到他们没有设防的区域,路近而行动方便,攻其不备,可以不战而捉住蹋顿。"曹操说:"很好!"于是率军从无终撤退,在水边的路旁留下一块大木牌,上面写着:"现在夏季暑热,道路不通,且等到秋冬,再出兵讨伐。"乌桓人的侦察骑兵看到后,当真以为曹军已经退兵。

　　曹操命令田畴率领他的部众做向导,上徐无山,凿山填谷,行进五百多里,经过白檀、平冈,又穿过鲜卑部落的王庭,向东直扑柳城。距离两百多里时,乌桓人才知道。袁尚、袁熙与蹋顿以及辽西单于楼班、右北平单于能臣抵之等率领数万名骑兵迎击曹军。八月,曹操登上白狼山,突然与乌桓骑兵相遇,而乌桓军军力强盛。曹军辎重都在后边,身披铠甲的将士很少,曹操左右的人都感到畏惧。曹操登高向下望,看到乌桓军队阵容不整,就纵兵向下猛冲,派张辽为先锋,乌桓军队大败,斩杀蹋顿和各部落王爷及以下的乌桓首领,投降的胡人与汉人共有二十多万。

辽东单于速仆丸与尚、熙奔辽东太守公孙康,其众尚有数千骑。或劝操遂击之,操曰:“吾方使康斩送尚、熙首,不烦兵矣。”九月,操引兵自柳城还。公孙康欲取尚、熙以为功,乃先置精勇于厩中,然后请尚、熙入,未及坐,康叱伏兵禽之,遂斩尚、熙,并速仆丸首送之。诸将或问操:“公还而康斩尚、熙,何也?”操曰:“彼素畏尚、熙,吾急之则并力,缓之则自相图,其势然也。”操枭尚首,令三军:“敢有哭之者斩!”牵招独设祭悲哭,操义之,举为茂才。

时天寒且旱,二百里无水,军又乏食,杀马数千匹以为粮,凿地入三十馀丈方得水。既还,科问前谏者,众莫知其故,人人皆惧。操皆厚赏之,曰:“孤前行,乘危以徼幸,虽得之,天所佐也,顾不可以为常。诸君之谏,万安之计,是以相赏,后勿难言之。”

3　冬,十月辛卯,有星孛于鹑尾。

4　乙巳,黄巾杀济南王赟。

5　十一月,曹操至易水,乌桓单于代郡普富卢、上郡那楼皆来贺。

师还,论功行赏,以五百户封田畴为亭侯。畴曰:“吾始为刘公报仇,率众遁逃,志义不立,反以为利,非本志也。”固让不受。操知其至心,许而不夺。

操之北伐也,刘备说刘表袭许,表不能用。及闻操还,表谓备曰:“不用君言,故为失此大会。”备曰:“今天下分裂,日寻干戈,事会之来,岂有终极乎!若能应之于后者,则此未足为恨也。”

辽东单于速仆九与袁尚、袁熙投奔辽东郡太守公孙康，跟随他们的还有数千名骑兵。有人劝曹操乘势追击，曹操说："我将使公孙康送来袁尚、袁熙的人头，不必再劳师动众。"九月，曹操率大军从柳城班师。公孙康想要杀死袁尚、袁熙，作为对朝廷立下的功劳，于是先埋伏精兵在马厩中，然后请袁尚、袁熙进来，他们还没来得及入座，公孙康召出伏兵，把他们捉住。于是斩杀袁尚、袁熙，连同速仆九的人头一起送给曹操。将领中有人问曹操："您已退军而公孙康杀死袁尚、袁熙，这是为什么？"曹操说："公孙康一向畏惧袁尚、袁熙，我如果率军急攻，他们就会合力抵抗，稍一缓和就会自相残杀，是形势使他们这样做的。"曹操把袁尚的头颅悬挂起来示众，号令三军："敢有为他哭泣的，处斩！"牵招却独自祭奠，放声悲哭，曹操认为他是忠于故主的义士，推荐他为茂才。

　　当时天寒，又遇上大旱，两百里没有水，军队缺乏粮食，只好杀死几千匹战马作为军粮，挖地三十余丈才见到水。大军返回后，曹操下令调查以前劝阻他出兵征讨乌桓的人，众人不知道是因为什么，都心怀畏惧。曹操对劝阻者都加以厚赏，对他们说："我先前出兵，实在危险，虽然侥幸获胜，是全靠上天保佑，不能作为常规。你们的意见，才是万全之计，所以加以赏赐，以后不要害怕提相反的意见。"

　　3　冬季，十月辛卯(初三)，有异星出现在鹑尾星次。

　　4　乙巳(十七日)，黄巾军杀死济南王刘赟。

　　5　十一月，曹操到达易水，乌桓代郡部落单于普富卢、上郡部落单于那楼都来向曹操祝贺。

　　大军回到邺城，论功行赏，封田畴为亭侯，封地有五百户。田畴说："我最初是为刘虞报仇，率众逃亡，我的志愿没有达到，如果反而以此作为谋利的资本，就不是我的本意了。"坚决辞让，不肯接受封爵。曹操知道田畴是出于真心，同意他的辞让，没有勉强他接受。

　　曹操出兵北伐乌桓时，刘备劝刘表发兵袭击许都，刘表不能用他的计策。等听到曹操得胜班师的消息，刘表对刘备说："没有听你的话，结果失掉这个大好机会。"刘备说："如今天下分裂，战争不断，机会的到来，难道会有终极吗？要是能不放过以后的机会，则这次也不足以遗憾。"

6　是岁,孙权西击黄祖,虏其人民而还。

7　权母吴氏疾笃,引见张昭等,属以后事而卒。

8　初,琅邪诸葛亮寓居襄阳隆中,每自比管仲、乐毅;时人莫之许也,惟颍川徐庶与崔州平谓为信然。州平,烈之子也。

刘备在荆州,访士于襄阳司马徽。徽曰:"儒生俗士,岂识时务,识时务者在乎俊杰。此间自有伏龙、凤雏。"备问为谁,曰:"诸葛孔明、庞士元也。"徐庶见备于新野,备器之。庶谓备曰:"诸葛孔明,卧龙也,将军岂愿见之乎!"备曰:"君与俱来。"庶曰:"此人可就见,不可屈致也,将军宜枉驾顾之。"

备由是诣亮,凡三往,乃见。因屏人曰:"汉室倾颓,奸臣窃命,孤不度德量力,欲信大义于天下,而智术浅短,遂用猖蹶,至于今日。然志犹未已,君谓计将安出?"亮曰:"今曹操已拥百万之众,挟天子而令诸侯,此诚不可与争锋。孙权据有江东,已历三世,国险而民附,贤能为之用,此可与为援而不可图也。荆州北据汉、沔,利尽南海,东连吴会,西通巴、蜀,此用武之国,而其主不能守,此殆天所以资将军也。益州险塞,沃野千里,天府之土,刘璋暗弱,张鲁在北,民殷国富而不知存恤,智能之士思得明君。将军既帝室之胄,信义著于四海,若跨有荆、益,保其岩阻,抚和戎、越,结好孙权,内修政治,外观时变,则霸业可成,汉室可兴矣。"备曰:"善!"于是与亮情好日密。关羽、张飞不悦,备解之曰:"孤之有孔明,犹鱼之有水也。愿诸君勿复言。"羽、飞乃止。

6　这一年,孙权向西攻击荆州的江夏郡太守黄祖,俘虏了大批江夏郡的百姓而退回吴郡。

7　孙权的母亲吴夫人病危,召见张昭等人,嘱托后事之后去世。

8　起初,琅邪人诸葛亮寄居襄阳隆中,经常把自己比作管仲和乐毅;但当时人并不认可,只有颍川人徐庶与崔州平认为确是如此。崔州平是崔烈的儿子。

刘备在荆州,向襄阳人司马徽询访人才。司马徽说:"一般的儒生与俗士,怎么能认清当今的形势,能认清当今形势的,只有俊杰之士。在襄阳这里,自有伏龙与凤雏。"刘备问是谁,司马徽说:"就是诸葛亮与庞统。"徐庶在新野县见到刘备,刘备对徐庶很器重。徐庶对刘备说:"诸葛亮乃是卧龙,将军愿不愿见他?"刘备说:"请你与他一起来。"徐庶说:"这个人只能你去拜访他,不能召唤他来,将军最好屈驾亲自拜访他。"

刘备于是亲自拜访诸葛亮,一共去了三次,才见到诸葛亮。于是,刘备让左右的随从都出去,说道:"汉朝王室已经衰败,奸臣窃据朝政大权,我不度德量力,打算伸张正义于天下,但智谋短浅,以至于连遭挫折,到了今天这个地步。但我的雄心壮志仍然未息,你认为应当如何去做?"诸葛亮说:"如今,曹操已经拥有百万大军,挟持天子以号令天下,实在不可能与他争锋。孙权占据江东,已经历三代,地势险要,民心归附,贤能人才都为他尽力,此人可以与他联盟,却不能并吞他。荆州地区,北方以汉水、沔水为屏障,南方直通南海,东边连接吴郡、会稽,西边可通巴郡、蜀郡,正是用武之地,但主人刘表却不知道利用,这恐怕正是上天赐给将军的资本。益州四边地势险阻,中有沃野千里,是天府之地,而益州牧刘璋为人懦弱,平庸无能,北边还有张鲁与他为敌,虽然百姓富庶,官府财力充足,却不知道珍惜和运用,智士贤才都希望能有一个圣明的君主来进行统治。将军既是汉朝王室的后裔,信义的名声天下闻名,如果能占有荆州与益州,据守险要,安抚戎、越等族,与孙权结盟,对内修明政治,对外观察时局变化,这样,就能建成霸业,复兴汉朝王室。"刘备说:"好极了!"于是,与诸葛亮的情谊日益亲密,关羽、张飞对此感到不满,刘备对他们解释说:"我得到诸葛亮的辅佐,是如鱼得水。希望你们不要再多说了。"关羽、张飞才停止抱怨。

司马徽,清雅有知人之鉴。同县庞德公素有重名,徽兄事之。诸葛亮每至德公家,独拜床下,德公初不令止。德公从子统,少时朴钝,未有识者,惟德公与徽重之。德公尝谓孔明为卧龙,士元为凤雏,德操为水鉴,故德操与刘备语而称之。

十三年(戊子,208)

1　春,正月,司徒赵温辟曹操子丕。操表"温辟臣子弟,选举故不以实",策免之。

2　曹操还邺,作玄武池以肄舟师。

3　初,巴郡甘宁将僮客八百人归刘表,表儒人,不习军事,宁观表事势终必无成,恐一朝众散,并受其祸,欲东入吴。黄祖在夏口,军不得过,乃留,依祖三年,祖以凡人畜之。孙权击祖,祖军败走,权校尉凌操将兵急追之。宁善射,将兵在后,射杀操,祖由是得免。军罢,还营,待宁如初。祖都督苏飞数荐宁,祖不用;宁欲去,恐不免。飞乃白祖,以宁为邾长。宁遂亡奔孙权,周瑜、吕蒙共荐达之,权礼异,同于旧臣。

宁献策于权曰:"今汉祚日微,曹操终为篡盗。南荆之地,山川形便,诚国之西势也。宁观刘表,虑既不远,儿子又劣,非能承业传基者也。至尊当早图之,不可后操。图之之计,宜先取黄祖。祖今昏耄已甚,财谷并乏,左右贪纵,吏士心怨,舟船战具,顿废不修,怠于耕农,军无法伍。至尊今往,

司马徽为人高雅,善于鉴别人才。与他同县的庞德公一向名望很高,司马徽把他当作兄长那样看待。诸葛亮每次到庞德公家里,都独自在床下向庞德公行拜见之礼,庞德公起初也不阻止。庞德公的侄子庞统,从小朴实,沉默寡言,大家都没有看到他的才能,只有庞德公与司马徽很重视他。庞德公曾经说诸葛亮是"卧龙",庞统是"凤雏",司马徽是"水镜",所以司马徽与刘备谈话时,特别向刘备推荐诸葛亮与庞统。

汉献帝建安十三年(戊子,公元208年)

1　春季,正月,司徒赵温延聘曹操的儿子曹丕为僚属。曹操上表说"赵温招聘我的子弟为僚属,说明他并不依据真才实学选拔人才",赵温被免职。

2　曹操回到邺城,修挖玄武池,用以训练水军。

3　起初,巴郡人甘宁率领奴隶和宾客八百人投奔刘表,刘表是个文人,不懂军事,甘宁看出刘表终究难以成就大业,恐怕一朝众叛亲离,自己也要受牵连,就打算东入吴郡。但刘表的部将黄祖据守夏口,甘宁的部众无法通过,只好留在黄祖部下,待了三年,黄祖一直把他当作平庸之人来对待。孙权攻击黄祖,黄祖军队大败而逃,孙权部下的校尉凌操领兵在后紧追不舍。甘宁善于射箭,率兵在后掩护,射死凌操,黄祖因此免于一死。黄祖收军,回营后,对待甘宁还像过去一样。黄祖部下的都督苏飞屡次推荐甘宁,黄祖仍不加以重用。甘宁打算离开,但又怕边防戒备森严,难于脱身。苏飞就向黄祖推荐甘宁担任邾县县长,甘宁乘机逃亡,投奔孙权,周瑜、吕蒙共同向孙权推荐甘宁,孙权对甘宁礼遇特别优厚,与跟随自己多年的旧臣一样。

甘宁向孙权献计说:"如今,汉朝王室日见衰弱,曹操终究会篡夺江山。荆州地区山川险要,在我们的西边,控制着长江上游。据我观察,刘表既没有深谋远虑,他的儿子又更加拙劣,不是能继承基业的人。您应当尽早采取行动,不能落在曹操后面。夺取荆州的策略,是应该先进攻黄祖。黄祖现在已经老迈,昏聩无能,钱财与粮草都很缺乏,左右亲信都贪赃枉法,官吏与兵士都心怀怨恨,战船武器废坏,无人修整,农业荒废,军无法纪。如果您现在出兵征讨,

其破可必。一破祖军,鼓行而西,据楚关,大势弥广,即可渐规巴、蜀矣。"权深纳之。张昭时在坐,难曰:"今吴下业业,若军果行,恐必致乱。"宁谓昭曰:"国家以萧何之任付君,君居守而忧乱,奚以希慕古人乎!"权举酒属宁曰:"兴霸,今年行讨,如此酒矣,决以付卿。卿但当勉建方略,令必克祖,则卿之功,何嫌张长史之言乎!"

权遂西击黄祖。祖横两蒙冲挟守沔口,以𦓷间大绁系石为矴。上有千人,以弩交射,飞矢雨下,军不得前。偏将军董袭与别部司马凌统俱为前部,各将敢死百人,人被两铠,乘大舸,突入蒙冲里。袭身以刀断两绁,蒙冲乃横流,大兵遂进。祖令都督陈就以水军逆战。平北都尉吕蒙勒前锋,亲枭就首。于是将士乘胜,水陆并进,傅其城,尽锐攻之,遂屠其城。祖挺身走,追斩之,虏其男女数万口。

权先作两函,欲以盛祖及苏飞首。权为诸将置酒,甘宁下席叩头,血涕交流,为权言飞畴昔旧恩,"宁不值飞,固已损骸于沟壑,不得致命于麾下。今飞罪当夷戮,特从将军乞其首领。"权感其言,谓曰:"今为君置之。若走去何?"宁曰:"飞免分裂之祸,受更生之恩,逐之尚必不走,岂当图亡哉!若尔,宁头当代入函。"权乃赦之。凌统怨宁杀其父操,常欲杀宁。权命统不得雠之,令宁将兵屯于他所。

一定可攻破黄祖。攻破黄祖后,大张旗鼓地向西占据楚关,则势力大增,就可以逐步规划夺取巴、蜀地区了。"孙权很以为然。张昭当时也在座,提出疑问说:"现在吴郡民心不稳,大军如果出征,恐怕会发生变乱。"甘宁对张昭说:"国家把萧何那样的重任,托付给您,您留守后方,却担心发生变化,怎么能效法古代名臣呢!"孙权举杯向甘宁敬酒,说:"甘兴霸,今年进行讨伐,就像这杯酒,已决定交付给你。你只管去拟定策略,使得一定能攻破黄祖,就是你的大功,何必在乎张长史的话呢!"

于是孙权发兵西征黄祖。黄祖用两艘以生牛皮包裹的狭长蒙冲战船封锁沔口,船上用粗大的棕绳捆住巨石,作为矴石,在江底固定船身。船上有一千人,用弓弩向外轮流发射,箭如雨下,孙权的军队无法上前。偏将军董袭与别部司马凌统都是孙权部下的先锋,各率敢死队一百人,每人身披两副铠甲,乘大船,冲入黄祖的蒙冲船之间,董袭抽刀砍断两根棕绳,蒙冲战船失控横流,孙权大军才得以前进。黄祖命令都督陈就率水军迎战。孙权部将平北都尉吕蒙统率前锋,亲手斩下陈就的人头,悬挂示众。于是吴军将士乘胜猛追,水陆并进,出动全部精锐部队猛攻夏口城,攻陷后大肆屠杀。黄祖突围而逃,被追上杀死,吴军俘虏了数万男女。

孙权预先制作了两个木盒,打算装黄祖与苏飞的人头。得胜后,孙权为诸将领摆宴庆功,甘宁走下座位,向孙权叩头流血,鲜血与眼泪一块儿往下流,对孙权讲述从前苏飞对待自己的恩德,说:"我甘宁如果没有遇到苏飞,肯定已死在荒郊野外,而不能在您部下效力了。如今,苏飞的罪本该杀头,我特地请求将军饶他一死。"孙权为甘宁的话所感动,说:"现在就为你放了他。如果他又逃跑怎么办?"甘宁说:"苏飞能免除杀身之祸,受到您再生的大恩,赶他都不会走,怎么会打算逃跑呢! 如果他真的逃跑,我甘宁的人头,就代替他放入木盒。"孙权于是下令赦免苏飞。凌统怨恨甘宁杀死他的父亲凌操,经常打算杀死甘宁。孙权命令凌统不许再仇恨甘宁,并让甘宁领兵到别的地方驻守。

4 夏,六月,罢三公官,复置丞相、御史大夫。癸巳,以曹操为丞相。操以冀州别驾从事崔琰为丞相西曹掾,司空东曹掾陈留毛玠为丞相东曹掾,元城令河内司马朗为主簿,弟懿为文学掾,冀州主簿卢毓为法曹议令史。毓,植之子也。

琰、玠并典选举,其所举用皆清正之士,虽于时有盛名而行不由本者,终莫得进。拔敦实,斥华伪,进冲逊,抑阿党。由是天下之士莫不以廉节自励,虽贵宠之臣,舆服不敢过度,至乃长吏还者,垢面羸衣,独乘柴车,军吏入府,朝服徒行,吏洁于上,俗移于下。操闻之,叹曰:“用人如此,使天下人自治,吾复何为哉!”

司马懿,少聪达,多大略。崔琰谓其兄朗曰:“君弟聪亮明允,刚断英特,非子所及也!”操闻而辟之,懿辞以风痹。操怒,欲收之,懿惧,就职。

5 操使张辽屯长社,临发,军中有谋反者,夜,惊乱起火,一军尽扰。辽谓左右曰:“勿动! 是不一营尽反,必有造变者,欲以惊动人耳。”乃令军中:“其不反者安坐。”辽将亲兵数十人中陈而立,有顷,皆定,即得首谋者,杀之。

辽在长社,于禁屯颍阴,乐进屯阳翟,三将任气,多共不协。操使司空主簿赵俨并参三军,每事训谕,遂相亲睦。

6 初,前将军马腾与镇西将军韩遂结为异姓兄弟,后以部曲相侵,更为雠敌。朝廷使司隶校尉锺繇、凉州刺史韦端和解之,征腾入屯槐里。曹操将征荆州,使张既说腾,令释部曲

4 夏季,六月,朝廷撤除三公的职位,恢复设置丞相、御史大夫的制度。癸巳(初九),任命曹操为丞相。曹操委任冀州别驾、从事崔琰为丞相西曹掾,司空东曹掾陈留人毛玠为丞相东曹掾,元城县县令河内人司马朗为主簿,他弟弟司马懿为文学掾,冀州主簿卢毓为法曹议令史。卢毓是卢植的儿子。

崔琰与毛玠一起负责官员的选拔、任免事务,他们所选用的都是清廉正直的人士,有些虽然名望很高,但品行不佳的人,都不能获得任用。他们选拔敦厚务实的人才,排斥只会空谈的浮华虚伪之人,进用谦虚和睦的长者,压抑结党营私的小人。因此,天下的士大夫无不以清廉的节操来勉励自己,虽然是高官宠臣,车辆、衣服的形式,也不敢超越制度,以至高级官员回家时,蓬头垢面,衣服破烂,自己乘坐一辆柴车,文武官员办公时,穿着朝服,徒步从家中走到官署,身居高位的官员都如此廉洁,民间的风俗也自然随之改变。曹操知道后,叹息说:"像这样任用人才,使天下人都自我控制,我还有什么可做的呢!"

司马懿自小聪明通达,有雄才大略。崔琰对他哥哥司马朗说:"你弟弟聪明机智,遇事果断,是个杰出的人才,你比不上他!"曹操听到后,征聘司马懿为僚属,司马懿借口患有风湿病而加以推辞,曹操大怒,准备逮捕他,司马懿畏惧,才接受了职务。

5 曹操派张辽驻守长社,临出发时,军中有人造反,乘夜在营中放火,全军都惊恐不定。张辽对左右说:"不要乱动!这不是全营的人都想造反,只是少数叛乱分子制造混乱,想扰乱军心。"就下令说:"凡没有参预叛乱的,都坐在那里不动。"张辽率领数十名亲兵在营的中央站定,过了一会,全军都安定下来,随即捉到主谋的人,将他们处死。

张辽在长社,于禁驻军颍阴,乐进驻军阳翟,三个将领都意气用事,互不相让,不能配合。曹操派司空主簿赵俨同时参预三支部队的军务,遇到事情,就从中调解开导,使他们关系逐渐和睦。

6 起初,前将军马腾与镇西将军韩遂结拜为异姓兄弟,但后来由于部属间相互闹摩擦,关系逐渐恶化,竟然成为仇敌。朝廷派遣司隶校尉钟繇和凉州刺史韦端前来调解他们的矛盾,征召马腾驻军槐里。曹操准备远征荆州,派遣张既劝说马腾,建议他放弃军权,

还朝,腾许之,已而更犹豫,既恐其为变,乃移诸县促储偫,二千石郊迎,腾不得已,发东。操表腾为卫尉,以其子超为偏将军,统其众,悉徙其家属诣邺。

7 秋,七月,曹操南击刘表。

8 八月丁未,以光禄勋山阳郗虑为御史大夫。

9 壬子,太中大夫孔融弃市。融恃其才望,数戏侮曹操,发辞偏宕,多致乖忤。操以融名重天下,外相容忍而内甚嫌之。融又上书:"宜准古王畿之制,千里寰内不以封建诸侯。"操疑融所论建渐广,益惮之。融与郗虑有隙,虑承操风旨,构成其罪,令丞相军谋祭酒路粹奏:"融昔在北海,见王室不静,而招合徒众,欲规不轨。及与孙权使语,谤讪朝廷。又,前与白衣祢衡跌荡放言,更相赞扬。衡谓融曰'仲尼不死',融答'颜回复生',大逆不道,宜极重诛。"操遂收融,并其妻子皆杀之。

初,京兆脂习与融善,每戒融刚直太过,必罹世患。及融死,许下莫敢收者。习往抚尸曰:"文举舍我死,吾何用生为!"操收习,欲杀之,既而赦之。

10 初,刘表二子,琦、琮。表为琮娶其后妻蔡氏之侄,蔡氏遂爱琮而恶琦,表妻弟蔡瑁、外甥张允并得幸于表,日相与毁琦而誉琮。琦不自宁,与诸葛亮谋自安之术,亮不对。后乃共升高楼,因令去梯。谓亮曰:"今日上不至天,下不至地,

到朝廷担任官职,马腾表示同意,但是后来又犹豫不决,张既恐怕马腾改变主意,就下令沿途各县准备粮草等物资,以供马腾路上需要,又命令各郡太守都到郊外去迎送,马腾不得已,只好启程向东进发。曹操上表推荐马腾担任卫尉,任命他儿子马超为偏将军,继续统领马腾的部队,把马腾的家属全都迁到邺城。

7 秋季,七月,曹操出军南征刘表。

8 八月丁未(二十四日),任命光禄勋山阳人郗虑为御史大夫。

9 壬子(二十九日),太中大夫孔融被公开处死。孔融倚仗自己的才干与名望,屡次戏弄、嘲笑曹操,随便发表议论,褒贬人物,多与曹操意见不合。曹操因为孔融名重天下,所以表面上容忍他的言行,而心里十分厌恶。孔融又上书给献帝,提出:“应该遵照古代的王畿制度,在京师周围一千里的地方,不可建立封国。”曹操发现孔融的议论范围越来越广,对孔融更加忌惮。孔融与郗虑一向有矛盾,郗虑秉承曹操的意思,网罗孔融的罪状,命令丞相军谋祭酒路粹上奏:“孔融从前担任北海国国相时,看到天下大乱,就召集徒众,准备图谋不轨。后来与孙权的使者谈话,又讥讽、诽谤朝廷。另外,他从前与平民祢衡在一起行为放荡,互相标榜,祢衡称赞孔融为‘孔子不死’,孔融称赞祢衡是‘颜回复生’,这些都是大逆不道的行为,应该处以极刑。”曹操于是下令逮捕孔融,连他的妻子儿女一起处死。

起初,京兆人脂习与孔融关系亲近,经常告诫孔融,说他性情过于刚直,必然会招来大祸。等到孔融被杀后,许都没有人敢去收葬孔融的尸体。脂习前去摸着孔融的尸体,哭着说:“孔文举弃我而去,我为什么还活着!”曹操逮捕脂习,打算处死,接着又把他赦免了。

10 起初,刘表有两个儿子,刘琦与刘琮。刘表把后妻蔡氏的侄女嫁给刘琮,蔡氏就喜爱刘琮,而厌恶刘琦,蔡氏的弟弟蔡瑁与刘表的外甥张允,都是刘表的亲信,他们经常在刘表耳边称赞刘琮,诋毁刘琦。刘琦心中不安,就与诸葛亮商议保护自己的对策,但诸葛亮对刘琦的问题一言不发。后来,刘琦与诸葛亮一起登上高楼,命令左右把梯子撤开。对诸葛亮说:“如今上不着天,下不着地,

言出子口,而入吾耳,可以言未?"亮曰:"君不见申生在内而危,重耳居外而安乎?"琦意感悟,阴规出计。会黄祖死,琦求代其任,表乃以琦为江夏太守。表病甚,琦归省疾。瑁、允恐其见表而父子相感,更有托后之意,乃谓琦曰:"将军命君抚临江夏,其任至重;今释众擅来,必见谴怒。伤亲之欢,重增其疾,非孝敬之道也。"遂遏于户外,使不得见,琦流涕而去。表卒,瑁、允等遂以琮为嗣。琮以侯印授琦,琦怒,投之地,将因奔丧作难。会曹操军至,琦奔江南。

章陵太守蒯越及东曹掾傅巽等劝刘琮降操,曰:"逆顺有大体,强弱有定势。以人臣而拒人主,逆道也;以新造之楚而御中国,必危也;以刘备而敌曹公,不当也。三者皆短,将何以待敌?且将军自料何如刘备?若备不足御曹公,则虽全楚不能以自存也;若足御曹公,则备不为将军下也。"琮从之。九月,操至新野,琮遂举州降,以节迎操。诸将皆疑其诈,娄圭曰:"天下扰扰,各贪王命以自重,今以节来,是必至诚。"操遂进兵。

时刘备屯樊,琮不敢告备。备久之乃觉,遣所亲问琮,琮令官属宋忠诣备宣旨。时曹操已在宛,备乃大惊骇,谓忠曰:"卿诸人作事如此,不早相语,今祸至方告我,不亦太剧乎!"

话从你嘴里说出,只进入我一个人的耳中,可不可以说了?"诸葛亮说:"你难道不记得,春秋时晋国的太子申生在国中遭到危险,而他弟弟重耳在外流亡却终获平安的事情?"刘琦领悟了诸葛亮的意思,暗中策划从刘表身边离开。正好黄祖被孙权杀死,刘琦就请求接替黄祖的职务,刘表于是委任刘琦为江夏郡太守。不久,刘表病重,刘琦从江夏回襄阳来探视。蔡瑁、张允恐怕他与刘表相见,触动父子感情,刘表可能会立刘琦为继承人,于是就对刘琦说:"将军委派你镇守江夏,责任十分重大;如今,你擅离职守,父亲见到你一定会生气。伤害亲人的感情,增重他的病势,不是孝顺之道。"他们把刘琦关到门外,不许他与刘表见面,刘琦只好流着眼泪离开。刘表去世后,蔡瑁、张允等就拥立刘琮继任荆州牧。刘琮派人把侯爵的印信授予刘琦,让他继承爵位。刘琦大怒,把印信扔到地上,准备借奔丧的名义,起兵讨伐刘琮。正在这时,曹操大军已南下荆州,刘琦就投奔江南。

　　章陵郡太守蒯越以及荆州东曹掾傅巽等劝刘琮投降曹操,对他说:"逆顺有一定的道理,强弱有一定的形势。以臣属的身份去抗拒天子,是对国家叛逆;以刚接手的荆州去抵御朝廷大军,必会陷入危险;依靠刘备去对抗曹操,一定失败。这三个方面我们都不行,拿什么去阻挡曹操大军?而且将军您自己考虑一下,您比得上刘备吗?如果刘备挡不住曹操,则即使是投入荆州的全部力量,也不足以自保;如果刘备挡得住曹操,则他就不会再屈居于将军之下了。"刘琮听从他们的意见。九月,曹操率军到达新野县,刘琮就以荆州投降曹操,派人用朝廷过去颁发的符节去迎接曹操。曹军将领都疑心刘琮是诈降,娄圭说:"现在天下分裂,各地割据势力都借朝廷的名义来抬高自己的身份,这次他派人送来朝廷颁发的符节,可见一定是真心诚意。"曹操于是接受刘琮的投降,继续进军。

　　当时,刘备驻军樊城,刘琮不敢把投降的事告诉刘备。刘备过了很久才觉察情况不对,派遣亲信去问刘琮,刘琮命令属官宋忠向刘备传达旨意。当时,曹操已到宛城,于是刘备大惊失色,对宋忠说:"你们这些人怎么能这样办事,不早些告诉我,如今,大祸临头才讲,也太过分了!"

引刀向忠曰:"今断卿头,不足以解忿,亦耻丈夫临别复杀卿辈!"遣忠去。乃呼部曲共议,或劝备攻琮,荆州可得。备曰:"刘荆州临亡托我以孤遗,背信自济,吾所不为,死何面目以见刘荆州乎!"备将其众去,过襄阳,驻马呼琮,琮惧,不能起。琮左右及荆州人多归备。备过辞表墓,涕泣而去。比到当阳,众十馀万人,辎重数千两,日行十馀里,别遣关羽乘船数百艘,使会江陵。或谓备曰:"宜速行保江陵,今虽拥大众,被甲者少,若曹公兵至,何以拒之!"备曰:"夫济大事必以人为本,今人归吾,吾何忍弃去!"

习凿齿论曰:刘玄德虽颠沛险难而信义愈明,势逼事危而言不失道。追景升之顾,则情感三军;恋赴义之士,则甘与同败。终济大业,不亦宜乎!

11 刘琮将王威说琮曰:"曹操闻将军既降,刘备已走,必懈弛无备,轻行单进。若给威奇兵数千,徼之于险,操可获也。获操,即威震四海,非徒保守今日而已。"琮不纳。

操以江陵有军实,恐刘备据之,乃释辎重,轻军到襄阳,闻备已过,操将精骑五千急追之,一日一夜行三百馀里,及于当阳之长坂。备弃妻子,与诸葛亮、张飞、赵云等数十骑走,操大获其人众辎重。

徐庶母为操所获,庶辞备,指其心曰:"本欲与将军共图王霸之业者,以此方寸之地也。今已失老母,方寸乱矣,无益于事,请从此别。"遂诣操。

拔出刀指着宋忠说:"如今即便砍下你的头,也不足以解我心中的愤恨,而且我也耻于让人议论,大丈夫临别时还杀你们这样的人!"就放宋忠回去。于是,刘备召集部属,共商对策,有人劝刘备进攻刘琮,可以夺下荆州。刘备说:"刘表临死时,把孤儿刘琮托付给我,请我代为照顾,违背信义,只图私利的事情,我不能做。否则,死后有什么脸去见刘表呢!"刘备率领部下撤离,经过襄阳时,停下马来呼喊刘琮,刘琮害怕,不敢露面。刘琮的左右亲信和荆州的人士,有许多都跟随刘备离去。刘备到刘表的墓前祭奠,流着泪辞别而去。到达当阳时,跟随刘备的已有十多万人,还有辎重车几千辆,每天只能走十多里,刘备派关羽率部乘几百艘船,让他从水路到江陵会师。有人对刘备说:"您应当火速行动,保守江陵,如今,人数虽众,但披有铠甲的兵士并不多,如果曹军来到,怎么能抵挡得住!"刘备说:"要成大事业,必须以民众为根本,如今百姓来归附于我,我怎能忍心舍弃他们而去呢?"

习凿齿评论说:刘备在颠沛流离、危险艰难之中,而更讲信义,尽管形势危急,而说出的话并不违背道德。他追念刘表当年的旧恩,以情感动三军;眷恋追随他的民众,使这些人都甘心与他共度患难。刘备终于能建成大业,不也是应该的吗?

11　刘琮的部将王威向刘琮建议说:"曹操知道将军已经投降,刘备已经逃走,必然放松戒备,只率前锋部队,轻装急进。如果让我带领几千名奇兵,埋伏在险要地区,突然袭击,可以捉住曹操。只要捉住他,就可威震天下,不仅是可以保住今天的局面。"刘琮没有采纳。

曹操知道江陵贮有军用物资,恐怕刘备先到,占据江陵,就留下辎重,轻装前进,到达襄阳后,听说刘备已经过去,曹操亲自率领五千名精锐骑兵追赶刘备,一天一夜跑了三百馀里,在当阳县的长坂追上刘备。刘备无力抵抗,抛下妻子及儿子,与诸葛亮、张飞、赵云等数十人骑马逃走,曹操俘获了大量的人马辎重。

徐庶的母亲被曹军俘获,徐庶向刘备告辞,指着自己的心说:"我本来打算与将军共同建立王霸大业的,全仗着心中的计谋,现在失去老母,方寸已乱,留下也无益于事,请从此与将军离别。"他就去投奔曹营。

张飞将二十骑拒后，飞据水断桥，瞋目横矛曰："身是张益德也，可来共决死！"操兵无敢近者。

或谓备："赵云已北走。"备以手戟擿之曰："子龙不弃我走也。"顷之，云身抱备子禅，与关羽船会，得济沔，遇刘琦众万馀人，与俱到夏口。

曹操进军江陵，以刘琮为青州刺史，封列侯，并蒯越等，侯者凡十五人。释韩嵩之囚，待以交友之礼，使条品州人优劣，皆擢而用之。以嵩为大鸿胪，蒯越为光禄勋，刘先为尚书，邓羲为侍中。

荆州大将南阳文聘别屯在外，琮之降也，呼聘，欲与俱。聘曰："聘不能全州，当待罪而已！"操济汉，聘乃诣操。操曰："来何迟邪？"聘曰："先日不能辅弼刘荆州以奉国家；荆州虽没，常愿据守汉川，保全土境。生不负于孤弱，死无愧于地下，而计不在己，以至于此，实怀悲惭，无颜早见耳！"遂歔欷流涕。操为之怆然，字谓之曰："仲业，卿真忠臣也。"厚礼待之，使统本兵，为江夏太守。

初，袁绍在冀州，遣使迎汝南士大夫。西平和洽，以为冀州土平民强，英杰所利，不如荆州土险民弱，易依倚也，遂从刘表。表以上客待之。洽曰："所以不从本初，辟争地也。昏世之主，不可黩近，久而不去，谗慝将兴。"遂南之武陵。表辟南阳刘望之为从事，而其友二人皆以谗毁为表所诛，望之又以正谏不合，投传告归。望之弟廙谓望之曰："赵杀鸣犊，仲尼回轮。今兄既不能法柳下惠和光同尘于内，则宜模范蠡迁化于外。

张飞率领二十名骑兵断后,他据守河岸,拆去桥梁,横握长矛,怒目而视,对曹军大喊道:"我就是张翼德,有谁敢来决一死战!"曹军士卒无人敢于上前。

有人向刘备说:"赵云已向北逃走。"刘备大怒,把手戟向那人扔过去,说:"赵子龙绝不会丢下我逃跑。"过了一会儿,赵云抱着刘备的儿子刘禅从乱军中杀出,来到这里,刘备领残部与关羽的船队会合,得以渡过沔水,遇到刘琦及其所率领的一万多人,与刘琦一起到达夏口。

曹操进军到江陵,任命刘琮为青州刺史,封为列侯,连同蒯越等人,被封为侯爵的一共有十五人。曹操下令从狱中释放韩嵩,用朋友的礼节来接待他,让韩嵩评价荆州人士的优劣,都加以提拔任用。任命韩嵩为大鸿胪,蒯越为光禄勋,刘先为尚书,邓羲为侍中。

荆州大将南阳人文聘统兵驻扎在外,刘琮投降时,曾招呼文聘,打算与他一起投降。文聘说:"我不能保全荆州,只应当在这里等待处分!"曹操渡过汉水,文聘才来拜见曹操。曹操说:"你为什么来得这么晚?"文聘说:"从前,我不能辅佐刘荆州尊奉朝廷;刘荆州死后,我只想据守汉水,保全荆州的疆域。活着,不辜负于孤弱的刘琮,死去,无愧于地下的故主刘表,但是,我身不由己,为大势所趋,到了今天的地步,心中实在悲哀羞愧,没有脸早来相见!"于是文聘流泪不止。使得曹操也感到伤感,喊着文聘的表字说:"文仲业,你是真正的忠臣。"对他厚礼相待,让他统率原来部队,任命他为江夏郡太守。

起初,袁绍在冀州,派遣使者去迎接他家乡汝南郡的士大夫到冀州来。西平人和洽认为冀州地势平坦,民风强悍,是英雄豪杰们所争夺的地方,不如荆州地势险要,民风柔弱,易于安身依靠,就去荆州投奔刘表。刘表用上客的礼节接待他。和洽对别人说:"我所以不去投奔袁绍,就是为了躲避争夺之地。对于乱世中昏庸的君主,不可过于亲近,我再久留下去,就会被奸人的谗言所中伤。"于是,他离开襄阳,向东到武陵居住。刘表延聘南阳人刘望之为从事,而刘望之的两个朋友都因为谗言的陷害,被刘表杀死,刘望之也因为所提的正确意见不被刘表接受,弃官回家。刘望之的弟弟刘廙对望之说:"从前晋国的大夫赵鞅杀死窦鸣犊,孔子就中途返回,不再前往晋国。如今,哥哥您既然不能效法柳下惠那样,与世沉浮,随波逐流,就应该以范蠡为榜样,远远地迁到统治者的范围以外去。

坐而自绝于时,殆不可也。"望之不从,寻复见害,廙奔扬州。南阳韩暨避袁术之命,徙居山都山。刘表又辟之,遂遁居孱陵。表深恨之,暨惧,应命,除宜城长。河东裴潜亦为表所礼重,潜私谓王畅之子粲及河内司马芝曰:"刘牧非霸王之才,乃欲西伯自处,其败无日矣!"遂南适长沙。于是操以暨为丞相士曹属,潜参丞相军事,洽、廙、粲皆为掾属,芝为菅令,从人望也。

12 冬,十月癸未朔,日有食之。

13 初,鲁肃闻刘表卒,言于孙权曰:"荆州与国邻接,江山险固,沃野万里,士民殷富,若据而有之,此帝王之资也。今刘表新亡,二子不协,军中诸将,各有彼此。刘备天下枭雄,与操有隙,寄寓于表,表恶其能而不能用也。若备与彼协心,上下齐同,则宜抚安,与结盟好;如有离违,宜别图之,以济大事。肃请得奉命吊表二子,并慰劳其军中用事者,及说备使抚表众,同心一意,共治曹操,备必喜而从命。如其克谐,天下可定也。今不速往,恐为操所先。"权即遣肃行。

到夏口,闻操已向荆州,晨夜兼道,比至南郡,而琮已降,备南走,肃径迎之,与备会于当阳长坂。肃宣权旨,论天下事势,致殷勤之意。且问备曰:"豫州今欲何至?"备曰:"与苍梧太守吴巨有旧,欲往投之。"肃曰:"孙讨虏聪明仁惠,敬贤礼士,江表英豪,咸归附之,已据有六郡,兵精粮多,足以立事。今为君计,莫若遣腹心自结于东,以共济世业。而欲投吴巨,

坐在家里,却自认为已离开争权夺势的政局,恐怕不行!"刘望之没有听从弟弟的话,不久也被刘表杀死,刘廙逃奔扬州。南阳人韩暨逃避袁术的征聘,迁居到山都山。刘表又征聘他为僚属,韩暨就逃到屏陵隐居起来。刘表十分恼怒,韩暨害怕刘表下毒手,只好接受职务,出任宜城县县长。河东人裴潜也受到刘表的礼遇和敬重,但裴潜悄悄对王畅的儿子王粲以及河内人司马芝说:"刘表没有霸王的才干,却以殷朝末年西伯姬昌的地位自居,他随时都可能失败!"于是裴潜向南迁到长沙。曹操占领荆州后,征聘韩暨为丞相士曹属,裴潜参预丞相府的军事,和洽、刘廙与王粲都担任丞相府的掾属,并委派司马芝为菅县县令,以顺应民心。

12 冬季,十月癸未朔(初一),出现日食。

13 起初,鲁肃听到刘表去世的消息,就对孙权建议说:"荆州与我们相邻,江山险固,沃野万里,百姓富足,如果能占领荆州,就奠定了帝王的基业。现在刘表刚死,他的两个儿子不和睦,军中将领也分为两派。刘备是天下的英雄人物,与曹操矛盾很深,寄居在刘表那里,刘表嫉妒他的才干而不能加以重用。如果刘备与刘表的儿子齐心协力,上下团结,我们就应当与他们和平相处,共结盟好;如果刘备与他们离心离德,我们就该另打主意,以成就大业。我请求您派我去向刘表的两个儿子吊丧,并慰劳他们军中的主要将领,同时劝说刘备,让他安抚刘表的部众,同心一意,共抗曹操,刘备一定会高兴地接受的。如果能达到目的,就能平定天下。现在不赶快前去,就恐怕会让曹操占先。"孙权立即派鲁肃去荆州。

鲁肃到达夏口,听说曹操大军已向荆州进发,便日夜兼程前往,等他到达南郡时,刘琮已经投降曹操,刘备已经向南撤退,鲁肃便直接去见刘备,在当阳的长坂与他相会。鲁肃传达了孙权的意图,与刘备讨论天下大事,对刘备表示殷勤的关切。并且询问刘备说:"刘豫州,如今您打算到什么地方去?"刘备说:"苍梧郡太守吴巨是我的老朋友,打算去投奔他。"鲁肃说:"孙将军聪明仁惠,敬重与优待贤能之士,江南的英雄豪杰都归附于他,现在已占有六郡的土地,兵精粮多,足以成就一番事业。如今为您打算,最好是派遣心腹之人到江东去与孙权将军联系,可以共建大业。而您却想投奔吴巨,

巨是凡人,偏在远郡,行将为人所并,岂足托乎!"备甚悦。肃
又谓诸葛亮曰:"我,子瑜友也。"即共定交。子瑜者,亮兄瑾
也,避乱江东,为孙权长史。备用肃计,进住鄂县之樊口。

　　曹操自江陵将顺江东下。诸葛亮谓刘备曰:"事急矣,请
奉命求救于孙将军。"遂与鲁肃俱诣孙权。亮见权于柴桑,说
权曰:"海内大乱,将军起兵江东,刘豫州收众汉南,与曹操共
争天下。今操芟夷大难,略已平矣,遂破荆州,威震四海。英
雄无用武之地,故豫州遁逃至此,愿将军量力而处之!若能
以吴、越之众与中国抗衡,不如早与之绝;若不能,何不按兵
束甲,北面而事之!今将军外托服从之名而内怀犹豫之计,
事急而不断,祸至无日矣。"权曰:"苟如君言,刘豫州何不遂
事之乎?"亮曰:"田横,齐之壮士耳,犹守义不辱;况刘豫州王
室之胄,英才盖世,众士慕仰,若水之归海。若事之不济,此
乃天也,安能复为之下乎!"权勃然曰:"吾不能举全吴之地,
十万之众,受制于人。吾计决矣!非刘豫州莫可以当曹操
者;然豫州新败之后,安能抗此难乎?"亮曰:"豫州军虽败于
长坂,今战士还者及关羽水军精甲万人,刘琦合江夏战士亦
不下万人。曹操之众,远来疲敝,闻追豫州,轻骑一日一夜行
三百馀里,此所谓'强弩之末势不能穿鲁缟'者也。故《兵法》
忌之,曰'必蹶上将军'。且北方之人,不习水战;又,荆州之
民附操者,逼兵势耳,非心服也。今将军诚能命猛将统兵数
万,与豫州协规同力,破操军必矣。操军破,必北还,如此,则
荆、吴之势强,鼎足之形成矣。成败之机,在于今日!"权大
悦,与其群下谋之。

吴巨不过是个凡夫俗子,又在偏远的边郡,即将被别人吞并,怎么可以托身于他呢?"刘备听后大为高兴。鲁肃又对诸葛亮说:"我是诸葛子瑜的朋友。"于是诸葛亮与鲁肃也成为朋友。诸葛子瑜就是诸葛亮的哥哥诸葛瑾,他避乱到江东,担任孙权的长史。刘备采纳鲁肃的计策,进驻鄂县的樊口。

曹操从江陵将要顺长江东下。诸葛亮对刘备说:"形势危急,我请求奉命去向孙将军求救。"于是他就和鲁肃一起去见孙权。诸葛亮在柴桑见到孙权,对孙权说:"天下大乱,将军在长江以东起兵,刘备在汉水以南召集部众,与曹操共同争夺天下。现在,曹操基本已经消灭北方的主要强敌,接着南下攻破荆州,威震四海。在曹操大军面前,英雄无用武之地,所以刘备逃到这里,希望将军量力来加以安排!如果将军能以江东的人马与占据中原的曹操相抗衡,不如及早与曹操断绝关系;如果不能,为什么不早点解除武装,向他称臣?现在,将军表面上服从朝廷,而心中犹豫不决,事情已到危急关头,却不果断处理,大祸就要临头了。"孙权说:"假如真像你说的那样,刘备为什么不向曹操称臣?"诸葛亮说:"田横,不过是齐国的壮士,还坚守节义,不肯屈辱投降;何况刘备是皇室后裔,英雄才略,举世无双,士大夫们对他的仰慕,如同流水归向大海。如果大事不成,只能说是天意,怎么能再屈居于曹操之下呢?"孙权勃然大怒,说:"我不能把全部吴国故地和十万精兵拱手奉送,去受曹操的控制。我的主意已定!除刘备以外,再没有能抵挡曹操的人,但刘备新近战败之后,怎么能担当这项重任呢?"诸葛亮说:"刘备的军队虽然在长坂大败,但现在陆续回来的战士和关羽的水军加起来有一万精兵,刘琦集结江夏郡的战士,也不下一万人。曹操的军队远道而来,已经疲惫,听说追赶刘备时,轻骑兵一天一夜奔驰三百馀里,这正是所谓'强弩射出的箭,到了力量已尽的时候,连鲁国生产的薄绸都穿不透'。所以《兵法》以此为禁忌,说'必定会使上将军受挫'。而且北方地区的人,不善于进行水战。另外,荆州地区的民众归附曹操,只是在他军队的威逼之下,并不是心悦诚服。如今,将军如能命令猛将统领数万大军,与刘备齐心协力,一定能打败曹军。曹操失败后,必然退回北方,这样荆州与东吴的势力就强大起来,可以形成鼎足三分的局势。成败的关键,就在于今天!"孙权听后非常高兴,就去与他的部属们商议。

　　是时,曹操遗权书曰:"近者奉辞伐罪,旌麾南指,刘琮束手。今治水军八十万众,方与将军会猎于吴。"权以示臣下,莫不响震失色。长史张昭等曰:"曹公,豺虎也,挟天子以征四方,动以朝廷为辞。今日拒之,事更不顺。且将军大势可以拒操者,长江也。今操得荆州,奄有其地,刘表治水军,蒙冲斗舰乃以千数,操悉浮以沿江,兼有步兵,水陆俱下,此为长江之险已与我共之矣,而势力众寡又不可论。愚谓大计不如迎之。"鲁肃独不言。权起更衣,肃追于宇下。权知其意,执肃手曰:"卿欲何言?"肃曰:"向察众人之议,专欲误将军,不足与图大事。今肃可迎操耳,如将军不可也。何以言之?今肃迎操,操当以肃还付乡党,品其名位,犹不失下曹从事,乘犊车,从吏卒,交游士林,累官故不失州郡也。将军迎操,欲安所归乎?愿早定大计,莫用众人之议也!"权叹息曰:"诸人持议,甚失孤望。今卿廓开大计,正与孤同。"

　　时周瑜受使至番阳,肃劝权召瑜还。瑜至,谓权曰:"操虽托名汉相,其实汉贼也。将军以神武雄才,兼仗父兄之烈,割据江东,地方数千里,兵精足用,英雄乐业,当横行天下,为汉家除残去秽。况操自送死,而可迎之邪!请为将军筹之:今北土未平,马超、韩遂尚在关西,为操后患;而操舍鞍马,仗舟楫,与吴、越争衡,今又盛寒,马无藁草;驱中国士众远涉江湖之间,不习水土,必生疾病。此数者用兵之患也,而操皆冒行之。将军禽操,宜在今日。瑜请得精兵数万人,进住夏口,保为将军破之!"权曰:"老贼欲废汉自立久矣,徒忌二袁、吕布、刘表与孤耳。

这时,曹操写信给孙权说:"最近,我奉天子之命,讨伐有罪的叛逆,军旗指向南方,刘琮降服。如今,我统领水军八十万人,将要与将军在吴地一道打猎。"孙权把这封书信给部属们看,他们无不惊惶失色。长史张昭等人说:"曹操是豺狼虎豹,挟持天子以征讨四方,动不动就用朝廷的名义来发布命令。今天我们如果进行抗拒,就更显得名不正而言不顺。况且将军可以抵抗曹操的,是依靠长江天险。现在,曹操占有荆州的土地,刘表所训练的水军,包括数以千计的蒙冲战船,已由曹操接管,曹操让全部船只沿长江而下,再加上步兵,水陆并进,这样,长江天险已由曹操与我们共有,而双方势力的众寡又不能相提并论。因此,依我们的愚见,最好是迎接曹操,投降朝廷。"只有鲁肃一言不发。孙权起身上厕所,鲁肃追到房檐下。孙权知道鲁肃的意思,握着鲁肃的手说:"你想说什么?"鲁肃说:"刚才,我观察众人的议论,只是想贻误将军,不足以与他们商议大事。现在,像我鲁肃这样的人可以迎降曹操,但将军却不可以。为什么这样说呢?现在我去迎接曹操,曹操一定会把我交给乡里父老去评议,以确定名位,也还会做一个下曹从事,能乘坐牛车,有吏卒跟随,与士大夫们结交,步步升官,也能当上州、郡的长官。可是将军迎接曹操,打算到哪里去安身呢?希望将军能早定大计,不要听那些人的意见。"孙权叹息说:"这些人的说法,太让我失望了。如今,你阐明的策略,正与我想的一样。"

当时,周瑜奉命到达番阳,鲁肃劝孙权把他召回来。周瑜来到后,对孙权说:"曹操虽然名义上是汉朝的丞相,但实际上是汉朝的贼臣。将军以神武英雄的才略,又凭借父、兄的基业,割据江东,统治的地区有几千里,精兵足够使用,英雄乐于效力,应当横行天下,为汉朝清除邪恶的贼臣。何况曹操自己前来送死,怎么可以去迎降?请允许我为将军分析:如今北方尚未完全平定,马超、韩遂还驻兵函谷关以西,是曹操的后患;而曹操舍弃鞍马,改用船舰,与生长在水乡的江东人来决一胜负,现在正是严寒,战马缺乏草料;而且,驱使中原地区的士兵远道跋涉来到江湖地区,不服水土,必然会发生疾疫。这几方面是用兵的大患,而曹操都贸然行事。将军抓住曹操的时机,正在今天。我请求率领精兵数万人,进驻夏口,保证能为将军击破曹操。"孙权说:"曹操老贼早就想要废掉汉朝皇帝,自己篡位了,只是顾忌袁绍、袁术、吕布、刘表与我孙权罢了。

今数雄已灭,惟孤尚存。孤与老贼势不两立,君言当击,甚与孤合,此天以君授孤也。"因拔刀斫前奏案曰:"诸将吏敢复有言当迎操者,与此案同!"乃罢会。

是夜,瑜复见权曰:"诸人徒见操书言水步八十万而各恐慑,不复料其虚实,便开此议,甚无谓也。今以实校之,彼所将中国人不过十五六万,且已久疲;所得表众亦极七八万耳,尚怀狐疑。夫以疲病之卒御狐疑之众,众数虽多,甚未足畏。瑜得精兵五万,自足制之,愿将军勿虑!"权抚其背曰:"公瑾,卿言至此,甚合孤心。子布、元表诸人,各顾妻子,挟持私虑,深失所望;独卿与子敬与孤同耳,此天以卿二人赞孤也。五万兵难卒合,已选三万人,船粮战具俱办。卿与子敬、程公便在前发,孤当续发人众,多载资粮,为卿后援。卿能办之者诚决,邂逅不如意,便还就孤,孤当与孟德决之。"遂以周瑜、程普为左右督,将兵与备并力逆操;以鲁肃为赞军校尉,助画方略。

刘备在樊口,日遣逻吏于水次候望权军。吏望见瑜船,驰往白备,备遣人慰劳之。瑜曰:"有军任,不可得委署,傥能屈威,诚副其所望。"备乃乘单舸往见瑜曰:"今拒曹公,深为得计。战卒有几?"瑜曰:"三万人。"备曰:"恨少。"瑜曰:"此自足用,豫州但观瑜破之。"备欲呼鲁肃等共会语,瑜曰:"受命不得妄委署;若欲见子敬,可别过之。"备深愧喜。

进,与操遇于赤壁。

现在,那几个英雄都已被消灭,只剩下我还存在。我与老贼势不两立,你主张迎战曹军,正合我意,是上天把你赐给了我!"孙权就势拔出佩刀,砍向面前的奏案,说:"将领官吏们,有胆敢再说应当投降曹操的,就与这个奏案一样!"于是散会。

当天夜里,周瑜又去见孙权,说:"众人只看到曹操信中说有水、陆军八十万而各自惊恐,不再去分析其中的虚实,就提出向曹操投降的意见,这完全没有意义。现在咱们据实计算一下,曹操所率领的中原部队不过十五六万人,而且长期征战,早已疲惫;新接收刘表的部队,至多有七八万人,仍然三心二意。以疲惫的士卒驾驭三心二意的部众,人数虽多,却并没有什么可怕的。我只要有五万精兵,就足以制服敌军,望将军不要顾虑!"孙权拍着周瑜的背说:"周公瑾,你说到这个地步,非常合我的心意。张昭、秦松等人,各顾自己的妻子儿女,怀有私心,非常让我失望;只有你与鲁肃和我的看法相同,这是上天派你们两个人来辅佐我。五万精兵一时难以集结,已挑选了三万人,战船、粮草及武器装备都已备齐,你和鲁肃、程普率兵先行,我将继续调集人马,多运辎重、粮草,作为你的后援。你能战胜曹军,就当机立断;如果万一失利,就退到我这里来,我当与曹操决一胜负。"于是,孙权任命周瑜、程普为左、右督,率兵与刘备合力迎战曹操;又任命鲁肃为赞军校尉,协助筹划战略。

刘备驻军樊口,每天派巡逻的士兵在江边眺望孙权的军队。士兵看到周瑜的船队,就立即乘马回营报告刘备,刘备派人前去慰劳。周瑜对慰劳的人说:"我有军事任务在身,不能委派别人代理,如果刘备能屈尊前来会面,实在符合我的愿望。"刘备就乘一只船去见周瑜,说:"现在抵抗曹操,实在是很明智的决定。不知有多少战士?"周瑜说:"三万人。"刘备说:"可惜太少了。"周瑜说:"这已足够用,将军且看我击败曹军。"刘备想要招呼鲁肃等来共同谈话,周瑜说:"接受军令,不得随意委托人代理,如果您要见鲁肃,可以另去拜访他。"刘备听了这话既惭愧,又很高兴。

周瑜大军继续前进,在赤壁与曹操相遇。

时操军众，已有疾疫。初一交战，操军不利，引次江北。瑜等在南岸，瑜部将黄盖曰："今寇众我寡，难与持久。操军方连船舰，首尾相接，可烧而走也。"乃取蒙冲斗舰十艘，载燥荻、枯柴，灌油其中，裹以帷幕，上建旌旗，豫备走舸，系于其尾。先以书遗操，诈云欲降。时东南风急，盖以十舰最著前，中江举帆，馀船以次俱进。操军吏士皆出营立观，指言盖降。去北军二里馀，同时发火，火烈风猛，船往如箭，烧尽北船，延及岸上营落。顷之，烟炎张天，人马烧溺死者甚众。瑜等率轻锐继其后，雷鼓大震，北军大坏。操引军从华容道步走，遇泥泞，道不通，天又大风，悉使羸兵负草填之，骑乃得过。羸兵为人马所蹈藉，陷泥中，死者甚众。刘备、周瑜水陆并进，追操至南郡。时操军兼以饥疫，死者太半。操乃留征南将军曹仁、横野将军徐晃守江陵，折冲将军乐进守襄阳，引军北还。

周瑜、程普将数万众，与曹仁隔江未战。甘宁请先径进取夷陵，往，即得其城，因入守之。益州将袭肃举军降，周瑜表以肃兵益横野中郎将吕蒙。蒙盛称"肃有胆用，且慕化远来，于义宜益，不宜夺也"。权善其言，还肃兵。曹仁遣兵围甘宁，宁困急，求救于周瑜，诸将以为兵少不足分，吕蒙谓周瑜、程普曰："留凌公绩于江陵，蒙与君行，解围释急，势亦不久。蒙保公绩能十日守也。"瑜从之，大破仁兵于夷陵，获马三百匹而还。于是将士形势自倍，瑜乃渡江，屯北岸，与仁相拒。十二月，孙权自将围合肥，使张昭攻九江之当涂，不克。

当时曹操的部队中已发生疾疫。两军初次交战，曹军失利，退到长江北岸。周瑜等驻军在长江南岸，周瑜的部将黄盖说："如今，敌众我寡，难以长期相持。曹军正把战船连在一起，首尾相接，可以用火攻，击败曹军。"于是，选取蒙冲战船十艘，装上干荻和枯柴，在里边浇上油，外面裹上帷幕，上边插上旌旗，预先备好快船，系在船尾。黄盖先派人送信给曹操，谎称打算投降。当时东南风正急，黄盖以十艘战船排在最前，到江心时升起船帆，其馀的船在后依次前进。曹操军中的官兵都走出营来站着观看，指着船说是黄盖来投降了，离曹军还有两里来远，那十艘船同时点火，火烈风猛，船像箭一样向前飞驶，把曹军战船全部烧光，火势还蔓延到曹军设在陆地上的营寨。顷刻间，浓烟烈火，遮天蔽日，曹军人马烧死和淹死的不计其数。周瑜等率领轻装的精锐战士紧随在后，鼓声震天，奋勇向前，曹军大败。曹操率军从华容道步行撤退，遇到泥泞，道路不通，天又刮起大风，曹操让所有老弱残兵背草铺在路上，骑兵才勉强通过。老弱残兵被人马所践踏，陷在泥中，死了很多。刘备、周瑜水陆并进，追赶曹操直到南郡。这时，曹军又饿又病，死了一大半。曹操就留下征南将军曹仁、横野将军徐晃镇守江陵，折冲将军乐进镇守襄阳，自己率军返回北方。

周瑜、程普率领几万人马，与曹仁隔长江对峙，尚未开战。甘宁请求先去直接夺取夷陵，率军前往，一到就占领了夷陵，入城防守。益州牧刘璋的部将袭肃率军投降孙权，周瑜上表，请求把袭肃的部队拨给横野中郎将吕蒙。吕蒙极力称赞袭肃，说："袭肃有胆识，有才干，而且仰慕归化，远来投奔，从道理上讲，应该增加他部下的兵力，而不应夺去他的军权。"孙权赞同吕蒙的看法，归还袭肃的军权。曹仁派兵包围甘宁，甘宁被困，形势危急，向周瑜求救，吴军将领们以为兵力单薄，不能再分出援军去救甘宁，吕蒙对周瑜、程普说："留凌统驻守江陵，我与您前去解围，也不会需要太长的时间。我保证凌统能守住十天。"周瑜同意他的建议，在夷陵大破曹仁军队，获战马三百匹，得胜而归。于是，全军上下士气倍增，周瑜就渡过长江，驻兵北岸，与曹仁相持。十二月，孙权亲自率军包围合肥，派张昭率军攻打九江郡所属的当涂，未能攻克。

刘备表刘琦为荆州刺史,引兵南徇四郡。武陵太守金旋、长沙太守韩玄、桂阳太守赵范、零陵太守刘度皆降。庐江营帅雷绪率部曲数万口归备。备以诸葛亮为军师中郎将,使督零陵、桂阳、长沙三郡,调其赋税以充军实;以偏将军赵云领桂阳太守。

14 益州牧刘璋闻曹操克荆州,遣别驾张松致敬于操。松为人短小放荡,然识达精果。操时已定荆州,走刘备,不复存录松。主簿杨脩白操辟松,操不纳,松以此怨,归,劝刘璋绝操,与刘备相结,璋从之。

习凿齿论曰:昔齐桓一矜其功而叛者九国;曹操暂自骄伐而天下三分。皆勤之于数十年之内而弃之于俯仰之顷,岂不惜乎!

15 曹操追念田畴功,恨前听其让,曰:“是成一人之志而亏王法大制也。”乃复以前爵封畴。畴上疏陈诚,以死自誓。操不听,欲引拜之,至于数四,终不受。有司劾畴:“狷介违道,苟立小节,宜免官加刑。”操下世子及大臣博议。世子不以“畴同于子文辞禄,申胥逃赏,宜勿夺以优其节”。尚书荀彧、司隶校尉锺繇,亦以为可听。操犹欲侯之,畴素与夏侯惇善,操使惇自以其情喻之。惇就畴宿而劝之,畴揣知其指,不复发言。惇临去,固邀畴,畴曰:“畴,负义逃窜之人耳;蒙恩全活,为幸多矣,岂可卖卢龙之塞以易赏禄哉!纵国私畴,畴独不愧于心乎!将军雅知畴者,犹复如此,若必不得已,请愿效死,刎首于前。”言未卒,涕泣横流。惇具以答操,操喟然,知不可屈,乃拜为议郎。

刘备向朝廷上表推荐刘琦担任荆州刺史,率领军队向南夺取荆州南部的四郡。武陵太守金旋、长沙太守韩玄、桂阳太守赵范、零陵太守刘度全都投降。庐江营帅雷绪率领部属几万人归降刘备。刘备任命诸葛亮为军师中郎将,派他督察零陵、桂阳、长沙三郡,征收赋税,以补充军用物资;又任命偏将军赵云兼任桂阳太守。

14　先前,益州牧刘璋听到曹操占领荆州的消息,派遣别驾张松去向曹操祝贺,表达敬意。张松身材矮小,行为放荡,但他见解精辟,通达事理,而且行事果断。曹操当时已平定荆州,打得刘备狼狈逃走,不再像从前对待贤士那样亲切地接待张松。主簿杨修建议曹操征聘张松为僚属,曹操没有采纳,张松因此心怀怨恨,回到益州后,劝刘璋与曹操断绝关系,与刘备结交,刘璋听从了。

习凿齿评论说:从前,齐桓公一炫耀自己的功业,立刻就有九国背叛;曹操暂时骄傲自负,导致天下分为三国鼎立的局势。他们都是将辛勤经营数十年的事业毁弃于低头仰头的片刻之间,岂不可惜!

15　曹操追念田畴的功劳,后悔以前允许他辞让封爵,说:"这是成全一个人的志向,而破坏国家的法制。"于是,仍封田畴为亭侯。田畴上书,表达自己的诚意,誓死不肯接受。曹操不听,想要强迫他接受,再三再四地施加压力,田畴始终不肯。有关部门弹劾田畴说:"田畴自命清高,违背圣人大道,只顾建立自己的名节,应该免除官职,加以处分。"曹操命令世子曹丕与大臣们共同商议这事,世子曹丕认为:"田畴的行动,与从前楚国的令尹子文辞让俸禄、申包胥逃避赏赐的情况相同,不应勉强,以此来褒扬他的节操。"尚书荀彧、司隶校尉钟繇也以为可以允许田畴辞让。曹操仍然想封田畴为亭侯,知道田畴一向与夏侯惇关系亲密,曹操就派夏侯惇自己前去用友情说服田畴。夏侯惇去田畴的住处进行劝说,田畴知道他的来意,不再说话。夏侯惇临走时,还坚持要田畴接受,田畴说:"我是一个辜负故主恩义、逃避危险的人,蒙受大恩,得以活命,已是大幸,怎么能靠出卖卢龙塞而换取封爵呢?即使是朝廷对我特别优待,难道我心中会不惭愧?将军是一向了解我的,还这样勉强我接受。如果迫不得已,我情愿一死,就在您面前自刎。"话还没有说完,就已泪流满面。夏侯惇回去如实向曹操汇报,曹操长叹一声,知道不能让田畴屈服,于是,任命田畴为议郎。

16　操幼子仓舒卒，操伤惜之甚。司空掾邴原女早亡，操欲求与仓舒合葬，原辞曰："嫁殇，非礼也。原之所以自容于明公，公之所以待原者，以能守训典而不易也。若听明公之命，则是凡庸也，明公焉以为哉！"操乃止。

17　孙权使威武中郎将贺齐讨丹阳黟、歙贼。黟帅陈仆、祖山等二万户屯林历山，四面壁立，不可得攻，军住经月。齐阴募轻捷士，于隐险处，夜以铁戈拓山潜上，县布以援下人。得上者百馀人，令分布四面，鸣鼓角；贼大惊，守路者皆逆走，还依众，大军因是得上，大破之。权乃分其地为新都郡，以齐为太守。

16 .曹操的小儿子曹仓舒病死,曹操十分悲痛与惋惜。司空
掾邴原的女儿也年幼早亡,曹操想请求邴原同意,让他女儿与曹仓
舒合葬。邴原拒绝说:"为天亡的儿女婚嫁,不符合古礼。我之所
以能为您效劳,您之所以委任我担任职务,都是因为我能严守古代
圣贤的经典,不违背礼义。如果听从您的命令,我就成了平庸之
人,您这样做还有什么意思呢?"曹操才打消想法。

17 孙权派威武中郎将贺齐讨伐丹阳郡属下黟县和歙县的地
方势力。黟县的首领陈仆、祖山等两万户在林历山中建立营寨,四
面都是绝壁,无法进攻,贺齐的军队驻下一个多月,无计可施。后
来,贺齐秘密招募身手敏捷的壮士,在隐蔽的险要之处,乘夜用铁
戈挖开岩石间缝隙,悄悄攀登上山,然后悬下布带,把下边的人一
个个拉上去。一共上去一百多人,让他们分布在各个角落,突然擂
起战鼓,吹起号角;山上的敌军大吃一惊,扼守山路的人全都向上
逃回营寨,与主力会合,贺齐大军因此能从山路直上,大破敌军。
孙权于是下令把这两个县从丹阳郡分出,设立新都郡,任命贺齐为
新都太守。

卷第六十六　汉纪五十八

起己丑(209)尽癸巳(213)凡五年

孝献皇帝辛

建安十四年(己丑,209)

1　春,三月,曹操军至谯。

2　孙权围合肥,久不下。权率轻骑欲身往突敌,长史张纮谏曰:"夫兵者凶器,战者危事也。今麾下恃盛壮之气,忽强暴之虏,三军之众,莫不寒心。虽斩将搴旗,威震敌场,此乃偏将之任,非主将之宜也。愿抑贲、育之勇,怀霸王之计。"权乃止。

曹操遣将军张喜将兵解围,久而未至。扬州别驾楚国蒋济密白刺史,伪得喜书,云步骑四万已到雩娄,遣主簿迎喜。三部使赍书语城中守将,一部得入城,二部为权兵所得。权信之,遽烧围走。

3　秋,七月,曹操引水军自涡入淮,出肥水,军合肥,开芍陂屯田。

4　冬,十月,荆州地震。

5　十二月,操军还谯。

6　庐江人陈兰、梅成据灊、六叛,操遣荡寇将军张辽讨斩之。因使辽与乐进、李典等将七千馀人屯合肥。

孝献皇帝辛

汉献帝建安十四年（己丑，公元 209 年）

1　春季，三月，曹操统领大军回到谯县。

2　孙权包围合肥，很久未能攻克。孙权率领轻骑准备亲自突击敌人，长史张纮劝阻说："武器是不吉祥的器物，战争是很危险的事情。如今将军倚仗着锐气，轻视强大凶暴的敌人，使得三军上下，无不为您担心。即使能杀死敌将，俘获战旗，威震敌军，这不过是一个偏将的责任，不是主将所该做的事情。愿您抑制一下像孟贲、夏育那样的勇气，而胸怀争霸天下的王者谋略。"孙权才停止出击。

曹操派将军张喜率军解救合肥，时间很长还未到。扬州别驾楚国人蒋济秘密向刺史建议："假装收到张喜的书信，声称四万步、骑兵已经到达雩娄，派主簿去迎接张喜。"又分别派三个信使携带写有这一消息的书信去通知城中的守将。其中有一个信使顺利冲到城里，另两个信使被孙权部下的兵士停获。孙权相信了这个假情报，赶快烧毁围城的器械撤走。

3　秋季，七月，曹操统率水军自涡水进入淮河，在肥水登岸，驻屯合肥，重新修整芍陂的水利设施，在周围地区屯田。

4　冬季，十月，荆州地区发生地震。

5　十二月，曹操率军返回谯县。

6　庐江人陈兰、梅成占据灊县、六安进行叛乱，曹操派荡寇将军张辽讨伐，斩杀陈兰、梅成等。曹操即命张辽与乐进、李典等率七千馀人屯驻合肥。

7　周瑜攻曹仁岁馀,所杀伤甚众,仁委城走。权以瑜领南郡太守,屯据江陵;程普领江夏太守,治沙羡;吕范领彭泽太守;吕蒙领寻阳令。刘备表权行车骑将军,领徐州牧。会刘琦卒,权以备领荆州牧,周瑜分南岸地以给备。备立营于油口,改名公安。

权以妹妻备。妹才捷刚猛,有诸兄风,侍婢百馀人,皆执刀侍立,备每入,心常凛凛。

曹操密遣九江蒋幹往说周瑜。幹以才辨独步于江、淮之间,乃布衣葛巾,自托私行诣瑜。瑜出迎之,立谓幹曰:"子翼良苦,远涉江湖,为曹氏作说客邪!"因延幹,与周观营中,行视仓库、军资、器仗讫,还饮宴,示之侍者服饰珍玩之物。因谓幹曰:"丈夫处世,遇知己之主,外托君臣之义,内结骨肉之恩,言行计从,祸福共之,假使苏、张更生,能移其意乎!"幹但笑,终无所言。还白操,称瑜雅量高致,非言辞所能间也。

8　丞相掾和洽言于曹操曰:"天下之人,材德各殊,不可以一节取也。俭素过中,自以处身则可,以此格物,所失或多。今朝廷之议,吏有著新衣、乘好车者,谓之不清;形容不饰、衣裳敝坏者,谓之廉洁。至令士大夫故污辱其衣,藏其舆服;朝府大吏,或自挈壶飧以入官寺。夫立教观俗,贵处中庸,为可继也。今崇一概难堪之行以检殊涂,勉而为之,必有疲瘁。古之大教,务在通人情而已;凡激诡之行,则容隐伪矣。"操善之。

7　周瑜率军围攻曹仁一年有馀,杀伤曹军甚多,曹仁弃城撤走。孙权任命周瑜兼任南郡太守,屯驻江陵;程普兼任江夏太守,设郡府在沙羡;吕范兼任彭泽太守;吕蒙兼任寻阳县令。刘备向朝廷推荐孙权代理车骑将军,兼任徐州牧。正在这时,刘琦去世,孙权就向朝廷推荐刘备兼任荆州牧,周瑜将荆州长江以南的地区分给刘备。刘备将军营设在长江南岸的油口,并把那里改名为公安。

孙权把妹妹嫁给刘备。孙权的妹妹才思敏捷,性情刚猛,有她兄长们的风度。她的侍婢一百馀人,都手执刀在旁侍候,刘备每次进入内宅,心里都很恐惧。

曹操秘密派遣九江人蒋干去游说周瑜。蒋干以才能、机辩闻名于长江、淮河之间,没有人能胜过他,他换上平民穿的布衣,戴上葛布制成的头巾,自称因私人交谊来看望周瑜。周瑜出来迎接他,站在那里对他说:“蒋子翼,你真是很辛苦,跋山涉水,远道来到这里,莫不是为曹操作说客的吧!”遂邀请蒋干进来,与他一同参观军营,巡视仓库、军用物资与武器装备之后,回来设宴款待蒋干,酒席间周瑜让蒋干看自己的侍女、服装、饰物以及各种珍贵的宝物,并对他说:“大丈夫生活在世上,遇到知己的君主,外表上有君臣关系,内心却情同骨肉,言听计从,有福共享,有难同当,即使苏秦、张仪重生,又怎能转移他的心意!”蒋干只是微笑,一直不谈私人关系之外的话。他回来向曹操汇报,称颂周瑜胸襟宽广,志向远大,不是言语所能挑拨离间的。

8　丞相掾和洽向曹操提出建议说:“天下的人,才干和品德各不相同,不能只用一个标准来选拔人才。以过分的节俭朴素来约束自己是可以的,但用这标准来限制别人,就会出现许多失误。如今朝廷上的舆论,官吏中穿新衣服,乘好车的人,都被称为不清廉;而不修饰仪表,穿破旧衣服的人,则被赞为廉洁。致使士大夫故意弄脏自己的衣服,收藏起车马、衣服;朝廷各部门的高级官员,有的还自己携着饮食,到办公地点进餐。树立榜样以供人仿效,最好采用中庸之道,这样才能坚持下去。如今一概提倡这些使人难以忍受的行为,用它来约束各阶层的人士,勉强施行,必然会出现问题。古人的教化,只是务求通达人情;凡是激烈诡诞的行为,则会包藏虚伪。”曹操认为他的见解很好。

十五年（庚寅，210）

1　春，下令曰："孟公绰为赵、魏老则优，不可以为滕、薛大夫。若必廉士而后可用，则齐桓其何以霸世！二三子其佐我明扬仄陋，唯才是举，吾得而用之！"

2　二月乙巳朔，日有食之。

3　冬，曹操作铜爵台于邺。

4　十二月己亥，操下令曰："孤始举孝廉，自以本非岩穴知名之士，恐为世人之所凡愚，欲好作政教以立名誉，故在济南，除残去秽，平心选举。以是为强豪所忿，恐致家祸，故以病还乡里。时年纪尚少，乃于谯东五十里筑精舍，欲秋夏读书，冬春射猎，为二十年规，待天下清乃出仕耳。然不能得如意，征为典军校尉，意遂更欲为国家讨贼立功，使题墓道言'汉故征西将军曹侯之墓'，此其志也。而遭值董卓之难，兴举义兵。后领兖州，破降黄巾三十万众；又讨击袁术，使穷沮而死；摧破袁绍，枭其二子；复定刘表，遂平天下。身为宰相，人臣之贵已极，意望已过矣。设使国家无有孤，不知当几人称帝，几人称王。或者人见孤强盛，又性不信天命，恐妄相忖度，言有不逊之志，每用耿耿，故为诸君陈道此言，皆肝鬲之要也。然欲孤便尔委捐所典兵众以还执事，归就武平侯国，实不可也。何者？诚恐己离兵为人所祸，既为子孙计，又己败则国家倾危，是以不得慕虚名而处实祸也！然兼封四县，食户三万，何德堪之！江湖未静，不可让位；至于邑土，可得而辞。今上还阳夏、柘、苦三县，户二万，但食武平万户，且以分损谤议，少减孤之责也！"

汉献帝建安十五年(庚寅,公元210年)

1　春季,曹操下达命令给左右亲信僚属,说:"从前,孟公绰做晋国赵、魏两家贵族的家臣首领是才力有馀的,但不能胜任滕、薛等小国大夫的职务。假如必须是清廉的人才能使用,那么,齐桓公又怎么能称霸于世! 你们要帮助我发现那些出身卑微的人才,只要有才能就推举上来,让我能够任用他们!"

2　二月乙巳朔(初一),出现日食。

3　冬季,曹操在邺城修建铜爵台。

4　十二月己亥,曹操下令说:"我最初被推荐为孝廉时,自以为本来不是隐居深山的知名之士,恐怕被世人看作平庸无能,打算好好处理政务,推行教化,为自己树立名誉,故在济南国任国相时,铲除残暴邪恶势力,公正地选拔人才。由于这样,受到强门豪族的忌恨,我恐怕给家中招来灾祸,就借口有病,辞职回到家乡。当时年纪还不大,就在谯县县城以东五十里处修建书房,打算秋季与夏季读书,冬季与春季打猎,计划这样过二十年,等天下安定以后,再出来做官。但我的计划未能如愿,被朝廷征召为典军校尉,于是改变主意,想为国家讨贼立功,使墓道的石碑上可以题写'汉故征西将军曹侯之墓',这就是我当时的志向。而后赶上国家遭受董卓之乱,我兴起义兵。以后,我任兖州牧,击败黄巾军,迫使三十万黄巾军投降;又讨伐袁术,使他走投无路,穷困而死;击败袁绍,将他的两个儿子斩首示众;再消灭刘表,进而平定天下。我身为宰相,作为臣子已达到尊贵的顶点,也已超出了我的愿望。假设国家没有我,真不知会有几个人称帝,几个人称王。或许有人看到我势力强盛,又生性不信天命,恐怕他们随便猜测,说我有篡位的野心,每一想到这些,心中就感到不安。所以,向你们述说这些话,都是我的肺腑之言。然而,想要我就这样放弃所统领的军队,交还给主管部门,回到我的封地武平侯国,实在是不可能的。为什么呢? 我确实害怕自己一离开军队就会被人谋害,既是为我的子孙打算,又因为我一失败就会使国家危亡,所以,我不能追求虚名,而遭受实际的灾祸! 然而,我的封地共有四个县,享有收取三万户百姓租税的权力,我的品德怎么能配得上呢? 天下尚未安定,我不可以辞去官位;至于封地,是可以退让的。如今,我把阳夏、柘、苦三县的两万户封地归还给国家,只继续享受武平县一万户百姓的租税,姑且以此来减少对我的诽谤议论,同时也稍微减轻我所承受的压力!"

5 刘表故吏士多归刘备,备以周瑜所给地少,不足以容其众,乃自诣京见孙权,求都督荆州。瑜上疏于权曰:"刘备以枭雄之姿,而有关羽、张飞熊虎之将,必非久屈为人用者。愚谓大计,宜徙备置吴,盛为筑宫室,多其美女玩好,以娱其耳目;分此二人各置一方,使如瑜者得挟与攻战,大事可定也。今猥割土地以资业之,聚此三人俱在疆场,恐蛟龙得云雨,终非池中物也!"吕范亦劝留之。权以曹操在北,方当广揽英雄,不从。备还公安,久乃闻之,叹曰:"天下智谋之士,所见略同。时孔明谏孤莫行,其意亦虑此也。孤方危急,不得不往,此诚险途,殆不免周瑜之手!"

周瑜诣京见权曰:"今曹操新败,忧在腹心,未能与将军连兵相事也。乞与奋威俱进,取蜀而并张鲁,因留奋威固守其地,与马超结援,瑜还与将军据襄阳以蹙操,北方可图也。"权许之。奋威者,孙坚弟子奋威将军、丹阳太守瑜也。

周瑜还江陵为行装,于道病困,与权笺曰:"修短命矣,诚不足惜;但恨微志未展,不复奉教命耳。方今曹操在北,疆场未静;刘备寄寓,有似养虎;天下之事,未知终始,此朝士旰食之秋,至尊垂虑之日也。鲁肃忠烈,临事不苟,可以代瑜。傥所言可采,瑜死不朽矣!"卒于巴丘。权闻之哀恸,曰:"公瑾有王佐之资,今忽短命,孤何赖哉!"自迎其丧于芜湖。瑜有一女、二男,权为长子登娶其女;以其男循为骑都尉,妻以女;胤为兴业都尉,妻以宗女。

5　原来刘表的部属大多数归附刘备,刘备因为周瑜拨给他的土地太少,不足以容纳自己的部下,就亲自到京口去面见孙权,请求把荆州全部交给自己管理。周瑜上书给孙权说:"刘备是一代枭雄,而且有关羽、张飞这些熊、虎一样的猛将辅佐,一定不是长久屈居人下、为您所任用的人。我认为从大计考虑,应当把刘备迁走,安置在吴郡,为他大兴土木,建造豪华舒适的住宅,多给他供应美女和其他玩赏娱乐的物品,使他耳目迷恋;同时,把关羽和张飞分开,派他们各驻一地,使像我周瑜这样的将领能统率他们作战,这样,天下大事可定。如今多割土地给他作为资本,使这三人都聚在疆界,恐怕就会像蛟龙得到云雨的赞助,终究不会再留在水池中了!"吕范也劝孙权留下刘备。孙权认为曹操在北方,正应该广为招揽英雄豪杰,没有听从他们的建议。刘备回到公安后,过了一段时候才听到这些内幕,叹息说:"天下的智谋之士,看法都差不多。当时诸葛亮劝我不要去,也正是恐怕发生这样的事情。我正在危急中,不得不去,这实在是危险之极,几乎逃不出周瑜之手!"

周瑜到京口去拜见孙权,说:"现在,曹操新近在赤壁大败而归,担心内部有人借机叛变,所以,他不能立刻再对将军发动大规模攻势。我请求与奋威将军一起率军夺取蜀地,并吞张鲁,然后,留奋威将军牢固地守卫那里,与马超结成联盟,我回来与将军据守襄阳,紧逼曹操,这样,就可以规划进取北方了。"孙权同意这个计划。奋威将军,是指孙坚的侄子、丹阳郡太守孙瑜。

周瑜回到江陵整理行装,在途中病势沉重,上书给孙权说:"人寿的长短都是由命运决定的,实在不足惋惜;我只恨心中的微小志愿尚未实现,再也不能执行您的命令了。现在,曹操在北方,疆界并没有平静;刘备寄居在荆州,好像是在家里养了一只老虎;天下的大局,还在动荡不定,这正是大臣和将士们奋发忘食之日,也是您思虑运筹之时。鲁肃为人忠烈,临事不苟,可以接替我的职务。假如我的建议有可以采纳的地方,我就虽死不朽了!"周瑜在巴丘去世。孙权得到消息后,十分悲痛,大哭着说:"周瑜有辅佐帝王的才能,现在忽然短命而死,我依靠谁呢?"孙权亲自到芜湖去迎接周瑜的灵柩。周瑜有一个女儿、两个儿子,孙权为自己的大儿子孙登娶周瑜的女儿为妻;任命周瑜的儿子周循为骑都尉,把自己的女儿嫁给他;又任命周瑜的另一个儿子周胤为兴业都尉,把自己宗族的一个姑娘嫁给他。

初，瑜见友于孙策，太夫人又使权以兄奉之。是时权位为将军，诸将、宾客为礼尚简，而瑜独先尽敬，便执臣节。程普颇以年长，数陵侮瑜，瑜折节下之，终不与校。普后自敬服而亲重之，乃告人曰："与周公瑾交，若饮醇醪，不觉自醉。"

权以鲁肃为奋武校尉，代瑜领兵，令程普领南郡太守。鲁肃劝权以荆州借刘备，与共拒曹操，权从之。乃分豫章为番阳郡；分长沙为汉昌郡；复以程普领江夏太守，鲁肃为汉昌太守，屯陆口。

初，权谓吕蒙曰："卿今当涂掌事，不可不学！"蒙辞以军中多务。权曰："孤岂欲卿治经为博士邪！但当涉猎，见往事耳。卿言多务，孰若孤？孤常读书，自以为大有所益。"蒙乃始就学。及鲁肃过寻阳，与蒙论议，大惊曰："卿今者才略，非复吴下阿蒙！"蒙曰："士别三日，即更刮目相待，大兄何见事之晚乎！"肃遂拜蒙母，结友而别。

刘备以从事庞统守耒阳令，在县不治，免官。鲁肃遗备书曰："庞士元非百里才也，使处治中、别驾之任，始当展其骥足耳！"诸葛亮亦言之。备见统，与善谭，大器之，遂用统为治中，亲待亚于诸葛亮，与亮并为军师中郎将。

6　初，苍梧士燮为交趾太守。交州刺史朱符为夷贼所杀，州郡扰乱，燮表其弟壹领合浦太守，䵃领九真太守，武领南海太守。燮体器宽厚，中国士人多往依之。雄长一州，偏在万里，威尊无上，出入仪卫甚盛，震服百蛮。

起初，周瑜是孙策的朋友，孙权的母亲吴太夫人又曾让孙权把周瑜当作兄长来尊敬。当时，孙权的职位只是讨房将军，部下将领与宾客们对他的礼节还较为简单，而只有周瑜带头，以极其恭敬的臣属礼节拜见孙权。程普自以为年龄比周瑜大，多次凌辱周瑜，周瑜委曲求全，始终不与程普计较。后来，程普受到感动，对周瑜十分佩服、敬重，与周瑜的关系非常亲近，于是程普告诉别人说："与周公瑾交往，好像喝下陈酿美酒，不知不觉就已沉醉。"

　　孙权任命鲁肃为奋武校尉，接替周瑜，统领军队，又命令程普兼任南郡太守。鲁肃劝孙权把荆州借给刘备，与刘备共同抵抗曹操，孙权同意。于是，从豫章郡中分出一部分土地，另设番阳郡；从长沙郡分出一部分土地，另设汉昌郡；又任命程普兼任江夏郡太守，鲁肃为汉昌郡太守，率军驻在陆口。

　　起初，孙权对吕蒙说："你现在担任要职，执掌权力，不能不学习！"吕蒙推辞说军务太多，没有时间学习。孙权说："我难道是要你研究儒家经典，去做博士吗？我只是要你去浏览书籍，从中知道过去发生过的事情。你说军务多，但谁还会像我这样忙？我经常读书，自以为得到很多好处。"于是，吕蒙才开始读书。等到鲁肃经过寻阳时，与吕蒙谈话，大吃一惊说："你今天的才干谋略，已经不再是当年吴郡时的吕蒙了！"吕蒙说："士别三日，就应当刮目相看，大哥怎么发现得这么晚呢！"鲁肃就去拜见吕蒙的母亲，与吕蒙结为好友，然后分手。

　　刘备任命从事庞统为耒阳县县令，庞统在任时政务荒废，被免官。鲁肃写信给刘备，说："庞统的才干不适于管理一个方圆百里的小县，让他处在治中、别驾的职务上，才能发挥他的才干。"诸葛亮也谈到庞统的才干。刘备召见庞统，与他详细谈论天下大势后，大为器重，就任命庞统为治中，对庞统的亲信程度及待遇仅次于诸葛亮，委任庞统与诸葛亮同时担任师中郎将。

　　6　起初，苍梧人士燮担任交趾郡太守。交州刺史朱符被夷人杀死，州郡陷入混乱，士燮上表推荐他的弟弟士壹代理合浦郡太守，士䵋代理九真郡太守，士武代理南海郡太守。士燮性情宽厚，有很多中原地区的士大夫都去投奔他。士燮在交州地区权势显赫，与朝廷又相隔万里，他在那里的威望与尊严都到了至高无上的程度，出入时的警卫仪仗十分盛大，当地的各蛮族都俯首听命。

朝廷遣南阳张津为交州刺史。津好鬼神事，常著绛帕头，鼓琴、烧香，读道书，云可以助化，为其将区景所杀，刘表遣零陵赖恭代津为刺史。是时苍梧太守史璜死，表又遣吴巨代之。朝廷赐燮玺书，以燮为绥南中郎将，董督七郡，领交趾太守如故。巨与恭相失，巨举兵逐恭，恭走还零陵。

孙权以番阳太守临淮步骘为交州刺史，士燮率兄弟奉承节度。吴巨外附内违，骘诱而斩之，威声大震。权加燮左将军，燮遣子入质。由是岭南始服属于权。

十六年(辛卯,211)

1　春，正月，以曹操世子丕为五官中郎将，置官属，为丞相副。

2　三月，操遣司隶校尉锺繇讨张鲁，使征西护军夏侯渊等将兵出河东，与繇会。仓曹属高柔谏曰："大兵西出，韩遂、马超疑为袭己，必相扇动。宜先招集三辅，三辅苟平，汉中可传檄而定也。"操不从。

关中诸将果疑之，马超、韩遂、侯选、程银、杨秋、李堪、张横、梁兴、成宜、马玩等十部皆反，其众十万，屯据潼关；操遣安西将军曹仁督诸将拒之，敕令坚壁勿与战。命五官将丕留守邺，以奋武将军程昱参丕军事，门下督广陵徐宣为左护军，留统诸军，乐安国渊为居府长史，统留事。秋，七月，操自将击超等。议者多言："关西兵习长矛，非精选前锋，不可当也。"操曰："战在我，非在贼也。贼虽习长矛，将使不得以刺，诸君但观之。"

朝廷派遣南阳人张津担任交州刺史。张津迷信鬼神,经常用绛色头巾包头,弹琴、烧香,读道家的书籍,说这样有助于他登仙羽化,被他的部将区景杀死,刘表派遣零陵人赖恭代替张津担任刺史。这时,苍梧郡太守史璜逝世,刘表又派吴巨代理苍梧太守。朝廷赐给士燮诏书,任命他为绥南中郎将,管理七郡的军务,同时仍兼任交阯太守。吴巨与赖恭的关系恶化,吴巨发兵进攻赖恭,赖恭逃回零陵。

孙权任命番阳郡太守临淮人步骘为交州刺史,士燮率领自己的兄弟们都听从步骘的命令。吴巨表面上服从,心里却另有打算,步骘把他引诱出来杀死,声威大震。孙权提升士燮为左将军,士燮派遣自己的儿子到孙权那里充当人质。从此,五岭以南的地区开始归属于孙权。

汉献帝建安十六年(辛卯,公元211年)

1 春季,正月,任命曹操世子曹丕为五官中郎将,设置官属,作为丞相曹操的副手。

2 三月,曹操派遣司隶校尉锺繇讨伐张鲁,命令征西护军夏侯渊等率领大军从河东出发,与锺繇会合。丞相仓曹属高柔劝曹操说:"大军向西进发,韩遂、马超会疑心是袭击他们,必然互相煽动。应当先安定三辅地区,如果三辅地区平定后,只需发布文书就能平定汉中。"曹操不听。

关中的将领们果然起了疑心,马超、韩遂、侯选、程银、杨秋、李堪、张横、梁兴、成宜、马玩等十部都起来造反,合起来有十万人马,据守潼关;曹操派遣安西将军曹仁统率诸将抵挡,但下令他们坚守营寨,不要出战。命令五官中郎将曹丕留守邺城,委任奋武将军程昱协助曹丕处理军务,任命门下督广陵人徐宣为左护军,留在邺城统率留守部队,任命乐安人国渊为丞相府的居府长史,负责留守事务。秋季,七月,曹操亲统大军,进攻马超等。许多参预军务讨论的人都说:"函谷关以西的士兵善于使用长矛,不挑选精锐部队作前锋,会抵抗不住的。"曹操说:"战争的决定权控制在我手中,而不在敌人手中。他们虽然善于使用长矛,我将使他们的长矛无法施展,你们且等着看好了。"

八月,操至潼关,与超等夹关而军。操急持之,而潜遣徐晃、朱灵以步骑四千人渡蒲阪津,据河西为营。闰月,操自潼关北渡河。兵众先渡,操独与虎士百馀人留南岸断后。马超将步骑万馀人攻之,矢下如雨,操犹据胡床不动。许褚扶操上船,船工中流矢死,褚左手举马鞍以蔽操,右手刺船。校尉丁斐,放牛马以饵贼,贼乱,取牛马,操乃得渡。遂自蒲阪渡西河,循河为甬道而南。超等退拒渭口,操乃多设疑兵,潜以舟载兵入渭,为浮桥,夜,分兵结营于渭南。超等夜攻营,伏兵击破之。超等屯渭南,遣使求割河以西请和,操不许。九月,操进军,悉渡渭。超等数挑战,又不许,固请割地,求送任子,贾诩以为可伪许之。操复问计策,诩曰:"离之而已。"操曰:"解!"

韩遂请与操相见,操与遂有旧,于是交马语移时,不及军事,但说京都旧故,拊手欢笑。时秦、胡观者,前后重沓,操笑谓之曰:"尔欲观曹公邪? 亦犹人也,非有四目两口,但多智耳!"既罢,超等问遂:"公何言?"遂曰:"无所言也。"超等疑之。他日,操又与遂书,多所点窜,如遂改定者,超等愈疑遂。操乃与克日会战,先以轻兵挑之,战良久,乃纵虎骑夹击,大破之,斩成宜、李堪等。遂、超奔凉州,杨秋奔安定。

八月,曹操来到潼关,在关下扎营与马超等隔着潼关对峙。曹操表面上对马超急剧施加压力,暗中却派遣徐晃、朱灵率领步、骑兵四千人渡过蒲阪渡口,到黄河以西扎营。闰八月,曹操从潼关向北渡过黄河。士兵先过河,曹操单独与虎贲武士一百馀人留在黄河南岸断后。马超率领步、骑兵一万馀人前来进攻,箭如雨下,曹操仍坐在胡床上不动。许褚扶曹操上船,船工被流箭射中而死,许褚左手举起马鞍来为曹操抵挡乱箭,右手撑船。校尉丁斐看到情势危急,把曹军的牛马放出来,去引诱敌军,马超军大乱,兵士纷纷去抢牛马,曹操才平安渡过黄河。曹操大军就从蒲阪渡过西河,沿河作甬道,向南推进。马超等退守渭口,曹操于是多设疑兵,暗地里用船装载士兵进入渭水,修造浮桥,夜里,分兵经浮桥到渭水南岸修筑营垒。马超等乘夜攻营,被埋伏的曹军击败。马超等在渭南驻军,派遣使者表示愿割让黄河以西土地,请求和解,曹操不答应。九月,曹操进军,全部渡过渭水。马超等几次挑战,但曹军并不应战,马超等一再请求割让土地,并请求送儿子去做人质。贾诩认为可以假装同意。曹操再问他下一步的策略,贾诩说:"离间他们的联盟而已。"曹操说:"我明白了!"

韩遂请求与曹操相见,曹操与韩遂本来是老朋友,于是他们两人都不带随从,来到阵前,马头相交,在一起说了很长时间,没有说到军事,只是谈论当年在京都的往事与老朋友们,高兴时拍手大笑。当时,马超等部队中的关中人与胡人都来围观,前后重重叠叠,曹操笑着对他们说:"你们是想来看曹操吗? 我也是一个人,并没有四只眼两张嘴,只是智谋多一些罢了!"会面结束后,马超等人问韩遂说:"曹操说了些什么?"韩遂说:"没有说什么。"马超等都有了疑心。另一天,曹操又给韩遂写了一封信,信中圈改涂抹了许多地方,好像是韩遂所改的,马超等更加怀疑韩遂。曹操于是与马超等约定日期,进行会战,先派轻装部队进行挑战,与马超等大战多时,才派遣精锐骑兵进行夹击,大破马超等,杀死成宜、李堪等。韩遂、马超逃奔凉州,杨秋逃奔安定。

诸将问操曰:"初,贼守潼关,渭北道缺,不从河东击冯翊而反守潼关,引日而后北渡,何也?"操曰:"贼守潼关,若吾入河东,贼必引守诸津,则西河未可渡,吾故盛兵向潼关,贼悉众南守,西河之备虚,故二将得擅取西河。然后引军北渡,贼不能与吾争西河者,以二将之军也。连车树栅,为甬道而南,既为不可胜,且以示弱。渡渭为坚垒,虏至不出,所以骄之也;故贼不为营垒而求割地。吾顺言许之,所以从其意,使自安而不为备,因畜士卒之力,一旦击之,所谓疾雷不及掩耳。兵之变化,固非一道也。"

始,关中诸将每一部到,操辄有喜色。诸将问其故,操曰:"关中长远,若贼各依险阻,征之,不一二年不可定也。今皆来集,其众虽多,莫相归服,军无適主,一举可灭,为功差易,吾是以喜。"

冬,十月,操自长安北征杨秋,围安定。秋降,复其爵位,使留抚其民。

十二月,操自安定还,留夏侯渊屯长安。以议郎张既为京兆尹。既招怀流民,兴复县邑,百姓怀之。

遂、超之叛也,弘农、冯翊县邑多应之,河东民独无异心。操与超等夹渭为军,军食一仰河东。及超等破,馀畜尚二十馀万斛,操乃增河东太守杜畿秩中二千石。

3 扶风法正为刘璋军议校尉,璋不能用,又为其州里俱侨客者所鄙,正邑邑不得志。益州别驾张松与正善,自负其才,忖璋不足与有为,常窃叹息。松劝璋结刘备,璋曰:"谁可使者?"

诸将领们问曹操说:"开始,敌军主力据守潼关,渭水以北的道路都空虚无备,但您不从河东进攻冯翊,反而屯兵在潼关之下,过了些日子再北渡黄河,是为什么?"曹操说:"敌军据守潼关,如果我们大军一进入河东,敌军就会分兵把守各处渡口,则我们很难渡过西河,我故意以重兵集中在潼关,敌军就集中力量在南防守潼关,西河的戒备空虚,所以徐晃、朱灵两位将军能轻易取得西河。然后,我们大军北渡黄河,敌军无法与我们争夺西河的原因,就在于两位将军已先驻军在那里了。我用车辆和树木等,沿黄河向南修建甬道,既是为了确保安全,也是向敌军示弱。渡过渭水后修筑营垒,敌人挑战而坚守不出,是使敌军骄傲自大;因此,敌军未修营垒,而请求割地。我顺从他们的意思,答应要求是使他们自以为安全而不加防备。同时,我们养精蓄锐,一旦发起攻击,好比是迅雷不及掩耳。兵机变化莫测,不能执着于一种方法。"

　　开始时,关中联军的每一部将领率军前来,曹操都面有喜色,部下将领询问缘故,曹操说:"关中地区辽阔广大,如果他们各自据险坚守,我们逐一征讨,没有一两年平定不了。现在,他们全都集中在一起,人数虽多,但互不相下,军队没有人来统一指挥,可以一举消灭,比逐一征讨要容易得多,所以我心中喜悦。"

　　冬季,十月,曹操从长安出发,向北讨伐杨秋,包围安定。杨秋投降,曹操恢复杨秋的爵位,让他留下来安抚部众。

　　十二月,曹操从安定班师,留夏侯渊镇守长安,任命议郎张既为京兆尹。张既用怀柔的政策招集流亡在外的难民重返家乡,兴建恢复县城与村镇,百姓安居乐业。

　　韩遂、马超叛变朝廷时,弘农、冯翊属下的各县多起来响应,只有河东郡的百姓没有异心。曹操与马超等隔渭水相持,军粮全靠河东郡供给。到马超等被击败后,还剩下二十余万斛军粮,曹操因此增加河东郡太守杜畿的官秩为中二千石。

　　3　扶风人法正担任益州牧刘璋的军议校尉,但未受到刘璋的重用,又受到与他一起客居益州的同州老乡们的鄙视,法正心情郁闷而不得志。益州别驾张松与法正关系亲密,张松对自己的才干十分自负,觉得刘璋庸庸碌碌,不能同他一起有所作为,经常暗中叹息。张松劝刘璋与刘备结交,刘璋说:"谁可以充当使者?"

松乃举正。璋使正往，正辞谢，佯为不得已而行。还，为松说备有雄略，密谋奉戴以为州主。

会曹操遣锺繇向汉中，璋闻之，内怀恐惧。松因说璋曰："曹公兵无敌于天下，若因张鲁之资以取蜀土，谁能御之！刘豫州，使君之宗室而曹公之深雠也，善用兵；若使之讨鲁，鲁必破矣。鲁破，则益州强，曹公虽来，无能为也！今州诸将庞羲、李异等，皆恃功骄豪，欲有外意。不得豫州，则敌攻其外，民攻其内，必败之道也！"璋然之，遣法正将四千人迎备。主簿巴西黄权谏曰："刘左将军有骁名，今请到，欲以部曲遇之，则不满其心；欲以宾客礼待，则一国不容二君，若客有泰山之安，则主有累卵之危。不若闭境以待时清。"璋不听，出权为广汉长。从事广汉王累，自倒悬于州门以谏，璋一无所纳。

法正至荆州，阴献策于刘备曰："以明将军之英才，乘刘牧之懦弱；张松，州之股肱，响应于内；以取益州，犹反掌也。"备疑未决。庞统言于备曰："荆州荒残，人物殚尽，东有孙车骑，北有曹操，难以得志。今益州户口百万，土沃财富，诚得以为资，大业可成也！"备曰："今指与吾为水火者，曹操也。操以急，吾以宽；操以暴，吾以仁；操以谲，吾以忠；每与操反，事乃可成耳。今以小利而失信义于天下，奈何？"统曰："乱离之时，固非一道所能定也。且兼弱攻昧，逆取顺守，古人所贵。若事定之后，封以大国，何负于信！今日不取，终为人利耳。"备以为然。乃留诸葛亮、关羽等守荆州，以赵云领留营司马，备将步卒数万人入益州。

于是张松推荐法正。刘璋派法正担任使者,法正推辞,然后假装是不得已而接受任务出发。法正回来后,对张松说刘备有雄才大略,他们两人密谋策划奉迎刘备为益州之主。

正在这时,曹操派遣锺繇率军讨伐占据汉中的张鲁,刘璋听到消息后,心中恐惧。张松乘机劝他说:"曹操的兵马天下无敌,如果攻下汉中后,利用张鲁的库存物资来进攻益州,谁能抵抗得住!刘备是您的同宗,与曹操仇深似海,又善于用兵;如果派刘备去讨伐张鲁,一定能击破张鲁。张鲁一破,则益州势力增强,即使曹操来攻,也无能为力了!现在本州的将领们如庞羲、李异等都自恃功劳,骄横不法,还勾结外部力量,怀有二心。如果得不到刘备的帮助,则敌人在外面进攻,百姓在内叛变,一定会失败!"刘璋同意他的见解,派法正率领四千人去迎接刘备。主簿巴西人黄权劝阻刘璋说:"刘备以骁勇闻名于世,现在把他请来,要把他当作部属来看待,则他不会满意;要以宾客的礼节接待,则一国不容二主。如果客人安如泰山,则主人就会危如累卵。不如严守边境,不与外边联系,以等待天下安定。"刘璋不听,把黄权调出,去担任广汉县县令。从事广汉人王累,把自己倒吊在成都城门来劝阻刘璋,刘璋一概不听。

法正到荆州后,暗中向刘备献计说:"以将军的英明才干,正应利用刘璋的懦弱无能;张松是益州的主要官员,在内响应;用来攻取益州,易如反掌。"刘备迟疑不决。庞统对刘备说:"荆州荒凉残破,人才已尽,东有孙权,北有曹操,难以得志。如今,益州的户口有一百万,土地肥沃,物产丰富,如果能得到益州作为资本,可成大业!"刘备说:"现在,与我势同水火的,只有曹操。曹操严厉,我则宽厚;曹操凶暴,我则仁慈;曹操诡诈,我则忠信;总与曹操相反,事情才能成功。如今因为贪图小利而对天下失去信义,以后又该怎么办?"庞统说:"天下大乱之时,绝对不是靠一种方法就能平定的。而且兼并弱小,进攻愚昧,用不合礼义的方法取得,再用合乎礼义的方法加以治理,这些行为都是古人所崇尚的。如果大事已定之后,赐给刘璋面积广大的封地,对信义有什么违背!今天咱们不去夺取,终究会落入别人手中。"刘备同意他的看法。于是,留下诸葛亮、关羽等防守荆州,任命赵云兼任留营司马,刘备亲自率领几万名步兵进入益州。

孙权闻备西上,遣舟船迎妹;而夫人欲将备子禅还吴,张飞、赵云勒兵截江,乃得禅还。

刘璋敕在所供奉备,备入境如归,前后赠遗以巨亿计。备至巴郡,巴郡太守严颜拊心叹曰:"此所谓'独坐穷山,放虎自卫'者也。"备自江州北由垫江水诣涪。璋率步骑三万馀人,车乘帐幔,精光耀日,往会之。张松令法正白备,便于会袭璋。备曰:"此事不可仓卒!"庞统曰:"今因会执之,则将军无用兵之劳而坐定一州也。"备曰:"初入他国,恩信未著,此不可也。"璋推备行大司马,领司隶校尉;备亦推璋行镇西大将军,领益州牧。所将吏士,更相之适,欢饮百馀日。璋增备兵,厚加资给,使击张鲁,又令督白水军。备并军三万馀人,车甲、器械、资货甚盛。璋还成都,备北到葭萌,未即讨鲁,厚树恩德以收众心。

十七年(壬辰,212)

1 春,正月,曹操还邺。诏操赞拜不名,入朝不趋,剑履上殿,如萧何故事。

2 操之西征也,河间民田银、苏伯反,扇动幽、冀。五官将不欲自讨之,功曹常林曰:"北方吏民,乐安厌乱,服化已久,守善者多;银、伯犬羊相聚,不能为害。方今大军在远,外有强敌,

孙权听到刘备西入益州的消息,派船来接妹妹;孙夫人打算带刘备的儿子刘禅回到吴郡娘家,张飞、赵云部署军队在长江拦截孙权的船队,才把刘禅带回荆州。

刘璋命令沿途各郡、县都为刘备提供所需物资,刘备进入益州境内,好像回到家中,刘璋前后赠送的各种物资,数以亿计。刘备到达巴郡,巴郡太守严颜抚胸叹息说:"这正是应验了'独坐穷山,放虎自卫'的谚语。"刘备自江州向北经垫江水到达涪县。刘璋率领步、骑兵三万馀人,车辆悬挂着丝绸帐帷,刀枪、甲胄耀眼生辉,与阳光互映,到涪县来会见刘备。张松让法正悄悄向刘备建议,就在会面时袭击刘璋。刘备说:"这件事不可仓促!"庞统说:"现在,乘会面时捉住刘璋,则将军不必动用武力,就可坐得一州。"刘备说:"初次进入别人的地盘,恩德与信义尚未表现出来,不能这样做。"刘璋推举刘备代理大司马,兼任司隶校尉;刘备也推举刘璋代理镇西大将军,兼任益州牧。两人部下的官兵,也相互交往,在一起欢宴一百馀日。刘璋给刘备增兵,拨给大量军用物资,让他去进攻张鲁,又命刘备指挥驻在白水的益州部队。加上刘璋拨来的部队,刘备部下已有三万馀人,车辆、甲胄、器械及粮草等各种物资都很充足。刘璋回到成都,刘备向北进发,到达葭萌,没有立即进攻张鲁,先广施恩德,收买人心。

汉献帝建安十七年(壬辰,公元212年)

1 春季,正月,曹操回到邺城。献帝下诏,命令在曹操拜见皇帝时,司仪官只称他的官职,不称名字,准许曹操入朝见到皇帝时,不必迈小步向前急走,并可以佩剑穿鞋上殿,遵照汉初丞相萧何的先例。

2 曹操西征关中时,河间人田银、苏伯造反,煽动幽州、冀州的百姓,引起混乱。五官中郎将曹丕打算亲自率军去征讨,功曹常林说:"北方的官员和百姓,乐于安定,厌恶战乱,服从朝廷的时间已很久,遵守法令的占多数;田银、苏伯等不过是聚集在一起的狗和羊,造不成多大伤害。现在,大军远出,境外有强敌,

将军为天下之镇,轻动远举,虽克不武。"乃遣将军贾信讨之,应时克灭。馀贼千馀人请降,议者皆曰:"公有旧法,围而后降者不赦。"程昱曰:"此乃扰攘之际,权时之宜。今天下略定,不可诛之;纵诛之,宜先启闻。"议者皆曰:"军事有专无请。"昱曰:"凡专命者,谓有临时之急耳。今此贼制在贾信之手,故老臣不愿将军行之也。"丕曰:"善。"即白操,操果不诛。既而闻昱之谋,甚悦,曰:"君非徒明于军计,又善处人父子之间。"

故事:破贼文书,以一为十。国渊上首级,皆如其实数,操问其故,渊曰:"夫征讨外寇,多其斩获之数者,欲以大武功,耸民听也。河间在封域之内,银等叛逆,虽克捷有功,渊窃耻之。"操大悦。

3 夏,五月癸未,诛卫尉马腾,夷三族。

4 六月庚寅晦,日有食之。

5 秋,七月,螟。

6 马超等馀众屯蓝田,夏侯渊击平之。

鄜贼梁兴寇略冯翊,诸县恐惧,皆寄治郡下,议者以为当移就险阻。左冯翊郑浑曰:"兴等破散,藏窜山谷,虽有随者,率胁从耳。今当广开降路,宣谕威信,而保险自守,此示弱也。"乃聚吏民,治城郭,为守备,募民逐贼,得其财物妇女,十以七赏。民大悦,皆愿捕贼;贼之失妻子者皆还,求降,浑责其得他妇女,然后

将军镇守邺城,身系天下安危,轻率出军进行征讨,即使平定,也不足以显示威武。"于是,曹丕派遣将军贾信去讨伐,随即消灭叛军。还剩一千馀人,请求投降,参预讨论的人都说:"曹公从前下过命令,凡是被包围后再投降的,一律不赦免。"程昱说:"这是在战乱时期所采取的一种临时应变策略。现在天下已基本平定,不能随便杀戮;即使要杀,也应当先向曹公报告。"那些人都说:"军事上的举动,可以专断,不必请示。"程昱说:"专断是指临时发生紧急情况,必须当机立断。现在,这些叛民控制在贾信手中,因此,我不愿将军擅做决定。"曹丕说:"对。"立即派人向曹操报告,曹操果然下令赦免不杀。后来,听到程昱的建议,非常高兴,说:"你不仅明了军事策略,还善于处理别人父子之间的关系。"

过去的惯例:击败敌军的文告中,在报告敌军死伤人数时,都夸大战果,杀死一人要报成十人。而国渊在报告杀敌人数时,都据实上报,曹操询问他这样做的原因,国渊说:"我军征讨境外的敌寇,多报杀死及俘虏人数,是为了炫耀武力,耸人听闻。河间在咱们的疆界以内,田银等进行叛乱,虽然取得胜利,已经平定,我心中却感到羞耻。"曹操大为高兴。

3　夏季,五月癸未,诛杀卫尉马腾,并把他的三族一齐处死。

4　六月庚寅晦(二十九日),出现日食。

5　秋季,七月,发生螟灾。

6　马超等残馀部众驻守蓝田,夏侯渊率军讨伐,全部平定。

郿县人梁兴聚集党羽,在冯翊抢掠,各县的官员十分害怕,都把县府移到郡府所在地,有的人认为应当迁移到险要的地方去据守。左冯翊郑浑说:"梁兴等已经破散,逃窜藏匿到高山深谷,虽然还有人跟随,但大多数是被他胁迫的。现在,应当广开招降的途径,宣扬朝廷的威信,如果据险自守,就是在向他们示弱。"于是,郑浑聚集官吏百姓,修整城池,严加守备,招募百姓追击叛民,凡夺取叛民的财物和妇女,十分之三交给官府,十分之七归夺取者所有。百姓大为高兴,都愿意追捕叛民;失去妻子的叛民,都回来请求投降,郑浑责令他们送来叛民所俘获的其他妇女,然后才

还之。于是转相寇盗,党与离散。又遣吏民有恩信者分布山谷告谕之,出者相继。乃使诸县长吏各还本治,以安集之。兴等惧,将馀众聚鄜城,操使夏侯渊助浑讨之,遂斩兴,馀党悉平。浑,泰之弟也。

7 九月庚戌,立皇子熙为济阴王,懿为山阳王,邈为济北王,敦为东海王。

8 初,张纮以秣陵山川形胜,劝孙权以为治所;及刘备东过秣陵,亦劝权居之。权于是作石头城,徙治秣陵,改秣陵为建业。

9 吕蒙闻曹操欲东兵,说孙权夹濡须水口立坞。诸将皆曰:"上岸击贼,洗足入船,何用坞为!"蒙曰:"兵有利钝,战无百胜,如有邂逅,敌步骑蹙人,不暇及水,其得入船乎?"权曰:"善!"遂作濡须坞。

10 冬,十月,曹操东击孙权。董昭言于曹操曰:"自古以来,人臣匡世,未有今日之功;有今日之功,未有久处人臣之势者也。今明公耻有惭德,乐保名节;然处大臣之势,使人以大事疑己,诚不可不重虑也。"乃与列侯诸将议,以丞相宜进爵国公,九锡备物,以彰殊勋。荀彧以为:"曹公本兴义兵以匡朝宁国,秉忠贞之诚,守退让之实;君子爱人以德,不宜如此。"操由是不悦。及击孙权,表请彧劳军于谯,因辄留彧,以侍中、光禄大夫、持节、参丞相军事。操军向濡须,彧以疾留寿春,饮药而卒。彧行义修整而有智谋,好推贤进士,故时人皆惜之。

还给他们的妻儿。于是,这些叛民互相攻击,梁兴的党羽纷纷离散。郑浑又派平常有威望的官员及乡里父老们分别到高山深谷去宣传朝廷的旨意,出来投降的人络绎不绝。郑浑于是命令各县的官员都把县府迁回本地,安抚百姓及投降的叛民。梁兴等恐惧,率领残部聚集在鄜城,曹操派夏侯渊率军协助郑浑进行征讨,于是斩杀梁兴,馀党全部平定。郑浑是郑泰的弟弟。

7 九月庚戌(二十一日),献帝封皇子刘熙为济阴王,刘懿为山阳王,刘邈为济北王,刘敦为东海王。

8 起初,张纮认为秣陵山川雄伟,地势险要,劝孙权把秣陵作为治所;到刘备向东经过秣陵时,也曾劝孙权迁去居住。孙权就修建石头城,把治所迁到秣陵,将秣陵改称建业。

9 吕蒙听到曹操打算再次东征,劝说孙权在濡须水口的两岸修建营寨。将领们都说:"上岸攻击敌军,洗洗脚就上船了,要营寨有什么用?"吕蒙说:"军事有顺利之时,也有失利之时,不会百战百胜,如果敌人突然出现,步骑兵紧紧逼迫,我们连水边也到不了,难道能上得去船?"孙权说:"很对!"于是,下令修筑营寨,就称作濡须坞。

10 冬季,十月,曹操率军东征孙权。董昭对曹操说:"自古以来,人臣拯救国家的功劳,从来没有您今天的功业这样大;有您今天功业的人,就不会长久居于臣属的地位。现在,您耻于因行事有缺点而内愧于心,乐于保持名节;然而您处在大臣的地位,使人因这件大事对您怀疑,实在不可不多加考虑。"于是,与列侯及将领们商议,认为丞相曹操应该封爵为国公,由皇帝赐给他表示特权的九锡,来表彰曹操的特殊功勋。荀彧认为:"曹操当初是为了拯救国家,安定天下而发起义兵的,怀有忠贞的诚心,严守退让的实意;君子以德爱人,不应当这样。"曹操因此很不高兴。到东征孙权时,曹操上表请求献帝派荀彧到谯县来慰劳军队。荀彧到后,曹操就借机留下他,以侍中、光禄大夫的身份,持符节,参预丞相府的军事。曹操大军向濡须进发,荀彧因病留在寿春,服下毒药而死。荀彧品德高尚,行为端正,而且有智谋,喜欢推荐贤能的士人,因此,当时人都对他的去世感到惋惜。

臣光曰：孔子之言仁也重矣，自子路、冉求、公西赤门人之高第，令尹子文、陈文子诸侯之贤大夫，皆不足以当之，而独称管仲之仁，岂非以其辅佐齐桓，大济生民乎！齐桓之行若狗彘，管仲不羞而相之，其志盖以非桓公则生民不可得而济也。汉末大乱，群生涂炭，自非高世之才不能济也。然则荀彧舍魏武将谁事哉！

齐桓之时，周室虽衰，未若建安之初也。建安之初，四海荡覆，尺土一民，皆非汉有。荀彧佐魏武而兴之，举贤用能，训卒厉兵，决机发策，征伐四克，遂能以弱为强，化乱为治，十分天下而有其八，其功岂在管仲之后乎！管仲不死子纠而荀彧死汉室，其仁复居管仲之先矣！

而杜牧乃以为："彧之劝魏武取兖州则比之高、光，官渡不令还许则比之楚、汉，及事就功毕，乃欲邀名于汉代，譬之教盗穴墙发匮而不与同挈，得不为盗乎！"臣以为孔子称"文胜质则史"，凡为史者记人之言，必有以文之。然则比魏武于高、光、楚、汉者，史氏之文也，岂皆彧口所言邪！用是贬彧，非其罪矣。且使魏武为帝，则彧为佐命元功，与萧何同赏矣；彧不利此而利于杀身以邀名，岂人情乎！

11 十二月，有星孛于五诸侯。

12 刘备在葭萌，庞统言于备曰："今阴选精兵，昼夜兼道，径袭成都，刘璋既不武，又素无豫备，大军卒至，一举便定，此上计也。杨怀、高沛，璋之名将，各杖强兵，据守关头，闻数有笺谏璋，使发遣将军还荆州。将军遣与相闻，说荆州有急，

臣司马光说:孔子对于评价仁德是非常重视的,即使是子路、冉求、公西赤这些杰出的门人,令尹子文、陈文子这些诸侯的贤能大夫,都不够资格,而唯独称赞管仲的仁德,岂不是因为他辅佐齐桓公,对当时百姓有很大的恩德吗?齐桓公的行为像猪狗一样,但管仲并不以为羞耻,而担任齐国的相,是因为他知道,要想拯救百姓,非辅佐齐桓公不可。汉末天下大乱,百姓灾难深重,假如没有绝顶的才能,便不能拯救百姓。荀彧舍弃曹操,还能去辅佐谁呢?

齐桓公的时代,周朝王室虽已衰败,但还没有像建安时期的汉朝王室那样。建安初期,全国大乱,汉朝朝廷连一尺土地、一个百姓都没有。荀彧辅佐曹操而使东汉王朝复兴,推荐任用贤能的人才,训练军队,参预机要,制定策略,征伐四方,连续获胜,于是转弱为强,化乱为治,占有了天下的十分之八,荀彧的功劳难道还不如管仲吗!管仲没有为子纠而死,但荀彧却为汉王室而死,他的仁德又在管仲之上了!

可是,杜牧认为:"荀彧在劝曹操攻取兖州时,把他比作高祖刘邦与光武帝刘秀,在官渡之战时不让曹操撤退回许都,也比作楚汉相争,等到大事已经完成,荀彧才想在汉代留下尽忠的声名,这就好比教小偷去挖墙破柜而不与小偷分赃,能说他不是小偷吗?"臣认为,孔子说"文胜质则史",所有撰写历史的人,在记载历史人物的言语时,都会加以修饰。那么,把曹操比作刘邦、刘秀以及楚汉相争等,只是史学家的文字,怎么会都是荀彧亲口说的话呢!根据这些话来贬低荀彧,是冤枉人。而且,假使曹操称帝,那么荀彧将成为最大的开国功臣,会受到与萧何一样的赏赐;荀彧不贪图这样的富贵,而宁愿牺牲生命去换取尽忠的名声,难道是人之常情吗!

11 十二月,有异星出现在五诸侯星座。

12 刘备驻军在葭萌,庞统向刘备建议说:"现在,应暗中挑选精兵,昼夜不停地赶路,直接袭击成都,刘璋既不懂军事,又一向没有防备,大军突然来临,可以一举平定,这是上策。杨怀、高沛都是刘璋部下的名将,各领强兵,据守关头,听说他们多次上书,劝刘璋把将军送回荆州。将军派人去告诉他们,说荆州有紧急情况,

欲还救之,并使装束,外作归形,此二子既服将军英名,又喜将军之去,计必乘轻骑来见将军,因此执之,进取其兵,乃向成都,此中计也。退还白帝,连引荆州,徐还图之,此下计也。若沉吟不去,将致大困,不可久矣。"备然其中计。

及曹操攻孙权,权呼备自救。备贻璋书曰:"孙氏与孤本为唇齿,而关羽兵弱,今不往救,则曹操必取荆州,转侵州界,其忧甚于张鲁。鲁自守之贼,不足虑也。"因求益万兵及资粮,璋但许兵四千,其馀皆给半。备因激怒其众曰:"吾为益州征强敌,师徒勤瘁,而积财吝赏,何以使士大夫死战乎!"张松书与备及法正曰:"今大事垂立,如何释此去乎!"松兄广汉太守肃,恐祸及己,因发其谋。于是璋收斩松,敕关戍诸将文书皆勿复得与备关通。备大怒,召璋白水军督杨怀、高沛,责以无礼,斩之。勒兵径至关头,并其兵,进据涪城。

十八年(癸巳,213)

1 春,正月,曹操进军濡须口,号步骑四十万,攻破孙权江西营,获其都督公孙阳。权率众七万御之,相守月馀。操见其舟船器仗军伍整肃,叹曰:"生子当如孙仲谋;如刘景升儿子,豚犬耳!"权为笺与操,说:"春水方生,公宜速去。"别纸言:"足下不死,孤不得安。"操语诸将曰:"孙权不欺孤。"乃撤军还。

您打算回军救援,并让全军打点行装,表面上作出回去的样子。这两个人既佩服将军的英名,又高兴将军即将离去,我想他们一定会仅带随身卫士来见将军,乘机把他们捉住,吞并他们的部队,再向成都进军,这是中策。退回白帝城,与荆州力量联合在一起,再慢慢策划进取益州的办法,这是下策。如果迟疑不决,将会陷入严重困境,不能再耽误了。"刘备同意采用庞统的中策。

等到曹操进攻孙权,孙权派人来要求刘备回军援救。刘备写信给刘璋,说:"孙权和我本是唇齿相依,而关羽兵力薄弱,现在,不去援救,则曹操必然夺取荆州,进而侵犯益州边界,这远比张鲁更值得担心。张鲁是个只求自保的贼寇,不足以使人忧虑。"并乘机要求刘璋给他增拨一万名士兵和军用物资,刘璋只允许拨给四千人,军用物资也都只给一半。刘备就以此为借口,激怒他部下的将士说:"我们为益州讨伐强敌,士卒劳苦,而刘璋却爱惜财物,如此吝啬,怎么能使士大夫为他出力死战呢!"张松写信给刘备和法正说:"现在,大事马上就可完成,怎么能放弃这里离去呢?"张松的哥哥、广汉郡太守张肃知道张松的密谋后,恐怕一旦事情败露,会连累自己,就告发了张松的阴谋。于是刘璋逮捕张松,把他处斩,同时,向各关口要塞守将发布文书,命令他们都不要再与刘备往来。刘备大怒,召见刘璋部下的白水军督杨怀、高沛,责备他们对客人无礼,把这两人处斩。刘备率领军队直接进驻关头,吞并了杨怀、高沛的部队,继续进军,占领涪城。

汉献帝建安十八年(癸巳,公元213年)

1　春季,正月,曹操大军攻到濡须口,号称步、骑兵四十万人,攻破孙权设在长江西岸的营寨,俘获孙权部下的都督公孙阳。孙权亲自率领七万人抵抗曹军,两军相持一个多月。曹操看到孙权的战船、武器精良,军队严整,叹息说:"生儿子应当像孙权;至于刘表的儿子,不过是猪狗!"孙权写信给曹操,说:"春天已到,江河水势将会上涨,您应当赶快撤军。"另附的一张纸上写着:"您不死,我就不能安宁。"曹操对部将们说:"孙权没有欺骗我。"于是,曹操下令班师,撤回北方。

2 庚寅，诏并十四州，复为九州。

3 夏，四月，曹操至邺。

4 初，曹操在谯，恐滨江郡县为孙权所略，欲徙令近内，以问扬州别驾蒋济，曰："昔孤与袁本初对军官渡，徙燕、白马民，民不得走，贼亦不敢钞。今欲徙淮南民，何如？"对曰："是时兵弱贼强，不徙必失之。自破袁绍以来，明公威震天下，民无他志，人情怀土，实不乐徙，惧必不安。"操不从。既而民转相惊，自庐江、九江、蕲春、广陵，户十馀万皆东渡江，江西遂虚，合肥以南，惟有皖城。济后奉使诣邺，操迎见，大笑曰："本但欲使避贼，乃更驱尽之！"拜济丹阳太守。

5 五月丙申，以冀州十郡封曹操为魏公，以丞相领冀州牧如故。又加九锡：大辂、戎辂各一，玄牡二驷；衮冕之服，赤舄副焉；轩县之乐，六佾之舞；朱户以居；纳陛以登；虎贲之士三百人；铁、钺各一；彤弓一，彤矢百，玈弓十，玈矢千；秬鬯一卣，珪、瓒副焉。

6 大雨水。

7 益州从事广汉郑度闻刘备举兵，谓刘璋曰："左将军悬军袭我，兵不满万，士众未附，军无辎重，野谷是资，其计莫若尽驱巴西、梓潼民内、涪水以西，其仓廪野谷，一皆烧除，

2　庚寅(初三),献帝下诏,把全国的十四个州合并,恢复为九个州。

3　夏季,四月,曹操到达邺城。

4　起初,曹操在谯县时,恐怕沿长江一带的郡县受到孙权的侵略,打算把百姓迁徙到内地,问扬州别驾蒋济对这个问题的看法,说:"从前,我与袁绍在官渡对峙时,曾以军队强行迁徙过燕县与白马县的百姓,百姓没有走散,故军也不敢抢掠。现在,我想把淮河南岸的百姓向北迁徙,你认为怎么样?"蒋济回答说:"当年敌众我寡,不强行迁徙,就会失去那些百姓。自从攻破袁绍以来,您威震天下,百姓没有二心,而且人情依恋故乡,实在不愿意迁徙,我担心一定会使百姓不安。"曹操没有听从。不久,百姓互相转告,惊恐不安,从庐江、九江、蕲春到广陵,十余万户全部渡过长江,向东投奔孙权,长江以西便空无人烟,在合肥以南,只剩皖城还有百姓。后来,蒋济奉命出使到邺城,曹操迎面见到他,大笑着说:"我本来只是想让百姓避开敌军,却反而把他们全驱赶到敌人那里去了。"任命蒋济为丹阳郡太守。

5　五月丙申(初十),献帝封曹操为魏公,把冀州属下的十个郡作为他的封地,曹操仍继续担任丞相,并兼任冀州牧。同时,又赐给并允许曹操使用许多不经皇帝批准不能使用的器物,称为"九锡"。其中包括御用大车和兵车各一辆,各配有四匹黑色雄马驾车;龙袍、冕冠并配上红色的礼鞋;诸侯可以享用的三面悬挂的乐器和三十六个人演出的方阵舞;住宅的大门可以漆成红色;登堂的台阶可以修在檐下;虎贲卫士三百人;象征权威的兵器斧、钺各一柄;朱红色的弓一把,朱红色的箭一百支,黑色的弓十把,黑色的箭一千支;祭神用的美酒一罐,并配有舀酒用的白玉作柄的勺子。

6　天降大雨。

7　益州从事、广汉人郑度听到刘备起兵的消息,对刘璋说:"左将军刘备孤军深入,远道来袭,他部下士兵不到一万人,而且将士并未全心归附他,军队又没有辎重,只能靠抢掠田野的庄稼为食,因此,最好的办法是把巴西与梓潼境内的百姓全部驱赶到内水、涪水以西,把巴西与梓潼仓库中的粮食物资以及田野里的庄稼全部烧掉,

高垒深沟,静以待之。彼至,请战,勿许,久无所资,不过百日,必将自走,走而击之,此必禽耳。"刘备闻而恶之,以问法正。正曰:"璋终不能用,无忧也。"璋果谓其群下曰:"吾闻拒敌以安民,未闻动民以避敌也。"不用度计。

璋遣其将刘璝、冷苞、张任、邓贤、吴懿等拒备,皆败,退保绵竹;懿诣军降。璋复遣护军南阳李严、江夏费观督绵竹诸军,严、观亦率其众降于备。备军益强,分遣诸将平下属县。刘璝、张任与璋子循退守雒城,备进军围之。任勒兵出战于雁桥,军败,任死。

8 秋,七月,魏始建社稷、宗庙。

9 魏公操纳三女为贵人。

10 初,魏公操追马超至安定,闻田银、苏伯反,引军还。参凉州军事杨阜言于操曰:"超有信、布之勇,甚得羌、胡心;若大军还,不设备,陇上诸郡非国家之有也。"操还,超果率羌、胡击陇上诸郡县,郡县皆应之,惟冀城奉州郡以固守。

超尽兼陇右之众,张鲁复遣大将杨昂助之,凡万馀人,攻冀城,自正月至八月,救兵不至。刺史韦康遣别驾阎温出,告急于夏侯渊,外围数重,温夜从水中潜出。明日,超兵见其迹,遣追获之。超载温诣城下,使告城中云:"东方无救。"温向城大呼曰:"大军不过三日至,勉之!"城中皆泣,称万岁。超虽怒,犹以攻城久不下,徐徐更诱温,冀其改意。温曰:"事君有死无二,而卿乃欲令长者出不义之言乎!"超遂杀之。

咱们高垒深沟,静待变化。刘备率军前来挑战,咱们坚守不出,他们无处抢掠粮草,不过一百天,必然会自动撤退,等他们后退时咱们再出击,一定可以捉到刘备。"刘备听到消息后,十分忧虑,向法正询问对策,法正说:"刘璋最终不会采用郑度的计策,您不必担心。"刘璋果然对部下说:"我听说过抵抗敌人以保护百姓,从未听说要迁徙百姓来躲避敌人的。"不用郑度的计策。

刘璋派部将刘璝、冷苞、张任、邓贤、吴懿等抵抗刘备,都被击败,退守绵竹;吴懿向刘备大军投降。刘璋又派护军南阳人李严、江夏人费观统帅驻在绵竹的各路军马,但李严、费观也率领自己的部下向刘备投降。刘备军队的势力更加强大,分派部下将领去占领周围各县。刘璝、张任与刘璋的儿子刘循退守雒城,刘备进军把雒城围住。张任率军出城,在雁桥与刘备军大战,张任军战败,张任战死。

8　秋季,七月,魏国开始建立祭祀土神与谷神的社稷坛和曹氏祖先的宗庙。

9　曹操进献三个女儿给献帝作为妃嫔,都被封为贵人。

10　当初,曹操追赶马超到安定,听到田银、苏伯起兵的消息,率军返回。参凉州军事杨阜对曹操说:"马超有韩信、英布那样的勇猛,很得羌人和胡人的信服;如果大军撤回,又不加以防备,陇山以西的各郡恐怕就不能再属于朝廷了。"曹操撤军后,马超果然率领羌人、胡人进攻陇山以西的各郡县,各郡县都起来响应,只有作为凉州州府及汉阳郡府所在地的冀城坚守不降。

马超兼并了陇山以西的所有部队,张鲁又派大将杨昂率军援助马超,共有一万馀人,进攻冀城,从正月直攻到八月,朝廷救兵也没有到。凉州刺史韦康派别驾阎温出城,向驻在长安的夏侯渊求救,马超军在冀城城外包围了好几层,阎温乘夜从水里游出城去。第二天,马超部下士兵看到足迹派人追踪,把阎温捉住。马超把阎温带到城下,命令阎温告诉城中守军说:"东方没有救兵。"阎温向城中大喊:"大军不过三天就会来到,你们努力坚守!"城中守军都流下眼泪,高呼万岁。马超虽然恼怒,但由于冀城很久攻不下,仍慢慢地进一步引诱阎温,希望他回心转意。阎温说:"侍奉君主,只有一死,没有二心,而你竟想让长者说出那种违背道义的话吗!"马超于是杀死阎温。

已而外救不至，韦康及太守欲降。杨阜号哭谏曰："阜等率父兄子弟以义相励，有死无二，以为使君守此城，今奈何弃垂成之功，陷不义之名乎！"刺史、太守不听，开城门迎超。超入，遂杀刺史、太守，自称征西将军、领并州牧、督凉州军事。

魏公操使夏侯渊救冀，未到而冀败。渊去冀二百馀里，超来逆战，渊军不利。氐王千万反应超，屯兴国，渊引军还。

会杨阜丧妻，就超求假以葬之。阜外兄天水姜叙为抚夷将军，拥兵屯历城。阜见叙及其母，歔欷悲甚。叙曰："何为乃尔？"阜曰："守城不能完，君亡不能死，亦何面目以视息于天下！马超背父叛君，虐杀州将，岂独阜之忧责，一州士大夫皆蒙其耻。君拥兵专制而无讨贼心，此赵盾所以书弑君也。超强而无义，多衅，易图耳。"叙母慨然曰："咄！伯奕，韦使君遇难，亦汝之负，岂独义山哉！人谁不死，死于忠义，得其所也。但当速发，勿复顾我；我自为汝当之，不以馀年累汝也。"叙乃与同郡赵昂、尹奉、武都李俊等合谋讨超，又使人至冀，结安定梁宽、南安赵衢使为内应。超取赵昂子月为质，昂谓妻异曰："吾谋如是，事必万全，当奈月何？"异厉声应曰："雪君父之大耻，丧元不足为重，况一子哉！"

九月，阜与叙进兵，入卤城，昂、奉据祁山，以讨超。超闻之，大怒，赵衢因谲说超，使自出击之。超出，衢与梁宽闭冀城门，尽杀超妻子。超进退失据，乃袭历城，得叙母。叙母

过了些时候,外面的救兵仍没有来,刺史韦康及太守打算投降。杨阜大哭着劝阻他们说:"我们率领自己的父兄子弟,以君臣大义互相勉励,誓死没有二心,就是为了协助你们守住此城,现在,怎么能放弃这唾手可得的功勋,陷入叛逆的罪名呢?"刺史、太守不听杨阜的劝阻,打开城门迎接马超。马超入城后,就杀死刺史、太守,自称征西将军,兼任并州牧,并掌管凉州地区的军务。

　　曹操命令夏侯渊率军援救冀城,还没到,冀城已经投降。夏侯渊离冀城还有两百余里时,马超出军迎战,夏侯渊作战失利。这时,号称氐王的氐人首领千万又起兵响应马超,驻军兴国,夏侯渊率军撤回。

　　正赶上杨阜的妻子去世,杨阜向马超请假去安葬妻子。杨阜的表兄、天水人姜叙担任抚夷将军,率军驻在历城。杨阜见到姜叙和姜叙的母亲,抽泣不止,十分悲痛。姜叙说:"你为什么这样悲痛?"杨阜说:"守城而没能守住,长官被杀而不能同死,我还有什么脸活在世上! 马超背叛父亲与皇上,残酷杀死本州的长官,这岂是我杨阜一个人忧心自责的问题,一州的士大夫都因此蒙受到耻辱。你拥有重兵,受命管理这一地区,而没有讨伐逆贼之心,从前,赵盾正是因为这样做而被史官记载为弑君的。马超虽然强大,但不讲道义,弱点很多,容易对付。"姜叙的母亲慨然说:"好了! 姜叙,韦刺史遇难,也有你的责任,难道只是杨阜一个人吗! 谁能不死,能死于忠义,就是死得其所,你只应快些行动,不要再管我;我自会为你担当,不会以我的馀年牵累你。"姜叙就与同郡人赵昂、尹奉、武都人李俊等人,共同商议讨伐马超,又派人到冀城,结交安定人梁宽、南安人赵衢,让他们做内应。马超命令赵昂交出儿子赵月作为人质,赵昂对妻子士异说:"我们已经如此谋划,事情一定能成功,但是赵月应当怎么办?"士异厉声回答:"能昭雪君父的大耻,就是掉脑袋也不足惜,何况一个儿子!"

　　九月,杨阜与姜叙进兵,进入卤城,赵昂、尹奉占据祁山,以讨伐马超。马超听到消息后大怒,赵衢乘势编造理由,劝马超率军去进攻杨阜等人。马超出城后,赵衢与梁宽等关闭冀城城门,把马超的妻儿全部杀死。马超进退失据,于是袭击历城,捉到姜叙的母亲。姜叙的母亲

骂之曰："汝背父之逆子,杀君之桀贼,天地岂久容汝,而不早死,敢以面目视人乎!"超杀之,又杀赵昂之子月。杨阜与超战,身被五创。超兵败,遂南奔张鲁。鲁以超为都讲祭酒,欲妻之以女。或谓鲁曰："有人若此,不爱其亲,焉能爱人!"鲁乃止。操封讨超之功,侯者十一人,赐杨阜爵关内侯。

11 冬,十一月,魏初置尚书、侍中、六卿;以荀攸为尚书令,凉茂为仆射,毛玠、崔琰、常林、徐奕、何夔为尚书,王粲、杜袭、卫觊、和洽为侍中,锺繇为大理,王脩为大司农,袁涣为郎中令,行御史大夫事,陈群为御史中丞。

袁涣得赏赐,皆散之,家无所储,乏则取之于人,不为皦察之行,然时人皆服其清。时有传刘备死者,群臣皆贺,惟涣独否。

魏公操欲复肉刑,令曰："昔陈鸿胪以为死刑有可加于仁恩者,御史中丞能申其父之论乎?"陈群对曰："臣父纪以为汉除肉刑而增加于笞,本兴仁恻而死者更众,所谓名轻而实重者也。名轻则易犯,实重则伤民。且杀人偿死,合于古制;至于伤人,或残毁其体,而裁剪毛发,非其理也。若用古刑,使淫者下蚕室,盗者刖其足,则永无淫放穿逾之奸矣。夫三千之属,虽未可悉复,若斯数者,时之所患,宜先施用。汉律所杀殊死之罪,仁所不及也,其馀逮死者,可易以肉刑。如此,则所刑之与所生足以相贸矣。今以笞死之法易不杀之刑,是重人支体而轻人躯命也。"当时议者,唯锺繇与群议同,馀皆以为未可行。操以军事未罢,顾众议而止。

痛骂马超,说:"你这个背叛父亲的逆子,杀害长官的恶贼,天地岂能长久容你,你不早死,还敢见人!"马超杀死她,又把赵昂的儿子赵月杀死。杨阜与马超大战,身受五处重伤。马超被杨阜等打败,就向南投奔张鲁。张鲁任命马超为都讲祭酒,打算把自己的女儿嫁给马超。有人对张鲁说:"像这样的人,连自己的父母都不爱,怎么能爱别人!"张鲁才打消嫁女的念头。曹操封赏讨伐马超的功臣,封十一个人为侯爵,杨阜被封为关内侯。

11　冬季十一月,魏国开始设置尚书、侍中和六卿等官职;任命荀攸为尚书令,凉茂为尚书仆射,毛玠、崔琰、常林、徐奕、何夔为尚书,王粲、杜袭、卫觊、和洽为侍中,锺繇为大理,王脩为大司农,袁涣为郎中令,并代行御史大夫事务,陈群为御史中丞。

袁涣得到赏赐,都散给亲戚、朋友,家中没有积蓄,当家用不足时,就向别人索取,从来不故作清白,详察小事,然而当时人都佩服他的清廉。这时,有刘备已死的传言,大臣们都为此道贺,只有袁涣因曾受过刘备的推荐,为表示不忘旧主,没有前去。

曹操打算恢复肉刑,下令说:"从前,大鸿胪陈纪认为死刑有仁慈的一面,御史中丞陈群,能申说你父亲的理论吗?"陈群回答说:"我父亲陈纪认为,汉代废除肉刑而增加鞭杖,本来是出于仁慈的目的,但死于鞭杖之下的人更多,这就是所谓名义上减轻,而实质上加重。名义上轻,则使百姓容易犯法;实质上重,则伤害百姓。而且,杀人偿命,是符合古代法制的;至于伤人,或者残害身体,或者剪去头发,都不合理。如果恢复古代刑法,对犯强奸罪的施用宫刑,把偷盗者的脚砍去,就会永远没有淫荡和挖洞越墙偷盗的罪犯了。古代的三千条刑法,虽然不能全部恢复,但像上面列举的几种罪,正是现在的社会问题,应当先施行。汉人法律,犯下十恶不赦大罪的人判处死刑,对这种人,不能讲求仁爱,除此之外,其馀判死刑的人,可以改判肉刑。这样,施加刑罚与保存生命就足以相抵了。现在,以鞭打致死的刑法替换不杀人的肉刑,是重视人的肢体,而轻视人的生命。"当时参与讨论的人,只有锺繇与陈群意见相同。其馀人都认为不能恢复肉刑。曹操因为四方征战还没有停止,顾虑到众人的意见,停止了恢复肉刑的打算。

卷第六十七　汉纪五十九

起甲午(214)尽丙申(216)凡三年

孝献皇帝壬

建安十九年(甲午,214)

1　春,马超从张鲁求兵,北取凉州,鲁遣超还围祁山。姜叙告急于夏侯渊,诸将议欲须魏公操节度。渊曰:"公在邺,反覆四千里,比报,叙等必败,非救急也。"遂行,使张郃督步骑五千为前军。超败走。

韩遂在显亲,渊欲袭取之,遂走。渊追至略阳城,去遂三十馀里,诸将欲攻之,或言当攻兴国氐。渊以为:"遂兵精,兴国城固,攻不可卒拔,不如击长离诸羌。长离诸羌多在遂军,必归救其家。若舍羌独守则孤,救长离则官兵得与野战,必可虏也。"渊乃留督将守辎重,自将轻兵到长离,攻烧羌屯,遂果救长离。诸将见遂兵众,欲结营作堑乃与战。渊曰:"我转斗千里,今复作营堑,则士众罢敝,不可复用。贼虽众,易与耳。"乃鼓之,大破遂军,进围兴国。氐王千万奔马超,馀众悉降。转击高平、屠各,皆破之。

孝献皇帝壬
汉献帝建安十九年(甲午,公元214年)

1 春季,马超请求张鲁分派给他一支军队,向北攻取凉州。张鲁派遣马超回军围攻祁山。祁山守将姜叙向夏侯渊告急,夏侯渊部下将领议论,认为必须上报魏公曹操,由他发令调度。夏侯渊说:"魏公远在邺城,向他报告,往返行程四千里,等他的命令传到这里,姜叙等人必定早已被打败,这不能解救危机。"于是命令部队行动,由张郃率步、骑兵五千人为先头部队。马超败退而走。

韩遂驻军显亲。夏侯渊欲图袭击韩遂,夺取显亲,韩遂退走。夏侯渊追到略阳,距离韩遂驻地三十余里。将领们准备向韩遂发动攻击,有人建议应当进攻兴国的氏族。夏侯渊认为:"韩遂的军队精锐,兴国有坚固的城防,此时进攻很难迅速取胜,不如攻打长离的羌人部落。很多长离的羌人都在韩遂军中,他们必然会回去援救自己的家乡。韩遂若舍弃长离羌人拥兵自守,便会失去羌人的支持而势孤力单;如果援救长离,我们就可以与他的部队进行野战,一定能够生擒韩遂。"于是,夏侯渊留下督将守卫辎重,亲自率军轻装至长离,攻打烧羌部落,韩遂果然来救长离。夏侯渊的部下将领见韩遂兵多,要扎下营盘、挖好堑壕再作战。夏侯渊说:"我军千里转战,如果再扎营盘,掘堑壕,士兵便会疲惫不堪,无法再用他们去作战了。韩遂兵虽多,并不难对付。"夏侯渊下令击鼓进攻,一举击溃了韩遂的军队,并乘胜包围了兴国。氏王千万逃到马超那里,其馀的官兵都投降了夏侯渊。夏侯渊又转而进攻高平、屠各两个部落,也都把他们击溃。

2　三月,诏魏公操位在诸侯王上,改授金玺、赤绂、远游冠。

3　夏,四月,旱。五月,雨水。

4　初,魏公操遣庐江太守朱光屯皖,大开稻田。吕蒙言于孙权曰:"皖田肥美,若一收孰,彼众必增,宜早除之。"闰月,权亲攻皖城。诸将欲作土山,添攻具,吕蒙曰:"治攻具及土山,必历日乃成,城备既修,外救必至,不可图也。且吾乘雨水以入,若留经日,水必向尽,还道艰难,蒙窃危之。今观此城,不能甚固,以三军锐气,四面并攻,不移时可拔,及水以归,全胜之道也。"权从之。蒙荐甘宁为升城督,宁手持练,身缘城,为士卒先;蒙以精锐继之,手执枹鼓,士卒皆腾踊。侵晨进攻,食时破之,获朱光及男女数万口。既而张辽至夹石,闻城已拔,乃退。权拜吕蒙为庐江太守,还屯寻阳。

5　诸葛亮留关羽守荆州,与张飞、赵云将兵溯流克巴东。至江州,破巴郡太守严颜,生获之。飞呵颜曰:"大军既至,何以不降,而敢拒战!"颜曰:"卿等无状,侵夺我州。我州但有断头将军,无降将军也!"飞怒,令左右牵去斫头。颜容止不变,曰:"斫头便斫头,何为怒邪!"飞壮而释之,引为宾客。分遣赵云从外水定江阳、犍为,飞定巴西、德阳。

刘备围雒城且一年,庞统为流矢所中,卒。法正笺与刘璋,为陈形势强弱,且曰:"左将军从举兵以来,旧心依依,实无薄意。愚以为可图变化,以保尊门。"璋不答。雒城溃,备进围成都。诸葛亮、张飞、赵云引兵来会。

2　三月，献帝颁发诏书，确认魏公曹操地位在诸侯王之上，改授金制印玺、帝王和诸侯专用的红色蔽膝，以及诸侯王专用的远游冠。

3　入夏，四月，天旱。五月，雨多。

4　当初，魏公曹操派庐江太守朱光在皖屯兵，大量开垦土地，种植稻谷。吕蒙向孙权建议："皖地田土肥沃，如果稻熟全被收去，曹军粮草充足，军队必然扩充，应当早日除去朱光。"闰五月，孙权亲自率军攻打皖城。将领们计划堆土山和增加攻城的设备，吕蒙说："制造攻城设备和堆土成山，须多日才能完工。到那时，敌人城防巩固，援兵调来，我们将不能夺得皖城。况且我军乘雨多水大而来，如果旷日久留，雨季过后，大水退走，我们回兵会遇到困难，我以为那是很危险的。现在看来，此城并不十分坚固，我三军士气高昂，四面齐攻，很快就可攻克，然后趁大水未退，得胜回军，这才是大获全胜的策略。"孙权接纳了这一建议。吕蒙推荐甘宁为升城督，甘宁手持白色熟绢，身先士卒攀上城墙；吕蒙命令精锐战士紧随其后，他亲自擂鼓指挥，战士们踊跃登城。拂晓发起攻击，太阳升起时已经攻克皖城，俘获朱光以及城中男女数万人。不久，张辽率兵赶到夹石，听说皖城失守，便领兵撤退了。孙权任命吕蒙为庐江太守，回兵驻守寻阳。

5　诸葛亮留关羽留守荆州，与张飞、赵云率兵溯长江而上，攻克巴东。至江州，打败并生擒了巴郡太守严颜。张飞斥责严颜："我大军已到，你为什么不投降，反而率军顽抗！"严颜说："你们无理夺取我江州。江州只有断头将军，没有投降将军！"张飞大怒，命令左右部属把严颜拉出去斩首。严颜从容不迫地说："砍头便砍头，发什么火！"张飞很佩服严颜的胆魄，将他释放，并让他做自己的宾客。诸葛亮派遣赵云经外水出兵平定江阳、犍为，派张飞平定巴西、德阳。

刘备围攻雒城近一年，庞统被流矢射中而死。法正写信给刘璋，分析了形势强弱，并说："左将军刘备起兵后，对您仍有旧情，没有恶意。我认为您应改变态度，以保住家门的尊贵。"刘璋未予答复。刘备攻破雒城，进而包围了成都。诸葛亮、张飞、赵云也率兵前来会合。

马超知张鲁不足与计事，又鲁将杨昂等数害其能，超内怀於邑。备使建宁督邮李恢往说之，超遂从武都逃入氐中，密书请降于备。备使人止超，而潜以兵资之。超到，令引军屯城北，城中震怖。

备围城数十日，使从事中郎涿郡简雍入说刘璋。时城中尚有精兵三万人，谷帛支一年，吏民咸欲死战。璋言："父子在州二十馀年，无恩德以加百姓。百姓攻战三年，肌膏草野者，以璋故也，何心能安！"遂开城，与简雍同舆出降，群下莫不流涕。备迁璋于公安，尽归其财物，佩振威将军印绶。

备入成都，置酒，大飨士卒。取蜀城中金银，分赐将士，还其谷帛。备领益州牧，以军师中郎将诸葛亮为军师将军，益州太守南郡董和为掌军中郎将，并署左将军府事，偏将军马超为平西将军，军议校尉法正为蜀郡太守、扬武将军，裨将军南阳黄忠为讨虏将军，从事中郎麋竺为安汉将军，简雍为昭德将军，北海孙乾为秉忠将军，广汉长黄权为偏将军，汝南许靖为左将军长史，庞羲为司马，李严为犍为太守，费观为巴郡太守，山阳伊籍为从事中郎，零陵刘巴为西曹掾，广汉彭羕为益州治中从事。

初，董和在郡，清俭公直，为民夷所爱信，蜀中推为循吏，故备举而用之。备之自新野奔江南也，荆楚群士从之如云，而刘巴独北诣魏公操。操辟为掾，遣招纳长沙、零陵、桂阳。会备略有三郡，巴事不成，欲由交州道还京师。时诸葛亮在临烝，以书招之，巴不从，备深以为恨。巴遂自交趾入蜀依刘璋。及璋迎备，巴谏曰："备，雄人也，入必为害。"既入，巴复谏曰："若使备讨张鲁，是放虎于山林也。"璋不听，巴闭门

马超知道张鲁是个不值得与其计议大事的人,张鲁的部将杨昂等人又多次诋毁他的才能,因此心中忧郁。刘备派建宁督邮李恢前去游说马超,马超便从武都逃到氐人部落,秘密写信给刘备请求归降。刘备派人制止了马超,但暗中派兵给以帮助。马超来到成都,把部队驻扎在城北,成都城内的守军非常震惊,心中恐惧。

刘备包围成都数十天,派从事中郎涿郡人简雍进城劝降刘璋。此时城中守军还有精兵三万人,粮食和衣物仍可以支持一年,官吏和百姓都愿血战到底。刘璋说:"我们父子统领益州二十余年,对百姓没有什么恩德。百姓苦战三年,暴尸荒野,实在是因为我刘璋的缘故,我怎能忍心再战!"因此命令打开城门,和简雍同乘一辆车向刘备投降,群臣无不伤心落泪。刘备把刘璋安置在公安这个地方,全部归还他的财物,让他仍然佩带振威将军印绶。

刘备进入成都,大摆酒宴,犒劳士卒。从城中抢掠来的金银,全数分赐给部下,而粮食和衣物,则物归原主。刘备自己兼任益州牧,任命军师中郎将诸葛亮为军师将军,益州太守、南郡人董和为掌军中郎将,并且代理左将军府事,偏将军马超为平西将军,军议校尉法正为蜀郡太守、扬武将军,裨将军、南阳人黄忠为讨虏将军,从事中郎糜竺为安汉将军,简雍为昭德将军,北海人孙乾为秉忠将军,广汉长黄权为偏将军,汝南人许靖为左将军长史,庞羲为司马,李严为犍为太守,费观为巴郡太守,山阳人伊籍为从事中郎,零陵人刘巴为西曹掾,广汉人彭羕为益州治中从事。

当初,董和在蜀郡时,清明、俭朴、公平、正直,受到汉夷百姓的爱戴和信任,大家公认他是正直无私的官员,所以得到刘备的举用。刘备从新野退到江南,荆楚一带的士人投奔他的非常多,独有刘巴跑到魏公曹操那里。曹操征召刘巴为掾,派遣他去招降和接收长沙、零陵、桂阳三郡。正赶上刘备夺取了三郡,刘巴无法完成任务,准备由交州转道返回京城。这时诸葛亮在临蒸,写信劝他投奔刘备,他不同意,刘备为此深感遗憾。刘巴从交趾进入蜀地依附刘璋。当刘璋准备迎接刘备入蜀的时候,刘巴劝谏说:"刘备是一代奸雄,进入蜀地对我们很不利。"刘备入蜀以后,刘巴再次劝谏说:"要是让刘备去征讨张鲁,如同放虎归山。"刘璋不听,他只好闭门

称疾。备攻成都,令军中曰:"有害巴者,诛及三族。"及得巴,甚喜。是时益州郡县皆望风景附,独黄权闭城坚守,须璋稽服,乃降。于是董和、黄权、李严等,本璋之所授用也;吴懿、费观等,璋之婚亲也;彭羕,璋之所摈弃也;刘巴,宿昔之所忌恨也,备皆处之显任,尽其器能,有志之士,无不竞劝,益州之民,是以大和。初,刘璋以许靖为蜀郡太守。成都将溃,靖谋逾城降备,备以此薄靖,不用也。法正曰:"天下有获虚誉而无其实者,许靖是也。然今主公始创大业,天下之人,不可户说,宜加敬重,以慰远近之望。"备乃礼而用之。

成都之围也,备与士众约:"若事定,府库百物,孤无预焉。"及拔成都,士众皆舍干戈赴诸藏,竞取宝物。军用不足,备甚忧之,刘巴曰:"此易耳。但当铸直百钱,平诸物价,令吏为官市。"备从之。数月之间,府库充实。

时议者欲以成都名田宅分赐诸将。赵云曰:"霍去病以匈奴未灭,无用家为。今国贼非但匈奴,未可求安也。须天下都定,各反桑梓,归耕本土,乃其宜耳。益州人民,初罢兵革,田宅皆可归还,令安居复业,然后可役调,得其欢心;不宜夺之,以私所爱也。"备从之。

备之袭刘璋也,留中郎将南郡霍峻守葭萌城。张鲁遣杨昂诱峻求共守城。峻曰:"小人头可得,城不可得!"昂乃退。后璋将扶禁、向存等帅万馀人由阆水上,攻围峻,且一年。峻城中兵才数百人,伺其怠隙,选精锐出击,大破之,斩存。备既定蜀,乃分广汉为梓潼郡,以峻为梓潼太守。

称病。刘备围攻成都,向军队下令:"谁若伤害刘巴,以诛灭三族治罪。"得到刘巴后,刘备非常高兴。那时益州各郡县闻风都如影随形般地投靠刘备,只有黄权仍然城门紧闭,坚守不降,不久刘璋跪拜投降,他才归附。这样,刘璋所重用的董和、黄权、李严等,刘璋的姻亲吴懿、费观等,刘璋所排斥的彭羕,刘备往日所忌恨的刘巴,刘备都给予重用,以尽其才能,有志之士,都争相努力尽职,益州百姓,因此非常和睦。以前,刘璋任命许靖为蜀郡太守。成都将被攻破时,许靖曾计划出城投降刘备,刘备因此而看不起许靖,对他不加任用。法正对刘备说:"世上有一种被称誉,但有名无实的人,许靖就是这种人。然而主公您现在刚开始创建大业,不能让天下人议论您。对许靖还是敬重为好,以此慰抚满足远近人民的心愿。"刘备这才对许靖以礼相待,加以任用。

围攻成都时,刘备曾与部下约定:"若攻破成都,官府仓库的财物,你们可以任意地拿,我决不干预。"破城之后,士兵们都扔掉兵器,奔向仓库争抢财物。军队给养不足,刘备深感忧虑,刘巴说:"这很容易解决,只要铸造一种值百钱的钱币,以平价收购货物,由官府设立市场控制。"刘备采纳了这一建议。几个月后,府库的财物就充足了。

当时有人建议把成都著名的住宅和肥田沃土分给将领们。赵云说:"霍去病曾认为匈奴尚未消灭,不应考虑自己的家业。现在的国贼远非匈奴可比,我们更不能贪图安乐。只有在天下都安定以后,将士们重归故里,在自己的田地上耕作,才会各得其所。益州的百姓,刚刚遭受兵灾战祸,土地、田宅都应归还原来的主人,使百姓安定生活,恢复生产,然后再向他们征发兵役,收取租税,才能获得人民的好感;而不应该夺取他们财物,来满足我们自己的欲望。"刘备接受了赵云的意见。

刘备袭击刘璋时,留中郎将南郡人霍峻守卫葭萌城。张鲁派杨昂引诱霍峻,要求共同守城。霍峻说:"我的头可得,而城不可得!"杨昂只好作罢。后来刘璋的部将扶禁、向存等人,率领一万余人溯阆水向上游进发,围攻霍峻近一年。霍峻在城中只有数百名战士,看到敌人疲惫,戒备放松,便挑选精锐出击,大破敌军,斩杀了向存。刘备占据蜀地后,从广汉郡分出梓潼郡,任命霍峻为梓潼太守。

　　法正外统都畿，内为谋主，一餐之德、睚眦之怨，无不报复，擅杀毁伤己者数人。或谓诸葛亮曰："法正太纵横，将军宜启主公，抑其威福。"亮曰："主公之在公安也，北畏曹操之强，东惮孙权之逼，近则惧孙夫人生变于肘腋。法孝直为之辅翼，令翻然翱翔，不可复制。如何禁止孝直，使不得少行其意邪！"

　　诸葛亮佐备治蜀，颇尚严峻，人多怨叹者。法正谓亮曰："昔高祖入关，约法三章，秦民知德。今君假借威力，跨据一州，初有其国，未垂惠抚；且客主之义，宜相降下，愿缓刑弛禁以慰其望。"亮曰："君知其一，未知其二。秦以无道，政苛民怨，匹夫大呼，天下土崩；高祖因之，可以弘济。刘璋暗弱，自焉以来，有累世之恩，文法羁縻，互相承奉，德政不举，威刑不肃。蜀土人士，专权自恣，君臣之道，渐以陵替。宠之以位，位极则贱；顺之以恩，恩竭则慢。所以致敝，实由于此。吾今威之以法，法行则知恩；限之以爵，爵加则知荣。荣恩并济，上下有节，为治之要，于斯而著矣。"

　　刘备以零陵蒋琬为广都长。备尝因游观，奄至广都，见琬众事不治，时又沉醉。备大怒，将加罪戮。诸葛亮请曰："蒋琬社稷之器，非百里之才也。其为政以安民为本，不以修饰为先，愿主公重加察之。"备雅敬亮，乃不加罪，仓卒但免官而已。

法正作为外官统辖蜀郡，作为朝官是为刘备出谋划策的主要人物，对他有过一餐饭的恩惠，他都予以报答，对他有一瞪眼的怨恨，他也无不报复，因此擅自杀害了一些人。有人对诸葛亮说："法正太肆意横行，无所忌惮了，将军您应该禀报主公，限制他作威作福。"诸葛亮说："主公在公安的时候，北边畏惧曹操的强大，东边害怕孙权的威胁，近处则惟恐孙夫人在家中搞出内乱。法正像羽翼一样辅佐主公，使主公能够自由翱翔，不再受制于他人。怎么能禁止法正，使他连一点随心所欲地使用权力的自由都没有呢！"

　　诸葛亮辅佐刘备治理蜀地，很强调严刑峻法，不少人因此产生抱怨情绪。法正对诸葛亮说："以前汉高祖入函谷关，约法三章，秦地的百姓感恩戴德。如今，您借助权势的力量，占据一州的地方，刚刚建立国家，还没有施加恩惠，进行安抚；更何况从外来的客与本地的主之间的关系讲，也应尊重主人，希望您能放宽刑律和禁令，以适应当地人的意愿。"诸葛亮回答说："您只知其一，不知其二。秦因为不施德政，政令苛刻，造成人民对它的怨恨，所以一介草民大呼一声，秦的统治就崩溃了；汉高祖在这种情况下，约法三章，简易宽松，才取得很大成功。刘璋糊涂软弱，从其父刘焉那时起，刘家对蜀地的人不止有一世的恩惠，全靠典章和礼仪维系上下的关系，互相奉承，因循苟且，德政不能施行，刑罚失掉威严。蜀地的人因此而专权武断，没有约束，君臣之间，渐渐失去规矩。给予高官表示宠爱，官位无法再高时，反而被臣下轻视；顺从臣下的要求，施加恩惠，不能满足的时候，臣下便会轻狂怠慢。蜀地所以疲敝破败，实在是由于这样的原因引起的。我现在要树立法令的威严，法令被执行时，人们便会感谢我们的恩德；以爵位限制官员的地位，加爵的人会觉得很光荣。荣誉和恩德相辅相成，上下之间有一定的规矩，治国的主要原则，由此清楚地显示出来了。"

　　刘备任命零陵人蒋琬为广都长。刘备外出游览，突然到达广都，见蒋琬不处理政务，喝得烂醉。刘备大怒，要将蒋琬治以死罪。诸葛亮为蒋琬求情说："蒋琬是治国的栋梁之材，不是治理百里小县的官吏。他施政以安定百姓为根本，不把做表面文章看得很重要，希望主公您重新考察。"刘备尊重诸葛亮，所以没有给蒋琬定罪，只是在仓促中免去了他的官职。

6 秋,七月,魏公操击孙权,留少子临淄侯植守邺。操为诸子高选官属,以邢颙为植家丞。颙防闲以礼,无所屈桡,由是不合。庶子刘桢美文辞,植亲爱之。桢以书谏植曰:"君侯采庶子之春华,忘家丞之秋实,为上招谤,其罪不小,愚实惧焉。"

7 魏尚书令荀攸卒。攸深密有智防,自从魏公操攻讨,常谋谟帷幄,时人及子弟莫知其所言。操尝称,"荀文若之进善,不进不休;荀公达之去恶,不去不止。"又称:"二荀令之论人,久而益信,吾没世不忘。"

8 初,枹罕宋建因凉州乱,自号河首平汉王,改元,置百官,三十馀年。冬,十月,魏公操使夏侯渊自兴国讨建,围枹罕,拔之,斩建。渊别遣张郃等渡河,入小湟中,河西诸羌皆降,陇右平。

9 帝自都许以来,守位而已,左右侍卫莫非曹氏之人者。议郎赵彦常为帝陈言时策,魏公操恶而杀之。操后以事入见殿中,帝不任其惧,因曰:"君若能相辅,则厚;不尔,幸垂恩相舍。"操失色,俯仰求出。旧议:三公领兵,朝见,令虎贲执刃挟之。操出,顾左右,汗流浃背;自后不复朝请。

董承女为贵人,操诛承,求贵人杀之。帝以贵人有妊,累为请,不能得。伏皇后由是怀惧,乃与父完书,言曹操残逼之状,令密图之,完不敢发。至是,事乃泄,操大怒,十一月,使御史大夫郗虑持节策收皇后玺绶,以尚书令华歆为副,

6　秋季,七月,魏公曹操进攻孙权,留下小儿子临淄侯曹植守卫邺城。曹操为自己的几个儿子选任官属的标准很高,任命邢颙为曹植的家丞。邢颙对曹植按礼仪严格要求,从不姑息退让,因此与曹植不合。庶子刘桢擅长写文章,辞藻华丽,曹植对他很亲近、喜爱。刘桢写信劝谏曹植:"君侯您只注意采撷庶子我华丽的辞藻,而忽视了家丞严格要求的重要,以致为您招来毁谤,实在是很大的罪过,我内心深感恐惧。"

7　魏尚书令荀攸去世。荀攸深沉明智,善于保护自己,自从跟随魏公曹操四方征战,经常参与机密,为曹操献计献策,当时的人们和其他的子弟,都不知道他曾献过哪些计策。曹操曾称赞说:"荀彧进献好的建议,不被采纳不罢休;荀攸劝谏错误的行为,不达到目的不停止。"又说:"荀彧和荀攸两位尚书令,对人物的评论,时间愈久,愈显出他们的观点中肯,我终身都不会忘却。"

8　以前,枹罕人宋建乘凉州动乱,自己号称河首平汉王,更改年号,设置官署,任命各级官吏,长达三十余年。冬季,十月,魏公曹操派夏侯渊从兴国出发征讨宋建,包围并攻克了枹罕,将宋建斩首。夏侯渊又派张郃等人渡过黄河,进入小湟中,河西的羌人各部落全部归降,陇右地区被平定了。

9　汉献帝自从建都许昌以来,仅仅能够保住自己的皇帝地位而已,左右随从侍卫无一不是曹操的人。议郎赵彦经常为汉献帝分析形势,进献对策,因此遭到魏公曹操的憎恶而被杀害。后来,曹操有事进殿见献帝,汉献帝非常恐惧,对曹操说:"你若要辅佐我,就宽厚些;否则,你就开恩把我抛开。"曹操大惊失色,急忙应付着请求告辞。汉朝礼仪规定:领兵的三公在朝见皇帝时,都要由虎贲侍卫持刀挟持。曹操出殿后,仍左顾右盼,汗流浃背,从此不再朝见献帝。

董承的女儿是献帝的贵人,曹操杀掉董承以后,要求把他的女儿董贵人也杀死。汉献帝以贵人有身孕为由,多次向曹操求情,曹操都不同意。伏皇后因此而心怀恐惧,写信给父亲伏完,谈了曹操逼迫皇帝的凶恶行为,令其秘密策划,对付曹操,伏完却不敢采取行动。到这时,事情泄露出来,曹操知道后非常愤怒,十一月,派御史大夫郗虑带着符节和策书,收缴了皇后的印玺绶带,派尚书令华歆为副,

勒兵入宫,收后。后闭户,藏壁中。歆坏户发壁,就牵后出。时帝在外殿,引虑于坐,后被发、徒跣、行泣,过诀曰:"不能复相活邪?"帝曰:"我亦不知命在何时!"顾谓虑曰:"郗公,天下宁有是邪!"遂将后下暴室,以幽死。所生二皇子,皆鸩杀之,兄弟及宗族死者百馀人。

10　十二月,魏公操至孟津。

11　操以尚书郎高柔为理曹掾。旧法:军征士亡,考竟其妻子。而亡者犹不息。操欲更重其刑,并及父母、兄弟,柔启曰:"士卒亡军,诚在可疾,然窃闻其中时有悔者。愚谓乃宜贷其妻子,一可使诱其还心。正如前科,固已绝其意望;而猥复重之,柔恐自今在军之士,见一人亡逃,诛将及己,亦且相随而走,不可复得杀也。此重刑非所以止亡,乃所以益走耳!"操曰:"善!"即止不杀。

二十年(乙未,215)

1　春,正月甲子,立贵人曹氏为皇后,魏公操之女也。

2　三月,魏公操自将击张鲁,将自武都入氐,氐人塞道,遣张郃、朱灵等攻破之。夏,四月,操自陈仓出散关至河池,氐王窦茂众万馀人,恃险不服,五月,攻屠之。西平、金城诸将麹演、蒋石等共斩送韩遂首。

率兵入宫逮捕伏皇后。皇后关上门，藏在夹壁墙里。华歆砸门破壁，把皇后拖了出来。汉献帝当时在外殿，招呼郗虑坐下，皇后披头散发，光着双脚，边走边哭，走过献帝面前时，泣不成声地哀求："就不能救救我吗？"献帝说："我也不知道自己能活到几时！"然后看着郗虑说："郗公，难道世上竟会有这样的事吗！"就这样把皇后关在宫中的监狱里，拘禁而死。皇后生的两个皇子，也被用毒杀了，她的兄弟以及宗族亲属被害者有一百馀人。

10　十二月，魏公曹操到达孟津。

11　曹操任命尚书郎高柔为理曹掾。从前的法令规定：军队征来的兵士逃跑了，要不停地追究他们的妻子、儿女。但士兵逃亡仍然不断。曹操要加重对逃兵的刑罚，连带追究他们的父母、兄弟，高柔说："士兵开小差，确实很可恶，但听说他们之中也常有人后悔。我以为，最好宽恕他们的妻子、儿女，还可以诱使他们心回意转。按照以前的法令，已经断绝了他们返回的希望；要是再加重刑罚，我恐怕从今以后，军队中的士兵，见到一人逃跑，害怕自己受牵连而死，也跟着跑了，那样就没有人可杀了。加重刑罚不但不能制止士兵逃跑，反而会使逃兵更多。"曹操说："很好！"便停止了处死逃兵的刑罚。

汉献帝建安二十年(乙未,公元215年)

1　春季,正月甲子(十八日)，魏公曹操的女儿曹贵人被册立为皇后。

2　三月，魏公曹操亲自率兵攻打张鲁，准备自武都进入氐人所居之地，氐人在途中拦截，曹操派张郃、朱灵打败了氐人。夏季，四月，曹操从陈仓出散关，到达河池，氐王窦茂有部众一万馀人，凭借地势险要，不肯归降曹军，五月，曹军打败氐人，并进行屠杀。西平、金城的麴演、蒋石等将领共同杀死韩遂，把他的头颅献给曹操。

3 初,刘备在荆州,周瑜、甘宁等数劝孙权取蜀。权遣使谓备曰:"刘璋不武,不能自守,若使曹操得蜀,则荆州危矣。今欲先攻取璋,次取张鲁,一统南方,虽有十操,无所忧也。"备报曰:"益州民富地险,刘璋虽弱,足以自守。今暴师于蜀、汉,转运于万里,欲使战克攻取,举不失利,此孙、吴所难也。议者见曹操失利于赤壁,谓其力屈,无复远念。今操三分天下已有其二,将欲饮马于沧海,观兵于吴会,何肯守此坐须老乎!而同盟无故自相攻伐,借枢于操,使敌乘其隙,非长计也。且备与璋托为宗室,冀凭威灵以匡汉朝。今璋得罪于左右,备独悚惧,非所敢闻,愿加宽贷。"权不听,遣孙瑜率水军住夏口。备不听军过,谓瑜曰:"汝欲取蜀,吾当被发入山,不失信于天下也。"使关羽屯江陵,张飞屯秭归,诸葛亮据南郡,备自住孱陵,权不得已召瑜还。及备西攻刘璋,权曰:"猾虏,乃敢挟诈如此!"备留关羽守江陵,鲁肃与羽邻界;羽数生疑贰,肃常以欢好抚之。

及备已得益州,权令中司马诸葛瑾从备求荆州诸郡。备不许,曰:"吾方图凉州,凉州定,乃尽以荆州相与耳。"权曰:"此假而不反,乃欲以虚辞引岁也。"遂置长沙、零陵、桂阳三郡长吏。关羽尽逐之。权大怒,遣吕蒙督兵二万以取三郡。

蒙移书长沙、桂阳,皆望风归服,惟零陵太守郝普城守不降。刘备闻之,自蜀亲至公安,遣关羽争三郡。孙权进住陆口,为诸军节度;使鲁肃将万人屯益阳以拒羽,飞书召吕蒙,使舍零陵急还助肃。蒙得书,秘之,夜,召诸将授以方略;晨,当攻零陵,顾谓郝普故人南阳邓玄之曰:"郝子太闻世间有忠义事,亦欲为之,而不知时也。今左将军在汉中为夏侯渊所围,关羽在南郡,

3　以前,刘备在荆州时,周瑜、甘宁等人多次劝孙权夺取蜀地。孙权派遣使者对刘备说:"刘璋软弱,不能保护自己,假如曹操得到蜀地,荆州就危险了。我现在计划先攻破刘璋,再击败张鲁,统一南方,即使有十个曹操,我也没有什么可担忧的了。"刘备回答说:"益州人民富裕,地势险要,刘璋虽然软弱,保护自己还有足够的力量。现在若使军队行进在蜀、汉之地,风餐露宿,在万里战线上转运给养,要想战必克,攻必取,战争不失利,就是孙武和吴起也难以做到。有人见曹操在赤壁遭受了沉重的损失,就说他已经没有什么力量,再不会有大的作为。然而现今三分天下曹操已拥有其二,准备到沧海去饮马,到吴地来阅兵,怎么会坐等老死而没有大的作为呢?而抗曹的同盟之间却无故自相攻伐,动摇根本,把矛盾暴露给曹操,使他有机可乘,这太缺乏长远考虑了。况且我和刘璋都自称是皇帝宗室,希望凭借皇室祖上尊严的神灵拯救汉朝。如今刘璋得罪了您,我也深感惶恐,斗胆相求,还请您原谅他吧。"孙权不听刘备的劝告,派孙瑜率水军驻在夏口。刘备不允许孙权的军队过境,对孙瑜说:"你们若要攻取蜀地,我将披头散发,隐遁山林之中,也不能在天下人面前失去信誉。"刘备便派关羽驻守江陵,张飞屯兵在秭归,诸葛亮据守南郡,他自己坐镇孱陵,孙权不得已,把孙瑜召回。在刘备向西进攻刘璋时,孙权说:"这个滑头,竟如此搞阴谋诡计!"刘备留下关羽防守江陵,鲁肃的防区与关羽为邻;关羽多次产生疑虑,鲁肃则经常以友好的态度使他安心。

　　刘备得到益州后,孙权派中司马诸葛瑾向刘备讨取荆州的各郡。刘备不同意,说:"我准备夺取凉州,取得凉州以后,才能把荆州全部给你们。"孙权说:"这是有借无还,不过是找借口以拖延时日罢了。"因此任命了长沙、零陵、桂阳三郡的地方长官。关羽则全部加以驱逐。孙权大怒,派吕蒙率兵两万人夺取三郡。

　　吕蒙写信送到长沙、桂阳,二郡都归附了,只有零陵太守郝普据城坚守。刘备得到消息以后,亲自从蜀抵达公安,派关羽争夺三郡。孙权则亲至陆口坐镇,指挥调度;派鲁肃领兵一万人驻屯益阳,对抗关羽;紧急命令吕蒙放弃零陵去帮助鲁肃。吕蒙接到孙权的书面命令后,秘密藏了起来,夜间,召集部下将领,宣布了自己的作战方案;清晨,在向零陵发起攻击时,吕蒙看着郝普的旧友南阳人邓玄之说:"郝普听说世间有忠义之事,也想那样做,但他太不了解形势。现在左将军刘备在汉中被夏侯渊围攻,关羽则在南郡,

至尊身自临之。彼方首尾倒县,救死不给,岂有馀力复营此
哉!今吾计力度虑而以攻此,曾不移日而城必破,城破之后,
身死,何益于事,而令百岁老母戴白受诛,岂不痛哉!度此家
不得外问,谓援可恃,故至于此耳。君可见之,为陈祸福。”玄
之见普,具宣蒙意,普惧而出降。蒙迎,执其手与俱下船,语
毕,出书示之,因拊手大笑。普见书,知备在公安而羽在益
阳,惭恨入地。蒙留孙河,委以后事,即日引军赴益阳。

　　鲁肃欲与关羽会语,诸将疑恐有变,议不可往。肃曰:
“今日之事,宜相开譬。刘备负国,是非未决,羽亦何敢重欲
干命!”乃邀羽相见,各驻兵马百步上,但诸将军单刀俱会。
肃因责数羽以不返三郡,羽曰:“乌林之役,左将军身在行间,
戮力破敌,岂得徒劳,无一块土,而足下来欲收地邪!”肃曰:
“不然。始与豫州觐于长阪,豫州之众不当一校,计穷虑极,
志势摧弱,图欲远窜,望不及此。主上矜愍豫州之身无有处
所,不爱土地士民之力,使有所庇荫以济其患。而豫州私独
饰情,愆德堕好。今已藉手于西州矣,又欲翦并荆州之土,斯
盖凡夫所不忍行,而况整领人物之主乎!”羽无以答。会闻魏
公操将攻汉中,刘备惧失益州,使使求和于权。权令诸葛瑾
报命,更寻盟好。遂分荆州,以湘水为界:长沙、江夏、桂阳以
东属权,南郡、零陵、武陵以西属备。诸葛瑾每奉使至蜀,与
其弟亮但公会相见,退无私面。

我们主公已经亲自征讨他，他们自己还首尾难顾，救不了自己，哪里有力量救援零陵！如今我已考虑周全，准备充分，将向零陵城发起攻击，不久即可攻进城去，城破之后，他自己死了，有什么价值，而且牵连百岁白发老母无辜送命，这实在让人痛心！我想郝普是得不到外边的消息，以为援兵很快会赶到，才拼死坚守。你应该去见他，为他指明利害。"邓玄之见到郝普，转达了吕蒙的意思，郝普被吓住了，出城投降。吕蒙亲自迎接，拉着他的手走进船舱，谈话后，吕蒙把孙权的书面命令拿来给他看，拍手大笑。郝普看到这一纸命令，才知道刘备已到公安，而关羽在益阳，惭愧得无以复加，恨不得钻到地底下。吕蒙留下孙河，命令他处理零陵的事务，当天率军直奔益阳。

鲁肃准备与关羽当面对话，将领们恐怕发生变故，劝鲁肃不要去。鲁肃说："事到如今，最好的办法是开导、劝说。刘备忘恩负义，是非还没有最后的结论，关羽如何敢再打算谋害我的性命！"于是，邀请关羽会面，各自在百步以外止住自己的部队，只有双方的将领带佩刀相见。鲁肃责备关羽不返还三郡，关羽说："乌林那次战役，刘左将军直接参战，竭尽全力打败了敌人，难道就白白辛苦，不能拥有一块土地？而足下您现在却又来收取了！"鲁肃说："不对！开始在长阪与刘备会面时，他的部下还不及一校的人马，智竭计穷，既无势力，又无援助，精神不振，情绪低落，欲图远逃，那时还未想到会有今天。我们主公可怜刘备无处安身，不吝惜土地和百姓的劳役，使刘备有了落脚之地，帮助他解决了困难。而刘备却为一己之私，不提过去对他的情义，违背道义，损坏我们的友好关系。现在他已得到益州，有了力量，又要兼并荆州，这样的事连普通人都不愿做，何况领导一邦的领袖人物！"关羽无言以对。正在这时，有人说魏公曹操将要攻打汉中，刘备恐怕失去益州，派使者向孙权求和。孙权命令诸葛瑾答复刘备，愿再度和好。于是双方以湘水为界，分割了荆州：长沙、江夏、桂阳以东归属孙权，南郡、零陵、武陵以西归属刘备。诸葛瑾每次作为使者到蜀，仅在有公务时和他的弟弟诸葛亮相见，从不私下会面。

4 秋,七月,魏公操至阳平。张鲁欲举汉中降,其弟卫不肯,率众数万人拒关坚守,横山筑城十馀里。初,操承凉州从事及武都降人之辞,说"张鲁易攻,阳平城下南北山相远,不可守也",信以为然。及往临履,不如所闻,乃叹曰:"他人商度,少如人意。"攻阳平山上诸屯,山峻难登,既不时拔,士卒伤夷者多,军食且尽,操意沮,便欲拔军截山而还,遣大将军夏侯惇、将军许褚呼山上兵还。会前军夜迷惑,误入张卫别营,营中大惊退散。侍中辛毗、主簿刘晔等在兵后,语惇、褚,言"官兵已据得贼要屯,贼已散走",犹不信之。惇前自见,乃还白操,进兵攻卫,卫等夜遁。

张鲁闻阳平已陷,欲降,阎圃曰:"今以迫往,功必轻;不如依杜濩赴朴胡,与相拒,然后委质,功必多。"乃奔南山入巴中。左右欲悉烧宝货仓库,鲁曰:"本欲归命国家,而意未得达。今之走避锐锋,非有恶意。宝货仓库,国家之有。"遂封藏而去。操入南郑,甚嘉之。又以鲁本有善意,遣人慰喻之。

丞相主簿司马懿言于操曰:"刘备以诈力虏刘璋,蜀人未附,而远争江陵,此机不可失也。今克汉中,益州震动,进兵临之,势必瓦解。圣人不能违时,亦不可失时也。"操曰:"人苦无足,既得陇,复望蜀邪!"刘晔曰:"刘备,人杰也,有度而迟;得蜀日浅,蜀人未恃也。今破汉中,蜀人震恐,其势自倾。以公之神明,因其倾而压之,无不克也。若少缓之,诸葛亮明于治国而为相,关羽、张飞勇冠三军而为将,蜀民既定,据险守要,则不可犯矣。今不取,必为后忧。"

4　秋季,七月,魏公曹操抵达阳平。张鲁准备以汉中为代价投降曹操,他的弟弟张卫不同意,率部下数万人凭借关隘抵抗,在山上横向筑城十馀里。当初,曹操听信了凉州从事及从武都投降过来的人的话,说"张鲁容易被击败,阳平城外的南、北山相距很远,无法防守",便相信了。等他亲自实地观察后,发现不像那些人说的那样,因而感叹地说:"别人的揣度,很难令人满意。"攻打阳平山守军时,山势险峻难登,一时难以攻取,士兵死伤很多,军粮也快用尽,曹操心情沮丧,便准备布置断后撤军而回,派大将军夏侯惇、将军许褚喊回攻山的战士。此时,前面的军队在夜间迷路,误入张卫下属军营,张卫的士兵大惊溃散。侍中辛毗、主簿刘晔等人在迷路士兵之后,对夏侯惇、许褚说:"我军已经占据了敌人的大营,敌人已经溃散。"夏侯惇等人还不信。夏侯惇亲眼目睹后,回去报告了曹操,继续进兵攻打张卫,张卫等人深夜逃走。

张鲁听说阳平已被曹军攻陷,要投降,阎圃说:"现在因为受到曹军压力而被迫投降,一定会受曹操轻视;不如通过杜濩投奔朴胡,抗拒曹军,然后再归顺,必然受到重视。"于是逃奔南山进入巴中。张鲁部下要全部烧毁宝物和仓库,张鲁说:"本来我们准备归顺国家,而这样的意愿还没有转达上去。如今离开这里,只是为了躲避大军的锋锐,并没有恶意。宝物仓库,本是国家所有。"于是,把府库封存好以后,张鲁等人才离去。曹操进入南郑,对张鲁的做法非常赞赏。又因为张鲁原本有善意,派人前往安慰晓谕。

丞相主簿司马懿向曹操建议:"刘备靠奸诈打败了刘璋,蜀人还没有归附他,他却去很远的地方争夺江陵,这是个不能失去的好机会。现在,我们攻克了汉中,益州受到震动,此时进兵攻击,刘备的势力就会瓦解。贤明的人不能违背天时,也不能错过良机。"曹操说:"人都是苦于不知足,既得到陇地,又眼望着蜀地!"刘晔说:"刘备,是杰出的人物,做事有章法,但是缓慢;取得蜀地时间不长,蜀人还难以为他所用。我们刚刚攻取汉中,蜀地之人受到很大震动,非常恐慌,形势异常混乱。以主公您的英明,趁其极度混乱率兵压境,一定能攻克蜀地。如果稍有迟缓,诸葛亮擅长治国而为相,关羽、张飞勇冠三军而为将,蜀地人民安定下来,据守险要之处,我们就很难进攻了。现在不去攻取,终将成为我们的后患。"

操不从。居七日，蜀降者说："蜀中一日数十惊，守将虽斩之而不能安也。"操问晔曰："今尚可击不？"晔曰："今已小定，未可击也。"乃还。以夏侯渊为都护将军，督张郃、徐晃等守汉中；以丞相长史杜袭为驸马都尉，留督汉中事。袭绥怀开导，百姓自乐出徙洛、邺者八万馀口。

5　八月，孙权率众十万围合肥。时张辽、李典、乐进将七千馀人屯合肥。魏公操之征张鲁也，为教与合肥护军薛悌，署函边曰："贼至，乃发。"及权至，发教，教曰："若孙权至者，张、李将军出战，乐将军守，护军勿得与战。"诸将以众寡不敌，疑之。张辽曰："公远征在外，比救至，彼破我必矣。是以教指及其未合逆击之，折其盛势，以安众心，然后可守也。"进等莫对。辽怒曰："成败之机，在此一战。诸君若疑，辽将独决之。"李典素与辽不睦，慨然曰："此国家大事，顾君计何如耳，吾可以私憾而忘公义乎！请从君而出。"于是辽夜募敢从之士，得八百人，椎牛犒飨。明旦，辽被甲持戟，先登陷陈，杀数十人，斩二大将，大呼自名，冲垒入至权麾下。权大惊，不知所为，走登高冢，以长戟自守。辽叱权下战，权不敢动，望见辽所将众少，乃聚围辽数重。辽急击围开，将麾下数十人得出。馀众号呼曰："将军弃我乎？"辽复前突围，拔出馀众。权人马皆披靡，无敢当者。自旦战至日中，吴人夺气。乃还修守备，众心遂安。

曹操没有听从这些建议。七天后,蜀地来降的人说:"蜀中上下一天发生数十次惊恐,守将虽然以斩杀来弹压,仍然安定不下来。"曹操问刘晔:"现在还能进攻吗?"刘晔回答:"现在蜀地已初步安定,不能再进攻。"于是撤军。任命夏侯渊为都护将军,率领张郃、徐晃等人守卫汉中;任命丞相长史杜袭为驸马都尉,留下掌管汉中的事务。杜袭采取怀柔政策,开导汉中的人民,百姓自愿迁徙到洛、邺两地的有八万馀人。

5 八月,孙权率军队十万人围攻合肥。此时,张辽、李典、乐进率七千馀人在合肥驻守。魏公曹操去征讨张鲁,留一封指导作战的信给合肥护军薛悌,信封上写道:"敌人来了,再打开看。"孙权到时,薛悌等人打开信,信中写道:"孙权若攻打你们,张、李将军出战迎敌,乐将军守城,护军不要参战。"将军们认为寡不敌众,对曹操的指示有怀疑。张辽说:"魏公远征张鲁,等他派救兵到达,我们已经被攻破了。所以他在信中指示,在敌人未集结时,予以迎头抗击,以摧折敌军锋芒,安定我军军心,然后才可能拒守。"乐进等人都不发言。张辽气愤地说:"胜负成败,在此一战。诸位若还有疑问,我张辽将独自出战,以决胜负。"李典原本与张辽不和,却感慨地说:"这是国家大事,看您的计谋将会怎么样,我怎么能因为私人的恩怨而损害公义呢!我请求和您一起出战。"于是,张辽当夜募集敢于和自己出战的兵士八百人,杀牛设宴隆重犒劳他们。第二天清晨,张辽身穿铁甲,手持战戟,身先士卒,冲锋陷阵,杀敌数十人,斩敌两员大将,高喊"我是张辽",冲破敌兵营垒,直到孙权的大旗下。孙权大惊,不知所措,退上一座高丘,用长戟抵御。张辽大声叫喊着,要孙权下来决一死战,孙权不敢动,看到张辽的人马并不多,乃下令将张辽重重包围。张辽急忙冲开重围,仅带出数十人。其馀的人高喊:"将军要抛弃我们吗?"张辽又返身杀回,再度突围,救出其馀的战士。孙权的人马都望风披靡,不敢抵挡。从清晨一直战到中午,东吴的士兵丧失了斗志。张辽命令回城,部署守城,整修城防,人心军心得以安定。

权守合肥十馀日,城不可拔,撤军还。兵皆就路,权与诸将在逍遥津北,张辽觇望知之,即将步骑奄至。甘宁与吕蒙等力战捍敌,凌统率亲近扶权出围,复还与辽战,左右尽死,身亦被创,度权已免,乃还。权乘骏马上津桥,桥南已彻,丈馀无板。亲近监谷利在马后,使权持鞍缓控,利于后著鞭以助马势,遂得超渡。贺齐率三千人在津南迎权,权由是得免。

权入大船宴饮,贺齐下席涕泣曰:"至尊人主,常当持重,今日之事,几致祸败。群下震怖,若无天地,愿以此为终身之诫!"权自前收其泪曰:"大惭,谨已刻心,非但书绅也。"

6 九月,巴、賨夷帅朴胡、杜濩、任约,各举其众来附。于是分巴郡,以胡为巴东太守,濩为巴西太守,约为巴郡太守,皆封列侯。

7 冬,十月,始置名号侯以赏军功。

8 十一月,张鲁将家属出降。魏公操逆拜鲁镇南将军,待以客礼,封阆中侯,邑万户。封鲁五子及阎圃等皆为列侯。

习凿齿论曰:阎圃谏鲁勿王,而曹公追封之,将来之人,孰不思顺!塞其本源而末流自止,其此之谓欤!若乃不明于此而重焦烂之功,丰爵厚赏止于死战之士,则民利于有乱,俗竞于杀伐,阻兵杖力,干戈不戢矣。曹公之此封,可谓知赏罚之本矣。

9 程银、侯选、庞德皆随鲁降。魏公操复银、选官爵,拜德立义将军。

孙权包围合肥十多天，无法攻陷，只好撤军。士兵们已经上路，孙权和部下将领们在逍遥津北岸，张辽从远处看到，立刻率领步、骑兵突然杀到。甘宁与吕蒙等人奋力抵御，凌统率领亲兵搀扶孙权冲出包围，又杀进去与张辽奋战，身边的战士全部战死了，他自己也受了伤，估计孙权已无危险，他才退回去。孙权乘骏马来到逍遥津桥上，桥南部的桥板已撤去，有一丈多宽没有桥板。亲近监谷利在孙权马后，要孙权坐稳马鞍，放松缰绳，他在后面猛加一鞭，战马腾空跃起，跃到南岸。贺齐率三千人在南岸迎接，孙权因此而幸免于难。

孙权登上大船，在船舱设宴饮酒，贺齐从席间走出，哭着说："主公无比尊贵，做事应处处小心谨慎，今天的事情，几乎造成巨大灾难。我们这些部属都非常惊恐，如同天塌地陷，希望您永远记住这一教训！"孙权亲自上前为贺齐擦去眼泪说："很惭愧，我一定把这次教训铭刻在心中，绝不仅仅写在束带上就了事。"

6　九月，巴、賨夷两个少数部族首领朴胡、杜濩、任约，各率部落归附朝廷。朝廷重新划分巴郡，以朴胡为巴东太守，杜濩为巴西太守，任约为巴郡太守，三人都被封为列侯。

7　冬季，十月，开始设置只有名号的侯爵，奖赏那些有军功的人。

8　十一月，张鲁率领家属投降曹操。魏公曹操亲自出迎，并授张鲁镇南将军的官职，按照宾客的礼节接待他，封他为阆中侯，食邑万户。同时，封张鲁的五个儿子，以及阎圃等人为列侯。

> 习凿齿评论说：阎圃劝谏张鲁不要称王，但曹操却追封张鲁。以后的人，哪有不愿归顺曹操的！堵塞水的源头，其下游的水自然不再流动，说的正是这个道理！假如不明白这一点，仅重视武力征伐的作用，只给那些勇猛善战的人加官晋爵，赏赐丰厚，民众百姓便会认为动乱有利可图，习惯于争相攻杀，倚仗武力而自立，天下就永无宁日了。曹操封赏张鲁等人，可以说是抓住了赏罚的根本。

9　程银、侯选、庞德随张鲁归降曹操。魏公曹操恢复了程银、侯选的官爵，授予庞德立义将军的职位。

10　张鲁之走巴中也,黄权言于刘备曰:"若失汉中,则三巴不振,此为割蜀之股臂也。"备乃以权为护军,率诸将迎鲁;鲁已降,权遂击朴胡、杜濩、任约,破之。魏公操使张郃督诸军徇三巴,欲徙其民于汉中,进军宕渠。刘备使巴西太守张飞与郃相拒,五十馀日,飞袭击郃,大破之。郃走还南郑,备亦还成都。

操徙出故韩遂、马超等兵五千馀人,使平难将军殷署等督领,以扶风太守赵俨为关中护军。操使俨发千二百兵助汉中守御,殷署督送之,行者不乐。俨护送至斜谷口,还,未至营,署军叛乱。俨自随步骑百五十人,皆叛者亲党也,闻之,各惊,被甲持兵,不复自安。俨徐喻以成败,慰励恳切,皆慷慨曰:"死生当随护军,不敢有二!"前到诸营,各召料简诸奸结叛者,八百馀人,散在原野。俨下令:惟取其造谋魁率治之,馀一不问;郡县所收送皆放遣,乃即相率还降。俨密白:"宜遣将诣大营,请旧兵镇守关中。"魏公操遣将军刘柱将二千人往,当须到乃发遣。俄而事露,诸营大骇,不可安谕。俨遂宣言:"当差留新兵之温厚者千人,镇守关中,其馀悉遣东。"便见主者内诸营兵名籍,立差别之。留者意定,与俨同心,其当去者亦不敢动。俨一日尽遣上道,因使所留千人分布罗落之。东兵寻至,乃复胁谕,并徙千人,令相及共东。凡所全致二万馀口。

二十一年(丙申,216)

1　春,二月,魏公操还邺。

10　张鲁投奔巴中时,黄权对刘备说:"如果失去汉中,则三巴将很难挽救,这等于割去了蜀的四肢。"刘备因此任命黄权为护军,率领兵将去迎接张鲁;因张鲁归降了曹操,黄权便去攻打朴胡、杜濩、任约,获胜。魏公曹操派张郃统领军队占领三巴,企图把那里的民众迁徙到汉中,张郃率军向宕渠进发。刘备派遣巴西太守张飞抗拒张郃,五十多天后,张飞向张郃发动袭击,张郃大败,只得退回南郑,刘备也回到成都。

　　曹操分出原属于韩遂、马超的士卒五千馀人,派平难将军殷署等人统领,又任命扶风太守赵俨为关中护军。曹操命令赵俨派兵一千二百人加强汉中防务,由殷署监督送往汉中,将要被派往汉中的士兵很不情愿。赵俨送这些人到斜谷口,尚未回到军营,殷署的部队发生叛乱。跟随赵俨的步、骑兵一百五十人,都是叛兵的亲信党羽,他们听说叛乱以后,都很惊慌,穿戴好盔甲,手执兵器,发生骚动。赵俨耐心地对他们分析了成败得失,恳切地加以抚慰勉励,士兵们都慷慨地说:"不论生死我们都跟随护军,不敢有二心!"赵俨前往各个军营,分别召集结党叛乱的士兵八百馀人,加以审查,这些人散乱在田野上。赵俨下令:只惩罚那些发动叛乱的首要人物,其馀的人不再追究;各郡县抓住的叛乱士兵,一律予以释放,很多叛兵相继投降。赵俨秘密上报:"最好派人上报大营,请派忠实的军队镇守关中。"魏公曹操派将军刘柱率兵两千人前来,命令刘柱部到达后再遣散旧部。这件事很快泄露出来,各军营非常惊恐,根本不听劝导。赵俨宣布:"将要留下你们中比较温厚的一千馀人,镇守关中,其馀的人全部遣赴东营。"当即召见主管兵籍的官员,要他们按各营花名册立刻加以择别。确定留下的人,心向着赵俨,那些确定走的人也不敢轻举妄动。一天之内,赵俨便把所有被发遣到东部的士兵集结上路了,并要留下的一千人插到他们的队伍中。不久,曹操派来的部队赶到,赵俨再次威逼利诱,令留下的一千人,和其他人一起发遣到东部。前后保全的总共有两万馀人。

汉献帝建安二十一年(丙申,公元216年)

1　春季,二月,魏公曹操回到邺城。

2　夏,五月,进魏公操爵为王。

初,中尉崔琰荐钜鹿杨训于操,操礼辟之。及操进爵,训发表称颂功德。或笑训希世浮伪,谓琰为失所举。琰从训取表草视之,与训书曰:"省表,事佳耳。时乎,时乎! 会当有变时。"琰本意,讥论者好谴呵而不寻情理也。时有与琰宿不平者,白琰"傲世怨谤,意旨不逊",操怒,收琰付狱,髡为徒隶。前白琰者复白之云:"琰为徒,对宾客虬须直视,若有所瞋。"遂赐琰死。

尚书仆射毛玠伤琰无辜,心不悦。人复白玠怨谤,操收玠付狱,侍中桓阶、和洽皆为之陈理,操不听。阶求按实其事。王曰:"言事者白,玠不但谤吾也,乃复为崔琰触望。此捐君臣恩义,妄为死友怨叹,殆不可忍也。"洽曰:"如言事者言,玠罪过深重,非天地所覆载。臣非敢曲理玠以枉大伦也,以玠历年荷宠,刚直忠公,为众所惮,不宜有此。然人情难保,要宜考核,两验其实。今圣恩不忍致之于理,更使曲直之分不明。"操曰:"所以不考,欲两全玠及言事者耳。"洽对曰:"玠信有谤主之言,当肆之市朝;若玠无此言,言事者加诬大臣以误主听,不加检核,臣窃不安。"操卒不穷治,玠遂免黜,终于家。

是时西曹掾沛国丁仪用事,玠之获罪,仪有力焉,群下畏之侧目。尚书仆射何夔及东曹属东莞徐奕独不事仪,仪潜奕,出为魏郡太守,赖桓阶左右之得免。尚书傅选谓何夔曰:"仪已害毛玠,子宜少下之。"夔曰:"为不义,适足害其身,焉能害人! 且怀奸佞之心,立于明朝,其得久乎!"

2　夏季，五月，进封魏公曹操为王。

当初，中尉崔琰把钜鹿人杨训推荐给曹操，曹操礼貌地征召和任用了他。曹操封爵为王之后，杨训作表为他歌功颂德。有人嘲笑杨训轻浮虚伪，世间少有，又说崔琰推荐人不当。崔琰从杨训那里把上表底稿取来看过后，给杨训写信说："假如不用表，事情就好了。什么时代啊！总有一天会改变的。"崔琰的本意，是讥笑那些乱议论的人太苛求，而不通情理。当时有与崔琰不和的人，上告崔琰"性情孤傲，目空一切，心怀怨愤，诽谤朝廷，信中隐含着对朝廷的不恭敬"。曹操很气愤，下令把崔琰逮捕入狱，处以剃光头发服苦役的刑罚。那个告发崔琰的人又说："崔琰虽作苦役，仍然吹胡子瞪眼对着宾客，似乎心怀不满。"曹操因此命令崔琰自杀。

尚书仆射毛玠对崔琰无辜而死很伤感，心中闷闷不乐。又有人告发毛玠怨愤诽谤，曹操遂下令将毛玠也逮捕入狱，侍中桓阶、和洽都为他辩解，曹操不听。桓阶请求查清事实，魏王曹操说："告发他的人说，毛玠不但诽谤我，而且为崔琰之死感到怨愤。这完全丧失了君臣的恩义，不顾法纪为处死的故友怨愤，仅这些行为，恐怕也难以容忍吧。"和洽说："假如事实确实如告发的人所说，毛玠罪过的确深重，天地难容。我不是强辞夺理地为毛玠辩护，破坏臣下对君王绝对服从这一最高准则，以毛玠多年受到您的宠爱和信任，为人正直公正，忠心耿耿，被很多人忌惮，不应做出违法的事。然而人的思想难免会发生变化，还应详细审查，再次把事实搞得更清楚。当今圣上大恩大德，不会因为关系到君臣的伦理，就使是非曲直混淆。"曹操说："所以不加审查，是要使毛玠和告发的人都得以保全。"和洽回答说："毛玠如确实有诽谤主上的言论，应该斩首示众；如果没有，告发的人就是诬陷大臣，混淆主上的视听，不加审查，我认为不妥。"曹操终于不再追究，毛玠被放了出来，后来在家中去世。

那时，西曹掾、沛国人丁仪得势，毛玠被捕，丁仪起了很大的作用，群臣都很怕他，不敢正眼相视。唯有尚书仆射何夔以及东曹属东莞人徐奕不依附丁仪，徐奕遭丁仪谗毁，被派往外地任魏郡太守，多亏桓阶的帮助，才得以幸免。尚书傅选对何夔说："丁仪已经迫害了毛玠，您还是低低头吧。"何夔回答说："做事不义，恰恰害了自己，怎么能够害别人！况且内心奸险的人，在圣明的朝廷中，能够长得了吗！"

崔琰从弟林,尝与陈群共论冀州人士,称琰为首,群以智不存身贬之。林曰:"大丈夫为有邂逅耳,即如卿诸人,良足贵乎!"

3　五月己亥朔,日有食之。

4　代郡乌桓三大人皆称单于,恃力骄恣,太守不能治。魏王操以丞相仓曹属裴潜为太守,欲授以精兵。潜曰:"单于自知放横日久,今多将兵往,必惧而拒境,少将则不见惮,宜以计谋图之。"遂单车之郡,单于惊喜。潜抚以恩威,单于詟服。

5　初,南匈奴久居塞内,与编户大同而不输贡赋。议者恐其户口滋蔓,浸难禁制,宜豫为之防。秋,七月,南单于呼厨泉入朝于魏,魏王操因留之于邺,使右贤王去卑监其国。单于岁给绵、绢、钱、谷如列侯,子孙传袭其号。分其众为五部,各立其贵人为帅,选汉人为司马以监督之。

6　八月,魏以大理锺繇为相国。
7　冬,十月,魏王操治兵击孙权;十一月,至谯。

崔琰有位堂弟名叫崔林,曾经和陈群评论冀州的人物,推崔琰为第一,陈群则认为崔琰的才智还不足以保护自己而加以贬低。崔林说:"大丈夫只看有没有机遇,难道像各位一样,就算高贵了吗?"

3　五月己亥朔(初一),出现日食。

4　代郡乌桓的三个首领都称单于,依凭自己的实力,态度骄横,恣意妄行,太守对他们无可奈何。魏王曹操派遣丞相仓曹属裴潜为太守,准备给他一支精干的部队。裴潜说:"单于自己也知道不受约束,骄横妄行的时间很长了,现在多带兵去,他们会感到恐惧而拒绝我们入境,少带,他们则不怕,因此只适于用计谋加以安抚。"于是,裴潜只驾单车前去,单于又惊又喜。裴潜恩威并加,进行安抚,单于诚惶诚恐,愿意归服。

5　当初,南匈奴长期定居塞内,和编入户籍的平民大致相同,但是不交纳贡赋。有人上书担心他们人口迅速增加,长期下去会难以统治,应该加以预防。秋季,七月,南单于呼厨泉到魏朝见,魏王曹操借机把他留在邺城,派右贤王去卑监理其国事务。单于每年所享受的绵、绢、钱、粮待遇,与列侯相同,子孙可以世代传袭封号。同时,把单于的部属分为五部,每部设立一个贵人为统帅,并选派汉人为司马监督他们。

6　八月,魏任命大理锺繇为相国。

7　冬季,十月,魏王曹操练兵准备向孙权进攻;十一月,到达谯郡。

卷第六十八　汉纪六十

起丁酉(217)尽己亥(219)凡三年

孝献皇帝癸

建安二十二年(丁酉,217)

1　春,正月,魏王操军居巢,孙权保濡须。二月,操进
攻之。

初,右护军蒋钦屯宣城,芜湖令徐盛收钦屯吏,表斩之。
及权在濡须,钦与吕蒙持诸军节度,钦每称徐盛之善。权问
之,钦曰:"盛忠而勤强,有胆略器用,好万人督也。今大事未
定,臣当助国求才,岂敢挟私恨以蔽贤乎?"权善之。

三月,操引军还,留伏波将军夏侯惇都督曹仁、张辽等二
十六军屯居巢。权令都尉徐详诣操请降,操报使修好,誓重
结婚。权留平虏将军周泰督濡须,朱然、徐盛等皆在所部,以
泰寒门,不服。权会诸将,大为酾乐,命泰解衣,权手自指其
创痕,问以所起,泰辄记昔战斗处以对。毕,使复服,权把其
臂流涕曰:"幼平,卿为孤兄弟,战如熊虎,不惜躯命,被创数
十,肤如刻画,孤亦何心不待卿以骨肉之恩,委卿以兵马之重
乎!"坐罢,住驾,使泰以兵马道从,鸣鼓角作鼓吹而出。于是
盛等乃服。

孝献皇帝癸
汉献帝建安二十二年(丁酉,公元217年)

1 春季,正月,魏王曹操驻军居巢,孙权守卫濡须。二月,曹操向濡须进攻。

以前,孙权的右护军蒋钦驻屯宣城,芜湖令徐盛收捕了蒋钦的属吏,并上表将他斩首。孙权在濡须的时候,蒋钦和吕蒙负责指挥各路军队,蒋钦多次称赞徐盛的优点。孙权问蒋钦为什么称赞徐盛,蒋钦回答:"徐盛忠诚,勤勤恳恳,做事精明强干,有胆略,有器度,是个统率万人的杰出将领。如今事业尚未成功,为臣我应当帮助国家选拔人才,怎么能因为私人恩怨而埋没贤能呢?"孙权对此非常赞赏。

三月,曹操率军撤回,留下伏波将军夏侯惇统帅曹仁、张辽等二十六支部队驻守居巢。孙权派都尉徐详到曹操那里请求投降,曹操派使者回复,愿意建立友好关系,发誓与孙权重结姻亲。孙权留平虏将军周泰统领濡须守军,朱然、徐盛等人都成了周泰的部下,他们认为周泰出身寒微,心中不服。孙权召集各位将领,大摆宴席,奏乐畅饮,在酒席上孙权让周泰解开衣服,用手指着他身上的累累伤痕,逐一询问,周泰对每次受伤的时间、地点和经过记忆犹新,依次回答。讲完,孙权要他穿好衣服,拉着他的手臂,淌着泪说:"周泰,你为了我孙氏兄弟,像猛虎一样勇猛善战,不顾自己的身家性命,受伤数十处,肌肤像刀刻划的一样,我怎么忍心不把你看作亲骨肉,委以统帅兵马的重任!"宴席散后,孙权决定留住濡须,命周泰带领兵马在前面开路,护卫簇拥着他,擂鼓鸣号,奏起军乐,声势威武地走出军营。于是,徐盛等人才服从周泰指挥。

2　夏,四月,诏魏王操设天子旌旗,出入称警跸。

3　六月,魏以军师华歆为御史大夫。

4　冬,十月,命魏王操冕十有二旒,乘金根车,驾六马,设五时副车。

5　魏以五官中郎将丕为太子。

初,魏王操娶丁夫人,无子;妾刘氏,生子昂;卞氏生四子,丕、彰、植、熊。王使丁夫人母养昂;昂死于穰,丁夫人哭泣无节,操怒而出之,以卞氏为继室。植性机警,多艺能,才藻敏赡,操爱之。操欲以女妻丁仪,丕以仪目眇,谏止之。仪由是怨丕,与弟黄门侍郎廙及丞相主簿杨脩,数称临淄侯植之才,劝操立以为嗣。脩,彪之子也。操以函密访于外,尚书崔琰露版答曰:"《春秋》之义,立子以长。加五官将仁孝聪明,宜承正统,琰以死守之。"植,琰之兄女婿也。尚书仆射毛玠曰:"近者袁绍以嫡庶不分,覆宗灭国。废立大事,非所宜闻。"东曹掾邢颙曰:"以庶代宗,先世之戒也,愿殿下深察之。"丕使人问太中大夫贾诩以自固之术。诩曰:"愿将军恢崇德度,躬素士之业,朝夕孜孜,不违子道,如此而已。"丕从之,深自砥砺。他日,操屏人问诩,诩嘿然不对。操曰:"与卿言,而不答,何也?"诩曰:"属有所思,故不即对耳。"操曰:"何思?"诩曰:"思袁本初、刘景升父子也。"操大笑。

2 夏季,四月,献帝下诏:魏王曹操可用皇帝专用的旌旗,出入如同帝王,有人警戒和清道。

3 六月,魏任命军师华歆为御史大夫。

4 冬季,十月,献帝下诏:魏王曹操所戴王冠可如皇冠有十二条旒,可乘如皇帝所用的金根车,以六匹马驾车,可用皇帝专用的那种五色装饰的副车。

5 魏立五官中郎将曹丕为太子。

当初,魏王曹操娶丁夫人,没有生儿子;又纳妾刘氏,生儿子曹昂;再纳卞氏,生下四个儿子:曹丕、曹彰、曹植、曹熊。曹操让丁夫人以母亲的名义抚养曹昂;曹昂在穰县战死,丁夫人哭泣得难以节制,曹操气忿之下,休了丁夫人,以卞氏为正妻。曹植生性机警,才华横溢,深受曹操钟爱。曹操要把女儿嫁给丁仪为妻,曹丕因为丁仪一只眼睛大,一只眼睛小,劝阻了曹操。丁仪因此怨恨曹丕,和弟弟黄门侍郎丁廙,以及丞相主簿杨修,多次称赞临淄侯曹植有才,劝曹操立他为继承人。杨修本是杨彪的儿子。曹操为立继承人的事,以密信询问一些大臣,尚书崔琰发回的信有意不封口,信中说:"按照《春秋》之义,应立长子。而且五官将曹丕仁厚、忠孝、聪明,应做继承人,我的看法至死不变。"曹植是崔琰哥哥的女婿。尚书仆射毛玠说:"前不久,袁绍因嫡亲、旁支不分,宗族和封国都遭覆灭。废、立继承人是件大事,不是所应该打听、谈论的。"东曹掾邢颙说:"以旁支代替正统继承人,历来都引以为戒,还希望殿下再三考虑。"曹丕派人向太中大夫贾诩询问巩固自己地位的方法。贾诩说:"愿将军您能发扬德性和气度,亲身去做寒素之人的事情,早晚孜孜不倦,不违背做儿子应该遵守的规矩,这样就可以了。"曹丕听从了贾诩的话,暗下决心磨炼自己。一天,曹操命众人退下,询问贾诩,贾诩微笑不答。曹操说:"有事问你,你却不回答,究竟为什么?"贾诩说:"我正在考虑,所以没有回答您。"曹操说:"你考虑什么?"贾诩回答说:"我是在想袁绍、刘表两对父子啊。"曹操会意地大笑起来。

操尝出征,丕、植并送路侧,植称述功德,发言有章,左右属目,操亦悦焉。丕怅然自失,济阴吴质耳语曰:"王当行,流涕可也。"及辞,丕涕泣而拜,操及左右咸歔欷,于是皆以植多华辞而诚心不及也。植既任性而行,不自雕饰,五官将御之以术,矫情自饰,宫人左右并为之称说,故遂定为太子。

左右长御贺卞夫人曰:"将军拜太子,天下莫不喜,夫人当倾府藏以赏赐。"夫人曰:"王自以丕年大,故用为嗣。我但当以免无教导之过为幸耳,亦何为当重赐遗乎!"长御还,具以语操,操悦,曰:"怒不变容,喜不失节,故最为难。"

太子抱议郎辛毗颈而言曰:"辛君知我喜不?"毗以告其女宪英,宪英叹曰:"太子,代君主宗庙、社稷者也。代君,不可以不戚;主国,不可以不惧。宜戚而惧,而反以为喜,何以能久!魏其不昌乎!"

久之,临淄侯植乘车行驰道中,开司马门出。操大怒,公车令坐死。由是重诸侯科禁,而植宠日衰。植妻衣绣,操登台见之,以违制命,还家赐死。

6 法正说刘备曰:"曹操一举而降张鲁,定汉中,不因此势以图巴、蜀,而留夏侯渊、张郃屯守,身遽北还,此非其智不逮,而力不足也,必将内有忧逼故耳。今策渊、郃才略,不胜国之将帅,举众往讨,必可克之。克之之日,广农积谷,观衅伺隙,上可以倾覆寇敌,尊奖王室;中可以蚕食雍、凉,广拓境土;

曹操一次带兵出征，曹丕和曹植共同送到路旁，曹植称颂曹操的功德，出口成章，受到人们的赞赏，曹操自己也很高兴。曹丕惆怅迷惘，若有所失，济阴人吴质低声对他说："魏王即将上路的时候，流泪啼哭即可。"将要辞行，曹丕哭着下拜，曹操和部属都很伤感。因此，大家都认为曹植才华有馀而诚心不及曹丕。曹植做事任性，言行不加掩饰，曹丕则擅长权术，懂得掩盖自己的真实思想，外表却显得很重感情，宫中的人和曹操部属大多为他说好话，所以被立为太子。

　　左右长御向卞夫人祝贺说："曹丕将军被立为太子，普天之下，皆大欢喜，夫人应该把府中所藏财物都用来赏赐大家。"夫人说："魏王因为曹丕年长，才立他为继承人。我只求能够免去没有教导他的过失，就感到很幸运了，还有什么理由要重重赏赐别人呢！"长御回去，把夫人的话全告诉了曹操，曹操很高兴地说："怒时脸不变色，喜时不忘记节制，这才是最难做到的。"

　　太子曹丕抱住议郎辛毗的脖子说："辛君，你知道我高兴吗？"辛毗把这件事对他女儿宪英谈起，宪英叹息地说："太子是继承君王事业，管理国家的人。继承君王的地位，不能不感到不安；管理国家，不能不心怀忧虑。本应不安和忧虑，反而很高兴，怎么能长久！魏不会昌盛的！"

　　过了一段时间，临淄侯曹植违反制度，乘车在驰道正中行驶，打开只有帝、王车驾出行才能打开的司马门，驾车而出。曹操大怒，掌管车驾之事的公车令因此被定罪处死。从此以后，他加重了对诸侯的限制，对曹植的宠爱也一天不如一天了。一次，曹植的妻子身穿刺绣的衣服，被曹操在高台上看见，以她违反朝廷禁止衣锦绣的制度，下令休弃，送回娘家处死。

　　6　法正向刘备建议说："曹操一举收降了张鲁，占据汉中，不借助有利时机进攻巴、蜀两地，却留夏侯渊、张郃驻守汉中，自己急速北返，这样做并非看不出形势对他有利，也不是他没有足够的力量，必定是内部将要出现矛盾的缘故。我估计夏侯渊、张郃的才能，不及我们的将领，现在向曹军进攻，一定会取胜。夺取汉中后，广开农田，积蓄粮草，等待有可乘之机，搞得好，可以将曹操彻底击败，恢复皇室的权威；次之，可以蚕食雍、凉二州，拓展我们的疆土；

下可以固守要害，为持久之计。此盖天以与我，时不可失也。"备善其策，乃率诸将进兵汉中，遣张飞、马超、吴兰等屯下辨。魏王操遣都护将军曹洪拒之。

7 鲁肃卒，孙权以从事中郎彭城严畯代肃，督兵万人镇陆口。众人皆为畯喜，畯固辞以"朴素书生，不闲军事"，发言恳恻，至于流涕。权乃以左护军虎威将军吕蒙兼汉昌太守以代之。众嘉严畯能以实让。

8 定威校尉吴郡陆逊言于孙权曰："方今克敌宁乱，非众不济；而山寇旧恶，依阻深地。夫腹心未平，难以图远，可大部伍，取其精锐。"权从之，以为帐下右部督。会丹阳贼帅费栈作乱，扇动山越。权命逊讨栈，破之。遂部伍东三郡，强者为兵，羸者补户，得精卒数万人。宿恶荡除，所过肃清，还屯芜湖。会稽太守淳于式表"逊枉取民人，愁扰所在"。逊后诣都，言次，称式佳吏，权曰："式白君，而君荐之，何也？"逊对曰："式意欲养民，是以白逊；若逊复毁式以乱圣听，不可长也。"权曰："此诚长者之事，顾人不能为耳。"

9 魏王操使丞相长史王必典兵督许中事。时关羽强盛，京兆金祎睹汉祚将移，乃与少府耿纪、司直韦晃、太医令吉本、本子邈、邈弟穆等谋杀必，挟天子以攻魏，南引关羽为援。

二十三年(戊戌，218)

1 春，正月，吉邈等率其党千馀人，夜攻王必，烧其门，射必中肩，帐下督扶必奔南城。会天明，邈等众溃，必与颍川典农中郎将严匡共讨斩之。

最次,也可以据险固守,与曹操长期对峙。这是天赐良机,机不可失。"刘备赞同法正的策略,于是率将领进军汉中,派张飞、马超、吴兰驻军下辨。魏王曹操则派都护将军曹洪拒敌。

7 鲁肃去世,孙权派从事中郎、彭城人严畯接替鲁肃的职务,率兵一万人驻守陆口。大家都向严畯贺喜,严畯却以"普通书生,不熟悉军事"为借口坚决推辞,言辞十分恳切,甚至流下了眼泪。孙权只好派左护军、虎威将军吕蒙兼汉昌太守,代替鲁肃的职位。大家都赞许严畯能根据实情谦让。

8 定威校尉、吴郡人陆逊向孙权建议:"如今要打败敌人,平定动乱,不扩大军队就难以成功;而山贼作恶很久,盘踞深山。腹心之患,不解除,很难向远处发展,此外,还可以挑选山贼的精锐,扩充我们的军队。"孙权采纳了这一建议,以陆逊为帐下右部督。恰在这时,丹阳贼人首领费栈作乱,还煽动山越反叛。孙权命陆逊去讨伐,陆逊击败山贼。于是将他们安排在东三郡,强壮者当兵,老弱病残编入百姓户籍,得到精兵万人。陆逊所过之处,惯匪被扫除干净,便又回驻芜湖。会稽太守淳于式上表称"陆逊随意征发百姓当兵,所到之处受到很大骚扰"。陆逊在此之后回到都城,和孙权言谈之间,称赞淳于式是个很好的官员,孙权问陆逊:"淳于式告发你,你却推荐他,这是为什么?"陆逊回答说:"淳于式本意是使百姓能够休养生息,所以告发我;如果我再诋毁他,就会扰乱您的视听,这种风气不能长。"孙权赞叹说:"这实在是谨厚长者的处事方法,我看其他人很难做到。"

9 魏王曹操派丞相长史王必掌领军队,总管许都的政务。当时关羽实力强盛,京兆人金祎见汉朝江山将被取代,便和少府耿纪、司直韦晃、太医令吉本、吉本的儿子吉邈、吉穆等人密谋杀掉王必,挟持皇帝打击曹魏的势力,并在南面联合关羽作为外援。

汉献帝建安二十三年(戊戌,公元218年)

1 春季,正月,吉邈等人率党羽一千余人,在夜间攻击王必,烧毁王必住所的门,用箭射中他的肩部,属官帐下督扶持他逃到许都南城。天明后,吉邈和他的党羽都逃散了,王必和颍川典农中郎将严匡率军平定了叛乱,杀死了吉邈等人。

2 三月,有星孛于东方。

3 曹洪将击吴兰,张飞屯固山,声言欲断军后,众议狐疑。骑都尉曹休曰:“贼实断道者,当伏兵潜行;今乃先张声势,此其不能,明矣。宜及其未集,促击兰,兰破,飞自走矣。”洪从之,进,击破兰,斩之。三月,张飞、马超走。休,魏王族子也。

4 夏,四月,代郡、上谷乌桓无臣氐等反。先是,魏王操召代郡太守裴潜为丞相理曹掾,操美潜治代之功,潜曰:“潜于百姓虽宽,于诸胡为峻。今继者必以潜为治过严而事加宽惠。彼素骄恣,过宽必弛;既弛,将摄之以法,此怨叛所由生也。以势料之,代必复叛。”于是操深悔还潜之速。后数十日,三单于反问果至。操以其子鄢陵侯彰行骁骑将军,使讨之。彰少善射御,膂力过人。操戒彰曰:“居家为父子,受事为君臣,动以王法从事,尔其戒之!”

5 刘备屯阳平关,夏侯渊、张郃、徐晃等与之相拒。备遣其将陈式等绝马鸣阁道,徐晃击破之。张郃屯广石,备攻之不能克,急书发益州兵。诸葛亮以问从事犍为杨洪,洪曰:“汉中,益州咽喉,存亡之机会,若无汉中,则无蜀矣。此家门之祸也,发兵何疑。”时法正从备北行,亮于是表洪领蜀郡太守。众事皆办,遂使即真。

初,犍为太守李严辟洪为功曹,严未去犍为而洪已为蜀郡;洪举门下书佐何祗有才策,洪尚在蜀郡,而祗已为广汉太守。是以西土咸服诸葛亮能尽时人之器用也。

2 　三月,有异星出现在东方。

3 　曹洪将要攻击吴兰,张飞驻军固山,声称要切断曹军的后路,曹洪和将领们商议,犹豫不决。骑都尉曹休说:"张飞等人若确实要切断我军后路,应该派军队隐蔽行军;而现在却先声张出自己的意图,实际上做不到,这是很清楚的。我军应趁敌人尚未集结,迅速攻击吴兰,吴兰被击败,张飞自然退走。"曹洪听从了这一建议,进军击败吴兰部,斩杀吴兰。三月,张飞、马超撤退。曹休是魏王曹操同族的子侄辈。

4 　夏季,四月,居住在代郡、上谷郡的乌桓族无臣氐等造反。以前,魏王曹操任命代郡太守裴潜为丞相理曹掾,曹操赞扬了裴潜治理代郡的成就,裴潜说:"我对百姓虽然宽容,但对那些胡人却很严厉。今后我的继任者,必然因为我的治理过严而采取宽厚的措施。这些胡人骄纵恣行惯了,过度宽厚必然导致放纵;放纵以后再受到法令的限制,这正是引起他们生怨反叛的原因。以现在的形势估计,代郡的乌桓还要反叛。"这时曹操很后悔召裴潜回来得太快了。几十天过后,乌桓三个单于反叛的消息果然传来。曹操以儿子鄢陵侯曹彰代理骁骑将军,派去讨伐反叛的乌桓。曹彰年轻时擅长骑马、射箭,力量过人。曹操告诫曹彰:"在家的时候,我们是父子关系,接受任务后,就变成了君臣关系,一举一动都要按朝廷法令行事,你要把这些牢记在心!"

5 　刘备驻军阳平关,曹军夏侯渊、张郃、徐晃等人的部队与他对峙。刘备派部下将领陈式等人去破坏马鸣阁的道路,被徐晃打败。张郃驻守在广石,刘备攻打不下来,写信迅速调集益州军队。诸葛亮问从事、犍为人杨洪应如何处理此事,杨洪说:"汉中是益州的咽喉,它的得失,关系益州的存亡,没有汉中就没有蜀。这是家门前的祸患,发兵还会有什么问题?"当时蜀郡太守法正在刘备的军中,诸葛亮上表请求由杨洪代理蜀郡太守。杨洪处理好各项政务后,才被正式任命。

从前,犍为太守李严征召杨洪为功曹,李严未离开犍为,而杨洪已做了蜀郡太守;杨洪推荐自己的门人书佐何祗,称他有才干;杨洪尚任蜀郡太守,何祗已经做了广汉太守。当时,益州人都佩服诸葛亮用人,能够人尽其才,才尽其用。

秋,七月,魏王操自将击刘备。九月,至长安。

6 曹彰击代郡乌桓,身自搏战,铠中数箭,意气益厉,乘胜逐北,至桑乾之北,大破之,斩首、获生以千数。时鲜卑大人轲比能将数万骑观望强弱,见彰力战,所向皆破,乃请服,北方悉平。

7 南阳吏民苦繇役,冬,十月,宛守将侯音反。南阳太守东里衮与功曹应余进窜得出,音遣骑追之,飞矢交流,余以身蔽衮,被七创而死,音骑执衮以归。时征南将军曹仁屯樊以镇荆州,魏王操命仁还讨音。功曹宗子卿说音曰:"足下顺民心,举大事,远近莫不望风。然执郡将,逆而无益,何不遣之!"音从之。子卿因夜逾城从太守收余民围音,会曹仁军至,共攻之。

二十四年(己亥,219)

1 春,正月,曹仁屠宛,斩侯音,复屯樊。

2 初,夏侯渊战虽数胜,魏王操常戒之曰:"为将当有怯弱时,不可但恃勇也。将当以勇为本,行之以智计;但知任勇,一匹夫敌耳。"及渊与刘备相拒逾年,备自阳平南渡沔水,缘山稍前,营于定军山。渊引兵争之。法正曰:"可击矣。"备使讨虏将军黄忠乘高鼓噪攻之,渊军大败,斩渊及益州刺史赵颙。张郃引兵还阳平。是时新失元帅,军中扰扰,不知所为。督军杜袭与渊司马太原郭淮收敛散卒,号令诸军曰:"张将军国家名将,刘备所惮;今日事急,非张将军不能安也。"遂权宜推郃为军主。郃出,勒兵按陈,诸将皆受郃节度,众心乃定。

秋季，七月，魏王曹操亲自率兵进攻刘备。九月，到达长安。

6 曹彰征讨代郡的乌桓时，亲自参加战斗，铠甲上被射中数箭，却愈战愈勇，乘胜向北进军，直至桑乾河以北，大败乌桓，杀死、俘虏乌桓上千人。当时鲜卑族首领轲比能率骑兵数万人，观望曹彰和乌桓的强弱，见曹彰的军队作战勇敢，所向披靡，取得了胜利，便请求归服曹彰，北方全部平定了。

7 南阳的官吏和百姓饱受徭役之苦，冬季，十月，宛城守将侯音率众造反。南阳太守东里衮与功曹应馀一起逃了出来，侯音派兵追击，乱箭齐发，应馀用身体掩护东里衮，受伤七处而死，侯音的骑兵抓住东里衮，带了回去。此时，征南将军曹仁驻军樊城，与荆州对峙，魏王曹操命曹仁回来讨伐侯音。功曹宗子卿对侯音说："足下您顺应民心，高举义旗，远近的人都寄希望于您。现在您捉捕郡中的将领，反而没有益处，为什么不放了他们！"侯音听信了宗子卿的话。宗子卿连夜逃出城去，和太守一起召集未参加反叛的民众将侯音包围，恰好曹仁的军队也赶到了，便联合起来进攻侯音。

汉献帝建安二十四年(己亥，公元219年)

1 春季，正月，曹仁在宛城进行屠杀，把侯音斩首，仍回军驻守樊城。

2 以前，夏侯渊虽然多次打胜仗，魏王曹操却经常告诫他说："作为将领，也应有胆怯的时候，不能单凭勇猛。将领应当以勇敢为根本，但在行动时要依靠智慧和计谋；仅依靠勇敢，只能敌得过一名普通人罢了。"后来，夏侯渊与刘备对峙了一年有余，刘备从阳平向南，渡过沔水，顺着山势稍微前行，在定军山扎下营盘。夏侯渊率兵争夺定军山。法正说："可以发动攻击了。"刘备派讨虏将军黄忠率兵居高临下，擂鼓呐喊，发动进攻，夏侯渊的军队大败，并斩杀了夏侯渊和益州刺史赵颙。张郃率军退守阳平。此时，曹军新失统帅，军中人心惶惶，不知如何是好。督军杜袭和夏侯渊的司马、太原人郭淮集合散乱的兵卒，对各营将士发出号令："张郃将军是国家的著名将领，为刘备所惧怕；如今军情紧迫，只有在张将军的指挥下，才能转危为安。"于是临时推举张郃为军中主帅。张郃出来主持军务，调度有方，将领们都愿意接受张郃的指挥，军心至此安定下来。

明日,备欲渡汉水来攻;诸将以众寡不敌,欲依水为陈以拒之。郭淮曰:"此示弱而不足挫敌,非算也。不如远水为陈,引而致之,半济而后击之,备可破也。"既陈,备疑,不渡。淮遂坚守,示无还心。以状闻于魏王操,操善之,遣使假郃节,复以淮为司马。

3 二月壬子晦,日有食之。

4 三月,魏王操自长安出斜谷,军遮要以临汉中。刘备曰:"曹公虽来,无能为也,我必有汉川矣。"乃敛众拒险,终不交锋。操运米北山下,黄忠引兵欲取之,过期不还。翊军将军赵云将数十骑出营视之,值操扬兵大出,云猝与相遇,遂前突其陈,且斗且却。魏兵散而复合,追至营下,云入营,更大开门,偃旗息鼓。魏兵疑云有伏,引去。云雷鼓震天,惟以劲弩于后射魏兵。魏兵惊骇,自相蹂践,堕汉水中死者甚多。备明旦自来,至云营,视昨战处,曰:"子龙一身都为胆也!"

操与备相守积月,魏军士多亡。夏,五月,操悉引出汉中诸军还长安,刘备遂有汉中。

操恐刘备北取武都氐以逼关中,问雍州刺史张既,既曰:"可劝使北出就谷以避贼,前至者厚其宠赏,则先者知利,后必慕之。"操从之,使既之武都,徙氐五万馀落出居扶风、天水界。

5 武威颜俊、张掖和鸾、酒泉黄华、西平麹演等,各据其郡,自号将军,更相攻击。俊遣使送母及子诣魏王操为质以求助。操问张既,既曰:"俊等外假国威,内生傲悖,计定势足,

第二天,刘备打算渡汉水发动攻击;曹军将领认为寡不敌众,准备依托汉水列阵抵抗。郭淮说:"这是向敌人示弱,难以挫败敌人的进攻,不是好计策。不如距汉水远一些列阵,把敌人吸引过来,在他们渡至河心时,我们再出击,刘备一定可以被打败。"曹军列好阵,刘备产生怀疑,命令不要渡河。郭淮则率军坚守,以表明曹军不再撤退。郭淮等人把情况上报魏王曹操,曹操很同意他们的做法,派使者把指挥军队的符节授予张郃,仍任命郭淮为司马。

3 二月壬子晦(三十日),出现日食。

4 三月,魏王曹操从长安出发,途经斜谷,派兵据守沿途的险要之处,以便大军顺利到达汉中。刘备说:"曹公虽然亲自前来,也起不了什么作用,我一定要取得汉川。"于是集结军队,占据险要之处,始终不与曹军交战。曹军运送粮米至北山之下,黄忠率军企图夺取,去了很久,不见回转。翊军将军赵云率领骑兵数十人出营查看,恰巧曹操的大队人马出营,赵云与敌人猝然相遇,只得向前冲击敌人的阵势,且战且退。曹军散开后再度会合,追至赵云的军营前面,赵云率兵退入军营,又大开营门,偃旗息鼓。曹军怀疑兵营中有埋伏,只好撤退了。赵云命令擂起战鼓,鼓声震天,却只以强弩在后面射杀曹兵。曹军非常惊骇,自相践踏,落入汉水而死的很多。第二天一早,刘备亲自来到赵云的兵营,察看了战场后说:"子龙一身都是胆啊!"

曹操与刘备对峙了一个月,曹军将士有很多人逃跑。夏季,五月,曹操把全部调来进攻汉中的军队撤回长安,刘备因此占据了汉中。

曹操唯恐刘备向北争取武都的氐人,从而进逼关中,就询问雍州刺史张既,张既说:"可劝告氐人,向北迁移到有粮谷之处,以便避开刘备。先迁移的人给以重赏,这样先迁移的人有利可图,其他人就会效法他们,紧随其后。"曹操采纳了这个建议,派张既到武都,迁徙氐人五万馀户至扶风、天水交界处。

5 武威的颜俊、张掖的和鸾、酒泉的黄华、西平的麹演等人,各自占据所在的郡,自称将军,互相攻击。颜俊派使者把母亲和儿子送到魏王曹操那里做人质,以求得到帮助。曹操问张既怎么办,张既说:"颜俊等人,在外面借助国家的权威,在内则作威作福,计谋得逞,

后即反耳。今方事定蜀,且宜两存而斗之,犹下庄子之刺虎,坐收其敝也。"王曰:"善!"岁馀,鸾遂杀俊,武威王秘又杀鸾。

6 刘备遣宜都太守扶风孟达从秭归北攻房陵,杀房陵太守蒯祺。又遣养子副军中郎将刘封自汉中乘沔水下,统达军,与达会攻上庸,上庸太守申耽举郡降,备加耽征北将军,领上庸太守,以耽弟仪为建信将军、西城太守。

7 秋,七月,刘备自称汉中王,设坛场于沔阳,陈兵列众,群臣陪位,读奏讫,乃拜受玺绶,御王冠。因驿拜章,上还所假左将军、宜城亭侯印绶。立子禅为王太子。拔牙门将军义阳魏延为镇远将军,领汉中太守,以镇汉川。备还治成都,以许靖为太傅,法正为尚书令,关羽为前将军,张飞为右将军,马超为左将军,黄忠为后将军,馀皆进位有差。

遣益州前部司马犍为费诗即授关羽印绶,羽闻黄忠位与己并,怒曰:"大丈夫终不与老兵同列!"不肯受拜。诗谓羽曰:"夫立王业者,所用非一。昔萧、曹与高祖少小亲旧,而陈、韩亡命后至;论其班列,韩最居上,未闻萧、曹以此为怨。今汉中王以一时之功隆崇汉升;然意之轻重,宁当与君侯齐乎!且王与君侯譬犹一体,同休等戚,祸福共之;愚谓君侯不宜计官号之高下、爵禄之多少为意也。仆一介之使,衔命之人,君侯不受拜,如是便还,但相为惜此举动,恐有后悔耳。"羽大感悟,遽即受拜。

8 诏以魏王操夫人卞氏为王后。

势力扩张以后,还会反叛。如今,我们正在致力攻蜀,应该让颜俊等人并存互斗,就同下庄子杀虎一样,让二虎相斗,然后再坐收其利。"魏王说:"很好!"过了一年以后,和鸾杀了颜俊,武威的王秘又杀了和鸾。

6 刘备派遣宜都太守、扶风人孟达从秭归向北进攻房陵,杀了房陵太守蒯祺。又派遣养子、副军中郎将刘封从汉中顺沔水而下,统领孟达所部,与孟达一起进攻上庸,上庸太守申耽率全郡投降,刘备加封申耽为征北将军,兼领上庸太守,任命申耽的弟弟申仪为建信将军、西城太守。

7 秋季,七月,刘备自称汉中王,在沔阳设坛场,布置军队排列成阵,各位大臣都来陪从,读过奏章,跪拜接受汉中王的印玺,戴王冠。在驿馆中写奏章给献帝,归还以前授予的左将军、宜城亭侯的官印。立儿子刘禅为王太子。提拔牙门将军义阳人魏延为镇远将军,兼领汉中太守,镇守汉川。刘备回到成都主持各项政务,任命许靖为太傅,法正为尚书令,关羽为前将军,张飞为右将军,马超为左将军,黄忠为后将军,其馀的人也得到了相应的升迁。

刘备派益州前部司马、犍为人费诗去授予关羽官印,关羽闻知黄忠地位和自己一样,愤怒地说:"大丈夫绝不能和老兵平起平坐!"不肯接受任命。费诗对关羽说:"创立王业的人,所用的人不能都一样。以前萧何、曹参和汉高祖年幼时就关系很好,而陈平、韩信因无处安身才来投靠;可按地位排列,韩信的地位最高,也没有听说萧何、曹参对此有过不满。如今汉中王因为一时的功劳,尊崇黄忠,而在他心中的轻重高下,黄忠又怎么和您相比呢!况且汉中王与您犹如一体,休戚相关,祸福与共。我认为您不应计较官号的高下,爵位和俸禄的多少。我仅是一个使者,受汉中王的委托,您如果不接受任命,我只得这样回去向汉中王禀报。但是,我为您这样做感到惋惜,恐怕您以后要后悔的。"关羽听了他的话以后很受感动,于是接受了任命。

8 献帝下诏,以魏王曹操的夫人卞氏为魏王王后。

9　孙权攻合肥。时诸州兵戍淮南。扬州刺史温恢谓兖州刺史裴潜曰："此间虽有贼，然不足忧。今水潦方生，而子孝县军，无有远备，关羽骁猾，政恐征南有变耳。"已而关羽果使南郡太守麋芳守江陵，将军士仁守公安，羽自率众攻曹仁于樊。仁使左将军于禁、立义将军庞德等屯樊北。八月，大霖雨，汉水溢，平地数丈，于禁等七军皆没。禁与诸将登高避水，羽乘大船就攻之，禁等穷迫，遂降。庞德在堤上，被甲持弓，箭不虚发，自平旦力战，至日过中，羽攻益急。矢尽，短兵接，德战益怒，气愈壮，而水浸盛，吏士尽降。德乘小船欲还仁营，水盛船覆，失弓矢，独抱船覆水中，为羽所得，立而不跪。羽谓曰："卿兄在汉中，我欲以卿为将，不早降何为！"德骂羽曰："竖子，何谓降也！魏王带甲百万，威振天下；汝刘备庸才耳，岂能敌邪！我宁为国家鬼，不为贼将也！"羽杀之。魏王操闻之曰："吾知于禁三十年，何意临危处难，反不及庞德邪！"封德二子为列侯。

羽急攻樊城，城得水，往往崩坏，众皆恟惧。或谓曹仁曰："今日之危，非力所支，可及羽围未合，乘轻船夜走。"汝南太守满宠曰："山水速疾，冀其不久。闻羽遣别将已在郏下，自许以南，百姓扰扰，羽所以不敢遂进者，恐吾军掎其后耳。今若遁去，洪河以南，非复国家有也，君宜待之。"仁曰："善！"乃沉白马与军人盟誓，同心固守。城中人马才数千人，城不没者数板。羽乘船临城，立围数重，外内断绝。羽又遣别将围将军吕常于襄阳。荆州刺史胡脩、南乡太守傅方皆降于羽。

9　孙权进攻合肥。当时各州的军队都驻守在淮南。扬州刺史温恢对兖州刺史裴潜说："此处虽然有贼人，却不用担忧。现在正是雨季，曹仁将军却孤军深入，没有很好的准备，关羽强悍狡猾，只恐怕征南将军那里会遇到很大的困难。"不久，关羽果然令南郡太守糜芳守卫江陵，将军士仁守公安，他亲自率军向樊城的曹仁进攻。曹仁派左将军于禁，立义将军庞德等人驻守樊城北面。八月，天降大雨，汉水泛滥，平地水数丈深，于禁等七路兵马都被大水所淹。于禁和将领们登到高处避水，关羽则乘大船向曹军进攻，于禁等无处可逃，只好投降。庞德站在堤上，身穿铠甲，手挽弓箭，箭无虚发，自清晨拼力死战，中午后，关羽的进攻愈来愈急。庞德的箭射尽了，又与关羽等短兵相接，愈战愈怒，胆气愈壮，而水势愈来愈大，部下的官员和士兵都投降了。庞德欲图乘小船回到曹仁的军营，小船被大水冲翻，弓箭也掉在水里，只有他一人在水中抱住翻船，在被关羽俘虏后，不肯屈服下跪。关羽对他说："你的兄长在汉中，我准备以你为我的将领，为什么不早早投降呢？"庞德大骂说："小子，为什么投降你！魏王统率百万大军，威震天下；你家刘备不过是个庸才，岂能对抗魏王！我宁可做国家的鬼，也不做你们这些贼人的将领！"关羽杀掉了庞德。魏王曹操闻知此事，说："我和于禁相知三十年，为什么在紧急关头，于禁反而不如庞德呢！"于是封庞德的两个儿子为列侯。

关羽向樊城发起猛攻，城中进水，城墙被水冲坏，城中士兵们惊恐不安。有人对曹仁说："现在的危险，靠我们的力量很难解除，应该趁关羽的包围尚未完成，乘轻便船只连夜退走。"汝南太守满宠说："山洪来得快，去得也快，我想不会滞留很久。据说关羽已经派别的部队至郏下，许都以南百姓混乱不安，关羽之所以不敢急于北进，是顾虑我们攻击他的后路。如果我军退走，黄河以南地区，就不再为国家所有了，您应该在这里坚守以待。"曹仁说："你说得对！"于是将白马沉入河中，与将士们盟誓，齐心合力，坚守樊城。城中将士只有数千人，未被水淹没的城墙也仅有几尺高。关羽乘船至城下，重重将樊城包围，使其内外断绝。关羽又派别的将领把将军吕常包围在襄阳。荆州刺史胡修、南乡太守傅方都投降了关羽。

10　初，沛国魏讽有惑众才，倾动邺都，魏相国锺繇辟以为西曹掾。荥阳任览，与讽友善；同郡郑袤，泰之子也，每谓览曰："讽奸雄，终必为乱。"九月，讽潜结徒党，与长乐卫尉陈祎谋袭邺。未及期，祎惧而告之。太子丕诛讽，连坐死者数千人，锺繇坐免官。

11　初，丞相主簿杨脩与丁仪兄弟谋立曹植为魏嗣，五官将丕患之，以车载废簏内朝歌长吴质，与之谋。脩以白魏王操，操未及推验。丕惧，告质，质曰："无害也。"明日，复以簏载绢以入，脩复白之，推验，无人。操由是疑焉。其后植以骄纵见疏，而植故连缀脩不止，脩亦不敢自绝。每当就植，虑事有阙，忖度操意，豫作答教十馀条，敕门下，"教出，随所问答之"。于是教裁出，答已入；操怪其捷，推问，始泄。操亦以脩袁术之甥，恶之，乃发脩前后漏泄言教，交关诸侯，收杀之。

12　魏王操以杜袭为留府长史，驻关中。关中营帅许攸拥部曲不归附，而有慢言，操大怒，先欲伐之。群臣多谏"宜招怀攸，共讨强敌"。操横刀于膝，作色不听。袭入欲谏，操逆谓之曰："吾计已定，卿勿复言！"袭曰："若殿下计是邪，臣方助殿下成之；若殿下计非邪，虽成，宜改之。殿下逆臣令勿言，何待下之不阐乎！"操曰："许攸慢吾，如何可置！"袭曰："殿下谓许攸何如人邪？"操曰："凡人也。"袭曰："夫惟贤知贤，惟圣知圣，凡人安能知非凡人邪！方今豺狼当路而狐狸是先，人将谓殿下避强攻弱；进不为勇，退不为仁。臣闻千钧之弩，不为鼷鼠发机；万石之钟，不以莛撞起音。今区区之许攸，何足以劳神武哉！"操曰："善！"遂厚抚攸，攸即归服。

10 初时,沛国人魏讽有蛊惑众人之才,在邺城很有影响,魏的相国钟繇征召他为西曹掾。荥阳人任览是魏讽的好朋友;他的同郡人郑袤是郑泰的儿子,常对任览说:"魏讽是个奸雄,最终会作乱。"九月,魏讽秘密纠结党徒,与长乐卫尉陈祎阴谋袭击邺城。起事前,陈祎因害怕,告发了此事。太子曹丕诛杀了魏讽,一起被连累处死的有数千人,钟繇也被牵连而免掉官职。

11 以前,丞相主簿杨修和丁仪兄弟二人策划立曹植为魏国的太子,五官将曹丕对此很担忧,把朝歌长吴质装在旧竹箱中,用车接来,和他计议。杨修将此事告诉了魏王曹操,曹操尚未调查。曹丕感到恐惧,告诉了吴质,吴质说:"不用担心。"第二天,又用竹箱装绢进入曹丕的宅邸,杨修又告诉了曹操,派人检查,里边却没有人。曹操因此对杨修等人产生怀疑。以后曹植因为骄纵,被曹操疏远,而曹植愈加和杨修密切联系,杨修也不敢与他断绝来往。每当曹植顾虑自己做事不妥之时,杨修就揣度曹操的意图,预先为曹植草拟十几条答辞,告诉曹植手下的人,"魏王的训诲来时,根据他的问话,作出相应的回答"。因此,魏王曹操的训诲刚刚送来,曹植的答辞就已经送去;曹操对这样迅速的回答觉得很奇怪,经过追问,才知道是杨修在里边做了手脚。曹操还因为杨修是袁术的外甥而不喜欢他,因此便公布了他多次泄漏魏王训诲,交结诸侯的罪状,把他抓起来杀了。

12 魏王曹操任命杜袭为留府长史,驻守关中。关中的营帅许攸依仗有一些部属,不愿归顺,而且语言轻狂,曹操大怒,开始时欲图讨伐他。很多大臣劝谏曹操"应该招抚许攸,以便共同征讨强敌"。曹操把刀放在膝上,怒气冲冲,不听劝谏。杜袭要进去劝谏,曹操迎出来说:"我已打定主意,你不要再说了!"杜袭对他说:"如果殿下您的计划正确,我将帮助您实施;要是殿下的计划不正确,虽然已经决定,也应该改变。殿下迎出来命令我不要再说,为什么对待下属这样的不开明啊!"曹操说:"许攸轻慢我,怎么能置之不理!"杜袭说:"殿下认为许攸是什么人?"曹操说:"不过是个凡夫俗子。"杜袭说道:"只有贤人才知道谁是贤人,圣人才知道谁是圣人,凡夫俗子又怎么会知道谁是圣贤呢! 如今豺狼挡在路上,却先捉狐狸,人们会议论殿下避强攻弱;成功了谈不上勇,忍让了又谈不上仁慈。我听说,千钧之力的强弩,不射鼷这样的小鼠;万石的大钟,不会被草茎撞响。如今区区一个许攸,何必劳动您的英明神武呢!"曹操说:"很好!"于是以优厚的待遇安抚许攸,许攸也表示归附。

13　冬,十月,魏王操至洛阳。

14　陆浑民孙狼等作乱,杀县主簿,南附关羽。羽授狼印,给兵,还为寇贼,自许以南,往往遥应羽,羽威震华夏。魏王操议徙许都以避其锐,丞相军司马司马懿、西曹属蒋济言于操曰:“于禁等为水所没,非战攻之失,于国家大计未足有损。刘备、孙权,外亲内疏,关羽得志,权必不愿也。可遣人劝权蹑其后,许割江南以封权,则樊围自解。”操从之。

初,鲁肃尝劝孙权以曹操尚存,宜且抚辑关羽,与之同仇,不可失也。及吕蒙代肃屯陆口,以为羽素骁雄,有兼并之心,且居国上流,其势难久,密言于权曰:“今令征虏守南郡,潘璋住白帝,蒋钦将游兵万人循江上下,应敌所在,蒙为国家前据襄阳,如此,何忧于操,何赖于羽!且羽君臣矜其诈力,所在反覆,不可以腹心待也。今羽所以未便东向者,以至尊圣明,蒙等尚存也。今不于强壮时图之,一旦僵仆,欲复陈力,其可得邪!”权曰:“今欲先取徐州,然后取羽,何如?”对曰:“今操远在河北,抚集幽、冀,未暇东顾,徐土守兵,闻不足言,往自可克。然地势陆通,骁骑所骋,至尊今日取徐州,操后旬必来争,虽以七八万人守之,犹当怀忧。不如取羽,全据长江,形势益张,易为守也。”权善之。

13　冬季,十月,魏王曹操到达洛阳。

14　陆浑人孙狼等造反作乱,杀死了县主簿,向南投靠关羽。关羽授给孙狼官印,给他一些士兵,让他回去做寇贼,在许都以南一带活动,常与关羽遥相呼应,关羽的威名震动了整个中原。魏王曹操商议,准备迁移许都,以躲避关羽的威风、锐气,丞相军司马司马懿、西曹属蒋济对曹操说:"于禁等人因为大水而全军覆没,并非因为不善战而失败,对国家大事还构不成大的损失。刘备和孙权,从外表看关系很密切,实际上却并不融洽,关羽的势力太大了,孙权必然不情愿。可派人劝孙权威胁关羽的后方,答应孙权把江南封给他,这样樊城之围自然就解除了。"曹操听从了他们的建议。

当初,鲁肃曾经劝说孙权,有曹操存在,应该和关羽搞好关系,以便安抚他,共同对敌,不能破坏这种关系。以后吕蒙代替鲁肃驻军陆口,认为关羽一贯勇猛雄武,怀有兼并江南的野心,况且他的军队驻扎在孙权势力的上游,不能让他的势力长久存在,便秘密上书孙权说:"如今命令征虏将军孙皎守南郡,潘璋驻守白帝,蒋钦率领流动部队一万人在长江上下往返,哪里出现敌人,就在哪里投入战斗,吕蒙在我方的上游据守襄阳,这样,既不担忧曹操,也不依赖关羽!况且关羽等人依恃阴谋诡计,反复无常,不可以真心相待。现在关羽之所以未向东进攻我们,是因为您圣贤英明,我和其他将领们还存在。如今,不在我们力量强大时解除这一后患,一旦我们的力量削弱,再欲与他较量,还有可能吗?"孙权说:"现在,我准备先攻取徐州,然后再进攻关羽,怎么样?"吕蒙回答说:"如今曹操远在黄河以北,安抚幽州、冀州,以和民心,来不及考虑东部的事情,其馀地区的守军,据说力量不强,很容易打败。然而陆地交通方便,适合骁勇的骑兵驰骋,您今天夺取了徐州,曹操随后就会来争夺,尽管用七八万人防守,仍然令人担忧。不如击败关羽,全部占据长江上下游,我们的势力更加壮大,也就容易守卫了。"孙权很赞同吕蒙的建议。

　　权尝为其子求昏于羽,羽骂其使,不许昏,权由是怒。及羽攻樊,吕蒙上疏曰:"羽讨樊而多留备兵,必恐蒙图其后故也。蒙常有病,乞分士众还建业,以治疾为名,羽闻之,必撤备兵,尽赴襄阳。大军浮江昼夜驰上,袭其空虚,则南郡可下而羽可禽也。"遂称病笃。权乃露檄召蒙还,阴与图计。蒙下至芜湖,定威校尉陆逊谓蒙曰:"关羽接境,如何远下,后不当可忧也?"蒙曰:"诚如来言,然我病笃。"逊曰:"羽矜其骁气,陵轹于人,始有大功,意骄志逸,但务北进,未嫌于我,有相闻病,必益无备,今出其不意,自可禽制。下见至尊,宜好为计。"蒙曰:"羽素勇猛,既难为敌,且已据荆州,恩信大行,兼始有功,胆势益盛,未易图也。"蒙至都,权问:"谁可代卿者?"蒙对曰:"陆逊意思深长,才堪负重,观其规虑,终可大任;而未有远名,非羽所忌,无复是过也。若用之,当令外自韬隐,内察形便,然后可克。"权乃召逊,拜偏将军、右部督,以代蒙。逊至陆口,为书与羽,称其功美,深自谦抑,为尽忠自托之意。羽意大安,无复所嫌,稍撤兵以赴樊。逊具启形状,陈其可禽之要。

　　羽得于禁等人马数万,粮食乏绝,擅取权湘关米;权闻之,遂发兵袭羽。权欲令征虏将军孙皎与吕蒙为左右部大督,蒙曰:"若至尊以征虏能,宜用之;以蒙能,宜用蒙。昔周瑜、程普为左右部督,督兵攻江陵,虽事决于瑜,普自恃久将,且俱是督,遂共不睦,几败国事,此目前之戒也。"权寤,谢蒙曰:"以卿为大督,命皎为后继可也。"

孙权曾经为自己的儿子向关羽的女儿求婚,关羽骂了孙权的使者,不许通婚,孙权因此很恼怒。在关羽进攻樊城时,吕蒙向孙权上书说:"关羽征讨樊城,却留下很多军队防守,一定是害怕我从后面进攻他。我经常患病,请求您允许我以治病为名,率一部分士兵回建业,关羽知道后,必然撤回防守的军队,全力进攻襄阳。我军大队人马溯长江而上,昼夜兼行,趁他的防守空虚,进行袭击,南郡就可攻取,关羽也会被我擒获。"于是,吕蒙自称病重。孙权则公开下令,要吕蒙返回,暗中策划。吕蒙顺江而下至芜湖,定威校尉陆逊对吕蒙说:"关羽和您的防区相邻,为什么远远离开,难道不对此感到担忧吗?"吕蒙说:"的确是这样,可是我病得实在很重。"陆逊说:"关羽依凭骁勇,欺压他人,刚开始取得很大成功,自然志得意满,骄傲自大,一心致力向北进攻,对我军不加怀疑,听说您病重,必然更无防备,现在出其不意,一定可以将他击败、俘获。您见到主公,应该认真筹划此事。"吕蒙说:"关羽素来勇猛善战,我们很难与他为敌,况且他已占据荆州,大施恩德和信义,再加上开始取得很大成功,胆略和气势更加旺盛,很难对付。"吕蒙回到建业,孙权询问:"谁可以代替你?"吕蒙回答说:"陆逊思虑深远,很有才智和抱负,看他的规划和气度,一定可以委以重任;而且没有很大名望,不被关羽所顾忌,没有再合适的了。如果任用他,还应该要他外表上态度和缓,掩饰自己的意图,暗中仔细观察形势,寻找可乘之机,然后向敌人进攻,可以取得胜利。"孙权召来陆逊,任命他为偏将军、右部督,以接替吕蒙。陆逊至陆口,写信给关羽,称颂关羽的功德,以表明自己谦恭敬仰和不得以恪尽职守之情。关羽心中因此感到很安定,不再有疑心,便撤出一部分防守的兵力去围攻樊城。陆逊把情况向孙权作了汇报,列出可以击败关羽的要害之处。

　　关羽得到于禁等人的军队数万人,粮食不足,军队断粮,便擅自取用孙权湘关的粮米;孙权闻知此事后,派兵袭击关羽。孙权准备任命征虏将军孙皎和吕蒙为左、右两路军队的最高统帅,吕蒙说:"如果您认为征虏将军有才能,可以任用他为统帅;若认为我有才能,可以任用我。以前,周瑜和程普为左、右部督,率兵攻打江陵,虽然由周瑜做决定,然而程普自认为做将领的时间长,而且二人都是统帅,因此虽一起共事却不和睦,几乎败坏国家大事,这正是现在需要引以为戒的。"孙权醒悟,向吕蒙道谢说:"以你为最高统帅,可以任命孙皎作你的后援。"

魏王操之出汉中也，使平寇将军徐晃屯宛以助曹仁；及于禁陷没，晃前至阳陵陂。关羽遣兵屯偃城，晃既到，诡道作都堑，示欲截其后，羽兵烧屯走。晃得偃城，连营稍前。操使赵俨以议郎参曹仁军事，与徐晃俱前，馀救兵未到；晃所督不足解围，而诸将呼责晃，促救仁。俨谓诸将曰："今贼围素固，水潦犹盛，我徒卒单少，而仁隔绝，不得同力，此举适所以敝内外耳。当今不若前军逼围，遣谍通仁，使知外救，以励将士。计北军不过十日，尚足坚守，然后表里俱发，破贼必矣。如有缓救之戮，馀为诸君当之。"诸将皆喜。晃营距羽围三丈所，作地道及箭飞书与仁，消息数通。

孙权为笺与魏王操，请以讨羽自效，及乞不漏，令羽有备。操问群臣，群臣咸言宜密之。董昭曰："军事尚权，期于合宜。宜应权以密，而内露之。羽闻权上，若还自护，围则速解，便获其利。可使两贼相对衔持，坐待其敝。秘而不露，使权得志，非计之上。又，围中将吏不知有救，计粮怖惧，傥有他意，为难不小。露之为便。且羽为人强梁，自恃二城守固，必不速退。"操曰："善！"即敕徐晃以权书射著围里及羽屯中，围里闻之，志气百倍。羽果犹豫不能去。

魏王曹操出兵汉中时,派平寇将军徐晃驻屯宛城援助曹仁;在于禁全军覆没后,徐晃率军前往阳陵陂。关羽派兵驻扎偃城,徐晃军队到达后,伪称要在偃城的后面掘一道长长的堑壕,以截断偃城守军的后路,偃城守军烧毁营盘退走了。徐晃占据了偃城,稍稍向前扎下营盘。曹操派赵俨以议郎的身份参与曹仁的军事部署,和徐晃所部同时到达,其馀的救兵尚未赶到;徐晃率领的军队没有足够的力量解樊城之围,而将领们却都责备徐晃,催促他去救曹仁。赵俨对他们说:"如今贼兵已经将樊城紧紧包围,雨水仍然很大,我们兵力单薄,又与曹仁不通消息,不能同心合力,现在去解围只能使内外更难沟通情况了。不如向前靠近关羽的包围圈,派遣间谍通知曹仁,使他知道外援已到,以激励守城将士。曹仁部被围未超过十天,还可以坚守,然后里应外合,一定可以打败关羽。假如有迟缓不发救兵之罪,由我一人替诸位承担。"各位将领都很高兴。徐晃在关羽的包围圈三丈之外,扎下营盘,挖地道和射箭书通知曹仁,多次沟通消息。

孙权写信给魏王曹操,请求允许他讨伐关羽,为曹操效力,并请求不要把消息泄漏出去,使关羽有所防范。曹操问大臣们,大多数人都说应当保密。董昭却说:"军事原则,行动注重权衡利弊,要求合乎时宜。我们可以答应孙权为他保密,但同时暗中将消息泄露出去。关羽知道孙权上表的内容以后,若要保护自己,只有撤去樊城之围,我们坐收渔人之利。同时还可以激化孙权和关羽的矛盾,以便进一步坐观其变。如果保守秘密,必定使孙权因获得成功而得意,这不是上策。再者,被围的将士不知道将要得救,认为城中粮食不足以持久,心中会惶恐不安。倘若再有其他的意外,危害就更大了。还是泄露出去为好。况且关羽为人强悍,自恃江陵、公安两城防守坚固,绝不会放弃对樊城的包围。"曹操说:"很对!"立即下令徐晃将孙权的书信用箭射给被围的将士和关羽驻军中,被围的将士得到书信后,士气倍增。关羽果然对是否放弃包围,犹豫不决。

魏王操自雒阳南救曹仁,群下皆谓:"王不亟行,今败矣。"侍中桓阶独曰:"大王以仁等为足以料事势不也?"曰:"能。""大王恐二人遗力邪?"曰:"不然。""然则何为自往?"曰:"吾恐虏众多,而徐晃等势不便耳。"阶曰:"今仁等处重围之中,而守死无贰者,诚以大王远为之势也。夫居万死之地,必有死争之心。内怀死争,外有强救,大王按六军以示馀力,何忧于败而欲自往?"操善其言,乃驻军摩陂,前后遣殷署、朱盖等凡十二营诣晃。

关羽围头有屯,又别屯四冢,晃乃扬声当攻围头屯而密攻四冢。欲坏,自将步骑五千出战,晃击之,退走。羽围堑鹿角十重,晃追羽,与俱入围中,破之,傅方、胡脩皆死,羽遂撤围退,然舟船犹据沔水,襄阳隔绝不通。

吕蒙至寻阳,尽伏其精兵𦩷𦪇中,使白衣摇橹,作商贾人服,昼夜兼行,羽所置江边屯候,尽收缚之,是故羽不闻知。麋芳、士仁素皆嫌羽轻己,羽之出军,芳、仁供给军资不悉相及,羽言"还,当治之",芳、仁咸惧。于是蒙令故骑都尉虞翻为书说仁,为陈成败,仁得书即降。翻谓蒙曰:"此谲兵也,当将仁行,留兵备城。"遂将仁至南郡。麋芳城守,蒙以仁示之,芳遂开门出降。蒙入江陵,释于禁之囚,得关羽及将士家属,皆抚慰之,约令军中:"不得干历人家,有所求取。"蒙麾下士,与蒙同郡人,取民家一笠以覆官铠;官铠虽公,蒙犹以为犯军令,不可以乡里故而废法,遂垂涕斩之。于是军中震栗,道不拾遗。蒙旦暮使亲近存恤耆老,问所不足,疾病者给医药,饥寒者赐衣粮。羽府藏财宝,皆封闭以待权至。

魏王曹操从雒阳南下解救曹仁,属下大臣说:"大王不迅速行动,曹仁就要败了。"唯有侍中桓阶说:"大王认为曹仁等人能否充分分析目前的形势?"曹操说:"能够。"桓阶又问:"大王害怕曹仁、吕常会放弃努力吗?"答道:"不会。""那么您为什么还要亲自去呢?"回答说:"我担心敌人太强,徐晃等人力量不足,不能解围。"桓阶说:"如今曹仁等人身处重围之中,仍誓死坚守,没有二心,是因为他们认为大王您在远处作外援的缘故。处于生死之地的人,一定会竭力抗争。城内将士有拼死抗争之心,城外有强大的救援,还有大王您亲率六军所充分显示的实力,何必担心失败而亲自前往?"曹操很同意桓阶的话,于是驻扎在摩陂,前后派遣殷署、朱盖等共十二营军队到徐晃那里增援。

关羽在围头派有军队驻守,在四冢还有驻军,徐晃扬言将进攻围头,却全力攻打四冢。关羽见四冢危急,便亲自率领步、骑兵五千人出战,徐晃迎击,关羽退走。关羽在堑壕前围有十重鹿角,徐晃追击关羽,二人都进入关羽对樊城的包围圈,包围圈被打破,傅方、胡脩被杀,关羽只得撤围退走,然而船只仍据守沔水,去襄阳的路仍隔绝不通。

吕蒙到达寻阳,把精锐士卒都埋伏在名为艨艟的船中,招募一些平民百姓摇橹,令将士化装成商人,昼夜兼程,关羽设置在江边守望官兵,都被捉了起来,所以关羽对吕蒙的行动一无所知。麋芳、士仁一直都不满意关羽轻视他们,关羽率兵在外,麋芳、士仁供给的军用物资不能全部送到,关羽说"回去后,一定治罪",麋芳、士仁都感到恐惧。于是吕蒙命令原骑都尉虞翻写信游说士仁,为其指明得失,士仁得到虞翻信后,便投降了。虞翻对吕蒙说:"这种隐秘的军事行动,应该带着士仁同行,留下将士守城。"于是带着士仁至南郡。麋芳守城,吕蒙要士仁出来与他相见,麋芳因而也开城投降了。吕蒙到达江陵,把囚禁的于禁释放,得到关羽和将士们的家属,给以抚慰,对全军下令:"不得骚扰百姓和向百姓索求财物。"吕蒙帐下有一亲兵,与吕蒙是同郡人,从百姓家中拿了一个斗笠遮盖官府的铠甲;铠甲虽然属于公物,吕蒙仍认为他违犯了军令,不能因为是同乡的缘故,就破坏军法,便流着眼泪将这个亲兵处死了。全军都因此事震惊、恐惧,南郡从此道不拾遗。吕蒙还在早晨和晚间派亲近的人慰问和抚恤老人,询问他们生活有什么困难,给病人送去医药,给饥寒的人送去衣服和粮食。关羽官府中的财物、珍宝,全部封存起来,等候孙权前来处理。

关羽闻南郡破,即走南还。曹仁会诸将议,咸曰:"今因羽危惧,可追禽也。"赵俨曰:"权邀羽连兵之难,欲掩制其后,顾羽还救,恐我乘其两疲,故顺辞求效,乘衅因变以观利钝耳。今羽已孤进,更宜存之以为权害。若深入追北,权则改虞于彼,将生患于我矣,王必以此为深虑。"仁乃解严。魏王操闻羽走,恐诸将追之,果疾敕仁如俨所策。

关羽数使人与吕蒙相闻,蒙辄厚遇其使,周游城中,家家致问,或手书示信。羽人还,私相参讯,咸知家门无恙,见待过于平时,故羽吏士无斗心。

会权至江陵,荆州将吏悉皆归附;独治中从事武陵潘濬称疾不见,权遣人以床就家舆致之,濬伏面著床席不起,涕泣交横,哀哽不能自胜。权呼其字与语,慰谕恳恻,使亲近以手巾拭其面。濬起,下地拜谢,即以为治中,荆州军事,一以谘之。武陵部从事樊伷诱导诸夷,图以武陵附汉中王备。外白差督督万人往讨之,权不听;特召问濬,濬答:"以五千兵往,足以擒伷。"权曰:"卿何以轻之?"濬曰:"伷是南阳旧姓,颇能弄唇吻,而实无才略。臣所以知之者,伷昔尝为州人设馔,比至日中,食不可得,而十馀自起,此亦侏儒观一节之验也。"权大笑,即遣濬将五千人往,果斩平之。权以吕蒙为南郡太守,封孱陵侯,赐钱一亿,黄金五百斤;以陆逊领宜都太守。

关羽得知南郡失守后,立即向南撤退。曹仁召集各位将领商议,都说:"如今趁关羽身陷困境,内心恐惧,应派兵追击,将他擒获。"赵俨说:"孙权乘关羽和我军鏖战之机,试图进攻关羽后路,又顾忌关羽率军回救,我军趁其双方疲劳,从中取利,所以才言辞和顺地愿意为我军效力,不过是乘机借助事变从中渔利罢了。如今关羽势孤奔走,我们更应该让他继续存在,去危害孙权。如果对关羽穷追不舍,孙权将会由防备关羽,转而防范我们,这将对我们很不利,魏王也一定会有这种考虑。"于是,曹仁下令不要再穷追关羽。魏王曹操知道关羽退走,唯恐将领们追击他,果然迅速给曹仁下达命令,内容正如赵俨所说。

关羽多次派使者要求与吕蒙通消息,吕蒙每次都热情款待关羽的使者,允许他在城中各处游览,关羽部下将士的家属看见使者,都上前询问,还有人托他给自己的亲人带去书信。使者返回,关羽部属私下里询问家中情况,尽知家中平安,所受待遇超过以前,因此关羽的将士都无心再战了。

正在此时,孙权到达江陵,荆州的文武官员都归附了;只有治中从事武陵人潘濬称病不见,孙权派人带着床把他从家中抬来,潘濬脸朝下伏在床上不起,涕泪纵横,哽咽不能自止。孙权称呼他的表字和他讲话,诚恳热切地慰问,让左右亲近的人用手巾为他擦脸。潘濬起身,下地拜谢,孙权当即任命他为治中,有关荆州的军事,全都听取他的意见。武陵部从事樊伷引诱少数部族,欲图使武陵依附汉中王刘备。有人上书请求派遣统帅率领一万人征讨樊伷,孙权不同意;特别召见潘濬询问,潘濬回答:"派兵五千人,就可以擒获樊伷。"孙权说:"你为什么如此轻敌?"潘濬回答说:"樊伷是南阳的世家,只会摇唇鼓舌,实际上没有才智、胆略。我之所以了解他,是因为过去樊伷曾为州中的人设宴,直至中午,客人仍无饭菜可吃,十馀个人只得起身离去,这如同观看侏儒演戏,看一节就可知道他有多少伎俩了。"孙权大笑,立即派潘濬率兵五千人前去征讨,果然将樊伷等人斩首,平定了叛乱。孙权任命吕蒙为南郡太守,封为孱陵侯,赏赐一亿钱、黄金五百斤;任命陆逊兼任宜都太守。

十一月,汉中王备所置宜都太守樊友委郡走,诸城长吏及蛮夷君长皆降于逊。逊请金、银、铜印以假授初附,击蜀将詹晏等及秭归大姓拥兵者,皆破降之,前后斩获、招纳凡数万计。权以逊为右护军、镇西将军,进封娄侯,屯夷陵,守峡口。

关羽自知孤穷,乃西保麦城。孙权使诱之,羽伪降,立幡旗为象人于城上,因遁走,兵皆解散,才十馀骑。权先使朱然、潘璋断其径路,十二月,璋司马马忠获羽及其子平于章乡,斩之,遂定荆州。

初,偏将军吴郡全琮上疏陈关羽可取之计,权恐事泄,寝而不答;及已禽羽,权置酒公安,顾谓琮曰:“君前陈此,孤虽不相答,今日之捷,抑亦君之功也。”于是封琮阳华亭侯。权复以刘璋为益州牧,驻秭归,未几,璋卒。

吕蒙未及受封而疾发,权迎置于所馆之侧,所以治护者万方。时有加针,权为之惨戚。欲数见其颜色,又恐劳动,常穿壁瞻之,见小能下食,则喜顾左右,不然则咄唶,夜不能寐。病中瘳,为下赦令,群臣毕贺,已而,竟卒,年四十二。权哀痛殊甚,为置守冢三百家。

权后与陆逊论周瑜、鲁肃及蒙曰:“公瑾雄烈,胆略兼人,遂破孟德,开拓荆州,邈焉寡俦。子敬因公瑾致达于孤,孤与宴语,便及大略帝王之业,此一快也。后孟德因获刘琮之势,张言方率数十万众水步俱下,孤普请诸将,咨问所宜,无适先对;至张子布、秦文表俱言宜遣使修檄迎之,子敬即驳言不可,劝孤急呼公瑾,付任以众,逆而击之,此二快也。后虽劝吾借玄德地,是其一短,不足以损其二长也。

十一月,汉中王刘备设置的宜都太守樊友放弃宜都郡逃跑,各城的长官以及各少数部族的首长都归降了陆逊。陆逊请求以金、银、铜制的官印授与刚刚归附的官吏,并进攻刘备的将领詹晏等人和世居秭归、拥兵自重的大家族,并将其击溃、归降,前后斩首、俘获以及招降数以万计。孙权任命陆逊为右护军、镇西将军,进封为娄侯,率兵驻扎夷陵,守卫峡口。

　　关羽自知孤立困穷,便向西退守麦城。孙权派人诱降,关羽伪装投降,把幡旗做成人像立在城墙上,借机逃遁,士兵都跑散了,跟随他的只有十馀名骑兵。孙权已事先命令朱然、潘璋切断了关羽的去路。十二月,潘璋手下的司马马忠在章乡擒获关羽及其儿子关平,予以斩首,于是,孙权占据荆州。

　　以前,偏将军吴郡人全琮向孙权上书,指出进攻关羽的策略,孙权担心他的计划泄露出去,而未作答复;擒获关羽以后,孙权在公安设酒宴,看着全琮说:“对你以前的上书,我虽然没有答复,今天取得的胜利,也有你的功劳。”于是封全琮为阳华亭侯。孙权恢复了刘璋益州牧的职务,令其驻在秭归,不久,刘璋就去世了。

　　吕蒙还未来得及受封便旧病发作,孙权把他接来,安顿在行馆的侧房,千方百计为他治疗和护理。医生为吕蒙针灸时,孙权便为他感到愁苦悲伤,想多去看望几次,又恐怕影响他的休息,只好在墙壁上挖个小洞经常偷偷地看,见到吕蒙可以吃少量的食物,即喜形于色,回顾左右,看到吕蒙不能进食,便唉声叹气,夜不成眠。吕蒙的病好了一半,孙权便下令赦免罪犯,以示庆贺,文武官员都来道喜,可是不久吕蒙终于去世了,年仅四十二岁。孙权对吕蒙的去世,异常悲痛,命令三百户人家守护他的坟墓。

　　后来,孙权与陆逊评论周瑜、鲁肃和吕蒙时说:“周公瑾有雄心大志,胆略过人,因此能打败曹操,攻取荆州,能够和他相比的人,实在太少了。鲁子敬经周瑜的推荐和我相识,初次交谈,便谈及建立帝王大业的雄才大略,这是第一大痛快事。后来,曹操收纳了刘琮的势力,声言亲率水、陆军数十万同时南下,我询问所有将领,请教对策,谁都不愿回答;问到张昭、秦松时,都说应派使者带着公文,前去迎接。鲁子敬当即反驳说不可,劝我迅速召回周公瑾,命令他率大军迎头痛击曹操,这是第二大痛快事。此后,他虽然劝我把土地借给刘备,这是他的一个失误,但却不足以损害他的两大贡献。

周公不求备于一人,故孤忘其短而贵其长,常以比方邓禹也。子明少时,孤谓不辞剧易,果敢有胆而已;及身长大,学问开益,筹略奇至,可以次于公瑾,但言议英发不及之耳。图取关羽,胜于子敬。子敬答孤书云:'帝王之起,皆有驱除,羽不足忌。'此子敬内不能办,外为大言耳,孤亦恕之,不苟责也。然其作军屯营,不失令行禁止,部界无废负,路无拾遗,其法亦美矣。"

孙权与于禁乘马并行,虞翻呵禁曰:"汝降虏,何敢与吾君齐马首乎!"抗鞭欲击禁,权呵止之。

15 孙权之称藩也,魏王操召张辽等诸军悉还救樊,未至而围解。徐晃振旅还摩陂,操迎晃七里,置酒大会;王举酒谓晃曰:"全樊、襄阳,将军之功也。"亦厚赐桓阶,以为尚书。操嫌荆州残民及其屯田在汉川者,皆欲徙之。司马懿曰:"荆楚轻脆易动,关羽新破,诸为恶者,藏窜观望,徙其善者,既伤其意,将令去者不敢复还。"操曰:"是也。"是后诸亡者悉还出。

16 魏王操表孙权为骠骑将军,假节,领荆州牧,封南昌侯。权遣校尉梁寓入贡,又遣朱光等归,上书称臣于操,称说天命。操以权书示外曰:"是儿欲踞吾著炉火上邪!"侍中陈群等皆曰:"汉祚已终,非适今日。殿下功德巍巍,群生注望,故孙权在远称臣。此天人之应,异气齐声,殿下宜正大位,复何疑哉!"操曰:"若天命在吾,吾为周文王矣。"

周公对人不求全责备，所以我不计较他的失误而重视他的贡献，常常将他比作邓禹。吕蒙吕子明年轻时，我认为他只是不怕艰难，勇敢不怕死而已；在他年长以后，学问愈来愈好，韬略常常出奇制胜，可以说仅次于周公瑾，但是言谈议论略有不如。谋划消灭关羽这一点，却超过鲁子敬。鲁子敬给我的信中说：'成就帝王大业的人，都要利用他人的力量，对关羽不必有所顾忌。'这是鲁子敬不能对付关羽，却空说大话，我仍原谅了他，没有轻易责备。可是他行军作战，安营驻守，能做到令行禁止，他的辖区内，文武官员都尽心尽职，治安良好，路不拾遗，他的治军很令人称道。"

孙权和于禁乘马并肩而行，虞翻斥责于禁说："你不过是个俘虏，怎么敢和我们主公并马而行！"举鞭要抽打于禁，孙权厉声制止了他。

15　孙权向曹操俯首称臣后，魏王曹操召回张辽等各路军队都去解救樊城，尚未到达，樊城的包围已经解除。徐晃整顿好军队回到摩陂，曹操亲到七里之外迎接徐晃，大摆酒宴，款待众位将士；魏王举杯对徐晃说："保全樊城、襄阳，是将军的功劳。"又重赏了桓阶，任命他为尚书。曹操对荆州的民众及其在汉水两岸屯田的人有疑忌，准备将这些人全部迁徙到其他地区。司马懿说："我们在荆楚一带的力量还很薄弱，容易发生动荡，关羽刚刚被消灭，那些作恶的人，或藏匿起来，或逃到他处去等待观望，如果迁徙那些善良的人，既伤害了他们的善良之心，又使那些逃到他处的人不敢再回来。"曹操说："你说得对。"从此以后，那些逃走的，果然都返回来了。

16　魏王曹操上表给皇帝，推荐孙权为骠骑将军，授予符节，兼任荆州牧，封为南昌侯。孙权派校尉梁寓入朝贡献物品，又将被俘虏的朱光送还，上书向曹操称臣，劝曹操顺应天命，即位称帝。曹操把孙权的信给大家看，说："这小子是要把我放在炉火上烤啊！"侍中陈群等人都说："汉朝气数已尽，并不是一天了。殿下您的功德，如同高山一样巍峨，天下人都寄希望于您，所以孙权虽然远在江南，仍要向您称臣。这是天意在民间的反应，所以异口同声，殿下应该正式登基称帝，还有什么可犹豫的！"曹操说："如果上天要我做皇帝，我还是当周文王吧。"

　　臣光曰：教化，国家之急务也，而俗吏慢之；风俗，天下之大事也，而庸君忽之。夫惟明智君子，深识长虑，然后知其为益之大而收功之远也。光武遭汉中衰，群雄麋沸，奋起布衣，绍恢前绪，征伐四方，日不暇给，乃能敦尚经术，宾延儒雅，开广学校，修明礼乐，武功既成，文德亦洽。继以孝明、孝章，遹追先志，临雍拜老，横经问道。自公卿、大夫至于郡县之吏，咸选用经明行修之人，虎贲卫士皆习《孝经》，匈奴子弟亦游大学，是以教立于上，俗成于下。其忠厚清修之士，岂惟取重于缙绅，亦见慕于众庶；愚鄙污秽之人，岂惟不容于朝廷，亦见弃于乡里。自三代既亡，风化之美，未有若东汉之盛者也。及孝和以降，贵戚擅权，嬖幸用事，赏罚无章，贿赂公行，贤愚浑淆，是非颠倒，可谓乱矣。然犹绵绵不至于亡者，上则有公卿、大夫袁安、杨震、李固、杜乔、陈蕃、李膺之徒面引廷争，用公义以扶其危，下则有布衣之士符融、郭泰、范滂、许邵之流，立私论以救其败，是以政治虽浊而风俗不衰，至有触冒斧钺，僵仆于前，而忠义奋发，继起于后，随踵就戮，视死如归。夫岂特数子之贤哉？亦光武、明、章之遗化也。当是之时，苟有明君作而振之，则汉氏之祚犹未可量也。不幸承陵夷颓敝之馀，重以桓、灵之昏虐，保养奸回，过于骨肉；殄灭忠良，甚于寇雠；积多士之愤，

臣司马光说：教育和感化，是国家的紧要任务，而庸俗的官吏却不加重视；风俗习惯，是社会的大事，而无知的君主却对此疏忽。只有明智的君子，经过深思熟虑，然后才知道它们的益处之大，功效之深远。东汉光武帝恰逢汉朝中期衰落，群雄纷起，天下大乱。他以一介草民，奋发起兵，继承祖先的事业，恢复汉朝的统治，征伐四方，日理万机，尚且能够推崇儒家经典，以宾客之礼招揽儒学文雅的人，大力兴办学校，整顿和提倡礼仪和音乐，武力统一的事业完成的时候，教育和感召的德政也普遍推行开了。接替统治的明帝、章帝，遵循先辈的遗志，亲临辟雍拜见国家奉养的三老五更，手拿经典向老师请教。上自朝廷大员，下至郡县官吏，无不选用熟悉儒家经典、品行端正的人，就是虎贲卫士也都学习《孝经》，匈奴贵族的子弟们也要到国家设立的学校学习，因此，上面提倡文化和教育，下边也就形成学习的风气。忠诚、厚道、重视道德修养的人，不仅受到官府的尊重，也被百姓所仰慕；卑鄙、邪恶、下流之徒，不仅不被朝廷所容纳，也被乡间所鄙弃。自从夏、商、周三代灭亡之后，教化风俗之好，还没有像东汉那样兴盛过。可是，在汉和帝以后，皇亲国戚独擅大权，奸佞小人得势妄行，赏罚没有标准，贿赂公行，贤良愚劣不分，是非颠倒，可以说乱极了。然而东汉朝廷仍然能够延续，不至于灭亡，原因在于上有公卿、大夫袁安、杨震、李固、杜乔、陈蕃、李膺等人，不惜冒犯龙颜，在朝廷上据理力争，运用公理挽救危乱；下有身为平民的符融、郭泰、范滂、许邵之辈，以舆论矫正已经败坏的社会风气，所以，政治虽然污浊，而风俗却不衰败，甚至有人甘愿冒斧钺诛杀的危险，在前面的人倒下，忠义之士更加激奋，紧跟其后，虽接踵被杀，仍视死如归。这难道只是他们几个人的贤德吗？这也是汉光武帝、明帝、章帝重视风俗教化的结果？在那个时候，如果有贤明的君主发奋振作，则东汉朝廷的统治仍然无可限量。不幸的是，经过腐败、衰落之后，又出现了昏聩暴虐的桓帝和灵帝，保护奸佞小人，超过了亲生骨肉；屠杀忠良君子，胜过了对待仇敌；正直之士的愤怒积压在一起，

蓄四海之怒。于是何进召戎,董卓乘衅,袁绍之徒从而构难,遂使乘舆播越,宗庙丘墟,王室荡覆,烝民涂炭,大命陨绝,不可复救。然州郡拥兵专地者,虽互相吞噬,犹未尝不以尊汉为辞。以魏武之暴戾强伉,加有大功于天下,其蓄无君之心久矣,乃至没身不敢废汉而自立,岂其志之不欲哉?犹畏名义而自抑也。由是观之,教化安可慢,风俗安可忽哉!

全国人民的不满汇合到一处。于是何进从外地引来了军队，
董卓乘机夺权，袁绍等人以此为借口向朝廷发难，使得皇帝流
亡，宗庙荒废，皇室的权威倾覆荡尽，人民涂炭，百姓流离，东
汉朝廷就要寿终正寝，无法挽救。然而各州郡掌握军队、占据
地盘的实力派，虽然你争我夺，互相吞并，却没有不以尊崇东
汉朝廷为号召的。以魏武帝曹操的粗暴强横，加上对天下人
有大功，他取代皇帝的野心已蓄谋很久了，但是，直至去世，他
都不敢废掉东汉皇帝而自立，难道是他没有做皇帝的欲望吗？
不过是畏惧名义不顺而克制自己罢了。由此看来，教化怎么
可以轻视，风俗又怎么能忽略！